Ingeborg Tömmel
Das politische System der EU

Ingeborg Tömmel

Das politische System der EU

4., überarbeitete und erweiterte Auflage

DE GRUYTER
OLDENBOURG

ISBN   978-3-486-75695-1
e-ISBN 978-3-486-85860-0

Bibliografische Information der Deutschen Nationalbibliothek
Die Deutsche Nationalbibliothek verzeichnet diese Publikation in der Deutschen Nationalbibliografie; detaillierte bibliografische Daten sind im Internet über http://dnb.dnb.de abrufbar.

Library of Congress Cataloging-in-Publication Data
A CIP catalog record for this book has been applied for at the Library of Congress.

© 2014 Oldenbourg Wissenschaftsverlag GmbH
Rosenheimer Straße 143, 81671 München, Deutschland
www.degruyter.com
Ein Unternehmen von De Gruyter

Lektorat: Annette Huppertz
Herstellung: Cornelia Horn
Titelbild: thinkstockphoto.com
Druck und Bindung: CPI buch bücher.de GmbH, Birkach

Gedruckt in Deutschland
Dieses Papier ist alterungsbeständig nach DIN/ISO 9706

Meinen Eltern
Josef Tömmel und Henriette Tömmel-Dohmen

Vorwort zur vierten Auflage

Seit dem Erscheinen der dritten Auflage dieses Buches ist viel Zeit vergangen, jedenfalls viel Zeit, wenn es um die Beschäftigung mit der EU geht. Seit 2008 hat die Union eine Reihe von einschneidenden Veränderungen durchlaufen. Es gelang ihr, nach mehreren Debakeln wegen fehlgeschlagener Referenden und widerstrebender Mitgliedstaaten den Lissabon-Vertrag unter Dach und Fach zu bringen. Allerdings trat danach nicht die erhoffte Ruhe ein; vielmehr warf die von den USA ausgehende Finanzkrise zunächst einen schwarzen Schatten auf die Union, um dann später zu einer hausgemachten Schulden- und schließlich Eurokrise zu eskalieren. Diese Krise ist bis zur Gegenwart nicht überwunden, sondern bestenfalls eingedämmt; aber bereits jetzt hat sie die Union verändert: durch Feuerwehraktionen, institutionelle Neuschöpfungen sowie eine zunehmende Differenzierung der Integration. Problematischer ist jedoch die im Gefolge der Finanz- und Schuldenkrise aufziehende politische Krise, die sich als tiefe Kluft zwischen den europäischen Eliten und den Bürgern Europas manifestiert.

Vor diesem Hintergrund reichte es nicht, die dritte Auflage des Buches lediglich gründlich zu überarbeiten; große Teile mussten neu konzipiert und damit auch didaktisch anders aufbereitet werden. Das Ergebnis ist eine Darstellung des politischen Systems der EU in insgesamt 14 Kapiteln statt der bisherigen 7, teils sehr langen Kapitel. Abgesehen von der Einleitung und dem Ausblick umfassen die Kapitel nun jeweils 20 bis 30 Seiten und sind somit gut im Rahmen eines akademischen Kurses zu bearbeiten. Neu hinzugekommen ist ein Theoriekapitel; in allen anderen Kapiteln wurden Erweiterungen, Aktualisierungen und auch Neubewertungen vorgenommen. So werden die institutionellen Folgen der Finanz- und Schuldenkrise, die zunehmenden Formen der differenzierten Integration, der Aufstieg des Europäischen Rates zur obersten Entscheidungsinstanz der Union und generell alle Folgewirkungen des Lissabon-Vertrags ausführlich behandelt. Zudem musste die Terminologie in Teilen angepasst werden entsprechend den vielfältigen Umbenennungen, die die EU regelmäßig selbst vornimmt, was der Transparenz des Systems leider nicht zugutekommt. Gleich geblieben ist jedoch das theoretische Grundkonzept des Buches, das die Union als dualistisches oder bizephales System fasst. Denn der Widerspruch zwischen supranationaler Integrationsdynamik und intergouvernementaler Entscheidungsmacht ist weiterhin das Movens der europäischen Integration und zentrales Merkmal der institutionellen Struktur der EU.

In der gegenwärtigen Krise scheint das EU-System an die Grenzen seiner Problemlösungsfähigkeit zu stoßen; dementsprechend hat sich selbst unter Fachwissenschaftlern ein enormer Pessimismus über die Perspektiven der Union breitgemacht. Diesen allenthalben verbreiteten Pessimismus teile ich nicht. Denn nach wie vor wird die EU gebraucht, um die zunehmend interdependenten Beziehungen zwischen den Mitgliedstaaten zu regeln. Das heißt nicht, dass alles gut geregelt ist, aber es heißt auch nicht: Weil nicht alles gut geregelt ist, brauchen wir keine EU. Vielmehr wird es in den kommenden Jahren darauf ankommen, das Regelwerk der Union und ihre Entscheidungspraxis zu verbessern, die Bürger und Bürgerinnen vom grundsätzlichen Nutzen der Integration zu überzeugen und sie zugleich stärker an der Entscheidungsfindung zu beteiligen; zugegeben, keine leichte Aufgabe, aber auch keine Unmöglichkeit. Ich hoffe, dieses Buch leistet einen Beitrag zum besseren Verständnis der EU und der Bedeutung, die ihr im Rahmen einer globalisierten Welt zukommt.

Osnabrück, April 2014
Ingeborg Tömmel

Vorwort zur dritten Auflage

Die EU ist immer gut für Überraschungen. Vor zwei Jahren, nachdem das Manuskript für die zweite Auflage dieses Buches fertiggestellt war, stürzte die Union in eine tiefe Krise: Zwei negative Referenden über den Verfassungsvertrag brachten das gesamte Projekt zum Stillstand. Die EU-Oberen verordneten sich eine Reflexionsphase; offiziell herrschte Funkstille. Im ersten Halbjahr 2007 kam dann wieder Bewegung auf: Unter deutscher Ratspräsidentschaft sollte ein „Fahrplan" für den Verfassungsprozess vereinbart werden. Was als einfacher technischer Vorgang daherkam, entpuppte sich aber bald als massives Understatement. Denn auf dem Gipfel der Staats- und Regierungschefs vom Juni 2007 wurde nichts weniger als ein neues Vertragskonzept ausgehandelt. Ein Fahrplan mit extrem kurzer Laufzeit gehörte ebenfalls dazu: Die definitive Verabschiedung des Reformvertrags soll noch in diesem Jahr erfolgen; die Ratifizierung in den Mitgliedstaaten soll vor der Neuwahl des Europäischen Parlaments im Juni 2009 abgeschlossen sein. Und es sieht ganz danach aus, dass dem ehrgeizigen Projekt trotz großer Meinungsverschiedenheiten zwischen den nunmehr 27 Mitgliedstaaten kaum größere Hindernisse entgegenstehen. Dabei ist zu betonen, dass der anvisierte Reformvertrag keineswegs hinter dem Verfassungsvertrag zurücksteht; vielmehr sind dessen Regelungen „nicht unter diesem Namen, wohl aber in der Substanz" (Vorwort zur zweiten Auflage) größtenteils in das neue Vertragswerk eingeflossen. Abstriche und Revisionen sind hauptsächlich kosmetischer Natur. Sie entstauben die EU von staatsähnlichen Terminologien und Symbolen, die ohnehin dem Integrationsprojekt nicht adäquat sind und die Zugehörigkeits- oder gar Identitätsgefühle der Bürger kaum stärken. Letzteres lässt sich meines Erachtens nur dadurch erreichen, dass das europäische Projekt und seine ausgeprägte Streit- und Konsenskultur den Bürgern verständlich und durchschaubar gemacht werden. Mit der Neuauflage dieses Buches hoffe ich, einen kleinen Beitrag zu dieser Aufgabe leisten zu können.

Der Text des Buches wurde durchgängig überarbeitet und auf den neuesten Stand seit der Erweiterung des Jahres 2007 und der überraschend schnellen Einigung auf den Reformvertrag gebracht. Für die tatkräftige Unterstützung bei Recherche- und Korrekturarbeiten danke ich Susanne Pihs, Julia Eichhorst und Astrid Bothmann; für die Textverarbeitung danke ich Ilse Tobien.

Osnabrück, August 2007
Ingeborg Tömmel

Vorwort zur zweiten Auflage

Im Vorwort zur ersten Auflage dieses Buches habe ich betont, dass das EU-System einem sehr „schnellen und expansiven Wandel" unterliegt. Diese Aussage hat sich seither mehr als bewahrheitet: Zum 1.5.2004 wurde die Union um zehn neue Mitgliedstaaten erweitert; kurz darauf verabschiedete der nunmehr aus 25 Staats- und Regierungschefs bestehende Europäische Rat den Entwurf eines Verfassungsvertrags für die EU. Dementsprechend galt es, diese neuen Entwicklungen in den vorliegenden Text einzuarbeiten. Für mich war klar, dass dies nicht nur in Kapitel 2, das der Genese der europäischen Integration von den Anfängen bis zur Gegenwart gewidmet ist, geschehen sollte; vielmehr habe ich alle aus der Erweiterung der Union resultierenden Neuerungen sowie die im Verfassungsvertrag vorgesehenen Veränderungen in Bezug auf die institutionelle Struktur und die Entscheidungsverfahren der EU durchgängig in den Text des Buches eingearbeitet. Kaum war diese umfangreiche Arbeit abgeschlossen, änderte sich das Bild der EU erneut: Die gescheiterten Referenden in Frankreich und in den Niederlanden sowie der Streit zwischen den Mitgliedstaaten um die mittelfristige Finanzplanung stürzten die Union in eine tiefe Krise. War die ganze Arbeit jetzt umsonst? Nach einer kurzen Phase des Zweifels rückte das Bild der „longue durée" (Braudel) der EU wieder in den Vordergrund: das eines trotz Krisen sich stetig und inkrementalistisch entfaltenden politischen Systems. Aus dieser Perspektive ist denn auch zu erwarten, dass der simultane Prozess von Erweiterung der Union und Vertiefung der Integration vorerst zwar verlangsamt, nicht jedoch ausgesetzt ist. Vielmehr ist abzusehen, dass die Regelungen der Verfassung, möglicherweise nicht unter diesem Namen, wohl aber in der Substanz, sukzessive in das europäische Vertragswerk einfließen und damit auch zur Umsetzung gelangen werden. Zudem ist anzunehmen, dass die Erweiterungspolitik eine Fortführung erfahren wird, wenngleich auch dies vermutlich unter anderem Namen und in abgewandelter Form. Vor diesem Hintergrund gehe ich denn auch davon aus, dass die vorliegende, gründlich überarbeitete Fassung des „Politischen Systems der EU" für einen längeren Zeitraum aktuell bleiben wird.

Für die Unterstützung bei der Erstellung der zweiten Auflage dieses Buches danke ich verschiedenen Informanten der EU-Organe und ihres Umfeldes für aktuelle Informationen, Judith Bürger für umfangreiche Recherchen sowie die sorgfältige Durchsicht des gesamten Manuskripts, Ilse Tobien für die kompetente Textverarbeitung, Swantje Küchler für die Überarbeitung des Literaturverzeichnisses sowie der Liste der Abkürzungen und schließlich Kai Rabenschlag für die Besorgung des Layouts.

Osnabrück, September 2005
Ingeborg Tömmel

Vorwort zur ersten Auflage

Das vorliegende Buch ist das Produkt einer langjährigen Beschäftigung mit dem politischen System der EU, einerseits im Rahmen von Vorlesungen und Seminaren, andererseits von verschiedenen Forschungsprojekten zum Thema.

In den Lehrveranstaltungen stieß ich immer wieder auf das Problem unzureichenden Lektürematerials für die Studenten: War es in früheren Jahren vor allem der Mangel an entsprechenden Lehrbüchern, der sich als Hindernis erwies, so ist es gegenwärtig die Flut an neuen Werken, die die Wahl zur Qual macht. Zwar ist der Überfluss dem Mangel vorzuziehen, er hat aber seine eigenen Tücken. So erweisen sich viele Lehrbücher zur EU, insbesondere englischsprachige Darstellungen, als wahre Kompendien, in denen minutiös jegliche Details von Aufbau und Funktionsweise der europäischen Organe beschrieben werden; eine Gesamtsicht, in die die Details einzuordnen wären, fehlt dabei aber zumeist. Der berühmte Wald, der die Bäume erst erkennbar macht, bleibt außerhalb des Blickfeldes. Andere Autoren bemühen sich zwar um klare Strukturierungen, stellen aber den Wald recht einseitig dar: als gepflegte Staatsdomäne, als Interessentenwald oder als Jagdterrain von Privilegierten und Wilderern.

Vor diesem Hintergrund habe ich mit dem vorliegenden Buch versucht, sowohl die nötigen Basisinformationen über das politische System der EU zu vermitteln, als auch diese in eine inhaltliche Konzeptionierung der Systemstruktur und ihrer Funktionsweise einzubinden. Gleichzeitig wurde die Prozessdynamik der Herausbildung und Entfaltung des EU-Systems in den Vordergrund gerückt. In diesem Sinne ist das Buch sowohl als Einstieg in die Beschäftigung mit der EU zu benutzen; es kann und soll zugleich aber auch fortgeschritteneren Europainteressierten neue Perspektiven und alternative Sichtweisen eröffnen. Es ist somit als ein studienbegleitendes Buch konzipiert, das in jeder Phase der Auseinandersetzung mit der EU neu beziehungsweise anders gelesen werden kann.

Das EU-System unterliegt einem sehr schnellen und expansiven Wandel; dementsprechend hat sich auch die Terminologie mehrfach verändert. Im Folgenden soll immer dann von EU gesprochen werden, wenn das System in seiner Gesamtheit oder die Gesamtentwicklung des Systems von den Anfängen bis zur Gegenwart gemeint ist. Beziehen sich die Ausführungen explizit auf die Phase vor dem Maastrichter Vertrag, wird der Begriff EG (Europäische Gemeinschaft) verwendet. Auf den bis zur Einheitlichen Europäischen Akte gebräuchlichen Begriff Europäische Gemeinschaften wird demgegenüber verzichtet. Der Begriff EG findet aber auch Verwendung, wenn explizit Bezug genommen wird auf die Erste Säule der EU.

Am Zustandekommen eines Buches sind immer viele beteiligt. An erster Stelle möchte ich hier den Interviewpartnern danken, Vertretern der europäischen Organe und anderer am Entscheidungsprozess beteiligter Institutionen und Organisationen. Sie haben auf sehr eindrückliche Weise Zielsetzungen, Motive und Hintergründe sowie den Kontext ihres strategischen Entscheidens und Handelns im politischen System der EU erläutert, womit sich das Puzzle erst zu einem reich differenzierten Gesamtbild zusammensetzen ließ. Für kontinuierliche und besonders hilfreiche Unterstützung meiner Forschungsarbeiten möchte ich Herrn Wolfgang Gäde (Rat der Europäischen Union), Herrn Dr. Wolfgang Pelull (Verbindungsbüro des Landes Niedersachsen bei der EU) sowie Herrn Dr. Egon Schoneweg (Europäische Kommission, GD XVI Regionalpolitik) danken.

Für die kritische Lektüre einzelner Kapitel des Buches sowie wertvolle Kommentare und Anregungen danke ich Fritz Scharpf, Helmut Voelzkow, Patricia Bauer und Holger Huget. Gabriele Parlmeyer und Ilse Tobien gilt mein besonderer Dank für die kompetente Textverarbeitung; ebenso dankbar bin ich Gudrun Eisele für die sorgfältige Endkorrektur des Buches, die Zusammenstellung der Literaturliste und das Layout. Schließlich möchte ich dem Max-Planck-Institut für Gesellschaftsforschung in Köln und insbesondere seinen Direktoren, Fritz Scharpf und Wolfgang Streeck, für die Gewährung eines Aufenthaltes als Gastwissenschaftlerin danken, wodurch es mir gelungen ist, das Buch schneller fertigzustellen, als es unter den Bedingungen des Universitätsbetriebes möglich gewesen wäre.

Osnabrück, Juni 2002
Ingeborg Tömmel

Inhaltsverzeichnis

Vorwort——VII
Abkürzungsverzeichnis——XVII
Verzeichnis der Tabellen, Übersichten und Abbildungen—— XXI

1   Einleitung: die EU als politisches System——1
1.1   Paradoxien des EU-Systems——1
1.2   Themen und Fragestellungen——3

2   Theoriebildung zur europäischen Integration und zur EU——9
2.1   Klassische Theorien: Neo-Funktionalismus, Intergouvernementalismus, Föderalismus——9
2.2   Neuinterpretation der klassischen Theorien——13
2.3   Theoretische Alternativen: Institutionalismus, Mehrebenen-Governance, Sozialkonstruktivismus——18
2.4   Neuere Theoriebildung zur EU als politischem System——23
2.5   Ein heuristisches Konzept: die EU als bizephales System——27
2.6   Schlussfolgerungen——31

3   Die Herausbildung der Europäischen Union: supranationale Dynamik versus intergouvernementale Entscheidungsmacht——35
3.1   Gründung und Aufbau der Europäischen Gemeinschaften im Zeichen eines supranationalen Integrationswegs——36
3.2   Aus- und Umbau der Europäischen Gemeinschaften im Zeichen intergouvernementaler Entscheidungsmacht——41
3.3   Erneuter Integrationsschub und institutionelle Dissoziierung von supranationaler und intergouvernementaler Integration——47
3.4   Schlussfolgerungen——55

4   Die Konsolidierung der Europäischen Union: Erweiterung, Vertiefung, Ausdifferenzierung——59
4.1   Vorsichtiger Inkrementalismus——60
4.2   Neue Parameter der Integration——69
4.3   Schlussfolgerungen——82

5   Die institutionelle Grundstruktur der EU——87
5.1   Die Kommission——88
5.2   Der Rat——95
5.3   Der Europäische Rat——101
5.4   Das Europäische Parlament——105

5.5   Der Europäische Gerichtshof——111
5.6   Schlussfolgerungen——115

6   **Die Funktionsweise der EU: Konflikt versus Konsens im**
           Entscheidungsprozess——119
6.1   Recht- und Regelsetzung——120
6.2   Politische Grundsatzentscheidungen——131
6.3   Exekutivfunktionen und Politikimplementation——136
6.4   Schlussfolgerungen——144

7   **Entscheidungsfindung und Performance der einzelnen Organe——147**
7.1   Die Kommission: auf der Suche nach Kollegialität——147
7.2   Rat und Europäischer Rat: Verhandlung oder Problemlösung——154
7.2.1   Der Rat——154
7.2.2   Der Europäische Rat——162
7.3   Das Parlament: jenseits von Parteipolitik——164
7.4   Schlussfolgerungen——177

8   **Die institutionelle Ausdifferenzierung der EU——181**
8.1   Intergouvernementale Integration: Schaffung und Umbau der Zweiten
           und Dritten Säule——183
8.2   Jenseits von intergouvernemental und supranational: unabhängige
           Institutionen und Agenturen——194
8.3   Varianten differenzierter Integration——202
8.4   Schlussfolgerungen——208

9   **Die Strukturierung der EU als Mehrebenensystem——211**
9.1   Die nationale Regierungs- und Verwaltungsebene——212
9.2   Die regionale Regierungs- und Verwaltungsebene——217
9.3   Schlussfolgerungen——226

10   **Die Inkorporation nicht-staatlicher Akteure in das EU-System——229**
10.1   Interessenvertretung im europäischen Entscheidungsprozess——230
10.2   Mitentscheidung, delegierte Verantwortung,
           Politikimplementation——239
10.2.1   Sozialpartner als Akteure der Gesetzgebung——240
10.2.2   Selbstregulierung durch nicht-staatliche Akteure——243
10.2.3   Nicht-staatliche Akteure in der Politikimplementation——246
10.3   Schlussfolgerungen——249

11 **Funktionsprobleme des EU-Systems: Effizienz und Effektivität——251**
11.1   Effizienz: institutionelles Gefüge und Entscheidungsverfahren——252
11.1.1   Institutionelles Gefüge——252
11.1.2   Entscheidungsverfahren——257
11.2   Effektivität: Regelungs- und Steuerungskapazität——261
11.3   Schlussfolgerungen——270

12 **Demokratische Legitimation der EU——273**
12.1   Demokratisches Defizit——274
12.2   Möglichkeiten und Konzepte postnationaler Demokratie——278
12.3   Ansätze postnationaler Demokratie im EU-System——283
12.4   Schlussfolgerungen——292

13 **Das EU-System in seiner Gesamtheit——295**
13.1   Die EU als politisches System——295
13.1.1   Die EU als Verhandlungssystem——296
13.1.2   Die EU als Verflechtungssystem——299
13.1.3   Die EU als Mehrebenensystem——302
13.1.4   Die Gesamtstruktur der EU——304
13.2   Die Dynamik der Entfaltung des EU-Systems——305
13.2.1   Die bizephale Struktur des EU-Systems——306
13.2.2   Die Interaktion zwischen Kommission und Räten——310
13.3   Schlussfolgerungen——315

14 **Ausblick: die Perspektiven der Europäischen Union——317**

Literaturverzeichnis——321

Verzeichnis der Abkürzungen

AdR	Ausschuss der regionalen und lokalen Gebietskörperschaften
AECR	Allianz der Europäischen Konservativen und Reformisten (europäische Partei)
AENM	Allianz der Europäischen Nationalen Bewegungen (europäische Partei)
AEUV	Vertrag über die Arbeitsweise der Europäischen Union
AKP-Staaten	Afrika-, Karibik-, Pazifik-Staaten
ALDE	Allianz der Liberalen und Demokraten für Europa
AStV	Ausschuss der Ständigen Vertreter
BEPA	Bureau of European Policy Advisers
BIP	Bruttoinlandsprodukt
BRD	Bundesrepublik Deutschland
BSE	Bovine Spongiforme Enzephalopathie
CEFIC	European Chemical Industry Council (Europäischer Chemieverband)
CEN	Comité Européen de Normalisation (Europäisches Komitee für Normung)
CENELEC	Comité Européen de Normalisation Electrotechnique (Europäisches Komitee für elektrotechnische Normung)
COPA	Committee of Professional Agricultural Organisations (Ausschuss der berufsständischen landwirtschaftlichen Organisationen)
COGECA	General Committee for Agricultural Cooperation in the European Union
COREPER	Comité des Représentants Permanents (Ausschuss der Ständigen Vertreter)
COSAC	Conférence des Organes spécialisés en Affaires Communautaires (Konferenz der Europaausschüsse der nationalen Parlamente und des Europäischen Parlaments)
DDR	Deutsche Demokratische Republik
EAD	Europäischer Auswärtiger Dienst
EAF	Europäische Allianz für Freiheit (europäische Partei)
EAG	Europäische Atomgemeinschaft
EBS	Europäische Beschäftigungsstrategie
ECOFIN	Council of Economic and Financial Affairs (Ministerrat „Wirtschaft und Finanzen")
ECPM	Europäische Christliche Politische Bewegung (europäische Partei)
EDP	Europäische Demokratische Partei

EEA	Einheitliche Europäische Akte
EEB	European Environmental Bureau (Europäisches Umweltbüro)
EFA	Europäische Freie Allianz (europäische Partei)
EFD	Fraktion Europa der Freiheit und der Demokratie
EFP	Europäischer Fiskalpakt
EFSA	European Food Safety Authority (Europäische Behörde für Lebensmittelsicherheit)
EFSF	Europäische Finanzstabilisierungsfazilität
EFSM	Europäische Finanzstabilisierungsmechanismus
EFTA	European Free Trade Association (Europäische Freihandels- assoziation)
EG	Europäische Gemeinschaft
EGB	Europäischer Gewerkschaftsbund
EGKS	Europäische Gemeinschaft für Kohle und Stahl
EGP	Europäische Grüne Partei
EGV	EG-Vertrag (Vertrag zur Gründung der Europäischen Gemein- schaft)
EGV-A	EG-Vertrag (konsolidierte Fassung nach dem Vertrag von Ams- terdam)
EGV-M	EG-Vertrag (konsolidierte Fassung nach dem Vertrag von Maastricht)
EGV-N	EG-Vertrag (konsolidierte Fassung nach dem Vertrag von Niz- za)
EIB	Europäische Investitionsbank
EKR	Fraktion Europäische Konservative und Reformisten
ELDR	Europäische Liberale und Demokratische Reformpartei
EMA	European Medicines Agency (Europäische Arzneimittelagentur)
EP	Europäisches Parlament
EPZ	Europäische Politische Zusammenarbeit
ERH	Europäischer Rechnungshof
ERTI	European Round Table of Industrialists
ESM	Europäischer Stabilitätsmechanismus
ESVI	Europäische Sicherheits- und Verteidigungsidentität
ESVP	Europäische Sicherheits- und Verteidigungspolitik
ETUC	European Trade Union Confederation (siehe EGB)
EU	Europäische Union
EUA	Europäische Umweltagentur
EUD	EU Demokraten (europäische Partei)
EuGH	Europäischer Gerichtshof
EUMC	European Union Military Committee (Militärausschuss der Europäischen Union)

EUMS	European Union Military Staff (Militärstab der Europäischen Union)
EURATOM	Europäische Atomgemeinschaft
EUROPOL	Europäische Zentralstelle für die Kriminalpolizei
EUROSTAT	Statistisches Amt der EU
EUV	Vertrag über die Europäische Union
EUV-A	Vertrag über die Europäische Union (konsolidierte Fassung nach dem Vertrag von Amsterdam)
EUV-L	Vertrag über die Europäische Union (konsolidierte Fassung nach dem Vertrag vonLissabon)
EUV-M	Vertrag über die Europäische Union (konsolidierte Fassung nach dem Vertrag von Maastricht)
EUV-N	Vertrag über die Europäische Union (konsolidierte Fassung nach dem Vertrag vonNizza)
EVG	Europäische Verteidigungsgemeinschaft
EVP	Europäische Volkspartei (Fraktion des EP und europäische Partei)
EVP-ED	Europäische Volkspartei – Europäische Demokraten (Fraktion des EP)
EWG	Europäische Wirtschaftsgemeinschaft
EWS	Europäisches Währungssystem
EZB	Europäische Zentralbank
EZBS	Europäisches Zentralbankensystem
FRONTEX	Europäische Agentur für die operative Zusammenarbeit an den Außengrenzen der Mitgliedstaaten der EU
GASP	Gemeinsame Außen- und Sicherheitspolitik
GATT	General Agreement on Tariffs and Trade (Allgemeines Zoll- und Handelsabkommen)
GD	Generaldirektion
GRÜNE/FEA	Fraktion Grüne/Freie Europäische Allianz
HV	Hoher Vertreter/Hohe Vertreterin für die Außen- und Sicherheitspolitik der EU
IGK	Intergouvernementale Konferenz
IMF (= IWF)	International Monetary Fund (Internationaler Währungsfonds)
INTERREG	Gemeinschaftsinitiative der Kommission, die auf interregionale Zusammenarbeit ausgerichtet ist
ITS	Fraktion Identität, Tradition, Souveränität
MELD	Bewegung für ein Europa der Freiheit und Demokratie (europäische Partei)
MEP	Mitglied des Europäischen Parlaments
NATO	North Atlantic Treaty Organisation (Nordatlantikvertrags-Organisation)

NI	Non Inscrit (Fraktionslose Abgeordnete des EP)
OEEC	Organization for European Economic Cooperation (Organisation für europäische wirtschaftliche Zusammenarbeit)
OECD	Organization for Economic Co-operation and Development (Organisation für wirtschaftliche Zusammenarbeit und Entwicklung)
OLAF	Office de la Lutte Anti-Fraude (Europäisches Amt für Betrugsbekämpfung)
OMK	Offene Methode der Koordination
PEL	Partei der Europäischen Linken
PHARE	Pologne, Hongrie: Aide à la Réstructuration Économique (Hilfsprogramm der EU für die Transformationsstaaten Mittel- und Osteuropas)
RFSR	Raum der Freiheit, der Sicherheit und des Rechts
RGRE	Rat der Gemeinden und Regionen Europas
SKS-Vertrag	Vertrag über Stabilität, Koordinierung und Steuerung in der Wirtschafts- und Währungsunion
SPE	Sozialistische Partei Europas (Fraktion des EP und europäische Partei)
SWP	Stabilitäts- und Wachstumspakt
TACIS	Technical Assistance to the Commonwealth of Independent States (Hilfsprogramm der EU für die Nachfolgestaaten der Sowjetunion)
U/D	Fraktion Unabhängigkeit/Demokratie
UEAMPE	Union Européenne de l'Artisanat et des Petites et Moyennes Entreprises
UEN	Fraktion Union für das Europa der Nationen
UKIP	United Kingdom Independent Party
UNICE	Union des Industries de la Communauté Européenne
USA	United States of America (Vereinigte Staaten von Amerika)
VEGKS	EGKS-Vertrag
VEL/NGL	Konföderale Fraktion der Vereinigten Europäischen Linken/Nordische Grüne Linke
VRE	Versammlung der Regionen Europas
VVE	Verfassungsvertrag für Europa
VW	Volkswagen
WEU	Westeuropäische Union
WSA	Wirtschafts- und Sozialausschuss
WTO	World Trade Organization (Welthandelsorganisation)
WWU	Wirtschafts- und Währungsunion

Verzeichnis der Tabellen, Übersichten und Abbildungen

Tabelle 5.1:   Stimmengewichtung im Rat der Europäischen Union, 1995–2014——100

Tabelle 5.2:   Abgeordnete des Europäischen Parlaments nach Mitgliedstaaten, Legislaturperiode 2014–2019——106

Tabelle 7.1:   Sitze im Europäischen Parlament nach Fraktionen, 6. bis 8. Legislaturperiode (2004–2019)——167

Tabelle 7.2:   Europa-Parteien, von der EU rechtlich anerkannt, 2013——168

Übersicht 5.1: Generaldirektionen der Europäischen Kommission, 2014——92

Übersicht 5.2: Formationen des Rats der Europäischen Union, seit 2009——96

Übersicht 7.1: Ausschüsse des Europäischen Parlaments, 7. Legislaturperiode (2009–2014)——171

Abbildung 6.1: Das Ordentliche Gesetzgebungsverfahren nach dem Lissabon-Vertrag ——126

1 Einleitung: die EU als politisches System

Die Europäische Union (EU) ist ein politisches System, das Macht und Kompetenzen mit den Mitgliedstaaten teilt; wie genau Macht und Kompetenzen zwischen der europäischen und der nationalen Ebene aufgeteilt sind, ist jedoch schwer zu erfassen. Auf der einen Seite erscheint die Union in zunehmendem Maße als ein den nationalen Staaten übergeordnetes politisches System, indem ihre Beschlüsse weitreichende bindende Wirkungen entfalten, die einer faktischen Überordnung gleichkommen. Auf der anderen Seite ist bekannt, dass die EU gegenüber den Mitgliedstaaten keinerlei Weisungsbefugnisse besitzt, sondern eher von diesen abhängig ist. Denn es sind die nationalen Regierungen, die sichtbar europäische Entscheidungen treffen, auch wenn der notwendige Konsens häufig schwer zu finden ist. Die Europäische Union stellt sich somit bereits auf den ersten Blick als ein von Paradoxien gekennzeichnetes System dar, was im Folgenden weiter erläutert wird.

1.1 Paradoxien des EU-Systems

Das Augenfälligste an der EU ist die große Diskrepanz zwischen einer „schwachen", weil wenig auskristallisierten und unklar kodifizierten Systemstruktur einerseits und einer weitreichenden faktischen Ausübung politischer Entscheidungs- und Handlungsmacht andererseits. Hinzu kommt, dass die Systemstruktur, soweit sie überhaupt als solche wahrgenommen wird, wenig transparent ist und nur schwer im Kontext bestehender Formen politischer Herrschaft eingeordnet werden kann. Die Union entspricht weder dem institutionellen Gefüge eines nationalen Staates, noch lässt sie sich als internationale Organisation charakterisieren. Dementsprechend ist es schwierig, den Sitz politischer Machtausübung klar zu verorten. Weder die europäische Ebene, repräsentiert in erster Linie durch die Kommission, noch die Mitgliedstaaten, vertreten durch Rat[1] und Europäischen Rat, scheinen das Sagen zu haben, vom Europäischen Parlament ganz zu schweigen.

In dieser komplexen Gemengelage, in der einzelne Akteure und Institutionen zwar über erhebliche Machtmittel verfügen, ein zentraler Kristallisationspunkt politischer Machtausübung jedoch fehlt, erscheinen die beteiligten Akteure und Institutionen häufig als wenig handlungs- oder gar durchsetzungsfähig: Kommissionsvorschläge scheitern regelmäßig am Veto des Rats; der Rat und auch der Europäische Rat scheitern am inneren Dissens; das Parlament muss gegenüber dem Rat

---

1 Hier und im Folgenden werden die Begriffe Rat und Ministerrat synonym gebraucht; im EU-Jargon hat der Begriff Rat den Begriff Ministerrat inzwischen weitgehend verdrängt.

ungeliebte Kompromisse eingehen. Spitzenpolitiker, Minister, ja sogar Regierungs-chefs scheinen im europäischen Kontext zu weitreichenden Zugeständnissen ge-zwungen zu sein, wenn es zu Entscheidungen kommen soll. Häufig enden aller-dings Regierungskonferenzen und Gipfeltreffen im Dissens ihrer Akteure und damit in Entscheidungslosigkeit, worin sich die kollektive Ohnmacht des EU-Systems manifestiert. Fortschritte im Integrationsprozess werden somit nur erzielt, soweit es gelingt, die Entscheidungs- und Handlungsmacht einer Vielzahl von beteiligten Institutionen und Akteuren zu bündeln und in kleinteiligen Beschlüssen umzuset-zen.

Diese Konstellation manifestiert sich auf analoge Weise in einem widersprüch-lich verlaufenden Integrationsprozess. Obwohl Politiker ihn selten explizit befür-worten oder gar aktiv vorantreiben, scheint der Integrationsprozess wie ein Selbst-läufer unaufhaltsam voranzuschreiten. Werden dennoch Begründungen abgegeben, sind es zumeist alternativlose Sachzwänge oder nicht steuerbare Prozesse wie die Globalisierung, die zum Handeln zwingen. Insbesondere das Projekt der Wäh-rungsunion machte auf vielfältige Weise deutlich, dass einzelne Politiker vollmun-dig vom Anhalten oder mindestens Bremsen des gemeinsamen Zuges reden, im Zweifelsfalle aber dann doch im Fahren aufspringen. Ganz im Gegensatz dazu stellt sich das Tempo des Ausbaus oder der Reform der institutionellen Struktur dar. Zwar werden in jeder Integrationsrunde weitreichende Konzepte – nicht zuletzt auch zur Demokratisierung des Systems – debattiert; wenn es dann aber zur Beschlussfas-sung kommt, werden allenfalls schwache Kompromissformeln erzielt, während größere Reformprojekte regelmäßig auf der langen Bank landen.

Das Resultat dieser widersprüchlichen Entwicklungen – bei gleichzeitig zu-nehmendem Handlungsdruck infolge einer Reihe von neuen Problemen und Her-ausforderungen – ist eine Systementwicklung, die auf einer Kette von institutionel-len Neuschöpfungen, vorübergehenden Hilfskonstruktionen, informellen Regelun-gen, kurz, auf einem erfindungsreichen Flickwerk beruht, das die in den Verträgen kodifizierte Systemstruktur extrem ausdifferenziert und teilweise auch deformiert. Damit gelingt es zwar einerseits, die vielfachen Lücken und Schwachstellen des Systems zu füllen oder zu überbrücken, und somit seine Funktionsfähigkeit und Steuerungskapazität kurzfristig zu erhalten oder gar zu verbessern; andererseits trägt aber gerade diese Vorgehensweise zur weiteren Verringerung der Transparenz, der Effizienz und auch der Kontrollierbarkeit des Systems bei, was sich nicht zuletzt in einer dramatisch sinkenden Akzeptanz der EU in der öffentlichen Meinung mani-festiert.

Insgesamt ist das EU-System somit von einer Reihe von Paradoxien gekenn-zeichnet, die sich in augenfälligen Diskrepanzen manifestieren:

– der Diskrepanz zwischen einer „schwachen" Systemstruktur und der „Stärke" ihrer politischen Entscheidungs- und Handlungsmacht;
– der Diskrepanz zwischen einer hochgradigen Fragmentierung politischer Ent-scheidungsfindung und der zentralisierenden Wirkung ihrer Beschlüsse;

– der Diskrepanz zwischen Macht und Ohnmacht der maßgeblichen Akteure und Institutionen; und schließlich
– der Diskrepanz zwischen einer Vielzahl von „großen Entwürfen" zur gezielten Ausgestaltung des Systems und seiner faktisch schritt- und stückweisen, quasi ungesteuert weiterwuchernden Entwicklung in widersprüchliche Richtungen und ohne erkennbares Endziel.

Angesichts solcher Diskrepanzen stellt sich die Frage, ob diese als Zufallsprodukte des Integrationsprozesses, als nicht intendierte Fehlentwicklungen, oder aber als notwendige Bestandteile der Herausbildung einer neuen politischen Ordnung jenseits des Nationalstaats zu werten sind. Anders ausgedrückt: Handelt es sich bei diesen Diskrepanzen um tatsächliche Schwächen des Systems oder markieren die Schwächen des Systems seine zentralen Merkmale und Stärken?

Vor dem Hintergrund der aufgeworfenen Fragen soll im Folgenden die EU als ein neuartiges politisches System, das sich jenseits des Nationalstaats herausbildet, analysiert werden. Dieser Analyse liegt die These zugrunde, dass die oben skizzierten Diskrepanzen keine Zufallsprodukte oder Fehlentwicklungen der Integration darstellen, sondern charakteristische Merkmale des EU-Systems sind. Dementsprechend werden im vorliegenden Buch zunächst der Prozess der Herausbildung dieses Systems, die darüber auskristallisierenden institutionellen Strukturen sowie die sich entfaltenden Funktionsmechanismen und Verfahrensweisen der Entscheidungsfindung und Politikimplementation einer eingehenden Analyse unterzogen. Des Weiteren werden die Grundstruktur des Systems, seine wesentlichen Komponenten, aber auch sein Aus- und Umbau sowie seine Erweiterung unter dem Einfluss eines erhöhten externen Handlungsdrucks und einer sich entfaltenden internen Entwicklungsdynamik analysiert. Schließlich werden die grundlegenden Funktionsmechanismen des Systems sowie seine konkreten Verfahrensweisen der Beschlussfassung und Konsensfindung, der Politikformulierung und -implementation herausgearbeitet. Insgesamt gilt es dabei, die spezifischen Merkmale das EU-System, die Dynamiken seiner Entfaltung sowie die Unterschiede zu herkömmlichen Formen politischer Ordnung zu erfassen. Zudem ist zu zeigen, in welcher Weise die EU die bestehenden politischen Systeme auf der nationalen Ebene ergänzt, transformiert oder gar ersetzt.

1.2 Themen und Fragestellungen

Vor dem Hintergrund der im Vorgehenden skizzierten Merkmale und Paradoxien des EU-Systems soll im Folgenden ein kurzer Überblick über die zentralen Themen und Fragestellungen des Buches gegeben werden.

In Kapitel 2 wird zunächst die Theoriebildung zum europäischen Integrationsprozess sowie zur EU als politischem System in den Blick genommen. Dabei wird ein breites Spektrum von theoretischen Ansätzen präsentiert, die zwei Fragen zu klären versuchen, die auch diesem Buch zugrunde liegen. Zum einen: Wie lässt sich die erstaunliche Dynamik der europäischen Integration erklären? Zum anderen: Wie ist das System, das über diesen Prozess auskristallisiert, zu charakterisieren? Ausgehend von Neo-Funktionalismus, Intergouvernementalismus und Föderalismus als den Eckpfeilern der Integrationstheorie werden in der Folge neuere Varianten dieser Ansätze ebenso wie gänzlich andersartige theoretische Zugänge vorgestellt und auf ihre Erklärungskraft bezüglich der obengenannten Fragen überprüft. In einem weiteren Schritt wird die jüngste theoretische Wende hin zur Erfassung der EU als postnationales politisches System beleuchtet. Zum Abschluss des Kapitels wird ein heuristisches Konzept entwickelt, das die EU als dualistisches oder bizephales System fasst; dieses Konzept fungiert als strukturierende Leitlinie für die gesamte Analyse des vorliegenden Buches.

Die folgenden zwei Kapitel vermitteln einen Überblick über den historischen Werdegang der europäischen Integration und die Herausbildung des EU-Systems. Kapitel 3 ist den ersten drei Phasen dieses Prozesses gewidmet, die durch den Wechsel zwischen beschleunigter Integration und Stagnation gekennzeichnet sind. Während in Phase 1 und 3 primär supranationale Integrationsschritte dominieren, steht Phase 2 im Zeichen intergouvernementaler Konfigurationen, die dem Integrationsmodell eine andere Richtung verleihen. Diese widersprüchlichen Entwicklungen werden einerseits mit der Notwendigkeit, einen institutionellen Rahmen für gemeinsames Handeln zu schaffen, andererseits dem Willen der Mitgliedstaaten, möglichst weitgehende Kontrolle über den Prozess zu behalten, begründet. Abschließend werden die zentralen Charakteristika der EU zusammengefasst, wie sie über die Wechselwirkung zwischen supranationaler Integrationsdynamik und intergouvernementaler Entscheidungsmacht auskristallisieren.

In Kapitel 4 wird die vierte Phase der europäischen Integration vorgestellt, in der die EU voll entfaltet ist, aber weiteren Veränderungen unterliegt. Diese Phase ist erneut von der Dominanz einer intergouvernementalen Systemkonstellation geprägt. Es kommt jedoch nicht zu einer Stagnation des Integrationsprozesses, wie dies in der zweiten Phase der Fall ist, sondern zu einer Stärkung der Handlungsfähigkeit der intergouvernementalen Organe. Dementsprechend ist diese Phase durch umfangreiche Erweiterungen der Union, eine signifikante Vertiefung der Integration sowie zunehmende innere Differenzierungen gekennzeichnet. Zum Abschluss des Kapitels wird der Gesamtprozess der Herausbildung des EU-Systems von seinen Anfängen bis zur Gegenwart zusammengefasst; darüber hinaus werden die internen und externen Einflussfaktoren für die ungleichmäßig voranschreitende Integration, ihre asymmetrische Form und schließlich ihr Ergebnis, die dualistische Struktur der EU, offengelegt.

In Kapitel 5 wird die institutionelle Grundstruktur des EU-Systems in ihren charakteristischen Merkmalen analysiert. Dazu werden die Organe der EU jeweils einzeln und in ihrem Verhältnis zueinander dargestellt: Kommission, Rat, Europäischer Rat, Parlament und schließlich der Gerichtshof. Für jedes Organ werden die Organisationsstrukturen, formalen Kompetenzen sowie faktischen Handlungsmöglichkeiten beleuchtet, sodass ein plastisches Bild ihrer Funktion im Gesamtgefüge der Union entsteht. Dabei wird deutlich, dass die institutionellen Akteure über breite Handlungsspielräume verfügen, aber auch wirkmächtigen Einschränkungen unterliegen. Insgesamt stellt sich die EU als ein System von widersprüchlich verfassten Institutionen dar, die sich gegenseitig ergänzen, aber auch einschränken. Aufgrund ihrer dualistischen Systemstruktur weicht die EU grundsätzlich von bekannten Formen politischer Ordnung ab, seien es internationale Organisationen oder nationale Staaten, auch wenn sie im Einzelnen bestimmte Merkmale mit diesen teilt.

In Kapitel 6 steht demgegenüber die Funktionsweise der EU im Zentrum. Hier geht es um die Analyse der Mechanismen und Verfahren der Entscheidungsfindung im Rahmen dreier Kategorien von Entscheidungen: der Gesetzgebung und Politikformulierung, der Weiterentwicklung der konstitutionellen Ordnung der EU, meist in der Form von Vertragsänderungen, sowie schließlich der Politikimplementation. Dabei werden einerseits die formalen Entscheidungsabläufe vorgestellt, andererseits aber auch die Praxis der Entscheidungsfindung erhellt, die sich teilweise erheblich von ihrem formalen Rahmen entfernt. Im Zentrum des Interesses steht die Interaktion zwischen den einzelnen Organen im Entscheidungsprozess, die durch vielfältige Versuche gekennzeichnet ist, die faktische Einflussnahme auf Entscheidungen über den formalen Kompetenzrahmen hinaus auszuweiten. Insgesamt zeigt dieses Kapitel, dass die Entscheidungsfindung im EU-System einerseits durch ein hohes Konfliktpotenzial, andererseits durch elaborierte Mechanismen der Kooperation und Konsensfindung strukturiert ist.

Kapitel 7 ist der Frage gewidmet, wie die einzelnen Organe ihre Handlungsstrategien entsprechend ihrer Position im Gesamtgefüge der Union ausrichten und optimieren. Für die supranationalen Organe geht es dabei um die maximale Nutzung bestehender Kompetenzen und anderweitiger Ressourcen sowie um interne Konsensfindung, um gegenüber Rat und Europäischem Rat mehr Einfluss ausüben zu können. Für die intergouvernementalen Organe ist die interne Konsensfindung ein Muss, wollen sie ihre Handlungsmacht voll ausspielen, oder gar eine Führungsrolle in der EU übernehmen. In beiden Fällen werden die Prozesse der internen Konsensfindung in starkem Maße von den interinstitutionellen Beziehungen strukturiert, die ihrerseits durch Konflikte und Konsenssuche bestimmt sind. Insgesamt verdeutlicht dieses Kapitel, wie die Akteure und Institutionen im EU-System versuchen, ihren Einfluss durch geeignete Strategien zur internen Konfliktminimierung sowie geschickte Taktiken gegenüber den anderen Organen auszuweiten oder gewisse Einschränkungen ihrer Verfasstheit zu kompensieren.

In Kapitel 8 geht es erneut um die Systemstruktur der EU, wobei jetzt deren Erweiterung und Ausdifferenzierung im Fokus steht. Im Einzelnen werden hier neue institutionelle Strukturen und Arrangements vorgestellt, die sich vornehmlich aufseiten der intergouvernementalen Systemdimension herausbilden, teilweise aber auch weder der einen, noch der anderen Seite zuzuordnen sind. Beispielhaft für die erstgenannte Entwicklung stehen die Zweite und Dritte Säule sowie ihre institutionellen Folgekonstrukte. Die letztgenannte Tendenz wird durch die Beschreibung einer Vielzahl von unabhängigen Agenturen, denen die Wahrnehmung spezieller Aufgaben obliegt, illustriert. Ein dritter Teil des Kapitels ist der Herausbildung von Formen der differenzierten Integration gewidmet, wie sie insbesondere in der Eurogruppe zum Ausdruck kommt. Insgesamt beleuchtet das Kapitel den permanenten Aus- und Umbau des EU-Systems, der zumeist die intergouvernementale Systemdimension stärkt, zugleich aber auch der schleichenden Machtausweitung der Kommission entgegenwirkt.

Kapitel 9 nimmt ebenfalls die Erweiterung und Ausdifferenzierung der EU in den Blick; hier geht es jedoch um die vertikale Strukturierung des Systems durch den Einbezug zunächst der nationalen sowie längerfristig auch der regionalen Regierungs- und Verwaltungsebene in die Funktionsweise der Union. Im Einzelnen wird gezeigt, wie sich über die europäische Gesetzgebung, die Beteiligung nationaler Akteure an europäischen Entscheidungsprozessen sowie die Implementation von EU-Politiken in den Mitgliedstaaten ein systemischer Nexus zwischen der europäischen und der nationalen Ebene herausbildet. Der Einbezug der regionalen Ebene erfolgt demgegenüber selektiver im Rahmen der speziell auf die Regionen zugeschnittenen Kohäsionspolitik. Zusätzlich zeigen aber auch die Regionen Präsenz auf der europäischen Ebene über ihre jeweiligen Vertretungen sowie den Ausschuss der Regionen. Insgesamt zeigt dieses Kapitel, wie sich die Union über vielfältige Interaktionen mit den „unteren" Ebenen langfristig als ein Mehrebenensystem konstituiert.

Kapitel 10 ist dem Einbezug nicht-staatlicher Akteure in das EU-System gewidmet. Im ersten Teil geht es zunächst um klassische Formen der Interessenvertretung und des Lobbyings auf der europäischen Ebene, die sich allerdings schnell als nicht so klassisch erweisen. So weist die Interessenvertretung in der EU hochgradig fragmentierte Strukturen auf; zudem sind die Zugangswege zu den Entscheidungsträgern sehr heterogen. Erstaunlich ist allerdings, dass nicht-staatliche Akteure auch in hohem Maße in die Politikfunktionen der EU einbezogen sind, etwa durch ihre Rolle in bestimmten Gesetzgebungsverfahren, in der Definition technischer Normen sowie in der Implementation von europäischen Politiken. Insgesamt zeigt das Kapitel auf, wie das EU-System in die ökonomische und gesellschaftliche Sphäre ausgreift, und so – in inhaltlicher und institutioneller Hinsicht – einen systemischen Nexus zwischen Staat und Markt sowie zwischen Staat und Gesellschaft herstellt und sich dabei in zunehmendem Maße auf Formen der gesellschaftlichen Selbststeuerung stützt.

In Kapitel 11 werden Bewertungsfragen zur EU thematisiert. Anhand der Kategorien Effizienz und Effektivität wird überprüft, was das System leistet und wo seine Defizite zu verorten sind. Dabei werden bestimmte Stärken und Schwächen in der

Struktur des Systems und seiner Funktionsweise herausgearbeitet sowie die Rahmenbedingungen für deren Akzentuierung oder Abmilderung erfasst. Bezogen auf die Effizienz der Systemstruktur der EU sowie ihrer Entscheidungsverfahren ergibt sich ein gemischtes Bild, indem beide Dimensionen durchaus effizient strukturiert sind, im Einzelnen aber zahlreiche Ineffizienzen auftreten. Die Effektivität des Systems, die an der Steuerungsfähigkeit in den einzelnen Politiken abgelesen wird, stellt sich als von drei interdependenten Faktoren abhängig dar: der Kompetenzausstattung der europäischen Ebene, der Länge der Steuerungskette sowie dem Grad der Autonomie der Mitgliedstaaten. Insgesamt wird die Effizienz und Effektivität der EU unter Berücksichtigung ihrer neuartigen systemischen Struktur als beachtlich gewertet.

In Kapitel 12 steht die demokratische Verfasstheit der EU sowie ihre demokratische Legitimation im Vordergrund. Einleitend werden zunächst das viel zitierte „demokratische Defizit" des Systems und insbesondere die entsprechenden Defizite des Europäischen Parlaments aufgezeigt. In einem zweiten Schritt werden die Möglichkeiten der Schaffung alternativer Formen demokratischer Repräsentation und Partizipation, wie sie einerseits von nationalen Vorbildern abgeleitet, andererseits als postnationale Praktiken konzipiert werden, in ihren Vor- und Nachteilen diskutiert. Schließlich werden in einem dritten Schritt die im EU-System angelegten Ansätze zur Herausbildung neuer Formen demokratischer Repräsentation, Partizipation und Legitimation analysiert. Diese werden in bestimmten Checks und Balances, in postnationalen Praktiken des EP, sowie in der Herausbildung von Formen assoziativer Demokratie verortet. Hauptthese ist dabei, dass es gerade die Defizite des EU-Systems sind, die Raum bieten für die Entwicklung alternativer demokratischer Praktiken.

Im 13. Kapitel schließlich wird der Versuch unternommen, das Gesamtsystem der EU unter den eingangs aufgeworfenen Fragestellungen analytisch zu fassen und die Triebfedern seiner Entwicklungsdynamik herauszuarbeiten. Dazu wird die EU zunächst durch mehrere Charakteristika erfasst, nämlich als Verhandlungs-, Verflechtungs- sowie als Mehrebenensystem. Zusammengenommen konstituieren diese Charakteristika die EU als dualistisches oder bizephales System, das auf einer einmaligen Kombination von intergouvernementalen und supranationalen Institutionen beruht. Die Entwicklungsdynamik der Union wird mit dieser widersprüchlichen Struktur begründet. So ruft der Strukturkonflikt zwischen intergouvernementalen und supranationalen Organen beziehungsweise zwischen den Interessen und Präferenzen, die diese jeweils repräsentieren, die institutionelle Ausdifferenzierung des Systems hervor. Die bizephale Struktur der EU und die daraus resultierende Prozessdynamik werden somit als Schlüssel zum Verständnis der europäischen Integration gewertet.

Kapitel 14 bietet abschließend einen kurzen Ausblick auf die Perspektiven der EU. Angesichts enormer externer Herausforderungen sowie anhaltender interner Friktionen wird hier diskutiert, ob und in welcher Weise die EU in der Lage ist, die jeweiligen Herausforderungen zu bewältigen und zugleich die nötigen Reformen der Systemstruktur zu implementieren. Zudem wird betont, dass die EU die enorme Kluft zwischen integrationsorientierten europäischen Eliten und einer zunehmend skeptischen Öffentlichkeit überbrücken muss, will sie weiterhin handlungsfähig bleiben.

2 Theoriebildung zur europäischen Integration und zur EU

Die im Vorgehenden skizzierten Merkmale und Widersprüche des EU-Systems haben auf vielfältige Weise die wissenschaftliche Analyse und Debatte angeregt. Speziell in der Politikwissenschaft gibt es eine lange Tradition von Erklärungsversuchen zur Herausbildung und Weiterentwicklung zunächst der EG (Europäische Gemeinschaft) und später der EU. Zwei Grundfragen haben die theoretische Debatte bestimmt: zum einen die Frage nach den Antriebskräften der Integration, den Akteuren, die sie vorantreiben, und auch den hemmenden Kräften, die sich der Integrationsdynamik entgegenstellen; zum anderen die Frage nach den Charakteristika des Systems, das über diesen Prozess auskristallisiert (vgl. zusammenfassend Rosamond 2000, Wiener und Dietz 2004, Bieling und Lerch 2005, Faber 2005, Neyer und Wiener 2011).

Antworten auf die erste Frage oszillieren zwischen der Betonung supranationaler Akteure und Dynamiken oder nationaler Regierungen als treibende Integrationskräfte. Bei der zweiten Frage wird, je nach Perspektive und Analyseziel, einmal der Staatscharakter des Systems, zum anderen seine Qualität als internationale Organisation hervorgehoben. Es versteht sich, dass zwischen beiden Fragen beziehungsweise den zugehörigen Antworten ein enger Zusammenhang besteht: Autoren, die den supranationalen Akteuren die vorantreibende Rolle im Integrationsprozess zuschreiben, betonen auch den Staatscharakter der EU, während Autoren, die die Entscheidungshoheit über den Integrationsprozess bei den Regierungen verorten, die EU eher als Variante einer internationalen Organisation fassen.

Während die erstgenannte Perspektive primär der Vergleichenden Politikwissenschaft zuzuordnen ist, wurde die letztgenannte im Rahmen des Fachgebiets der Internationalen Beziehungen entwickelt, das im Übrigen in der bisherigen Debatte die dominante Position innehatte. Allerdings verbinden sich in der Gegenwart beide Perspektiven zu neuen Fragestellungen und vielschichtigen Erklärungsansätzen. Im Folgenden soll die Theoriebildung zur europäischen Integration und zur EU als politischem System nachgezeichnet werden und in Schlussfolgerungen zum gegenwärtigen Erkenntnisstand ausmünden.

2.1 Klassische Theorien: Neo-Funktionalismus, Intergouvernementalismus, Föderalismus

Vonseiten der Internationalen Politik haben sich zwei Theorietraditionen als besonders fruchtbar für die Analyse der europäischen Integration erwiesen: einerseits der

Neo-Funktionalismus, der als spezielle Variante funktionalistischer Argumentationsmuster zu werten ist, andererseits der Intergouvernementalismus, der in die (neo-)realistische Theorietradition eingebettet ist. Während Ersterer speziell am Beispiel der EG/EU entwickelt wurde mit dem Erkenntnisziel, die innere Dynamik, die den Integrationsprozess vorantreibt, zu erhellen (vgl. Haas 1958, Lindberg und Scheingold 1970), bezieht sich Letzterer generell auf das Zustandekommen und die Funktionsweise internationaler Organisationen. Dabei geht es insbesondere um die Frage, in welcher Weise, in welchem Maße und unter welchen Bedingungen Kooperation oder gemeinsames Handeln zwischen interessengeleiteten Staaten möglich ist (Axelrod 1984, Keohane 1984).

Der *Neo-Funktionalismus* hat auf der Grundlage, aber auch in Abweichung von funktionalistischen normativen Modellen der internationalen Kooperation (Mitrany 1966), einen Erklärungsansatz für die innere Logik und Dynamik der europäischen Integration entwickelt (Haas 1958, vgl. auch Lindberg und Scheingold 1970, Schmitter 1971). So definiert Haas politische Integration als *„the process whereby political actors in several distinct national settings are persuaded to shift their loyalties, expectations and political activities toward a new centre, whose institutions possess or demand jurisdiction over the pre-existing national states"* (Haas 1958: 16, kursiv im Original). Zentraler Leitgedanke ist dabei das Konzept des Spill-over. Dieses besagt, dass Integration in ersten, begrenzten Teilbereichen aufgrund funktionaler Erfordernisse weitere Integrationsschritte auslöse, indem angrenzende Bereiche oder Politikfelder, die mit den vorher schon integrierten in einem engen funktionalen Zusammenhang stehen, ebenfalls auf die europäische Ebene übertragen werden. Auf diese Weise komme es zu einer Kette von Transfers politischer Aufgaben und Funktionen, bis schließlich das neue Zentrum als Hauptebene politischer Steuerung fungiere (Haas 1958: 16). Haas nimmt sogar an, „the end-result of a process of political integration is a new political community, super-imposed over the pre-existing ones" (Haas 1958: 16).

Die funktionale Notwendigkeit der Übertragung von Staatsaufgaben und Politikfeldern auf die europäische Ebene wird jedoch nicht als eine *a priori* gegebene oder gar deterministisch sich vollziehende angenommen, wie es dem Neo-Funktionalismus oft unterstellt wird. Vielmehr sind es integrationsorientierte Akteure, in erster Linie politische Eliten, die die Vorteile weiterer Integrationsschritte in benachbarten Bereichen und Politikfeldern erkennen und dementsprechend den Prozess vorantreiben. In dem Maße allerdings, wie mehr und mehr Aufgaben und Funktionen auf die europäische Ebene übertragen werden, richten auch andere Akteure – politische Parteien, Interessengruppen, transnationale Organisationen und Verbände – ihre Aktivitäten und Loyalität zunehmend auf die neue Ebene der Entscheidungsfindung. So betont Haas: „integration is the result of specific decisions made by governments acting in conjunction with politically relevant, organised groups" (Haas 1958: 285).

Nicht von ungefähr wurde die neo-funktionalistische Theorie in den frühen Jahren der europäischen Integration entwickelt, in denen spektakuläre Fortschritte erzielt werden konnten. Dementsprechend erklärt der Neo-Funktionalismus vor allem den inkrementellen Charakter der europäischen Integration und insbesondere deren schrittweise Ausweitung auf neue Politikfelder und Themenbereiche: zum Beispiel die aufeinanderfolgende Gründung der drei Gemeinschaften[1], den Übergang von der Schaffung des gemeinsamen Marktes zu einer gemeinsamen Agrarpolitik sowie den Übergang von der Vollendung des Binnenmarkts zu einer Währungsunion. Nicht erklären lassen sich jedoch hierüber die wiederholten Stagnationsphasen des Integrationsprozesses sowie das Ausbleiben von Integrationsschritten, die im funktionalen Sinne durchaus nahegelegen hätten und häufig auch auf der politischen Agenda standen (vgl. Sandholtz und Zysman 1989).

Der Intergouvernementalismus stellt demgegenüber bei der Analyse der europäischen Integration die zwischenstaatliche Kooperation ins Zentrum des Interesses, wobei die kooperierenden Staaten als nutzenmaximierende, interessengeleitete und rational handelnde Akteure gefasst werden. Dementsprechend kann zwischenstaatliche Kooperation oder gemeinsames Handeln im Rahmen internationaler Organisationen zustande kommen, wenn die Erzielung besserer Resultate beziehungsweise konkreter Vorteile (im Vergleich zur Nichtkooperation) zu erwarten ist (Keohane 1984). Weitere Motive können die Möglichkeiten zu Tauschgeschäften zwischen den Kooperationspartnern oder auch nur die Angst vor Nachteilen im Falle des drohenden Ausschlusses von der Kooperation sein.[2] Entsprechend diesen Konzeptionen lässt sich das Zustandekommen und die Weiterentwicklung der europäischen Integration als eine Serie von intergouvernementalen Bargains[3] erklären, wobei Integrationsfortschritte immer dann erzielt werden, wenn es eine Konvergenz der Interessen gibt oder wenn es gelingt, mögliche Nachteile von Integrationsschritten für einzelne Verhandlungspartner durch Paketlösungen oder zusätzliche kompensatorische Maßnahmen wie Side-Payments[4] auszugleichen (Hoffmann 1966 und 1982, Taylor 1983, Keohane und Hoffmann 1991).

Allerdings sind die Vertreter des Intergouvernementalismus skeptisch in Bezug auf die Realisierung solcher Integrationsschritte im europäischen Rahmen. So betont Hoffmann, dass die nationalen Staaten nach wie vor die wichtigsten Einheiten

---

1 Dies sind die Europäische Gemeinschaft für Kohle und Stahle (EGKS), die Europäische Wirtschaftsgemeinschaft (EWG) sowie die Europäische Atomgemeinschaft (EURATOM).

2 Speziell für die EG zog Moravcsik diese Argumentation für die Zustimmung Großbritanniens zur Einheitlichen Europäischen Akte (EEA) heran (Moravcsik 1991).

3 Deutsch: Abkommen, Handel. In der Politikwissenschaft bezeichnet der Begriff vor allem Verhandlungen zwischen interessengeleiteten Akteuren, die möglichst ihren eigenen Vorteil zu maximieren versuchen.

4 Deutsch: Ausgleichszahlungen. In der Politikwissenschaft bezeichnet der Begriff Finanztransfers oder auch nicht-materielle Zugeständnisse an Verhandlungspartner, um deren Zustimmung zu einer angestrebten Entscheidung zu erhalten.

des internationalen Systems seien. Zudem seien Staaten, die in einer regionalen Einheit kooperierten, „differently subjected and attracted to the outside world"; das bedeute, die Diversität zwischen ihnen „seems to sharpen rather than to shrink" (Hoffmann 1966: 865). Folgerichtig schließt er, dass regionale Integrationsschritte „can fail [...] when there are differences in assessment of the national interest" (Hoffmann 1966: 867). Als Beweis für diese skeptische Schlussfolgerung präsentiert Hoffmann eine detaillierte Beschreibung der gravierenden Unterschiede zwischen den sechs Gründerstaaten der EG.

Intergouvernementalistische Theorieansätze sind besonders geeignet, um das Scheitern projektierter Integrationsschritte beziehungsweise die Stagnation des Integrationsprozesses über längere Zeiträume zu erklären (Taylor 1983). Außerdem lassen sich die Asymmetrien der europäischen Integration – zum Beispiel zwischen ökonomischer und politischer Integration, zwischen Marktschaffung und sozialstaatlichen Regelungen, zwischen der europäischen Wirtschafts- und Währungsunion (WWU) und einzelstaatlicher Fiskal- sowie Wirtschaftspolitik – mit solchen Ansätzen gut erklären. Der Intergouvernementalismus bietet jedoch kaum Möglichkeiten, die offensichtliche Eigendynamik der Systementwicklung der EU oder die Bedeutung der supranationalen Akteure, beispielsweise der Kommission oder des Gerichtshofs, für den Fortgang der Integration zu erfassen oder gar zu erklären. Hier ist allerdings zu berücksichtigen, dass die skeptischen intergouvernementalistischen Erklärungsansätze vornehmlich in den Jahren formuliert wurden, in denen der Integrationsprozess sichtbar stagnierte (vgl. Kap. 3.2).

Beziehen sich die im Vorgehenden skizzierten Theorieansätze primär auf die Dynamik der europäischen Integration, auf die Entscheidungsprozesse, die sie vorantreiben, und auf die Akteure, die sie tragen, so sagen sie nur wenig aus über das System, das darüber auskristallisiert. Wird dieses im Rahmen des Intergouvernementalismus als primär zwischenstaatliches und somit implizit als internationale Organisation oder als internationales Regime angenommen (Hoffmann 1982), so geht der Neo-Funktionalismus davon aus, dass langfristig eine „political community" auf der europäischen Ebene entstehen werde, die einen supranationalen Charakter annehme und somit den nationalen Staaten übergeordnet sei (Haas 1958: 16).

In der Vergleichenden Politikwissenschaft hat sich demgegenüber bereits in der Frühphase der Integration das Konzept des *Föderalismus* als analytisch und zugleich normativ fruchtbar erwiesen. So erwarteten Wissenschaftler, aber auch integrationsorientierte Politiker und Bürger, dass die EG sich nach dem Vorbild der USA zu „Vereinigten Staaten von Europa" entwickle. Die Herausbildung eines föderalen europäischen Staates wurde somit als ein (normatives) Endziel der Integration gesehen (Rosamond 2000: 23, Burgess 2004: 31–34). Dennoch wurde auch die Struktur und Funktionsweise der EG unter der Föderalismusprämisse analysiert (Pinder

1986).[5] Die Mehrebenenstruktur der EG, die gemeinsamen Entscheidungen in Minis-terrat und Europäischem Rat sowie die weitreichenden Kompetenzen der supranati-onalen Institutionen schienen alle die föderale Analogie zu bestätigen (Scharpf 1991, Burgess 2000, Nicolaïdis und Howse 2003, Benz 2006). Umgekehrt konnten unter der föderalen Perspektive auch die Defizite des Systems erfasst werden: allen voran die fehlende oder unvollkommene Gewaltenteilung zwischen den EU-Organen, die unklare Kompetenzabgrenzung und fehlende Hierarchisierung zwi-schen der europäischen und der nationalen Ebene sowie schließlich das demokrati-sche Defizit des Systems und seine geringe Responsivität gegenüber den Bürgern. Das Föderalismuskonzept bietet somit einen Maßstab zur Einordnung und Bewer-tung der Grundstruktur des EU-Systems und zur Erfassung seines dualistischen Charakters; es kann aber kaum Aussagen treffen über das Warum des Zustande-kommens dieser Struktur, über die Dynamik ihrer weiteren Entfaltung oder Nicht-entfaltung und schon gar nicht über die wiederholten Stagnationsphasen im Integ-rationsprozess.

Die bisher skizzierten Theoriestränge, die die Debatte um die europäische In-tegration von deren Anfängen bis zur Mitte der 80er Jahre begleiteten, beziehen sich im Wesentlichen auf das Zustandekommen und den Prozess der europäischen In-tegration sowie auf die Grundstruktur des Systems, das dabei auskristallisiert; sie berücksichtigen jedoch kaum dessen einzelne Institutionen sowie seine Funktions-weise. Zudem stehen die Theorien in einem scharfen Gegensatz zueinander, was ihren praktischen Erklärungswert einschränkt. Allerdings erweist es sich auch als unmöglich, eine Synthese aus diesen Theoriesträngen zu entwickeln, da sie sich – soweit konsequent angewendet – wechselseitig ausschließen und sich somit kaum zu einer schlüssigen Gesamterklärung im Sinne einer „grand theory" verbinden lassen. Die skizzierten Theoriekonzepte sind somit als ein Koordinatenfeld zu wer-ten, in das das EU-System eingeordnet werden kann, ohne dass es mit der einen oder anderen dieser Koordinaten gleichzusetzen wäre.

2.2 Neuinterpretation der klassischen Theorien

Die rapide Ausdifferenzierung des EU-Systems ab Mitte der 80er Jahre sowie die deutlicher in Erscheinung tretenden Spezifika seiner Verfahrensweisen der Ent-scheidungsfindung und Politikimplementation begünstigten in der Folge einen frischen und partiell auch veränderten Blick auf die Objekte der Analyse, die Dyna-mik des Integrationsprozesses sowie das politische System der EG/EU.

---

5 Diese besagt, dass eine Föderation den Zusammenschluss weitgehend selbstständiger Glieder in einer politischen Gemeinschaft beinhaltet. Letztere kann sowohl einen lockeren Staatenbund als auch einen hoch integrierten Bundesstaat beinhalten.

Zwar bezog sich die Fachdebatte weiterhin auf die im vorgehenden Abschnitt vorgestellten Großtheorien: Neo-Funktionalismus, Intergouvernementalismus und Föderalismus; es wurde aber wesentlich expliziter als zuvor anerkannt, dass die EU eine Doppelstruktur von intergouvernementalen und supranationalen Systemelementen und entsprechenden Verfahrensweisen aufweist und dass die jeweiligen Erklärungsansätze nicht in der Lage sind, den „ganzen Elefanten" zu erfassen (Puchala 1972), sondern allenfalls Teilaspekte erhellen. Auf der Grundlage einer solchen Einschränkung konnte dann auch der Erklärungswert einzelner Theoriestränge für Teilaspekte des Systems der EG/EU exploriert werden, während das Gesamtsystem eher mit einer Kombination verschiedener Ansätze zu erfassen versucht wurde. Es entspann sich daher eine intensive Debatte über die Frage, welche Kräfte, Dynamiken und Institutionen den Integrationsprozess vorantreiben und ob eher supranationale Akteure oder nationale Regierungen die entscheidende Rolle in diesem Prozess spielen.

Den Auftakt der Debatte bildete ein Aufsatz von Wayne Sandholtz und John Zysman (1989), deren Ziel es war, den neuerlichen Integrationsaufschwung ab Mitte der 80er Jahre zu erklären. Die Autoren sahen insbesondere supranationale sowie nicht staatliche Akteure als Hauptverantwortliche für diesen Aufschwung: einerseits die Europäische Kommission, die „effective policy leadership" ausübte; andererseits eine transnationale Koalition von Industriellen, die „the Commission's efforts" unterstützte (Sandholtz und Zysman 1989: 96). Sandholtz und Zysman sahen aber darüber hinaus auch noch andere Faktoren am Werk, die das „recasting the European bargain" (Titel des Aufsatzes) auslösten: Veränderungen im situativen Kontext, so insbesondere Strukturveränderungen in der internationalen Wirtschaft, sowie die Wende zu neoliberalen Lösungen für wirtschaftliche Probleme, die ihrerseits ein Umdenken der nationalen Regierungen auslöste und zu erneuten „elite bargains" über die Vorschläge der Kommission führte. Vor allem die Kehrtwende des französischen Präsidenten Mitterand hin zu europäischen Lösungen statt nationalen Alleingängen sehen die Autoren als entscheidenden Impuls. Wenngleich Sandholtz und Zysman ihr Konzept als neuen Erklärungsansatz vorstellten, wurden sie in der Folge doch mit dem Neo-Funktionalismus identifiziert. Insbesondere ihre Betonung der Bedeutung der supranationalen und nicht-gouvernementalen Akteure bestärkte diese Interpretation.

Eine explizite Gegenposition zu diesem Erklärungsansatz wurde in den Folgejahren von Andrew Moravcsik (1991, 1993 und 1998) bezogen. Zunächst legt er eine empirisch untermauerte Studie zur Einheitlichen Europäischen Akte (EEA) vor, die die dominante Rolle der Mitgliedstaaten beim Zustandekommen dieses ersten grundlegend neuen Vertragswerks seit der Gründung der Gemeinschaften postulierte (Moravcsik 1991). Später arbeitete er diesen Ansatz zu einer konsistenten Theorie aus, die er als „liberal intergovernmentalism" bezeichnete (Moravcsik 1993 und 1998). Dabei geht Moravcsik davon aus, dass bedeutende Integrationsschritte, die in Vertragsänderungen kulminieren, die entscheidenden Stadien des Aufbaus eines neuen politischen Systems seien. In seinen Augen sind es die nationalen Regierungen mit ihren politischen Präferenzen, die zwischen ihnen geführten harten Verhandlungen und schließlich die daraus resultierenden institutionellen Entscheidungen, die den Integrationsprozess vorantreiben und in seiner konkreten Ausgestaltung prägen. Die Verhandlungsposition jedes einzelnen Staates wird zunächst durch eine Präferenzbildung im nationalen Rahmen bestimmt, wobei ökonomische Kräfte besonders einflussreich sind; geopolitische Interessen spielen aber auch eine gewisse Rolle. Mitgliedstaaten mit einem ausgeprägten nationalen Interesse an weiteren Integrationsschritten treten nach Moravcsik als Policy-Entrepreneur in intergouvernementalen Verhandlungen auf.

Die Schaffung von europäischen Institutionen ergibt sich aus dem Wunsch der Mitgliedstaaten, ein „credible commitment", also eine glaubwürdige Verpflichtung, einzugehen. Grundsätzlich werden Integrationsfortschritte in der Form von Vertragsreformen dann realisiert, wenn die Präferenzen der Mitgliedstaaten konvergieren; ist dies jedoch weniger der Fall, werden Staaten mit ausgeprägter Integrationspräferenz bereit sein, Konzessionen in der Form von Side-Payments gegenüber weniger integrationsbereiten Staaten zuzugestehen. Einzelne Staaten können sogar unerwünschten Reformen zustimmen, wenn sie andernfalls Nachteile befürchten, so etwa den Ausschluss von für sie vorteilhaften Integrationsschritten, wie es beispielsweise für Großbritannien bei den Verhandlungen um die EEA galt (Moravcsik 1991). Moravcsiks Theorieansatz weist somit weitgehende Übereinstimmungen mit dem klassischen Intergouvernementalismus auf, auch wenn er wesentlich präziser umreißt, unter welchen Umständen Integration *trotz* nationaler Divergenzen zustande kommen kann. Übereinstimmend mit dem klassischen Ansatz lehnt Moravcsik auch jegliche Bedeutung der Kommission für den Integrationsprozess ab; er wertet sie allenfalls als ein Sekretariat, das die Entscheidungen der Mitgliedstaaten vorbereitet oder ausführt.

Moravcsik kommt das Verdienst zu, dass er einen intergouvernementalen Erklärungsansatz für Fortschritte im Integrationsprozess formuliert hat, die sogar dann noch erzielt werden können, wenn die Präferenzen der Mitgliedstaaten nicht konvergieren. Zudem fand seine Theorie wegen ihrer logischen Konsistenz breite Anerkennung unter Fachkollegen. Allerdings löste sie auch eine Flut von Kritik aus, die bis zur Gegenwart anhält (z. B. Sandholtz und Stone Sweet 1998, Wallace, H. et al. 1999). Insbesondere die Negierung jeglicher Rolle der supranationalen Akteure und speziell der Kommission im Integrationsprozess sowie die einseitige Betonung nationaler Regierungen als alleinigen Gestaltern des Prozesses wurden mit vielfältigen theoretischen Gegenargumenten und empirischen Fallbeispielen widerlegt. Außerdem wurde die empirische Basis des liberalen Intergouvernementalismus als zu schmal kritisiert: Der Integrationsprozess vollziehe sich nicht lediglich über Vertragsreformen, sondern auch über zahlreiche andere kleinere und größere Veränderungen; zudem habe Moravcsik im Rahmen der Vertragsverhandlungen lediglich drei Staaten untersucht (Wallace, H. et al. 1999).

Die Bedeutung von Moravcsik's Theorie liegt vor allem in dem Umstand, dass sie nicht nur Kritik, sondern auch und besonders die Ausformulierung alternativer Ansätze auslöste. Dies führte zunächst zu Konzepten, die primär neo-funktionalistische Argumentationsmuster aufgriffen, wie im Folgenden gezeigt wird. Längerfristig kam es allerdings zur Erarbeitung neuer Erklärungsmuster, die andere Groß- und Metatheorien heranzogen, womit schließlich die Dichotomie zwischen Neo-Funktionalismus und Intergouvernementalismus überwunden wurde (vgl. Kap. 2.3).

Die Wiederbelebung und zugleich Weiterentwicklung des Neo-Funktionalismus vollzog sich vor allem durch die Betonung der Bedeutung bestimmter Akteure im Integrationsprozess sowie die Neuinterpretation des Konzepts des Spill-over. So präsentierten Burley und Mattli 1993 eine „political theory of legal integration" (Untertitel ihres Aufsatzes), die den Europäischen Gerichtshof (EuGH) als entscheidenden Akteur im Integrationsprozess sah. Denn in den Augen der Autoren hat es dieser „unsung hero" mit seinen 13 Richtern geschafft, „to transform the Treaty of Rome [...] into a constitution" (Burley und Mattli 1993: 41–42). Dieser Prozess lasse sich am besten erklären mit dem „original neo-functionalist model developed by Ernst Haas" (Burley und Mattli 1993: 43). Dabei sei vor allem die Logik des Spill-over am Werk gewesen. Durch eine Serie von Gerichtsurteilen habe der EuGH zunächst das Prinzip der unmittelbaren Wirksamkeit europäischer Gesetze für die Bürger der Mitgliedstaaten sowie des Vorrangs des EG-Rechts vor dem der nationalen Ebene etabliert. Außerdem sei es zu gesetzlichem Spill-over von ursprünglich rein ökonomischen Regelungen zu anderen Politikbereichen und -feldern gekommen. Darüber hinaus sehen die Autoren im Neo-Funktionalismus Vorteile, da er die unabhängige Variable des Integrationsprozesses am besten erfasse, denn „the drivers of this process are supranational and sub-national actors pursuing their own self interests" (Burley und Mattli 1993: 43). Obwohl Burley und Mattli lediglich die rechtliche Integration im Rahmen der EG/EU untersuchen, betonen sie auch die Bedeutung der Kommission für den Integrationsprozess, denn diese könne „national barriers" überwinden (Burley und Mattli 1993: 54).

In ähnlicher Weise argumentierte Maria Green Cowles (1995), indem sie nicht-staatliche Akteure als bedeutende Förderer der europäischen Integration hervorhob. Nach dieser Lesart war es der European Round Table of Industrialists (ERTI), dem es gelang, das Projekt des gemeinsamen Marktes zu definieren und auch seine Umsetzung voranzutreiben. Gleichzeitig wendet sie sich explizit gegen intergouvernementalistische Argumentationsmuster, denn diese „cannot explain the activities of the key non-state actors in the 1992 process" (Cowles 1995: 521). Sie wendet sich aber auch gegen den Neo-Funktionalimus und schließt ihren Aufsatz mit der Bemerkung „that new conceptualizations of European integration are necessary" (Cowles 1995: 523). Dennoch ist das von ihr vorgeschlagene Konzept im Wesentlichen dem neo-funktionalistischen Theoriespektrum zuzuordnen.

Die wohl originellste Neuinterpretation des Neo-Funktionalismus hat Corbey präsentiert mit ihrem Versuch, sowohl die Fortschritte als auch die Stagnationsphasen im Integrationsprozess zu erklären. Denn der von ihr als „dialectical functionalism" bezeichnete Ansatz „provides a conception of the internal dynamic that drives the cycle" (Corbey 1995: 253). Diese Dynamik vollzieht sich über die Interaktion und Wechselwirkung zwischen der europäischen und der nationalen Ebene. Der Zyklus beginnt mit Integrationsschritten in einem Sektor. Die Mitgliedstaaten versuchen sodann, ihre Souveränität in angrenzenden Bereichen zu bewahren, indem sie „safeguard functionally linked areas against integration" (Corbey 1995: 263). Zudem intervenieren sie zunehmend in den angrenzenden Bereichen: „either to compensate for the loss of autonomy, or to improve national competitiveness in relation to other countries, or both" (Corbey 1995: 263). Dies führt zu Stagnation im Integrationsprozess; als Beispiel nennt die Autorin die Einführung von nicht-tarifären Handelshemmnissen durch die Mitgliedstaaten als Reaktion auf die Bildung des gemeinsamen Marktes. Wenn dann aber das politische Konkurrenzverhalten der Mitgliedstaaten kontraproduktiv wird, wie es sich insbesondere bei den nicht-tarifären Handelshemmnissen gezeigt hat, kommt es zu erneuten Integrationsschritten: „policy preferences converge and further integration is demanded [...] or supplied by the European Commission" (Corbey 1995: 265). Interessengruppen spielen in diesem Ansatz ebenfalls eine Rolle: Oftmals üben sie Druck aus auf nationale Regierungen, um die angrenzenden Bereiche vor Integration zu schützen. Wenn nationale Regierungen Integrationsschritte beschließen, wollen sie sich häufig auch von solchem Druck befreien. Insgesamt beruht Corbey's Theorie auf der Grundannahme, dass Spill-over-Prozesse nicht ausschließlich auf der europäischen Ebene anfallen, sondern sich über das Wechselspiel zwischen europäischer und nationaler Ebene herausbilden.

Der Wert der hier präsentierten theoretischen Ansätze liegt in der Wiederbelebung (Burley und Mattli, Cowles) oder sogar Neuformulierung (Corbey) des Neo-Funktionalismus sowie in der Betonung von Akteuren sowie Dynamiken im Integrationsprozess, die von Moravcsik weitgehend ausgeschlossen wurden. Damit bedeuteten sie einen wichtigen Schritt zur Überwindung der Einseitigkeit des liberalen Intergouvernementalismus. Diese Ansätze beleuchteten zumeist aber nur ausgewählte Akteure, Phasen, Dynamiken und Prozesse der Integration, während andere Aspekte vernachlässigt wurden. Zudem waren diese Ansätze immer noch von den Internationalen Beziehungen inspiriert, während sich die EG/EU inzwischen zu einem eigenständigen politischen System entwickelt hatte. Nicht von ungefähr gewannen daher Theorieansätze aus dem Spektrum der Vergleichenden Politikwissenschaft zunehmend an Bedeutung. Obwohl die Debatte weiterhin auf die Kritik von Moravcsiks Theorie abzielte, stützte sie sich immer weniger auf neo-funktionalistische Erklärungsansätze; vielmehr wurden völlig neue theoretische Wege zur Erfassung der EG/EU und der Dynamik ihrer Entfaltung eingeschlagen.

2.3 Theoretische Alternativen: Institutionalismus, Mehrebenen-Governance, Sozialkonstruktivismus

Während einige Autoren den Neo-Funktionalismus wiederbelebten, entdeckten andere den *Institutionalismus* als einen Ansatz, um wesentlich genauer zu erfassen, warum der europäische Integrationsprozess nicht ausschließlich von den Entscheidungen der Regierungen der Mitgliedstaaten abhing und abhängen konnte. Bereits in den 1980er Jahren hatten March und Olsen (1984, 1989) diesen Weg erschlossen, indem sie ein gänzlich neues Verständnis der Bedeutung von Institutionen in der Politik propagierten. Ihr Konzept des *neuen Institutionalismus* fand breite Resonanz in der Politikwissenschaft und speziell im Bereich der Forschung zur europäischen Integration.

Die Hauptthese der Autoren bestand in der Annahme, dass Institutionen nicht lediglich gesellschaftliche Kräfte widerspiegeln; vielmehr seien sie „collections of standard operating procedures and structures that define and defend interests. They are political actors in their own right." (March and Olsen 1984: 738). Ferner vertraten sie die Ansicht, dass politische Entscheidungen weniger von der Logik der Folgewirkungen („logic of consequentialism"), als vielmehr von der der Angemessenheit („logic of appropriateness") induziert seien. Kollektive Entscheidungen seien daher nicht „based on calculated self-interest" (March and Olsen 1984: 735), sondern Folge des Umstands „that political actors associate certain actions with certain situations by rules of appropriateness" (March and Olsen 1984: 741). Diese neue Sichtweise auf die Rolle von Institutionen wurde breit rezipiert; in der Folge kam es denn auch zu einer Ausdifferenzierung von mehreren Varianten des Neo-Institutionalismus, die von Hall und Taylor (1996) als historischer, Rational-Choice- sowie soziologischer Institutionalismus bezeichnet wurden.

Nach Hall und Taylor stehen beim *historischen Institutionalismus* Institutionen als formale Organisationen im Vordergrund, wobei vor allem die Machtbeziehungen zwischen ihnen Untersuchungsgegenstand sind. Das Verhalten von Institutionen wird im Wesentlichen mit Pfadabhängigkeit („path dependency") erklärt, das heißt, vorangegangene Entscheidungen und institutionelle Konfigurationen gestalten und bestimmen in erheblichem Maße Folgeentscheidungen und -entwicklungen. Zudem räumen historische Institutionalisten unintendierten Konsequenzen von politischen Entscheidungen breiten Raum ein.

Der *Rational-Choice-Institutionalismus* basiert dagegen auf einem Konzept von Institutionen als Organisationsformen, die das Verhalten der Akteure strukturieren. Organisationsformen in diesem Sinne können Regeln, Normen oder auch formale Organisationen sein. Die Akteure haben bestimmte Präferenzen und verhalten sich instrumentell; die strategischen Interaktionen zwischen ihnen, die von Institutionen strukturiert und eingeschränkt werden, bestimmen die politischen Entscheidungen und Auswirkungen.

Der *soziologische Institutionalismus* vertritt demgegenüber ein wesentlich breiteres Konzept von Institutionen; die entsprechenden Definitionen umfassen „not just formal rules, procedures or norms, but the symbol systems, cognitive scripts, and moral templates that provide ‚the frames of meaning' guiding human action" (Hall and Taylor 1996: 947). Vertreter dieser Richtung sehen daher Handlungen und Entscheidungen von Akteuren nicht einfach als rational oder strategisch motiviert, sondern als Folge von kulturellen Praktiken.

Das Konzept des Neo-Institutionalismus führte zu einem fundamentalen Umdenken in der theoretischen Debatte zur europäischen Integration. Während es anfangs nur der Zurückweisung der Annahmen des liberalen Intergouvernementalismus diente, entwickelte es sich bald zur dominanten Theorieperspektive in der gesamten Europaforschung (Pollack 2004). Dies beinhaltete eine Verschiebung von der Frage nach den Ursachen und Dynamiken der Integration hin zur Analyse des Verhaltens der EU-Institutionen und Akteure sowie der Interaktionen zwischen ihnen. Überdies beinhaltete es eine Verschiebung von den Theorien der Internationalen Beziehungen hin zu solchen der Vergleichenden Politikwissenschaft. Diese Verschiebung eröffnete ihrerseits neue Wege zum Einbezug einer Reihe von theoretischen Ansätzen, die von der Analyse nationaler politischer Systeme abgeleitet waren. Zunächst waren es allerdings der historische sowie der Rational-Choice-Institutionalismus, die die Hauptrolle bei der Überwindung des traditionellen theoretischen Denkens spielten.

Paul Pierson (1996) war einer der Ersten, der eine Erklärung im Rahmen des *historischen Institutionalismus* für „The Path to European Integration" (Titel seines Aufsatzes) präsentierte (siehe auch Bulmer 1993 und 1998, Olsen 2010). Im Gegensatz zu Moravcsiks Annahmen argumentierte er, dass die Mitgliedstaaten im Laufe des Integrationsprozesses aus verschiedenen Gründen die Kontrolle über diesen verlieren. Der Kontrollverlust könne Folge autonomer Aktivitäten der supranationalen Institutionen sein, aber auch aus der Orientierung der Mitgliedstaaten auf kurzfristige Interessen resultieren, ebenso wie aus nicht-intendierten Folgewirkungen ihrer Entscheidungen oder der Instabilität ihrer Präferenzen. Wenn dann „gaps in control emerge, change-resistant decisions and sunk costs make it difficult for member states to reassert their authority" (Pierson 1996: 123). Pierson argumentiert somit, dass nicht nur supranationale Akteure, sondern auch der Weg des historischen Prozesses, unvorhersehbare Konsequenzen von Entscheidungen und institutionellen Festlegungen sowie die Hindernisse der Anpassung institutioneller Strukturen an veränderte Bedürfnisse die Kontrolle der nationalen Regierungen über den Integrationsprozess erschweren. Mit diesem Erklärungsansatz überstieg Pierson nicht nur den liberalen Intergouvernementalismus, sondern auch den Neo-Funktionalismus.

In ähnlicher Weise postulierte Mark Pollack im gleichen Jahr, dass der *Rational-Choice-Institutionalismus* die geeignete theoretische Perspektive auf den europäischen Integrationsprozess biete, denn er überwinde die „impasse" zwischen Intergouvernementalismus und Neo-Funktionalismus (Pollack 1996: 430). Nach Pollacks Ansicht vertreten sowohl der historische wie der Rational-Choice-Institutionalismus die Position, „once created, institutions ‚take on a life of their own', acting as independent or intervening variables between the preferences and the power of the member governments on the one hand, and the ultimate policy outputs of EC governance on the other" (Pollack 1996: 431). Zwar seien es anfangs die Regierungen der Mitgliedstaaten, die institutionelle Entscheidungen aufgrund nationaler Präferenzen und intergouvernementaler Verhandlungen treffen. Damit delegieren die Regierungen jedoch Aufgaben an supranationale Agenten; diese „enjoy considerable discretion from the collective preferences of the member states" (Pollack 1996: 433).

Pollack fasst die Beziehung zwischen nationalen Regierungen und den EU-Institutionen als Principal-Agent-Verhältnis, bei dem die Mitgliedstaaten als kollektive Prinzipale auftreten, während die supranationalen Institutionen als ihre Agenten fungieren (Pollack 2003). Dementsprechend formuliert er zunächst die Mechanismen institutioneller Entscheidungen und die Bedingungen, die sie einschränken, z. B. die Einstimmigkeitsregel im Rat. Sodann umreißt er die Bedingungen, die es supranationalen Akteuren ermöglichen, „independent causal influence on EC policy outcomes" auszuüben (Pollack 1996: 444). Solche Möglichkeiten können beispielsweise aus Informationsvorteilen gegenüber den Mitgliedstaaten resultieren, oder wenn die Letzteren nicht in der Lage sind, wirksam Kontrolle über ihre Agenten auszuüben. In diesem Zusammenhang verweist der Autor insbesondere auf die Macht der Kommission, die Agenda zu bestimmen.

Insgesamt definiert Pollack im Rahmen des Rational-Choice-Institutionalismus ein ganzes Spektrum von Umständen, die den supranationalen Agenten Ermessensspielräume für selbstständiges Handeln eröffnen. Allerdings betont er auch: „the primary emphasis in institutional analysis is indeed on institutions as intervening rather than independent variables, and the ultimate causes of European integration do typically remain exogenous to the theory" (Pollack 1996: 454, siehe auch Pollack 2004: 154). Damit verweist er auf die Grenzen des neuen theoretischen Ansatzes: Dieser erkläre Prozesse, die sich im Rahmen der institutionellen Struktur der EU vollziehen, nicht jedoch, wie und warum sich diese Struktur herausgebildet hat.

Der Neo-Institutionalismus beschränkte sich nicht nur auf die Erfassung der Rolle der supranationalen Institutionen im Integrationsprozess; er ermöglichte auch die Erforschung einer Reihe von anderen Dimensionen der EU. Simon Bulmer (1993 und 1998) zum Beispiel untersuchte mithilfe des historischen Institutionalismus die Herausbildung des gemeinsamen Marktes. Fritz Scharpf (1985, 1988 und 2006) entwickelte sein Konzept einer Politikverflechtungsfalle in europäischen Entscheidungsprozessen, die besonders in Fällen einstimmiger Beschlüsse zuschnappen kann. Geoffrey Garret und George Tsebelis nutzten Rational-Choice-Modelle zur Erfassung der Interaktionen zwischen den europäischen Institutionen, um das Ausmaß der Kontrolle nationaler Regierungen beziehungsweise den Freiraum supranationaler Akteure zu ermitteln (z. B. Tsebelis 1994, Garrett 1995, Garrett und Tsebelis 1996, Tsebelis und Garrett 2001, Tsebelis und Yataganas 2002).

Parallel zu den verschiedenen Varianten des neuen Institutionalismus präsentierten Gary Marks, Liesbeth Hooghe und Kermit Blank einen alternativen Ansatz: das Konzept der *Multi-level-Governance,* das zwar ebenfalls auf dem Neo-Institutionalismus beruhte, sich aber später zu einem eigenständigen Theoriestrang entwickelte. Im Titel ihres Aufsatzes stellen die Autoren staatszentrierte und Multi-level-Governance einander gegenüber. Explizit weisen sie das staatszentrierte Modell zurück, denn es unterstelle nationale Regierungen „as ultimate decision-makers, devolving little authority to supranational institutions" (Marks et al. 1996: 343–345). Als Alternative präsentieren sie das Multi-level-Governance-Modell, bei dem „decision-making competencies are shared by actors at different levels" und „supranational institutions [...] have independent influence in policy-making" (Marks et al. 1996: 346, siehe auch Hooghe und Marks 2001). Zudem argumentieren sie: „collective decision-making among states involves a significant loss of control for individual national executives" (Marks et al. 1996: 346). Des Weiteren betonen die drei Autoren, dass Staaten nicht mehr länger die Beziehungen zu subnationalen Akteuren monopolisieren könnten, denn die Letzteren agierten sowohl in nationalen wie in supranationalen Arenen. Im Übrigen führen Marks, Hooghe und Blank, ähnlich wie eine Reihe anderer Autoren, zahlreiche Gründe für die mangelhafte Kontrolle der Regierungen über den Integrationsprozess an: Nationale Regierungen könnten Vorteile erwarten, die den Kontrollverlust kompensieren, oder sie hofften Politikergebnisse zu erzielen, die andernfalls unerreichbar wären. Die Autoren befassen sich auch intensiv mit der Praxis der Multi-level-Governance. Dazu unterscheiden sie vier Phasen im Politikprozess – Politikinitiierung, Entscheidungsfindung, Implementation sowie Gerichtsbeschlüsse – denen sie jeweils andere Akteure, institutionelle Konstellationen sowie Regierungsebenen zuordnen. Damit bestätigen sie einmal mehr, dass nationale Regierungen keineswegs die volle Kontrolle über den Integrationsprozess sowie den „polity creating process" ausüben (Marks et al. 1996: 342).

Der Multi-level-Governance-Ansatz entwickelte sich nach seiner erstmaligen Ausformulierung schnell zu einem eigenständigen Analysekonzept (siehe beispielsweise Kohler-Koch und Eising 1999, Jachtenfuchs 2001, Scharpf 2002, Benz 2007, Treib et al. 2007, Tömmel und Verdun 2009, Börzel 2010, Sabel and Zeitlin 2010). Als solches eignete er sich eher zur Erfassung europäischer Politikgestaltung als zur Analyse des Integrationsprozesses oder der EU als politischem System. Als ein heuristisches Konzept inspirierte er zahlreiche Autoren zur Erfassung der Charakteristika europäischer Governance sowie teilweise auch der Erfassung der Funktionsweise der EU, was in Begriffen wie „network governance", „experimentalist governance" oder „innovative governance" seinen Niederschlag fand (Kohler-Koch und Eising 1999, Tömmel und Verdun 2009, Sabel und Zeitlin 2010). All diesen Analysen ist gemeinsam, dass sie die EU als ein Mehrebenensystem fassen, in dem eine

Vielzahl von Akteuren Entscheidungen trifft und dementsprechend auch Einfluss auf die Politikgestaltung und Systementwicklung ausübt.

Zu Beginn des 21. Jahrhunderts gewann ein neues theoretisches Konzept unter EU-Forschern an Bedeutung: der *Sozialkonstruktivismus*. Dieses Konzept kann als Sprössling des soziologischen Institutionalismus aufgefasst werden, da es die Bedeutung kultureller Normen und Identitäten für menschliches Handeln stark betont (Leuffen et al. 2012: 85–87). Der Konstruktivismus als metatheoretischer Ansatz hat aber auch unabhängige Wurzeln, die in den Sozialwissenschaften im weitesten Sinne fußen. Im Bereich der EU-Forschung wird der Sozialkonstruktivismus vor allem zur Erklärung der Motive der handelnden Akteure, der Interaktionen zwischen ihnen sowie der Veränderungen in den herrschenden Regeln, Normen und Praktiken herangezogen. In diesem Anwendungsbereich konstituiert er eher eine Theorie mittlerer Reichweite als einen umfassenden Erklärungsansatz zur europäischen Integration oder zu den Charakteristika des EU-Systems.

Jeffrey Checkel (1999) war der Erste, der die Grundlinien eines sozialkonstruktivistischen Ansatzes in der EU-Forschung ausformulierte. Ausgehend von der Kritik am historischen und Rational-Choice-Institutionalismus wegen ihrer engen Auslegung institutioneller Einschränkungen auf das Verhalten von Akteuren argumentierte er, dass diese Konzepte „need to be complemented by a more sociological understanding of institutions that stresses their interest- and identity-forming role" (Checkel 1999: 545). Ein solches Verständnis erschließe sich zunächst über den soziologischen Institutionalismus, der von der These ausgehe: „institutions constitute actors and their interests". Weiterhin könnten Institutionen „provide agents with understanding of their interests and identities" (Checkel 1999: 546). Checkel geht aber einen Schritt weiter indem er postuliert, dass der Sozialkonstruktivismus in der Lage sei, „to explain theoretically both the content of actors' identities/preferences and the modes of social interaction" (Checkel 1999: 548). Zwei empirische Bereiche hält Checkel für besonders geeignet, um die Vorteile des Sozialkonstruktivismus aufzuzeigen: Lern- und Sozialisationsprozesse auf der europäischen Ebene sowie die normativen Aspekte der Europäisierung in den Mitgliedstaaten (Checkel 1999: 548). Im Rahmen von Lern- und Sozialisationsprozessen vollzieht sich „a process whereby actors, through interaction with broader institutional contexts (norms or discursive structures), acquire new interests and preferences – in the absence of obvious material incentives" (Checkel 1999: 548). Für beide Themenbereiche formuliert Checkel die Bedingungen, die Lern- und Sozialisationsprozesse beziehungsweise die Herausbildung europäischer und den Wandel nationaler Normen begünstigen.

Generell zielt der Sozialkonstruktivismus auf die Analyse von komplexen Beziehungen zwischen Institutionen und Akteuren, die selten Gegenstand anderer Theoriekonzepte sind. Checkel betont denn auch, dass der Konstruktivismus eher andere Theorien ergänze als ersetze. Trotz dieser Einschränkungen hat der Sozialkonstruktivismus in der EU-Forschung schnell Anerkennung und Verbreitung gefunden. Er diente der Erklärung bestimmter Entscheidungen von europäischen Politikern, vermittelte ein Verständnis der Bedeutung von Normen und Ideen in der europäischen Beschlussfassung sowie bei größeren Integrationsschritten und er trug zum Verständnis von Identitätsbildungen im Rahmen der EU bei. So hat Craig Parsons (2003) die Integrationsentscheidungen der französischen Präsidenten im Gegensatz zum liberalen Intergouvernementalismus mit einem gewissen Set von Ideen begründet. Ähnlich postulierten Jachtenfuchs, Dietz und Jung (1998), dass die Union nicht nur aufgrund von Interessen, sondern auch von normativen Ideen über eine legitime politische Ordnung geprägt sei. Auch Rittberger (2005) begründete die Kompetenzerweiterungen für das EP mit normativen Vorstellungen der nationalen Regierungen über legitime Entscheidungsverfahren. Schimmelfennig (2003) erkannte Ähnliches bei den Entscheidungen zur Osterweiterung; Risse (2004) schließlich analysierte mithilfe des Sozialkonstruktivismus Fragen der europäischen Identität.

Insgesamt haben die in diesem Abschnitt vorgestellten Konzepte die Theoriebildung zur europäischen Integration und zur EU enorm ausgeweitet. Der neue Institutionalismus verschob den Schwerpunkt der Forschung von der Analyse des Integrationsprozesses hin zu der der institutionellen Struktur der EU. Damit rückten andere Fragen in den Vordergrund: die Motive für institutionelle Entscheidungen, die strukturierende oder sogar einschränkende Wirkung von Institutionen auf die Handlungen der Akteure sowie die Bedeutung von kulturellen Normen und Praktiken für die Identitätsbildung der Akteure sowie den institutionellen Wandel in der EU. Gleichzeitig wurde mit Begriffen wie Multi-level-Governance die institutionelle Architektur der Union neu beleuchtet. Zudem wurden mithilfe des Sozialkonstruktivismus Aspekte untersucht, die sonst kaum Beachtung finden. So steht gegenwärtig ein breites Spektrum von analytischen Ansätzen zur Verfügung, die zumeist der Vergleichenden Politikwissenschaft entlehnt sind. Mit diesen ausdifferenzierten Theorieansätzen können allerdings kaum Antworten auf die Grundfragen der EU-Forschung gefunden werden, nämlich die Ursachen der europäischen Integration sowie die Gesamtstruktur des Systems, das sich über den Integrationsprozess herausbildet. Vor diesem Hintergrund überrascht es wohl kaum, dass sich die Forschung in jüngster Zeit wieder stärker diesen Fragen zuwendet.

2.4 Neuere Theoriebildung zur EU als politischem System

Obwohl die oben präsentierten Theorien weiterhin die Analysen, insbesondere einzelner Dimensionen der EU prägen, stellte sich doch zunehmend die Frage, wie das System in seiner Gesamtheit zu fassen sei. Diese Frage wurde umso drängender, als deutlich wurde, dass weder die Internationalen Beziehungen, noch die Vergleichende Politikwissenschaft befriedigende Antworten geben konnten angesichts der Tatsache, dass die EU seit Langem das Stadium einer internationalen Organisation überschritten hatte, ohne sich jedoch zu einem supranationalen Staat zu entwickeln.

Vor diesem Hintergrund bildete sich zunächst unter EU-Forschern ein Konsens heraus, dass die EU als ein System *sui generis*, also ganz eigener Art, zu fassen sei (Jachtenfuchs 1997). Allerdings war damit lediglich eine generelle Besonderheit der EU umrissen, die einfache Vergleiche ausschloss; was *sui generis* konkret beinhaltete und welche Merkmale ein solches System charakterisieren, blieb dagegen offen. Manche Wissenschaftler lehnten den Begriff ganz ab, weil er nach ihrer Meinung keine Vergleiche ermögliche. Allerdings ist dieses Argument kaum stichhaltig, denn auch spezifische Merkmale eines Systems können nur über Vergleiche erschlossen werden.

Nicht von ungefähr spielten Vergleiche bei den neuerlichen theoretischen Anstrengungen eine bedeutende Rolle, wobei allerdings der Blick auf ein wesentlich breiteres Spektrum von Vorlagen erweitert wurde. Weiterhin war es naheliegend, die EU mit föderalen Systemen zu vergleichen. Allerdings wurde die EU nun nicht mehr als ein föderaler Staat (im Werden) gesehen, sondern als spezifische Form einer „federal balance" (Sbragia 1993), die sowohl Merkmale einer Föderation als auch einer Konföderation aufweise (Burgess 2000 und 2006, Howse und Nicolaidis 2003, Laursen 2011). Um das Spezifische der europäischen Föderation zu erfassen, wurden neue Begriffe lanciert, so beispielsweise „unachieved federation" (Harbo 2005: 141), „confederal union" (Burgess 2000), „new type of federal union" (Burgess 2004: 27), „transnational type of federalism" (Nicolaïdis 2006: 60), oder „hybrid type of federalism" (Hueglin and Fenna 2006: 240). All diese Begriffe verweisen auf die Abweichung der EU von klassischen Föderationen oder deuten an, dass es sich um einen neuen Typus von Föderation handelt. Michael Burgess, der seit Jahren die EU als Föderation analysiert, bringt diese Neuartigkeit am deutlichsten zum Ausdruck wenn er feststellt: „There is no historical precedent for the creation of a multinational, multicultural and multilingual federation composed of 15 to 20 established national states [...] with mature social, economic, political and legal systems" (Burgess 2006: 39). Dementsprechend schlussfolgert er: „The EU seems to point the way forward to a much more imaginative, flexible accommodation of organized local, regional, national, supranational and international interests than the United States of America" (Burgess 2006: 43). Insgesamt führt somit der Vergleich mit Föderationen zu dem Schluss, dass es sich bei der EU um ein sehr spezifisches föderales System handelt, mit anderen Worten, eine Föderation *sui generis* (Tömmel 2011a).

Andere Wissenschaftler haben versucht, die EU in ihrer Gesamtheit mit nationalen Staaten zu vergleichen, ohne sie jedoch mit diesen gleichzusetzen. So sieht Simon Hix (2005a: 2–5; siehe auch Hix und Høyland 2010: 12–15) in seinem Lehrbuch die EU als ein politisches System; unter dieser Prämisse zieht er zahlreiche Vergleiche mit nationalen politischen Systemen und arbeitet dabei die Besonderheiten der EU heraus. Als zentrale Merkmale des politischen Systems der EU nennt Hix die folgenden: stabile Institutionen zum Treffen kollektiver Entscheidungen, Ansprüche („demands") der Bürger an das System, Entscheidungen, die sich auf die Zuteilung von Ressourcen auswirken, Rückkopplungen („feedback") zwischen dem System und seinen Wählern („constituencies"). In Analogie zu nationalen politischen Systemen unterscheidet Hix zudem zwischen legislativen, exekutiven und judikativen Politiken der EU, wobei er auch hier die jeweiligen Abweichungen herausarbeitet. Da eine solche Vorgehensweise eine klare Gewaltenteilung in der EU suggeriert, die jedoch nicht gegeben ist, werden mit dieser Sichtweise bestimmte Charakteristika des EU-Systems kaum sichtbar: die besondere Art der Gewaltenteilung zwischen den Institutionen der EU und speziell die herausgehobene Rolle der Kommission, die spezifischen Formen demokratischer Repräsentation sowie die Bedeutung der weniger formalisierten Institutionen und Verfahrensweisen in der EU (vgl. Kap. 12 und 13).

Einige EU-Forscher haben demgegenüber ganz neue Wege eingeschlagen, um die Union in ihrer Gesamtheit zu erfassen, wobei sie historische Formen politischer Herrschaft als Vergleichsdimension heranziehen oder die Union als neue politische Ordnung definieren, die aber vor dem Hintergrund eines längeren historischen Prozesses der Herausbildung politischer Ordnungen verstanden wird.

So vergleicht Giandomenico Majone (1996, 2005 und 2009) die EU mit vormodernen, mittelalterlichen Formen eines „mixed government", das aus einer Kombination von intergouvernementalen und supranationalen Institutionen bestehe und dementsprechend die Interessen der nationalen Staaten sowie die der Union in ihrer Gesamtheit vertrete (Majone 2005: 59). Eine solche gemischte „polity is composed, not of individual citizens, but of corporate bodies balanced against each other and governed by mutual agreement rather than by a political sovereign" (Majone 2005: 46). Für die EU identifiziert Majone drei Domänen („estates"): „national governments, represented by the Council; supranational institutions (the Commission and the Court); and the peoples of the states, represented by the EP" (Majone 2005: 47). Eine solche institutionelle Struktur schließe majoritäre Formen politischer Herrschaft und demokratischer Verfasstheit aus; stattdessen werde das System vom „principle of institutional balance" regiert (Majone 2005: 48). Dementsprechend gelte, „sovereignty is shared among the constituents of the polity", und Entscheidungen werden „by a political exchange among the three law-making institutions" getroffen (Majone 2005: 49). Nicht zuletzt wegen dieser spezifischen institutionellen Struktur konstatiert Majone auch eine ausgeprägte Asymmetrie in der Ausübung von Staatsfunktionen durch die EU: Während die gesetzliche Regulierung sehr ausgeprägt sei, komme es kaum zu Formen der Umverteilung („redistribution") oder der makroökonomischen Stabilisierung (Majone 1996, 2005 und 2009). In älteren Publikationen bezeichnete Majone denn auch die EU als einen „regulatory state" (Majone 1996).

Demgegenüber sieht Stefano Bartolini (2005a) die EU als eine neue Form politischer Herrschaft, die die nationalen Staaten transzendiere, ohne jedoch Vorbildern

früherer Epochen zu entsprechen (vgl. auch Caporaso 1996). Er sieht den National-
staat als eine spezifische Form politischer Herrschaft, die einer bestimmten Phase in
der Evolution der Staatsbildung in Europa zuzuordnen sei. Demgegenüber vollziehe
sich die europäische Integration „as a process of territorial and functional boundary
transcendence" (Bartolini 2005a: xii). Bartolini führt drei Analysekategorien für die
Erfassung des EU-Systems und die einzelnen Dimensionen der Grenzüberschreitungen ein: „centre-formation", „system-building" und „political structuring". Die
Zentrumsbildung bezieht sich auf den europäischen Integrationsprozess und das
Bündeln von politischer Macht auf der europäischen Ebene; Systemaufbau meint
die Fähigkeit, Loyalität herzustellen, das heißt, „structures and processes of system
maintenance represented by cultural integration, social sharing institutions, and
political participation" (Bartolini 2005a: xii). Politische Strukturierung schließlich
zielt auf „the institutionalization of conflict lines within the newly devised bounda-
ries and borders of the EU" (Bartolini 2005a: xii). Bartolini analysiert das Ausmaß
dieser drei Prozessdimensionen mithilfe von Hirschmans Konzept von „exit" und
„voice". So stellt er eine weitgehende Zentrumsbildung in der EU fest, hinter der
allerdings der Systemaufbau sowie die politische Strukturierung weit zurückblei-
ben. Das heißt, die Überschreitung der Grenzen des Nationalstaats ist nach Bartolini
in den drei Bereichen in unterschiedlichem Maße fortgeschritten. Während die ökonomische und rechtliche Integration sehr weit gediehen ist und die entsprechenden
nationalstaatlichen Begrenzungen vergleichsweise einfach überwunden wurden,
erweisen sich die Grenzen von politischen Prozessen und sozialen Strukturen als
nur schwer überwindbar.

Ulrich Beck und Edgar Grande (2004) sehen die EU ebenfalls als ein politisches
System, das sich von Nationalstaaten grundsätzlich unterscheidet und eine neue
Phase in der Bildung politischer Ordnungen markiert. Ausgehend von einer scharfen Kritik am „methodologischen Nationalismus", der die EU fälschlicherweise im
Rahmen nationalstaatlicher Analysekategorien erfasse, charakterisieren sie die
Union als ein kosmopolitisches Empire (Beck und Grande 2004). Ein solches Empire
unterscheide sich aber grundsätzlich von modernen und vormodernen Imperien,
insbesondere, weil es nicht durch Gewalt, sondern aufgrund des freiwilligen Bei-
tritts von immer mehr Staaten expandiere. Das kosmopolitische Empire der EU ist
nach Ansicht der Autoren durch eine „asymmetrische Herrschaftsordnung" und
dementsprechend durch eine Zentrum-Peripherie-Struktur gekennzeichnet (Beck
und Grande 2004: 101–102). Als weitere zentrale Charakteristika werden genannt:
eine variable räumliche Struktur, eine multinationale gesellschaftliche Struktur,
Integration durch Recht, Konsens und Kooperation, horizontale und vertikale institutionelle Integration, Netzwerkmacht sowie komplexe kosmopolitische Souveränität (Beck und Grande 2004: 101–114). Bezogen auf die Systemstruktur sehen Beck
und Grande die EU als eine Kombination von intergouvernementaler Kooperation
und supranationaler Integration (Beck und Grande 2004, insbesondere: 96–98).

Wenngleich sich die oben präsentierten theoretischen Konzepte in ihren Grundannahmen, Analysekategorien und empirischen Ergebnissen deutlich unterscheiden, weisen sie dennoch einige gemeinsame Grundannahmen auf. So betonen die jeweiligen Autoren das staatsähnliche Herrschaftssystem der EU, lehnen aber jede direkte Gemeinsamkeit mit nationalen Staaten ab. Teilweise fassen sie die EU als eine politische Formation, die einer historischen Phase jenseits des Nationalstaats angehört. Zudem betonen die Autoren bestimmte Asymmetrien und Ungleichgewichte im System der EU: Bartolini verortet sie zwischen der Zentrumsbildung einerseits und dem Systemaufbau sowie der politischen Strukturierung andererseits, also innerhalb des Prozesses der Grenzüberschreitung, Majone zwischen den einzelnen Staatsfunktionen und Beck und Grande zwischen Zentrum und Peripherie, also in der territorialen Dimension des Empires. Alle Autoren fassen die EU als ein zusammengesetztes System, das supranationale und intergouvernementale Elemente kombiniert, die für territoriale, funktionale und elektorale Formen der Repräsentation stehen. Schließlich sehen die Autoren auch gravierende Abweichungen von nationalen Staaten in der vergleichsweise schwächeren institutionellen Verfasstheit, den begrenzten und asymmetrischen Kompetenzen sowie den spezifischen Steuerungsmechanismen. Viele dieser Annahmen werden auch von anderen Wissenschaftlern geteilt, auch wenn sie kein theoretisches Konzept zur Erfassung der EU in ihrer Gesamtheit erarbeitet haben.

Insgesamt hat somit die jüngste Phase der Theoriebildung zur EU einerseits zu einer beträchtlichen Erweiterung der Erklärungsansätze geführt, andererseits aber auch zu einem gewissen Konsens in einigen Fragen. So wird die EU als ein politisches System jenseits des Nationalstaats gesehen, das auf Institutionen basiert, die die Mitgliedstaaten, die Völker Europas sowie die Union als Ganze repräsentieren. Zudem wird die Union als durch Asymmetrien, unklare Begrenzungen, eine vergleichsweise schwache institutionelle Struktur sowie, in den Worten Bartolinis, durch unterentwickelten Systemaufbau und mangelnde politische Strukturierung gekennzeichnet wahrgenommen. Im nächsten Abschnitt soll aufgrund dieser Erkenntnisse ein heuristisches Konzept zur Struktur des EU-Systems formuliert werden, das die Grundlage für die empirische Analyse dieses Buches bildet.

2.5 Ein heuristisches Konzept: die EU als bizephales System

In den vorangegangenen Abschnitten wurde gezeigt, in welcher Weise Politikwissenschaftler die europäische Integration sowie das politische System der EU theoretisch erfassen. Dabei wurde ein breites Spektrum von Konzepten und Erklärungsansätzen zur Herausbildung und Evolution der EU, zu ihrer institutionellen Struktur sowie zu den Machtverhältnissen zwischen den Institutionen und Akteuren vorgestellt. Des Weiteren wurden Vergleiche zu gegenwärtigen und vergangenen Formen der politischen Herrschaft präsentiert, ebenso wie die Gründe für die Erfassung der

EU als System *sui generis*. Trotz dieses breiten Spektrums von Theorien, Erklärungsansätzen und Interpretationen lassen sich einige grundlegende Gemeinsamkeiten herausfiltern, die ihrerseits die Formulierung eines heuristischen Konzepts zum Verständnis der Systemstruktur der EU sowie der Dynamik ihrer Herausbildung erlauben.

Fast alle EU-Forscher stimmen darin überein, dass die EU ein Misch- oder Hybridsystem ist, das auf einer Kombination von intergouvernementalen und supranationalen Institutionen beruht. Die supranationalen Institutionen – die Kommission, das Parlament und der Gerichtshof – handeln im Prinzip im Interesse der Union in ihrer Gesamtheit, während die intergouvernementalen Institutionen – der Rat und der Europäische Rat – die Interessen der Mitgliedstaaten, oder genauer, der nationalen Regierungen vertreten. Die supranationalen Institutionen tendieren dazu, den Integrationsprozess voranzutreiben und generell gemeinsames Handeln zu fördern; den intergouvernementalen Institutionen kommt demgegenüber die Aufgabe zu, die nationalen Interessen zu definieren, den gemeinsamen Nenner ihrer divergierenden Positionen zu formulieren und schließlich verbindliche Entscheidungen zum Fortgang der Integration zu treffen.

Ebenso besteht ein weitgehender Konsens über die atypische Kompetenzverteilung zwischen den europäischen Organen. Die intergouvernementalen Institutionen – der Rat und der Europäische Rat – die die Souveränität der Mitgliedstaaten bündeln, verfügen über die *Entscheidungsmacht* sowohl in der primären als auch der sekundären Rechtsetzung (Vertragsänderungen und Gesetzgebung). Allerdings müssen sie die gesetzgebenden Kompetenzen in fast allen Fällen mit dem Parlament teilen. Die supranationalen Institutionen können demgegenüber lediglich über delegierte Kompetenzen verfügen, die in den Verträgen verankert sind. So verfügt die Kommission über ein exklusives Initiativrecht in der Gesetzgebung sowie über gewisse exekutive Befugnisse. Der Gerichtshof fungiert als oberste Instanz der Auslegung und Anwendung des Unionsrechts. Dem Parlament wurden über sukzessive Vertragsänderungen weitgehende legislative sowie Haushaltskompetenzen zugebilligt.

Zieht man nur die formale Kompetenzverteilung zwischen den europäischen Organen in Betracht, erscheinen die Räte als entscheidende Instanzen, wie es ja auch der liberale Intergouvernementalismus postuliert. Die meisten EU-Forscher gehen aber davon aus, dass die supranationalen Akteure und Institutionen über erhebliche Handlungsspielräume oder sogar partielle Autonomie verfügen. So gibt die Kommission die Themen und Tagesordnung des Ministerrats vor, gestaltet die Entscheidungsverfahren und formuliert häufig auch die Kompromissformeln für Ratsbeschlüsse. Mit anderen Worten: Die Kommission übt *Verfahrensmacht* aus. Der Gerichtshof wirkt über seine Urteile als rechtsetzende Instanz; seine Interpretationen des europäischen Rechts gehen bei Weitem über die Intentionen des eigentlichen Gesetzgebers, der nationalen Regierungen, hinaus. Als Beispiele seien hier nur die Urteile zu Direktwirkung und Vorrang des europäischen Rechts genannt. Das

Parlament kann im Gesetzgebungsprozess jeden ihm nicht genehmen Vorschlag mit einem Veto belegen. Insgesamt steht somit den supranationalen Institutionen ein breiter Handlungsspielraum zur Verfügung, den sie unter bestimmten Bedingungen nutzen können, um den Integrationsprozess über die erklärten Ziele und den aggregierten Willen der Mitgliedstaaten hinaus voranzutreiben (vgl. ausführlich Kap. 5, 6 und 7).

Diese Konstellation resultiert in einer dynamischen Interaktion zwischen den supranationalen und intergouvernementalen Organen, wobei jede Seite danach strebt, ihre Macht und Einflussnahme maximal auszuweiten oder aber die der Gegenseite einzuschränken. Die supranationalen Institutionen können allerdings lediglich ihren Handlungsspielraum voll ausnutzen; sie sind nicht in der Lage, ihr Gegenüber, den Ministerrat und den Europäischen Rat, als Institutionen einzuschränken. Sie können aber so agieren, dass sich der Entscheidungsbereich, insbesondere des Ministerrats, verengt. So kann die Kommission über ihre Vorschläge, die einer rationalen und funktionalen Logik entsprechen, sowie durch die Bildung von Allianzen – etwa mit dem Parlament, mit Industriellen oder den Gewerkschaften – erheblichen Druck auf den Ministerrat ausüben, diese anzunehmen. Der Gerichtshof als unabhängige Judikative kann Urteile fällen, die den Regierungen der Mitgliedstaaten nicht genehm sind. Dem Rat bleibt dann allenfalls die Möglichkeit, die Gesetzgebung zu verändern. Das Parlament kann mit seiner Vetomacht Gesetzesvorschläge blockieren oder aber mit der Drohung des Vetos Kompromisse erzielen, die näher an seinen Präferenzen liegen als denen des Rats. Insgesamt können somit die supranationalen Organe, wenn sie ihre Kompetenzen maximal nutzen, den Entscheidungsspielraum vor allem des Ministerrats, gelegentlich aber auch des Europäischen Rates, erheblich einschränken, obwohl diese die Instanzen mit der höchsten Entscheidungsmacht im EU-System sind. Dabei ist zu berücksichtigen, dass Ministerrat und Europäischer Rat in ihren Entscheidungen und Aktivitäten aufgrund des immer präsenten internen Dissenses ohnehin großen Einschränkungen unterliegen. Bei gegenwärtig 28 Mitgliedstaaten mit sehr divergierenden Interessen und Präferenzen sind kollektive Entscheidungen erheblich erschwert, vor allem dann, wenn das Einstimmigkeitsprinzip gilt.

Die Räte sind aber nicht hilflos gegenüber den supranationalen Institutionen; im Gegenteil, sie verfügen über machtvolle Instrumente, um deren Aktivismus einzuschränken. Abgesehen von ihrer Entscheidungsmacht über die Gesetzgebung und Politikentwicklung der EU verfügen sie über die ausschließliche Macht zu Vertragsänderungen; das bedeutet, sie haben die Hoheit über die institutionelle Konfiguration der EU. Diese Macht haben sie im Laufe der europäischen Integration extensiv genutzt, wie die nächsten Kapitel ausführlich belegen werden. Dennoch haben sie nie versucht, die formalen Kompetenzen der supranationalen Organe zurückzudrängen; im Gegenteil, im Falle des Parlaments haben sie diese sogar sukzessive ausgeweitet. Die Widerrufung einmal übertragener Kompetenzen würde die Glaubwürdigkeit der Mitgliedstaaten in Bezug auf die europäische Integration infrage stellen und damit das Gesamtprojekt unterminieren. Deshalb wählten die Räte einen anderen Weg zur Einschränkung der Macht der supranationalen Organe: Sie weiteten ihre eigene Rolle erheblich aus. Der wichtigste Schritt in diesem Sinne war die Einsetzung und zunehmende Institutionalisierung des Europäischen Rates als höchste Autorität und Entscheidungsinstanz in der EU; damit erreichten die Mitgliedstaaten ein gewisses Maß an Unabhängigkeit von den Aktivitäten der supranationalen Institutionen (Kap. 5.3). Zudem wurde aber auch eine Reihe von anderen, weniger sichtbaren Institutionen und Verfahrensweisen geschaffen, die der Stärkung der intergouvernementalen Dimension der EU dienten. Insgesamt schwächten diese Schritte den Einfluss der supranationalen Institutionen, insbesondere der Kommission, wenngleich eher auf indirekte Weise.

Aus dem Vorgehenden ist zu schließen, dass die intergouvernementalen und supranationalen Kräfte der EU in einen Machtkampf involviert sind. Diesen darf man sich allerdings nicht als konkreten Kampf vorstellen; im Gegenteil, an der Oberfläche sind die Beziehungen zwischen den europäischen Organen durch Kooperation und Konsens gekennzeichnet. Es ist vielmehr ein Strukturkonflikt, der die Beziehungen zwischen den Organen prägt. Dieser Strukturkonflikt beruht auf den unterschiedlichen Funktionen, die die europäischen Institutionen wahrnehmen: Während die supranationalen Institutionen die Gesamtinteressen der Union repräsentieren, vertreten die intergouvernementalen Institutionen die divergierenden nationalen Interessen und Präferenzen, die erst nach ausgedehnten Verhandlungen in kollektive Entscheidungen transformiert werden. Die konfligierende Beziehung zwischen den europäischen Organen ist somit der institutionelle Ausdruck der grundsätzlich konfligierenden Interessen an der europäischen Integration; die dualistische Struktur der Union erlaubt es, diese gegensätzlichen Interessen über die Interaktion zwischen den Organen systematisch auszutarieren. Damit wird es möglich, den Integrationsprozess so zu gestalten, dass er einerseits das gemeinsame Interesse der Mitgliedstaaten am europäischen Projekt reflektiert, andererseits aber auch ihre spezifischen nationalen Interessen und Präferenzen so weit wie möglich berücksichtigt. Mit anderen Worten: Die konfligierende Beziehung zwischen intergouvernementalen und supranationalen Institutionen und die kontinuierliche Vermittlung der Interessen, die sie repräsentieren, dient der Ausgestaltung der Integration in einer Form, die mit den jeweiligen wirtschaftlichen, sozialen und politischen Verhältnissen in den Mitgliedstaaten so weit wie möglich kompatibel ist.

Die Räte und die Kommission stehen im Zentrum dieser konfligierenden Beziehung und damit auch des Strukturkonflikts zwischen intergouvernementalen und supranationalen Institutionen. Der Gerichtshof als unabhängige Judikative ist nicht an der europäischen Entscheidungsfindung beteiligt; er übt seinen Einfluss durch juristische Urteile und Kontrollen und somit auf eher indirekte Weise aus, wenngleich mit weitreichenden Konsequenzen. Das Parlament ist zwar an der Gesetzgebung beteiligt, aber es verfügt nicht über ein Vorschlagsrecht; zudem hat es außerhalb seines eigenen Bereichs keinen Einfluss auf die Ausgestaltung von Institutionen oder Entscheidungsverfahren. Trotz seiner weitreichenden Kompetenzen kommt dem Parlament somit keine aktive Gestaltungsmacht im Integrationsprozess zu. Demgegenüber spielt die Kommission eine wesentlich umfassendere Rolle, nicht nur wegen ihres exklusiven Vorschlagsrechts in der Gesetzgebung und auch der Politikgestaltung, sondern auch aufgrund ihres Aktionismus im gesamten Entscheidungsprozess und der weitgehenden Gestaltung dieses Prozesses. Zudem kann die Kommission an der institutionellen Ausgestaltung des Systems mitwirken, wenngleich eher über indirekte oder informelle Mechanismen. Insgesamt ist somit die Kommission der mächtigste Gegenspieler gegenüber dem Ministerrat und dem Europäischen Rat; der institutionelle Ausbau der intergouvernementalen Dimension der EU gilt denn auch vornehmlich der Einschränkung der machtvollen Rolle der Kommission.

Abschließend bleibt festzuhalten, dass die Kombination von intergouvernementalen und supranationalen Institutionen in der EU die konfligierenden Interessen, die der Integration zugrunde liegen, widerspiegeln. Dementsprechend ist die EU durch einen fundamentalen Strukturkonflikt zwischen diesen Institutionen gekennzeichnet, wobei beide Seiten danach streben, ihre Macht und Einflussnahme maximal auszuweiten beziehungsweise die Macht der Gegenseite einzuschränken. Anfangs haben die Mitgliedstaaten nur begrenzte Kompetenzen an die europäischen Organe delegiert; im Laufe der Zeit konnten diese aber einen größeren Handlungsspielraum erlangen, der es ihnen ermöglichte, der Gegenseite entgegenzuwirken. Da die Kompetenzen der supranationalen Organe kaum widerrufbar sind, ohne das gesamte Integrationsprojekt zu gefährden, kam es zur Einschränkung der supranationalen Dynamik über den institutionellen Ausbau der intergouvernementalen Systemdimension.

Angesichts dieser Konstellation, die in den folgenden Kapiteln ausführlich analysiert wird, wird die EU hier als dualistisches oder bizephales System bezeichnet. Der Begriff dualistisches System verweist auf die Zusammensetzung der EU aus intergouvernementalen und supranationalen Organen. Mit dem Begriff bizephales oder zweiköpfiges System wird demgegenüber auf die Machtbeziehungen zwischen den europäischen Organen, insbesondere der Kommission und den Räten, verwiesen.

2.6 Schlussfolgerungen

In diesem Kapitel wurden verschiedene theoretische Konzepte vorgestellt, die die Ursachen und Dynamiken der europäischen Integration sowie die Struktur des Systems, das über diesen Prozess auskristallisiert, zu erklären versuchen. Ausgangspunkt der wissenschaftlichen Debatte war eine ausgeprägte Dichotomie zwischen einerseits dem Neo-Funktionalismus und andererseits dem Intergouvernementalismus, die beide Erklärungen für die Integrationsdynamik suchten. Während Neo-

Funktionalisten annahmen, dass vornehmlich supranationale und transnationale Akteure den Integrationsprozess über Spill-over-Mechanismen vorantreiben, betonten Intergouvernementalisten die dominante Rolle nationaler Regierungen für den Fortgang, aber auch das Stagnieren der Integration. Der Neo-Funktionalismus wurde vor allem in der Hochphase der anfänglichen Integration entwickelt, während der Intergouvernementalismus erst in der Stagnationsphase der Integration an Bedeutung gewann. Daneben wurde auch das Föderalismuskonzept zur Erfassung der Systemstruktur der EG herangezogen; allerdings fungierte es eher als ein normatives denn ein analytisches Konzept, das zudem allenfalls die Grundstruktur der EG erfasste.

Der plötzliche und unerwartete Aufschwung des Integrationsprozesses ab Mitte der 80er Jahre führte in der Folge auch zu einer Wiederbelebung der integrationstheoretischen Bemühungen. Erneut bestimmten Neo-Funktionalismus und Intergouvernementalismus die Debatte, wurden aber den veränderten empirischen Gegebenheiten angepasst. So zielte der liberale Intergouvernementalismus auf die Erklärung einer Kette von Vertragsänderungen seit der EEA, die als Folge von Verhandlungen zwischen nationalen Regierungen und den daraus resultierenden politischen Entscheidungen gefasst wurden. Neo-funktionalistisch argumentierende Autoren betonten demgegenüber die Aktivitäten anderer Akteure und Institutionen sowie spezifische Spill-over-Mechanismen als entscheidende Antriebskräfte der Integration.

In der Folge wurden dann aber neue Wege eingeschlagen, die zunächst vor allem auf neo-institutionalistischen und später auf sozialkonstruktivistischen Argumentationsmustern beruhten. Es entstand ein wesentlich differenzierteres Bild der europäischen Integration sowie der Aktivitäten der beteiligten Akteure und Institutionen. Neben den nationalen Regierungen wurden die supranationalen Organe als bedeutende Akteure herausgestellt und deren Handlungsspielräume oder sogar partielle Autonomie beleuchtet. Damit wurde anerkannt, dass sowohl nationale wie supranationale Akteure entscheidenden Einfluss auf den Integrationsprozess ausüben, und somit die Dichotomie zwischen den klassischen Integrationstheorien überwunden. Auch die EU als politisches System erschien jetzt differenzierter, indem ihr Mehrebenencharakter betont und dementsprechend auch die Fragmentierung politischer Macht und Einflussnahme innerhalb des Systems erkannt wurde. Zudem wurde nicht mehr nur von nutzenmaximierenden Akteuren ausgegangen, sondern die Bedeutung von Normen, Werten und Ideen für Integrationsentscheidungen hervorgehoben.

Auf der Grundlage dieser Erkenntnisse wandte sich die theoretische Debatte neuerlich der Analyse des Gesamtsystems der EU zu. Generell wurde dieses jetzt als System *sui generis* oder als ein politisches System gefasst, das weder mit nationalen Staaten noch internationalen Organisationen übereinkomme. Als Vergleichsdimension bot sich erneut die föderale Analogie an, wobei die EU als ein sehr spezifisches und zugleich neuartiges föderales System erschien. Schließlich lancierten einige

Autoren gänzlich andere Interpretationen und Erklärungen. So schlug Majone das Konzept eines „mixed government" vor, Bartolini die Vorstellung von systematischen Grenzüberschreitungen, die in unterschiedlichem Maße zu Zentrumsbildung, Systemaufbau und politischer Strukturierung führen, sowie Beck und Grande schließlich das kosmopolitische Empire.

Insgesamt wird die Union als ein Misch- oder Hybridsystem gesehen, dessen Institutionen die gegensätzlichen politischen Kräfte, die der Integration zugrunde liegen, repräsentieren. Dementsprechend wird die EU im vorliegenden Buch als dualistisches sowie bizephales System gefasst, wobei dualistisch auf die Kombination von zwei Typen von Institutionen verweist, während bizephal den Strukturkonflikt und die Machtbeziehungen zwischen ihnen betont. Damit ergibt sich ein heuristisches Konzept, mit dessen Hilfe im Folgenden die Struktur und Funktionsweise des politischen Systems der EU analysiert wird.

Trotz der Fortschritte in der Theoriebildung zur europäischen Integration und zur EU bleibt eine Reihe von Fragen offen oder sogar umstritten, so die präzise Erfassung und Einordnung des Systems, seiner institutionellen Strukturen sowie seiner Verfahrensweisen der Entscheidungsfindung und Politikimplementation. Des Weiteren ist offen, wie das System insgesamt zu bewerten ist: Ist es nur unvollkommen zur Entfaltung gekommen und befindet es sich somit in einem Durchgangsstadium hin zu einer anderen, definitiven Form, die möglicherweise einer der bekannten Systemstrukturen entspricht, oder sind die derzeitigen, als vorübergehend und unvollkommen erscheinenden Formen Kern und Ausdruck einer im Wesen neuen, postnationalen politischen Ordnung? Schließlich ist unklar, ob das EU-System eine eigenständige Struktur ausbildet oder ob es nur existenz- und entwicklungsfähig ist in der Symbiose mit nationalen politischen Systemen und den entsprechenden Akteurskonstellationen.

Die vorliegende Analyse des politischen Systems der EU erhebt nicht den Anspruch, definitive Antworten auf die aufgeworfenen Fragen geben zu können. Wohl soll mit diesen Fragen der Rahmen abgesteckt werden, innerhalb dessen sich die Analyse bewegt, und damit auch deren Verortung in der Fachdebatte erleichtert werden.

3 Die Herausbildung der Europäischen Union: supranationale Dynamik versus intergouvernementale Entscheidungsmacht

Das vorliegende sowie das folgende Kapitel sind der Analyse der europäischen Integration als einem dynamischen Prozess gewidmet, den eine Vielzahl von interagierenden Akteuren und politischen Kräften vorangetrieben und ausgestaltet hat. Aus analytischen Gründen wird dieser Prozess in vier Phasen eingeteilt (siehe auch Gillingham 2003); aus praktischen Gründen wird er in zwei Kapiteln dargestellt. Das vorliegende Kapitel präsentiert die ersten drei Phasen, die entscheidend waren für die Herausbildung der Europäischen Union in ihrer gegenwärtigen Form, das heißt, in ihrer einmaligen Kombination von intergouvernementalen und supranationalen Institutionen. Demgegenüber behandelt das nächste Kapitel ausschließlich die vierte Phase der Integration, in der die Union bereits ein ausgereiftes politisches System ist, jedoch aufgrund anhaltender externer Herausforderungen und interner Friktionen weiteren Transformationen ihrer institutionellen Struktur und Entscheidungsverfahren unterliegt. Diese jüngeren Transformationen dienen aber eher der Ausweitung, Konsolidierung und Vervollständigung des bestehenden Systems als seiner grundlegenden Umstrukturierung. Einmal mehr zeigt sich hierin der kontinuierliche Prozess der Systembildung jenseits des Nationalstaats, der die EU auch in ihrer ausgereiften Form charakterisiert.

Die Phasen der Genese der europäischen Integration sind jeweils dominiert von unterschiedlichen Kräftekonstellationen: Während die erste und die dritte Phase vornehmlich einer supranationalen Dynamik unterliegen, werden die zweite und die vierte Phase von intergouvernementalen Kräften dominiert. Es sei allerdings betont, dass in jeder Phase das Spannungsverhältnis zwischen diesen Kräften und die Interaktion zwischen den entsprechenden Institutionen und Akteuren das Tempo und die Ausgestaltung der Integration bestimmen (siehe auch Kap. 13).

Im vorliegenden Kapitel wird die Herausbildung der Union als eine neue politische Ordnung jenseits des Nationalstaats von ihren Anfängen in der Nachkriegszeit bis zu ihrer entwickelten Form in den 90er Jahren analysiert. Dabei wird sich zeigen, dass die Union sich nicht geradlinig entsprechend einem einmal aufgestellten Plan oder durchdachten Konzept entwickelt hat. Stattdessen entfaltete sie sich über einen Prozess von kleinteiligen Institutionalisierungsschritten, die sich aus je verschiedenen Antworten europäischer und nationaler Eliten auf externe Herausforderungen und interne Friktionen ergaben. Der Gesamtprozess ist durch einen Stop-go-Charakter (Sandholtz und Zysman 1989: 99) gekennzeichnet, das heißt, einen Wechsel zwischen beschleunigter Integration und relativer Stagnation. Die erste und die dritte Phase sind einer beschleunigten Integration zuzuordnen, die zweite Phase dagegen der Stagnation. Während der beschleunigten Integrationsphasen spielten supranationale Dynamiken eine herausragende Rolle; demgegenüber war die Stagnationsphase durch hemmende intergouvernementale Konfigurationen bestimmt. Konkret dominierten in dieser Phase die Interessen und Präferenzen der Mitgliedstaaten und damit die Konflikte zwischen den Regierungen, während geeignete Mechanismen zu deren Ausgleich noch fehlten. Die Folge waren regelmäßige Entscheidungsblockaden oder schwache Kompromisse.

Dennoch war gerade die zweite Phase von eminenter Bedeutung für die Herausbildung des EU-Systems, denn der fehlende Konsens zwischen den Mitgliedstaaten und die Pattsituationen in der Beschlussfassung führten letztendlich zur Erschließung neuer Wege der Integration. Indem nunmehr vor allem die intergouvernementale Systemdimension gestärkt wurde, gelang es, potenzielle Widerstände oder Bedenken gegen bestimmte Integrationsschritte innerhalb der europäischen Institutionen angemessen zu berücksichtigen und zu bearbeiten. Insgesamt sind somit alle in diesem Kapitel beschriebenen Phasen der Integration durch einen kontinuierlichen Auf- und Ausbau des politischen Systems der EU in sowohl seiner intergouvernementalen als auch supranationalen Dimension gekennzeichnet.

3.1 Gründung und Aufbau der Europäischen Gemeinschaften im Zeichen eines supranationalen Integrationswegs

Die EU ist in ihrer heutigen Struktur und Organisationsform im Wesentlichen ein Produkt der Nachkriegsperiode, in der die zwischenstaatliche Kooperation und die Schaffung entsprechender Institutionen im Interesse einer neuen, friedlicheren Weltordnung auf der Tagesordnung standen. Den Konflikten zwischen Nationalstaaten, die im Zweiten Weltkrieg ihren Höhepunkt gefunden hatten, sollte eine strukturierte inter- und supranationale Zusammenarbeit gegenübergestellt werden. Im ökonomischen Bereich sollte dies in Marktintegration und sektoraler Steuerung auf der europäischen Ebene resultieren; im politischen Bereich sollten gemeinsame Sicherheitsstrukturen, aber auch andere funktionale Zweckverbände zur Lösung transnationaler Probleme und zur Verhinderung erneuter zwischenstaatlicher Konflikte beitragen. Solche Integrationskonzepte wurden sowohl von politischen Eliten als auch von Oppositionsbewegungen befürwortet. Insbesondere die europäischen Widerstandsbewegungen gegen den Faschismus hatten bereits während des Krieges entsprechende Vorschläge erarbeitet (Lipgens 1986). Fachwissenschaftler schließlich lancierten normative Theorien, die die Notwendigkeit internationaler Kooperation begründeten (Deutsch et al. 1957, Mitrany 1966).

Der Auf- und Ausbau entsprechender Organisationsstrukturen kam allerdings im Nachkriegseuropa nicht problemlos zustande. Schon bald erwiesen sich die nationalen Interessen der einzelnen Staaten als stärker als der politische Wille zur

Integration (Milward 1984 und 2000, Dinan 2004a). Weder die weitreichenden Konzepte der europäischen Widerstandsbewegungen zur Schaffung eines föderalen Staates in Europa (Lipgens 1986, S. 19–188), noch die von den USA massiv geforderten und geförderten Schritte zu einer engen wirtschaftlichen und politischen Kooperation konnten umgesetzt werden (Milward 1984, insbes. 90–125). Während Erstere den veränderten politischen Machtverhältnissen in fast allen Staaten Westeuropas zum Opfer fielen, führten Letztere, flankiert von umfangreichen finanziellen Hilfen im Rahmen des Marshallplans, zwar zur Gründung einiger internationaler Organisationen, so beispielsweise der OEEC[1] im Jahre 1948 sowie des Europarats im darauffolgenden Jahr. Nach einer vielversprechenden Anfangsphase führten solche Organisationen jedoch bald ein Schattendasein oder richteten ihre Aktivitäten auf speziellere Themen.[2]

Um die Wende des Jahrzehnts ebbte die Europaeuphorie und mit ihr das Gründungsfieber ab; stattdessen wurden jetzt Konzepte für bescheidenere Kooperationsprojekte lanciert, während umfassendere Vorschläge allenfalls noch in Kreisen engagierter Bürgergruppen zirkulierten (Lipgens 1986). Ein Konzept dieser Art war der im Jahre 1950 lancierte Schuman-Plan, der die Integration nur zweier Wirtschaftssektoren – Kohle und Stahl – vorsah. Diese Sektoren waren allerdings in der damaligen Zeit von herausragender Bedeutung, da sie als Basisindustrien Rohstoffe für zahlreiche weiterverarbeitende Industrien lieferten (Milward 1984: 380–420). Der Plan entsprach zwar nicht den Grundvorstellungen der einzelnen Staaten (Dinan 2004a: 37–41), sondern war stark auf die französische Option für einen gewissen staatlichen Dirigismus zugeschnitten, während beispielsweise die Bundesrepublik primär die Schaffung eines Freihandelsregimes favorisierte (Gillingham 2003: 23–28). Dennoch fand er rasch den Grundkonsens einer – wenngleich kleinen – Gruppe von europäischen Staaten: Frankreich, Deutschland, Italien und den Beneluxstaaten. Großbritannien hielt sich dagegen im Abseits (Dinan 2004a: 46–57).

Das von Jean Monnet erarbeitete Grundkonzept beinhaltete zunächst die Schaffung einer Hohen Behörde, der weitgehende Regelungs- und Entscheidungsbefugnisse in Bezug auf die beiden Sektoren zugewiesen werden sollten; unter dem Druck der Verhandlungen mit den anderen Partnern verwandelte sich dieses Konzept jedoch in eine institutionelle Struktur, die eher dem Grundmuster internationaler Organisationen entsprach (Dinan 2004a: 51): Der Hohen Behörde mit weitreichenden Exekutivbefugnissen wurde ein Ministerrat als Kontrollorgan gegenübergestellt; eine Parlamentarische Versammlung, bestehend aus Delegierten nationaler Parlamente, sollte Beratungs- und ebenfalls begrenzte Kontrollfunktionen wahr-

---

1 Die Abkürzung OEEC steht für Organization for European Economic Cooperation, später wurde die Organisation umbenannt in OECD (Organization for Economic Co-operation and Development).
2 So war der Europarat ursprünglich als politischer Zusammenschluss der Staaten Europas mit weitreichendem Betätigungsfeld konzipiert, richtete sich aber später nur noch auf die Überwachung der Einhaltung demokratischer Prinzipien sowie der Menschenrechte.

nehmen; ein Gerichtshof sollte der Klärung juristischer Streitfragen dienen. Die Einsetzung dieser letztgenannten Organe und insbesondere die Ausstattung der Hohen Behörde mit weitreichenden Entscheidungsvollmachten und Exekutivbefugnissen haben in der Folge zu der Einschätzung geführt, dass die Europäische Gemeinschaft für Kohle und Stahl (EGKS), so der Name der neuen Organisation, in erster Linie als ein supranationales System konzipiert war (vgl. etwa Haas 1958, Lindberg und Scheingold 1970: 14–23; zur Kritik dieser Position Milward und Sørensen 1994). Faktisch handelte es sich aber bereits in diesem Stadium trotz der weitreichenden Kompetenzen der Hohen Behörde um ein dualistisches System.

Die Intention, die in jedem Falle dem Konzept der EGKS zugrunde lag, war die einer schrittweisen Ausweitung dieser Organisationsform auf andere Sektoren und Politikfelder. In der Folge waren es aber erneut konkurrierende Modelle, die die europapolitische Debatte dominierten: einerseits das Projekt eines gemeinsamen Marktes, andererseits das einer weitreichenden politischen Union. Im Rahmen dieser Debatte konnte das Konzept einer europäischen Verteidigungsgemeinschaft (EVG), nicht zuletzt unter massivem amerikanischen Druck, am weitesten gedeihen (Gillingham 2003: 29–33, Dinan 2004a: 57–64); es sah die Zusammenlegung der militärischen Potenziale der beteiligten Staaten und ihre Unterstellung unter ein gemeinsames Kommando vor. Erneut waren es die sechs EGKS-Staaten, die 1952 einen entsprechenden Vertrag unterzeichneten, während Großbritannien kaum Interesse zeigte. Allerdings scheiterte die EVG an der Ablehnung ihrer Ratifizierung durch die französische Nationalversammlung (1954), die angesichts einer inzwischen veränderten politischen Lage vor allem Bedenken gegenüber dem implizierten Souveränitätsverlust äußerte. Damit blieb die NATO als transatlantisches Verteidigungsbündnis unter Führung der USA (und mit einer starken Rolle Großbritanniens) dominant; die 1954 gegründete Westeuropäische Union (WEU), die die Bundesrepublik Deutschland (BRD) in eine gemeinsame Verteidigungsstruktur integrierte, konnte keine vergleichbare Funktion erfüllen (Brown Wells und Wells 2008). Mit dem Scheitern der EVG war zunächst aber auch das ehrgeizigere Integrationsprojekt einer politischen Union vom Tisch.

Stattdessen gingen die EGKS-Staaten ab Mitte der 50er Jahre verstärkt zur Erweiterung ihres ökonomischen Integrationskonzepts über (Milward 2000). Zur Debatte standen das Projekt einer europäischen Wirtschaftsgemeinschaft (EWG) in der Form einer Zollunion sowie die Schaffung einer Organisation zur friedlichen Nutzung der Atomenergie (Europäische Atomgemeinschaft, EAG, oder EURATOM). Während die Bundesrepublik vor allem Ersteres unterstützte, favorisierte Frankreich das EURATOM-Konzept, nicht zuletzt, weil dieses einen gänzlich neuen Wirtschaftssektor betraf und somit weniger auf gefestigte Kompetenzen und Machtstrukturen in den Mitgliedstaaten stieß (Gillingham 2003: 43–45, Brown Wells und Wells 2008: 35). Großbritannien lehnte dagegen beide Vorschläge aufgrund ihrer starken supranationalen Orientierung ab; stattdessen intensivierte es seine Bemühungen zur Schaffung einer Freihandelszone als Minimalkonzept der Integration (Gillingham 2003: 34–38). Trotz größerer Meinungsverschiedenheiten konnten sich die EGKS-Staaten nach einer relativ kurzen Verhandlungsphase auf einen Kompromiss einigen, indem sie beide Integrationskonzepte akzeptierten (Gilbert 2003: 62–69). 1957 unterzeichnen sie die Verträge von Rom zur Schaffung von EWG und EURATOM; zum 1.1.1958 traten diese in Kraft.

Die Organe der beiden neuen Gemeinschaften waren im Wesentlichen jenen der EGKS nachgebildet; allerdings wurde statt der Hohen Behörde nunmehr jeweils eine Europäische Kommission eingesetzt, deren Kompetenzen gegenüber der Hohen Behörde deutlich eingegrenzt worden waren (Dinan 2004a: 77). Großbritannien reagierte auf die Gründung der beiden Gemeinschaften mit der Bildung einer europäischen Freihandelszone (European Free Trade Association, EFTA), die insgesamt sieben Staaten Europas einbezog.[3] Damit waren zum Ende der 50er Jahre zwei konkurrierende Systeme der zwischenstaatlichen Kooperation etabliert, die erst sehr spät zur Kooperation untereinander fanden.[4] Langfristig erwiesen sich allerdings die Europäischen Gemeinschaften mit ihrem umfassenderen Integrationsanspruch und der, wenngleich eingegrenzten, supranationalen Integrationsdynamik als das tragfähigere Konzept (Milward et al. 1994).

Die Anfangsjahre der EWG verliefen zunächst ohne größere Konflikte. Die in den Verträgen festgelegten Integrationsziele – insbesondere der Abbau nationaler Schutzzölle sowie die Bildung einer Zollunion gegenüber Drittstaaten – konnten sogar schneller als geplant realisiert werden. Zudem erwies sich das Gesamtkonzept der Marktintegration als großer Erfolg (Gilbert 2003: 86–88). Ihr Start in einer Phase starken Wirtschaftswachstums bot günstige Voraussetzungen für expandierende Unternehmen und Märkte. Alle sechs Gründerstaaten der EWG haben denn auch in der Folge enorm vom gemeinsamen Markt profitiert und konnten dementsprechend auch außergewöhnlich hohe Wachstumsraten oder sogar ein „Wirtschaftswunder" realisieren. Nicht zuletzt aufgrund dieser sichtbaren Erfolge stellte Großbritannien bereits 1963 sein erstes Beitrittsgesuch, das aber von Frankreichs damaligem Staatspräsidenten de Gaulle kategorisch abgelehnt wurde (Dinan 2004a: 97–102).

Auf der Grundlage der Erfolge der Anfangsjahre setzten die sechs Mitglieder der EWG auf die zügige Realisierung weiterer Integrationsschritte und insbesondere auf eine gemeinsame Wirtschaftspolitik. Im Zeichen dieser Perspektive wurden zu Beginn der 60er Jahre weitere Barrieren für den Freihandel beseitigt und eine gemeinsame Agrarpolitik – zur verbesserten Anpassung dieses sensiblen Sektors an liberalisierte Märkte – initiiert (Pinder 1991: 77–93, Milward 2000: 224–317).

Ab Mitte der 60er Jahre kam dieser Entwicklungsgang allerdings abrupt zum Stillstand. Insbesondere Frankreich unter Staatspräsident de Gaulle insistierte nun

---

3 Dazu gehörten Dänemark, Großbritannien, Norwegen, Österreich, Portugal, Schweden und die Schweiz.
4 Diese Kooperation wurde vor allem mit der Schaffung des sogenannten Europäischen Wirtschaftsraums institutionell verankert, die im Oktober 1991 vereinbart wurde und zum 1.1.1993 in Kraft trat.

stärker als zuvor auf seinen nationalen Interessen. Dies äußerte sich zunächst in fundamentalen Meinungsverschiedenheiten um die Gemeinsame Agrarpolitik sowie um den Beitritt Großbritanniens. In der Folge weigerte sich Frankreich, den in den Verträgen vorgesehenen Übergang zu Mehrheitsentscheidungen im Ministerrat zu akzeptieren. Da die übrigen Mitgliedstaaten zunächst nicht nachgaben, praktizierte Frankreich von Juli 1965 bis Januar 1966 eine „Politik des leeren Stuhls", das heißt, es entsandte keine Minister mehr in die Ratssitzungen, womit alle Entscheidungen blockiert waren (Lahr 1983, Timmermann 2001).

Diese Pattsituation konnte schließlich nur dadurch überwunden werden, dass die anderen Partner einlenkten und sich im sogenannten „Luxemburger Kompromiss" auf einen neuen Konsens einigten: Entscheidungen im Ministerrat sollten weiterhin einstimmig gefällt werden, wenn ein Mitgliedstaat seine vitalen nationalen Interessen gefährdet sah. Damit kam jedem Staat ein faktisches Vetorecht gegen Beschlüsse des Ministerrats zu. In der Folge setzte sich die Einstimmigkeitsregel als allgemeines Entscheidungsverfahren im Ministerrat durch; vom Vetorecht machten nicht nur Frankreich, sondern auch viele andere Staaten ausgiebig Gebrauch. Dies belegt, dass der Luxemburger Kompromiss nicht nur den Interessen Frankreichs oder speziell de Gaulles entsprach, sondern insgesamt dem Wunsch der nationalen Regierungen nach stärkerer Kontrolle im Integrationsprozess.

Der „Luxemburger Kompromiss" wird in der Regel als fundamentaler Umschlag im Prozess der europäischen Integration interpretiert (Knipping 2004: 140–141): Er beendete den – zumindest der Intention nach – supranationalen Integrationsweg zugunsten eines intergouvernemental geprägten Entscheidungssystems; er beendete so die Anfangsphase einer beschleunigten Integration und leitete eine lange Phase der Stagnation ein, die eher von Meinungsverschiedenheiten zwischen den Mitgliedstaaten beherrscht war als vom zügigen Fortgang der Integration. Man kann diesen Umschlag allerdings auch als Reaktion auf tiefer liegende Probleme des Integrationsprozesses werten und dementsprechend als Ausdruck eines notwendig werdenden Systemumbaus.

Denn zum Ersten war die Anfangsphase der Integration in den Verträgen festgeschrieben und somit von den ausgeprägten politischen Interessen am Zustandekommen der Integration getragen. Sobald weitergehende Schritte vereinbart werden sollten, konnte dieser einmalig erzielte Grundkonsens nicht mehr tragen. Zum Zweiten betraf die Anfangsphase der Integration vornehmlich die Herstellung des Gemeinsamen Marktes; in dem Moment, in dem andere Politikfelder einbezogen werden sollten, bei denen die Interessen der Mitgliedstaaten weniger konvergierten und zugleich eine stärker regulierende Rolle der Gemeinschaft vorgesehen war, stockte der Prozess. Die sorgfältige Abwägung von nationalen Interessen erwies sich nunmehr als unerlässlich. Zum Dritten ließen wohl auch die ersten Anzeichen einer heraufziehenden Wirtschaftskrise die explizite Berücksichtigung nationaler Interessen als geboten erscheinen.

Vor diesem Hintergrund kann denn auch der Luxemburger Kompromiss als eine Anpassung des Systems an veränderte und erweiterte Erfordernisse und damit auch als erster Systemumbau gesehen werden, der die Ausweitung der Integration unter Stärkung intergouvernementaler Mechanismen der Interessenvermittlung und Konsensfindung ermöglichte.

3.2 Aus- und Umbau der Europäischen Gemeinschaften im Zeichen intergouvernementaler Entscheidungsmacht

Trotz der beschriebenen Schwierigkeiten setzte die Sechsergemeinschaft auch ab der zweiten Hälfte der 60er Jahre ihren Integrationskurs fort. So wurde zunächst in einem Fusionsvertrag die Zusammenfassung der drei Gemeinschaften – EGKS, EWG, EURATOM – unter einheitlichen Organen und unter dem Dach der Europäischen Gemeinschaften (EG) beschlossen (8.4.1965 Vertragsunterzeichnung, ab 1.7.1967 in Kraft). Das stärkte in gewissem Maße die Position der Europäischen Kommission, da sie nunmehr in vielfältigen Politikbereichen tätig werden konnte. Nach dem Rücktritt de Gaulles im Jahre 1969 – und dem Antreten einer sozialdemokratisch geführten Koalition in der BRD – wurden weitreichende Pläne zur Vollendung des gemeinsamen Marktes geschmiedet: An erster Stelle stand die Schaffung einer Wirtschafts- und Währungsunion, die nicht nur eine einheitliche Währung anvisierte, sondern zugleich auch eine gemeinsame Wirtschaftspolitik, um den Integrationsprozess auch in struktureller Hinsicht steuernd zu begleiten (Gilbert 2003: 120–128, Gillingham 2003: 87–89, Dinan 2004a: 126–134, Brown Wells und Wells 2008). Die aus solchen Integrationsschritten möglicherweise resultierenden ökonomischen Divergenzen hoffte man, mit einer regionalen Strukturpolitik abfedern zu können.

Diese ehrgeizigen Pläne erwiesen sich allerdings sehr schnell als kaum realisierbar. Sie scheiterten nicht nur an den enormen Meinungsverschiedenheiten und Interessengegensätzen zwischen den Mitgliedstaaten, sondern auch, weil deutliche Krisenzeichen das Ende einer außergewöhnlich langen wirtschaftlichen Wachstums- und Prosperitätsphase signalisierten (Streeck 2013). In dieser Situation traten die ökonomischen Schwächen der einzelnen Mitgliedstaaten und die strukturellen Disparitäten zwischen ihnen deutlich zutage, womit sich auch die politischen Divergenzen weiter verschärften (Gilbert 2003: 132–133).

Die Staaten Europas reagierten auf diese veränderte Situation, indem sie zuerst und vor allem Zuflucht zu nationalen Lösungen suchten. Der Wirtschaftskrise versuchten sie durch eine konsequentere makroökonomische und nachfrageorientierte Politik sowie durch neoprotektionistische Maßnahmen zu begegnen. Letztere beinhalteten den systematischen Rückgriff auf nicht-tarifäre Handelshemmnisse, beispielsweise über die Einführung und striktere Handhabung von technischen Normen oder die Bevorzugung nationaler Anbieter im öffentlichen Beschaffungswesen. Damit wurden die Errungenschaften des gemeinsamen Marktes weitgehend zunichtegemacht beziehungsweise systematisch unterlaufen (Gillingham 2003: 106–120).

Auf der europäischen Ebene erhielt der Integrationsprozess eine neue Wendung, indem sich die sechs Gründerstaaten zu einer ersten Erweiterung der Gemeinschaft entschlossen (Dinan 2004a: 134–145). 1973 wurden Großbritannien, Irland und Dänemark nach einer relativ kurzen Verhandlungsphase in den europäischen Kooperationsverbund aufgenommen; Norwegen, das ebenfalls einen Aufnahmeantrag gestellt hatte, musste sich aufgrund eines negativen Referendums im Jahre 1972 zurückziehen.

Die erste Erweiterung der EG hatte in der Folge tiefgreifende Konsequenzen. Die neuen Mitglieder befanden sich in ökonomischer Hinsicht teilweise in einem schwierigen Entwicklungs- (Irland) beziehungsweise Umstrukturierungsprozess (Großbritannien). Zudem waren die politischen Eliten Dänemarks und insbesondere Großbritanniens deutlich weniger integrationsorientiert als die der „alten" Sechs. Diese Situation resultierte in zusätzlichen politischen Divergenzen, was in der Folge den Entscheidungsprozess häufig blockierte und den Integrationsprozess insgesamt verlangsamte (Geary 2012: 17–18). In der wissenschaftlichen und politischen Debatte setzte sich die Ansicht durch, dass sich Erweiterungen der Gemeinschaft grundsätzlich zulasten der Vertiefung der Integration auswirkten (Pinder 1991: 51).

Gerade aber die zusätzlichen Divergenzen zwischen den Mitgliedstaaten, die oberflächlich gesehen in einer langen Phase der Stagnation resultierten, förderten in der Folge den Aus- und Umbau des EG-Systems in einer anderen als der ursprünglich anvisierten Richtung. So wurden die institutionellen Strukturen sowie die Entscheidungsverfahren umgebaut und verfeinert, wobei vor allem die intergouvernementalen Systemkomponenten gestärkt wurden. Zudem wurden neue Politikfelder etabliert und Implementationsstrategien entwickelt, die den Divergenzen zwischen den Mitgliedstaaten stärker Rechnung trugen. Schließlich wurden insgesamt flexiblere und informellere Verfahren der Integration gegenüber solchen, die auf fest gefügten institutionellen Strukturen basierten, bevorzugt.

Der intergouvernementale Entscheidungsfindungsprozess wurde gestärkt und differenziert, vor allem aber auch erleichtert, durch die Einsetzung des Europäischen Rates als zusätzlicher Entscheidungsebene. Solche Gipfeltreffen der Staats- und Regierungschefs der Mitgliedstaaten hatten zwar zuvor schon in unregelmäßiger Folge stattgefunden; berühmt sind die Gipfel von Den Haag (1969) sowie Paris (1972), die weitreichende Integrationsbeschlüsse fassten (Geary 2012). Ab 1974 wurden die Gipfel als turnusmäßig einzuberufende Treffen fest verankert (Werts 2008). Damit wurde zunächst ein Forum für regelmäßige Konsultationen zwischen den Regierungsspitzen geschaffen; in der Folge entwickelte sich der Europäische Rat allerdings zum höchsten Entscheidungsorgan in der EG/EU, indem er einerseits als Letztinstanz Beschlüsse fällte, die auf der Ebene des Ministerrats wegen unlösbarer

Konflikte blockiert waren, andererseits die grundlegende Zielrichtung und den weiteren Entwicklungsgang der Integration vorgab (vgl. Kap. 5.3).

Als weiterer Schritt zur Restrukturierung der Europäischen Gemeinschaft wurde im Laufe der 70er Jahre die Position des Europäischen Parlaments erheblich aufgewertet. Dies ist zwar nicht als Stärkung der intergouvernementalen Entscheidungsfindung zu werten, wohl aber als Ausweitung der parlamentarischen Kontrollfunktionen gegenüber der Kommission (Lord 2004: 151–152, Rittberger 2005). Über entsprechende Beschlüsse der Jahre 1970 und 1975 wurden dem Parlament wichtige Budgetbefugnisse übertragen, nachdem zuvor den Gemeinschaften eigene Finanzressourcen zugestanden worden waren. Insbesondere die jährlich erforderliche Zustimmung zu den nicht-obligatorischen Ausgaben[5] des EG-Haushalts konnte das Parlament zur Ausweitung oder Einschränkung der politischen Aktivitäten der Kommission nutzen. 1977 wurde schließlich – nach mehr als 10-jährigen Forderungen vonseiten des Parlaments – der Beschluss zur Einführung der Direktwahl der Europaabgeordneten gefasst; die erste Wahl fand 1979 statt. Mit diesem Schritt wurde nicht nur ein direkterer Bezug zu den Bürgern Europas hergestellt, sondern auch eine Professionalisierung des Parlaments eingeleitet, indem die Abgeordneten nunmehr nur noch eine Funktion ausübten und nicht mehr, wie zuvor, primär als Parlamentarier in den Mitgliedstaaten fungierten. In der Folge trat denn auch das Parlament mit einer Reihe von neuen Aktivitäten und Initiativen in den Vordergrund, wobei insbesondere seine Rolle bei der Weiterentwicklung des EU-Systems hervorzuheben ist (siehe Kap. 7.3).

Auch die Politikfunktionen der EG wurden im Zeichen einer zunehmend heterogenen Gemeinschaft auf spezifische Weise aus- beziehungsweise umgebaut. 1975 wurde die europäische Regionalpolitik begründet, die vor allem zur Verringerung der ökonomischen Disparitäten zwischen „reichen" und „armen" Mitgliedstaaten beitragen sollte. Gleichzeitig wurde der Sozialfonds, der schon im Rahmen der EGKS eingerichtet worden war, in ein gezieltes Arbeitsmarktinstrument umgeformt, das über Schulungs- und Umschulungsmaßnahmen die Chancen von Arbeitnehmern erhöhen sollte. Schließlich wurde eine Serie von Richtlinien zur Gleichstellung von Männern und Frauen auf dem Arbeitsmarkt erlassen. Wenngleich diese neuen Aktivitäten in erster Linie auf ökonomische Modernisierungsprozesse abzielten, enthielten sie doch zugleich auch eine soziale Komponente; damit bildeten sie die Grundlage für spätere formale Kompetenzübertragungen in entsprechenden Politikfeldern (Tömmel 2004a).

Zu Ende der 70er Jahre wurde aber auch das Europäische Währungssystem (EWS) eingeführt, nachdem zuvor schon (1972) die Wechselkurse der Mitglied-

---

5 Nicht-obligatorische Ausgaben sind solche, die nicht vertraglich fixiert sind, also beispielsweise die Aufwendungen für Struktur- und Entwicklungspolitik, die Hilfsprogramme für Drittstaaten und generell ein breites Spektrum von Fördermaßnahmen.

staaten innerhalb gewisser Bandbreiten fixiert worden waren (Gilbert 2003: 138–145, Brown Wells und Wells 2008: 35–37). Das Spektakuläre an diesem Schritt liegt allerdings weniger in der Fixierung der Wechselkurse als solcher, als vielmehr in der flexiblen Handhabung des EWS: Je nach Wirtschaftslage und Politikoptionen eines Landes konnten die Bandbreiten variieren und es war auch möglich, außerhalb des Währungsverbunds zu bleiben.[6] Mit dieser Konstruktion wurde erstmals das Konzept einer differenzierten Integration erprobt (Kölliker 2006, Leuffen et al. 2012: 145–147). Insgesamt waren somit die neuen EG-Politiken der 70er Jahre weniger am Leitbild einer schnellen supranationalen Integration orientiert, als vielmehr an einer flexiblen Kopplung unterschiedlich strukturierter Staaten beziehungsweise an der tendenziellen Angleichung oder politischen Kompensation unterschiedlicher ökonomischer Strukturen.

Trotz dieser weitreichenden, in der Öffentlichkeit allerdings kaum wahrgenommenen Veränderungen im europäischen Integrationsprozess stand die EG am Ende der 70er und zu Beginn der 80er Jahre im Zeichen von Krise und Stagnation, von Europessimismus oder gar Eurosklerose (Dinan 2004a: 167–168). Grundlegende Meinungsverschiedenheiten und Interessenkonflikte bestimmten die jeweiligen Gipfelkonferenzen und drohten, den Entscheidungsprozess zu paralysieren. Die Budgetprobleme, die Stahlkrise, die steigenden Kosten der Agrarpreisstabilisierung und die sich vertiefende Wirtschaftskrise bei rapide wachsenden Arbeitslosenzahlen warfen die Frage auf, ob die EG nicht mehr Probleme schaffe, als Lösungen zu ermöglichen.

Doch auch in dieser Situation wurde der Um- und Ausbau des Systems weitergeführt, wenngleich zum Teil eher hinter den Kulissen als auf offener Bühne. 1981 kam es mit dem Beitritt Griechenlands zu einer zweiten Erweiterung der Gemeinschaft; 1986 folgte dann die dritte Erweiterung, die Spanien und Portugal in den gemeinsamen Markt einbezog. Die Süderweiterung der EG war, wie zuvor schon zahlreiche Grundsatzentscheidungen der Integration, nicht primär von ökonomischen Kalkülen motiviert – man erwartete auf beiden Seiten mehr Nachteile als Vorteile – sondern vor allem von politischen Beweggründen (Leggewie 1979). Da die drei Länder sich erst Mitte der 70er Jahre von ihren faschistischen oder autoritären Regimen befreien konnten, war die Stabilisierung der jungen Demokratien sowohl für die EG als auch die Beitrittskandidaten das wichtigste Motiv für diesen Schritt. Gleichzeitig implizierte die Süderweiterung der EG aber auch eine bewusste Entscheidung für eine Gemeinschaft von ökonomisch ungleichen Partnern, was in der Folge zur Ausweitung der Kohäsionspolitik führte. Dementsprechend wurde denn auch im Zuge dieser Erweiterungen die europäische Regionalpolitik intensiviert und der Sozial-

---

6 Von dieser Möglichkeit machten Großbritannien, Griechenland und später auch Portugal Gebrauch.

fonds stärker unter strukturpolitischen Gesichtspunkten subsumiert. Beides erwies sich in der Folge als wichtiges Wechselgeld beim Tauschhandel um den Binnenmarkt.

Die Politikfunktionen der EG gewannen jetzt auch ein deutlicheres Profil durch die Initiierung einer Technologiepolitik auf der europäischen Ebene. Dieser vonseiten der Mitgliedstaaten zunächst nicht gewünschte Schritt wurde von der Kommission eingeleitet, indem sie einen Round Table organisierte, der die Vertreter von zwölf europäischen Hightech-Unternehmen an den Verhandlungstisch brachte (Peterson und Sharp 1998). Auch die Industrievertreter standen dem Vorhaben zunächst skeptisch gegenüber. Gemeinsam wurde dann aber eine Grundkonzeption für eine europäische Technologiepolitik erarbeitet. Gegenüber der so entstandenen Allianz von Kommission und Spitzenindustriellen konnte der Rat schließlich nicht umhin, dem Projekt seine Zustimmung zu geben; lediglich über die Finanzausstattung gelang es ihm, dieses in der Anfangsphase in engen Grenzen zu halten. Längerfristig fand die Technologiepolitik aber den Konsens der Mitgliedstaaten, diente sie doch der Stärkung der Position Europas gegenüber den Hauptkonkurrenten auf dem Weltmarkt, den USA und Japan. Der Round Table, einmal etabliert, spielte in der Folge eine wichtige Rolle beim Zustandekommen des Binnenmarktprojekts (Cowles 1995).

Gerade das Bewusstwerden der Schwächen Europas im Rahmen verschärfter globaler Konkurrenzbeziehungen und seiner Fragmentierung in ökonomischer und politischer Hinsicht förderte in der Folge die Einsicht in die Notwendigkeit einer Vertiefung der Integration (Sandholtz und Zysman 1989). Zu Beginn der 80er Jahre war es zunächst aber nur eine Vielzahl von Reformkonzepten, die die Debatte dominierte, ohne dass es zu einem breiteren Konsens über die einzuschlagende Zielrichtung kam (Dinan 2004a: 192–201, Knipping 2004). So lancierte das Europäische Parlament auf Initiative von Altiero Spinelli[7] einen Vertragsentwurf zur Schaffung einer Europäischen Union (Vorschlag: November 1981, Verabschiedung: Februar 1984); politische Eliten entwarfen neue Integrationskonzepte (z. B. den Genscher-Colombo-Plan, Vorschlag: November 1981), und hinter den Kulissen übten die Spitzenindustriellen vielfachen politischen Druck aus zur Verwirklichung des Binnenmarkts (Sandholtz und Zysman 1989, Gillingham 2003: 237–240). Eine Reihe von Kommissionen wurde eingesetzt, die Reformberichte erstellten, doch die meisten Konzepte überstiegen bei Weitem das, was die Mitgliedstaaten an Souveränität abzutreten bereit waren. Die Folge war denn auch zunächst eine Lähmung der „relance européenne", auch wenn der Grundkonsens über die Notwendigkeit von tiefgreifenden Reformen wuchs. Damit war die Zeit reif für einen neuerlichen Umschlag des europäischen Integrationsprozesses.

---

7 Spinelli war bereits während des Zweiten Weltkriegs im Rahmen der italienischen Widerstandsbewegung ein engagierter Befürworter der europäischen Einigung.

Insgesamt stellt sich somit die Phase des Aus- und Umbaus der EG als primär von intergouvernementalen Konstellationen bestimmt dar: Zunächst war es de Gaulle, der in den 60er Jahren die Fortsetzung von Einstimmigkeitsbeschlüssen durchsetzte und damit zahlreiche Integrationsschritte blockierte. Eine Auflösung dieser Blockade wurde jedoch nicht über eine neuerliche Stärkung supranationaler Integrationsmechanismen erreicht, sondern umgekehrt über den weiteren Ausbau der intergouvernementalen Systemdimension. Insbesondere über die Einsetzung des Europäischen Rates konnte diese mit wesentlich größerer Autorität ausgestattet werden. Damit wurden die Möglichkeiten der Konsensfindung erhöht und der Integrationsprozess systematisch an politische Grundsatzpositionen und -erwägungen der beteiligten Staaten gebunden. Dies ist, wie die Erfahrung der Anfangsjahre der Integration gezeigt hat, wohl die einzige Möglichkeit, um die immer bestehenden Meinungsverschiedenheiten zwischen den Mitgliedstaaten zu überwinden (Knipping 2004, Loth 2014).

Auch die sukzessiven Erweiterungen der EG während dieser Phase beinhalteten eine Stärkung der intergouvernementalen Dimension des EU-Systems. Zunehmende ökonomische Disparitäten zwischen den Mitgliedstaaten sowie politische Divergenzen über den einzuschlagenden Integrationsweg erschwerten die Entscheidungsfindung, förderten aber auch die Suche nach Auswegen aus diesen Dilemmata, was sich nicht zuletzt in der Schaffung neuer Gemeinschaftspolitiken äußerte. Damit stand die Ausweitung der Politikfelder und -initiativen der EG während dieser Phase im Zeichen der Interessendivergenzen zwischen den Mitgliedstaaten. Neue oder umgestaltete Politiken dienten entweder dem Ausgleich ökonomischer Disparitäten (Regional- und Sozialfonds) oder der flexiblen Kopplung disparitärer Volkswirtschaften (EWS). Erst mit der Technologiepolitik verband sich eine gesamteuropäische Perspektive gegenüber der verschärften Konkurrenz in der Triade Amerika – Europa – Japan.

Schließlich bedeutete auch die Stärkung des Europäischen Parlaments durch die Verleihung von Budgetbefugnissen und die Einführung seiner Direktwahl zumindest indirekt eine Stärkung der intergouvernementalen Komponente, indem sie die Kontrollfunktion gegenüber der Kommission ausweitete und diese damit einschränkte (Rittberger 2005). Allerdings hatte dieser Schritt die gegenteilige Wirkung zur Folge, indem das gestärkte Parlament durch seine Entscheidungen eher der Kommission zuneigte und die supranationale Integrationsdynamik vorantrieb.

Gerade aber die Widersprüchlichkeit einiger Integrationsschritte dieser Phase erlaubt es, weitergehende Schlüsse zu ziehen. Wenngleich es zutrifft, dass diese Phase primär durch Stagnation gekennzeichnet ist, da eine Reihe von vorwärtsweisenden Integrationsschritten, aber auch kleinere Reformprojekte regelmäßig am Dissens zwischen den Mitgliedstaaten scheiterten, kann man auch umgekehrt konstatieren, dass gerade in dieser Zeit die Weichen für den späteren Integrationsaufschwung gestellt wurden (Knipping und Schönwald 2004, Tömmel 2004a). Neben den bereits genannten – Stärkung der intergouvernementalen Entscheidungsfindung, Erweiterung der Gemeinschaft sowie Ausweitung der Politikfunktionen – sind noch weitere hervorzuheben: zunehmend subtilere Strategien der Kommission, um den Ministerrat unter Entscheidungsdruck zu setzen, die maximale Nutzung und tendenzielle Überschreitung seiner Kompetenzen durch das Parlament sowie eine Rechtsprechung des EuGH, die die supranationale Integrationslogik förderte (Burley und Mattli 1993, Alter 2001 und 2009). Gerade diese weniger sichtbaren und daher erst spät ins wissenschaftliche Bewusstsein getretenen Vorgehensweisen der supranationalen Organe bildeten in der folgenden Phase eine entscheidende Grundlage für den spektakulären Aufschwung der Integration. Innerhalb der vorliegenden Phase können sie auch als Reaktionsbildungen auf den Ausbau und die Stärkung der intergouvernementalen Entscheidungsmacht interpretiert werden.

Es ist somit auch in dieser Phase die Wechselwirkung zwischen den Polen Intergouvernementalismus und Supranationalismus und den Kräfteverhältnissen zwischen den jeweiligen Akteuren, die die Dynamik und die Entwicklungsrichtung des Integrationsprozesses hervorbringen. Dabei stützt sich der Integrationsprozess nunmehr zunehmend auch auf informelle oder schwach formalisierte Strukturen und Verfahrensweisen, womit sich insbesondere die supranationale Integrationsdynamik eher auf der Verfahrensebene entfaltete, während die intergouvernementale Entscheidungsmacht über stärker formalisierte Institutionen und Verfahrensmodi ausgebaut wurde.

3.3 Erneuter Integrationsschub und institutionelle Dissoziierung von supranationaler und intergouvernementaler Integration

Mit dem Antreten Jacques Delors' als Präsident der Kommission zu Beginn des Jahres 1985 wurde eine neue Phase des Integrationsprozesses eingeläutet, in der die supranationale Dynamik wieder stärker in den Vordergrund trat und somit weitreichende Integrationsschritte erzielt werden konnten (Gillingham 2003: 149–51). Allerdings waren auch diese Schritte vom Dissens zwischen den Mitgliedstaaten begleitet, sodass wie zuvor schon die faktisch realisierten Reformen weit hinter den lancierten Vorschlägen zurückblieben.

Als Erstes gelang es der neuen Kommission, die verschiedenen Initiativen und Aktivitäten zur Erneuerung der EG in zwei Schwerpunkten zu bündeln: zum einen einem Projekt der ökonomischen Integration, das die Vollendung des Binnenmarktes unter dem Schlagwort „Europa 1992" vorsah; zum anderen einem Projekt der politischen Integration, das einschneidende institutionelle Reformen sowie eine Veränderung der Entscheidungsverfahren anstrebte. Dabei gelang es der Kommission, diese beiden Projekte als inhärent miteinander verbunden zu präsentieren (Gilbert 2003: 169–74, Dinan 2004a: 206–223).

Die Grundlage für das Europa-1992-Programm bildete ein unter der Regie von Kommissar Lord Cockfield erarbeitetes Weißbuch, das alle Maßnahmen auflistete, die zur Vollendung des Binnenmarkts notwendig waren (vorgelegt am 14.6.1985, Kommission 1985). Konkret ging es dabei um ca. 300 Entwürfe für Richtlinien und Verordnungen, über die eine Beseitigung noch bestehender Hemmnisse für den freien Verkehr von Waren, Kapital, Personen und Dienstleistungen sowie eine Harmonisierung der unterschiedlichen Regelsysteme der Mitgliedstaaten erreicht werden sollte. Bei den Hemmnissen für die sogenannten „vier Freiheiten" handelte es sich übrigens weniger um „noch bestehende" Barrieren, als vielmehr um solche, die die Mitgliedstaaten erst im Laufe der 70er Jahre im Rahmen nationaler Strategien zur Krisenbewältigung aufgebaut hatten: unterschiedliche Systeme technischer Normierung, Privilegierung nationaler Anbieter im öffentlichen Beschaffungswesen, versteckte Subventionierung öffentlicher und privater Unternehmen.

Unter dem Eindruck einer abnehmenden Konkurrenzkraft Europas im Rahmen der Triadenkonstellation konnte aber vergleichsweise schnell ein Grundkonsens zur Realisierung dieses anspruchsvollen Programms gefunden werden (Brown Wells und Wells 2008: 37). Faktisch war der Grundkonsens bereits vorhanden. Delors bereiste vor seinem Amtsantritt die Hauptstädte der EG zu Konsultationen mit den Regierungen der Mitgliedstaaten; dabei erwies sich das Binnenmarktprojekt als das einzige, das von allen Regierungen unterstützt wurde. Verstärkt wurde der Druck auf die Staats- und Regierungschefs, weil führende Industrielle sowohl auf europäischer als auch auf nationaler Ebene auf eine rasche Realisierung der Marktintegration drängten (Sandholtz und Zysman 1989, Cowles 1995, Gillingham 2003: 237–240). Erleichtert wurden die notwendigen Entscheidungen durch die Vorlage zweier umfangreicher und detaillierter, im Auftrag der Kommission erarbeiteter Studien, die die Vorteile des Binnenmarkts mit eindrucksvollen Wachstumszahlen zu belegen suchten (Cecchini-Report, Cecchini 1988) und die möglicherweise ungleichen Effekte für die Mitgliedstaaten als mit entsprechenden politischen Maßnahmen lösbar darstellten (Padoa-Schioppa-Report, Padoa-Schioppa et al. 1988). Nicht zuletzt wegen dieser Studien entbrannte eine erhitzte öffentliche Debatte über die Pros und Kontras des Binnenmarkts. Seine Einführung wurde dann aber durch eine sich rasch ausbreitende Integrationseuphorie sowie die faktische Vorbereitung der Unternehmen auf die zu erwartende Situation vorweggenommen.

Für die Reform der institutionellen Strukturen des EG-Systems war dagegen weniger leicht Übereinstimmung zu finden. Trotzdem schälte sich auch hier im Rahmen einer eigens einberufenen Regierungskonferenz ein Minimalkonsens heraus, der sich erst in der Folge als Grundlage weitreichender Integrationsschritte entpuppte. In Form eines Grundsatzdokuments, das als Einheitliche Europäische Akte bezeichnet wurde, kam es erstmals zu einer einschneidenden Revision der EG-Verträge (vgl. zum Inhalt der EEA stellvertretend für viele andere Pinder 1989, zum Zustandekommen der EEA Sandholtz und Zysman 1989, Moravcsik 1991; zur Bewertung der EEA Kreile 1989, Keohane und Hoffmann 1991, Gilbert 2003: 180–183).

Kernstück der EEA war die Einführung von (qualifizierten) Mehrheitsentscheidungen im Ministerrat für eine Reihe von Bereichen – insbesondere die, die mit der Vollendung des Binnenmarkts verbunden waren und somit schon auf einem Grundkonsens zwischen den Mitgliedstaaten beruhten. Des Weiteren wurde die Rolle des Europäischen Parlaments erheblich aufgewertet, insbesondere durch die Ausweitung seiner Befugnisse im Gesetzgebungsprozess im Zuge der Einführung des sogenannten Kooperationsverfahrens, das zwei Lesungen von Gesetzesvorschlägen vorsah. Zwar wies dieses Verfahren dem Parlament keine klaren Mitentscheidungsrechte zu, aber es verlieh ihm eine Stimme, die von Kommission und Ministerrat nicht gänzlich übergangen werden konnte und die vom Parlament auch sehr offensiv genutzt wurde (siehe ausführlich Kap. 6.1). Allerdings galt das Verfahren ebenfalls nur für ein begrenztes Spektrum von Themenbereichen, hauptsächlich für die Regelungen zum Binnenmarkt.

Auch die Rolle der Kommission als politikimplementierender Instanz erfuhr eine Aufwertung, indem eine Reihe von Politikfeldern, die zuvor nur auf Ratsbeschlüssen oder sogar nur auf informellen Initiativen der Kommission beruhten, als explizite Aufgaben der EG vertraglich verankert wurden. Damit wurde vor allem die Dauerhaftigkeit dieser Kompetenzübertragungen unterstrichen: Regionalpolitik, Technologiepolitik sowie Umweltpolitik (vgl. respektive Artikel 130 a–e, 130 f–p sowie 130 r–t EGV-M; jetzt Art. 174–178, 179–190 sowie 191–193 AEUV). Für mögliche negative Effekte des Integrationsprozesses wurden nunmehr politische Lösungen auf EG-Niveau angestrebt. Der drohenden Zunahme ökonomischer Disparitäten zwischen den Mitgliedstaaten als Folge des Binnenmarkts wurde mit einer Verdopplung der Finanzausstattung der Strukturfonds und einer einschneidenden Reform ihres Instrumentariums begegnet (Beschlussfassung 1988, Gillingham 2003: 262–263). Die drohende Zunahme sozialer Gegensätze wurde zumindest als Problem anerkannt, indem die „soziale Dimension" der Gemeinschaft, nicht zuletzt auch unter dem Druck der Gewerkschaften, als notwendige Ergänzung der ökonomischen Integration auf die Tagesordnung gesetzt wurde (Dinan 2004a: 225–229).

Mit dieser erweiterten Agenda der Delors-Kommission, die dem Spill-over-Prinzip der neo-funktionalistischen Integrationstheorie zu folgen schien (Kreile 1989), war dann aber die Konsenskraft der Gemeinschaft vorerst ausgeschöpft. Insbesondere die sozialpolitische Thematik rief in der Folge erhebliche Auseinandersetzungen hervor, wobei vor allem Großbritannien eine eindeutig ablehnende Position einnahm. Allerdings gelang es der Kommission, über eine Sozialcharta (1989) und ein darauf aufbauendes Aktionsprogramm zumindest 11 Mitgliedstaaten für ein grundsätzliches Engagement im Sozialbereich zu gewinnen (Leibfried 2010: 262–264). Damit wurden Fakten geschaffen, die bei späteren formalen Entscheidungen kaum noch negiert oder umgangen werden konnten.

Als weiteres konfliktträchtiges Thema erwies sich die Steuerharmonisierung, die eng mit dem Binnenmarkt verbunden war. Auch hier konnten zunächst keine befriedigenden Lösungen gefunden werden, da im Steuerbereich die Divergenzen zwischen den Mitgliedstaaten besonders ausgeprägt sind und die geforderten An-passungsleistungen für einige Staaten sehr hoch ausgefallen wären. Man einigte sich schließlich auf eine langsame Annäherung durch die Harmonisierung der Mehrwertsteuersätze (Genschel 2007).

Das dritte und wohl ehrgeizigste Thema, das im Kielwasser des Binnenmarkts von der Delors-Kommission lanciert wurde, war die Schaffung einer Wirtschafts- und Währungsunion. Dieses Projekt, das als Krönung des Binnenmarkts konzipiert war, stieß zunächst auf erhebliche Widerstände. Nicht nur Großbritannien äußerte sich ablehnend, sondern auch die Bundesrepublik zeigte sich skeptisch (Brown Wells und Wells 2008: 39). Unter dem Eindruck der raschen und unerwarteten Wende in den Staaten Mittel- und Osteuropas und unter dem Druck, Frankreich als Verbündeten für die deutsche Wiedervereinigung gewinnen zu müssen, entschied sich dann aber die Regierung Kohl für eine demonstrative Westeinbindung der BRD und damit auch für die Unterstützung des Währungsprojekts (Gillingham 2003: 235). Andere Autoren heben allerdings hervor, dass Bundeskanzler Kohl sich ohne-hin bereits für eine Vertiefung der Integration einschließlich der Realisierung der Währungsunion entschieden hatte (Brown Wells und Wells 2008: 41). Dementspre-chend wurde eine Intergouvernementale Konferenz (IGK) einberufen, die die Details des Vorhabens erarbeiten und aushandeln sollte (Geary 2012: 13). Erst in letzter Minute besann man sich auch auf die Notwendigkeit institutioneller Reformen. Dies resultierte in der Einsetzung einer zweiten IGK, die die Schaffung einer politischen Union vorbereiten sollte.

Wie schon so oft in der Geschichte der europäischen Integration verlief jedoch die Arbeit an beiden Projekten sehr unterschiedlich (Ross 1995). Während die Vor-bereitungen zur Wirtschafts- und Währungsunion von technischen Sachverständi-gen (z. B. den Vertretern der europäischen Notenbanken) bestimmt waren und dem-entsprechend zügig vorangetrieben werden konnten, war die politische Union ein diffuses Projekt, das vom Dissens zwischen den Politikern der Mitgliedstaaten be-herrscht war (Ross 1995, Gilbert 2003: 203–204, Gillingham 2003: 269–284, Brown Wells und Wells 2008: 39–41). Während im Bereich Wirtschafts- und Währungsuni-on der auch hier bestehende Dissens zugunsten von Kompromisslösungen über-wunden werden konnte, verlagerten sich die Verhandlungen um die politische Uni-on auf die höchste Ebene und auf die letzte Minute vor Toresschluss: den Europäischen Rat in Maastricht (Dezember 1991). Der Vertrag zur Schaffung einer Europäischen Union, dessen Endfassung dort ausgehandelt wurde, ist denn auch von deutlichen Asymmetrien gekennzeichnet.

Kernstück des Maastrichter Vertrags war der Einstieg in die Wirtschafts- und Währungsunion, die in einem dreistufigen Verfahren realisiert werden sollte und wurde (vgl. zu den Vertragsänderungen Duff 1994, zum Zustandekommen des Ver-trags Ross 1995, zur Bewertung des Vertrags Dinan 2004: 245–264). Anders jedoch als in den Planungen der frühen 70er Jahre war die Währungsunion jetzt so konzi-piert, dass auf der europäischen Ebene lediglich die gemeinsame Währung geschaffen und eine unabhängige Europäische Zentralbank (EZB) eingesetzt werden sollte. Die parallel dazu erforderliche ökonomische Harmonisierung wurde dagegen in der Verantwortlichkeit der Mitgliedstaaten belassen. Das bedeutete jedoch nicht, dass den Letzteren damit volle Handlungsfreiheit blieb; im Gegenteil, durch die Erstellung „harter" Kriterien für die Teilnahme am Währungsprojekt, die sogenannten Konvergenzkriterien,[8] wurden klare Vorgaben für deren Verhalten definiert. Denn die Kriterien trieben nicht nur die Einzelstaaten in einen Wettlauf zur Erfüllung der Zielvorgaben; vielmehr legten sie auch die Eckwerte eines breiten Spektrums nationaler Politiken fest: Geldwertstabilität, restriktive Fiskalpolitik, Austerität und insgesamt eine tendenzielle Zurückdrängung sozialstaatlicher Leistungen und Arrangements.

Mit der Währungsunion wurde zugleich aber auch ein System der differenzierten Integration installiert, indem nicht alle Staaten gleichermaßen an dem Projekt partizipieren müssen oder dürfen (Kölliker 2006, Leuffen et al. 2012). Die Entscheidung hierüber, die der Europäische Rat zu fällen hat, wurde in erster Linie von der Erfüllung der Konvergenzkriterien abhängig gemacht. Die faktischen Entscheidungen waren dann allerdings politisch motiviert, indem auch Staaten, die nicht alle Kriterien erfüllten, in die Währungsunion aufgenommen wurden.

Auf der institutionellen Ebene wurden mit dem Maastrichter Vertrag weniger weitreichende Integrationsfortschritte erzielt, vor allem im Vergleich zu den wesentlich weitergehenden Reformvorschlägen der Delors-Kommission (Ross 1995, Gillingham 2003: 278–284). Allerdings hatten die beschlossenen Schritte in der Folge erhebliche Konsequenzen, indem sie die Grundlage für umfassende Ausdifferenzierungen des institutionellen Gefüges der nunmehr in EU umbenannten Gemeinschaft legten (Dinan 2004a: 249–258).

Als Erstes sind in diesem Kontext Neuerungen zu nennen, die eher als Rhetorik denn als substanzielle Veränderungen erscheinen: so die bereits erwähnte Umbenennung der Gemeinschaft in Europäische Union, die Bekräftigung des Integrationsziels sowie die Betonung des Subsidiaritätsprinzips. Des Weiteren sind institutionelle Veränderungen zu nennen, die im Wesentlichen als inkrementelle Schritte erscheinen, längerfristig aber eine beachtliche Integrationsdynamik entfalten: so die Einführung des Mitentscheidungsverfahrens (Kodezision) für das Europäische

---

8 Die Konvergenzkriterien beinhalten folgende Parameter:
- der Anstieg der Verbraucherpreise darf das Mittel der drei preisstabilsten Länder um nicht mehr als 1,5 % übersteigen;
- das Zinsniveau darf das Mittel der drei bestplatzierten Mitgliedstaaten nicht um mehr als 2 % überschreiten;
- die jährliche Neuverschuldung des öffentlichen Haushalts der Mitgliedstaaten darf 3 % des BIP nicht überschreiten;
- die gesamte Staatsverschuldung darf 60 % des BIP nicht überschreiten.

Parlament in bestimmten Gesetzgebungsverfahren, das drei Lesungen, ein Vermittlungsverfahren sowie ein Vetorecht vorsieht (vgl. Kap. 5.1); die Ausweitung von
Mehrheitsentscheidungen im Ministerrat; das Recht des Parlaments, die neue
Kommission als ganze zu bestätigen (oder abzulehnen); und schließlich die Anerkennung des Europäischen Rates als „oberste Entscheidungsinstanz" der Union,
indem dieser erstmals als gesonderte Ratsformation im Vertragstext genannt wurde.

Der wohl spektakulärste und langfristig folgenreichste Schritt war aber die Vereinbarung einer verstärkten europäischen Zusammenarbeit in zwei Politikfeldern,
die sich bisher als nur schwer integrierbar erwiesen hatten. Es wurden aber keine
Kompetenzen in diesen Politiken auf die europäische Ebene übertragen, vielmehr
wurden sie einer rein intergouvernementalen Beschlussfassung unterstellt und
somit dem Zugriff von Kommission, Parlament und Gerichtshof entzogen. Die neuen
Politikfelder, die Gemeinsame Außen- und Sicherheitspolitik (GASP) sowie Justiz
und Inneres, und die zugehörigen institutionellen Konstrukte wurden als Zweite
und Dritte Säule bezeichnet und einer jetzt so bezeichneten Ersten Säule gegenübergestellt, die die gesamte bisherige Europäische Gemeinschaft und alle zugehörigen Politiken umfasste. Diese Terminologie verdeutlicht ein neues Nebeneinander
zweier Integrationskonzepte unter einem gemeinsamen institutionellen Dach. Das
Dach bildete nunmehr die Europäische Union, getragen von den drei Säulen. Das
Bild eines Tempels mit drei Säulen wurde in den Vorverhandlungen zum Vertrag
von Maastricht entworfen (Ross 1995); es signalisiert auf anschauliche Weise, dass
fortan zwei Integrationswege vergleichsweise unverbunden nebeneinander stehen:
eine tendenziell supranational orientierte sowie eine vorwiegend intergouvernemental organisierte Vergemeinschaftung.

Der Vertrag von Maastricht umfasste noch einige weitere Neuregelungen, deren
volle Reichweite sich allenfalls langfristig manifestierte. Zum Ersten wurde eine
Unionsbürgerschaft eingeführt, die die Bürger der Mitgliedstaaten in einen direkten
Bezug zur EU setzte. Zum Zweiten wurden neue Politikfelder als Kompetenzen der
Gemeinschaft ausgewiesen, und damit auch als Kompetenzen der Kommission.
Zwar handelte es sich dabei größtenteils um eng definierte Bereiche beziehungsweise um begrenzte Zuständigkeiten der europäischen Ebene, wie allgemeine und be-
rufliche Bildung, Kultur, Gesundheitswesen, Verbraucherschutz sowie Ausbau
transeuropäischer Netze; sie eröffneten aber einen Einstieg in neue und langfristig
erweiterbare Aktivitäten. Zum Dritten wurde ein neues Beratungsgremium geschaffen: der Ausschuss der Regionen. Damit erhielt die subnationale Ebene erstmals
eine offizielle Stimme im europäischen Entscheidungsprozess (vgl. Kap. 9.2). Zum
Vierten wurde der Einstieg in eine gemeinsame Sozialpolitik vollzogen, indem man
ein drohendes britisches Veto durch ein Protokoll im Anhang des Vertrags umging,
das von allen Mitgliedstaaten mit Ausnahme Großbritanniens unterzeichnet wurde
(vgl. Kap. 10.2.1 und Falkner et al. 2005).

Insgesamt markiert der Vertrag von Maastricht (verabschiedet im Februar 1992)
den Höhepunkt einer beschleunigten Integrationsphase (Geary 2012: 19); zugleich

leitet er aber auch den Umschlag in eine neue, durch heterogenere Entwicklungen gekennzeichnete Phase ein. In der Folge des Vertragsschlusses wurden denn auch sehr schnell die Risse im gemeinsamen europäischen Haus sichtbar: Die Ratifizierung des Vertrags gelang in den Mitgliedstaaten nur mit Mühe und unter erheblichen Verzögerungen (Dinan 2004a: 258–262). Die Dänen stimmten in einem Referendum (Juni 1992) zunächst gegen das Vertragswerk; erst nach weitgehenden Zugeständnissen in Form von Opting-outs, wie sie zuvor schon Großbritannien erzielt hatte, fiel ein zweites Referendum positiv aus. In Frankreich wurde die nötige Mehrheit nur knapp erreicht (September 1992); in Deutschland mussten Kompromisse auf nationaler Ebene eingegangen werden, um die Zustimmung des Bundesrats zu gewinnen.[9] Aber auch nach der Ratifizierung des Vertrags blieben die Risse sichtbar: Die öffentliche Meinung erwies sich nunmehr als zunehmend skeptisch oder sogar gespalten, und das allgemeine Misstrauen gegenüber der Integration wuchs.

Verstärkt wurde diese Situation in dem Maße, wie sich die Währungsunion als ein sehr schwierig zu vollziehender Integrationsschritt entpuppte: Die enormen Folgekosten und -lasten, die dieses Projekt gerade auf der nationalen Ebene nach sich zog, ließen es als immer weniger konsensfähig erscheinen. Aber auch in anderen Bereichen und Themenfeldern bröckelte der mühsam erzielte Konsens sichtbar ab.

Neben diesen internen Problemen der europäischen Integration waren es aber auch externe Faktoren, die das Integrationsprojekt in dieser Phase vor gänzlich neue Herausforderungen stellten. Das Ende des Ost-West-Konflikts führte nicht nur zum Zerfall sowie der grundlegenden Transformation der mittel- und osteuropäischen Staaten und der entsprechenden Blockbildungen, sondern erhöhte auch enorm den Handlungsdruck auf die Union. Als ein relativ einfach zu vollziehender Schritt erschien in dieser Situation der Einbezug des wiedervereinigten Deutschlands – und damit der ehemaligen DDR – in den europäischen Verbund, der dann auch vergleichsweise geräuschlos erfolgte (Gilbert 2003: 198–203). Die Delors-Kommission schuf hierfür die formalen Voraussetzungen, indem sie den Beitritt als mit der deutschen Wiedervereinigung (zum 3.10.1990) vollzogen deklarierte und relativ schnell konkrete Lösungsvorschläge für die damit verbundenen Anpassungen lancierte (Grant 1994).[10]

Schwieriger erwies sich die Reaktion auf den Umbruch in den übrigen Staaten des ehemaligen Ostblocks. Zwar hatte die Kommission bereits 1989, also schon vor

---

9 In der BRD hatten die Länder gegen den Vertrag geklagt, mit dem Argument, dass die Bundesregierung mit diesem Vertrag Länderkompetenzen auf die europäische Ebene übertrage. Durch eine Änderung des Grundgesetzes, die den Ländern sowie dem Bundesrat eine Mitwirkung in europäischen Entscheidungen zubilligte, konnte dieser Konflikt schließlich beigelegt werden.
10 Dies betraf z. B. die Erhöhung der Zahl der Abgeordneten im Europäischen Parlament, aber auch die Ausweitung der Regionalförderung auf die ostdeutschen Gebiete.

der eigentlichen politischen Wende in diesen Staaten, ein Hilfsprogramm (PHARE) für Polen und Ungarn aufgelegt, das sie bereits im Jahre 1990 auf die übrigen Staaten Mittel- und Osteuropas ausdehnen konnte und dem sie ein spezielles Programm, TACIS, für die Nachfolgestaaten der SU zur Seite stellte (Tömmel 1996). Im Rahmen dieser Programme waren auch Partnerschafts- und Kooperationsabkommen mit den Transformationsstaaten anvisiert. Letztere wollten aber wesentlich mehr erreichen: Sie drängten mit Macht zur Mitgliedschaft in der Union. Diesem Anliegen konnte die Union keine attraktive Alternative gegenüberstellen, sodass sie zunehmend unter Erweiterungsdruck geriet (Gilbert 2003: 237).

Der Zerfall Jugoslawiens und die damit einhergehenden Balkankriege forderten zudem die Handlungsfähigkeit der GASP heraus (Gilbert 2003: 251). Diese blieb allerdings angesichts der tiefgreifenden Konflikte sowie der komplexen Problemlagen weit hinter den Herausforderungen und Erwartungen zurück, was nicht zuletzt der Uneinigkeit zwischen den Mitgliedstaaten geschuldet war. Angesichts solcher Problemlagen in der unmittelbaren Nachbarschaft der EU waren somit neue Lösungswege gefragt; entsprechende Schritte erwiesen sich aber im Lichte wachsender Divergenzen zwischen den Mitgliedstaaten als schwer realisierbar (Gillingham 2003: 314).

Betrachtet man die Phase einer beschleunigten Integration seit 1985 in ihrer Gesamtheit, so ist diese als eine sehr dynamische Phase zu werten. Mit dem Binnenmarkt und dem Einstieg in die Wirtschafts- und Währungsunion wurde die ökonomische Integration „vollendet"; über die Einheitliche Europäische Akte und den Vertrag von Maastricht wurde die institutionelle Struktur der EG zwar nicht grundlegend reformiert, aber doch dergestalt weiterentwickelt, dass die Entscheidungsverfahren rationalisiert, tendenziell demokratisiert und in jedem Falle differenziert wurden. Zudem wurden eine Reihe von Politikfeldern – auch solche, die sich nicht notwendigerweise als Spill-over-Effekte der ökonomischen Integration ergaben – sowie entsprechende Kompetenzen auf die europäische Ebene übertragen.

Man kann diese Entwicklungen – die von einer sehr aktiven Kommission unter der Präsidentschaft Delors' vorangetrieben wurden (Ross 1995, Brown Well und Wells 2008, Geary 2012, Tömmel 2013) – als Ausdruck einer gesteigerten supranationalen Integrationsdynamik werten. Der Übergang zu Mehrheitsentscheidungen im Ministerrat, die stärkere Rolle des Parlaments im Gesetzgebungsprozess und schließlich der Einbezug einer Vielzahl von externen Akteuren in die Entscheidungsverfahren scheinen diese These zu bestätigen. Eine solche Interpretation beleuchtet aber nur eine Seite der Medaille. Denn die Fortschritte im Bereich einer supranationalen Integrationsdynamik wurden begleitet von verfeinerten Mechanismen der intergouvernemental organisierten Kompromiss- und Konsensfindung, was zusammengenommen die Herausbildung einer veränderten Integrationsmethode beinhaltete. Diese ermöglichte es, die nach wie vor ausgeprägten Interessendivergenzen zwischen den Mitgliedstaaten zu vermitteln und somit die Vergemeinschaftung auf differenzierte Weise voranzutreiben. Vordergründig sind es vor allem die groß angelegten Intergouvernementalen Konferenzen und die anschließenden Vertragsänderungen, über die die Aushandlungs- und Konsensfindungsprozesse zwischen den Mitgliedstaaten – unter Einbezug weiterer Akteure und Constituencies – verfeinert und austariert werden konnten (Moravcsik 1998). In struktureller Hinsicht sind es aber eher die zunehmende Flexibilisierung und Diversifizierung des Integrationsmodus, die weitere Fortschritte möglich machten. In diesem Zusammenhang sei an die vielfältigen Formen des Opting-out, die Sonderregelungen für einzelne Mitgliedstaaten, die Vereinbarung von Integrationsschritten unterhalb der offiziellen Vertragsregelungen (Sozialcharta, Sozialprotokoll) und schließlich an kodifizierte Formen der differenzierten Integration (Währungsunion) erinnert. Dem gesteigerten Supranationalismus auf der offiziellen Ebene entspricht also ein differenzierterer Intergouvernementalismus hinter den Kulissen. Darüber hinaus kam es aber mit dem Vertrag von Maastricht und der Schaffung der Säulenkonstruktion – erstmals in der Geschichte der europäischen Integration – zur Dissoziierung von supranational orientierter und intergouvernemental organisierter Integration. Zwar hatte die Zusammenarbeit im Rahmen der Zweiten und Dritten Säule jeweils ihre Vorgeschichte – Erstere in der 1970 eingeleiteten Europäischen Politischen Zusammenarbeit (EPZ), Letztere vor allem im Rahmen des 1985 vereinbarten Schengener Abkommens (siehe Kap. 8.1) – aber mit der Schaffung der Union wurden diese Formen der intergouvernementalen Kooperation vertraglich verankert und in die Systemstruktur der EU inkorporiert. Das bedeutet, der politische Wille zur Vergemeinschaftung der entsprechenden Politikfelder und somit zur Ausweitung der Integration war zwar gegeben, reichte jedoch nicht zum Ausbau einer supranationalen Integrationsdynamik aus. Integration wird seit Maastricht somit nicht mehr nur über eine stärkere Zentralisierung von Entscheidungsmacht, sondern *auch* über eine institutionalisierte intergouvernementale Kooperation realisiert.

3.4 Schlussfolgerungen

In diesem Kapitel wurde der Prozess der europäischen Integration von seinen Anfängen in den Nachkriegsjahren bis hin zur Bildung der Europäischen Union zu Beginn der 90er Jahre nachgezeichnet. Die Anfangsjahre waren durch eine Gründungseuphorie gekennzeichnet, die zwar zunächst nur eine kleine Gruppe von sechs Staaten erfasste, jedoch nach anfänglichen Schwierigkeiten zum Aufbau von drei Europäischen Gemeinschaften führte. In deren Rahmen wurden sektorale Politiken integriert und die Basis für einen gemeinsamen Markt gelegt. Die institutionelle Struktur der Gemeinschaften umfasste eine Reihe von supranationalen Organen, denen allerdings mit dem Ministerrat ein mächtiges intergouvernementales Organ gegenübergestellt wurde. Die Bedeutung dieser ersten Phase liegt in der Schaffung der strukturellen Grundlagen für eine dauerhafte intergouvernementale Zusammenarbeit mit ausgeprägten supranationalen Zügen.

In den 60er Jahren schien der anfängliche Konsens nicht mehr für weitere Integrationsschritte auszureichen; dementsprechend kam es zu Blockaden in der Beschlussfassung und in der Folge zu einem allmählichen Aus- und Umbau der drei mittlerweile fusionierten Gemeinschaften. Zum einen wurde die EG um neue Mitgliedstaaten erweitert, zum anderen wurden neue Institutionen geschaffen und bestehende gestärkt. Des Weiteren wurden die Politikfunktionen der EG erheblich ausgeweitet. Trotz dieser weitgehenden Integrationsschritte wird die zweite Phase gemeinhin als Stagnationsphase gewertet. Diese Einschätzung ist vornehmlich der Uneinigkeit der nationalen Regierungen über eine Reihe von Kernfragen der Integration sowie einem zunehmenden Reformstau zuzuschreiben. Insgesamt liegt die Bedeutung dieser zweiten Phase im Umbau des EG-Systems hin zu einer stärker intergouvernementalen Verfasstheit.

Mit dem Antreten von Jacques Delors als Präsident der Kommission zum 1.1.1985 wendete sich das Blatt erneut hin zu einer ausgeprägten supranationalen Integrationsdynamik. Mit großem Elan wurde die Vollendung des Binnenmarkts durchgeführt und mit der Einheitlichen Europäischen Akte das institutionelle System der EG erstmals reformiert. Auf der Grundlage dieser Erfolge wurden weitere, ehrgeizigere Integrationsschritte geplant und mit dem Vertrag von Maastricht beschlossen: der Einstieg in eine Wirtschafts- und Währungsunion, erste Schritte zu einer gemeinsamen Sozialpolitik sowie neuerliche institutionelle Reformen, die insbesondere die demokratische Verfasstheit des nunmehr als EU bezeichneten Systems stärkten. Gleichzeitig wurde neben der traditionellen Methode der Vergemeinschaftung von Politiken ein zweiter, intergouvernementaler Integrationsweg für sensible Politikfelder erschlossen. Die Bedeutung dieser dritten Phase liegt in ihrer einmaligen supranationalen Dynamik; gleichzeitig ebnete sie aber auch schon den Weg für eine neuerliche intergouvernementale Dominanz.

Aus der Analyse der ersten drei Phasen des Aufbaus der Europäischen Union ergeben sich folgende Charakteristika des Integrationsprozesses:

1. Die europäische Integration verläuft nicht gleichmäßig, vielmehr wechseln Phasen augenscheinlich beschleunigter Integration mit solchen der Stagnation ab. Phasen beschleunigter Integration sind durch eine ausgeprägte supranationale Dynamik gekennzeichnet, während Stagnationsphasen primär von intergouvernementalen Konstellationen und damit von der schwierigen Kompromiss- und Konsensfindung zwischen den Mitgliedstaaten bestimmt sind.

2. Der europäische Integrationsprozess verläuft nicht geradlinig entsprechend einem definierten Leitbild oder gar einem konkreten Konzept; vielmehr kommt es in jeder Phase zu Anpassungen und Umstrukturierungen des institutionellen Systems, die als Reaktionen auf Blockaden zu werten sind. Während anfangs noch das Leitbild des supranationalen Staates zumindest als Orientierungsmarke diente, kam es in der zweiten Phase zu einer Stärkung der intergouverne-

mentalen Dimension. In der dritten Phase gewann zunächst eine supranationale Dynamik die Oberhand; mit der Bildung der Säulen wurde jedoch der Integrationsmodus in zwei Varianten aufgespalten, und damit der Weg für eine neuerliche intergouvernementale Dominanz geebnet.

3- Der europäische Integrationsprozess ist ein selektiver Prozess. Obwohl in jeder Phase weitreichende und innovative Integrationsschritte, Reformkonzepte oder gar Gesamtvisionen für das System der EG/EU lanciert wurden, konnten offensichtlich nur wenige und begrenzte Vorhaben den Konsens der Mitgliedstaaten finden und somit über kleinteilige und teilweise in sich widersprüchliche Schritte den tatsächlichen Auf- und Ausbau des Systems konstituieren.

4. Der europäische Integrationsprozess ist ein asymmetrischer Prozess, indem vor allem die Regulierung der Ökonomie beziehungsweise des gemeinsamen Marktes vergemeinschaftet wird, während andere Politikbereiche und Themen, so zum Beispiel soziale Fragen, aber auch die „high politics" wie die Außen- und Sicherheitspolitik, sich als schwer integrierbar erweisen.

Insgesamt erweist sich der Werdegang der europäischen Integration als ein dynamischer Prozess, der einerseits die Resultante der Präferenzen und Optionen der partizipierenden Mitgliedstaaten ist, andererseits aber auch seinen Antrieb aus dem Wirken supranational orientierter Institutionen und Akteure – allen voran der Europäischen Kommission – bezieht. Es ist die Interaktion zwischen diesen unterschiedlichen Kräften, die den Verlauf der Integration bestimmt und das darüber auskristallisierende politische System gestaltet.

4 Die Konsolidierung der Europäischen Union: Erweiterung, Vertiefung, Ausdifferenzierung

In diesem Kapitel wird die vierte Phase der europäischen Integration sowie der fortgesetzte Aus- und Umbau des EU-Systems analysiert. Zwar hatte die Union zu Beginn der 90er Jahre das Stadium einer reifen politischen Ordnung erreicht; dennoch kam es weiterhin zu umfangreichen Erweiterungen ihrer Mitgliedschaft, zum Umbau der Systemstruktur sowie zu Änderungen in den Entscheidungsverfahren. Auf diese Weise reagierten die verantwortlichen Politiker einerseits auf neue externe Herausforderungen, andererseits auch auf intern aufbrechende Friktionen. Zudem wurde die EU seit 2008 von der internationalen Finanzkrise und der darauf folgenden Schuldenkrise erfasst, die sich bald zu einer Eurokrise ausweitete. Diese Krisen stellten die Architektur der Währungsunion infrage und lösten eine Welle von institutionellen, prozeduralen und regulativen Anpassungen aus, ohne jedoch zu neuerlichen Vertragsänderungen zu führen. Insgesamt ist somit die jüngste Phase der europäischen Integration durch gewaltige Herausforderungen gekennzeichnet, die die politischen Eliten einem enormen Handlungsdruck aussetzen, ohne dass es klar erkennbare Lösungswege gäbe.

Bereits in den 90er Jahren, unmittelbar nach dem Vertragsschluss von Maastricht, stand die EU unter erhöhtem Reformdruck. Dieser Druck resultierte einerseits aus den externen Herausforderungen nach dem Ende des Ost-West-Konflikts, andererseits aber auch aus inneren Widersprüchen der bisherigen Integrationsdynamik. Erstmals in ihrer Geschichte musste die Union eine Erweiterung von bis *dato* nicht gekannten Ausmaßen und zugleich eine Vertiefung der Integration bewältigen. Die Reaktion auf diese Herausforderungen lässt sich einerseits als vorsichtiger Inkrementalismus werten, andererseits aber auch als Weichenstellung für einen veränderten Integrationsmodus, der stärkere Differenzierungen zwischen den Mitgliedstaaten und damit Formen der abgestuften Integration in Kauf nimmt. Insgesamt entwickelte sich die Union in dieser Phase zu einem wesentlich größeren, aber auch intern stärker differenzierten System, das sich zunehmend auf machtvolle intergouvernementale Institutionen und entsprechende Entscheidungsverfahren stützte.

Nachdem schließlich die enormen Erweiterungen und die notwendigen Vertragsänderungen unter Dach und Fach gebracht waren, schien die Union in ruhigeres Fahrwasser zu gelangen. Doch noch bevor der Lissabon-Vertrag ratifiziert war, setzte zunächst die internationale Finanzkrise und in der Folge die Schuldenkrise ein, die sich ihrerseits zu einer Eurokrise auswuchs. Auch jetzt kam die Reaktion nur verzögert zustande; nach anfänglicher Schockstarre wurden dann aber Maßnahmen getroffen, die den Euro und auch die Schuldnerstaaten stabilisierten, die Regelungen der Währungsunion verschärften und die Eurogruppe als oberste Entscheidungsinstanz in Währungsfragen etablierten. Mit diesen Innovationen wurde einmal mehr die intergouvernementale Dimension der EU gestärkt und zugleich die differenzierte Integration vertieft. Ein Ende der Krise ist allerdings nicht in Sicht; im Gegenteil, von der ökonomischen Sphäre breitete sie sich in die politische Sphäre aus. Dort heizt sie die Euroskepsis, insbesondere in den Schuldnerstaaten, weiter an, während die Errungenschaften der europäischen Einigung kaum noch wahrgenommen werden. Insgesamt resultierten die Finanz-, Schulden- und Eurokrise in einer politischen Krise, deren Folgen derzeit noch nicht abzusehen sind.

4.1 Vorsichtiger Inkrementalismus

Als vorsichtiger Inkrementalismus, mit dem die vierte Phase der Integration einsetzte, ist zunächst eine neuerliche Erweiterungsrunde zu werten, die bis zur Jahreswende 1994/95 realisiert wurde: Nach entsprechenden Verhandlungen und positiven Volksabstimmungen traten Schweden, Finnland und Österreich der Union bei (Dinan 2004a: 268–271). Zwar erwiesen sich die Verhandlungen als zäh, da die betroffenen Regierungen zwischen ihrem erklärten Willen zum Beitritt und den eher ablehnenden Haltungen ihrer Bürger zu balancieren hatten. Ein vierter Beitrittskandidat – Norwegen – musste denn auch seinen Plan trotz ausgehandelter Verträge aufgrund eines negativen Referendums aufgeben. Insgesamt verlief diese vierte Erweiterungsrunde aber vergleichsweise problemlos, nicht zuletzt, weil die neuen Mitglieder schon vorher aufgrund ihrer Teilhabe am Europäischen Wirtschaftsraum eine weitreichende Konvergenz mit den EU-Staaten erreicht hatten.

Als wesentlich schwieriger erwies es sich, eine gemeinsame Haltung zu den mittel- und osteuropäischen Beitrittskandidaten zu entwickeln (Dinan 2004a: 271–279). Zum einen stellte sich die Diskrepanz dieser Länder zu den EU-Staaten – in Bezug auf ihre ökonomische Struktur und Leistungskraft, aber auch ihre politische Verfasstheit – als Hemmnis einer schnellen Integration dar (Gilbert 2003: 237). Zum anderen brachen innerhalb der EU sehr große Interessendivergenzen zwischen den Mitgliedstaaten[1], aber auch zwischen einzelnen Constituencies[2], in Bezug auf die Osterweiterung auf. Mit dem Abschluss von Assoziierungsabkommen, die als sogenannte Europaabkommen sehr weitreichende Marktöffnungen, politische Regelungen sowie Hilfsprogramme zur Transformation beinhalteten, wurde ein Konzept der Annäherung der Beitrittsstaaten an die EU entwickelt (Gilbert 2003: 237–241, Dinan 2004a: 271–279). Gleichzeitig wurden aber auf dem Gipfel von Kopenhagen

---

1 So plädierten die BRD und Großbritannien am nachhaltigsten für eine Osterweiterung, während Frankreich und die Mittelmeerstaaten eine eher zurückhaltende Position einnahmen.
2 Beispielsweise fürchteten Arbeitnehmer bestimmter Sektoren die Konkurrenz und damit Lohndumping vonseiten der Arbeitsmigranten.

(22.6.1993) hohe Hürden für den Beitritt aufgebaut, indem Kriterien[3] formuliert wurden, die die Kandidatenstaaten zu erfüllen hatten. Dies gewährte der EU zumindest einen Zeitgewinn. Auch für sich selbst baute die Union hohe Hürden auf: Die Osterweiterung sollte erst nach einer vorherigen Vertiefung der Integration, das heißt, nach einer Neuordnung der Organe und Entscheidungsverfahren, vollzogen werden, um so die Handlungsfähigkeit der Union auch bei einer wesentlich umfangreicheren Mitgliederzahl gewährleisten zu können (Gilbert 2003: 241).

Vergleichsweise defensiv wurde die Ernennung eines neuen Kommissionspräsidenten zum Jahresanfang 1995 gehandhabt, nachdem Delors nach Ablauf zweier Amtsperioden nicht mehr wählbar war.[4] Während sich die Mitgliedstaaten mühsam auf einen Kandidaten einigten, sprach das Parlament ihm nur mit knapper Mehrheit das Vertrauen aus.[5] Der neue Präsident, der Luxemburger Jacques Santer, kündigte denn auch keine spektakulären Integrationsschritte an, sondern versprach lediglich die Konsolidierung des Bestehenden (Cini 2008: 117–118, Tömmel 2013).

Um die Mitte der 90er Jahre wurden auch die Folgen der Beschlüsse zur Währungsunion deutlich sichtbar, was zu einem weiteren Vertrauensverlust der Bürger führte (Gilbert 2003: 228–230). Die meisten Regierungen der Mitgliedstaaten versuchten nunmehr, die Konvergenzkriterien zu erfüllen, womit sie harte Sparbeschlüsse und insbesondere weitreichende Einschnitte ins „soziale Netz" implementierten. Zur Absicherung einer verantwortungsvollen Wirtschafts- und Fiskalpolitik der Mitgliedstaaten auch nach dem Beitritt zur WWU wurde 1997 der sogenannte Stabilitäts- und Wachstumspakt erlassen (SWP), womit die Verpflichtung zur Sparpolitik auch für die Zukunft festgeschrieben wurde. Trotz neu aufflammender Debatten über das „Esperanto-Geld"[6] wurde am Zeitplan der Währungsunion festgehalten: Zum Jahresanfang 1997 wurden die europäischen Währungsinstitutionen eingesetzt; 1999 wurde der Euro als Parallelwährung eingeführt und 2002 als alleiniges Zahlungsmittel in den Staaten der Eurozone zugelassen. Entgegen den ur-

---

3 Die unter dem Begriff „Kopenhagener Kriterien" firmierenden Beitrittskriterien wurden wie folgt formuliert: demokratische und rechtstaatliche Ordnung, Wahrung der Menschenrechte, Schutz von Minderheiten; funktionsfähige Marktwirtschaft und die Fähigkeit, dem Wettbewerbsdruck innerhalb der Union standzuhalten; Übernahme des „Acquis communautaire".
4 Faktisch hatte man ihn sogar für weitere 2 Jahre über die bis dahin übliche Amtszeit von 2 x 4 Jahren bestätigt, da die Amtsperiode der Kommission mit der Wahl zum Europäischen Parlament 1994 mit dessen 5-jähriger Laufzeit synchronisiert wurde.
5 Die Kandidatenwahl der Regierungschefs zeigte deutlich, dass man keinen sehr selbstständigen Kommissionspräsidenten mit starken politischen Ambitionen wünschte, sondern eher einen Kandidaten, der der Kompromissbildung zwischen den Regierungen förderlich ist. Dementsprechend wurde in den Verhandlungen sowohl der Niederländer Lubbers (insbesondere vom deutschen Bundeskanzler Kohl) als auch der Belgier De Haene (vom britischen Regierungschef Major) abgelehnt (vgl. Tömmel 2013).
6 Diese deutlich abschätzige Wortschöpfung wurde vom seinerzeitigen Finanzminister der BRD, Theo Waigel, in die Debatte eingebracht.

sprünglichen Erwartungen qualifizierten sich nicht nur 7 oder 8 Mitgliedstaaten für den Währungsverbund, sondern 12.[7] Im Rückblick ist allerdings festzuhalten, dass sich einige Staaten nicht wirklich durch die Erfüllung aller Kriterien qualifiziert hatten, sondern aufgrund anderer, politischer Erwägungen in den Währungsverbund aufgenommen wurden (Gilbert 2003: 234). Trotzdem hat dieses erste, vertraglich verankerte Konzept einer abgestuften Integration notorische Währungssünder und Schuldnerländer zumindest zeitweise unter Druck gesetzt, ihr Finanzgebaren den Konvergenzkriterien anzupassen und ihre Wirtschafts- und Sozialpolitik umzupolen. Gleichzeitig übte es auf fast alle Mitgliedstaaten erheblichen Druck zur Partizipation an diesem Integrationsschritt aus.

Angesichts der sinkenden Akzeptanz des europäischen Projekts in den Augen der Bürger und einer Vielzahl von – alten und neuen – Beitrittskandidaten im Wartestand wurde 1996 eine neuerliche Intergouvernementale Konferenz anberaumt. Diese sollte einerseits Vorschläge für ein demokratischeres und bürgernäheres System, andererseits für eine rationellere und effizientere Organisationsstruktur erarbeiten, um die Handlungsfähigkeit der Union auch mit 25 oder mehr Mitgliedstaaten zu sichern.

Eine Flut von Reformvorschlägen, kleineren und größeren Integrationskonzepten sowie Diskussionsvorlagen wurde der Konferenz vorgelegt. Kommission und Parlament, Regierungen der Mitgliedstaaten, Ausschuss der Regionen und subnationale Verwaltungseinheiten sowie ein breites Spektrum von Interessenverbänden und Nichtregierungsorganisationen erarbeiteten Positionspapiere und Stellungnahmen (Dinan 2004a: 284). Aber schon lange vor Abschluss der auf anderthalb Jahre angesetzten Konferenz wurde deutlich, dass die Regierungen sich allenfalls auf Minimalkompromisse und kleinere, inkrementalistische Reformschritte einigen konnten, während eine grundlegende institutionelle Reform einmal mehr verschoben wurde.

Im Juni 1997 kam es denn auch auf dem Amsterdamer Gipfel zur Aushandlung eines Vertragsdokuments, das nur entfernt den ursprünglich hochgesteckten Erwartungen entsprach. Der Inkrementalismus der vereinbarten Regelungen brachte allerdings eine stetige Ausweitung von Rechten, Kompetenzen und Handlungsmöglichkeiten der einzelnen Organe mit sich, die den Integrationsprozess vorantrieben und das institutionelle Gefüge der Union weiter ausdifferenzierten (vgl. zu den Vertragsregelungen Wessels 1997a; zum Zustandekommen des Vertrags Dinan 1999, Moravcsik und Nicolaïdis 1999; zur Bewertung des Vertrags Neunreither und Wiener 2000).

---

[7] Insbesondere von den Mittelmeerländern wurde eine solche Qualifizierung nicht erwartet. Italien schaffte es sogar bis zum diesbezüglichen Entscheidungstermin 1997, während Griechenland erst zum Jahresbeginn 1999 nachziehen konnte.

So weitete der Vertrag von Amsterdam das Mitentscheidungsverfahren von 15 auf 38 Fälle aus, was die legislative Rolle des Parlaments deutlich stärkte. Indem gleichzeitig das mit der EEA eingeführte Kooperationsverfahren fallengelassen wurde, erweist sich dieses in der Rückschau nur noch als eine Durchgangsstufe zu erweiterten Rechten des Parlaments. Darüber hinaus wurde das Mitentscheidungsverfahren erheblich gestrafft und vereinfacht (Art. 251 EGV-A). Dem Parlament wurde zudem die Aufgabe übertragen, Vorschläge für ein allgemeines europaweites Wahlverfahren auszuarbeiten (Art. 190, Abs. 4 EGV-A). Mit einer solchen Wahl könnte langfristig die Legitimation und Bürgernähe des Parlaments erhöht und zugleich auch die Herausbildung eines europäischen Parteiengefüges gefördert werden. Allerdings wurde bis zur Gegenwart trotz detaillierter Vorschläge keine definitive Entscheidung hierzu getroffen (Duff 2010).

Die Kommission und insbesondere ihr Präsident wurden in ihrer Handlungsfreiheit gestärkt, Letzterer vor allem durch ein Mitspracherecht bei der Auswahl der Kommissare (Art. 214, Abs. 2 EGV-A) sowie durch das Zugeständnis eines „weiten Ermessens" bei der Neuordnung der Aufgaben (Erklärung für die Schlussakte). In Bezug auf den Ministerrat wurden qualifizierte Mehrheitsentscheidungen ausgeweitet, wenngleich auch dies nur recht vorsichtig. Immerhin wurden Beschäftigungs- und Teile der Sozialpolitik (Chancengleichheit), die so lange ein Zankapfel zwischen den Mitgliedstaaten waren, unter die Regel der qualifizierten Mehrheitsentscheidung gestellt (Art. 137 und 141 EGV-A).

Über ein Protokoll wurde die Rolle der einzelstaatlichen Parlamente im europäischen Entscheidungsprozess aufgewertet, indem diesen Konsultationsdokumente der Kommission (Grün- und Weißbücher) sowie Vorschläge für Rechtsakte zugeleitet werden sollen; umgekehrt sollen sich die Parlamente (über die Konferenz ihrer Europaausschüsse: COSAC[8]) mit Vorschlägen, Initiativen und Stellungnahmen an die europäischen Organe wenden können.

Als wichtige neue Politikfelder wurden Beschäftigungs- und Sozialpolitik partiell der Verantwortung der Gemeinschaft unterstellt. Während es im Falle der Sozialpolitik „nur" noch der Unterschrift Großbritanniens bedurfte – das nach dem Wahlsieg der Labour-Partei im Mai 1997 einen solchen Schritt eindeutig befürwortete –, um das in Maastricht vereinbarte Protokoll in den Vertrag aufzunehmen (Titel XI EGV-A), wurde ein sogenanntes Beschäftigungskapitel gänzlich neu vereinbart (Titel VIII, Art. 125-130 EGV-A). Dieses beinhaltet aber nur koordinative Kompetenzen der europäischen Ebene in Bezug auf die Politiken der Mitgliedstaaten.

Beziehen sich die im Vorgehenden skizzierten Neuerungen allesamt auf die Erste Säule der Union, wobei sie die Handlungsfähigkeit aller europäischen Organe

---

8 COSAC steht für „Conférence des Organes spécialisés en Affaires Communantaires" (auf deutsch: „Konferenz der Europaausschüsse der nationalen Parlamente und des Europäischen Parlaments"). Sie wurde 1989 auf französische Initiative gegründet. Vgl. Stanat 2006: 279–285.

ausweiten und damit tendenziell die supranationale Integrationsdynamik stärken, so wurde in der Zweiten und Dritten Säule deren intergouvernementale Dimension ausgebaut (vgl. Art. 11–28 sowie 29–42 EUV-A). Insbesondere im Bereich der Zweiten Säule wurde die Position eines „Hohen Vertreters für die GASP" geschaffen, der in Personalunion das Generalsekretariat des Rats führen sollte. Damit wurden Forderungen der Kommission, diese Funktion einem Kommissar anzuvertrauen, eine klare Absage erteilt. Auch eine „Strategieplanungs- und Frühwarneinheit" zur administrativen Unterstützung des Hohen Vertreters wurde beim Generalsekretariat des Rats eingerichtet und somit auf eine offizielle Unterstützung seitens der Kommissionsbeamten verzichtet.[9] Mit diesen Schritten wurde die Dissoziierung zweier Integrationsmodi weiter konsolidiert.

Den wohl spektakulärsten und langfristig folgenreichsten Schritt des Amsterdamer Vertrags stellte aber der Einstieg in ein Konzept der abgestuften Integration oder ein Europa verschiedener Geschwindigkeiten dar, indem einer Gruppe von Mitgliedstaaten zugestanden wurde, im Rahmen der EG engere Integrationsschritte zu vereinbaren (Art. 11 EGV-A, Kölliker 2006, Leuffen et al. 2012). Diese unter dem Begriff „verstärkte Zusammenarbeit" firmierende Vorgehensweise reflektiert Befürchtungen, dass nach der Osterweiterung der Konsens für weitere Integrationsschritte schwerer zu erzielen sei und es somit Möglichkeiten geben müsse, den Integrationsprozess dennoch voranzutreiben. Allerdings wurden solchen Schritten gewisse Hürden entgegengestellt: Zwar ist im Ministerrat lediglich ein qualifizierter Mehrheitsbeschluss erforderlich; ein Mitgliedstaat kann aber – unter Nennung der Gründe – einen solchen Beschluss mit einem Veto blockieren (Art. 11, Abs. 2 EGV-A).

Insgesamt spiegelt der Amsterdamer Vertrag somit eine Verlangsamung der Integrationsdynamik wider, indem nur kleinere Reformschritte ohne durchgreifende institutionelle Neuordnung erzielt wurden. Gleichzeitig kann der Vertrag aber auch als Ausdruck eines neuerlichen Umschlags des Integrationsprozesses gewertet werden. Denn der Inkrementalismus im Kleinen, der Einbezug weiterer Akteure in den Entscheidungsprozess (so der nationalen Parlamente) und insbesondere der regulierte Einstieg in Formen der differenzierten Integration signalisieren den systematischen Ausbau des Systems ohne Stärkung seiner zentralen Organe, sowie eine Integrationsdynamik, die nicht mehr auf den Konsens aller Beteiligten setzt, sondern einen dynamischen Zusammenhang zwischen Vorreitern und Nachzüglern der Integration konstituiert. Beide Entwicklungstendenzen hatten sich zwar zuvor schon abgezeichnet, sie wurden aber bis dahin nicht systematisch ausgebaut oder gar verregelt (Kölliker 2006, Leuffen et al. 2012).

---

9 Inoffiziell wurde eine solche Unterstützung dennoch erwartet, da die Kommission wesentlich umfangreichere Ressourcen für die Erarbeitung von Politikstrategien besitzt. Zudem regelt der Vertrag, dass der Rat die Kommission ersuchen kann, Vorschläge für die GASP zu unterbreiten. Vgl. Art. 14, Abs. 4 EUV-A.

Mit der Unterzeichnung des Amsterdamer Vertrags (2.10.1997, in Kraft getreten am 1.5.1999) war zwar die anvisierte institutionelle Neuordnung im Hinblick auf die Osterweiterung kaum gelungen; dennoch wurden in der Folge konkrete Schritte zu ihrer Bewältigung unternommen. Noch während des Amsterdamer Gipfels hatte die Kommission empfohlen, mit zunächst sechs Staaten[10] Beitrittsverhandlungen aufzunehmen; gleichzeitig legte sie die „Agenda 2000" vor, ein Dokument, das die Reform der Agrarpolitik, der Strukturfonds sowie eine Heranführungsstrategie für die Beitrittskandidaten als notwendige Vorbereitung auf die Osterweiterung vorschlug (Kommission 1997, Gillingham 2003: 319–320). Nach zähen Verhandlungen – mit den Reformvorschlägen waren vielfältige Verteilungskonflikte verbunden – wurde die Agenda 2000 vom Europäischen Rat in Berlin angenommen (März 1999). Zuvor hatte der Europäische Rat von Luxemburg (Dezember 1997) die Aufnahme von Beitrittsverhandlungen mit den sechs von der Kommission vorgeschlagenen Staaten beschlossen. Auf Druck des Europäischen Parlaments, aber auch der Staaten, die nicht in die erste Verhandlungsrunde einbezogen waren, wurde wenig später auf dem Gipfel von Helsinki (Dezember 1999) beschlossen, mit allen Beitrittsaspiranten Verhandlungen aufzunehmen.[11]

Aber auch in anderen Bereichen konnten Integrationsfortschritte erzielt werden. Im Sommer 1999 wurde die Schaffung einer „Europäischen Sicherheits- und Verteidigungsidentität" (ESVI) beschlossen, die die Aufstellung eigener Verteidigungskräfte auf der Grundlage nationaler Kontingente in enger Kooperation mit WEU[12] und NATO[13] vorsah (Gilbert 2003: 250–251, Howorth 2007). Damit wurde für eine immer sehr kontrovers diskutierte Thematik ein konkretes Konzept zu einer gemeinsamen Vorgehensweise entwickelt.

Als weiterer, längerfristig bedeutsamer Integrationsschritt ist die Erstellung und Verabschiedung einer europäischen Grundrechtecharta zu werten (Alonso Garcia 2002). Der Inhalt der Charta zielt auf eine größere Bürgernähe der EU ab; gleichzeitig ist das Dokument aber auch auf die Formulierung klarer Prinzipien im Hinblick auf Erweiterungen der Union ausgerichtet, wie beispielsweise Wahrung der Menschenrechte und Schutz von Minderheiten. Bemerkenswert ist das Verfahren zur Erstellung der Charta: Zum ersten Mal in der Geschichte der Union war es nicht eine Regierungskonferenz, sondern ein aus Vertretern aller Organe sowie Delegierten der

---

10 Dies waren: Estland, Polen, Slowenien, die Tschechische Republik, Ungarn sowie Zypern.

11 Dies waren neben den sechs bereits genannten Staaten Bulgarien, Lettland, Litauen, Malta, die Slowakische Republik und Rumänien. Hierbei handelt es sich um eine politische Entscheidung, da die Ausgeschlossenen sich von der EU abzuwenden drohten und zudem ihre Beeinflussung über die Beitrittsperspektive nicht mehr möglich gewesen wäre. Auch die Türkei wurde auf diesem Gipfel als Beitrittskandidat anerkannt.

12 Westeuropäische Union, europäisches Verteidigungsbündnis.

13 North Atlantic Treaty Organization, transatlantisches Verteidigungsbündnis unter Führung der USA.

Mitgliedstaaten zusammengesetzter Konvent, der die Charta erarbeitete (Deloche-Gaudez 2001). Sowohl aufgrund dieses Verfahrens – das die Legitimität der Beschlussfassung erhöhte – als auch des Inhalts – die Charta wurde als Kernelement einer künftigen europäischen Verfassung gehandelt – ist die während der Gipfelkonferenz von Nizza (Dezember 2000) feierlich proklamierte Grundrechtecharta als ein Sprungbrett zu weiteren Integrationsschritten zu werten.

Trotz oder vielleicht auch wegen dieser beachtenswerten Fortschritte konnte die Akzeptanz der Europäischen Union in der Öffentlichkeit nicht erhöht werden (Hix 2008: 52–57). Sie sank weiter, als im Laufe des Jahres 1999 die Kommission – faktisch einzelne Kommissare – in den Verdacht von Misswirtschaft und Korruption gerieten (Gillingham 2003: 320–323). Nach erhitzten Debatten im Europäischen Parlament, das jetzt seine Kontrollrechte voll einsetzen wollte und mit einem Misstrauensvotum drohte, trat die Santer-Kommission geschlossen zurück (Schön-Quinlivan 2011: 57–63, vgl. auch van Miert 2000: 353–363). Im Herbst 1999 kam unter der Präsidentschaft von Romano Prodi eine neue Kommission ins Amt, die aber ebenfalls nicht die Statur der Delors-Kommission erreichte (Gillingham 2003: 329–334, Cini 2008, Tömmel 2013). Offensichtlich wollten die Mitgliedstaaten weiterhin die Oberhand im Integrationsprozess behalten.[14]

Die bis zur Jahrtausendwende erzielten Integrationsschritte konnten aber nicht darüber hinwegtäuschen, dass die institutionelle Reform der Union als Voraussetzung der Osterweiterung noch immer ausstand. Somit wurde eine neuerliche Intergouvernementale Konferenz anberaumt, die vor allem die in Amsterdam unerledigt gebliebenen „left-overs" bearbeiten sollte (Gillingham 2003: 334–340, Dinan 2004a: 287–289). Dazu gehörte die Neugewichtung der Stimmen im Rat, die Verkleinerung und Straffung der Kommission sowie die veränderte Sitzverteilung im Europäischen Parlament. Nach einjähriger Vorbereitung kam es auf dem Gipfel von Nizza im Dezember 2000 zur Aushandlung einer Vertragsrevision, die allerdings – einmal mehr – deutlich hinter den in sie gesetzten Erwartungen zurückblieb (vgl. zum Vertrag von Nizza Gray und Stubb 2001, Wessels 2001, Yataganas 2001, Sbragia 2002, Gilbert 2003: 243–244).

Bei der Neugewichtung der Stimmen im Rat ging es vor allem darum, das Gewicht der großen Mitgliedstaaten gegenüber den kleineren zu stärken, da die anvisierten Erweiterungen fast ausschließlich kleine Staaten betrafen, diese somit bei Beibehaltung des „alten" Verteilungsschlüssels[15] überproportional repräsentiert wären (Wessels 2001). Nach zähen, außergewöhnlich turbulenten Verhandlungen

---

14 Prodi wurde denn auch gleich zu Amtsantritt von den Regierungen der Mitgliedstaaten gedeckelt, nachdem er vollmundig eigene Vorstellungen zur Osterweiterung formuliert hatte (Peterson 2004).

15 Dieser Verteilungsschlüssel geht auf die Gründungsphase der Europäischen Gemeinschaften zurück, bei denen den stark integrationsgesinnten Beneluxstaaten problemlos überproportionale Beteiligungsrechte zugestanden wurden (vgl. auch Tab. 5.1).

wurde eine Gewichtsverschiebung zugunsten der Großen erreicht, indem deren Stimmen im Schnitt mit dem Faktor 2,9, die der Kleinen jedoch nur mit 2,0 multipliziert wurden. Allerdings handelte es sich dabei nicht um eine durchgängig praktizierte Regel; vielmehr wurden die Stimmen von Spanien mit dem Faktor 3,4 multipliziert. Gleichzeitig scheute man sich nicht, die Stimmenzahl der Beitrittskandidaten, die ebenfalls schon festgelegt wurde, im Verhältnis zum Bevölkerungsumfang teilweise niedriger zu gewichten. Lediglich Polen gelang es, die gleiche Stimmenzahl wie Spanien, und damit ein überproportionales Gewicht im Ministerrat, zu erhalten. Um das Risiko der Majorisierung der großen Mitgliedstaaten, die ja zugleich die bedeutendsten Altmitglieder der EU sind, weiter zu reduzieren, wurden zwei zusätzliche Bedingungen zur Erreichung einer qualifizierten Mehrheit im Rat eingeführt: Sie muss mindestens mehr als die Hälfte aller Mitgliedstaaten umfassen sowie 62 Prozent der Einwohnerschaft der EU repräsentieren.[16]

Bezüglich der Mitgliederzahl der Kommission konnte keine Reduktion erzielt werden, da insbesondere die kleinen Staaten befürchteten, Macht einzubüßen, wenn sie zeitweise keinen Kommissar stellen könnten. So beschloss der Rat – entgegen allen Effizienzgeboten – die Zahl der Kommissare auf maximal 27 auszuweiten; wenn die Zahl der Beitrittsländer 7 übersteige, sollten die großen Mitgliedstaaten auf einen zweiten Kommissar verzichten. Diese halbherzige Regelung reicht immerhin für 12 Beitrittsstaaten und damit für alle, mit denen bis zu diesem Zeitpunkt (Dezember 2000) Beitrittsverhandlungen begonnen wurden; erst danach würde eine Neuregelung fällig werden.

Die in Amsterdam festgelegte Maximalzahl von 700 Sitzen im Europäischen Parlament konnte nicht gehalten werden. Vielmehr einigte man sich auf eine Sitzverteilung, die zwar die bestehenden Anteile der Mitgliedstaaten deutlich reduzierte, um für die Beitrittsländer Platz zu machen, zugleich aber das Gewicht der größeren Staaten relativ anhob. Auch diese Veränderung begünstigte indirekt die „alten" Mitgliedstaaten, stellen sie doch zugleich auch, abgesehen von Polen, die großen Staaten. Der Spielraum für diese Vorgehensweise war aber nach unten begrenzt, da eine gewisse Delegationsstärke für die kleinen Staaten gewährleistet sein muss (Wessels 2001: 12).

Gelang die Neuordnung der Organe schon nur mit Mühe, so blieb die anvisierte Reform der Entscheidungsverfahren weit hinter den Erwartungen zurück. Mehrheitsentscheidungen im Rat wurden auf 24 Fälle ausgeweitet; dem Parlament wurde aber nur in sieben Fällen der Übergang zum Mitentscheidungsverfahren zugestanden.[17] Damit schien die Zielsetzung des Parlaments, in allen Fragen das Recht der

---

16 Die an die Bevölkerungszahl gebundene Mehrheit soll nur auf Verlangen eines Mitgliedstaats überprüft werden. Die Regelung kommt insbesondere Deutschland zugute, das sich nicht mit dem Wunsch nach einer höheren Stimmenzahl als die übrigen großen Mitgliedstaaten durchsetzen konnte.

17 Diese Regelung gilt für Art. 13, 62, 63, 65, 157, 159 und 191 EGV-N.

Mitentscheidung und somit eine vollwertige legislative Funktion neben dem Rat zu erlangen, vorerst in weite Ferne gerückt.

Bemerkenswert problemlos ging demgegenüber eine Erleichterung des Verfahrens der „verstärkten Zusammenarbeit" über die Bühne: Die Vetomöglichkeit eines einzelnen Mitgliedstaats wurde abgeschafft; die Mindestteilnehmerzahl an einer „verstärkten Zusammenarbeit" auf acht festgelegt. Das bedeutet, dass die noch in Amsterdam vereinbarte Regel, nach der mehr als die Hälfte der EU-Mitglieder an einer „verstärkten Zusammenarbeit" beteiligt sein muss, für den Fall der Erweiterung der EU ausgehebelt wurde.

Nach dem Vertragsschluss von Nizza wurde – wie üblich – nicht mit Kritik gespart; doch zumindest die verantwortlichen Politiker waren der Meinung, die nötigen Weichen für die Osterweiterung gestellt zu haben. Zwar war die ersehnte Straffung der Organe nicht gelungen; aber die Gewichte zwischen den Staaten waren neu justiert: augenscheinlich zugunsten der größeren Staaten, faktisch aber vor allem zugunsten der Altmitglieder der EU. Das neue Vertragswerk wurde ohne größere Hindernisse ratifiziert; zum 1. Februar 2003 trat es in Kraft.

Eine zusammenfassende Betrachtung des ersten Teils der vierten Phase zeigt, dass die Mitgliedstaaten während des letzten Jahrzehnts des 20. Jahrhunderts zunächst zurückhaltend, dann mit vorsichtigen inkrementalistischen Schritten auf die enormen Herausforderungen der Zeit reagierten. Weder hatten sie angesichts des enormen Drucks vonseiten der mittel- und osteuropäischen Staaten Konzepte zur Osterweiterung der EU, noch verstanden sie es, die dramatisch sinkende öffentliche Akzeptanz des europäischen Projekts zu mildern. Erst nach anfänglichen Verzögerungen leiteten sie eine Erweiterung ein, die die Gruppe der „reichen" Mitgliedstaaten stärkte, sowie vorsichtige inkrementalistische Reformen, die in Vertragsänderungen resultierten. Selbst die Kommission profilierte sich jetzt nicht mehr durch spektakuläre Projekte, sondern bemühte sich, das Bestehende zu konsolidieren und Vereinbartes zu implementieren, so die WWU. Dennoch kam es auch in dieser Zeit zu einigen Neuerungen, die sich später als Sprungbrett zu wesentlich weiter reichenden Integrationsschritten erwiesen: die Annahme der Grundrechtecharta, die Einsetzung eines Konvents zu ihrer Erarbeitung, die Entscheidung, Beitrittsverhandlungen mit 12 Kandidatenstaaten aufzunehmen, und schließlich die Schaffung einer militärischen Dimension der EU. Zudem beinhalteten die Vertragsänderungen einige Regelungen, die später in echte Innovationen transformiert werden konnten: die Ausweitung von Mehrheitsbeschlüssen des Rats und der Mitentscheidung des Parlaments, die Reform des Systems der Stimmengewichtung im Rat und schließlich ganz besonders das Konzept der „verstärkten Zusammenarbeit".

4.2 Neue Parameter der Integration

Entsprechend den mit dem Vertrag von Nizza zumindest teilweise erreichten Erfolgen in Sachen Vertiefung der Integration konnte in der Folge die Erweiterung der Union zügig vorangetrieben werden. Beitrittsverhandlungen mit zunächst sechs Staaten waren im März 1998 aufgenommen worden; im Februar 2000 wurden die Verhandlungen auf die sechs übrigen Beitrittsaspiranten ausgeweitet. Obwohl im Laufe des Jahres 2001 schon zahlreiche der insgesamt 31 Verhandlungskapitel weitgehend abgeschlossen waren, blieben noch einige schwierige Probleme zu lösen (Avery 2004). Dies waren vor allem Fragen der Agrar- und Umweltpolitik sowie das Thema der Arbeitnehmerfreizügigkeit. Zudem erwies es sich, dass einige der Beitrittskandidaten Forderungen und Vorgaben der EU umstandslos akzeptierten, während andere ihnen erhebliche Widerstände entgegensetzten.

Der strittigste Punkt zwischen Union und Beitrittsstaaten war aber die Festlegung der Zielmarke in Form eines klaren Datums für den Beitritt (Avery 2004). Dieses wurde vonseiten der Union sehr lange offen gelassen; einerseits, weil sie selbst noch nicht ausreichend vorbereitet war, andererseits, weil sie den Anpassungsdruck auf die Beitrittsstaaten nicht lockern wollte. Nachdem sich aber die Verhandlungen mit zehn Beitrittskandidaten im Laufe des Jahres 2002 ihrem Ende näherten – Konfliktthemen wurden mit dem Zugeständnis längerer Übergangsfristen ausgeräumt – konnte zum Jahresende der 1. Mai 2004 als definitiver Erweiterungstermin festgelegt werden. Damit verlagerte sich das Pendel europäischer Politik wiederum auf die Vertiefung der Integration.

Denn auch Nizza hatte seine „left-overs", die nur über eine neuerliche Vertragsrevision zu lösen waren. Eine solche wurde mit der Erklärung des Gipfels von Laeken (Dezember 2001) eingeleitet; das Ende des Prozesses war für das Jahr 2004 anberaumt, der letztmögliche Zeitpunkt, bevor die große Erweiterung nach Osten und Süden erfolgen sollte. Erstmals in der Geschichte der EU wurde diese Vertragsrevision jedoch nicht ausschließlich einer Intergouvernementalen Konferenz – also den Regierungen der Mitgliedstaaten – anvertraut, sondern nach dem erfolgreichen Vorbild der Grundrechtecharta einem Konvent (Deloche-Gaudez 2001). Der Konvent zur Zukunft der Europäischen Union wurde am 28.2.2002 feierlich konstituiert; ihm gehörten neben Regierungsvertretern der Mitgliedstaaten (15), Mitgliedern der nationalen Parlamente (30) sowie des Europäischen Parlaments (16) auch Regierungsvertreter (13) und Parlamentarier (26) der Beitrittsländer an (Dinan 2004a: 296).[18]

---

18 Neben Vertretern der zwölf Beitrittsstaaten waren auch solche der Türkei als Beitrittskandidat zugelassen.

Auch die Kommission durfte zwei der insgesamt 105 Mitglieder des Konvents stellen (Wessels 2002).[19]

Die Zusammensetzung des Konvents wurde als Schritt und Zeichen einer weiteren Demokratisierung der EU präsentiert (Maurer 2003, Reh 2008): Immerhin gehörten dem Gremium 72, und damit mehr als zwei Drittel, direkt gewählte Parlamentarier an. Allerdings kann diese beeindruckende Zahl nicht darüber hinwegtäuschen, dass nur 18 seiner Vertreter, also weniger als ein Fünftel, Delegierte europäischer Organe waren; der Konvent war also eindeutig von den jetzigen und auch den künftigen Mitgliedstaaten dominiert und somit fest in der intergouvernementalen Systemstruktur verankert.

Inhaltlich wurde dem Konvent ein umfangreiches – und zugleich widersprüchliches – Aufgabenspektrum über die Erklärung des Gipfels von Laeken mitgegeben (Dinan 2002, Magnette 2005): Er sollte die Union zukunftsfähig machen, ihre Organe und Entscheidungsverfahren straffen, die Kompetenzen zwischen europäischer und nationaler Ebene klarer abgrenzen und eventuell sogar einen Verfassungsentwurf vorlegen. Kurzum, der Konvent „sieht sich mit kniffligen Reformfragen konfrontiert, die die Staats- und Regierungschefs der EU nicht lösten" (Frankfurter Rundschau, 28.2.2002: 8). Entgegen den zunächst eher gedämpften Erwartungen gelang es dem Konvent dann aber, eine Reihe der „kniffligen Reformfragen" zu lösen und – nach einer halbjährigen, intensiven und zugleich höchst kontroversen Sitzungsperiode – den Entwurf für einen Verfassungsvertrag der EU vorzulegen (vgl. dazu Wessels 2003, Crum 2004, Dinan 2004b). Und entgegen seinem ursprünglichen Auftrag arbeitete der Konvent auch nicht mehrere Alternativen aus, sondern nur einen Vertragsentwurf. Indem er zugleich die Regierungen der Mitgliedstaaten nachdrücklich davor warnte, das Paket wieder aufzuschnüren, da es sonst zu keinerlei Beschlussfassung komme, verlieh er seinem Entwurf zusätzliches Gewicht.

Die nachdrückliche Warnung an die Regierungen war berechtigt, hatte doch der Konvent ein Vertragsdokument erarbeitet, das in einigen, seit Langem strittigen Punkten Lösungen vorschlug, die die zu erwartenden Zugeständnisse der Mitgliedstaaten deutlich überschritten (Dinan 2004b). Als Überschreitung in diesem Sinne ist bereits die Bezeichnung des neuen Vertragswerks als Verfassung zu werten[20], womit der Staatscharakter der EU hervorgehoben wurde (Crum 2004). Eine weitere Überschreitung stellt die komplette und unveränderte Aufnahme der Grundrechtecharta in den Verfassungsvertrag dar, womit das Europa der Bürger gestärkt und einmal mehr der Staatscharakter der EU betont wurde. Die wohl spektakulärste Überschreitung manifestiert sich allerdings in einer signifikanten Umstrukturierung

---

19 Bei den an dieser Gesamtzahl fehlenden drei Mitgliedern des Konvents handelt es sich um seinen Präsidenten sowie zwei Vizepräsidenten, die direkt designiert wurden.
20 Zwar wurde im Auftrag von Laeken bereits die Möglichkeit der Ausarbeitung einer Verfassung genannt, aber eben nur als eine von mehreren Optionen.

der europäischen Organe und ihrer Entscheidungsverfahren (Wessels 2003, Crum 2004, Tömmel 2004b, Dinan 2004b und 2005). So sah der Konventsentwurf vor:

- die Kommission künftig auf 15 Mitglieder zu reduzieren;
- ihren Präsidenten auf Vorschlag des Rates durch das Parlament zu wählen;
- rotierende Präsidentschaften der Räte abzuschaffen zugunsten von bis zu 2 ½ Jahre dauernden Amtszeiten;
- die Position eines europäischen Außenministers zu schaffen, der zugleich als ständiger Vorsitzender des Rats Auswärtige Angelegenheiten und Vizepräsident der Kommission fungieren soll;
- dem Parlament die Rolle eines gleichberechtigten Mitgesetzgebers zuzuweisen, indem das Mitentscheidungsverfahren zum regulären Gesetzgebungsverfahren erhoben wird; und schließlich
- die Säulenstruktur der Union aufzuheben.

Der wohl spektakulärste Vorschlag des Konvents war aber die Veränderung des Abstimmungsmodus im Rat: Statt gewichteter Stimmen sollten künftig alle Mitgliedstaaten über eine Stimme verfügen; Entscheidungen sollten nur noch mit absoluter Mehrheit gefasst werden. Um dann aber noch ein Korrektiv zugunsten der großen Mitgliedstaaten zu haben, sollten die positiven Voten mindestens 60 Prozent der EU-Bevölkerung repräsentieren. Schließlich wurden auch die Verfahren der „verstärkten Zusammenarbeit" noch einmal bestätigt und das in Gang setzen solcher Verfahren erleichtert.

Angesichts so weitreichender Vorschläge hätte es nahegelegen, dass heftige Debatten um das Für und Wider einzelner Bestandteile des Konventspakets entbrannt wären. Dieses Szenario trat aber nicht ein. Denn einige große und bedeutende Mitgliedstaaten – allen voran Frankreich und Deutschland – folgten sehr schnell der Argumentation des Konvents, dass das vorgelegte Paket in seiner Gesamtheit zu übernehmen sei, um ein Scheitern der Vertragsrevision zu verhindern. Damit reduzierte sich die Opposition gegen den Vorschlag auf zwei Staaten, die den Verlust der mit dem Vertrag von Nizza hinzugewonnenen Privilegien nicht hinnehmen wollten: Spanien und Polen. Als kleine unter den großen Mitgliedstaaten lehnten sie vor allem die Aufhebung der Stimmengewichtung im Ministerrat ab. Infolge dieser vehementen Opposition scheiterte denn auch die Verabschiedung des Verfassungsvertrags auf der Gipfelkonferenz von Brüssel zum Jahresende 2003 unter italienischer Präsidentschaft (Dinan 2004b). Allerdings wurde hierfür auch die halbherzige Verhandlungsführung von Ministerpräsident Berlusconi sowie die Intervention weiterer Bedenkenträger hinter den Kulissen verantwortlich gemacht. Damit schien eine einmalige Chance vertan, denn zum 1.5.2004 stand die Erweiterung der EU um

10 Beitrittsstaaten[21] an. Zwar waren diese bereits an den Konventsberatungen beteiligt gewesen; als Vollmitglieder der EU war von ihnen aber eher Opposition gegen den Verfassungsentwurf zu erwarten.

Entgegen diesen pessimistischen Erwartungen kam es dann aber doch sehr schnell zum Konsens der nunmehr 25 Mitgliedstaaten der Union. Kaum waren die euphorischen Feiern und Reden zur größten Erweiterung der EU in ihrer Geschichte verklungen und die Wahlen zum erweiterten Europäischen Parlament abgeschlossen, schaffte der Europäische Rat unter irischer Präsidentschaft in Brüssel den Durchbruch: Am 18. Juni 2004 wurde der Entwurf eines Verfassungsvertrags der Europäischen Union von den Staats- und Regierungschefs der 25 einstimmig angenommen. Zwar konnten insbesondere die kleineren Mitgliedstaaten in den Schlussverhandlungen einige Zugeständnisse abringen; zu einer Verwässerung des Konventsentwurfs, wie eilige Kommentatoren berichteten, kam es aber nicht.

Die wesentlichen Veränderungen gegenüber dem Konventsentwurf beziehen sich auf folgende Punkte (vgl. Tömmel 2004b, Wessels 2004, Dinan 2005):

- Die Reduktion der Zahl der Kommissare wurde abgemildert, indem sie auf ein Drittel der Zahl der Mitgliedstaaten festgelegt wurde.[22] Zudem wurde die Einführung dieser Regelung auf das Jahr 2014 verschoben.
- Die für 2 ½ Jahre zu wählende Ratspräsidentschaft wurde auf den Europäischen Rat beschränkt, während für die übrigen Ratsformationen die halbjährliche Rotation beibehalten wurde.
- Mehrheitsentscheidungen im Rat wurden an mindestens 15 Stimmen der Staaten gebunden, die mindestens 65% der Bevölkerung repräsentieren sollten. Für eine blockierende Minderheit wurde eine Mindestzahl von vier Staaten festgelegt.

Diese Veränderungen beinhalten zusammengenommen, dass das Gewicht der einzelnen Staaten, insbesondere in Kommission und Rat, wieder etwas gestärkt wurde, was insbesondere für die kleineren Staaten bedeutsam war.

Insgesamt gelang mit dem Verfassungsvertrag, was die vorangegangenen Vertragsrevisionen nicht leisteten: eine fundamentale Restrukturierung der Organe der EU und ihrer Entscheidungsverfahren. Die anvisierten Regelungen waren geeignet, die Handlungsfähigkeit der Union signifikant zu stärken und ihre Demokratiefähigkeit zumindest zu verbessern. Gestärkte Handlungsfähigkeit beinhaltet allerdings nicht eine zunehmende Supranationalisierung der Union; vielmehr manifestiert sie sich in erster Linie in der gesteigerten Autorität und Entscheidungsfähigkeit der

---

21 Von den ursprünglich 12 Kandidaten waren zwei – Bulgarien und Rumänien – von dieser Beitrittsrunde zurückgestellt worden, da sie die Beitrittskriterien noch nicht erfüllen konnten. Ihnen wurde der Beitritt für das Jahr 2007 in Aussicht gestellt, der ja dann auch zum 1.1.2007 erfolgte.
22 Damit kann jeder Staat für zwei Legislaturperioden einen Kommissar stellen, während er für eine dritte Periode ausscheiden muss.

Räte. Diese geht weniger zulasten der Kommission; vielmehr sind es vor allem einzelne oder auch Gruppen von Mitgliedstaaten, deren Potenzial als Vetospieler ausgeschaltet oder entscheidend zurückgedrängt werden sollte (Tömmel 2010).

Fragt man nach den Gründen für diesen spektakulären Durchbruch, so ist es in erster Linie der Konventsmethode zuzuschreiben, dass ein so weitreichendes Ergebnis erzielt werden konnte. Die Arbeit des Konvents hat sich nicht nur bewährt, weil in diesem Gremium das Arguing, das Vorbringen guter Argumente, gegenüber dem Bargaining, dem Anstreben maximaler Vorteile für das eigene Land, und somit deliberative Entscheidungsverfahren dominierten (vgl. Göler und Marhold 2003, Maurer 2003, Magnette 2005, Risse und Kleine 2007, Reh 2008). Vielmehr gelang es mit diesem Verfahrensmodus auch, potenzielle Vetospieler unter den nationalen Regierungen bereits im Vorfeld einer Regierungskonferenz kaltzustellen. In diesem Kontext ist auch die Leadership-Rolle des Konventspräsidenten – des früheren französischen Staatspräsidenten Valérie Giscard d'Estaing – als vorwärtstreibender Faktor hervorzuheben (Dinan 2004b, Kleine 2007, Tsebelis und Proksch 2007). In der darauffolgenden Beschlussfassungsphase war es dann kaum mehr möglich, das fest verschnürte Paket noch einmal in seine Bestandteile aufzulösen und substanziell abzuändern

Der historische Erfolg der Einigung auf einen Verfassungsvertrag lässt sich aber nicht alleine mit der EU-internen Dynamik erklären. Vielmehr war es der mit dem Ende des Ost-West-Konflikts außerordentlich gewachsene externe Problemdruck, der die Handlungs- und Entscheidungsfähigkeit der Union enorm erhöhte. Letztere stellte sich allerdings nicht unmittelbar ein; vielmehr ist die gesamte Phase nach Verabschiedung des Maastricht-Vertrags und dem Abschluss einer intensiven Phase der Integration zunächst durch eine defensive und allenfalls zu vorsichtigem Inkrementalismus neigende Haltung gekennzeichnet. Erst in dem Maße, wie der Außendruck sich zunehmend konkreter als lautes Pochen der Beitrittsstaaten an die Tür der Union manifestierte, kam nicht nur die Erweiterungsstrategie, sondern auch das Vorhaben der Vertiefung der Integration in Schwung. Allerdings handelte es sich bei Letzterer nicht nur um eine quantitative Steigerung der Integration, sondern auch um einen qualitativen Umbau des EU-Systems. Das Konzept der „verstärkten Zusammenarbeit" ebenso wie die Restrukturierung der Organe und ihrer Entscheidungsverfahren signalisieren den Einstieg in ein Europa von ungleichen Partnern (Gillingham 2003: 410–413).

Kaum war die Einigung auf einen Verfassungsvertrag im Juni 2004 gelungen, stand schon ein anderes Konfliktthema auf der Tagesordnung: die Ernennung einer neuen Kommission (Dinan 2005). Die Mitgliedstaaten konnten sich aber auch hier schnell auf den Portugiesen José Manuel Barroso einigen. Der Kandidat stand der Europäischen Volkspartei nahe, die sich nach den Parlamentswahlen im Juni 2004 erneut als stärkste politische Kraft des Europäischen Parlaments erwiesen hatte; zudem galt er als konsequenter Verfechter einer neoliberalen Politik. Schließlich war er kein besonders starker Kandidat, sodass eine eigenständige Kommissionspolitik kaum zu befürchten war. Konflikte gab es aber dann mit dem EP, das seine Zustimmung zur Gesamtkommission erneut – und konsequenter als zuvor – dazu nutzte, einzelnen Kandidaten ihre Eignung für das Amt abzusprechen (Schild 2005, Spence 2006a: 37, Westlake 2006: 267-268). Im Ergebnis mussten so Italien und Lettland ihre designierten Kandidaten zurückziehen und andere benennen; zudem musste Barroso die Aufgaben der Kommissare entgegen seinen ursprünglichen Planungen teilweise umverteilen. Während das Parlament so seine Position – insbesondere in den Augen der Öffentlichkeit – stärken konnte, ging die Kommission geschwächt aus diesem Verfahren hervor (Dinan 2005: 52–54, Schild 2005).

Der Erfolg einer schnellen Einigung der Mitgliedstaaten auf einen Verfassungsvertrag währte jedoch nur kurze Zeit. Die Ratifizierung des ambitionierten Projekts in den Mitgliedstaaten – teils über Parlamentsentscheidungen, teils über Referenden – stellte insbesondere in letzterem Falle eine hohe Hürde dar. Denn damit hatten die Bürger der Union die – seltene – Gelegenheit, ihre Meinung zur Integration zu äußern und ihre vorwärtsstrebenden politischen Eliten zurückzupfeifen. Zwar gelang es, den Vertragsentwurf nach und nach in 18 Parlamenten der Mitgliedstaaten zu ratifizieren; die Referenden erwiesen sich aber als Stolpersteine. Während in Spanien und Luxemburg eine Mehrheit der Bürger dem Verfassungsprojekt zustimmte[23], lautete das Votum in Frankreich und den Niederlanden mehrheitlich nein (Taggart 2006, Startin und Krouwel 2013).[24] In Großbritannien wurde gar nicht erst ein Referendum angesetzt, da auch hier ein klares Nein zu erwarten war. Auch andere Mitgliedstaaten, in denen Referenden vorgesehen waren, setzten diese nach den negativen Voten in Frankreich und den Niederlanden aus.

Die offene Ablehnung der Bürger – insbesondere in zwei Gründerstaaten der EG – und die allenthalben durchscheinende Skepsis auch derer, die kein Votum abgeben konnten, stürzten die EU in eine tiefe Krise. Einmal mehr wurde deutlich, dass es auch in einer erweiterten Union weniger die Divergenzen zwischen den Mitgliedstaaten sind, die das europäische Integrationsprojekt bremsen, als vielmehr die wachsende Kluft zwischen integrationsorientierten Eliten und einer skeptischen Öffentlichkeit. Nach den negativen Referenden über das Verfassungsprojekt verordnete sich die EU denn auch eine sogenannte Reflexionsphase, also erst einmal Nichtstun, bis der Sturm sich gelegt hätte (Dinan 2006: 64). Es standen ja noch genügend andere Konfliktthemen auf der Agenda.

---

23 In Spanien stimmten 77 % der Wähler bei einer Wahlbeteiligung von 42 % dem Verfassungsvertrag zu; in Luxemburg fiel die Zustimmung mit 56,5 % bei einer obligatorischen Wahlbeteiligung knapper aus. http://www.cap-lmu.de/themen/eu-reform/ratifikation/index.php (Abruf: 04.04.2014).
24 In Frankreich stimmten am 29.5.2005 54,9 % der Wähler gegen das Verfassungsprojekt bei einer Wahlbeteiligung von 69,7 %; in den Niederlanden waren am 1.6.2005 sogar 61,6 % der Wähler gegen den Vertrag bei einer Wahlbeteiligung von 62,8 %. Weske 2006: 491.

Als ein solches Konfliktthema erwies sich die im Jahre 2005 anstehende Entscheidung über die mittelfristige Finanzplanung für die EU, bei dem aber, anders als erwartet, die Hauptkonfliktlinie nicht zwischen West und Ost – also zwischen Altmitgliedern und Beitrittsstaaten – verlief; vielmehr erwiesen sich die Interessendivergenzen zwischen Frankreich, Deutschland und Großbritannien als die größten Hindernisse einer Einigung (Dinan 2006). Zum Jahresende 2005 konnte der Europäische Rat jedoch eine Kompromisslinie finden, die von allen Staaten Abstriche verlangte. Im Oktober.2005 beschloss der Rat zudem, Beitrittsverhandlungen mit Kroatien und der Türkei zu eröffnen; dies, trotz weiterhin großer Skepsis, insbesondere in einigen Mitgliedstaaten, und trotz der nicht gelösten Verfassungskrise. Ebenso war die Skepsis groß, als zum Jahresanfang 2007 Rumänien und Bulgarien wie geplant der Union beitraten, obwohl erhebliche Zweifel an der Erfüllung der Beitrittskriterien bestanden.

Erst im ersten Halbjahr 2007 kam das Verfassungsthema unter deutscher Ratspräsidentschaft wieder auf die Tagesordnung. Der explizit formulierte Anspruch beschränkte sich zunächst darauf, einen Fahrplan zur Wiederbelebung des Verfassungsprozesses zu verabschieden; faktisch wurden jedoch wesentlich weiterreichende Aktivitäten entfaltet (Maurer 2008). Den Auftakt bildete die „Berliner Erklärung", die aus Anlass des 50-jährigen Bestehens der EG/EU am 25. März.2007 präsentiert wurde. Neben feierlichen Floskeln wurde darin der Wille proklamiert, die Reform der EU-Verträge bis zur Parlamentswahl 2009 abzuschließen (Goosmann 2007). Unter der Führung von Ratspräsidentin Merkel wurden dann intensive Verhandlungen um die Vertragsreform geführt. Die Ergebnisse verabschiedete der Europäische Rat vom Juni 2007 in der Form eines Mandats für eine nachfolgende Intergouvernementale Konferenz. Faktisch definierte das Mandat jedoch bereits die gesamte Vertragsreform, die nun nicht mehr in einen Verfassungsvertrag, sondern einen sogenannten Reformvertrag ausmünden sollte (Dinan 2008: 75).

Das neue Vertragsprojekt war nicht nur durch diese Namensänderung gekennzeichnet; vielmehr entkleidete es den Verfassungsvertrag auch von allen Elementen, die die EU als ein staatsähnliches Gebilde erscheinen ließen (vgl. Rat der EU 2007, Nr. 11177/07, S.18 sowie Dinan 2008). So wurden Verweise auf Hymne und Fahne ersatzlos gestrichen, der Terminus Gesetze wieder durch die altbekannten Richtlinien und Verordnungen ersetzt und der Außenminister wieder zu einem Hohen Vertreter der GASP umbenannt. Zudem wurde die Charta der europäischen Grundrechte aus dem Vertragswerk herausgelöst; sie sollte dennoch für alle Mitgliedstaaten mit Ausnahme Großbritanniens verbindlich gemacht werden. Des Weiteren wurde zur Zweiteilung der Verträge zurückgekehrt: also einerseits dem *Vertrag über die Europäische Union (EUV)*, andererseits dem *Vertrag über die Arbeitsweise der Europäischen Union (AEUV)*, der zuvor unter dem Namen *Vertrag zur Gründung der Europäischen Gemeinschaft (EGV)* firmierte. Mit dieser erneuten Teilung der Verträge und ihrer partiellen Umbenennung wurde einmal mehr signalisiert, dass es jetzt nicht mehr um eine europäische Verfassung ging; allenfalls dem

EUV sowie der Grundrechtecharta konnte ein Verfassungsrang zugeschrieben werden.

Am institutionellen Gefüge der Union wurden keine Veränderungen vorgenommen; lediglich das anvisierte Verfahren für erleichterte Mehrheitsentscheidungen im Rat wurde modifiziert (vgl. Rat der EU 2007, Nr. 11177/07, S.18 sowie Dinan 2008). So sollte dieses Verfahren erst ab 2014 zur Anwendung kommen; zudem sollte bis 2017 die Möglichkeit bestehen, auf Verlangen eines Mitgliedstaats das alte Verfahren anzuwenden. Die benötigte Mindestzahl an Staaten für die Blockierung von Entscheidungen wurde auf fünf erhöht, was besonders kleineren EU-Mitgliedern entgegenkam. Das Verfahren der verstärkten Zusammenarbeit wurde erneut bestätigt, die erforderliche Mindestzahl an partizipierenden Staaten von 8 auf 9 geringfügig erhöht. Die Rolle der nationalen Parlamente im europäischen Entscheidungsprozess wurde – ebenfalls geringfügig – gestärkt (vgl. Rat der EU 2007, Nr. 11177/07).

Auch diese Veränderungen sind bis auf wenige Ausnahmen primär als kosmetische Korrekturen zu werten; soweit es dennoch zu inhaltlichen Veränderungen kam, zielten diese auf die Stärkung der einzelnen Staaten sowie auf die stärkere Rückbindung der europäischen Ebene an die Mitgliedstaaten ab. Bemerkenswert ist allerdings, dass es nicht zu fundamentalen Revisionen kam, sondern hauptsächlich zu einer Streckung der Zeiträume bis zur Umsetzung der neuen Regelungen.

Mit diesen Beschlüssen über den Reformvertrag war der Weg für eine IGK bis in alle Details vorgezeichnet (Dinan 2008). Die definitive Beschlussfassung über das Vertragswerk war auf die zweite Jahreshälfte 2007 unter portugiesischer Präsidentschaft terminiert, rechtzeitig, um die nachfolgende Ratifizierung vor der anstehenden Parlamentswahl im Juni 2009 abzuschließen; denn diese sollte entsprechend der im Vertrag geregelten neuen Sitzverteilung erfolgen. Nach kurzen Scharmützeln, bei denen insbesondere Polen weiterhin Sonderpositionen vertrat, wurde im Oktober 2007 auf dem Gipfel von Lissabon der Reformvertrag ohne nennenswerte Änderungen angenommen (Dinan 2008). Das zuvor unter deutscher Präsidentschaft erarbeitete Mandat erwies sich rückblickend als eine bereits voll ausgearbeitete, grundlegende Vertragsreform. Referenden zur Ratifizierung des nunmehr als Lissabon-Vertrag bezeichneten Reformwerks waren nach den Erfahrungen mit den Volksabstimmungen zum Verfassungsvertrag in den Mitgliedstaaten – mit Ausnahme Irlands – nicht mehr geplant; in den Worten Sarkozys handelte es sich ja ohnehin nur um einen „Minivertrag". Einmal mehr trieben die Eliten den Integrationsprozess voran, während sie der Öffentlichkeit signifikante Abstriche am Verfassungsvertrag vorgaukelten, die es in der Sache aber kaum gegeben hat.

Wie so oft in der Geschichte der europäischen Integration entwickelten sich die Dinge in der Folge aber anders als geplant. Das für Juni 2008 angesetzte irische Referendum über den Lissabon-Vertrag endete mit einem klaren Nein (Dinan 2009). Einmal mehr geriet der Versuch zur Vertiefung der Integration in eine Sackgasse. Dieses Mal fiel die Reaktion der europäischen Eliten allerdings anders aus: Sie scheuten sich nicht, die Iren zu beschuldigen, dass sie 450 Millionen Bürgern der EU die Erreichung ihrer integrationspolitischen Ziele verwehrten. Ironischerweise argumentierte die irische Opposition gegen den Lissabon-Vertrag in der gleichen Weise: Das kleine Irland trage bei dem Referendum die Verantwortung für 450 Millionen EU-Bürger, denen eine Meinungsäußerung verwehrt sei. Obwohl die Ratifizierung bis zur Parlamentswahl nun nicht mehr möglich war, setzten europäische Politiker Irland unter Druck, ein zweites Referendum durchzuführen. Der Druck wurde erhöht durch vergleichsweise zügige parlamentarische Ratifikationen in den meisten Mitgliedstaaten der EU inklusive Großbritannien. In neuerlichen Verhandlungen wurden einige Zugeständnisse an die irische Bevölkerung vereinbart: so eine Erklärung der Nichteinmischung in innere Angelegenheiten, wie beispielsweise die Abtreibungsgesetzgebung oder die militärische Neutralität des Landes (Dinan 2009). Die irische Regierung beschloss daraufhin, im November 2009 ein zweites Referendum abzuhalten, das zur Erleichterung aller Beobachter positiv ausfiel (Dinan 2010a: 95–96). Allerdings war damit das Bild der EU als einer demokratischen und bürgernahen Polity schwer beschädigt. Polen und die Tschechische Republik zögerten auch noch nach dem irischen Referendum mit der Ratifizierung; ihre Bedenken konnten aber schließlich ausgeräumt, und damit das Vertragswerk endgültig ratifiziert werden (Dinan 2010a). Acht Jahre nach der Laeken-Erklärung trat es im Dezember 2009 schließlich in Kraft.

Nach der Annahme des Lissabon-Vertrags schien die EU in ruhigeres Fahrwasser zu gelangen. Der neue Vertrag wurde als Endpunkt einer langen Periode von Vertragsänderungen gesehen, die mit der EEA in den 80er Jahren begonnen hatte. Keine signifikanten „left-overs" waren mehr offen; somit schienen die Weichen für eine längere Periode der Integration gestellt zu sein. Im Juni 2009 wurde das EP gewählt, allerdings nach dem alten Verteilungsschlüssel der Sitze. Insgesamt entsprach das Wahlergebnis im Wesentlichen der Vorperiode, wenngleich europaskeptische Parteien ihr Gewicht erhöhen konnten (Dinan 2010a: 101–108, siehe auch Tab. 7.1). Auch die neue Kommission stand im Zeichen von Kontinuität: Barroso wurde trotz kritischer Stimmen im Parlament und lauwarmer Unterstützung vonseiten der Mitgliedstaaten wiedererrnannt, ebenso wie 14 Kommissare (Dinan 2010a: 108–109). Im Dezember 2009 nominierte der Europäische Rat den belgischen Ministerpräsidenten Herman van Rompuy zu seinem ersten permanenten Präsidenten; Catherine Ashton wurde zur Hohen Vertreterin (HR) der GASP ernannt (Dinan 2010a: 99–100). Die Besetzung dieser Positionen stärkte einmal mehr die intergouvernementale Handlungsfähigkeit der Union. Auch die Politik der Erweiterung wurde, wenngleich mit deutlich verringertem Tempo, fortgesetzt: Zum 1.7.2013 trat Kroatien als 28. Mitglied dem europäischen Staatenbund bei.

Trotz dieser Kontinuitäten trat nach dem Vertragsschluss von Lissabon keine Ruhe im Integrationsprozess ein; im Gegenteil, es entfaltete sich eine Krise von bis *dato* nicht gekannter Brisanz. Bereits 2008, kurz vor der Ratifizierung des Lissabon-Vertrags, zogen mit der von den USA ausgehenden Finanzkrise dunkle Wolken über der EU auf (Menendez 2013: 499–500). Im Oktober dieses Jahres war die Lehmann Brothers Investmentbank zusammengebrochen, und mit ihr das amerikanische System der Eigenheimfinanzierung. Dies riss auch europäische Banken, die eng mit dem Banken- und Finanzsystem der USA verflochten sind, mit in die Krise. Die Mitgliedstaaten der EU reagierten auf diese Krise, indem sie ihre als systemrelevant eingestuften Banken mit umfangreichen Finanzmitteln stützten, um so deren Zusammenbruch zu verhindern. In der Folge schnellte der öffentliche Schuldenstand von fast allen Mitgliedstaaten enorm in die Höhe, was seinerseits den Wachstums- und Stabilitätspakt der Währungsunion unterminierte (Dinan 2010a: 112). Vorerst war die Krise aber zumindest eingedämmt. Gleichzeitig wurden auch erste Konzepte für eine gemeinsame europäische Reaktion auf die internationale Finanzkrise lanciert, so vor allem eine stärkere Regulierung der Finanzmärkte. Energische Schritte in diese Richtung blieben aber aus; sie scheiterten am Dissens zwischen den Mitgliedstaaten (Menendez 2013: 502).

Im Oktober 2009 tauchten dann die ersten Zeichen einer neuen Krise auf, als der neu gewählte sozialistische Ministerpräsident Griechenlands, Giorgos Papandreou, erklären musste, dass der Schuldenstand des Landes nicht 3,6 %, wie von der Vorgängerregierung behauptet, sondern 12,8 % des Bruttoinlandsprodukts (BIP) betrug; später musste diese Zahl sogar auf 13,6 % korrigiert werden (Featherstone 2011: 199). Diesen Schuldenstand konnte die griechische Regierung nicht mehr alleine stemmen; sie wandte sich daher an die EU um Hilfe.

Die Regierungen der Mitgliedstaaten reagierten nur langsam und eher widerwillig auf dieses Hilfsgesuch. Zunächst unterschätzten sie offensichtlich die Brisanz der Situation, und später waren sie kaum zur Implementation von Hilfsmaßnahmen bereit, die zuhause unpopulär waren (Dinan 2010a, Featherstone 2011). Dies galt besonders für die deutsche Bundeskanzlerin, die jegliche Entscheidung über solche Maßnahmen bis nach den Landtagswahlen in Nordrhein-Westfalen im Mai 2010 hinauszögerte (Paterson 2011). Als Folge dieser Verzögerungen sank das Vertrauen der Finanzmärkte in die griechische Kreditwürdigkeit, womit die Zinslast für das Land rapide anstieg. Dennoch beschloss der Europäische Rat im Mai 2010 ein Hilfspaket für Griechenland, das umfangreiche Kredite bereitstellte, aber auch strenge Auflagen zur Reduktion der Staatsausgaben und zur Implementation tiefgreifender Reformen beinhaltete. Die Union bildete zu diesem Zweck einen Europäischen Finanzstabilisierungsmechanismus (EFSM) sowie eine Europäische Finanzstabilisierungsfazilität (EFSF) als vorläufige Instrumente zur Bereitstellung von Krediten für Schuldnerstaaten (Gocaj und Meunier 2013).

Kurz darauf zeigte sich allerdings, dass nicht nur Griechenland, sondern auch eine Reihe von anderen Mitgliedern der Eurogruppe Schwierigkeiten mit ihrer enormen Schuldenlast hatten. Das traf besonders für Irland zu, das erst kurz zuvor aufgrund der Bankenrettung in die Schuldenfalle geraten war, aber auch für die Mittelmeerstaaten, die aus unterschiedlichen Gründen schwerwiegende wirtschaftliche Probleme hatten, die ihrerseits die ohnehin schon verschuldeten öffentlichen

Haushalte enorm unter Druck setzten. Ratingagenturen setzten die Kreditwürdigkeit dieser Staaten herab, was die Zinssätze enorm in die Höhe trieb. In dieser Situation wurde deutlich, dass die Schuldenkrise nicht auf Griechenland beschränkt war, sondern ansteckende Effekte für andere Staaten hatte. Die Schuldenkrise wuchs sich zusehends zu einer Eurokrise aus.

Obwohl es zunächst nicht zu schnellen Reaktionen kam, antworteten die Regierungen der Eurogruppe und teilweise auch der gesamten Union mit einer Reihe von Maßnahmen, die einerseits kleinere inkrementalistische Schritte, andererseits aber auch neue Wege der WWU-Steuerung beinhalteten (Hodson 2012a, Buonanno und Nugent 2013: 210–219). Bereits 2010 verschärften sie die Überwachung der Fiskal- und Wirtschaftspolitiken der Mitgliedstaaten durch die Einführung des sogenannten „Europäischen Semesters". Dieses beinhaltet eine jährliche Überprüfung der öffentlichen Haushalte, noch bevor die nationalen Parlamente darüber entschieden haben. Sowohl die Kommission als auch der Rat können Empfehlungen an die Mitgliedstaaten aussprechen, die aber nicht bindend sind (Hodson 2012a: 186–187).

Zum Zeitpunkt der Einführung des Europäischen Semesters lehnten die Regierungschefs noch weitergehende Maßnahmen wie etwa automatische Sanktionen im Falle der Verletzung des Stabilitäts- und Wachstumspakts ab. Doch bald darauf mussten sie erkennen, dass die bisherigen Schritte nicht ausreichten. Denn Irland und Portugal beantragten nun auch Hilfe aus dem EFSM, während Spanien und Italien ebenfalls Bedarf zu haben schienen, sich aber vorerst noch zurückhielten, um den strengen Auflagen zu entgehen. Dementsprechend beschloss der Europäische Rat im Februar 2011, einen permanenten Rettungsschirm für hoch verschuldete Staaten einzusetzen, den Europäischen Stabilitätsmechanismus (ESM) (Gocaj und Meunier 2013). Zudem beschloss der Europäische Rat eine kleine Vertragsänderung in Form eines Annexes zu Art. 136 AEUV, um dem ESM eine legale Grundlage zu geben (Hodson 2012a: 188). Im November 2011 trat dann das sogenannte Sixpack in Kraft, das fünf Verordnungen und eine Richtlinie zum Stabilitäts- und Wachstumspakts umfasst. Vier Verordnungen richten sich auf die Verschärfung des SWP und sehen quasi-automatische Sanktionen im Falle der Verletzung seiner Regeln vor; die beiden verbleibenden Rechtsakte regeln die Überwachung von exzessiven makroökonomischen Ungleichgewichten zwischen den Mitgliedstaaten (Leuffen et al. 2012: 151). Schließlich nahmen die Mitgliedstaaten mit Ausnahme Großbritanniens und der Tschechischen Republik im Dezember 2011 einen Europäischen Fiskalpakt (EFP) an, das heißt, einen neuen Vertrag, der die Mitgliedstaaten zu einer strengen Haushaltsdisziplin verpflichtet (Buonanno und Nugent 2013: 218). Dieses Vertragswerk, das offiziell Vertrag über Stabilität, Koordinierung und Steuerung in der Wirtschafts- und Währungsunion heißt (SKS-Vertrag), verlangt von den Mitgliedstaaten, dass sie nationale Gesetze zur Einhaltung des SWP erlassen; die Kommission kann die Beachtung dieser Gesetze überwachen und im Falle von Übertretungen den Gerichtshof anrufen (Hodson 2012a: 189).

Trotz dieser weitreichenden Maßnahmen beruhigten sich die Finanzmärkte kaum; die Krise bedrohte weiterhin die Stabilität des Euro und damit auch die politische Stabilität der Union. Die Lage verbesserte sich erst mit dem Antritt von Mario Draghi zum Jahresende 2011 als drittem Präsidenten der EZB. Draghi entschied zunächst, billige Kredite zur Rekapitalisierung der europäischen Banken bereitzustellen, um eine neuerliche Bankenkrise zu verhindern (Hodson 2012a: 184). 2012 kündigte er dann an, unbegrenzt Staatsanleihen der Schuldnerstaaten zu kaufen. Frühere Vorschläge zur Krisenregulierung durch den Ankauf solcher Anleihen oder gar die Ausgabe von Eurobonds wurden von mehreren Regierungschefs und insbesondere der Bundeskanzlerin strikt abgelehnt (Paterson 2011). Draghis Ankündigung reichte aber bereits aus, um die Finanzmärkte zu beruhigen und das Vertrauen in die Fähigkeit der EU zur Rettung des Euro und der Schuldnerstaaten zu stärken. Dies wiederum erweiterte den Spielraum, um längerfristige Schritte zur Steuerung der WWU einzuleiten.

Der wichtigste Schritt in diese Richtung besteht in der Schaffung einer sogenannten Bankenunion, das heißt eines Regelsystems, mit dessen Hilfe Banken in Schwierigkeiten abgewickelt werden können, anstatt sie mit Stützungsmaßnahmen über Wasser zu halten. Erste Überlegungen zu einem solchen Projekt wurden bereits 2010 angestellt; das Projekt rief aber großen Dissens zwischen den Mitgliedstaaten hervor. Insbesondere die großen Mitgliedstaaten lehnten europäische Eingriffe in ihren Bankensektor ab. 2013 erfasste die Schuldenkrise dann auch Zypern und dessen teilweise maroden Bankensektor; damit erhielt das Thema einer europäischen Bankenregulierung erneut Dringlichkeit. Die Kommission legte bereits ein Konzept zur Bankenregulierung vor, das weitreichende Kompetenzen für die europäische Ebene vorsieht, den Mitgliedstaaten aber auch eine Rolle zuweist (European Commission 2012). Der Rat hat auch bereits eine positive Grundsatzentscheidung hierzu gefasst; die konkreten Regelungen der Bankenunion sind jedoch weiterhin umstritten.

Insgesamt wurde in den letzten Jahren auf der europäischen Ebene eine Reihe von teilweise weitreichenden Maßnahmen und institutionellen Neuerungen beschlossen, um die Finanz- und Schuldenkrise einzudämmen; ob dies zum Erfolg führt, ist gegenwärtig noch offen. Wissenschaftler verschiedener Disziplinen äußern scharfe Kritik sowohl an dem ursprünglichen Konzept der Währungsunion als auch den gegenwärtig ergriffenen Maßnahmen zur Krisenbekämpfung sowie zur Nachbesserung der ursprünglichen Arrangements. Vor allem die Asymmetrie zwischen einer monetären Integration im Rahmen der EU und der Verantwortung der Mitgliedstaaten für die fiskale und makroökonomische Stabilität steht im Fokus der Kritik (z. B. De Grauwe 2013). Zudem wird die Inkonsistenz und Ineffizienz der aktuellen Maßnahmen kritisiert (z. B.: Menendez 2013). Schließlich bezweifeln einige Beobachter die Legalität der Stützungsmaßnahmen, da diese – vertragswidrig – die Übernahme von Staatsschulden durch die Union beinhalteten (z. B. Joerges 2012).

Die Folgen der Krise und der Maßnahmen zu ihrer Überwindung blieben nicht auf die ökonomische Sphäre beschränkt; sie führten auch zu Rückwirkungen auf das politische System der EU. So veränderten sie die Machtbalance zwischen den europäischen Institutionen und auch den Mitgliedstaaten. Zum Ersten stärkten sie das Gewicht und die Autorität des Europäischen Rates und innerhalb dieses Rates die Machtposition des Eurogipfels in allen Entscheidungsprozessen (vgl. Kap. 8.3 sowie Puetter 2012). Zum Zweiten gewannen der Rat für Wirtschaft und Finanzen (ECOFIN) und insbesondere die Minister der Eurogruppe in diesem Rat zunehmend an Bedeutung auf Kosten des Rats Allgemeine Angelegenheiten (Dinan 2011: 104–105). Der Einfluss der Kommission wurde damit zurückgedrängt, auch wenn ihr einige Kompetenzen bei der Überwachung der Einhaltung des SWP zukommen. Und schließlich konnte die EZB enorm an Einfluss gewinnen, einerseits, indem sie neue Aufgaben hinzugewann, andererseits, indem sie Initiativen ergriff, die faktisch ihr ursprüngliches Mandat überschritten.

Auch zwischen den Mitgliedstaaten kam es zu einer Machtverschiebung. Große Mitgliedstaaten bauten ihre Dominanz gegenüber den kleinen aus, nördliche Staaten gegenüber denen des Südens, und Geber- gegenüber Schuldnerstaaten. Manche Beobachter sehen Deutschland auf dem Weg zu einem, wenn auch widerwilligen, Hegemon in der EU (Paterson 2011). Das Prinzip der grundsätzlichen Gleichheit aller Mitgliedstaaten, das die EG/EU seit ihrer Gründung prägt, weicht zunehmend einem Machtgefälle zwischen ungleichen Partnern.

Darüber hinaus droht die Finanz- und Schuldenkrise mit ihrer harten Austerität in den Schuldnerstaaten, aber auch den enormen Kosten und Risiken für die Geberländer, in eine politische Krise der EU umzuschlagen. Die Dimensionen einer solchen Krise sind noch nicht voll sichtbar; deutlich erkennbar ist aber bereits jetzt der enorme Vertrauensverlust der Bürger in die politischen Institutionen der EU. Dies äußert sich in einer besorgniserregenden Zunahme des Euroskeptizismus, in steil ansteigenden Wahlerfolgen populistischer und euroskeptischer Parteien, vornehmlich des rechten und extrem rechten Spektrums, und schließlich in einer tiefgreifenden politischen und gesellschaftlichen Destabilisierung der Schuldnerstaaten (Featherstone 2011, Menendez 2013).

Zusammenfassend lässt sich der zweite Teil der vierten Phase als durch spektakuläre Integrationsfortschritte gekennzeichnet werten; zur Realisierung dieser Schritte waren allerdings hohe Hürden zu überwinden. Einerseits kam es zu einer Erweiterung, die die Mitgliedschaft der Union nahezu verdoppelte; andererseits wurde mit dem Lissabon-Vertrag eine Vertiefung der Integration erreicht, die entscheidende institutionelle und prozedurale Innovationen beinhaltete. Schließlich wurde die internationale Finanz- und Schuldenkrise zumindest eingedämmt, wenn auch nicht gelöst.

All diese Schritte wurden unter der Führung der intergouvernementalen Institutionen realisiert. Das bedeutet jedoch nicht, dass der Dissens zwischen den Mitgliedstaaten keine Rolle gespielt habe; im Gegenteil, er war teilweise sogar ausgeprägter als zuvor. Denn die enormen Erweiterungen der EU sowie die vielschichtigen Probleme, die zu lösen waren, multiplizierten die Interessendivergenzen zwischen den Mitgliedstaaten. Trotzdem resultierten diese nicht in Stagnation, wie sie die zweite Phase der europäischen Integration kennzeichnete (siehe Kap. 3.2). Denn zum einen förderte enormer Druck von außen gemeinsames Handeln, so etwa in der Erweiterungsfrage oder der Schuldenkrise; zum anderen waren es neue institutionelle Strukturen und Verfahrensweisen, so etwa die Einsetzung des Konvents oder bestimmte Regelungen des Lissabon-Vertrags, die entweder Verhandlungen im Rat auf wenige, besonders sensible Themenkreise einschränkten oder aber die Autorität und Handlungskapazität der Räte signifikant erhöhten.

Allerdings manifestierten sich Hindernisse der Integration nunmehr an ganz anderer Stelle: Die Bürger Europas mit ihrer weitverbreiteten Skepsis sowohl zur Erweiterung der Union wie zur Vertiefung der Integration nutzten ihre Stimme in Referenden, um den europäischen Zug zum Stehen zu bringen. Die Finanz- und Schuldenkrise und die unzureichenden Kapazitäten der EU zu ihrer Lösung führten zu einem weiteren Vertrauensverlust in die europäischen Institutionen. In Zukunft könnte somit der wachsende Euroskeptizismus weitere Integrationsfortschritte verzögern oder verhindern und die Union politisch destabilisieren.

4.3 Schlussfolgerungen

Insgesamt ist die vierte Phase der europäischen Integration durch einen neuerlich gestärkten Intergouvernementalismus – und damit eine gestärkte Dominanz der Mitgliedstaaten – gekennzeichnet. Diese Konstellation hemmt allerdings nicht die Integrationsdynamik; vielmehr kommt es zu deren Beschleunigung, *obwohl* ihre supranationalen Triebkräfte deutlich geschwächt sind. Es ist aber weniger das explizite Engagement der intergouvernementalen Akteure, das das *Tempo* und die *Richtung* der Integration bestimmt; vielmehr sind es externe Herausforderungen, die den Handlungsdruck enorm erhöhen und somit gemeinsames Handeln trotz weiterhin bestehender oder sogar verstärkter Divergenzen begünstigen.

Während des ersten Abschnitts der vierten Phase reagierten die nationalen Regierungen nur zögernd auf diese Herausforderungen, indem sie vorsichtige, inkrementalistische Schritte einleiteten. Dies trifft sowohl auf die Vorbereitung der Osterweiterung als auch die Vertragsänderungen von Amsterdam und Nizza zu. Erst im zweiten Abschnitt dieser Phase entfalteten sie folgenreiche Aktivitäten, indem sie eine Erweiterung bisher nicht gekannten Ausmaßes sowie eine fundamentale Vertragsrevision implementierten. Allerdings stellten sich diesen Vorhaben auch jetzt hohe Hürden. Es waren aber weniger die zerstrittenen Eliten, die diese Hürden aufbauten, als vielmehr die Bürger Europas mit ihrer Ablehnung weiterer Integrationsschritte, auch wenn nur einige dies durch ein explizites Votum äußern konnten. Der

Fortschritt der Integration konnte somit nur um den Preis einer zunehmenden Kluft zwischen Bürgern und europäischen Eliten erreicht werden.

Nachdem die Erweiterung der Union sowie die Vertiefung der Integration implementiert waren, verlief auch die Eindämmung der Finanz- und Schuldenkrise nach dem gleichen Muster. Nach anfangs zögerlichen, inkrementalistischen Schritten kam es zu einschneidenden institutionellen und prozeduralen Neuerungen sowie zum Abschluss eines neuen Vertrags, wenngleich außerhalb der EU-Verträge. Die wachsende Kluft zwischen Bürgern und Politik konnte so aber nicht reduziert werden; im Gegenteil, sie vertiefte sich dramatisch weiter, vor allem in den von der Schuldenkrise betroffenen Staaten.

Bemerkenswert ist, dass die Integrationsdynamik während der vierten Phase trotz der intergouvernementalen Dominanz nicht abnahm, wie es in der zweiten Phase der Fall war. Dies ist nicht ausschließlich dem Druck von außen zuzuschreiben, sondern auch dem Umstand, dass die Union inzwischen auf ein Spektrum von intergouvernementalen Institutionen zur Erleichterung der Konsensfindung zurückgreifen konnte. Zudem nutzten die nationalen Regierungen die Gelegenheit der Osterweiterung, um die intergouvernementale Dominanz im Entscheidungsprozess, aber auch die Dominanz der großen und insbesondere der alten Mitgliedstaaten, durch entsprechende Vertragsregelungen weiter zu stärken (Tömmel 2010). Ob allerdings diese Veränderungen auch längerfristig tragen, bleibt abzuwarten. Die Wirtschafts-und Finanzkrise hat zahlreiche Risse im europäischen Haus offenbart, die, wenn überhaupt, möglicherweise nur durch differenzierte Formen der Integration übertüncht werden können.

Eine Betrachtung des europäischen Integrationsprozesses in seiner Gesamtheit verdeutlicht die bereits im vorangegangenen Kapitel genannten Besonderheiten, die somit als elementare Strukturmerkmale der Integration zu werten sind: zum Ersten das Auf und Ab unterschiedlicher Integrationsphasen, wobei Phasen beschleunigter Integration mit Phasen relativer Stagnation alternieren; zum Zweiten die wechselnde Dominanz einer vorwiegend intergouvernemental gesteuerten sowie einer sich supranational entfaltenden Integrationsdynamik; zum Dritten die Diskrepanz zwischen anspruchsvollen Integrationskonzepten und kleinen, inkrementalistischen Schritten zu ihrer Realisierung; und zum Vierten eine ausgeprägte Asymmetrie zwischen einerseits Integrationskonzepten, für die ein Konsens vergleichsweise einfach zu finden ist, und solchen, für die dies regelmäßig nicht gelingt. Dabei ist deutlich, dass diese Strukturmerkmale hochgradig interdependent sind: Phasen beschleunigter Integration gehen zumeist einher mit einer verstärkten supranationalen Integrationsdynamik, aber auch mit vergleichsweise selektiven Integrationsschritten vornehmlich im ökonomischen Bereich; Phasen der relativen – oder scheinbaren – Stagnation sind durch die Dominanz intergouvernemental gesteuerter Integrationsschritte gekennzeichnet bei gleichzeitiger Erweiterung der Integrationsziele und anvisierten -schritte. Lediglich die Diskrepanz zwischen hochgesteckten Zielsetzungen und Konzepten der Integration und ihrer tatsächlichen Realisierung scheint für alle Phasen gleichermaßen zu gelten.

Fasst man diese Phänomene zu einer Gesamtbetrachtung des Integrationsprozesses zusammen, dann ergibt sich das Bild einer kontinuierlichen Systementwicklung auf der europäischen Ebene, die allerdings durch wiederholte Umbrüche gekennzeichnet ist. Das heißt, der Prozess der Herausbildung des EU-Systems verläuft nicht geradlinig entlang einer einmal ausgelegten Leitlinie, eines ausgearbeiteten Konzepts oder gar einer Vision; vielmehr gilt umgekehrt, dass Leitlinien, Konzepte und Visionen, sofern sie überhaupt formuliert werden, in der Praxis regelmäßig scheitern oder sich als nicht umsetzbar erweisen. Damit stößt die Entfaltung des EU-Systems wiederholt an strukturelle Grenzen. Diese Situationen bilden den Ausgangs- beziehungsweise Umschlagspunkt für eine Systementwicklung entlang anderer als den anvisierten Bahnen, was zugleich eine Transformation und Ausdifferenzierung der ursprünglichen Systemkonzeption beinhaltet. Veränderte äußere Rahmenbedingungen und Herausforderungen können solche Umbrüche weiter verstärken.

Tatsächlich haben externe Faktoren den Prozess der europäischen Integration in seiner konkreten Ausrichtung entscheidend beeinflusst. So ist für die Anfangsphase der Integration das supranationale Leitbild als Reaktion auf den Zweiten Weltkrieg und die Kriegsfolgen zu werten, die eine europäische Einigung nach dem Vorbild der USA als geboten erscheinen ließen (Hörber 2006). Die folgende Stagnationsphase der Integration ist als Reaktionsbildung auf die sich erstmals nach einer langen Phase kontinuierlichen Wachstums abzeichnende Wirtschaftskrise zu werten, wobei Lösungen zunächst auf nationaler Ebene angestrebt wurden. Erst als sich dieser Weg als kaum gangbar erwies, gelang der Durchbruch zu neuerlichen Integrationsschritten: der Vollendung des Binnenmarkts sowie der Schaffung einer Währungsunion. Das Ende des Ost-West-Konflikts schließlich veränderte das internationale Umfeld der Union so stark, dass einerseits die Voraussetzungen für eine Erweiterung des EU-Systems geschaffen, andererseits ein grundlegender Umbau des Systems eingeleitet werden musste. Indem dieser einerseits die Führungs- und Handlungsfähigkeit der EU stärkte, andererseits die Weichen für differenzierte Formen der Integration stellte, trug er insgesamt den gewachsenen Divergenzen im EU-System Rechnung.

Neben diesen auf die einzelnen Phasen bezogenen externen Einflüssen lässt sich aber ein weiterer Faktor ausmachen, der einen einschneidenden Umbruch im Integrationsprozess auslöste: die Transformation des Modus kapitalistischer Regulation. So herrschte bis in die 70er Jahre ein Regulationsmodus, der auf ausgeprägtem Staatsinterventionismus, verbunden mit keynesianischen Steuerungsmustern, beruhte. Ab der Mitte der 70er Jahre kam es dagegen zu einer neoliberalen Wende, die auf die Ausweitung der Marktsphäre und das Zurückdrängen sozialstaatlicher Regelungen zielte (Streeck 2013). Der einschneidende Integrationsaufschwung ab Mitte der 80er Jahre ist als Bestandteil und Ausdruck dieser grundlegenden Transformation des kapitalistischen Regulationsmodus zu werten: Mit gewisser zeitlicher Verzögerung erkannten die Mitgliedstaaten das enorme Potenzial der EG, die Regulierung der Ökonomie zu internationalisieren und damit die neoliberale Wende von außen bzw. oben zu realisieren (Jessop 2003, S. 204–210).

Abschließend bleibt aber festzuhalten, dass die europäische Integration in ihrer Gesamtheit als Prozess zu werten ist, dessen vorwärtstreibende Dynamik aus dem Spannungsverhältnis zwischen Intergouvernementalismus und Supranationalismus resultiert. Kommt aufgrund eines Konsenses der Mitgliedstaaten in Teilbereichen eine supranationale Entwicklung zustande, so ruft diese ihrerseits einen verstärkten Intergouvernementalismus hervor, der sich zunächst im Ausbau entsprechender institutioneller Strukturen und Entscheidungsverfahren manifestiert, sodann im Auf- und Ausbau von Politiken, die den Interessendivergenzen zwischen den Mitgliedstaaten verstärkt Rechnung tragen, und schließlich in einem Integrationsmodus, der diese Divergenzen in die Systementwicklung und -struktur inkorporiert: die flexible, variable oder abgestufte Integration. Jeder dieser Schritte ruft aber seinerseits eine Stärkung der supranationalen Dynamik des Systems hervor beziehungsweise ermöglicht diese erst: die sukzessive Übertragung von Politiken, Kompetenzen und Handlungsspielräumen auf die europäische Ebene, den Ausbau von Entscheidungsprozessen und -verfahren, die nicht ausschließlich von den Mitgliedstaaten kontrolliert werden können, und schließlich insgesamt eine (scheinbare) Eigendynamik der Systementwicklung. Letztere erweist sich trotz vielfacher Versuche des Gegensteuerns als nur schwer zu bremsen oder gar umzulenken, nicht zuletzt auch deshalb, weil sie von externen Faktoren oder langfristig wirkenden Entwicklungstendenzen beeinflusst wird.

Das Resultat eines solchen Prozesses ist eine Systemstruktur, die weder die bisher bekannten Formen der nationalen Staaten auf der supranationalen Ebene repliziert, noch eine spezifische Variante der bekannten Formen internationaler Organisationen darstellt; vielmehr handelt es sich um ein System, in dem intergouvernementale und supranationale Komponenten und entsprechende Verfahrensweisen eine neue Struktur bilden. Im folgenden Kapitel sollen diese Struktur und ihre einzelnen Komponenten näher analysiert werden.

5 Die institutionelle Grundstruktur der EU

In den beiden vorangegangenen Kapiteln wurde die Genese der EU als Prozess ihrer institutionellen Entwicklung analysiert; im Ergebnis kam es so zur Herausbildung einer neuen politischen Ordnung jenseits der nationalen Staaten, die einerseits auf einer supranationalen Dynamik beruht, andererseits von intergouvernementalen Konstellationen gesteuert wird. In diesem Kapitel steht die institutionelle Grundstruktur dieser neuen politischen Ordnung im Zentrum des Interesses, die durch die Dichotomie zwischen supranationalen und intergouvernementalen Organen gekennzeichnet ist.

Fünf Organe regeln die Geschicke der Union, treffen oder überprüfen die gesetzgeberischen und politischen Entscheidungen und/oder führen sie aus. Drei der fünf Organe – die Kommission, der Ministerrat sowie das Parlament – sind in verschiedenen Rollen am Gesetzgebungsprozess beteiligt, während das vierte Organ, der Europäische Rat, als oberste Autorität und Entscheidungsinstanz die Geschicke der Union in ihrer Gesamtheit lenkt. Das fünfte Organ – der Europäische Gerichtshof – sichert die „Wahrung des Rechts" (Art. 19 EUV-L). Die exekutiven Funktionen liegen im Wesentlichen bei der Kommission; Europäischer Rat und Ministerrat nehmen aber ebenfalls solche Funktionen wahr.

Vier der fünf Organe wurden bereits mit der Gründung der Europäischen Gemeinschaften geschaffen, wir können sie daher als stabilen Kern des EU-Systems werten. Das bedeutet jedoch nicht, dass diese Organe keinen Veränderungen unterlagen; im Gegenteil, ihre Kompetenzen und ihr Einflussbereich wurden regelmäßig ausgeweitet, ihre institutionelle Struktur transformiert, und ihre Funktionsweise reformiert; innerhalb der Gesamtstruktur der EU veränderte sich ihre Position jedoch kaum. Demgegenüber wurde der Europäische Rat erst später in diese Struktur eingefügt und über einen schrittweisen Prozess seiner Konsolidierung schließlich im EU-Vertrag verankert (Art. 15 EUV-L). Diese tiefgreifende Veränderung der Grundstruktur des EU-Systems wurde von den Regierungschefs der Mitgliedstaaten systematisch vorangetrieben, um die Führung der Union ihrer Regie zu unterstellen. Hier zeigt sich, dass die Struktur des EU-Systems ständigen Veränderungen und Diversifzierungen unterliegt; weitere Beispiele hierfür werden in Kapitel 8 ausführlich beschrieben.

Vor der Darstellung der einzelnen Organe der EU soll einleitend zunächst die Gesamtstruktur des Systems mit bekannten Formen politischer Ordnung verglichen werden: einerseits nationalen Staaten, andererseits internationalen Organisationen. Obwohl die Union von diesen Formen politischer Ordnung deutlich abweicht, weist sie doch auch einige Gemeinsamkeiten mit ihnen auf. So ist die dominante Position von Ministerrat und insbesondere dem Europäischem Rat im institutionellen Gefüge der EU mit internationalen Organisationen vergleichbar. Im Gegensatz zu internationalen Organisationen verfügt die Union aber auch über starke supranationale Organe mit weitreichenden Befugnissen: die Kommission, das Parlament und den Gerichtshof. Im Vergleich zu nationalen politischen Systemen stellt sich jedoch die stärkere Fragmentierung der politischen Macht zwischen einer Vielzahl von Organen sowie das Fehlen einer Regierung oder einer zentralen Institution, bei der die Fäden zusammenlaufen, als Besonderheit der EU dar. Des Weiteren fehlt eine klare Gewaltenteilung zwischen den Organen: Sowohl die Kommission als auch die Räte üben legislative und Exekutivfunktionen aus; lediglich die unabhängige Position des Gerichtshofs entspricht dem Prinzip der Gewaltenteilung. Immerhin verfügt die Union inzwischen – ebenso wie die meisten nationalen Demokratien – über zwei Organe, die Legislativentscheidungen treffen.

Insgesamt stellt sich die Grundstruktur der EU somit als eine einmalige Kombination von intergouvernementalen und supranationalen oder staatsähnlichen Institutionen dar. Damit weist sie einerseits Gemeinsamkeiten mit bekannten Formen politischer Ordnung auf, weicht aber andererseits auch von diesen ab. Vor diesem Hintergrund wird die EU hier als dualistisches System gefasst; ihre supranationalen Institutionen dienen vornehmlich dazu, den Integrationsprozess voranzutreiben oder zu konsolidieren, während ihre intergouvernementalen Institutionen diesen Prozess in eine Richtung lenken, die mit den Interessen und Präferenzen der Mitgliedstaaten kompatibel ist.

Im Folgenden sollen die Organe der EU, die die Kernstruktur des europäischen Entscheidungs- und Politikfindungsprozesses konstituieren, in ihrer Zusammensetzung, Organisationsstruktur, Beschlussfassungs- sowie Handlungskompetenz näher betrachtet werden, um die Grundlagen ihres Handlungsspielraums und Aktionsradius sowie die Relevanz und Reichweite ihrer Entscheidungen ausloten zu können. Dabei sollen die einzelnen Organe insbesondere im Hinblick auf die Frage beleuchtet werden, welche Interessenlagen sich in ihrer Struktur und Kompetenzausstattung widerspiegeln. In einer abschließenden Betrachtung soll dann thematisiert werden, wie die formalen Beziehungen zwischen den Organen zu werten und zu gewichten sind.

5.1 Die Kommission

Laut EU-Vertrag fördert die Europäische Kommission „die allgemeinen Interessen der Union und ergreift geeignete Initiativen zu diesem Zweck" (Art. 17(1) EUV-L). Die Kommission ist als Kollegialorgan konzipiert, das seit der jüngsten Erweiterung des Jahre 2013 um Kroatien aus 28 Mitgliedern besteht. Folgte die Zusammensetzung der Mitglieder bis vor Kurzem einem gewissen Proporz zwischen den Mitgliedstaaten, indem kleinere Staaten je einen Kommissar, größere dagegen zwei entsandten[1], so gilt seit der „großen" Erweiterung des Jahres 2004 das mit dem Vertrag von Nizza festgelegte Prinzip: pro Land ein Kommissar (Art. 17(4) EUV-L). Aber auch dieses Prinzip wird nicht auf Dauer Bestand haben, denn der Lissabon-Vertrag sieht vor, ab 2014 die Zahl der Kommissare auf zwei Drittel der Zahl der Mitgliedstaaten zu reduzieren, sofern der Europäische Rat nicht anderweitig beschließt (Art. 17(5) EUV-L). Diese Reduktion soll über ein Rotationsverfahren erreicht werden, das die Mitgliedstaaten gleichmäßig an der Kommission beteiligt. Nach dem gescheiterten Referendum über den Lissabon-Vertrag wurde allerdings als Konzession gegenüber Irland beschlossen, vorerst am Prinzip „ein Kommissar pro Land" festzuhalten (Dinan 2010b: 153-154), obwohl die große Gesamtzahl des Kollegiums erhebliche Funktionsprobleme mit sich bringt (Kurpas et al. 2008).

Als Kollegialorgan fällt die Kommission ihre Beschlüsse gemeinsam, wobei in der Regel lediglich eine absolute Mehrheit erforderlich ist (Art. 250 AEUV). Den Vorsitz der Kommission führt ein Präsident, der in seiner Arbeit von fünf Vizepräsidenten unterstützt wird. Die Rolle des Präsidenten ist nach den Verträgen die eines *primus inter pares*, also eines Ersten unter Gleichen. Allerdings hat sich im Laufe der Zeit eine zunehmend hervorgehobene Position ergeben, was zum einen der enormen Vergrößerung des Kollegiums sowie der Persönlichkeit des jeweiligen Präsidenten zuzuschreiben ist[2], zum anderen mit dessen wachsenden Aufgaben in anderen Organen und Organisationsstrukturen zusammenhängt.[3] Mit dem Vertrag von Amsterdam wurde diese hervorgehobene Position erstmals auch formal bestätigt; mit dem Vertrag von Nizza wurde sie gestärkt; der Lissabon-Vertrag schließlich baute sie weiter aus.[4]

Die Mitglieder der Kommission wurden bis vor Kurzem von den Regierungen der Mitgliedstaaten „im gegenseitigen Einvernehmen" für eine Amtszeit von fünf Jahren benannt (Art. 214 (2) EGV-N). Dabei einigte man sich zunächst auf die Person des Präsidenten, während die übrigen Mitglieder dann in Abstimmung mit dem desig-

---

1 Bei Letzteren handelte es sich um Deutschland, Frankreich, Italien, Spanien und das Vereinigte Königreich.
2 Als besondere Persönlichkeiten, die das Amt des Präsidenten bleibend geprägt und weiterentwickelt haben, gelten Walter Hallstein (1957–1967) sowie Jacques Delors (1985–1994). Nicht von ungefähr wurden sie für eine zweite Amtsperiode wiederernannt (Tömmel 2013).
3 So ist der Kommissionspräsident im Europäischen Rat vertreten; außerdem partizipiert er in den G8-Treffen und in anderen wichtigen internationalen Konferenzen.
4 Der Vertrag von Amsterdam gab dem Kommissionspräsidenten erstmals ein Mitspracherecht bei der Auswahl der Kommissare; außerdem definierte er seine Führungsaufgaben schärfer (Art. 214 EGV-A). Der Vertrag von Nizza gab dem Kommissionspräsidenten das Recht, ein Mitglied der Kommission zum Rücktritt zu bewegen, band dies allerdings an eine zustimmende Entscheidung des gesamten Kollegiums (Art. 217, Abs. 4 EGV-N). Seit Inkrafttreten des Lissabon-Vertrags ist es allein der Präsident, der ein Mitglied der Kommission auffordern kann, sein Amt niederzulegen (Art. 17(6) EUV-L).

nierten Präsidenten ernannt wurden. Bereits mit dem Vertrag von Maastricht wurde allerdings dem Parlament ebenfalls eine Rolle im Verfahren zuerkannt: Sowohl der Präsident als auch – in der Folge – die Gesamtkommission mussten vom EP bestätigt (oder abgelehnt) werden. Der Lissabon-Vertrag änderte dann das Verfahren grundlegend, indem er regelte: „Der Europäische Rat schlägt dem Europäischen Parlament [...] mit qualifizierter Mehrheit einen Kandidaten für das Amt des Präsidenten der Kommission vor. [...] Das Parlament wählt diesen Kandidaten mit der Mehrheit seiner Mitglieder" (Art. 17(7) EUV-L). In der Folge benennt dann der Rat wie bisher die übrigen Kommissare im Einvernehmen mit dem gewählten Präsidenten (Art. 17(7) EUV-L), sodass trotz zu erwartender Heterogenität ein arbeitsfähiges „Kollegium" zustande kommt.

Insgesamt sind somit die Mitgliedstaaten die entscheidenden Akteure im Ernennungsprozess, was ihnen eine erhebliche Machtposition über die Rolle der Kommission zusichert.[5] Allerdings werden ihre individuellen Präferenzen und Optionen schon durch die Notwendigkeit der Kompromissfindung untereinander eingeschränkt. Eine weitere Einschränkung ergibt sich durch den Einbezug des Parlaments, das in der Vergangenheit zwar keine ausschlaggebende Rolle spielte, seine Zustimmung aber zumindest gegen Zugeständnisse an seine Präferenzen eintauschen konnte.[6] Nach der Parlamentswahl des Jahres 2014 kann allerdings das EP erstmals den Kommissionspräsidenten wählen. Wenngleich die Wirkung dieses Rechts auf die Auswahl eines Kandidaten noch nicht genau abzuschätzen ist, steht doch schon fest, dass damit der Wahlfreiheit des Europäischen Rates und insbesondere seiner individuellen Mitglieder enge Grenzen gesetzt sind, zumal sein Vorschlag lediglich einer qualifizierten Mehrheit bedarf. Auch die Entscheidung der einzelnen Mitgliedstaaten über „ihre(n)" Kommissar(in) wird zunehmend eingeschränkt, denn dem gewählten Präsidenten kommt ein zunehmendes Gewicht in der Entscheidungsfindung zu. Außerdem muss das EP weiterhin dem Gesamtkollegium seine Zustimmung geben, was bisher bereits zur erfolgreichen Ablehnung einzelner Kandidaten geführt hat (Art. 17(7) EUV-L).

Den Kommissaren wird jeweils ein inhaltlicher Aufgabenbereich zugeordnet, der zumeist einer Generaldirektion des Verwaltungsapparats der Kommission entspricht. Diese Aufgabenbereiche sind allerdings nicht den Portefeuilles von Ministern auf nationalem Niveau vergleichbar (Spence 2006a, Nugent 2010: 105–108). Dies liegt zum einen an dem asymmetrischen Aufgabenspektrum der EU – ein Groß-

---

5 So werden in Phasen einer gewollten Expansion der Integration dynamische Persönlichkeiten gewählt; in Phasen großer Interessendivergenzen eher solche mit Verhandlungsgeschick oder einfach schwächere Persönlichkeiten (Tömmel 2013).
6 Das Parlament nutzte diese Möglichkeit insbesondere bei der Investitur der Barroso-Kommission zum Jahresanfang 2005, indem es den Präsidenten und die jeweiligen Mitgliedstaaten zwang, einzelne Kommissare wegen mangelnder Befähigung zurückzuziehen oder ihre Aufgabenzuweisung zu verändern (Schild 2005).

teil der Aufgaben bezieht sich auf ökonomische Themen, innerhalb dieses Spektrums sind die Aufgaben aber sehr ausdifferenziert – sowie dem teilweise eher technischen oder administrativen Charakter der jeweiligen Aufgaben. Eine weitere entscheidende Differenz ergibt sich aus der Tatsache, dass den Kommissaren nicht die ausschließliche politische Verantwortung für ihre Aufgabenbereiche zukommt; vielmehr beschränkt sich ihre Zuständigkeit auf die organisatorische und fachliche Vorbereitung von Entscheidungen, die dann jeweils vom Gesamtkollegium der Kommission gefällt werden. Mit dem Anwachsen der Zahl der Kommissare als Folge sukzessiver EU-Erweiterungen musste das Aufgabenspektrum der Union in immer kleinere Bereiche aufgegliedert werden, um jedem Kommissar einen Verantwortungsbereich zuweisen zu können.

Über die Zuordnung der Aufgaben entscheidet der Kommissionspräsident; da allerdings mit den jeweiligen Aufgabenfeldern unterschiedliche Machtpositionen verbunden sind, die Personen zu den Aufgaben passen müssen und die jeweilige Aufgabenzuweisung auch unter den Mitgliedstaaten rotieren soll, lässt sich unschwer erraten, dass die Praxis der Auswahl einem Kuhhandel zwischen den Mitgliedstaaten und dem designierten Kommissionspräsidenten gleichkommt. In dieses Wespennest sticht dann neuerdings auch noch das Parlament, indem es die Gewählten auf ihre fachliche Qualifikation hin überprüft und, wie die erste Barroso-Investitur gezeigt hat, sich nicht scheut, unliebsamen Kandidaten die Zustimmung zu verweigern (Spence 2006a: 39, Westlake 2006: 267–268).[7]

Laut Vertrag sollen die Mitglieder der Kommission unabhängig gegenüber den Mitgliedstaaten sein; sie dürfen weder Weisungen von diesen entgegennehmen noch solche einholen (Art. 17(3) EUV-L). Diese Anforderung lässt sich zwar in der Praxis nicht immer durchhalten; es zeigt sich jedoch, dass die Bekleidung des Amtes eines Kommissars früher oder später bei den Betroffenen eher zu konvergierenden „europäischen" Haltungen führt, als dass die Loyalitäten gegenüber den einzelnen Mitgliedstaaten dominierten. Berühmte Fälle von Kommissaren, die eine explizit andere Haltung als die Regierungen ihrer Herkunftsländer einnahmen, belegen dies[8]; allerdings fehlen auch nicht die Gegenbeispiele (Ross 1995). Die Unabhängigkeit der Kommissare von den Regierungen der Herkunftsländer wurde bisher auch dadurch erleichtert, dass die großen Mitgliedstaaten in der Regel einen Kommissar aus dem Spektrum der Oppositionsparteien entsandten. Diese Möglichkeit besteht gegenwärtig allerdings nicht mehr.

Der Kommission steht ein Verwaltungsapparat zur Seite, der derzeit 33 Generaldirektionen (GD) und 11 spezielle Dienststellen umfasst (vgl. Übers. 5.1); noch vor Kurzem betrug die Zahl der GD nicht mehr als 23. Die enorme Erhöhung hängt

---

7 Siehe die vorige Fußnote.
8 Vgl. den Fall von Lord Cockfield, der in vieler Hinsicht eine andere Position als die Regierung Thatcher annahm. Die Regierung revanchierte sich, indem sie ihn nicht mehr für eine zweite Amtszeit benannte (Nugent 1994: 87).

zwar grundsätzlich mit dem gewachsenen Politikspektrum der Union und den entsprechenden Aufgaben der Kommission zusammen, trägt aber auch der gewachsenen Zahl der Kommissare Rechnung. In der Vergangenheit unterstanden einem Kommissar entweder eine größere oder – seltener – zwei kleinere, meist inhaltlich verwandte Generaldirektionen. Seit der „großen" Erweiterung des Jahres 2004 überstieg die Zahl der Kommissare die der Generaldirektionen, sodass eine klare Zuordnung zunehmend erschwert wurde. Bei der gegenwärtig großen Zahl der GD gelingt es nun wieder, ganze Verwaltungseinheiten und Dienststellen den Kommissaren zuzuordnen, wobei allerdings die Aufgabenbereiche stets kleiner werden.

Übersicht 5.1: Generaldirektionen der Europäischen Kommission, 2014

Beschäftigung, Soziales und Integration (EMPL)
Bildung und Kultur (EAC)
Binnenmarkt und Dienstleistungen (MARKT)
Datenverarbeitung (DIGIT)
Dienst für außenpolitische Instrumente (FPI)
Dolmetschen (SCIC)
Energie (ENER)
Erweiterung (ELARG)
EuropeAid – Entwicklung und Zusammenarbeit (DEVCO)
Eurostat (ESTAT)
Forschung und Innovation (RTD)
Gemeinsame Forschungsstelle (JRC)
Generalsekretariat (SG)
Gesundheit und Verbraucher (SANCO)
Handel (TRADE)
Haushalt (BUDG)
Humanitäre Hilfe und Katastrophenschutz (ECHO)
Humanressourcen und Sicherheit (HR)
Inneres (HOME)
Justiz (JUST)
Klimapolitik (CLIMA)
Kommunikation (COMM)
Kommunikationsnetze, Inhalte und Technologien (CNECT)
Landwirtschaft und ländliche Entwicklung (AGRI)
Maritime Angelegenheiten und Fischerei (MARE)
Mobilität und Verkehr (MOVE)
Regionalpolitik (REGIO)
Steuern und Zollunion (TAXUD)
Übersetzung (DGT)
Umwelt (ENV)
Unternehmen und Industrie (ENTR)
Wettbewerb (COMP)
Wirtschaft und Finanzen (ECFIN)

Quelle: Europäische Kommission, Abteilungen (Generaldirektionen),
     http://ec.europa.eu/about/ds_en.htm. (Abruf: 06.04.2014).

Neben den genannten Generaldirektionen besteht noch eine spezielle Dienststelle, die der Hohen Vertreterin der Union für Außen- und Sicherheitspolitik (HV) zuarbeitet, der sogenannte Europäische Auswärtige Dienst (EAD). Entsprechend der Doppelfunktion der HV als Vizepräsidentin der Kommission und als Präsidentin des Rates Auswärtige Angelegenheiten umfasst der EAD sowohl Beamte der Kommission wie des Rates sowie Diplomaten der nationalen Ebene. Gegenwärtig beschäftigt der gesamte Verwaltungsapparat der Kommission ca. 27 000 Mitarbeiter (einschließlich Übersetzungsdienst), was entgegen vielfach geäußerten anderslautenden Einschätzungen als ein im Verhältnis zur Aufgabenfülle geringer Personalbestand zu werten ist (vgl. Kap. 11.1.1). Die – stetig wachsende – Aufgabenfülle der Kommission lässt sich auch nur bewältigen, indem Teilaufgaben an andere Akteure und Institutionen delegiert wird (vgl. dazu Kap. 9 und 10).

Die Aufgaben- und Kompetenzbereiche der Kommission lassen sich in drei Kategorien einteilen:

1. Gesetzgebende Funktionen,
2. Exekutivfunktionen,
3. Repräsentativfunktionen.

Die *gesetzgebenden Funktionen* der Kommission beinhalten in erster Linie das Initiativrecht, das heißt, den Entwurf sowie die Ausarbeitung aller Rechtsakte der Union (Art. 17(2) EUV-L). Dabei handelt es sich um ein Exklusivrecht; ohne Beschlussvorlage der Kommission darf der Rat nicht tätig werden. Allerdings können der Rat und auch das Parlament die Kommission zur Ausarbeitung einer Vorlage auffordern (Art. 225 und 241 AEUV). Seit dem Lissabon-Vertrag können sogar die Bürger der Union eine solche Aufforderung lancieren, wenn es ihnen gelingt, eine Million Befürworter dafür zu finden (Art. 11(4) EUV-L). Umgekehrt ist die Kommission auch berechtigt, eine Vorlage zurückzuziehen, und somit eine ihr nicht genehme Beschlussfassung im Rat zu verhindern. Das Initiativrecht eröffnet der Kommission einen weiten Handlungsspielraum, indem sie die Inhalte der Gesetzestexte, aber auch die Verfahren zu deren Erarbeitung stark strukturieren kann (vgl. Kap. 6.1 und 7.1). Zudem kann sie über dieses Recht die Agenda des Ministerrats weitgehend bestimmen; schließlich eröffnet es ihr vielfältige Möglichkeiten, den Integrationsprozess teilweise auch gegen den erklärten Willen des Rates voranzutreiben. Neben dem Initiativrecht kann die Kommission auch kleinere Rechtsakte, wie Mitteilungen, Empfehlungen und Entscheidungen oder sogar Verordnungen, selbstständig erlassen, was im Wesentlichen der Ausübung ihrer Exekutivfunktionen dient. Im Rahmen der Liberalisierung der Telekommunikation hat sie diese Möglichkeiten extensiv genutzt und damit die Mitgliedstaaten zum Handeln gezwungen (Schmidt 2004).

Die *Exekutivfunktionen* der Kommission beinhalten in erster Linie die Umsetzung von Beschlüssen des Rates sowie des Europäischen Rates beziehungsweise die Überwachung von deren Umsetzung in den Mitgliedstaaten, soweit Letztere die

Hauptverantwortlichen für die Implementation sind. Die Kommission verfügt über direkte Exekutivbefugnisse im Bereich des Binnenmarkts sowie in allen Fragen, die die Wahrung eines freien und fairen Wettbewerbs in der Union betreffen. Die damit verbundenen Aufgaben reichen von einer generellen Überprüfung der Einhaltung der Wettbewerbsregeln über die Überwachung der Subventionspolitik der Mitgliedstaaten bis hin zur Kontrolle von Unternehmensfusionen (vgl. Cini und McGowan 2008, Lehmkuhl 2009, Wilks 2010). Auch Teile der Agrarpolitik und insbesondere die Abwicklung der Agrarpreisausgleichszahlungen fallen unter die direkte Verantwortung der Kommission. Schließlich nimmt die Kommission über die Verwaltung der verschiedenen Fonds und Finanzinstrumente (z. B. Strukturfonds, aber auch kleinere Programme und Pilotaktionen in sehr unterschiedlichen Politikfeldern) ein weites Feld von Exekutivfunktionen wahr. Zwar fällt auch in diesen Bereichen die eigentliche Ausführung in die Verantwortung der Mitgliedstaaten; der Kommission kommt aber eine wichtige Rolle bei der Zuweisung von Fördermitteln sowie bei allen diese begleitenden Maßnahmen zu.

Die *Repräsentativfunktionen* der Kommission beziehen sich in erster Linie auf die Außen- und speziell die Außenwirtschaftsbeziehungen der EU. So vertritt die Kommission die Union in Beitritts- oder Assoziierungsverhandlungen mit Drittstaaten sowie in internationalen Organisationen. Während sie im ersten Falle eines Mandats des Rates bedarf, kann sie im Rahmen internationaler Organisationen weitgehend selbstständig tätig werden, soweit es um außenwirtschaftliche Fragen geht.

Insgesamt stellt sich die Kommission somit als ein widersprüchlich konzipiertes Organ dar. Einerseits verfügt sie über weitreichende Befugnisse im Gesetzgebungs- und Exekutivbereich, andererseits kann sie diese nur im Wechselspiel mit dem Ministerrat ausüben, wodurch ihr sehr stark die Hände gebunden sind. Einerseits ist sie als ein weitgehend unabhängiges Organ konzipiert, indem die Mitgliedstaaten ihr weder Weisungen geben dürfen noch das Parlament weitreichende Kontrollbefugnisse ausüben kann (Majone 2009); andererseits ist sie jedoch aufgrund ihrer unvollständigen Kompetenzen von anderen Organen sowie den Mitgliedstaaten abhängig. Im Gesetzgebungsprozess sind es der Rat und das Europäische Parlament, die die entscheidenden Beschlüsse fällen; im Prozess der Politikimplementation agieren die Regierungen und Verwaltungen der Mitgliedstaaten als ausschlaggebende Instanzen. Schließlich ist die Kommission primär als ein technisch operierendes Gremium konzipiert; faktisch kommt ihr jedoch, vor allem aufgrund des exklusiven Initiativrechts, eine eminent politische Funktion zu (Tömmel 2013).

5.2 Der Rat

Der Ministerrat oder, wie er seit dem Vertrag von Maastricht heißt, der Rat der Europäischen Union, ist in erster Linie ein Rechtsetzungsorgan, indem ihm die Entscheidungsgewalt über alle Rechtsakte obliegt. Seit Inkrafttreten des Lissabon-Vertrags muss er diese Rolle allerdings mit dem Parlament teilen (Hayes-Renshaw und Wallace 2006, Nugent 2010: 139–160). Dem Rat kommen darüber hinaus aber auch noch weitergehende Kompetenzen zu: Er fällt richtungsweisende Beschlüsse über die Politiken der EU und nimmt bestimmte Exekutivfunktionen wahr. Im Ministerrat sind die derzeit 28 Mitgliedstaaten gleichermaßen vertreten, in der Regel durch einen Minister oder einen Stellvertreter mit entsprechenden Befugnissen (Art. 16(2) EUV-L). Damit kommt großen und kleinen Staaten eine gleichgewichtige Repräsentanz zu, auch wenn ihre Stimmen unterschiedlich gewichtet werden (vgl. Tab. 5.1).

Hinter dem Ministerrat verbirgt sich allerdings in der Praxis eine Vielzahl von Räten. An erster Stelle steht der Rat der Außenminister, der je nach Themenbereich in zwei Formationen zusammenkommt: einerseits als Rat Allgemeine Angelegenheiten, andererseits als Rat Auswärtige Angelegenheiten. Während Ersterer für alle Grundsatzfragen und -entscheidungen zuständig ist, führt Letzterer die Außenpolitik der Union. Daneben gibt es eine Vielzahl von Fachräten, die sich aus den Ministern verschiedenster Ressorts zusammensetzen und sich mit den entsprechenden Politikfeldern befassen. Der wichtigste und traditionsreichste ist der Rat Wirtschaft und Finanzen (ECOFIN-Rat), der in der Vergangenheit insbesondere für die Schaffung der Währungsunion zuständig war und gegenwärtig eine herausgehobene Rolle bei der Bekämpfung der Finanz- und Schuldenkrise spielt. Auch der Rat Landwirtschaft und Fischerei kann auf eine lange Tradition zurückblicken. Andere Räte, wie beispielsweise der Umwelt-, der Verkehrs- oder der Raumordnungsministerrat, haben sich erst im Zuge der Vergemeinschaftung oder Europäisierung entsprechender Politiken herausgebildet.

Bis zum Ende der 90er Jahre war die Zahl der Ratsformationen auf 22 angestiegen, womit diese das gesamte Spektrum nationaler Ministerien und Politiken abdeckten. Dann allerdings wurde einem weiteren institutionellen Wildwuchs ein Riegel vorgeschoben: Im Juni 2000 wurde die Zahl der Ministerräte zunächst auf 16, im Juni 2002 dann auf 9 reduziert. Faktisch ist die Reduktion der Zahl der Räte jedoch Augenwischerei; denn bestimmte Formationen, wie etwa Justiz und Inneres oder Beschäftigung, Sozialpolitik, Gesundheit und Verbraucher müssen je nach Themenbereich von unterschiedlichen nationalen Ministerien beschickt werden. Seit Inkrafttreten des Lissabon-Vertrags setzt sich der Rat aus folgenden Formationen zusammen (Übers. 5.2):

Übersicht 5.2: Formationen des Rates der Europäischen Union, seit 2009

Allgemeine Angelegenheiten
Auswärtige Angelegenheiten
Wirtschaft und Finanzen
Justiz und Inneres
Verkehr, Telekommunikation und Energie
Landwirtschaft und Fischerei
Umwelt
Bildung, Jugend, Kultur und Sport
Beschäftigung, Sozialpolitik, Gesundheit und Verbraucher
Wettbewerbsfähigkeit (Binnenmarkt, Industrie, Forschung und Raumfahrt).

Quelle: Rat der Europäischen Union, Ratsformationen.
http://www.consilium.europa.eu/policies/council-configurations?lang=de (Abruf: 04.04.2014).

Die wichtigsten Räte treten in der Regel einmal monatlich in Brüssel sowie während dreier Monate des Jahres auch in Luxemburg zusammen[9], die übrigen tagen mehrmals im Jahr. Der Vorsitz des Rates wird je von einem Mitgliedstaat für eine Periode von sechs Monaten geführt (Art. 16(9) EUV-L und 236 AEUV); lediglich der Rat Auswärtige Angelegenheiten bildet eine Ausnahme von dieser Regel, indem die Hohe Vertreterin als seine Präsidentin fungiert. Die Reihenfolge des Vorsitzes richtete sich zunächst nach dem Alphabet; sie wird aber zunehmend vom Prinzip der Alternanz zwischen kleinen und großen Staaten sowie Alt- und Neumitgliedern modifiziert (Hayes-Renshaw und Wallace 2006: 139). Um trotz der Kürze der Vorsitzperiode – die allerdings auch nicht länger sein sollte, da sonst die einzelnen Staaten nur in sehr großen Abständen die Gelegenheit zu dieser Führungsposition hätten – eine gewisse Kontinuität zu sichern, hat sich das Prinzip der Troika herausgebildet; das heißt, der jeweils vorangegangene und der folgende Vorsitz unterstützen den amtierenden Vorsitz in seiner Arbeit. Der Konvent zur Erarbeitung einer grundlegenden Vertragsreform hatte ursprünglich eine einjährige Präsidentschaft auf Basis eines Wahlverfahrens vorgesehen; die Regierungen der Mitgliedstaaten akzeptierten den Vorschlag jedoch nicht und lancierten stattdessen ein modifiziertes Troika-System, bei dem eine Gruppe von drei Staaten für jeweils 18 Monate den Vorsitz führt (Crum 2004). Aber auch diese Regelung wurde nicht in den Lissabon-Vertrag übernommen.

Dem Rat steht ein Generalsekretariat mit Sitz in Brüssel zur Seite, das ca. 3 500 Personen beschäftigt (vgl. Kapitel 11.1.1); sein Verwaltungsapparat ist somit deutlich kleiner als der der Kommission. Dabei ist zu berücksichtigen, dass beim Rat ein wesentlich größerer Anteil von Stellen auf den Übersetzungsdienst entfällt. Das

---

9 Diese letztere Regelung ist ein Zugeständnis an die Forderungen einzelner Mitgliedstaaten nach einer Sitzverteilung über verschiedene Hauptstädte.

Generalsekretariat bereitet die Sitzungen des Rates und seiner Ausschüsse sowie die Beschlussfassung vor und besorgt auch die technische Durchführung der Sitzungen (Übersetzungen etc.) (Hayes-Renshaw und Wallace 2006: 101–104).

Dem Rat steht bereits seit den Anfangsjahren der Integration eine umfangreiche Substruktur zur Vorbereitung seiner Beschlüsse zur Verfügung. Hier ist zunächst der „Ausschuss der Ständigen Vertreter der Regierungen der Mitgliedstaaten" (AStV), kurz COREPER[10], zu nennen, der sozusagen als Rat „im Kleinen" die Beschlussfassung des Ministerrats vorbereitet und für Konfliktthemen Lösungsvorschläge erarbeitet.[11] COREPER wird von den Ständigen Vertretungen der Mitgliedstaaten in Brüssel, die als eine Art Botschaft fungieren, beschickt. Im Laufe der Zeit haben sich die Ständigen Vertretungen mit dem stetig gewachsenen Aufgabenspektrum der Union enorm vergrößert; die Vertretung Deutschlands ist mit 138 Beschäftigten die größte, während die Luxemburgs mit 31 Mitarbeitern auskommt (Lewis 2012: 321).

Ähnlich wie beim Rat bildete sich auch beim AStV eine Doppelstruktur aus, indem es zu einer Trennung zwischen COREPER I und II kam. Während in COREPER I vor allem die wirtschaftspolitischen Fragen behandelt werden, widmet sich COREPER II den im engeren Sinne politischen Fragen, also der Außenpolitik, aber auch größeren Integrationsschritten (Lewis 2012: 319). Dementsprechend wird COREPER I auch als „technischer Ausschuss", COREPER II dagegen als „politischer Ausschuss" bezeichnet. COREPER I – der technische Ausschuss – setzt sich in der Regel aus den Stellvertretenden Ständigen Vertretern zusammen, während COREPER II den Ständigen Vertretern vorbehalten ist.

Die Arbeit von COREPER wird von sogenannten Arbeitsgruppen vorbereitet, die die einzelnen Gesetzesvorschläge und Sachfragen intensiv prüfen und nach ersten konsensuellen Lösungen für Konfliktthemen suchen. Die Arbeitsgruppen setzen sich in der Regel aus Mitarbeitern der Ständigen Vertretungen zusammen; in Einzelfällen werden aber auch Beamte der nationalen Ministerien hinzugezogen. Die Zahl solcher Arbeitsgruppen belief sich im Jahr 2012 auf 213 (einschließlich Subgruppen); laut Häge (2012: 23) ist ihre Zahl im Verlauf einer Dekade stark zurückgegangen: von 298 im Jahr 2000 über 254 in 2005 bis schließlich zum gegenwärtigen Stand von 213. Häge schreibt diesen Rückgang einer Politik der Rationalisierung im Zuge der Reduktion von Ratsformationen zu (Häge 2012: 23). Doch auch hier scheint es sich eher um Augenwischerei denn um echte Rationalisierungen zu handeln, denn häufig wurden nur Arbeitsgruppen fusioniert; in jedem Falle ist die Reduktion der Zahl der Arbeitsgruppen nicht als Abnahme ihrer Bedeutung aufzufassen. Bemerkenswert ist, dass die Zahl der Arbeitsgruppen stark nach Politikfeldern und damit Ratsforma-

---

10 COREPER ist die französische Abkürzung für „Comité des Représentants Permanents", auf deutsch: „Ausschuss der Ständigen Vertreter".
11 COREPER nahm bereits 1958 seine Arbeit auf, mit dem Fusionsvertrag (1965) wurde der Ausschuss vertraglich verankert.

tionen variiert. Während der Bereich Landwirtschaft und Fischerei mit 70 Gruppen und Subgruppen an der Spitze steht, gefolgt von Auswärtige Angelegenheiten mit 38, benötigen Justiz und Inneres sowie Allgemeine Angelegenheiten jeweils 28 beziehungsweise 21 Arbeitsgruppen; der Bereich Wirtschaft und Finanzen kommt sogar mit nur 13 Arbeitsgruppen aus. Andere Ratsformationen weisen wesentlich geringere Zahlen auf. Die Zahl der Arbeitsgruppen reflektiert einerseits die Aufgabenfülle der einzelnen Ratsformationen, andererseits aber auch die Konflikthaltigkeit bestimmter Themengebiete (alle Zahlen aus: Rat der Europäischen Union, Verzeichnis der Vorbereitungsgruppen des Rates, Anlage I, Januar 2014, http://register.consilium.europa.eu/doc/srv?l=de&t=PDF&gc=true&sc=false&f=ST %205312%202014%20INIT (Abruf: 06.04.2014).

Die Aufgaben des Rates sind vergleichsweise klar definiert: Gegenwärtig ist er eines der beiden Rechtsetzungsorgane der EU und damit eine bedeutende Entscheidungsinstanz. Allerdings ist diese Rolle insoweit eingeschränkt, als der Rat nur auf Vorschlag der Kommission tätig werden kann; er kann diese aber auffordern, entsprechende Vorlagen zu unterbreiten (Art. 241 AEUV). Zudem ergibt sich seit Inkrafttreten des Lissabon-Vertrags eine Einschränkung, weil das Parlament nunmehr im Rahmen des Ordentlichen Gesetzgebungsverfahrens in fast allen Bereichen gleichberechtigt mitentscheidet. Allerdings übersteigen die Aufgaben des Rates die des Parlaments; denn er trifft darüber hinaus eine Reihe von politischen Entscheidungen in Politikfeldern, die kaum durch Gesetze geregelt werden, so beispielsweise in der Außen- und Sicherheitspolitik. Daneben kommt dem Rat die Rolle der Koordinierung der Wirtschaftspolitiken der Mitgliedstaaten zu; eine Funktion, die mit dem Vertrag von Maastricht und der damit vereinbarten Einführung einer Wirtschafts- und Währungsunion erheblich aufgewertet wurde, indem jetzt auch „Empfehlungen", „Abmahnungen" und sogar „Sanktionen" gegenüber den Mitgliedstaaten im Falle deren Fehlverhaltens ausgesprochen werden können (Art. 121(4) und 126(11) AEUV, siehe auch Verdun 2009). Des Weiteren verfügt der Rat auch über Ernennungsrechte in Bezug auf die Mitglieder von EU-Institutionen[12] sowie über Haushaltsrechte (er erstellt auf Vorschlag der Kommission den Haushaltsplan); schließlich ist er das Organ, das Abkommen mit Drittstaaten oder internationalen Organisationen abschließt (Borchardt 2010: 63). Der Rat ist somit auch nach dem Lissabon-Vertrag immer noch ein wesentlich machtvolleres Organ als das EP.

Die Entscheidungsverfahren des Rates stellen sich trotz eindeutiger Vertragsregeln relativ kompliziert dar (Borchardt 2010: 65–68). Zwar fasst der Rat im Prinzip seine Beschlüsse mit einfacher Mehrheit, wobei jeder Staat über eine Stimme verfügt, jedoch nur insoweit, als nichts anderes in den Verträgen bestimmt ist. In den meisten Fällen ist aber etwas anderes bestimmt: So gilt derzeit für sehr viele Politik-

---

12 So ernennt er die Mitglieder des Wirtschafts- und Sozialausschusses, des Ausschusses der Regionen sowie des Rechnungshofs (Borchardt 2010: 63).

bereiche die qualifizierte Mehrheitsentscheidung, während für bestimmte sensible, das heißt, Grundsatzfragen oder vitale Interessen der Mitgliedstaaten betreffende Bereiche weiterhin Einstimmigkeit erforderlich ist. In den ursprünglichen EG-Verträgen waren qualifizierte Mehrheitsentscheidungen nach einer gewissen Übergangsperiode als Regelfall vorgesehen; Frankreichs Politik des „leeren Stuhls" verhinderte aber für eine lange Zeit, dass es zu diesem Übergang kam. Erst mit der Verabschiedung der EEA konnte das Einstimmigkeitsprinzip zugunsten von qualifizierten Mehrheitsentscheidungen zurückgedrängt werden, was in der Folge zu einem enormen Integrationsaufschwung führte (vgl. Kap. 3.3).

Im Falle von qualifizierten Mehrheitsentscheidungen wird seit Gründung der EG eine Gewichtung der Stimmen der Mitgliedstaaten vorgenommen (Art. 205 EGV-N). Die Gewichtung reflektiert die unterschiedliche Größe (Bevölkerungszahl) der Mitgliedstaaten, trägt ihr aber nur annäherungsweise Rechnung (Tab. 5.1). So verfügten die großen Staaten bis zum Vertragsschluss von Nizza über jeweils zehn Stimmen, während die kleineren im Spektrum von zwei bis fünf Stimmen rangierten. Mit dem Vertrag von Nizza wurde die Stimmengewichtung stärker zugunsten der großen Mitgliedstaaten verschoben, da als Folge der Osterweiterung eine Überrepräsentierung der kleinen Staaten befürchtet wurde. Strikt formal betrachtet sind die kleinen Staaten auch nach dieser Neugewichtung noch immer weit überrepräsentiert; dies ist aber auch als berechtigter Schutz deren vitaler Interessen zu werten. Gleichzeitig bietet die Stimmengewichtung aber auch den Interessen der großen Staaten Schutz – etwa im Vergleich zu dem in internationalen Organisationen vorherrschenden Prinzip des „one country, one vote" – indem diese so kaum überstimmt werden können. Mit dem Beitritt Kroatiens im Jahr 2013, das 7 Stimmen erhielt, erhöhte sich die Gesamtzahl der gewichteten Stimmen im Rat auf 352. Für eine qualifizierte Mehrheit sind derzeit 260 Stimmen erforderlich, das entspricht 70% der Stimmen; umgekehrt kann mit 92 Stimmen eine solche Mehrheit verhindert werden. Es sind also mindestens drei große und ein kleiner oder vier und mehr größere und kleinere Staaten erforderlich, um eine Sperrminorität zu bilden.

Mit dem Lissabon-Vertrag wurde allerdings das System zur Annahme qualifizierter Mehrheitsbeschlüsse grundlegend verändert: Entsprechend den Regeln des Vertrags verfügt jeder Mitgliedstaat gleichermaßen über eine Stimme; eine qualifizierte Mehrheit ist erreicht, wenn 55 Prozent der Mitgliedstaaten, mindestens aber 15 Staaten, einen Beschluss annehmen; gleichzeitig müssen sie mindestens 65 Prozent der EU-Bevölkerung repräsentieren (Art. 16(4) EUV-L). Für eine Sperrminorität sind mindestens vier Mitgliedstaaten erforderlich. Diese Regelungen treten ab dem 1.11.2014 in Kraft; sie werden die Beschlussfassung im Rat deutlich erleichtern, können aber auch zur Marginalisierung von größeren Gruppen überstimmter Mitgliedstaaten führen.

Insgesamt beinhalten die Abstimmungsverfahren im Ministerrat eine schwierige Gratwanderung zwischen einerseits rein intergouvernementalen Prinzipien, andererseits einer effizienten Beschlussfassung im Interesse einer handlungs- und funktionsfähigen Union. Für Erstere steht das Prinzip „one country, one vote", aber auch das faktische Vetorecht eines Staates bei einstimmigen Beschlüssen; Letzteres drückt sich in erleichterten Mehrheitsentscheidungen sowie der Gewichtung der Stimmen aus. Waren in den Anfangsjahren der Integration und insbesondere nach der Intervention de Gaulles in den 60er Jahren zunächst die intergouvernementalen Prinzipien dominant, so wurden diese mit den sukzessiven Vertragsänderungen schrittweise zurückgedrängt zugunsten einer effizienten Beschlussfassung. Trotz der erleichterten Entscheidungsverfahren ist aber anzunehmen, dass auch in Zukunft die Suche nach komplexen Kompromiss- und Konsenslösungen im Vordergrund stehen wird (vgl. Kap. 7.2.1).

Tabelle 5.1: Stimmengewichtung im Rat der Europäischen Union, 1995–2014

Mitgliedstaat	Stimmenzahl je Land	
	1995–2004	2004–2014
Deutschland	10	29
Frankreich	10	29
Italien	10	29
Vereinigtes Königreich	10	29
Polen	-	27
Spanien	8	27
Rumänien	-	14
Niederlande	5	13
Belgien	5	12
Griechenland	5	12
Portugal	5	12
Tschechische Republik	-	12
Ungarn	-	12
Bulgarien	-	10
Österreich	4	10
Schweden	4	10
Dänemark	3	7
Finnland	3	7
Irland	3	7
Kroatien	-	7
Litauen	-	7
Slowakei	-	7
Estland	-	4
Lettland	-	4
Slowenien	-	4
Zypern	-	4
Luxemburg	2	4
Malta	-	3
EU Gesamt	87	352

Quelle: 1995–2004: Art. 205, Abs. 2, EGV, seit 1.11.2004: Vertrag von Nizza, Erklärung zur Erweiterung der Europäischen Union, Vertrag über den Beitritt Kroatiens, 2012, Art. 20.

Eine zusammenfassende Betrachtung von Organisationsstruktur, Zusammensetzung, Aufgabenstellung sowie Entscheidungsverfahren des Ministerrats zeigt, dass dieses Organ ein hohes Maß an Heterogenität aufweist. Diese Heterogenität ergibt sich nicht nur aus der – wachsenden – Zahl der beteiligten Mitgliedstaaten und den gegensätzlichen Interessen, die diese repräsentieren, sondern auch aus der Vielfalt der Einzelräte, die sich zu unterschiedlichen Aufgaben- und Politikfeldern konstituieren. Sie wird weiter verstärkt durch das Verfahren des rotierenden Vorsitzes, über das jeder Mitgliedstaat für einen begrenzten Zeitraum die Agenda und das Profil des Rates prägen kann. Sie findet schließlich ihren Ausdruck in komplizierten Entscheidungsverfahren, die einerseits die Interessen jedes Einzelstaats adäquat berücksichtigen, andererseits aber auch den Fortgang der Integration sichern sollen. Vor diesem Hintergrund stellt sich das Bild des Rates als ein von tiefgreifenden Widersprüchen geprägtes Gremium dar. Ihm kommt nicht einfach die Rolle zu, über die von der Kommission erarbeiteten Vorlagen zu entscheiden; vielmehr ist er vor allen Dingen so konstruiert, dass in ihm die gegensätzlichen Interessen der Mitgliedstaaten beziehungsweise der gesellschaftlichen Gruppierungen, die diese repräsentieren, differenziert gegeneinander abgewogen und vermittelt werden können. Es ist also die Dominanz einzelstaatlicher Interessen, die die Organisationsstruktur und Verfahrensweisen des Rates prägt, während die Wahrung des gemeinsamen Interesses am Fortgang der Integration eher an die Kommission delegiert wird. Allerdings weisen jüngere Reformen – die Einführung, Ausweitung und zuletzt signifikante Erleichterung von qualifizierten Mehrheitsentscheidungen, die Steuerung bestimmter Politiken über intergouvernementale Entscheidungsverfahren sowie die Anvisierung von Formen einer „verstärkten Zusammenarbeit" – darauf hin, dass neben der Repräsentanz der individuellen nationalen Interessen auch das den Staaten gemeinsame Interesse am Fortgang der Integration zunehmend vom Rat wahrgenommen werden soll.

5.3 Der Europäische Rat

Vier der fünf Organe der EU wurden bereits im Zuge der Gründung der Europäischen Gemeinschaften geschaffen; ein fünftes Organ, der Europäische Rat, bildete sich demgegenüber erst im Laufe der Integration über einen schrittweisen Prozess der Institutionalisierung heraus (Hayes-Renshaw und Wallace 2006: 165–167, De Schoutheete 2012: 45–46). Der Europäische Rat stellt eine bemerkenswerte institutionelle Innovation dar, die das gesamte Machtgefüge der Union veränderte. Generell stärkt dieses Organ die intergouvernementale Seite der EU; im Besonderen fungiert es als höchste Autorität und Entscheidungsinstanz des Systems, womit es ihm politische Führung verleiht. Eine solche institutionelle Suprastruktur war jedoch mit der Gründung der Gemeinschaften nicht vorgesehen; der Bedarf zeigte sich erst im Zuge wachsender externer Herausforderungen und interner Differenzen über den weiteren Integrationsweg. Angesichts der daraus resultierenden Blockaden und gelegentlich sogar des gesamten Stillstands der Integration erkannten die Regierungen den Bedarf an einer zusätzlichen Arena für intergouvernementale Verhandlungen und Konsensbildungsprozesse auf der höchsten Regierungsebene. Dementsprechend etablierten sie den Europäischen Rat über einen schrittweisen Prozess seiner institutionellen Verankerung. Den Höhepunkt dieser Entwicklung markiert der Lissabon-Vertrag, mit dem dem Europäischen Rat zum ersten Mal der Status eines Organs der EU zuerkannt wurde (Art. 13(1) EUV-L).

Die ersten Schritte zur Etablierung des Europäischen Rates reichen bis in die Anfangsjahre der Integration zurück. So schlug der französische Staatspräsident de Gaulle bereits 1959 regelmäßige Treffen der Regierungschefs vor, die in dreimonatigen Intervallen stattfinden sollten; ein permanentes Sekretariat sollte die Arbeit des Gremiums unterstützen. Die anderen Mitgliedstaaten lehnten aber den Plan ab (Urwin 1993: 86). Erst nach dem Rücktritt de Gaulles wurden solche Gipfeltreffen gelegentlich abgehalten; sie führten zu weitreichenden Entscheidungen und trieben den Integrationsprozess entscheidend voran. So wurde auf dem Gipfel in Den Haag 1969 die erste Erweiterung der damaligen Gemeinschaft beraten und ein Plan für eine Währungsunion erarbeitet (Dinan 2004a: 129); das folgende Gipfeltreffen in Paris im Jahre 1972 führte dann zum definitiven Beschluss über den Beitritt Dänemarks, Großbritanniens und Irlands zur EG; zudem wurden Entscheidungen über neue, flankierende Politiken auf der europäischen Ebene getroffen. Die erste Erweiterung der Gemeinschaft löste dann ihrerseits den Vorschlag des französischen Präsidenten Giscard d'Estaing aus, die Gipfeltreffen fortan regelmäßig abzuhalten; in der Folge wurden sie unter dem Namen Europäischer Rat geführt (Dinan 2004a: 126). Zunächst einigten sich die Regierungschefs auf minimal drei jährliche Treffen; später (1985) reduzierten sie deren Zahl auf zwei, sodass jeweils ein Treffen zum Ende einer Präsidentschaft stattfinden konnte (Urwin 1993: 174, Borchardt 2010: 60). Gegenwärtig finden regelmäßig vier Treffen pro Jahr statt; weitere können nach Bedarf vereinbart werden (Art. 15(3) EUV-L).

Die Einsetzung des Europäischen Rates führte nicht nur zu einer Stärkung der intergouvernementalen Systemdimension; sie schuf auch ein höchstes Organ im Entscheidungsprozess sowie einen „locus of power" (Hayes-Renshaw und Wallace 2006: 165), zunächst für die Gemeinschaft und später die Union. Der Status des Europäischen Rates wurde mit dem Vertrag von Maastricht erstmals formalisiert. So heißt es in Art. D (EUV-M): „Der Europäische Rat gibt der Union die für ihre Entwicklung erforderlichen Impulse und legt die allgemeinen politischen Zielvorstellungen für diese Entwicklung fest". In der Folge wurde die Autorität des Europäischen Rates durch weitere Vertragsmodifizierungen gestärkt. Ihren Höhepunkt fand diese Entwicklung durch die Regelungen des Lissabon-Vertrags, der erstmals den Europäischen Rat explizit als eigenständiges Organ der EU benannte (Art. 13(1) EUV-L). Zuvor wurde das Gremium unter dem Begriff Rat geführt und somit als eine spezifische Ratsformation kategorisiert. Dementsprechend ist in älteren Vertragstexten

häufig die Rede vom „Rat, der in der Zusammensetzung der Staats- und Regierungschefs tagt" (siehe beispielsweise Art. 11(2), 121(2-4) und 122(2) EGV-A).

Der Lissabon-Vertrag schuf zudem die Position eines permanenten Präsidenten
des Europäischen Rates; zuvor wurde das Gremium, wie alle Ratsformationen, von
einem Mitgliedstaat im Rahmen der rotierenden Präsidentschaft geführt (De
Schoutheete 2012: 48). Der Präsident wird vom Europäischen Rat mit qualifizierter
Mehrheit für eine 2 1/2 jährige Amtszeit gewählt, mit der Möglichkeit einer einmaligen Wiederwahl (Art. 15(5) EUV-L). Der Präsident sollte eine herausragende Persönlichkeit sein (Borchardt 2010: 60), die kein anderes Amt auf nationalem Niveau
innehaben darf (Art. 15(6) EUV-L). Seine umfangreichen Aufgaben sind im Vertrag
wie folgt umschrieben: Er „führt den Vorsitz bei den Arbeiten des Europäischen
Rates und gibt ihnen Impulse", er sorgt für die „Kontinuität der Arbeiten" und fördert „Zusammenhalt und Konsens"; zudem nimmt er „die Außenvertretung der
Union in Angelegenheiten der Außen- und Sicherheitspolitik wahr" (Art. 15(6)
EUV L).

Mit der Schaffung dieser Position zielten die Staats- und Regierungschefs auf
eine weitere Stärkung der Autorität und des Gewichts des Europäischen Rates
(Tömmel 2010). Borchardt betont in diesem Zusammenhang: „Der Präsident des
Europäischen Rats hat, anders als bisher die Präsidentschaft, kein nationales, sondern ein *europäisches Mandat*" (Borchardt 2010: 60, Hervorhebung im Original).
Frühere Präsidentschaften des Europäischen Rates, die von einem Staats- oder Regierungschef der Mitgliedstaaten geführt wurden, waren häufig von nationalen
Interessen dominiert. Ein besonders negatives Beispiel ist die französische Präsidentschaft während der Vertragsverhandlungen von Nizza, bei der Staatspräsident
Chirac vehement Landesinteressen vertrat, insbesondere beim Streit um das System
der Stimmengewichtung im Rat (Gray und Stubb 2001, Schout und Vanhoonakker
2006). Nicht von ungefähr erlaubt der EU-Vertrag deshalb dem Präsidenten kein
weiteres Amt auf nationalem Niveau. Ausgestattet mit einem europäischen Mandat
kann der Präsident die Agenda des Europäischen Rates bestimmen, die Konsensfindung und Beschlussfassung innerhalb des Gremiums erleichtern sowie generell
seine Handlungsfähigkeit stärken (Blavoukos et al. 2007). Insgesamt ermöglicht
somit diese institutionelle Innovation, dass der Europäische Rat mehr denn je in der
Lage ist, kollektiv die Führungsrolle in der EU zu übernehmen und das Tempo und
die Richtung der Integration zu bestimmen. Damit ist er zugleich in der Lage, einerseits den unerwünschten Aktivismus der Kommission, andererseits die Vetospieler
in den eigenen Reihen einzuschränken (Tömmel 2010); ja er kann sich sogar zum
„Motor der Integration" aufschwingen, eine Rolle, die eigentlich der Kommission
vorbehalten ist. Die aktuelle Finanz- und Schuldenkrise belegt, dass die Staats- und
Regierungschefs diese Funktion über den Europäischen Rat sehr aktiv wahrnehmen
(vgl. Kap. 4.2 und 8.3).

Der Europäische Rat setzt sich aus den Staats- und Regierungschefs der Mitgliedstaaten, seinem Präsidenten sowie dem Präsidenten der Kommission zusam-

men. Je nach Sachlage können diese auch einen Minister oder ein Kommissionsmitglied hinzuziehen (Art. 15(3) EUV-L). Vor Inkrafttreten des Lissabon-Vertrags hatte sich die Praxis eingebürgert, dass die Außenminister der Mitgliedstaaten regelmäßig an den Gipfeltreffen teilnahmen. Nach den Erweiterungen der Jahre 2004 und 2007 erwiesen sich allerdings Sitzungen mit mehr als 50 Teilnehmern als kaum noch handhabbar, vor allem, wenn hoch kontroverse Themen zur Diskussion standen. Deshalb sieht der Lissabon-Vertrag die Präsenz von Ministern lediglich als Möglichkeit, und nicht als Regelfall vor. Der erste gewählte Präsident des Europäischen Rates, der ehemalige belgische Ministerpräsident Herman van Rompuy, kündigte denn auch unmittelbar nach Amtsantritt an, dass künftig keine Außenminister mehr an den Sitzungen teilnehmen sollten (Kietz und van Ondarza 2010).

Der Lissabon-Vertrag bestätigte auch die Praxis, dass der Europäische Rat zweimal pro Halbjahr tagt (Art. 15(3) EUV-L). Der Gipfel von Nizza (2000) hatte beschlossen, dass die Treffen fortan in Brüssel statt in verschiedenen Städten der Mitgliedstaaten stattfinden sollten; diese Regel, die auf Vorschlag von COREPER zustande kam, hatte jedoch nicht durchgängig Bestand. Zu sehr sind Gipfeltreffen in den Mitgliedstaaten mit Prestigegewinnen verbunden, wie beispielsweise die Namensgebung der Verträge nach den Orten ihres Abschlusses belegt. COREPER, „the power behind the Council throne" (Dinan 2001: 33), hatte dagegen mit dem Vorschlag seinen eigenen Macht- und Effizienzzuwachs im Auge.

Zusammenfassend bleibt festzuhalten, dass die Einsetzung des Europäischen Rates als fünftes Kernorgan der Union eine bemerkenswerte Innovation im EU-System darstellt. Dieser Rat hat sich selbst dazu ermächtigt, im EU-System die Führungsfunktion über den gesamten Integrationsprozess zu übernehmen sowie als Letztinstanz zur Lösung von besonders hartnäckigen Konfliktsituationen zu fungieren. Der Lissabon-Vertrag bestätigte diese herausgehobene Position des Europäischen Rates nicht nur durch seinen Einbezug in die Liste der offiziellen Organe, sondern auch durch die Schaffung der Position des permanenten Präsidenten. Dieses Präsidentenamt trägt zu einer weiteren Stärkung des Europäischen Rates bei und vermindert die Probleme kollektiven Handelns, mit denen ein solches intergouvernementales Organ immer konfrontiert ist (Tallberg 2006). Die gesteigerten und intensiven Aktivitäten des Europäschen Rates während der jüngsten Finanz- und Schuldenkrise belegen die enorme Bedeutung dieses Gremiums bei der Bekämpfung von außergewöhnlichen Herausforderungen und Bedrohungen der EU. Trotz dieser institutionellen Innovationen und der gesteigerten Aktivitäten des Europäischen Rates bleibt das Gremium jedoch zwischen gegensätzlichen Funktionen zerrissen: einerseits seiner Funktion als oberste Ebene der Schlichtung von tiefgreifenden zwischenstaatlichen Konflikten, andererseits seiner Führungsrolle in der Union, die nur schwer mit dem immer präsenten Dissens zwischen den Staats- und Regierungschefs zu vereinbaren ist.

5.4 Das Europäische Parlament

Das Europäische Parlament, das diesen Namen offiziell erst seit dem Vertrag von Maastricht trägt[13], stellt die Volksvertretung im politischen System der EU dar, das heißt, „es setzt sich aus Vertretern der Unionsbürger und Unionsbürgerinnen zusammen" (Art. 14(2) EUV-L). Die sukzessiven Erweiterungen der EG/EU und die wachsende Bedeutung dieses Organs haben auch zu einer stetigen Zunahme seiner Mitgliederzahl geführt. Waren es im Jahre 1958 lediglich 142 Mandatsträger, die der damaligen Versammlung angehörten, so stieg ihre Zahl infolge der jüngsten Erweiterung der Union um Kroatien auf 797 Abgeordnete[14], ein Niveau, dass die im Lissabon-Vertrag festgelegte Obergrenze von maximal 750 Volksvertretern zuzüglich des Präsidenten deutlich übersteigt (Art. 14(2) EUV-L).

Jedem Mitgliedstaat stehen festgelegte Quoten an Abgeordneten zu; diese mussten aber ebenfalls im Laufe der Integration mehrfach neu bestimmt werden, um das jeweils sich ändernde Verhältnis zwischen kleinen und großen Staaten einigermaßen gerecht auszutarieren. Die höchste Mitgliederzahl erreicht gegenwärtig die BRD mit 99 Abgeordneten; die Schlusslichter bilden Luxemburg und Malta mit sechs Volksvertretern. Diese Zahlen entsprechen den Regelungen des Vertrags von Nizza, die bei der Wahl des EP im Jahre 2009 noch Gültigkeit hatten. Der Lissabon-Vertrag bestimmt demgegenüber, dass die maximale Zahl an Abgeordneten nicht mehr als 96 betragen darf, während das Minimum bei 6 liegt (Art. 14(2) EUV-L). Dieser, als „degressiv proportional" bezeichneten Verteilung liegt die Berücksichtigung der Einwohnerzahl der einzelnen Staaten zugrunde; allerdings handelt es sich nicht um eine echte Proportionalität; vielmehr steht den kleineren Mitgliedstaaten ein relativ größerer Anteil an Abgeordneten zu (Duff 2010: 38). Diese Regelung soll vor allem eine arbeitsfähige Delegationsstärke gewährleisten, die sowohl eine adäquate Repräsentation des Parteienspektrums eines Landes als auch die Präsenz in möglichst vielen Ausschüssen des Parlaments erlaubt. Umgekehrt soll die Unterrepräsentation der großen Mitgliedstaaten im Verhältnis zu ihrer Einwohnerzahl verhindern, dass diese das EP zu stark majorisieren. Die Quotenregelung der Sitzverteilung im EP und

---

13 Zuvor hieß das Parlament offiziell Versammlung. Zwar hatte es sich selbst schon den Namen Europäisches Parlament gegeben, er wurde aber erst mit dem Vertrag zur Europäischen Union 1992 offiziell festgelegt (Borchardt 2010: 50).

14 So stieg die Zahl der Abgeordneten nach der ersten Erweiterung 1973 auf 198, im Zuge der Direktwahl des Parlaments 1979 auf 410, nach den Süderweiterungen von 1981 und 1986 auf 518, mit der deutschen Vereinigung 1990 auf 567 sowie der vierten Erweiterung 1995 auf 626 (Knipping 2004: 212). Angesichts der bevorstehenden Osterweiterung mussten dann beim Vertragsschluss von Nizza die Abgeordnetenzahlen neu justiert werden, um Platz zu machen für die Beitrittsstaaten, die Gesamtzahl der Mandate aber nicht allzu stark wachsen zu lassen, die seither auf ein Maximum von 750 begrenzt ist.

die häufig zähen Verhandlungen um deren Festlegung zeigen, dass die Union nach wie vor in starkem Maße entlang nationaler Trennlinien gespalten ist.

Angesichts der derzeitigen Überschreitung der zulässigen Gesamtzahl der Abgeordneten hat der Europäische Rat auf Vorschlag des Parlaments für die Legislaturperiode 2014–2019 eine neue Sitzverteilung beschlossen, die dem Prinzip der degressiven Proportionalität und damit den Regeln des Lissabon-Vertrags entspricht (Tab. 5.2):

Tabelle 5.2: Abgeordnete des Europäischen Parlaments nach Mitgliedstaaten, Legislaturperiode 2014–2019

Mitgliedstaat	Abgeordnete
Deutschland	96
Frankreich	74
Italien, Vereinigtes Königreich	73
Spanien	54
Polen	51
Rumänien	32
Niederlande	26
Belgien, Griechenland, Portugal, Tschechische Republik, Ungarn	21
Schweden	20
Österreich	18
Bulgarien	17
Dänemark, Finnland, Slowakei	13
Irland, Kroatien, Litauen	11
Lettland, Slowenien	8
Estland, Luxemburg, Malta, Zypern	6
Gesamtzahl der Abgeordneten	751

Quelle: Europäisches Parlament, Aktuelles: Wahlen 2014: http://www.europarl.europa.eu/news/ de/news-room/content/20130610IPR11414/html/Wahlen-2014-Aufteilung-der-Abgeordnetensitze-unter-den-28-EU-L%C3%A4ndern (Abruf: 04.04.2014).

Die Abgeordneten des Parlaments werden für eine Amtsperiode von fünf Jahren gewählt. Obwohl in den Verträgen allgemeine, europaweite Wahlen vorgesehen sind, fanden die Wahlen bisher in den Einzelstaaten getrennt statt. Das beinhaltet zum einen, dass in jedem Land nur die eigene Quote der Abgeordneten entsprechend dem vorhandenen Parteienspektrum gewählt wird; zum anderen, dass nationale Wahlverfahren gelten (Duff 2010: 58–63). So unterlag die Wahl in Großbritannien bis 1999 dem Mehrheitswahlrecht, was zu einer sehr ungleichgewichtigen Repräsentanz der beiden dominanten Parteien führte; kleinere Parteien hatten überhaupt keine Chance, Abgeordnete zu entsenden. Nach dem Wahlsieg der Labour-Partei im Jahre 1997 wurde allerdings für die Europawahl das Verhältniswahlrecht eingeführt; seither ist Großbritannien mit 9 Parteien im EP vertreten. In 11 EU-Staaten gilt eine Sperrklausel für die Wahlen, die zwischen 3 und 5% schwankt;[15] dies führt ebenfalls häufig zum Ausschluss kleinerer Parteiengruppierungen. Zweiundzwanzig Staaten bilden in ihrer Gesamtheit ein Wahlgebiet; sechs Staaten sind dagegen in Wahlkreise eingeteilt[16], was einen engeren Bezug zwischen Abgeordneten und ihrem Elektorat ermöglicht.

Die unterschiedlichen Wahlverfahren führen dazu, dass ein sehr breites und heterogenes Parteienspektrum die Parlamentsbühne beherrscht. Zwar kommt es in der Praxis zu einer Bündelung verwandter Parteien zu transnationalen Fraktionen, diese bleiben jedoch – entsprechend den unterschiedlichen nationalen Traditionen und politischen Kulturen – sehr heterogen (Hrbek 2004). Mit dem Vertrag von Amsterdam wurde allerdings die Erarbeitung eines europaweiten Wahlverfahrens vereinbart (Art. 190(4) EGV-A); entsprechende Vorschläge des Parlaments wurden aber bisher noch nicht realisiert (Duff 2010).

Dem Parlament steht ein Präsident vor, der von 14 Vizepräsidenten unterstützt und von sechs Quästoren mit beratender Funktion begleitet wird (Borchardt 2010: 51). Dieser Personenkreis bildet zugleich das Präsidium des EP, das die Agenda bestimmt und den Verfahrensablauf der Sitzungen regelt.

Die Aufgaben und Befugnisse des Parlaments lassen sich in fünf Kernbereiche einteilen:
1. Rechtsetzungsbefugnisse,
2. Haushaltsbefugnisse,
3. Kontrollbefugnisse,
4. Zustimmungsrechte in auswärtigen Angelegenheiten,
5. Andere Zustimmungsrechte.

In Bezug auf den europäischen Rechtsetzungsprozess kam dem Parlament lange Zeit lediglich eine beratende Funktion zu, das heißt, es musste zu allen Vorschlägen der Kommission angehört werden und konnte entsprechende Stellungnahmen abgeben. Der Rat war aber in keiner Weise verpflichtet, die Stellungnahmen des Parlaments zu berücksichtigen.[17] Mit der EEA wurde dann erstmals ein – begrenztes – Mitentscheidungsrecht über die Einführung des sogenannten Kooperationsverfahrens (Art. 189c EGV-M) gewährt. Dieses Verfahren, das mit dem Vertrag von Amsterdam wieder weitgehend abgeschafft wurde, sieht zwei Lesungen von Gesetzesvorschlägen im Parlament vor. Wenn das Parlament in zweiter Lesung einen Vorschlag

---

15 Die BRD hatte für die Wahl 2014 ihre Sperrklausel von 5 auf 3% abgesenkt; dieser Beschluss wurde aber durch ein Urteil des Bundesverfassungsgericht aufgehoben, weswegen für die Wahl 2014 keine Sperrklausel mehr gilt.
16 Das sind: Belgien, Frankreich, Irland, Italien, Polen und das Vereinigte Königreich.
17 Häufig kam es sogar vor, dass er Beschlüsse fällte, bevor das Parlament seine Stellungnahme abgegeben hatte.

mit absoluter Mehrheit ablehnt oder aber abändert und die Kommission den Änderungsvorschlag nicht übernimmt, kann der Ministerrat die Position des Parlaments nur durch einstimmigen Beschluss überstimmen; andernfalls gilt der Vorschlag als abgelehnt. Mit diesem Verfahren konnte das Parlament zwar noch keine weitgehenden Mitentscheidungsrechte, wohl aber eine beträchtliche Verhandlungsposition hinzugewinnen, über die Zugeständnisse an die eigenen Optionen und Präferenzen erzielt werden konnten.

Mit dem Vertrag von Maastricht wurde der Weg der schrittweisen Erweiterung der Mitwirkungsrechte des Parlaments ausgebaut, indem nunmehr das sogenannte Kodezisionsverfahren (Art. 189c EGV-M) eingeführt wurde. Dieses Verfahren sieht drei Lesungen von Gesetzestexten im Parlament vor. Wenn das Parlament in zweiter Lesung einen Vorschlag mit absoluter Mehrheit ablehnt, tritt ein Vermittlungsausschuss zusammen, dem Vertreter von Rat und Parlament angehören; kommt es zu keiner Einigung, kann das Parlament in dritter Lesung den Vorschlag mit absoluter Mehrheit endgültig ablehnen (vgl. auch Kap. 6.1).

Dieses komplizierte Verfahren ermöglichte wiederum keine gleichberechtigte Mitentscheidungsfunktion, aber es errichtete höhere Hürden für den Rat, wenn er die Position des Parlaments ignorieren wollte. Umgekehrt gab es dem Parlament ein Vetorecht in die Hand, mit dem es zumindest die Verabschiedung von ihm nicht genehmen Vorschlägen verhindern oder mit der Verhinderungsoption drohen konnte. Und schließlich beinhaltet das Verfahren einen starken Druck zur Kompromiss- und Konsensfindung zwischen allen beteiligten Parteien, wobei die Verhandlungsposition des Parlaments – nicht zuletzt aufgrund des Vetorechts – beträchtlich gestärkt ist (Corbett 2007).

Kooperations- und Kodezisionsverfahren galten zunächst allerdings nur für jeweils genau definierte Bereiche, wodurch die stärkere Position des Parlaments wiederum erheblich eingeschränkt werden konnte. Mit den Verträgen von Amsterdam und Nizza wurden daher weitere Schritte zum Ausbau der Mitentscheidung unternommen, indem das Kodezisionsverfahren auf wesentlich mehr Bereiche ausgedehnt wurde, während das Kooperationsverfahren mit wenigen Ausnahmen abgeschafft wurde (Wessels 2001). Damit konnte das Parlament nunmehr in einem breiten Spektrum von Themenbereichen und Politikfeldern einen erheblichen Einfluss auf die Abfassung von Gesetzestexten und Rechtsakten ausüben, vorausgesetzt, dass es selbst zu einer einheitlichen Position und damit zu einem Konsens zwischen den großen Parteien gelangte.

Die jüngste Vertragsänderung brachte dann den entscheidenden Schritt, der das Parlament in eine gleichberechtigte Legislative neben dem Rat transformierte. So heißt es im Lissabon-Vertrag: „Das Europäische Parlament wird gemeinsam mit dem Rat als Gesetzgeber tätig" (Art. 14(2) EUV-L). Statt der Begriffe Kodezision oder Mitentscheidung wird zudem im Vertrag durchgängig vom „Ordentlichen Gesetzgebungsverfahren" gesprochen. Damit gelang es dem Parlament nach einer langen Phase der Subordination, einen Status zu erreichen, der es in der Gesetzgebung mit dem Rat gleichstellt. Allerdings hat es damit nicht den Status nationaler Legislativen erreicht; ebenso wie der Rat kann es keine Gesetzesinitiativen ergreifen, sondern allenfalls die Kommission auffordern, entsprechend tätig zu werden (Art. 225 AEUV). Zudem gibt es neben der Ordentlichen Gesetzgebung auch noch spezielle Verfahren, an denen das Parlament nur in untergeordneter Position beteiligt ist.

Die Haushaltsbefugnisse des Europäischen Parlaments können ebenfalls als sehr weitgehend gewertet werden (Rittberger 2005). Seit den 70er Jahren kam dem Parlament die Entscheidung über die nicht-obligatorischen Ausgaben der EG zu, während die Entscheidung über die obligatorischen Ausgaben allein dem Rat oblagen.[18] Mit dem Vertrag von Lissabon erhielt das EP dagegen das Recht, gemeinsam mit dem Rat über alle Ausgaben der EU zu entscheiden (Art. 14(1) EUV-L sowie Art. 310 und 314 AEUV); gleichzeitig wurde die Trennung in obligatorische und nicht-obligatorische Ausgaben aufgehoben (Borchardt 2010: 56). Dementsprechend nimmt das Parlament den jährlichen Haushalt der EU an und es muss auch seine Zustimmung zum „mehrjährigen Finanzrahmen" geben (Art. 312 AEUV). Dem Parlament kommt somit in Budgetfragen eine weitgehend gleichberechtigte Position gegenüber dem Rat zu, allerdings ist hierbei zu berücksichtigen, dass allein der Rat sowie der Europäische Rat die Grundsatzentscheidungen über die zur Verfügung stehenden Finanzmittel treffen, sodass letztlich „nicht das Parlament, sondern die Staaten über die längerfristige Ausgabenpolitik der Union entscheiden" (Lieb und Maurer 2009: 15).

Die Kontrollbefugnisse des Parlaments, die sich ausschließlich auf die Kommission beziehen, sind demgegenüber relativ begrenzt (Westlake 2006: 267); sie beschränken sich zudem auf den Einsatz indirekter Kontrollmechanismen wie Berichterstattung und Anhörungsverfahren (Judge und Earnshaw 2003: 234–241). Allerdings kann das Parlament anlässlich der Vorlage des jährlichen Tätigkeitsberichts der Kommission dieser auch mit Zweidrittelmehrheit das Misstrauen aussprechen; das Kollegium der Kommission muss dann in seiner Gesamtheit zurücktreten (Art. 17(8) EUV-L und Art. 234 AEUV, Borchardt 2010: 56–57). Dieses Recht wurde bisher jedoch noch nie konkret genutzt; 1999 reichte allerdings die Drohung eines Misstrauensvotums, um die Santer-Kommission zum kollektiven Rücktritt zu bewegen (Judge und Earnshaw 2003: 227–230). Das Parlament kann überdies Missständen über Untersuchungsausschüsse nachgehen; außerdem können sich die Bürger Europas mit Petitionen an das Parlament wenden. Seit dem Maastrichter Vertrag ist hierfür ein Bürgerbeauftragter (Ombudsmann) zuständig.

---

18 Obligatorische Ausgaben sind solche, die sich unmittelbar aus den Gemeinschaftsverträgen ableiten, z.B. die Ausgaben für Agrarpolitik. Dementsprechend umfassen die nicht-obligatorischen Ausgaben solche, die nicht vertraglich fixiert sind, also beispielsweise die Aufwendungen für die Struktur-, die Entwicklungspolitik, die Hilfsmaßnahmen für Osteuropa und generell ein breites Spektrum von Fördermaßnahmen.

Schließlich kommen dem Parlament auch gewisse Zustimmungsrechte in den Außenbeziehungen zu, indem insbesondere seine Zustimmung zu allen wichtigen internationalen Abkommen der Union sowie zum Beitritt neuer Staaten erforderlich ist, was einem Vetorecht gleichkommt (Art. 49 EUV-L und 218 AEUV). Diese Rechte können genutzt werden, um die Berücksichtigung zumindest gewisser Präferenzen des Parlaments in entsprechenden Verträgen durchzusetzen.

Andere Zustimmungsrechte des EP beziehen sich lediglich auf die Kommission. Seit dem Vertrag von Maastricht muss die Kommission in ihrer Gesamtheit vom Parlament durch ein zustimmendes Votum bestätigt werden. Der Lissabon-Vertrag berechtigt das EP sogar dazu, den Kommissionspräsidenten zu wählen, allerdings schlägt der Europäische Rat einen Kandidaten nach vorheriger Konsultation des Parlaments vor (Art. 14(1) sowie 17(7) EUV-L). Die Wahl eines neuen Kommissionspräsidenten zum Jahresende 2014 wird zeigen, ob das Parlament dieses Verfahren zu einer entscheidenden Einflussnahme auf die Auswahl des Kandidaten nutzen kann.

Eine zusammenfassende Betrachtung des Europäischen Parlaments führt zu dem Schluss, dass dieses Organ im institutionellen Kontext der EG eine zunehmend machtvolle Position errungen hat (Hix et al. 2007). Seit Mitte der 80er Jahre wurden die gesetzgebenden Befugnisse des Parlaments sukzessive ausgeweitet, bis es schließlich mit dem Lissabon-Vertrag zu einer gleichberechtigten Legislative neben dem Rat erhoben wurde. Auch in Haushaltsangelegenheiten verlieh der Lissabon-Vertrag dem EP weitreichende Befugnisse, indem es gemeinsam mit dem Rat über alle Ausgaben der EU entscheiden kann. Dennoch beinhalten die Befugnisse des Parlaments im Wesentlichen Vetorechte, die ihm zwar eine machtvolle Position gegenüber Kommission und Ministerrat, nicht jedoch eine aktive Gestaltungsmacht in Bezug auf die Politiken der EU verleihen. Ebenso wie dem Rat fehlt ihm das Initiativrecht in der Gesetzgebung. Zudem kann das Parlament kaum richtungsweisende oder anderweitige, nicht als Ordentliche Gesetzgebung definierte Entscheidungen fällen, geschweige denn an Vertragsverhandlungen aktiv teilnehmen.[19]

In der Praxis nötigen die Entscheidungsrechte des EP diesem nach innen eine Politik des breiten Konsenses auf, da Einfluss nach außen häufig nur über große Mehrheiten zu erzielen ist (vgl. ausführlich Kap. 7.3). Gleichzeitig ist das Parlament aber auch nach außen, also gegenüber Ministerrat und Kommission, zu einer konsensorientierten Verhaltensweise gezwungen, da es ja keine alleinigen Entscheidungsbefugnisse besitzt. Ferner wird die Position des EP geschwächt, da es vonseiten der Bürger kaum Vertrauen, Unterstützung oder gar Interesse an seiner Arbeit erfährt. Insgesamt stellt sich somit die Position des Parlaments als widersprüchlich dar: Einer enorm gewachsenen formalen Machtposition stehen zahlreiche instituti-

---

19 Lediglich über seine Partizipation in einem vorbereitenden Knnvent kann es einen gewissen Einfluss auf solche Entscheidungen ausüben.

onelle sowie informelle Restriktionen gegenüber. Dennoch gelingt es dem Parlament in zahlreichen Fällen, seine Kompetenzen maximal zu nutzen oder gelegentlich sogar zu überschreiten, wie die nächsten Kapitel noch ausführlich zeigen werden (vgl. besonders Kap. 7.3).

5.5 Der Europäische Gerichtshof

Der Europäische Gerichtshof (EuGH), oder, wie er seit dem Lissabon-Vertrag heißt, der Gerichtshof der Europäischen Union (Art. 13(1) EUV-L), bildet die Judikative des EU-Systems; damit ist er die Instanz, die die Rechtmäßigkeit europäischer Entscheidungen sowie die Einhaltung des im Rahmen der EU gesetzten Rechts überwacht. In den Worten des EU-Vertrags sichert er „die Wahrung des Rechts bei der Auslegung und Anwendung der Verträge" (Art. 19(1) EUV-L).

Mit der Schaffung eines Europäischen Gerichtshofs schon im EGKS-Vertrag und später im Rahmen von EWG und EURATOM hatten die Gründerstaaten von Anfang an entschieden, die Gemeinschaften mit einer unabhängigen Judikative auszustatten, um dem gemeinsam gesetzten Rechtsbestand zur Geltung zu verhelfen (Borchardt 2010: 73–74); damit akzeptierten sie gleichzeitig die tendenzielle Einschränkung ihrer Souveränität durch eine europäische Rechtsordnung. In der Folge traf der Gerichtshof denn auch häufig Entscheidungen, die die supranationale Dynamik der Integration enorm vorantrieben (Burley und Mattli 1993, Alter 2001 und 2009, Stone Sweet 2004). Aufgrund der Unabhängigkeit des Gerichtshofs ist mit diesem Organ – als Einzigem im EU-System – dem Prinzip der Gewaltenteilung Rechnung getragen. Dementsprechend ist der Status des Gerichtshofs mit dem eines Verfassungsgerichts auf nationaler Ebene vergleichbar (Dehousse 1998).[20]

Der Europäische Gerichtshof besteht derzeit aus 28 Richtern und acht Generalanwälten, die von den Mitgliedstaaten „im Einvernehmen" für sechs Jahre benannt werden (Art. 19(2) EUV-L); Wiederernennung ist möglich. Es versteht sich, dass die Richter unabhängige Persönlichkeiten sein sollen; trotzdem wird bei der Besetzung der Ämter ein Proporzprinzip gewahrt, indem jeder Mitgliedstaat mit je einem Vertreter am Gerichtshof repräsentiert ist.[21] Auch bei der Ernennung der Generalanwälte wird auf Proporz geachtet.

Der EG-Vertrag sieht eine Reihe von Verfahrensarten vor, mit denen sich der Gerichtshof zu befassen hat (Europäische Union: Gerichtshof der Europäischen Union:

---

20 Hierbei ist allerdings zu berücksichtigen, dass die EU-Verträge bisher keine Verfassung sind, sondern allenfalls Verfassungscharakter haben. Auch der auf europäischer Ebene bereits verabschiedete, aber nicht ratifizierte Verfassungsvertrag stellt nach juristischer Auffassung keine echte Verfassung dar (vgl. Müller-Graff 2004).
21 Diese Regelung erweist sich als vorteilhaft, weil die Richter jeweils vertraut sind mit den nationalen Rechtssystemen und weil bei Verhandlungen das Sprachenproblem gemindert werden kann.

http://europa.eu/about-eu/institutions-bodies/court-justice/index_de.htm,   Abruf
06.04.14):

1. Bei *Vertragsverletzungsverfahren* ruft die Kommission den Gerichtshof wegen
   Nicht-Einhaltung des EG-Vertrags durch einen Mitgliedstaat an. In solchen Fällen geht es meist um das Versäumnis, europäische Richtlinien in nationales
   Recht umzusetzen. Auch die Mitgliedstaaten haben das Recht, andere Staaten
   wegen Vertragsverletzungen zu verklagen. Meist rufen sie dazu aber die Kommission an, die das Verfahren dann führt.

2. *Nichtigkeitsklagen* können angestrengt werden, um Rechtshandlungen der EU-
   Organe zu überprüfen. Stellt sich heraus, dass diese das Gemeinschaftsrecht
   verletzen, dann werden die entsprechenden Rechtshandlungen für nichtig erklärt.

3. *Untätigkeitsklagen* beziehen sich ebenfalls auf die Organe der EU, falls diese in
   Bereichen, in denen die Verträge Entsprechendes vorschreiben, nicht tätig werden.

4. Bei *Vorabentscheidungsersuchen* geht es um Verfahren, die in den Mitgliedstaaten anhängig sind, das Gemeinschaftsrecht aber für die Entscheidungsfindung
   von Bedeutung ist. Die Gerichte der Mitgliedstaaten holen deshalb eine Vorabentscheidung vom EuGH zur Rechtsauslegung ein, die für sie dann verbindlich ist. Vorabentscheidungsverfahren werden vor allem damit begründet, dass
   sie einer möglichst einheitlichen Rechtsauslegung in allen EU-Staaten dienen.
   Weit mehr als die Hälfte aller Verfahren vor dem EuGH fallen in diese Kategorie;
   allerdings nehmen die Gerichte der Mitgliedstaaten die Vorabentscheidung in
   sehr unterschiedlichem Maße in Anspruch.[22]

Neben diesen Verfahren werden auch Streitsachen zwischen den EU-Organen und
ihren Bediensteten vor dem Europäischen Gerichtshof verhandelt (Art. 270 AEUV).

Seit Gründung der Europäischen Gemeinschaften ist die Aufgabenfülle des Gerichtshofs stetig gewachsen. So stieg die Zahl der anhängigen Fälle von 4 im Jahre
1953 über 43 (1958) und 79 (1970) auf 435 (1985). Um die Jahrhundertwende stieg die
Zahl auf 502; 2011 erreichte sie mit 688 Fällen ihr vorläufiges Maximum, um dann
2012 auf 632 Fälle zu sinken (alle Zahlen aus: Court of Justice, Annual Report 2012,
Statistics: 89 und 109. http://curia.europa.eu/jcms/upload/docs/application/pdf/
2013-04/192685_2012_6020_cdj_ra_2012_en_proof_01.pdf (Abruf:06.04.2014).

Dieser Zuwachs ist einerseits der enormen Zunahme europäischer Gesetze, deren Zahl sich derzeit schätzungsweise auf 30 000 beläuft, andererseits den sukzes-

---

[22] 2012 waren von insgesamt 632 Verfahren 404 Vorabentscheidungsersuchen. So nutzten 2012 die
sechs Gründerstaaten der EU das Verfahren in 228 Fällen, nahmen also den Gerichtshof in
mehr als der Hälfte der Fälle in Anspruch. (Zahlen berechnet nach: Court of Justice, Annual Report
2012, Statistics: 111. http://curia.europa.eu/jcms/upload/docs/application/pdf/2013-04/192685_2012
_6020_cdj_ra_2012_en_proof_01.pdf (Abruf: 06.04.2014).

siven Erweiterungen der Union um neue Mitgliedstaaten zuzuschreiben. Um diese Arbeitslast abzumildern, wurde 1988 über eine Vertragsrevision in der EEA ein Gerichtshof erster Instanz gebildet (Borchardt 2010: 79); seit dem Lissabon-Vertrag wird er offziell als „Gericht" bezeichnet (Art. 19(19) EUV-L). Dem Gericht gehören derzeit ebenfalls 28 Richter aus den Mitgliedstaaten an. Das Gericht ist generell für alle obengenannten Verfahren zuständig. Lediglich die Vertragsverletzungsverfahren sowie die Vorabentscheidungen fallen in die Zuständigkeit des Gerichtshofs; allerdings ist zu beachten, dass es sich hierbei um die meisten und größtenteils auch die anspruchsvollsten Fälle handelt. Der Gerichtshof fungiert zudem gegenüber dem Gericht als Berufungsinstanz.

Der Gerichtshof sowie das Gericht können im Plenum oder aber in kleinerer Besetzung tagen, etwa von drei, fünf oder sieben Richtern. Dazu wurden feste Kammern eingerichtet, die einem spezifischen Sachbereich zugeordnet sind. Entscheidungen und Urteile werden grundsätzlich mit einfacher Mehrheit gefällt; deshalb muss die Zahl der Mitglieder der Gerichtshöfe wie der Kammern immer ungerade sein.

Der Europäische Gerichtshof ist nicht nur im formalen Sinne unabhängig, sondern auch in seiner faktischen Arbeitsweise. Seine Urteile genießen europaweit hohe Anerkennung, auch dann, wenn sie nicht den Optionen, Präferenzen und Interessen der Mitgliedstaaten entsprechen. Dies gilt vor allem dort, wo der Gerichtshof nicht nur Rechtsstreitigkeiten beilegt, sondern über die Auslegung der Verträge faktisch auch Recht setzt oder zumindest einen „shadow of law" auf die europäischen Gesetzgeber wirft (Schmidt 2011). In solchen Fällen stehen die Urteile häufig in scharfem Gegensatz zu den Interessen einzelner und manchmal auch aller Mitgliedstaaten. Angesichts des notwendigerweise lückenhaften Charakters der europäischen Verträge und auch des Sekundärrechts kommt es vergleichsweise häufig zu sehr weitreichenden und selbstständigen Interpretationen des Gerichtshofs, womit er tendenziell die ihm zugedachten Aufgaben übersteigt (Münch 2008, Höpner und Schäfer 2010, Schmidt 2011).

Insbesondere in den Anfangsjahren der Integration wurden weitreichende rechtsetzende Urteile gefällt, indem der Gerichtshof bedeutsame Prinzipien des Europarechts formulierte, die in den Verträgen so nicht vorgesehen waren (Weiler 1994, Dehousse 1998, Alter 2001, Borchardt 2010). So wurde bereits im Jahre 1963 die unmittelbare Wirksamkeit von EG-Recht für die Bürger Europas festgestellt (Rs. 26/62, Urteil v. 5.2.1963; Van Gend & Loos). 1964 folgte ein Urteil, das den Vorrang von EG-Recht gegenüber dem nationalen Recht konstatierte (Rs. 6/64, Urteil v. 15.7.1964; Costa/ENEL). Mit diesen Urteilen, die in der Folge weitreichende Auswirkungen auf die gesamte europäische Rechtsprechung hatten, wurde nicht nur die Gewaltenteilung zwischen Legislative und Judikative auf der europäischen Ebene verwischt, sondern zugleich auch die Souveränität der Mitgliedstaaten empfindlich eingeschränkt (Weiler 1994, Alter 2001 und 2009); zudem wurde eine eigenständige europäische Rechtsordnung etabliert, wodurch auch der Gerichtshof als Institution von einem primär international konzipierten zu einem föderal agierenden Gremium mutierte (Dehousse 1998). Langfristig akzeptierten die Mitgliedstaaten allerdings die weitreichenden Urteile des Gerichtshofs; in einer Erklärung zum Lissabon-Vertrag weisen sie darauf hin, dass „die Verträge und das auf der Grundlage dieser Verträge gesetzte Recht [...] Vorrang vor dem Recht der Mitgliedstaaten haben" (EUV-L und AEUV, Erklärungen zu Bestimmungen der Verträge: 17. Erklärung zum Vorrang).

Der Gerichtshof setzte aber nicht nur Recht, sondern trieb auch den gesamten Integrationsprozess durch seine Urteile entscheidend voran, insbesondere in Phasen der Stagnation beziehungsweise der Entscheidungsblockaden im Ministerrat (Burley und Mattli 1993). Das wohl berühmteste Beispiel hierfür ist das vielfach zitierte Urteil im Fall „Cassis de Dijon" (Rs. 120/78, Urteil v. 20.2.1979; Cassis de Dijon; Alter 2009, 139–158). Hier formulierte der Hof das Prinzip der „gegenseitigen Anerkennung". Es besagt, dass Produkte, die in einem Mitgliedstaat nach den dortigen Rechtsnormen produziert werden, in einem anderen Mitgliedstaat ohne Einschränkungen auf den Markt gebracht werden dürfen, auch wenn sie den dort geltenden Gesetzen nicht entsprechen. Dieses Urteil markiert den Beginn des Durchbruchs zur Vollendung des Binnenmarkts, indem es alle Versuche, nationale Märkte durch Sonderregelungen zu schützen, zunichtemachte und darüber die Widerstände der Mitgliedstaaten gegen eine weitergehende Marktintegration aushebelte (Alter 2009, Schmidt 2009). Gleichzeitig wurde damit aber auch der Schutz nationaler Rechtssysteme beziehungsweise ihrer Besonderheiten vor europaweiter Harmonisierung oder gar Vereinheitlichung unmöglich gemacht (Scharpf 1999, Hix und Høyland 2010: 86).

Darüber hinaus hatte dieses Urteil aber auch weitreichende Folgewirkungen auf das gesamte Policy-Making der EU, indem fortan nicht mehr nach einer – in der Praxis schier unmöglichen – Harmonisierung der nationalen Rechts- und Regelsysteme gestrebt, sondern nach dem Prinzip der Anerkennung der Regeln der jeweils anderen Staaten verfahren wurde. Damit konnte die Umstellungslast von der europäischen auf die nationale Ebene zurückverlagert werden (Schmidt 2009).

Trotz dieser Rechtsprechung, die eine eigenständige europäische Rechtsordnung über der der nationalen Staaten etablierte, ist der Gerichtshof als Organ nicht den nationalen Staaten übergeordnet im Sinne einer letzten beziehungsweise obersten Instanz. Vielmehr ist er – insbesondere über das Verfahren der Vorabentscheidung – mit den Gerichten der nationalen Staaten zu einem Rechtssystem verbunden (Weiler 1994, Bartolini 2005a: 146–147). Da allerdings die Vorabentscheidungen für die nationalen Gerichte verbindlich sind und nicht von einem Berufungsgericht überprüft werden können, kann der EuGH einen sehr weitreichenden Einfluss auf die Rechtsprechung, und damit auch auf die gesamte Rechtsordnung der Mitgliedstaaten, ausüben, womit ihm eine supranationale Position zukommt, die ihm im formalen Sinne nicht zugedacht war (Alter 2001).

Insgesamt stellt sich somit auch der Europäische Gerichtshof als ein widersprüchlich konzipiertes Organ dar: Zwar ist er die oberste rechtswahrende Instanz im EU-System, aber nicht den Gerichten der Mitgliedstaaten übergeordnet. Zwar sind seine Entscheidungen für die Letzteren verbindlich; aber es sind in vielen Fällen die nationalen Gerichte, die die letztendlichen Urteile aussprechen, wobei der EuGH für diese nicht als Berufungsinstanz fungieren kann. In seiner Eigenschaft als rechtsetzende Instanz weist der EuGH Züge einer Verfassungsgerichtsbarkeit auf, ohne jedoch mit einem entsprechenden Auftrag ausgestattet zu sein; vielmehr wurde er in den Verträgen primär als internationaler Gerichtshof konzipiert (Weiler 1994, Dehousse 1998, Alter 2009). In der Literatur wird der Gerichtshof allerdings als supranationales Organ kategorisiert, insbesondere wegen der Spill-over-Dynamik, die seine Tätigkeit häufig auslöste (Burley und Mattli 1993). Tatsächlich hat der Gerichtshof die supranationale Dynamik der Integration häufig gestärkt, auch wenn dies in den Verträgen so nicht vorgesehen war (Stone Sweet 2004).

5.6 Schlussfolgerungen

In diesem Kapitel wurde die institutionelle Grundstruktur der EU anhand ihrer Organe untersucht. Dabei zeigten sich einerseits Abweichungen von bekannten Formen politischer Ordnung, andererseits aber auch Ähnlichkeiten mit deren institutionellem Aufbau. Von internationalen Organisationen unterscheidet sich die EU vor allem durch die supranationalen Kompetenzen ihrer Organe: dem exklusiven Initiativrecht der Kommission in der Gesetzgebung sowie ihren weitgehenden Exekutivbefugnissen, den legislativen und Haushaltsbefugnissen des Parlaments sowie der Rolle des Gerichtshofs als unabhängige Judikative. Die Unterschiede zu nationalen politischen Systemen beziehen sich in erster Linie auf die unzureichende und unklare Gewaltenteilung im EU-System, das Fehlen einer Regierung oder einer zentralen Autorität, die die politische Führung ausüben könnte, sowie das Fehlen einer durchgängigen demokratischen Legitimation. Dennoch bestehen auch Ähnlichkeiten mit bekannten Formen politischer Herrschaft. So sind Rat und Europäischer Rat als intergouvernementale Institutionen entsprechend dem Modell internationaler Organisationen konzipiert; allerdings weichen sie durch ihre Mehrheitsentscheidungen zunehmend von diesem ab. Ähnlichkeiten mit nationalen Staaten ergeben sich durch das Vorhandensein zweier Legislativen, die Direktwahl des Parlaments sowie die unabhängige Position des Gerichtshofs.

Die fünf Organe der EU vertreten entweder die Interessen der Union als ganze oder aber die der einzelnen Mitgliedstaaten. Damit dienen sie entweder der Förderung der supranationalen Integrationsdynamik oder sie fungieren als intergouvernementale Arenen, die diese Dynamik den nationalen Interessen und Präferenzen anpassen müssen. Die Kommission und der Rat stehen im Gesetzgebungsprozess, aber auch bei anderen Politikinitiativen in einem komplementären Verhältnis zueinander; sie stehen somit in einem wechselseitigen Abhängigkeitsverhältnis. Das Parlament nimmt in Gesetzgebungs- und Haushaltsfragen eine gleichberechtigte Rolle neben dem Rat ein; insofern steht es ebenfalls in einem komplementären Verhältnis zur Kommission. Aufgrund seiner supranationalen Orientierung und teilweise auch Opposition gegen den Rat steht es aber häufig auf deren Seite (vgl. Kap. 7.3). Der Rat ist als Repräsentant der Regierungen der Mitgliedstaaten sowohl in formaler Hinsicht als auch in der Praxis ein mächtigeres Organ als das Parlament; vor allem, weil er auch jenseits von gesetzgeberischen Entscheidungen ein breites Spektrum von EU-Politiken steuert oder koordiniert. Die schrittweise Institutionalisierung des Europäischen Rates beinhaltet eine weitere, enorme Stärkung der herausgehobenen Stellung der Mitgliedstaaten in allen EU-Angelegenheiten und Integrationsfragen. Der Europäische Gerichtshof nimmt eine unabhängige Position ein, die dem Prinzip der Gewaltenteilung auf nationalem Niveau entspricht.

Alle fünf Organe sind durch tiefgreifende Widersprüche charakterisiert. Die Kommission hat weitreichende Kompetenzen, sie ist jedoch in allen Gesetzgebungs- und Haushaltsentscheidungen vom Rat und zunehmend auch vom Parlament abhängig. Der Rat ist ein mächtiger Akteur in der Gesetzgebung und anderen politischen Entscheidungen; als ein intergouvernementales Gremium ist er jedoch intern fragmentiert entsprechend den divergierenden Interessen der Mitgliedstaaten und somit in der Ausübung seiner Funktionen eingeschränkt. Das Gleiche trifft auch auf den Europäischen Rat zu: Er strebt nach der obersten Führungsrolle in der EU; der Dissens zwischen seinen Mitgliedern behindert ihn aber in der Ausübung dieser Rolle. Das Parlament hat im Laufe der Integration beträchtliche Kompetenzen hinzugewonnen; aber es ist ebenfalls intern fragmentiert aufgrund der heterogenen Zusammensetzung seiner Mitglieder; zudem ist es trotz der direkten Legitimation faktisch in einer schwächeren Position aufgrund der mangelnden Unterstützung vonseiten der Wähler. Der Gerichtshof ist zwar die oberste Autorität in allen die EU betreffenden Rechtsfragen; er ist jedoch den Gerichten der Mitgliedstaaten nicht übergeordnet.

Es könnte nun so scheinen, dass die EU aufgrund ihrer dualistischen institutionellen Struktur sowie der Widersprüche, die jedes ihrer Organe charakterisieren, ein vergleichsweise schwaches politisches System ist. Eine solche Annahme wäre jedoch verfehlt. Die Union erweist sich oft als erstaunlich handlungsfähig, trotz der scheinbar „schwachen" Struktur ihrer Institutionen. Faktisch sind die Institutionen aber nicht so schwach, wie sie auf den ersten Blick erscheinen, im Gegenteil, in ihrer Gesamtheit stellen sie ein hochgradig funktionsfähiges Gewebe dar. Diese Tatsache ist nicht zuletzt dem Umstand geschuldet, dass die einzelnen Organe sich auf „starke" Akteure und deren Initiative stützen können.

Die Kombination von schwachen, aber interdependenten Institutionen und starken Akteuren resultiert nicht nur in einer erstaunlichen Funktionsfähigkeit des Systems, sondern auch in einer weitergehenden institutionellen Ausdifferenzierung, die ihrerseits die Entscheidungsmacht zwischen einer wachsenden Zahl von

Akteuren fragmentiert. Auf diese Weise bleibt das System schwacher Institutionen und starker Akteure erhalten. Die folgenden Kapitel werden zeigen, wie die institutionellen Akteure die Möglichkeiten nutzen, die ein solches System bietet, und wie sie mit den inhärenten Einschränkungen, die es begleiten, umgehen.

6 Die Funktionsweise der EU: Konflikt versus Konsens im Entscheidungsprozess

Wurde im Vorgehenden die Struktur des EU-Systems und insbesondere das Gefüge seiner Institutionen dargestellt, so wird die Stellung, Bedeutung und Machtposition der einzelnen Organe und Institutionen in diesem Gefüge doch erst deutlich in Verbindung mit der Analyse der Interaktion zwischen ihnen, und damit der Funktionsweise des Systems. Die Interaktion zwischen den europäischen Organen findet im Wesentlichen im Rahmen von drei Arten von Entscheidungen statt, die sich in ihrer Bedeutung und Reichweite unterscheiden: 1. Entscheidungen, die der Recht- und Regelsetzung gelten und zumeist der Ausformulierung von Inhalten und Verfahrensweisen europäischer Politiken dienen; 2. Grundsatzentscheidungen, die den Gesamtprozess der europäischen Integration, bedeutende Integrationsschritte, Reformen der Systemstruktur oder die Erweiterung der EU um neue Mitgliedstaaten betreffen; 3. Entscheidungen, die im Zuge der Ausübung von Exekutivfunktionen der EU anfallen, das heißt, die die Art und Weise der Politikimplementation begleiten und strukturieren.

Alle drei Kategorien von Entscheidungen sind in ihren Verfahrensabläufen zwar grundsätzlich über die Verträge und zusätzliche Kodifizierungen geregelt; gleichzeitig sind sie aber auch so offen gestaltet, dass sich ein breiter Handlungs- und Gestaltungsspielraum für die einzelnen Organe und ihre Akteure eröffnet. Es lässt sich unschwer erraten, dass dieser Spielraum nicht nur im Interesse von effizienten und effektiven Abläufen der jeweiligen Entscheidungsverfahren genutzt wird, sondern zugleich auch für die Austragung von Konflikten und Machtkämpfen um Kompetenzen, Kontrollbefugnisse, Definitionshoheit und Gestaltungsmacht und generell um maximale Einflussnahme im Prozess der europäischen Integration. Gleichzeitig nötigt diese „offene" Situation den betroffenen Akteuren ein hohes Maß an Bereitschaft zum Konsens sowie eine zunehmende Fertigkeit im Herausfinden, Aushandeln und Eingehen von Kompromisslösungen auf. Es sind die darüber auskristallisierenden spezifischen Formen und Verfahren des Konfliktaustrags und der Konsensfindung, die die Funktionsweise des EU-Systems in allen Bereichen der Entscheidungsfindung charakterisieren.

Die einzelnen Organe der EU sind in unterschiedlichem Maße an den jeweiligen Entscheidungen beteiligt. Während in der Recht- und Regelsetzung im Wesentlichen die Kommission, der Rat und das Parlament interagieren, obliegen die Grundsatzentscheidungen, die sich zumeist in Vertragsänderungen manifestieren, vornehmlich dem Rat und insbesondere dem Europäischen Rat; den anderen Organe kommt allenfalls eine beratende Funktion in diesem Bereich zu. Exekutiventscheidungen sind dagegen primär eine Aufgabe der Kommission; sie übt solche Aufgaben jedoch in intensiver Interaktion mit dem Rat aus, der es sich nicht nehmen lassen will, auch in dieser Phase noch Kontrolle auszuüben.

Im Folgenden sollen die drei Entscheidungsverfahren und die sie begleitende Praxis näher analysiert werden, um so die Besonderheiten der Funktionsweise des EU-Systems sowie der Interaktion zwischen den beteiligten Organen und Akteuren herauszuarbeiten. Der Gerichtshof bleibt dabei außer Betracht, da er nicht direkt mit den anderen Organen interagiert.

6.1 Recht- und Regelsetzung

Ein großer Teil europäischer Beschlussfassung bezieht sich auf den Erlass von Gesetzen und anderen mehr oder weniger verbindlichen Regeln. Da die Union inzwischen in einem breiten Spektrum von Politiken über entsprechende Kompetenzen verfügt, ist der Korpus an europäischen Gesetzen sehr umfangreich, ja kaum noch zu übersehen. Die Recht- und Regelsetzung der EU fächert sich in ein breites Spektrum auf, das der Ausgestaltung oder auch Umstrukturierung und Reform ganzer Politikfelder oder lediglich der Festlegung von Einzelregelungen dient, beispielsweise im Bereich von Marktordnungen, technischen Standards oder der Definition von Produktqualitäten. Es kommt somit zu einer deutlichen Differenzierung zwischen einerseits politischen Entscheidungen, andererseits Entscheidungen mit eher „technischem" Charakter.

In der Rechtsetzung verfügt die Kommission über ein ausschließliches Initiativrecht, das heißt, sie allein arbeitet die Gesetzesvorlagen aus, während Rat und Parlament über diese Vorlagen entscheiden und somit die Gesetze annehmen. In der Vergangenheit war das Parlament in unterschiedlichem Maße an der Rechtsetzung beteiligt, zunächst nur in beratender Funktion, dann über ein sogenanntes Kooperationsverfahren bis schließlich hin zur Kodezision oder Mitentscheidung. Der Lissabon-Vertrag verlieh dann dem Parlament die volle Mitentscheidung in allen Ordentlichen Gesetzgebungsverfahren.

Unabhängig von der jeweiligen Rolle des Parlaments wird das europäische Gesetzgebungsverfahren unter Beteiligung der drei Organe im EU-Jargon und auch in der Fachliteratur als „Gemeinschaftsmethode" bezeichnet; dies im Gegensatz zu rein intergouvernementalen Entscheidungsverfahren, bei denen im Wesentlichen der Ministerrat oder auch der Europäische Rat entscheiden, während Kommission und Parlament, so überhaupt, allenfalls eine marginale Rolle spielen. Die Gemeinschaftsmethode gilt als „unique" (Dehousse 201!), weil sie den supranationalen Institutionen wie den Mitgliedstaaten eine eminente Rolle in der Gesetzgebung zuweist; allerdings wird die Methode auch kritisiert, vor allem wegen der weitgehenden Rechte der Kommission als einem nicht gewählten Organ (Majone 2009).

Europäische Rechtshandlungen werden in den Verträgen durch eine spezifische Terminologie bezeichnet.[1] Demnach sind fünf Arten von Rechtshandlungen zu unterscheiden, von denen drei Gesetzescharakter haben (Art. 288 AEUV, siehe auch Borchardt 2010: 97–107):

1. *Verordnungen:* Diese haben „allgemeine Geltung" und sind in „allen Teilen verbindlich"; sie gelten „unmittelbar in jedem Mitgliedstaat".
2. *Richtlinien:* Diese sind „für jeden Mitgliedstaat, an den sie gerichtet sind, hinsichtlich des zu erreichenden Ziels verbindlich"; die „Wahl der Form und der Mittel" ist jedoch den Mitgliedstaaten überlassen.
3. *Beschlüsse:* Diese sind ebenfalls verbindlich, beziehen sich jedoch in der Regel auf einen eng begrenzten Themenbereich und werden an bestimmte Adressaten gerichtet.
4. *Empfehlungen:* Diese haben keinen verbindlichen Charakter; es werden lediglich zu erreichende Ziele definiert und den Adressaten nahegelegt.
5. *Stellungnahmen:* Diese sind ebenfalls nicht verbindlich; über diese kann eine (politische) Lagebeurteilung zum Ausdruck gebracht werden.

Empfehlungen und Stellungnahmen, die sowohl von der Kommission als auch vom Rat ohne Einbezug der jeweils anderen Organe erlassen werden können, bringen lediglich politische Optionen zum Ausdruck, können allerdings in einem späteren Stadium in verbindliche Rechtsakte einfließen. Dagegen sind Verordnungen, Richtlinien und Entscheidungen rechtsverbindliche Instrumente, deren Inhalte oder Regelungen von den Adressaten einzuhalten sind. Auch die Entscheidungen, über die meist Ausführungsmodalitäten in Bezug auf bereits vereinbarte Politiken geregelt werden, können jeweils von Ministerrat oder Kommission ohne Beteiligung anderer Organe getroffen werden, womit lediglich Richtlinien und Verordnungen dem Ordentlichen Gesetzgebungsverfahren beziehungsweise der Gemeinschaftsmethode unterliegen.

In der rechtswissenschaftlichen Literatur werden die Verordnungen als die „schärfste Form" der Ausübung des Gemeinschaftsrechts bezeichnet, da diese „die Verdrängung nationaler Regelungen durch Unionsnormen" beinhalten (Borchardt 2010: 98). Wenngleich diese Aussage richtig ist, ist sie doch insofern irreführend, als in der politischen Praxis Verordnungen primär da eingesetzt werden, wo es um die explizite Regelung von EU-Politiken und die Modalitäten ihrer Implementation (z. B. Strukturfonds) oder aber um Marktordnungen und die Definition von Produktstan-

---

1 Mit dem Verfassungsvertrag wurde der Versuch unternommen, diese Terminologie dem „normalen" Sprachgebrauch anzupassen und damit vertändlicher zu machen. So wurde zwischen folgenden Rechtshandlungen unterschieden (Art. I-33, Abs. 1 VVE): 1. Europäisches Gesetz, 2. Europäisches Rahmengesetz, 3. Europäische Verordnung, 4. Europäischer Beschluss, 5. Empfehlung und Stellungnahme. Leider wurde bei der Erarbeitung des Lissabon-Vertrags diese Terminologie wieder fallengelassen und auf die alten Begriffe zurückgegriffen.

dards geht. Demgegenüber beinhalten Richtlinien wesentlich weitergehende politische Zielbestimmungen, die meist EU-weite Harmonisierungen anstreben und somit sehr tief in die nationale Gesetzgebung und damit in die gesamte Logik politischer Regelungssysteme der Mitgliedstaaten einschneiden. So kann eine einzige Richtlinie – beispielsweise zur Gleichstellung von Mann und Frau beim Arbeitsentgelt – die Revision einer Vielzahl von Gesetzen und Regelungen auf der nationalen Ebene erfordern, um das Gesamtziel zu erfüllen. Nicht zuletzt erklären diese komplexen Folgewirkungen auch, warum die Mitgliedstaaten so häufig, so lange und so systematisch bei der Umsetzung von Richtlinien hinter dem gesetzten Zeitrahmen hinterherhinken (vgl. Falkner et al. 2005, Hartlapp 2005 und 2009, Falkner und Treib 2008). Im politischen Sinne und in ihren Konsequenzen für die Mitgliedstaaten sind also eher die Richtlinien als die weiterreichenden Rechtshandlungen der Union zu werten, da sie sich generell auf ein wesentlich breiteres Feld von politischen Regelungen beziehen und zugleich die Transformation nationaler Gesetze und Regelsysteme erfordern.

Betrachtet man den konkreten Ablauf der Entscheidungsverfahren im Gesetzgebungsbereich, ist es zunächst die Kommission, die die Initiative ergreift. Allerdings kann sie zuvor vom Europäischen Rat oder Ministerrat und seit dem Vertrag von Maastricht auch vom Parlament aufgefordert worden sein, in Bezug auf bestimmte Themen oder Problemfelder tätig zu werden. Der Lissabon-Vertrag ermöglicht sogar den Bürgern der EU, einen solchen Vorschlag zu lancieren; allerdings bedarf es dazu mindestens einer Million Unterstützer „einer erheblichen Anzahl von Mitgliedstaaten" (Art. 11(4) EUV-L). Trotz der vielfältigen Möglichkeiten zu solchen Aufforderungen ist anzunehmen, dass der größere Teil der Vorschläge seine Quelle direkt oder indirekt bei der Kommission findet, da sie als Motor der Integration fungiert und zudem über die umfangreichsten Ressourcen verfügt, um Gesetzesvorhaben auszuarbeiten.[2]

Die Kommission erarbeitet auf der Grundlage ihrer internen Verfahren (vgl. ausführlich Kap. 7.1) einen Gesetzesvorschlag, der nach Verabschiedung durch die Gesamtkommission Rat und Parlament zugeleitet wird. Je nach Sachgebiet sind eventuell der Wirtschafts- und Sozialausschuss sowie der Ausschuss der Regionen zu hören (vgl. Kap. 9.2 und 10.1), wobei deren Stellungnahmen keinerlei bindende Wirkungen haben. Der weitere Verfahrensablauf hängt nun von der Rolle des Parlaments im Gesetzgebungsprozess ab. In der Vergangenheit variierte das Verfahren entsprechend dem Grad der Beteiligung des Parlaments; je nachdem, ob das Vorschlagsverfahren, das Verfahren der Kooperation oder das der Kodezision vertraglich vorgesehen war, kam es zu einer, zwei oder drei Lesungen im Parlament.

---

2 Mit dem Verfassungsvertrag sollte diese Vormachtstellung der Kommission allerdings ausgehöhlt werden, indem in bestimmten Fällen auch eine Gruppe von Mitgliedstaaten oder das Europäische Parlament die Gesetzesinitiative ergreifen konnten; letztlich wurden diese Vorschläge aber nicht in den Lissabon-Vertrag aufgenommen.

Das *Vorschlags- oder Konsultationsverfahrens* beinhaltete, dass der Rat den Kommissionsvorschlag dem Parlament zur Anhörung zuleitete. In der Folge gab das Parlament eine Stellungnahme ab, die jedoch für den Rat nicht bindend war. Die Kommission konnte allerdings die Stellungnahme des Parlaments ganz oder teilweise in ihren Vorschlag aufnehmen, womit diese ein stärkeres politisches Gewicht erhielt.[3] Der Vorschlag konnte sodann vom Rat definitiv verabschiedet werden.

Das *Kooperationsverfahren,* das mit der Einheitlichen Europäischen Akte (1987) erstmals eingeführt wurde, sah zwei Lesungen des EP vor (Art. 189c EGV-M und 252 EGV-A). Bei diesem Verfahren stellte der Rat nach Anhörung des Parlaments (erste Lesung) einen gemeinsamen Standpunkt fest, mit dem er seine Präferenz zum Ausdruck brachte. Das Parlament gab dazu in zweiter Lesung seine Stellungnahme ab, mit der es den Vorschlag bestätigte, ablehnte oder, am wahrscheinlichsten, weiter amendierte. Im Falle der Bestätigung genügte eine qualifizierte Mehrheit des Rates, um das Gesetz anzunehmen; bei Ablehnung des Parlaments musste der Rat Einstimmigkeit erreichen, um die Meinung des Parlaments zu überstimmen. Schlug das Parlament Amendierungen vor, hing das weitere Verfahren von der Kommission ab. Übernahm sie die Vorschläge des EP, konnte der Rat mit qualifizierter Mehrheit entscheiden; war das nicht der Fall, musste er wiederum Einstimmigkeit erzielen. Das Verfahren der Kooperation wurde mit dem Amsterdamer Vertrag auf nur noch wenige Anwendungsfälle reduziert; mit dem Lissabon-Vertrag wurde es gänzlich abgeschafft.

Das *Kodezisions- oder Mitentscheidungsverfahren,* das mit dem Vertrag von Maastricht eingeführt wurde (1993 in Kraft), erweiterte erheblich die Rechte des Parlaments (Art. 189b EGV-M). Es sah insgesamt drei Lesungen vor: Die ersten beiden verliefen nach dem Muster des Kooperationsverfahrens; bei weiterhin bestehender Uneinigkeit zwischen beiden Organen kam nach der zweiten Lesung ein Vermittlungsausschuss zum Einsatz. Gelang es dem Ausschuss, einen Konsens zu finden, konnte die Vorlage in dritter Lesung von beiden Seiten angenommen werden; beim Rat reichte dazu die qualifizierte Mehrheit. Kam kein Konsens zustande und das Parlament lehnte den Vorschlag in dritter Lesung mit absoluter Mehrheit ab, war das Gesetzesvorhaben definitiv gescheitert. Das Parlament hatte in diesem Falle ein Vetorecht ausgeübt. Mit dem Vertrag von Amsterdam wurde das Verfahren erheblich vereinfacht: Das EP konnte bereits in der zweiten Lesung eine Vorlage definitiv annehmen oder ablehnen (Art. 251(2) EGV-A); zudem galt eine solche bereits als gescheitert, wenn der Vermittlungsausschuss keine Einigung erzielen konnte (vgl. Art. 251(6) EGV-A).

---

3 Versuche des Parlaments, die grundsätzliche Übernahme seiner Vorschläge durch die Kommission verbindlich zu regeln, scheiterten am Widerstand von Kommission und Ministerrat (vgl. Nicoll 1994).

Die sukzessive Ausweitung der legislativen Kompetenzen des Parlaments zeigt, dass der Rat nur zögernd bereit war, die Einschränkung seiner ursprünglich exklusiven Rechte in der Gesetzgebung zu akzeptieren. Beim Vorschlagsverfahren konnte er die Position des EP noch gänzlich ignorieren; beim Kooperationsverfahren musste er zumeist Einstimmigkeit erzielen; erst bei der Mitentscheidung war der Rat aufgrund des Vetorechts des Parlaments gezwungen, mit diesem Kompromisse einzugehen, jedenfalls dann, wenn er an einer Gesetzgebung interessiert war. Allerdings konnte der Rat trotz der Einführung der Kodezision die Rolle des Parlaments weiterhin einschränken, indem er dieses Verfahren nur für eine begrenzte Anzahl von Fällen zuließ. Drei aufeinanderfolgende Vertragsänderungen (Amsterdam, Nizza, Lissabon) waren nötig, um den Anwendungsbereich der Kodezision sukzessive auszuweiten, bis diese schließlich im Lissabon-Vertrag unter dem Namen Ordentliches Gesetzgebungsverfahren auf ein breites Spektrum von Politikfeldern und Themengebieten ausgeweitet wurde.

Doch auch unter diesem neuen Vertrag ist das Parlament noch nicht in allen Bereichen gleichberechtigter Gesetzgeber. Vielmehr bestehen noch besondere Gesetzgebungsverfahren, bei denen dem Parlament zumeist nur eine beratende Funktion zukommt (Lieb und Maurer 2009: 46–47). In diesen Fällen handelt der Rat „mit Beteiligung des Europäischen Parlaments", oder umgekehrt, das Parlament mit Beteiligung des Rates (Art. 289(2) AEUV). Die Fälle, die nach dem besonderen Verfahren entschieden werden, reichen von bestimmten Aspekten der Währungsunion über soziale und justizielle Angelegenheiten bis hin zu Bürgerrechten; ferner gilt das Verfahren für die Annahme des mehrjährigen Finanzrahmens sowie die Regelungen zur Wahl des EP. Kurzum, das Verfahren gilt für sensible Politikfelder und Themenbereiche, für Entscheidungen mit distributiven Implikationen sowie für Politiken, die lediglich eine Kooperation unter den Mitgliedstaaten statt EU-Aktivitäten vorsehen. Dementsprechend ist es in fast all diesen Fällen der Rat, der unter Beteiligung des Parlaments entscheidet; im Rat gilt dann Einstimmigkeit, während das EP nur konsultiert wird. In seltenen Fällen ist die Zustimmung des EP erforderlich. In den wenigen Fällen, in denen das Parlament unter Mitwirkung des Rates entscheidet, ist dessen Zustimmung grundsätzlich erforderlich. Faktisch besteht somit weiterhin das Konsultationsverfahren, obwohl es oberflächlich gesehen den Anschein hat, als sei es längst abgeschafft. Dabei ist allerdings zu beachten, dass das Verfahren heute für Politiken und Themen gilt, von denen man sich zu Zeiten der allgemeinen Gültigkeit dieses Verfahrens nicht vorstellen konnte, dass sie jemals Gegenstand europäischer Politik sein würden.

An diesem Punkt stellt sich die Frage, warum die Mitgliedstaaten überhaupt bereit waren, das Parlament so sehr zu ermächtigen; denn ein solcher Schritt passt kaum zu intergouvernementalistischen oder Rational-Choice-Argumentationsmustern über nutzenmaximierende Akteure, die ihr Eigeninteresse verfolgen. Gegenüber diesen Theorien hat Rittberger (2005) eine alternative Erklärung erarbeitet. Aus seiner Sicht haben nationale Eliten als Vertreter demokratischer Staaten die Diskrepanz zwischen einer konsequenziellen Legitimation (die sich auf die Resultate von Entscheidungen bezieht) und einer Verfahrenslegitimation erkannt. Dementsprechend bemühten sie sich, diese Diskrepanz zu beheben, indem sie das Europäische Parlament sukzessive in der Gesetzgebung und in Haushaltsfragen ermächtigten und somit die Verfahrenslegitimation der EU stärkten. Allerdings ist anzunehmen, dass es dabei nicht nur um die Stärkung der Verfahrenslegitimation ging, sondern auch um die indirekte Einschränkung der Macht der Kommission in der Gesetzgebung.

Gegenwärtig ist das Ordentliche Gesetzgebungsverfahren nach dem Lissabon-Vertrag folgendermaßen organisiert (Art. 294 AEUV): Es umfasst drei Lesungen; wenn der Rat in erster Lesung die Position oder Änderungsvorschläge des Parlaments annimmt, gilt der Rechtsakt als erlassen. Formuliert der Rat eine andere Position, geht das Verfahren in die zweite Lesung. Das Parlament kann den Gesetzentwurf bereits in zweiter Lesung ablehnen, womit er definitiv als nicht erlassen gilt (Vetorecht). Umgekehrt gilt der Rechtsakt als erlassen, wenn das Parlament ihn in zweiter Lesung billigt; es bedarf dann nicht mehr einer Ratsentscheidung. Wenn das EP die Ratsposition abändert und der Rat diese Änderungen nicht billigt, wird der Vermittlungsausschuss einberufen. Kommt der Ausschuss nicht zu einer Einigung, gilt der Entwurf als abgelehnt. Bei Einigung auf einen gemeinsamen Entwurf müssen beide Organe in einer dritten Lesung ihre Zustimmung geben, um den Rechtsakt anzunehmen. In allen Phasen des Verfahrens reicht eine qualifizierte Mehrheitsentscheidung im Rat; ausgenommen sind Änderungsanträge des Parlaments, zu denen die Kommission ein negatives Votum abgegeben hat; sie bedürfen der Einstimmigkeit. Das Parlament entscheidet mit einfacher Mehrheit, wenn es die Ratsposition oder den Kompromiss des Vermittlungsausschusses annimmt, also in der ersten und dritten Lesung; lehnt es dagegen die Ratsposition ab (zweite Lesung), ist eine absolute Mehrheit erforderlich. Abbildung 6.1 zeigt den Ablauf des ordentlichen Gesetzgebungsverfahrens, wie es derzeit gültig ist.

Organe der Entscheidungsfindung

Phase des Erlasses von Rechtsakten	Kommission	Parlament	Ministerrat	Status des Erlasses von Rechtsakten
Vorbereitung	Vorschlag der Kommission			
1. Lesung		Stellungnahme zu Vorschlag	Billigung	Rechtsakt erlassen
			Standpunkt des Rates	
2. Lesung		Billigung		Rechtsakt erlassen
		Ablehnung		Rechtsakt nicht erlassen
		Abänderung	Billigung	Rechtsakt erlassen
			Ablehnung Abänderung	
Vermittlungs- phase	Initiativen zur Vermittlung	Keine Einigung		Rechtsakt nicht erlassen
		Gemeinsamer Entwurf		
3. Lesung		Ablehnung		Rechtsakt nicht erlassen
			Ablehnung	Rechtsakt nicht erlassen
		Billigung	Billigung	Rechtsakt erlassen

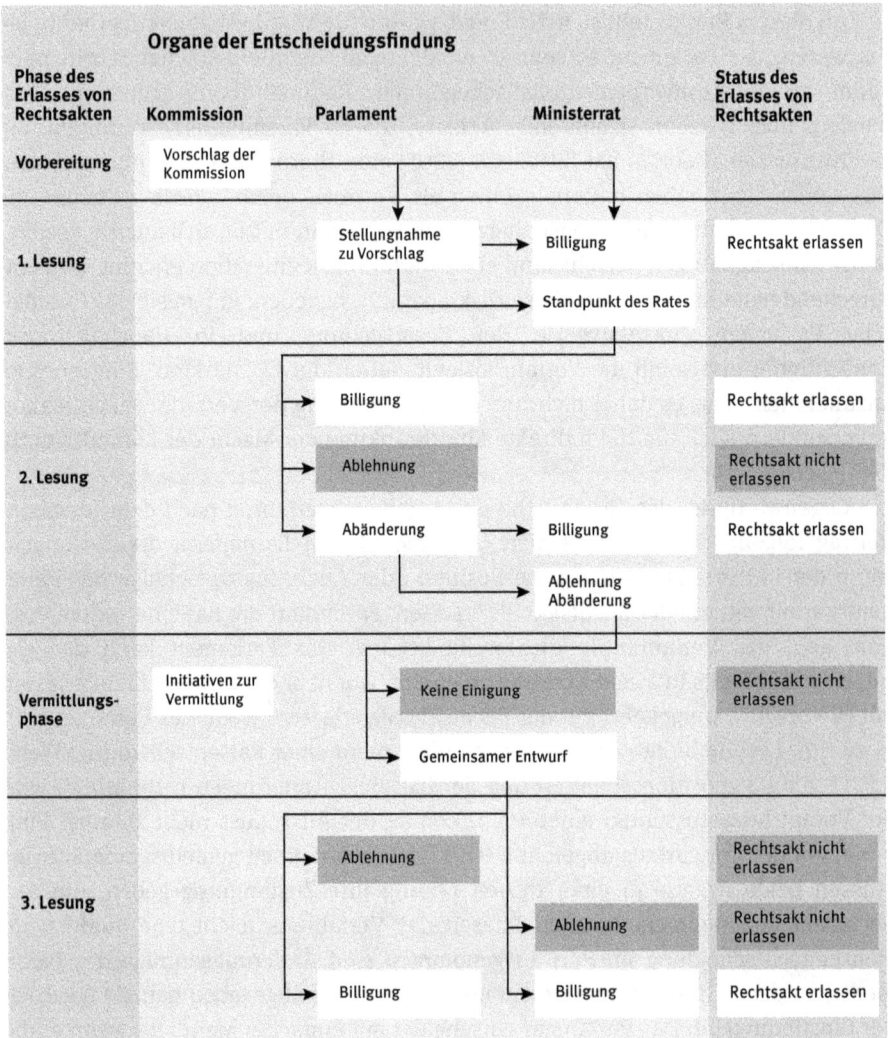

Abbildung 6.1: Das Ordentliche Gesetzgebungsverfahren nach dem Lissabon-Vertrag (Quelle: eigene Darstellung nach Art. 294 AEUV)

Der Vermittlungsausschuss setzt sich aus einer gleichen Zahl von Delegierten aus Rat und Parlament zusammen; der Umfang jeder Delegation entspricht der Zahl der Mitgliedstaaten (Art. 294(10) AEUV). Das Parlament entsendet in der Regel einen Vizepräsidenten, der ein erfahrener Verhandlungsführer ist. Hinzu kommen der Berichterstatter des betreffenden Dossiers sowie die Vorsitzenden der zuständigen Ausschüsse. Weitere Delegierte werden entsprechend dem Gewicht der politischen Parteiengruppierungen im EP entsandt. Der Rat wird generell von COREPER beziehungsweise den Arbeitsgruppen vertreten, die es verstehen, europäische Verhandlungen erfahren und professionell zu führen. Die Kommission hat ebenfalls einen Sitz in dem Ausschuss, jedoch nur als Vermittlerin und ohne Stimmrecht (Art. 294(11) AEUV).

Trotz der Komplexität des ordentlichen Gesetzgebungsverfahrens stehen seine Effizienz und Effektivität außer Frage. Die meisten Verfahren führen nicht in die Sackgasse der Nicht-Entscheidung, sondern zum Erlass eines Rechtsakts. In 84% der Fälle gelingt dies bereits nach der ersten Lesung; weitere 14% werden nach der zweiten Lesung abgeschlossen. Nur 2% der Fälle erfordern eine dritte Lesung und ein entsprechendes Vermittlungsverfahren (alle Zahlen beziehen sich auf die 7. Legislaturperiode, von Juni 2009 bis März 2014; siehe: Europäisches Parlament: http://www.europarl.europa.eu/code/about/statistics_en.htm, Abruf: 04.04.2014). Die Effektivität der Verfahren, die in nahezu gleicher Form bereits seit dem Vertrag von Amsterdam gelten, hat sich im Laufe der Zeit signifikant erhöht. So wurden in der 5. Legislaturperiode von 1999 bis 2004 lediglich 33% der Verfahren bereits nach der ersten Lesung abgeschlossen; 47% benötigten zwei Lesungen und 21% wurden erst nach der dritten Lesung angenommen (Zahlen aus Europäisches Parlament: http://ec.europa.eu/codecision/statistics/index_en.htm, Abruf: 04.04.2014).

Fragt man nach dem Sinn und Zweck dieser komplizierten Verfahren – wobei in der obigen Darstellung die schwierige Entscheidungsfindung innerhalb der einzelnen Organe noch nicht einmal einbezogen ist – dann ist zu berücksichtigen, dass diese als solche von den verantwortlichen Politikern nicht bewusst intendiert waren, sondern im Prozess einer schrittweisen und kaum geordneten Erweiterung der Rechte des Parlaments bei gleichzeitiger Wahrung der strukturellen Vormachtstellung des Rates „herausgekommen" sind. Das ursprünglich komplementäre Verhältnis zwischen Kommission und Rat wurde durch das Hinzukommen eines dritten Players erheblich verkompliziert. Allerdings wurde dem durch eine nachfolgende Vereinfachung des Verfahrens erfolgreich entgegengewirkt, indem trotz der grundsätzlich vorgesehenen drei Lesungen die definitive Billigung oder Ablehnung von Gesetzesvorschlägen bereits nach der ersten oder während und nach der zweiten Lesung möglich sind. Zudem wurden zusätzliche Verfahren eingeführt, um die Konsensfindung zwischen den Organen zu erleichtern.

So wurde parallel zum Vermittlungsausschuss ein Schlichtungsverfahren in der Form des sogenannten Trilogs eingeführt, an dem Vertreter von COREPER, dem Parlament und der Kommission partizipieren (Farrell und Héritier 2004: 1197). Ziel dieses Verfahrens ist es, die jeweiligen Standpunkte auszutauschen, einander anzunähern und möglichst schon vor der ersten Sitzung des Vermittlungsausschusses einen Kompromiss zu finden, der dann nur noch abgesegnet werden muss. Gelingt das nicht, begleitet der Trilog die weitere Arbeit des Vermittlungsausschusses. Zusätzlich zum Trilog können auch noch fachbezogene Sitzungen auf der Ebene der Sekretariate der drei Organe einberufen werden, um die Kompromissfindung zu unterstützen. Es kommt somit zu einem intensiven Austausch zwischen den Organen, um die jeweiligen Gesetzesinitiativen zu einem erfolgreichen Abschluss zu bringen.

Allerdings ist zu betonen, dass das Vermittlungsverfahren nur noch selten in Anspruch genommen wird; denn neben dem offiziellen Trilog im Rahmen des Vermittlungsverfahrens hat sich ein informeller Trilog zwischen der ersten und der zweiten Lesung herausgebildet. Dieser informelle Trilog ermöglicht Kommission, Rat und Parlament, bereits in einem frühen Stadium einen gemeinsamen Text zu erarbeiten und zu verabschieden (Farrell und Héritier 2004: 1197, Rasmussen 2011, Héritier und Reh 2012). Diese Möglichkeit wird intensiv genutzt, wie die oben präsentierten Zahlen belegen. Nach einer anfänglichen Phase, in der das Parlament den Vermittlungsausschuss häufig in Anspruch nahm, ist die Entscheidungsfindung gegenwärtig durch die gemeinsame Suche nach Kompromisslösungen möglichst im Rahmen von zwei Lesungen gekennzeichnet, womit die europäische Gesetzgebung trotz der Parlamentsbeteiligung enorm beschleunigt werden konnte. Dieser Effizienzgewinn hat allerdings seinen Preis, „since early agreements tend to keep the decision out of the hands of the plenary Assembly" (Costa 2011: 74). Zudem gilt: „this streamlining is reducing the transparency of Parliamentary decisions and limiting their political scope" (Costa 2011: 74, siehe auch Reh et al. 2010, Rasmussen 2011, Héritier und Reh 2012).

Die komplizierten Verfahren der europäischen Gesetzgebung und die sie begleitenden Vermittlungsverfahren haben weitreichende Implikationen für die beteiligten Organe, indem diese in einen permanenten, simultanen Prozess der Kompromiss- und Konsensfindung eintreten. Ihnen obliegt die Aufgabe, aus der Vielzahl von Vorschlägen der Kommission über einen schrittweisen Prozess der inhaltlichen Annäherung Konsensbereiche herauszufiltern, Konfliktthemen zu minimieren und ehrgeizige Politikkonzepte und Integrationsstrategien zu allseits akzeptierbaren Regelungen kleinzuarbeiten. Um diese Aufgabe zu erfüllen, kooperieren die Organe eng im Rahmen des informellen Trilogs; zudem pflegen sie auch intensive bilaterale Beziehungen auf der Suche nach dem Konsens.

Die Kommission erfüllt in diesem Kontext die Rolle einer Vermittlerin sowohl gegenüber dem Rat als auch dem Parlament. Da sie an allen Ratssitzungen beteiligt ist, kann sie im Falle größerer Konflikte zwischen den Mitgliedstaaten Änderungen ihres ursprünglichen Vorschlags, geeignete Kompromissformeln oder auch Paketlösungen einbringen. Mit dem Parlament kooperiert sie in einem möglichst frühzeitigen Stadium der Entscheidungsfindung, um die jeweiligen Standpunkte einander anzunähern. Beide Organe pflegen einen intensiven Informationsaustausch, der zu konvergierenden Meinungen führt und so die Konsensfindung erleichtert. In bestimmten Phasen des Gesetzgebungsprozesses gibt die Kommission Stellungnahmen zu den Änderungsanträgen des EP ab.

Parlament und Rat versuchen ebenfalls, ihre Standpunkte einander anzunähern sowie Übereinstimmungen und Konfliktthemen zu identifizieren; dazu nutzen sie vor allem den informellen Trilog, über den sie häufig zu einer frühzeitigen Einigung kommen. Diese Vorgehensweise hat zu einer Informalisierung der Beziehungen zwischen den beiden Organen geführt und in der Folge auch zu einer Verschiebung der Machtverhältnisse innerhalb des Parlaments zwischen denen, die am Zustandekommen der Einigung beteiligt sind, und den übrigen Parlamentariern (Farell und Héritier (2004: 1198). So kommen Héritier und Reh (2012) zu dem Schluss: „Indeed, being at the centre of interorganisational negotiations in all policy areas seems to have brought a certain loss of open parliamentary debate, a marginalisation of rank-and-file MEPs, in particular those from small political groups and, thus, a challenge to institutional legitimacy".

In diesem komplexen Prozess der Konsensfindung zwischen den beteiligten Organen sind die Einflussmöglichkeiten auf das Endresultat ungleich verteilt. Die Kommission verfügt lediglich über ein exklusives Vorschlagsrecht. Wenngleich dieses mit weiteren Rechten verbunden ist, so der Möglichkeit, ihren Vorschlag zu jedem Zeitpunkt zu verändern oder zurückzuziehen, bleibt sie doch auf die Rolle der Initiatorin und Vermittlerin beschränkt. Das ermöglicht ihr zwar, gestaltenden Einfluss auf die Gesetzgebung auszuüben, nicht jedoch, diese definitiv zu bestimmen. Insbesondere im Falle einer frühzeitigen Einigung zwischen Rat und Parlament hat sie kaum noch die Möglichkeit, ihren Vorschlag zurückzuziehen, auch wenn das Ergebnis des Kompromisses nicht ihren Intentionen entspricht.

Auch das Parlament ist trotz seiner formalen Gleichberechtigung mit dem Rat in seiner Rolle als Mitgesetzgeber eingeschränkt. So kann es sein Vetorecht nicht beliebig ausüben, denn der häufige Gebrauch dieses Rechts würde das Parlament als unkooperativen Partner brandmarken. Dies würde seinerseits die Bereitschaft des Rates vermindern, dem Parlament mit Kompromissen entgegenzukommen (Judge und Earnshaw 2003: 254–256). Zudem kann die Annahme eines Gesetzes, das allenfalls eingeschränkt den Präferenzen des Parlaments entspricht, einer Entscheidungsblockade infolge eines Vetos vorzuziehen sein. Das Vetorecht kann somit in der Praxis vor allem als Drohpotenzial genutzt werden, um Ergebnisse zu erzielen, die den Präferenzen des Parlaments zumindest partiell entgegenkommen. Das Parlament muss somit eine Balance finden zwischen der Nutzung seiner formalen Rechte und der Rolle des kooperativen Partners. In der Regel entscheidet es sich für die Kooperation, in der Hoffnung, in anderen Fällen möglicherweise mehr zu gewinnen. Gelegentlich scheut es sich aber nicht, von seinem Vetorecht Gebrauch zu machen. Insgesamt ist die Haltung des Parlaments in allen Phasen des Entscheidungsverfahrens nicht ausschließlich von seinen inhaltlichen Präferenzen bestimmt, sondern auch von strategischen und taktischen Kalkülen über den optimalen Gebrauch seiner Rechte oder die Erfolgschancen von kompromissbereitem Auftreten.

Das bedeutet allerdings nicht, dass das Ergebnis des Gesetzgebungsprozesses vorrangig vom Rat bestimmt wird. Im Gegenteil: Die Praxis europäischer Entscheidungsfindung zeigt, dass nicht nur einzelne Mitgliedstaaten, sondern mitunter auch der Ministerrat in seiner Gesamtheit Entscheidungen akzeptieren muss, die er zunächst nicht favorisiert hat. Dies kann zum Beispiel der Fall sein, wenn eine Mehrheit des Rates ein suboptimales Gesetz einer Nicht-Regulierung vorzieht. Auch im Falle von Paketlösungen kann es geschehen, dass ein suboptimales Gesetz akzeptiert wird im Tausch für eine präferierte Lösung in einem anderen Fall. Da inzwischen Mehrheitsbeschlüsse für die meisten europäischen Gesetzgebungsverfahren gelten, können zudem einzelne oder auch ganze Gruppen von Mitgliedstaaten leicht überstimmt werden. Trotzdem ist der Rat häufig der mächtigste Spieler im Gesetzgebungsprozess, denn seine Macht beruht nicht nur auf den formalen Regelungen der Verträge, sondern auch und mehr noch auf der Machtposition der Regierungen, die ihn konstituieren.

Das Ergebnis europäischer Gesetzgebung ist aber nicht nur von Einschränkungen bestimmt, sondern auch von den Fähigkeiten der drei Organe: so der Fähigkeit zu einem erfolgreichen Verfahrensmanagement, zum Auffinden tragfähiger und allseits akzeptabler Kompromisslösungen, zur Mobilisierung von Unterstützung durch externe Akteure (beispielsweise über die öffentliche Meinung oder starke Interessenverbände) sowie zur Formulierung einer einheitlichen Position innerhalb der einzelnen Organe. Es versteht sich, dass die drei Organe über diese Fähigkeiten in unterschiedlichem Maße verfügen. Während die Kommission die drei erstgenannten Fähigkeiten erfolgreich ausübt, ist die dritte für das Parlament von Bedeutung; beide Organe können so ihre Positionen in der Entscheidungsfindung stärken. Für den Ministerrat, aber auch das Parlament, ist der letztgenannte Punkt besonders relevant; dies umso mehr, als interne Uneinigkeit nicht nur die eigene Position schwächt, sondern auch von den anderen Organen, insbesondere dann, wenn sie an einem Strang ziehen, wie es bei Kommission und Parlament häufig der Fall ist, zugunsten ihrer Position genutzt werden kann. Der Druck zu Kompromisslösungen bestimmt somit nicht nur das Verhältnis zwischen den Organen im Entscheidungsprozess, sondern strukturiert auch in starkem Maße deren Binnenverhältnisse (vgl. dazu ausführlich Kap. 7).

Der Druck, Kompromisslösungen in der Gesetzgebung zu erzielen, resultiert aber nicht nur aus der Konstruktion der Entscheidungsverfahren, sondern auch und vor allem aus den konfligierenden Interessen, die die drei Organe vertreten. Die Entscheidungsachse, auf der in aller Regel die größten Differenzen und Konflikte auftreten und komplexe Kompromisslösungen gefunden werden müssen, ist die zwischen Kommission und Rat. Denn es sind diese beiden Organe, die, vereinfachend gesprochen, die primären Interessen am europäischen Integrationsprozess in ihren Positionen zum Ausdruck bringen: die Kommission das Interesse am Fortgang der Integration, der Ministerrat die Interessen der (einzelnen) Mitgliedstaaten an diesem Prozess, zugleich aber auch an einer akzeptablen Verteilung von Nutzen und Lasten der Integration. Das Parlament, das die Interessen der europäischen Bürger in diesen Prozess einbringen soll, nimmt häufig Positionen ein, die denen der Kommission entsprechen, also den Integrationsprozess weiter vorantreiben. Wenn allerdings Kommission und Rat mächtige Wirtschaftsinteressen vertreten, bezieht das EP oft eine oppositionelle Haltung. In diesen Fällen entspricht seine Position eher den kollektiven Interessen der Bürger (vgl. Kap. 12.3). Die Möglichkeiten zu offener Opposition haben sich allerdings mit der zunehmenden Praxis der frühzeitigen Einigung zwischen Rat und Parlament verringert. Das Endergebnis der Gesetzgebung reflektiert somit das strukturelle Machtverhältnis zwischen den Organen, das heißt, das Resultat der Interessenvermittlung zwischen ihnen.

Insgesamt stellen sich somit die europäischen Entscheidungsverfahren als ein komplexes und simultanes Wechselspiel zwischen den Organen dar, wobei die formalen Verfahren lediglich das Gerüst für diese Interaktionen abgeben. In der Praxis kommt es einerseits zu Konflikten, da jedes Organ nach maximaler Einflussnahme strebt. Andererseits steht dem die Notwendigkeit, aber auch der politische Wille der beteiligten Akteure gegenüber, Kompromisse und Konsenslösungen zu erzielen. In Konfliktfällen verläuft die Trennlinie häufig zwischen dem Rat auf der einen sowie Kommission und Parlament auf der anderen Seite; ebenso kann es aber auch zu einer expliziten Opposition des Parlaments gegenüber Kommission und Rat kommen. Trotz solcher Konflikte um kleinere oder größere Fragen der europäischen Gesetzgebung werden die jeweiligen Vorhaben in der Praxis meist zügig verhandelt und zu einem positiven Abschluss gebracht.

6.2 Politische Grundsatzentscheidungen

Für politische Grundsatzentscheidungen zum EU-System, etwa seiner Mitgliedschaft, seiner juristischen Verfasstheit oder seiner institutionellen Struktur, die zumeist in vertraglichen Regelungen festgehalten werden, gelten sowohl auf offener Bühne als auch hinter den Kulissen andere Spielregeln. Die wichtigsten Unterschiede liegen zum einen in den vergleichsweise offeneren Entscheidungsverfahren, wobei allerdings ein Trend zu deren zunehmender Verregelung festzustellen ist, zum anderen in der Dominanz von Ministerrat und insbesondere Europäischem Rat, also der intergouvernementalen Seite des Systems, im gesamten Entscheidungsprozess. Kommission und Parlament sind zwar an diesen Verfahren beteiligt, aber meist nicht mit gestaltendem Einfluss; lediglich in Beitrittsverfahren um neue Mitgliedstaaten kommt ihnen eine bedeutendere Funktion zu, indem die Kommission die Verhandlungen führt und das Parlament einer Erweiterung der Union zustimmen muss.

Die Gründe für die Dominanz der Räte liegen auf der Hand: Bei solchen politischen Grundsatzentscheidungen sind sensible Fragen staatlicher Souveränität berührt, die die Konsensfindung zwischen den Mitgliedstaaten erheblich erschweren; dementsprechend wollen sie keinerlei Entscheidungsmacht an andere Instanzen delegieren oder gar permanent abtreten. Kommission und Parlament können allerdings ihre schwache Position in gewissem Maße kompensieren, indem sie im Vorfeld solcher Entscheidungen und auch während des Prozesses Stellungnahmen abgeben, die unter günstigen Umständen auch Berücksichtigung finden.

Im Falle der Erweiterung der EU um neue Mitgliedstaaten sind die Entscheidungsverfahren weitgehend formalisiert (Art. 49 EUV-L). In der Regel entscheidet der Europäische Rat über die Aufnahme von Beitrittsverhandlungen mit einem Staat oder einer Staatengruppe; ein Mandat zur Führung dieser Verhandlungen, in dem auch die inhaltlichen Parameter für diese festgelegt sind, wird dann der Kommission übertragen. Der Inhalt der Verhandlungen steht insofern weitgehend fest, als die Neuankömmlinge den „Acquis communautaire", also das bis dahin aufgebaute Recht- und Regelsystem der EU, in seiner Gesamtheit übernehmen müssen. Allerdings können, je nach Sachlage im Beitrittsland, Ausnahmeregelungen und längere oder kürzere Übergangsfristen gewährt werden, um den Anpassungsprozess zu erleichtern. Zudem können über die Strukturfonds und andere Finanzinstrumente kompensatorische Maßnahmen zur Bewältigung von Anpassungsproblemen angeboten werden. Es besteht also ein beträchtlicher Verhandlungsspielraum, der in aller Regel auch von beiden Seiten intensiv genutzt wird.

Die Kommission erweist sich in solchen Verhandlungen als zähe Streiterin für die Interessen der Union, aber auch als geschickte Vermittlerin. Strittige Fragen muss sie jedoch jeweils mit dem Ministerrat abstimmen oder sogar vom Europäischen Rat abklären lassen. Sind die Beitrittsverträge entscheidungsreif, werden sie vom Ministerrat mit einstimmigem Beschluss ratifiziert; das Parlament muss zuvor seine Zustimmung gegeben haben (Art. 49 EUV-L). Das Zustimmungsverfahren verleiht dem EP eine gewisse Machtposition (bei Ablehnung kann der Beitritt nicht stattfinden), die aber in der Praxis allenfalls zur Erzielung von einigen Zugeständnissen an seine Präferenzen genutzt werden kann.

Zur Vereinbarung größerer Integrationsschritte – wie dem Binnenmarktprogramm, der Einführung einer Wirtschafts- und Währungsunion oder von grundlegenden Systemreformen – die in der Regel in weitreichenden Vertragsänderungen resultieren, hat sich demgegenüber eine spezifische Praxis herausgebildet. Wieder ist es zunächst der Europäische Rat, der einen entsprechenden Grundsatzbeschluss fällt. Das bedeutet nicht, dass der Gesamtprozess hier seinen Anfang nimmt – im Gegenteil, meist hat es zuvor schon vielfältige Stimmen gegeben, die auf die Notwendigkeit von Reformen hinweisen – sondern nur, dass die Mitgliedstaaten ihre grundsätzliche Zustimmung zu einem solchen größeren Projekt signalisieren. In der Folge wird ein spezifisches Entscheidungsverfahren eingeleitet, das in der Regel in der Einberufung einer Intergouvernementalen Konferenz kulminiert (Art. 48(4) EUV-L).

Solche Konferenzen sind im Prinzip nichts anderes als eine Sitzung des Europäischen Rates; da sie jedoch zu einer spezifischen Zielsetzung einberufen werden, sich als eine ganze Sitzungsabfolge mit abschließendem Verhandlungsmarathon („Nacht der langen Messer") über eine längere Zeitperiode hinziehen und damit auch unter einem gewissen Erfolgsdruck gegenüber der Öffentlichkeit stehen, sind sie doch auch als Spezialveranstaltungen zu werten (Christiansen und Reh 2009).

Die Kommission erfüllt für solche Konferenzen eine Art Sekretariatsfunktion, indem sie alle nötigen Dokumente, Politikkonzepte und Vertragsänderungsentwürfe zusammenstellt. Allerdings geht ihre Funktion über die eines Sekretariats hinaus, da sie selbst Vorschläge zu den anstehenden Integrationsschritten vorlegen kann (Art. 48(2) EUV-L, siehe auch Kassim und Dimitrakopoulos 2007, Christiansen und Reh 2009: 102–107). Die Reaktion des Europäischen Rates auf solche Initiativen kann allerdings stark variieren zwischen den Extremen einer weitgehenden Übernahme der Kommissionsvorschläge und der Ablehnung jeglicher Einmischung. So behauptete Kommissionspräsident Delors, er habe 85% der EEA geschrieben; nach Grant (1994: 79) waren es 60–70%, was aber immer noch ein hoher Prozentsatz ist; demgegenüber wurden Prodis Konzepte zum Verfassungsvertrag von den nationalen Regierungen brüsk zurückgewiesen (Tömmel 2013).

Andere betroffene oder engagierte Akteure können ebenfalls Stellungnahmen zu den Reformvorschlägen abgeben oder selbst solche lancieren. Das kann von einem ganzen Vertragsentwurf, wie er in den 80er Jahren vom Parlament vorgelegt wurde, bis zu kleinen Verbesserungsvorschlägen in Bezug auf einzelne Organe und Institutionen oder Politikfelder reichen.[4] Zudem können auch unabhängige Experten ihre Meinungen und Einschätzungen einbringen; häufig werden sie auch durch die Aufforderung zur Erstellung von Reformberichten und -gutachten formell dazu beauftragt.[5] Schließlich werden spezielle Ausschüsse eingesetzt, die die Klärung von inhaltlichen Sachfragen sowie das Aushandeln von Kompromissen übernehmen.[6] Die meisten Aushandlungsprozesse zwischen den Regierungen werden von COREPER und seinen Arbeitsgruppen vorberaten.

Es könnte nun so scheinen, als seien die Intergouvernementalen Konferenzen eine Methode, um zumindest über weitreichende Integrationsschritte oder Reformvorhaben so etwas wie eine europäische Öffentlichkeit herzustellen. Eine solche Interpretation wäre allerdings verfehlt. Denn in der Regel sind die lancierten Vorschläge so detailliert, so technisch oder so juristisch gehalten, dass selbst der politisch interessierte und gebildete Bürger nichts mit ihnen anfangen, geschweige denn ihre Implikationen einschätzen kann. Das Verfahren ist denn auch nichts anderes als eine groß angelegte und zeitlich terminierte Konsensfindungsmaschinerie, bei der Eliten und Experten weitgehend unter sich über kleinste Reformschritte und

---

4 So hat beispielsweise der Ausschuss der Regionen in der Vergangenheit verschiedene Forderungen zur Verbesserung seiner Position erhoben, die von der Einrichtung eines eigenen Sekretariats bis zur Gewährung eines Klagerechts reichen.

5 In diesem Zusammenhang sind insbesondere die „großen" Reformberichte der späten 70er und frühen 80er Jahre zu nennen: der Spierenburg Report, der Bericht der Drei Weisen Männer sowie der Dooge-Report.

6 So wurde vor Abschluss des Vertrags von Maastricht je ein Komitee zur Ausarbeitung des Konzepts einer Währungsunion sowie von Vorschlägen für eine Politische Union eingerichtet (Ross 1995).

technische Detailfragen zäh verhandeln. Das Ergebnis, das schließlich wieder von einer Gipfelkonferenz verabschiedet (und später vom Ministerrat und den Mitgliedstaaten ratifiziert) wird, ist denn auch in aller Regel eine unübersichtliche Menge von kleineren Vertragsänderungen, die aber in der Summe bedeutende Integrationsschritte beinhalten können (vgl. Kap. 3 und 4).

Das Problem der fehlenden Öffentlichkeit bei politischen Grundsatzentscheidungen wurde von den nationalen Regierungen zunehmend als Legitimationsdefizit wahrgenommen; zu seiner Behebung führten sie daher ein neues Konzept zur Erarbeitung von Vertragsänderungen ein, die sogenannte Konventsmethode. Bereits 1999 war erstmals ein Konvent eingesetzt worden, um eine Charta der europäischen Grundrechte zu erarbeiten (Deloche-Gaudez 2001). Nachdem dieses Experiment erfolgreich abgeschlossen war, wurde mit der Erklärung von Laeken beschlossen (Dez. 2001), einen Konvent mit der Erarbeitung einer grundlegenden Vertragsreform zu betrauen (Crum 2004 und 2008, Magnette und Nicolaidis 2004, Kleine 2007, Risse und Kleine 2007, vgl. Kap. 4.2). Das Gremium wurde sogar beauftragt, die Möglichkeiten zur Annahme einer europäischen Verfassung zu prüfen. Der Verfassungskonvent, wie er häufig genannt wurde, setzte sich zu ca. zwei Dritteln aus Parlamentariern der Mitgliedstaaten, der Beitrittsstaaten sowie der europäischen Ebene zusammen[7]; mit der Dominanz der Parlamentarier verband sich die Erwartung, dass das Gremium aufgrund seiner direkteren demokratischen Legitimation eher in der Lage sei, die erarbeiteten Vorschläge sowie strittige Themen in der Öffentlichkeit zu debattieren.

In der Praxis gingen diese hochfliegenden Erwartungen aber kaum auf. Denn auch der Konvent sah sich angesichts einer sehr umfangreichen Aufgabenstellung mit einer Reihe von „technischen" Fragen konfrontiert, die für die Öffentlichkeit kaum interessant oder transparent waren. Größere Debatten entspannen sich daher erst in der Schlussphase des Konvents sowie während der darauffolgenden Intergouvernementalen Konferenz. Dabei ging es vornehmlich um die allgemeine Frage, ob die EU überhaupt eine Verfassung brauche, und damit um die Grundeinstellung zu einer weitergehenden Integration; spezifischere Themen zur Ausgestaltung der Integration wurden dagegen kaum diskutiert.[8] Zudem wurden die eigentlichen Entscheidungen in Bezug auf den Verfassungsvertrag letztendlich doch von den erfahrenen Profis der europäischen Integration getroffen, zunächst im Rahmen des Konvents und sodann der Intergouvernementalen Konferenz. So übte im Konvent das Präsidium unter Giscard d'Estaing starken Druck auf die Entscheidungsfindung

---

7 Über die Mitglieder des Konvents hinaus waren auch Vertreter des Ausschusses der Regionen, des Wirtschafts- und Sozialausschusses, der Europäischen Sozialpartner sowie der Europäische Bürgerbeauftragte als Beobachter beim Konvent zugelassen (Crum 2008: 10).

8 Soweit andere Fragen öffentlich debattiert wurden, wie beispielsweise der Gottesbezug in der Präambel, handelte es sich nur um ideologische Scharmützel, nicht jedoch um die konkrete Ausgestaltung des politischen Systems der EU.

aus (Kleine 2007); zudem waren die Außenminister der Mitgliedstaaten während der Schlussphase mit Sitz und Stimme in dem Gremium vertreten, sodass sie die finalen Entscheidungen dominieren konnten. In der nachfolgenden Regierungskonferenz setzten sich dann vor allem die großen Staaten und die Altmitglieder der EU mit ihren Vorstellungen durch (Crum 2008). Es ist allerdings zu betonen, dass die Konventsmethode zu einem wesentlich weitergehenden Vertragsentwurf geführt hat, als es einer Intergouvernementalen Konferenz möglich gewesen wäre (vgl. Kap. 4.2).

Die Erfahrung mit dem Konvent wurde von den nationalen Regierungen offensichtlich als so positiv bewertet, dass sie mit dem Lissabon-Vertrag ein sogenanntes „ordentliches Änderungsverfahren" für künftige Vertragsrevisionen kodifizierten (Art. 48(3) EUV-L). Das Verfahren verpflichtet den Europäischen Rat zur Einberufung eines Konvents, dem Vertreter „der nationalen Parlamente, der Staats- und Regierungschefs der Mitgliedstaaten, des Europäischen Parlaments und der Kommission" angehören sollen (Art. 48(3) EUV-L). Ob die Staats- und Regierungschefs selbst im Konvent teilnehmen oder ihre Außenminister in das Gremium delegieren, ist zunächst offen. In jedem Falle sollen auch in Zukunft die definitiven Entscheidungen über Vertragsänderungen von einer „Konferenz der Vertreter der Regierungen der Mitgliedstaaten", kurzum, einer IGK, angenommen werden (Art. 48(3) EUV-L). Zudem kann der Europäische Rat im sogenannten „vereinfachten Änderungsverfahren", das sich auf Teile des AEUV bezieht (Art. 48(6) EUV-L), sowie bei nur geringfügigen Änderungen ohne die Einberufung eines Konvents entscheiden. Insgesamt ist somit das Vertragsänderungsverfahren seit dem Lissabon-Vertrag weitgehend geregelt; allerdings enthält der Vertrag auch zusätzliche Sonderregelungen, die es dem Europäischen Rat erlauben, unter bestimmten Bedingungen von den Grundregeln abzuweichen. Auch die Rollen von Kommission und Parlament sind jetzt deutlicher vertraglich definiert, indem sie Vorschläge unterbreiten können; zudem ist im Falle der Nicht-Einberufung eines Konvents die Zustimmung des EP erforderlich.

Insgesamt hat sich der Entscheidungsprozess über Grundsatzfragen der europäischen Integration von zunächst spontan erarbeiteten *Ad-hoc*-Verfahren über stärker verregelte formale Abläufe bis hin zu vertraglich kodifizierten Entscheidungssequenzen entwickelt; mit der Verankerung der Konventsmethode im Lissabon-Vertrag hat diese Entwicklung ihren vorläufigen Höhepunkt erreicht. Die Verfahren beziehen eine zunehmende Vielfalt von Akteuren ein, ohne diesen jedoch weitgehende Gestaltungsmöglichkeiten zuzuweisen; vielmehr behalten Rat und Europäischer Rat die Kontrolle über den gesamten Entscheidungsprozess und vor allem auch über dessen Resultat.

Diese Resultate stellen sich häufig als paradox dar: Einerseits kommen Grundsatzentscheidungen nur sehr mühsam und in kleinen Schritten zustande; andererseits reichen sie häufig wesentlich weiter, als die technischen und detailversessenen Vertragsänderungen vermuten lassen. In diesem Paradox zeigen sich grundlegende Spezifika der europäischen Entscheidungsfindung: Systemveränderungen kommen nur über die Aneinanderreihung einer Vielzahl von kleineren, inkrementalistischen Reformschritten zustande; Entscheidungen, die weitreichende politische Implikationen haben, kommen im Gewande „technischer" Detailfragen und scheinbarer Spitzfindigkeiten daher. Die Folge ist zunächst, dass der Gesamtprozess der europäischen Integration entpolitisiert wird; langfristig baut sich allerdings durch ein solches Versteckspiel umso mehr politische Brisanz auf. Dieser Zusammenhang wurde am Beispiel der Erarbeitung des Verfassungsvertrags besonders deutlich. Dessen weitreichende Implikationen für die europäische Integration wurden zunächst kaum von einer breiteren Öffentlichkeit wahrgenommen; als dies dann aber doch der Fall war, schlug das latent vorhandene Misstrauen der Bürger in offene Ablehnung um, wie die gescheiterten Referenden in Frankreich und den Niederlanden bezeugten.

6.3 Exekutivfunktionen und Politikimplementation

Die Europäische Union übt auch eine Reihe von Exekutivfunktionen sowie Aufgaben der Politikimplementation aus; dies nicht nur wegen der umfangreichen und stetig wachsenden Aufgabenbereiche und Politikfelder, sondern auch und besonders wegen der weit aufgefächerten Verantwortlichkeiten. Denn ein Großteil der Politikimplementation obliegt den nationalen Staaten, und ein wachsender Anteil wird an unabhängige, quasi-staatliche Institutionen und Agenturen delegiert (vgl. Majone 2005); in manchen Politikfeldern wird ein Teil der Implementation sogar auf private oder korporative Akteure übertragen (vgl. Kap.10.2). Gerade aber diese Auffächerung der Verantwortung erfordert ihrerseits eine entsprechende Rahmensteuerung vonseiten der EU, die sowohl Verfahren der Regelsetzung und Entscheidungsfindung als auch der Überwachung der Politikimplementation beinhaltet. Vor diesem Hintergrund soll daher im Folgenden die Wahrnehmung von Exekutivfunktionen durch die europäischen Organe betrachtet werden, wobei lediglich die jeweiligen Grundmuster und nicht die inhaltliche Ausprägung im Einzelnen behandelt werden können.

Zunächst ist festzuhalten, dass die Exekutivfunktionen der EU Rat und Kommission gemeinsam obliegen; allerdings gibt es auch hier eine klare Rollenverteilung. Während der Ministerrat den Rahmen setzt, etwa durch den Erlass von Verfahrensregeln, die Annahme von Grundsatzentscheidungen sowie die Einrichtung zusätzlicher Institutionen, nimmt die Kommission die im eigentlichen Sinne ausführenden Aufgaben wahr. Diese Rollenverteilung beinhaltet allerdings nicht, dass es keine Kompetenzkonflikte zwischen den beiden Organen gäbe; im Gegenteil, der Ministerrat versucht, mit einschränkenden Regelungen und institutionellen Arrangements die Aktivitäten der Kommission unter Kontrolle zu halten, während Letztere umgekehrt bestrebt ist, ihren Handlungsspielraum maximal auszuweiten. Diese komplexe Wechselbeziehung wird durch die gestärkte Rolle des Parlaments weiter verkompliziert, indem es einerseits häufig die Kommission gegenüber dem Rat unterstützt, andererseits aber auch seine Kontrollfunktionen gegenüber der Kommission ausbaut (Lord 2004: 139–155).

Grundsätzlich werden die meisten Exekutivfunktionen von der Kommission wahrgenommen, die dazu vom Rat – meist im Rahmen der für spezifische Politikfelder erlassenen Verordnungen – ermächtigt wird. Dabei ist zwischen zwei Kategorien von Exekutivfunktionen zu unterscheiden, nämlich solchen der direkten und solchen der indirekten Ausführung (Pedler und Bradley 2006).

In den Bereich der *direkten Ausführung* fallen Politiken, in denen die Kommission über weitgehende Kompetenzen verfügt, so etwa die Wettbewerbspolitik, die Agrarpolitik sowie die Verwaltung der Finanzinstrumente der EU. In der Wettbewerbspolitik obliegt der Kommission die generelle Überwachung der Einhaltung der Wettbewerbsregeln; das reicht von der Verhinderung von Kartellen und Monopolen über die Kontrolle von staatlichen Beihilfen bis hin zur Fusionskontrolle (Cini und McGowan 2008, Wilks 2010). In all diesen Fällen kann die Kommission bei Verdacht auf Vertragsverletzungen den Gerichtshof anrufen; die meisten Fälle werden aber auf dem Verhandlungswege gelöst, womit allerdings eine strikte Rechtsgleichheit nicht immer gegeben ist.[9] Obwohl die Kompetenzen der Kommission in Wettbewerbsfragen bereits in den Gründungsverträgen festgelegt worden waren, nutzte sie diese erst seit etwa Mitte der 80er Jahre mit größerer Konsequenz. Dies zeigt, dass die Kommission selbst dann, wenn sie über weitgehende Kompetenzen verfügt, auf die explizite Unterstützung der Mitgliedstaaten angewiesen ist, um ihre Exekutivfunktionen effektiv wahrzunehmen.

In der Agrarpolitik kommen der Kommission ebenfalls weitreichende Exekutivbefugnisse zu; allerdings wurden Teile dieser Politik, insbesondere soweit sie sich auf die ländliche Entwicklung beziehen, durch mehrere Reformen der letzten Dekade wieder den Mitgliedstaaten zugewiesen (Roederer-Rynning 2010). Trotzdem nimmt die Kommission weiterhin wichtige Exekutivbefugnisse in diesem Bereich wahr, z. B. die Festlegung von Interventionspreisen für die einzelnen Agrarprodukte, die Bestimmung der Höhe von Ausgleichszahlungen, die Festlegung von Außenzöllen sowie Quotierungen für Importe aus Drittländern. Mit Unterstützung eines Verwaltungsausschusses (siehe unten) entscheidet sie über Marktregelungen, Produktstandards, Außenzölle und Importquoten von Drittstaaten (vgl. Verordnung

---

9 Als wichtigste Fälle der Beihilfenkontrolle, in die die BRD involviert war, ist zum einen die Beihilfe für die Werft „Bremer Vulkan" zu nennen, die eigentlich einem (übernommenen) Zweigwerk in Rostock zukommen sollte und damit unter die – erlaubte – regionale Strukturhilfe gefallen wäre, missbräuchlicherweise aber zur Sanierung des Stammwerks in Bremen eingesetzt wurde. Die Kommission konnte in diesem Falle einen Teil ihrer Beihilfe für Rostock zurückfordern. Zum Zweiten gab es eine größere Auseinandersetzung mit der Kommission um die ihrer Ansicht nach viel zu hohe Subventionierung eines VW-Zweigwerks in Sachsen. Nach zähen Verhandlungen einigte man sich auf einen niedrigeren Wert, der aber immer noch über dem zugelassenen Standard lag.

des Rates (EG) Nr. 1234/2007 vom 22. Oktober 2007). Hinzu kommen Verwaltungs-
aufgaben bei der Abwicklung von Grenzausgleichs- und anderen Subventionszah-
lungen. Da allerdings ein Großteil der eigentlichen Abwicklung von Ausgleichszahlungen den Mitgliedstaaten überlassen ist und gerade in diesem Bereich erheblicher
Missbrauch und Betrug an der Tagesordnung sind, übt die Kommission darüber
hinaus auch Kontrollfunktionen gegenüber diesen aus; bisher allerdings mit geringem Erfolg (siehe hierzu die Jahresberichte des Europäischen Rechnungshofs).

Neben diesen Aufgaben besteht ein weiterer und stetig wachsender Exekutivbereich in der Verwaltung der verschiedenen Fonds und Finanzinstrumente der EU
(Pedler und Bradley 2006: 237). In erster Linie sind hier die Strukturfonds zu nennen, die mithilfe umfangreicher Finanzmittel der Entwicklungsförderung zugunsten
geringer entwickelter Länder und Regionen dienen. Des Weiteren werden auch im
Rahmen der europäischen Technologiepolitik umfangreiche Förderprogramme
aufgelegt; hinzu kommt ein breites Spektrum von kleineren Fördermaßnahmen in
einer Vielzahl von Politikfeldern. In all diesen Fällen obliegt es der Kommission,
Entscheidungen über die Zuweisung von Fördergeldern zu treffen sowie die Ausführung der jeweiligen Projekte zu überprüfen. Dies impliziert seinerseits, dass Regeln
für die Modalitäten der Implementation erlassen, Verhandlungen mit den Mitgliedstaaten oder anderen involvierten Instanzen und Akteuren geführt, und schließlich
Kontrollsysteme, meist über den Einsatz indirekter Instrumente, entwickelt werden
müssen. Es sind also auch hier eher regelsetzende und Überwachungsfunktionen,
die die Kommission übernimmt, während die eigentliche Implementation der Maßnahmen in die Verantwortlichkeit der Mitgliedstaaten fällt.

In allen anderen Bereichen hat die Kommission nur *indirekte exekutive Funkti-
onen*, indem sie die Einhaltung und Ausführung von Ministerratsbeschlüssen in den
Mitgliedstaaten überwacht. Dies beinhaltet allerdings ebenfalls ein umfangreiches
Arbeitspensum (Pedler und Bradley 2006: 237–240). Denn bei der Umsetzung von
Richtlinien in nationale Gesetzgebung kommen die Mitgliedstaaten ihren Verpflichtungen nur sehr schleppend nach (Falkner et al. 2005, Hartlapp 2005 und 2009,
Falkner und Treib 2008). In solchen Fällen muss die Überschreitung der gesetzten
Fristen zunächst eruiert werden, sodann folgen schriftliche Abmahnungen; bei
weiterer Nichterfüllung der Verpflichtungen kann der Gerichtshof angerufen werden (Falkner et al. 2005: 205–208). Meist führt aber eine anhängige Klage schon zu
dem gewünschten Erfolg. Auch in diesem Bereich zeigt sich, dass die Kommission
ihre diesbezüglichen Kompetenzen zunehmend offensiv wahrnimmt; gleichzeitig
kann sie aber wegen der Fülle der Fälle nur sehr selektiv vorgehen (Falkner et al.
2005, Hartlapp 2005 und 2009).

Wie jede Exekutive versucht auch die Kommission, ihren Handlungsspielraum
in der Praxis maximal auszuweiten. Hierfür bietet sich auf der europäischen Ebene
aufgrund des lückenhaften Regelsystems und der insgesamt eher „offenen" Situation ein breites Spektrum von Möglichkeiten (Nugent 2001, Pollack 2003). Andererseits sind aber die Freiräume auch eingeschränkt, da die Kommission in den meis-

ten Fällen nicht eigenständig handeln kann, sondern stets auf die Mitarbeit anderer Akteure – in erster Linie der staatlichen Instanzen der Mitgliedstaaten – angewiesen ist. In diesem Kontext versucht die Kommission, insbesondere über finanzielle Anreize in der Form von Förderprogrammen und andere marktförmige Instrumente, möglichst weitgehenden Einfluss auf die nationalen Politiken auszuüben und ihre Exekutivfunktionen über die formalen Kompetenzen hinaus auszuweiten (siehe statt vieler anderer Tömmel und Verdun 2009, Sabel und Zeitlin 2010, Heidbreder 2011, Héritier und Rhodes 2011).

Der Ministerrat versucht seinerseits, durch die Stärkung seiner Rolle im Exekutivbereich der wachsenden Eigenmächtigkeit der Kommission entgegenzutreten. Um die Entscheidungsfreiheit der Kommission einzudämmen, hat er ein System von Ausschüssen geschaffen, das im EU-Jargon unter dem Begriff Komitologie firmiert. Die Ausschüsse bestehen aus Vertretern der Mitgliedstaaten; ihnen obliegt als „Rat im Kleinen", die Tätigkeit der Kommission zu überwachen und, wo nötig, einzuschränken, insbesondere soweit es um den Erlass sekundärer Rechtsakte geht (Pollack 2003: 114–152, Pedler und Bradley 2006: 240–261, Alfé et al. 2008, Hustedt et al. 2014: 105–142). Nach offizieller Lesart dienen die Ausschüsse allerdings der Beratung und Unterstützung der Kommission. Im Jahre 2012 waren insgesamt 268 Ausschüsse tätig; das entspricht in etwa der Zahl der Ratsarbeitsgruppen (European Commission 2013: 4).

Das Komitologie-System wurde 1987 durch Ratsbeschluss eingerichtet, nachdem es sich zuvor bereits über eine informelle Praxis, die bis in die 60er Jahre zurückreicht, herausgebildet hatte (Töller 2013: 215, Hustedt et al. 2014: 106–108). In der Folge wurde das System mehrfach durch Ratsentscheidungen reformiert (1999 und 2006). Anfangs waren, je nach Sachlage, drei Arten von Ausschüssen vorgesehen, denen unterschiedliche Kontrollbefugnisse zukamen. *Beratende Ausschüsse* hatten lediglich die Funktion, die Kommission beim Treffen von Verwaltungsentscheidungen zu beraten; die Stellungnahmen der Ausschüsse waren nicht verbindlich. *Verwaltungsausschüsse* waren vor Erlass von Maßnahmen anzuhören; vertraten die Ausschüsse eine andere Position als die Kommission, musste der Rat über die Angelegenheit entscheiden. Der Ratsbeschluss war dann für die Kommission bindend. *Regelungsausschüsse* beinhalteten eine noch striktere Kontrolle der Kommission, wobei auch hier im Falle von abweichenden Positionen oder bei Nicht-Entscheidung der Ausschüsse der Rat eingeschaltet werden musste. Dieser konnte den Vorschlag der Kommission abändern oder ablehnen, womit er blockiert war (Beschluss des Rates 2006/512/EG vom 17. Juli 2006 zur Änderung des Beschlusses 1999/468/EG vom 28. Juni 1999 zur Festlegung der Modalitäten für die Ausübung der der Kommission übertragenen Durchführungsbefugnisse).

Zusätzlich zu diesen drei Ausschussverfahren mit mehreren Entscheidungsvarianten wurde 2006 aufgrund von Beschwerden des EP ein weiteres Verfahren eingeführt. Das Parlament hatte seit Langem argumentiert, dass es an den Verfahren beteiligt werden müsse, da es sich bei diesen im Grunde um Rechtsetzung handele.

Dementsprechend wurden nunmehr *Regelungsausschüsse mit Kontrolle* eingeführt, die es erstmals dem Parlament ermöglichten, die Kommission im Exekutivbereich zu überwachen (Beschluss des Rates 2006/512/EG vom 17. Juli 2006 zur Änderung des Beschlusses 1999/468/EG vom 28. Juni 1999 zur Festlegung der Modalitäten für die Ausübung der der Kommission übertragenen Durchführungsbefugnisse). In diesen Fällen mussten Kommissionsvorschläge unabhängig davon, ob die Ausschüsse sie annahmen oder ablehnten, an Rat und Parlament zur Zustimmung (oder Ablehnung) weitergeleitet werden. Wenn eines der beiden Organe ablehnte, konnte die Maßnahme nicht durchgeführt werden (Alfé 2008, Töller 2013: 221).

Während die Beratenden Ausschüsse vor allem für konsensuelle Themen, etwa die Verwirklichung des Binnenmarkts, eingesetzt wurden, galten die Verwaltungsausschüsse hauptsächlich dem Agrarbereich und anderen Politiken mir distributiven Implikationen. Regelungsausschüsse deckten schließlich ein breites Spektrum von Politikfeldern ab, in denen Rechtsakte erlassen wurden; sie kamen generell für kontroverse Themenbereiche zur Anwendung. Nach Statistiken der Kommission verteilten sich die 266 Ausschüsse des Jahres 2009 wie folgt auf die einzelnen Varianten: 22 beratende Ausschüsse, 38 Verwaltungsausschüsse, 51 Regelungsausschüsse sowie 11 Regelungsausschüsse mit Kontrolle. Die Masse der verbleibenden Ausschüsse, nämlich insgesamt 143, arbeiteten mit verschiedenen Verfahren (European Commission 2010: 5).

Seit ihrem Bestehen bildeten die Ausschüsse und deren Befugnisse sowie die daraus resultierende Möglichkeit der Einschaltung des Rates in bereits an die Kommission delegierte Kompetenzen einen erheblichen Zankapfel zwischen Kommission und Rat (vgl. beispielsweise Töller 2013). Dabei spielte sich der Machtkampf zwischen den Organen auf zwei Ebenen ab: zum einen bei der Entscheidung über die Art des einzusetzenden Ausschusses und die jeweilige Verfahrensvariante; zum anderen über die konkrete Arbeit der Ausschüsse. Das Parlament unterstützte grundsätzlich die Position der Kommission mit dem Argument, dass es, falls der Rat selbst in die Beschlussfassung eingreife, gehört werden müsse (Töller 2002, S. 247–253). Darüber hinaus kritisierte das Parlament aber auch grundsätzlich die Komitologie-Verfahren, wobei es auch die Handlungsweise der Kommission in diese Kritik mit einbezog (Töller 2002: 247–253). Regelmäßig forderte es eine Beteiligung an den Verfahren, die ihm schließlich auch, wenngleich nur teilweise und in kleinen Schritten, gewährt wurde. Durch einen Ratsbeschluss aus dem Jahre 1999 wurden dem Parlament gewisse Informations- und Beteiligungsrechte in den Komitologie-Verfahren zugestanden (Töller 2013: 218). 2006 wurden dann die Regelungsausschüsse mit Kontrolle eingeführt, die dem Parlament, gemeinsam mit dem Rat, die Möglichkeit boten, Maßnahmen der Kommission abzulehnen, falls diese die delegierten Befugnisse überschritten (Töller 2013: 221).

Mit dem Lissabon-Vertrag wurde das Komitologie-System zur Überwachung der Kommission in der sekundären Gesetzgebung grundlegend verändert. So wurde ein zweigleisiges System eingeführt, das zwischen delegierten Rechtsakten und Durchführungsrechtsakten unterscheidet (Christiansen und Dobbels 2013, Töller 2013, Hustedt et al. 2014: 109–110). Im Falle von *delegierten Rechtsakten* werden der Kommission Kompetenzen zum Erlass von „Rechtsakte(n) ohne Gesetzescharakter" übertragen; die genauen Regeln hierfür werden in jedem Gesetz festgelegt (Art. 290(1) AEUV). In diesen Fällen üben sowohl der Rat als auch das Parlament Überwachungsfunktionen aus, indem sie die Delegation von Kompetenzen an die Kommission widerrufen oder die Annahme eines delegierten Rechtsakts ablehnen können (Christiansen und Dobbels 2013: 43).

Im Falle von *Durchführungsrechtsakten* kommt dagegen die Kompetenz zum Erlass sekundärer Rechtsakte den Mitgliedstaaten zu (Art. 291(1) AEUV). Nur dann, wenn einheitliche Regeln für die gesamte EU erfordert sind, kann dieses Recht der Kommission übertragen werden (Art. 291(2) AEUV, Christiansen und Dobbels 2013: 44). In beiden Fällen haben Rat und Parlament keinerlei Kontrollrechte. Allerdings weist der Lissabon-Vertrag den beiden Organen die Kompetenz zu, „allgemeine Regeln und Grundsätze" festzulegen, nach denen die Mitgliedstaaten die Wahrnehmung der Durchführungsbefugnisse durch die Kommission kontrollieren (Art. 291(3) AEUV). Dementsprechend wurde 2011 eine Verordnung erlassen, die diese Prinzipien und Regeln definiert. Dabei sind wiederum zwei Verfahren vorgesehen: ein Beratungsverfahren und ein Prüfverfahren (Christiansen und Dobbels 2013: 45, Töller 2013: 222–225, Hustedt et al. 2014: 115–117). Faktisch sehen diese Verfahren zwei Arten von Ausschüssen vor, die den drei früheren Varianten des Komitologie-Systems gleichen. Während für das Beratungsverfahren Beratende Ausschüsse vorgesehen sind, kann das Prüfverfahren von verschiedenen Ausschüssen begleitet werden, die den vorigen Verwaltungs- und Regelungsausschüssen gleichen. Das Prüfverfahren gilt für sensible Politikfelder und Themenbereiche (Christiansen und Dobbels 2013: 45). Im Falle eines Dissenses zwischen der Kommission und den Mitgliedstaaten über einen Durchführungsrechtsakt kann ein Berufungsausschuss angerufen werden; dies beinhaltet eine institutionelle Innovation im Vergleich zu früheren Regelungen, bei denen immer der Rat eingeschaltet wurde (Christiansen und Dobbels 2013: 45, Töller 2013: 225).

Die Neuordnung des Komitologie-Systems durch den Lissabon-Vertrag wird in Fachkreisen ambivalent beurteilt. Christiansen und Dobbels betrachten zwar die Neuregelungen als Meilenstein in der Entwicklung des Komitologie-Systems, befürchten aber wegen der unklaren Abgrenzung von delegierten und Durchführungsrechtsakten „political conflict, legislative deadlock and judicial review in the future" (Christiansen und Dobbels 2013: 55). Brandsma und Blom-Hansen (2012: 952) verweisen auf zusätzliche Probleme und schlussfolgern: „it is evident [...] that the new system is a Byzantine arrangement". Außerdem weisen sie darauf hin, dass: „although the legal base of the comitology system has changed fundamentally, the new system in a material sense resembles the old comitology system to a great degree" (Brandsma und Blom-Hansen 2012: 955). Töller dagegen spricht von einer radikalen Reform, jedenfalls soweit es die delegierten Rechtsakte betrifft; sie betont aber zugleich, dass die Effekte ebenso wie die Gewinner und Verlierer der Reform noch nicht genau zu bestimmen seien. Hustedt et al. (2014: 109) sehen in der Reform des Lissabon-Vertrags „geradezu eine revolutionäre Veränderung der Grundlagen für die Komitologie".

Faktisch verleiht die Reform mit ihrer zweigleisigen Struktur Rat und Parlament direkte Kontrolle über die Kommission, wenn sie delegierte Rechtsakte annimmt; im Falle der Durchführungsrechtsakte gilt weiterhin das Komitologie-System, wenngleich in leicht veränderter Form. In Bezug auf das grundlegende Anliegen, die Kommission beim Erlass sekundärer Rechtsakte zu überwachen, ist festzustellen, dass diese Funktion nicht mehr automatisch ausgeübt wird; soweit dies dennoch der Fall ist, ist sie nunmehr auf eine Vielzahl von Akteuren übergegangen. Im Falle delegierter Rechtsakte wird sie bei Bedarf von Rat und Parlament nachträglich wahrgenommen; greifen diese jedoch nicht ein, kann die Kommission sogar autonom handeln. Im Falle der Durchführungsrechtsakte obliegt die Überwachungsfunktion, wie zuvor auch schon, vornehmlich den Mitgliedstaaten; in Konfliktfällen wird allerdings der Rat durch einen Berufungsausschuss ersetzt.

Insgesamt scheint somit die Reform in erster Linie dem Anliegen zu dienen, einerseits den Rat von kleinteiligen Kontrollaufgaben zu entlasten, andererseits das Parlament als potenziellen Vetospieler zufriedenzustellen; gleichzeitig sollen die vielfältigen Kontrollmöglichkeiten bewirken, dass die Kommission bereits *ex ante* mitgliedstaatliche Interessen berücksichtigt.

Dennoch war es schon immer zweifelhaft, ob das System der Überwachung der Kommission in der sekundären Rechtsetzung tatsächlich zu der vom Rat erhofften Wirkung führte (Alfé et al. 2008, Hustedt et al. 2014). Empirische Studien belegen, dass Kommissionsvorschläge von den Ausschüssen nur selten, das heißt, in weniger als 1% der Fälle, abgelehnt und an den Rat zurückverwiesen wurden (Alfé et al. 2008: 211). Dieser geringe Prozentsatz kann allerdings sehr unterschiedliche Ursachen haben. Zum einen kann die Kommission – da sie wohl im Großen und Ganzen die Positionen der Mitgliedstaaten kennt – dazu tendieren, ihre Maßnahmen schon im Vorfeld den Interessen und Erwartungen der nationalen Regierungen anzupassen (Pollack 2003: 129, Alfé et al. 2008: 211, Töller 2013: 221). Zum anderen sind die Ausschüsse aufgrund der Interessengegensätze zwischen den Mitgliedstaaten nur eingeschränkt handlungsfähig (Guéguen 2011). Auch einzelne Mitglieder der Ausschüsse können in ihrer Handlungsfreiheit eingeschränkt sein; wenn sie allzu offensichtlich nationale Interessen vertreten, werden sie in der Entscheidungsfindung isoliert (Schäfer und Türk 2007: 192). Zudem nutzt die Kommission die Ausschüsse in strategischer Absicht: einerseits zur transnationalen Konsensbildung über ihre Politik; andererseits zum Transfer von Know-how über die beabsichtigten Maßnahmen auf die mitgliedstaatliche Ebene; ja sogar zur „Generierung und Aufrechterhaltung von Folgebereitschaft in den Mitgliedstaaten" (Töller 2013: 217). In jedem Falle gelingt es kaum, die Ausschüsse für ihre Entscheidungen zur Verantwortung zu ziehen, womit sie sich von den Wünschen und Interessen der nationalen Regierungen entfernen können (Brandsma 2010).

Die neuen Regelungen des Lissabon-Vertrags werden diese Befunde nicht grundsätzlich verändern. Im Falle der Durchführungsrechtsakte besteht weiterhin ein System von Ausschüssen, die den gleichen Problemen wie die Vorgängerausschüsse unterliegen werden. Im Falle der delegierten Rechtsakte sind die Kontrollmöglichkeiten von Rat und Parlament eher stumpfe Waffen. Insbesondere dem Parlament wird es allenfalls in Ausnahmesituationen möglich sein, delegierte Rechte der Kommission zu widerrufen. Trotzdem ist auch nicht auszuschließen, dass die Kommission im „Schatten von Hierarchie" bestrebt sein wird, ihre Aktivitäten so weit wie möglich den Erwartungen der Mitgliedstaaten und des Parlaments anzupassen.

Die Exekutivfunktionen der Kommission werden aber nicht nur über das Komitologie-System und seine jüngsten Innovationen, sondern auch über andere Kontrollmechanismen eingeschränkt. Insbesondere das Parlament überwacht in wachsendem Maße die Aktivitäten der Kommission (Lord 2004: 144–155; Westlake 2006). So hat die Kommission dem EP jährlich einen Arbeitsbericht vorzulegen; zudem präsentiert sie – häufig sogar persönlich – eine Vielzahl von Einzelberichten zu den jeweiligen Politikfeldern in den entsprechenden Ausschüssen des EP. Das Parlament beziehungsweise die verantwortlichen Berichterstatter des zuständigen Ausschusses erstellen dann ihrerseits einen (kritischen) Bericht, in dem Schwachstellen der Kommissionspolitik aufgezeigt werden. Zu politisch umstritteneren Politikfeldern werden gelegentlich größere Hearings veranstaltet, in denen sich die Kommission parlamentsöffentlich für ihre Politik verantworten muss (Judge und Earnshaw 2003: 240-241).

Bei schweren Unterlassungen oder Fehlhandlungen der Kommission kann das Parlament auch Klage vor dem Gerichtshof erheben, und im Falle erheblichen Disfunktionierens kann es der Gesamtkommission das Misstrauen auszusprechen. Es versteht sich, dass ein solch hartes Sanktionsinstrument bisher noch nie zur Anwendung kam; im Jahre 1999 drohte allerdings ein Misstrauensvotum, nachdem Vorwürfe bezüglich eines ernsthaften Missmanagements laut wurden (Schön-Quinlivan 2011: 57–63). Auch Klagen vor dem Gerichtshof sind selten und beziehen sich kaum auf die Politikimplementation. In der Regel verlässt sich das Parlament auf die Wirksamkeit des „naming and shaming", das heißt, der öffentlichen Anprangerung von Missständen und dem damit verbundenen drohenden Imageverlust als Druckmittel gegenüber der Kommission.

Diese Vorgehensweise ist auch keineswegs unwirksam, ist doch die Kommission bei all ihren Handlungen – gerade wegen ihrer unklar definierten Position in der Politikimplementation und generell ihrer Legitimationsdefizite – auf ein positives Image angewiesen. Gleichzeitig kann man aber auch konstatieren, dass die Hearings und Kommentare des Parlaments weitgehend zahnlose Papiertiger sind; dies nicht, weil es sich nur um Papiere handelt, die als Kontrollinstrumente produziert und eingesetzt werden, sondern weil die Parlamentarier als Generalisten, denen nur begrenzte „technische" Ressourcen und Expertisen zur Verfügung stehen, kaum in der Lage sind, die labyrinthischen Wege einer misslingenden Implementation in ihren vielfältigen Ursachen und Einflussfaktoren zu erfassen und dementsprechend detailgenau zu kritisieren.[10]

6.4 Schlussfolgerungen

In diesem Kapitel wurden die Interaktionen zwischen den zentralen Organen der EU im Prozess der Entscheidungsfindung untersucht; denn erst über diese Interaktionen können die Stellung, die Machtposition sowie die Fähigkeit der einzelnen Organe, den Integrationsprozess zu beeinflussen oder gar zu gestalten, verdeutlicht werden. Dabei wurden drei Arten von Entscheidungen unterschieden: zum einen die Recht- und Regelsetzung, über die die Politiken der EU reguliert werden, zum Zweiten Grundsatzentscheidungen, die Erweiterungen und Vertragsreformen betreffen, sowie zum Dritten exekutive Entscheidungen, die sich auf die Art und Weise der Politikimplementation beziehen. Dabei zeigte sich, dass die jeweiligen Organe in diese Entscheidungsprozesse in unterschiedlichem Maße, mit unterschiedlichen Kompetenzen und bestimmten strategischen und taktischen Fähigkeiten einbezogen sind, womit auch ihr Gestaltungsspielraum jenseits formaler Kompetenzen variiert.

So ist die *Kommission* ein machtvoller Akteur in der Gesetzes- und Politikinitiierung sowie, in geringerem Maße, der Implementation. Unter maximaler Nutzung ihrer Kompetenzen strukturiert sie die Entscheidungsverfahren, bestimmt die Agenda, definiert inhaltliche Positionen und schlägt Konsenslösungen vor. Die Kommission ist allerdings in der Ausübung dieser Funktionen durch den Rat und das Parlament eingeschränkt, die die Entscheidungen über Gesetzesvorlagen fällen. Zudem übt der Rat auch nach der Gesetzgebung Kontrolle über die Kommission aus, insbesondere durch die Komitologie-Verfahren und die neuen Regelungen bezüglich der Annahme sekundärer Rechtsakte. Dem Parlament wurden ebenfalls einige Rechte in der Überprüfung der sekundären Gesetzgebung zugewiesen; ansonsten überwacht es die Arbeit der Kommission durch indirekte Mittel, wie Fragen zu Arbeitsvorhaben und -berichten sowie Hearings. Nur in Ausnahmefällen droht es mit der Annahme eines Misstrauensvotums. In der täglichen Praxis der Gesetzgebung bilden Kommission und Parlament jedoch häufig eine Allianz, um ihre Machtposition gegenüber dem Rat zu stärken.

---

10 Insbesondere ist es nahezu unmöglich, die Rolle der Mitgliedstaaten beim Ge- oder Misslingen der Politikimplementation klar von der der Kommission abzugrenzen.

Der *Rat* ist ein mächtiger Akteur in allen drei Dimensionen europäischer Entscheidungsfindung: In der Gesetzgebung war er lange Zeit der entscheidende Akteur; seit dem Inkrafttreten des Lissabon-Vertrags muss er allerdings diese Funktion mit dem EP teilen und somit Kompromisse eingehen. Im Falle von Grundsatzentscheidungen ist der Rat an der Vorbereitung von Entscheidungen, der Diskussion von Details und schließlich auch am Abschluss des Verfahrens mit einem zustimmenden Votum beteiligt. In exekutiven Angelegenheiten nimmt der Rat Überwachungsfunktionen gegenüber der Kommission wahr, auch wenn diese Aufgabe häufig an Spitzenbeamte und andere Repräsentanten der Mitgliedstaaten delegiert wird.

Das *Parlament* nimmt seit Inkrafttreten des Lissabon-Vertrags in der Gesetzgebung eine gleichberechtigte Position neben dem Rat ein, nachdem zuvor schon seine diesbezügliche Rolle inkrementalistisch ausgeweitet worden war. Diese weitreichenden Kompetenzen kann das EP allerdings nur wirksam nutzen, wenn es zu Kompromissen mit dem Rat bereit ist; allenfalls in Extremfällen kann es seine Vetomacht einsetzen. Durch die Bildung einer Allianz mit der Kommission hat es aber die Möglichkeit, seine Position gegenüber dem Rat zu stärken. Bei exekutiven Entscheidungen ist die Rolle des Parlaments sehr begrenzt, indem es lediglich Informationen einholen und (kritisch) bewerten kann; zudem verfügt es über gewisse Kontrollrechte in der sekundären Gesetzgebung. An fundamentalen Entscheidungen ist das Parlament nur dann beteiligt, wenn es im Zuge von Vertragsänderungen zur Bildung eines Konvents kommt; im Falle von Erweiterungen der Union verfügt es allerdings über ein Zustimmungsrecht.

Der *Europäische Rat* ist das machtvollste Organ der Union, indem er über Erweiterungen der Union, institutionelle Reformen sowie den generellen Verlauf und die Richtung der Integration entscheidet. Auch wenn er in all diesen Fällen von den anderen Organen sowie den jeweiligen Substrukturen unterstützt wird, bleiben ihm dennoch die definitiven Entscheidungen vorbehalten. Mit der Einführung der Konventsmethode für Vertragsänderungen hat er sich allerdings eine spezifische Unterstützungsstruktur, die aus Delegierten der Mitgliedstaaten und der Union besteht, für solche grundlegenden Reformen geschaffen; aber auch in diesem Falle ist ihm das letzte Wort vorbehalten.

Darüber hinaus konnte dieses Kapitel zeigen, dass die Interaktionen zwischen den Organen der EU nicht nur durch ihre jeweiligen formalen Kompetenzen strukturiert werden, sondern auch von ihren strategischen und taktischen Kalkülen bestimmt sind. Dementsprechend verdeutlicht die Praxis jedes einzelnen Organs seine Bestrebungen, den Integrationsprozess so weit wie möglich zu beeinflussen und zu gestalten; dies schließt die maximale Nutzung und tendenzielle Überschreitung der jeweiligen formalen Kompetenzen ein. Insbesondere die supranationalen Institutionen versuchen, ihre vergleichsweise schwächere Machtposition durch strategisches Handeln und geschicktes Taktieren zu stärken. Die Kommission setzt diese Möglichkeiten während des gesamten Verlaufs der Entscheidungsverfahren erfolgreich ein; Kommission und Parlament bilden häufig Allianzen; das Parlament nutzt Interessengegensätze zwischen den Mitgliedstaaten, um Kompromisse in seinem Sinne zu erzielen. Allerdings schränken sich die europäischen Organe über ihre Interaktionen auch gegenseitig ein. Das ist besonders offensichtlich beim Rat, der insbesondere die Kommission, teilweise aber auch das Parlament, einzuschränken versucht. Aber auch das Parlament versucht, die Kommission über indirekte Druckmittel einzuschränken.

Vor diesem Hintergrund wundert es denn auch nicht, dass Konflikte zwischen den Institutionen über Kompetenzen, tendenzielle Machtausweitungen und direkte oder indirekte Einflussnahmen auf die jeweils anstehenden Entscheidungen an der Tagesordnung sind. Da keines der Organe selbstständig handeln kann, bilden solche Konflikte den Antrieb für die Formulierung europäischer Politiken und Implementationsstrategien sowie die konkrete Ausgestaltung des Integrationsprozesses. Allen Organen ist allerdings bewusst, dass sie ohne konsensuelle Lösungen weder die kollektiven, noch ihre individuellen Zielsetzungen erreichen können; deshalb treten sie sowohl auf offener Bühne als auch hinter den Kulissen in komplexe Prozesse der Kompromiss- und Konsensfindung ein, um effektive Problemlösungen zu finden und den Integrationsprozess gemeinsam voranzutreiben. Die Funktionsweise der EU ist somit auf allen Ebenen gleichermaßen durch Konflikt und Konsens bestimmt.

7 Entscheidungsfindung und Performance der einzelnen Organe

Wurde im vorangegangenen Kapitel der Prozess der Entscheidungsfindung im Wechselspiel der Organe dargestellt, so soll im Folgenden die – parallel dazu verlaufende – Entscheidungsfindung innerhalb der einzelnen Organe erörtert werden. Dies schließt die Analyse der internen Organisationsstruktur und Arbeitsweise sowie der Performance der einzelnen Organe und ihrer jeweiligen Besonderheiten ein. Jedes der europäischen Organe strebt danach, über die maximale Nutzung formaler Kompetenzen und institutioneller Ressourcen sowie die Optimierung der Performance seine Macht und Einflussnahme im EU-System auszuweiten. Um dies zu erreichen, bedarf es differenzierter Mechanismen der Konsensfindung im Innern sowie strategischer und taktischer Fähigkeiten gegenüber den anderen Organen. Welche Mechanismen, Strategien und Verfahrensweisen dabei im Einzelnen eingesetzt werden, soll im Folgenden für die einzelnen Organe herausgearbeitet werden.

7.1 Die Kommission: auf der Suche nach Kollegialität

Die Kommission ist in ihrer internen Struktur und Funktionsweise durch Widersprüche gekennzeichnet. Einerseits trägt sie kollektive Verantwortung für all ihre Aktivitäten, was in der Notwendigkeit der gemeinsamen Beschlussfassung begründet liegt; andererseits übernimmt jeder einzelne Kommissar ein bestimmtes Aufgabenfeld als spezifischen Verantwortungsbereich, eine Situation, die sich mit der sukzessiven Ausweitung der Politikfunktionen der EU verstärkt hat. Weitere Widersprüche ergeben sich aus den politischen und administrativen Funktionen der Kommission: Einerseits fungiert sie als „Motor der Integration", und damit als ein herausragender politischer Akteur; andererseits obliegt ihr die Umsetzung der Ratsbeschlüsse und die Überwachung ihrer Einhaltung, was eine Reihe von eher technischen oder administrativen Aufgaben beinhaltet, denn selbst die Erarbeitung von Gesetzesvorlagen ist in Teilbereichen ein administrativer Vorgang (Nugent 2001). Schließlich ist die Kommission als ein von den Mitgliedstaaten unabhängiges Organ konzipiert; gleichzeitig wird sie aber von diesen beschickt, wobei streng auf Proporz und gleichberechtigte Repräsentanz geachtet wird.

Diese Widersprüche durchziehen die Organisationsstruktur der Kommission. Jedem Kommissar ist ein Aufgabenbereich und eine entsprechende Generaldirektion zugeordnet (vgl. Übers. 5.1); die Zuordnung folgt aber nur bedingt einer besonderen fachlichen Qualifikation der jeweiligen Kommissare. Zwar weist der Kommissionspräsident die Aufgabenbereiche zu; die Mitgliedstaaten nominieren aber die

Kommissare und erwarten bestimmte Zuordnungen. Insbesondere die großen Mitgliedstaaten üben Druck aus, dass „ihren" Kommissaren prestigeträchtige Ressorts zugewiesen werden (Spence 2006a:34–36 und 44–45), sodass der Präsident keineswegs frei ist in seiner Entscheidung. Die Aufgabenbereiche der Kommissare entsprechen daher nicht ohne Weiteres ihren Qualifikationen, sondern richten sich auch nach politischen und Proporzgesichtspunkten (Nugent 2010: 113).

Den Generaldirektionen der Kommission steht ein beamteter Generaldirektor vor, der die inhaltliche Verantwortung für den jeweiligen Sachbereich trägt und auch oberster Dienstherr des zugehörigen Beamtenstabs ist (Spence 2006b: 128–135). Zwischen den Kommissaren und den Generaldirektionen gibt es ein Bindeglied, das die politischen und „technischen" Fragen und Themen vermittelt: die Kabinette der Kommissare (Spence 2006a: 60–72). Solche Kabinette umfassten ursprünglich lediglich zwei bis drei Mitglieder; gegenwärtig sind sie allerdings auf sieben bis acht angewachsen, wobei diese Zahl die kontinuierlich wachsende Aufgabenfülle der Kommission widerspiegelt. In der Regel sind die Kabinette mit erfahrenen Politikern oder Fachleuten primär aus dem Herkunftsland der Kommissare besetzt; mindestens ein Mitglied sollte jedoch einer anderen Nationalität angehören. Seit den Reformen der Prodi-Kommission (1999–2004) ist es aber Usus, dass zwei bis drei Kabinettsmitglieder aus einem anderen als dem Herkunftsland des jeweiligen Kommissars kommen.

Die Kabinette der Kommissare haben sich über die Jahre zu einer effektiven Substruktur unterhalb des Kollegialorgans der Kommission herausgebildet. Nugent schreibt ihnen sogar die Rolle einer eigenen Politik- und Entscheidungsebene zu (Nugent 2001: 4). Ähnlich wie im Falle von COREPER finden wöchentliche Sitzungen der „chefs de cabinet" statt, die der Vorklärung und teilweise auch Vorentscheidung von Kommissionsbeschlüssen dienen. Zu den jeweiligen Sachfragen werden feste oder *Ad-hoc*-Ausschüsse von Kabinettsmitgliedern mehrerer Generaldirektionen gebildet. Schließlich kommt jedem einzelnen Kabinett die Funktion eines Beratungsgremiums für den jeweiligen Kommissar zu (Spence 2006a: 63–65 und 69, für eine detaillierte Beschreibung des Kabinetts von Delors siehe Ross 1995). War den Kabinetten ursprünglich eine rein politische Funktion zugedacht, so entwickelten sie sich im Laufe der Zeit zu einer Schaltstelle für inhaltliche Fragen, womit die Kluft zwischen einer politisch handelnden Kommission und einem „technisch" orientierten Verwaltungsapparat tendenziell überbrückt werden konnte. In der Praxis erwies sich allerdings diese Schaltfunktion als ein zusätzliches Problem, indem sie zu erheblichen Kompetenzkonflikten und Friktionen zwischen Kabinettsmitgliedern und Generaldirektoren führte (Spence 2006a: 69–70, Nugent 2010: 120).

Die Aufgabengebiete der Generaldirektionen sind von sehr unterschiedlicher Qualität und Bedeutung: Auf der einen Seite umfassen sie sehr weite Politikbereiche und -felder, wie beispielsweise Wirtschaft und Finanzen (ECFIN) oder Beschäftigung, Soziales und Integration (EMPL). Die GD Außenbeziehungen war ebenfalls

eine sehr umfassende und bedeutende GD, bis sie nach den Regelungen des Lissabon-Vertrags mit Abteilungen des Generalsekretariats des Rates zum Europäischen
Auswärtigen Dienst zusammengefügt wurde und somit nicht mehr als reine Kom-
missionsbehörde fungiert. Auf der anderen Seite beziehen sich die GD auf engere
oder sehr spezielle Bereiche, wie Regionalpolitik (REGIO), Maritime Angelegenheiten und Fischerei (MARE) oder Erweiterung (ELARG). Zudem sind einige Generaldirektionen überhaupt nicht einem – engeren oder weiteren – Politikfeld gewidmet;
vielmehr befassen sie sich mit EU-internen Funktionsmechanismen oder Verwal-
tungsaufgaben, wie Haushalt (BUDG), Datenverarbeitung (DIGIT) oder Dolmetschen
(SCIG). Entsprechend dem Aufgabenbereich variiert auch der Umfang der einzelnen
Direktionen; ihre Beschäftigtenzahl kann zwischen 200 und 3000 variieren. Eher
jedoch als der Umfang entscheidet der Aufgabenbereich der GD über ihre Bedeutung: Während beispielsweise Wettbewerb (COMP), Wirtschaft und Finanzen (EC-
FIN), Handel (TRADE) sowie Binnenmarkt (MARKT) als sehr bedeutend gelten, wird
Beschäftigung (EMPL) und Umwelt (ENV) weniger Gewicht zugeschrieben.

Neben den Generaldirektionen verfügt die Kommission auch über ein Generalsekretariat, dessen Funktion es ist, einerseits für eine verbesserte Koordination
zwischen den einzelnen GD und ihren sektoralen Aufgabenbereichen zu sorgen,
andererseits den Präsidenten der Kommission in seiner Arbeit zu unterstützen. Wie
alle Institutionen der EU hat sich dieses Sekretariat jedoch weit über die ihm ursprünglich zugedachten Funktionen hinaus entwickelt. So fungiert es zunehmend
als Schaltstelle für ein breites Spektrum von organisatorischen Problemen und inhaltlich kontroversen Fragen; zudem arbeitet es selbstständig Dossiers von hoher
Priorität sowie zu sehr umstrittenen Themen aus (Kurpas et al. 2008: 42–43). Ihm
oblag auch die Erarbeitung von Konzepten zur Verwaltungsreform der Kommission,
wie sie zunächst von Präsident Santer (1999) initiiert und in der Folge unter der
Präsidentschaft Prodi implementiert wurde. In der Gegenwart wird das Sekretariat
zunehmend in eine Unterstützungsstruktur für den Kommissionspräsidenten transformiert (Kassim und Peterson 2013).

Betrachtet man den Prozess der Entscheidungsfindung der Kommission, dann
stellt sich dieser als ein recht komplexer und vielfältiger Abwägungsprozess dar, der
sowohl ein breites Spektrum von kommissionsinternen Akteuren als auch zahlreiche externe Handlungs- und Entscheidungsträger umfasst (Spence 2006b: 144–155).
In der Regel arbeitet eine Abteilung einer GD – nachdem Aktivitäten in bestimmten
Politikfeldern höheren Orts beschlossen wurden oder durch frühere Beschlüsse
vorgegeben sind[1] – eine erste, noch vorläufige Vorlage aus. Diese durchläuft zunächst einen vertikalen Abstimmungs- und Abänderungsprozess, der bis zum ver-

---

1 So wird in zahlreichen EG-Verordnungen ein Zeitpunkt für eine Revision festgelegt, der damit die
Erarbeitung von Reformvorschlägen vorgibt, so beispielsweise in den Verordnungen zu den Strukturfonds; auch die Vertragsrevisionen enthalten häufig Klauseln für die nächste Revision.

antwortlichen Kommissar reicht. In der Folge wird sie dann einem horizontalen Abwägungsprozess ausgesetzt, indem sie anderen, von der Materie betroffenen Generaldirektionen zur Begutachtung vorgelegt wird (zu Einzelheiten siehe Hartlapp et al. 2013). Je nach der Thematik können aber auch direktoratsübergreifende Sitzungen anberaumt oder spezielle Ausschüsse, Task-Forces oder Arbeitsgruppen eingesetzt werden, um ein gemeinsames Vorgehen zu gewährleisten (Spence 2006b: 147–150). Hier ergeben sich häufig Friktionen zwischen den Generaldirektionen, die einerseits an einer Kooperation interessiert sind – über diese lassen sich bereits im Vorfeld von Entscheidungen Gewinnerkoalitionen schmieden – andererseits aber in einem Konkurrenzverhältnis zueinander stehen.

Nach einer differenzierten Abstimmung zwischen den GD wird die so erarbeitete Vorlage in einen vielfältigen Abstimmungsprozess mit internen und externen Akteuren eingespeist. Intern sind es vor allem das Kollegium der Kommissare, die „chefs de cabinet" sowie spezielle Ausschüsse von Kabinettsmitgliedern, die die Vorlage unter breiteren politischen, strategischen und integrationsspezifischen Gesichtspunkten unter die Lupe nehmen und entsprechend modifizieren oder gar ganz zurückweisen (Spence 2006b: 150–152). Extern wird die Vorlage mit einer Reihe von sehr unterschiedlichen Akteuren abgestimmt: Mitgliedern nationaler Regierungen und Verwaltungen, unabhängigen Experten und Beratern sowie Vertretern der verschiedensten Interessengruppierungen und -verbände.

Der Einbezug nationaler Vertreter in den Politikformulierungsprozess erfolgt in der Regel über die Bildung entsprechender beratender Ausschüsse oder Expertengruppen (Spence 2006b: 146–147, Larsson und Murk 2007, Wessels 2008: 234–235, Nugent 2010: 124–125). Neben Spitzenbeamten der betroffenen Ministerien werden in zunehmendem Maße auch mittlere Beamte oder Spezialisten anderer staatlicher Institutionen hinzugezogen. Wessels (2008: 235) schätzt die Zahl solcher Expertengruppen für das Jahr 2004 auf 1702. Die Anhörung nationaler Vertreter erlaubt es der Kommission, frühzeitig nationale Präferenzen sowie die potenzielle Wirkung von Gesetzesvorschlägen auf die jeweiligen politischen Systeme zu eruieren, eventuellen Widerständen gegen ihre Initiativen Rechnung zu tragen und, soweit möglich, die Vorschläge bereits im Vorfeld von formalen Entscheidungen den jeweiligen Erwartungen und Optionen der Mitgliedstaaten anzupassen (Larsson und Murk 2007: 80–89). Experten und Berater werden dagegen in den Politikformulierungsprozess eingeschaltet, um qualifizierte, sachlich begründete Vorschläge vorlegen zu können und damit die Expertise der Kommission zu erweitern, aber auch, um den Entscheidungsprozess auf eine eher technische Ebene zu verlagern und darüber zu entpolitisieren. Experten und Berater fungieren einerseits als Politikberater in den Ausschüssen, andererseits werden sie mit Studien oder Forschungsprojekten beauftragt, die der Erarbeitung oder auch Begründung von Politikkonzepten dienen. Fand die Vergabe von entsprechenden Aufträgen zunächst eher *ad hoc* statt, so haben sich inzwischen formalisierte und von den Mitgliedstaaten über entsprechende Verwaltungsausschüsse überwachte Verfahren herausgebildet, die an die Kommission als deren Manager hohe Anforderungen stellen. Denn die im EG-Jargon Tenderings genannten Verfahren sollen einer Vielzahl von Ansprüchen genügen: Einerseits soll der beste und billigste Anbieter ausgewählt werden, andererseits sollen die Aufträge möglichst proportional über die Mitgliedstaaten verteilt werden. Es versteht sich, dass hier die Grenzen zwischen Markteffizienz und politischen Proporzgesichtspunkten nur sehr schwer zu ziehen sind.

Auch der Einbezug von Interessengruppierungen, Verbänden und Lobbys in den Entscheidungsprozess stellt sich als ein schwieriger Balanceakt zwischen demokratisch-pluralistischer Interessenabwägung und der Bevorzugung bestimmter Gruppierungen und Klientelen dar (Eising und Kohler-Koch 2005, Mazey und Richardson 2006, Greenwood 2011). Die Schwierigkeiten ergeben sich einerseits aus der sehr unterschiedlichen Betroffenheit der Gruppierungen, andererseits aus deren unausgewogener Präsenz in Brüssel, die ihrerseits in einer sehr unterschiedlichen Ausstattung mit Ressourcen begründet liegt. Dies hat in der bisherigen Entscheidungspraxis zu einem starken Übergewicht von Wirtschaftsverbänden und -Lobbys geführt. Die Kommission versucht zwar, auch andere Gruppierungen in den Entscheidungsprozess einzubeziehen, dies jedoch mit wechselndem Erfolg (Greenwood 2011). Dabei richtet sie sich primär auf europäische Dachverbände, da diese eine bereits zwischen den nationalen Verbänden abgewogene „europäische" Position in die Entscheidungsfindung einbringen können. Hierin liegt aber ebenfalls ein Problem: Denn die meisten Interessenverbände haben gerade Schwierigkeiten, eine einheitliche Position zu formulieren, da die Interessen und Präferenzen der nationalen Verbände und ihrer Klientelen stark divergieren und somit nur schwer auf einen gemeinsamen Nenner zu bringen sind (vgl. Kap. 10.1). Der systematische Einbezug von Interessengruppierungen in den Entscheidungsprozess erfolgt in der Regel über deren Teilnahme an entsprechenden Ausschüssen, während individuelle Lobbyisten eher hinter den Kulissen einzelne Kommissionsvertreter zu beeinflussen suchen.

Ist ein Vorschlag schließlich intern und extern abgestimmt, dann tritt er in die definitive Beschlussfassungsphase ein. Zunächst sind es die „chefs de cabinet", die als „Kommission im Kleinen" über die Vorlage entscheiden und, wo nötig, Kompromisse zwischen den Generaldirektionen aushandeln (Spence 2006b: 150–152). Gelingt dies, wird der Vorschlag von der Gesamtkommission nicht mehr diskutiert, sondern nur noch formal abgestimmt. Bleiben Differenzen bestehen, werden diese im Plenum des Kommissionskollegiums – oder, im Falle von spezielleren Fragen, von einem kleineren Kreis von Kommissaren – ausdiskutiert und in der Folge wiederum einer Abstimmung durch das Gesamtgremium zugeleitet.

Für die Beschlussfassung der Kommission genügt die absolute Mehrheit ihrer Mitglieder, das sind derzeit 15 von 28 Stimmen. Damit ist es theoretisch möglich, 13 Kommissare und letztendlich auch 13 Mitgliedstaaten zu überstimmen. In der Regel wird deshalb ein Konsens aller Kommissionsmitglieder angestrebt; lediglich in schwierigen Konfliktfällen kommt es zu einer formalen Abstimmung. Laut Kurpas et al. (2008: 23) hat es in den ersten Jahren der Barroso-Kommission kein formales

Votum mehr gegeben, während unter Prodi in ca. 20 Fällen explizite Beschlüsse gefasst wurden. Die Autoren erklären diesen Wandel mit der veränderten Zusammensetzung der Kommission; da die großen Mitgliedstaaten nur noch einen Kommissar entsenden, wäre deren Überstimmung kaum eine akzeptable politische Option (Kurpas et al. 2008: 23).

Im Falle eines bereits bestehenden Konsenses zwischen den Kommissaren sowie bei Routineentscheidungen kann auch von der Möglichkeit eines schriftlichen Verfahrens der Beschlussfassung Gebrauch gemacht werden (Spence 2006b: 152–153, Kurpas et al. 2008: 38). Dazu wird den Kommissaren eine entsprechende Vorlage zugeleitet. Wird innerhalb einer festgelegten Frist (fünf Tage im „normalen" Verfahren und sogar nur drei Tage im beschleunigten Verfahren) kein Einspruch erhoben, gilt der Vorschlag als angenommen. Schließlich gibt es auch noch das Ermächtigungsverfahren, bei dem ein (oder auch mehrere) Mitglied(er) der Kommission ermächtigt wird (werden), im Namen des Gesamtgremiums Entscheidungen zu treffen. Dieses Verfahren kommt aber lediglich bei nicht-kontroversen Maßnahmen der Verwaltung oder Ausführung zur Anwendung, z. B. im Agrarsektor (Spence 2006b: 152).

Aufgrund der vorangegangenen Darstellung könnte es nun so scheinen, als komme dem Kommissionskollegium lediglich während der Anfangs- und der Schlussphase der Beschlussfassung eine besondere Rolle zu. Ein solcher Eindruck wäre allerdings verfehlt. Denn das Kollegium, das wöchentlich im Plenum tagt, begleitet und strukturiert den im Vorgehenden skizzierten Prozess in all seinen Phasen. Zudem strukturieren und beeinflussen die einzelnen Kommissare den in „ihren" Generaldirektionen ablaufenden Entscheidungsfindungs- und Abstimmungsprozess bis zur Erstellung einer Beschlussvorlage in entscheidendem Maße, und sie vertreten ihn auch im Kollegium der Kommission. Die Kommission ist somit nicht nur in alle Stadien der Entstehung von Gesetzentwürfen und anderen Regelungen involviert, womit ihr die Rolle des „Schnittstellenmanagers" (Grande 2000) im EU-System zufällt, sondern sie drückt diesen Entscheidungen auch einen starken inhaltlichen und damit auch politischen Stempel auf.

Die Regel der kollektiven Entscheidungsfindung der Kommission – die ursprünglich vor allem das Durchschlagen nationaler Interessen im Entscheidungsprozess verhindern sollte – hat ihrerseits spezifische Rückwirkungen auf die Verfahrensmodi und Inhalte. Denn im Wesentlichen kommt es bei Kommissionsentscheidungen auf die Konsensfindung an, was vielfältige Anpassungen und Modifikationen der lancierten Vorschläge impliziert. Sehr kontroverse Initiativen sind daher häufig von vornherein ausgeschlossen oder benötigen eine starke Unterstützung vonseiten des Präsidenten (Kurpas et al. 2008: 23). Jeder Kommissar muss neben der eigenen inhaltlichen Position auch die Möglichkeiten der Koalitionsbildung im Auge behalten, was zu Tauschgeschäften und einer Art von Package Deals bei der Verabschiedung mehrerer Vorschläge führt. Die notwendig konsensorientierte Haltung der Kommissare bietet aber umgekehrt die Gewähr, dass nationale

Interessen, aber auch explizite politische Positionen, eher in den Hintergrund treten zugunsten der Herausbildung einer europäischen Corporate Identity (vgl. Ross 1995).

Die vorgehenden Ausführungen bezogen sich primär auf die „reguläre" Recht- und Regelsetzung; die Kommission lanciert aber auch umfassendere politische Vorhaben bis hin zu weitreichenden Integrationskonzepten. In solchen Fällen kann sie einerseits ihre eigenen politischen Ideen – wobei der Person des Präsidenten eine ganz besondere Rolle zukommt[2] – in die Debatte insbesondere zwischen den Mitgliedstaaten einbringen (Nugent 2001: 7); andererseits kann sie Verfahrensweisen etablieren, die zur Formulierung solcher Ideen oder Politikkonzepte führen. So hatte beispielsweise Präsident Delors während seiner Amtszeit neben den üblichen Beratungsstrukturen auch noch einen besonders kreativen Thinktank beim General-sekretariat eingerichtet, dessen einzige Aufgabe es war, zukunftsweisende Projekte und Ideen zu erarbeiten (Nugent 2001: 152). Diese Vorgehensweise wurde von sei-nen Nachfolgern fortgesetzt, indem nunmehr ein permanentes Beratungsgremium, das Bureau of European Policy Advisers (BEPA), als fester Bestandteil der Kommis-sionsstruktur eingesetzt wurde. Seine Aufgabe ist die Beratung des Präsidenten oder auch anderer Kommissare sowie die Erarbeitung von Politikempfehlungen. Andere Verfahren der Ideengenerierung haben sich inzwischen schon zu anerkannten – und erwarteten – Routinehandlungen entwickelt. In diesem Kontext sind die Round Tables von Spitzenindustriellen sowie die Veranstaltung von groß angelegten Kon-ferenzen und Meetings zu nennen, während derer Ideen und Erfahrungen ausge-tauscht und neue Politikkonzepte lanciert werden können. Die Ergebnisse solcher „major events" sowie insgesamt der Ideenproduktion werden in der Form von Be-richten, Weiß- oder Grünbüchern publiziert, zu denen wiederum Interessierte und Betroffene Stellungnahmen abgeben können.[3] In jüngster Zeit führt die Kommission auch Online-Konsultationen durch (Quittkat 2011). Auf diese Weise wird ein euro-paweiter Politikfindungsprozess organisiert, der zwar nicht die Öffentlichkeit im eigentlichen Sinne, wohl aber eine Vielzahl von Interessengruppierungen und di-rekt Betroffenen in die Debatte einbezieht. Über diese Vorgehensweise werden zu-dem transeuropäische Koalitionen zur Unterstützung bestimmter Politikkonzepte und Integrationsschritte geschmiedet, lange bevor der Ministerrat offiziell in die Debatte eintritt (Tömmel 2011b).

---

2 Insbesondere die Präsidentschaft Delors hat gezeigt, welche Rolle die Kommission unter einem ideenreichen Präsidenten, der Integrationskonzepte entwickelt und auch politisch vertritt, spielen kann (Ross 1995, Tömmel 2013).
3 Beispiele berühmter Weißbücher sind: das Weißbuch zum Binnenmarkt (Kommission 1985), das Weißbuch zu Wachstum, Wettbewerb und Beschäftigung (Kommission 1993) sowie das Weißbuch zur Governance in der EU (Kommission 2001).

7.2 Rat und Europäischer Rat: Verhandlung oder Problemlösung

Der Rat sowie der Europäische Rat sind, ganz im Gegensatz zur Kommission, keine fest organisierten Institutionen mit einer klar gegliederten administrativen Struktur; vielmehr sind sie als Vertretungen der Mitgliedstaaten heterogene Gremien, eben Räte, deren Vertreter in erster Linie Funktionsträger im Rahmen nationaler politischer Systeme sind. Ihre Aufgaben in der EU sind somit sekundär und lediglich ein Nebenprodukt ihrer Funktion im Heimatland. Die wichtigste Rolle des Ministerrats ist das Fällen von Entscheidungen über Gesetzesvorschläge der Kommission, womit diese in legale Rechtsakte verwandelt werden. Darüber hinaus fällt der Rat aber auch andere politische Entscheidungen, etwa in der Außen-und Sicherheitspolitik, dem Bereich Justiz und Inneres sowie bezüglich der Wirtschafts- und Währungsunion, kurz, in den Bereichen, die vornehmlich intergouvernemental gesteuert werden. Der Europäische Rat übt keinerlei gesetzgebende Rolle aus; ihm kommt dagegen die Aufgabe zu, als oberste Autorität der EU den Gesamtprozess der Integration zu steuern sowie Grundsatzentscheidungen in den Politikfeldern und Themenbereichen zu fällen, die primär der intergouvernementalen Entscheidungsmacht unterliegen. Zudem fungiert er als Schiedsinstanz im Falle von unlösbaren Konflikten im Rat.

7.2.1 Der Rat

Der Rat ist ein heterogenes Gremium, weil er in eine Vielzahl von Komponenten zerfällt und zugleich über eine komplexe Substruktur verfügt, die seine Arbeit vorbereitet, unterstützt oder teilweise sogar trägt. Als Komponenten des Rates sind einerseits der Rat Allgemeine Angelegenheiten sowie der Rat Auswärtige Angelegenheiten zu nennen, die sich beide aus den Außenministern der Mitgliedstaaten zusammensetzen, andererseits die „technischen" Räte (vgl. Übers. 5.2). Letztere gliedern sich wiederum in die wichtigen und sehr häufig tagenden Räte (ECOFIN und Agrarministerrat) sowie die übrigen. Während der Rat Allgemeine Angelegenheiten sowie die wichtigen Räte mindestens einmal im Monat zusammentreten, tagen die übrigen Räte zwischen zwei- und sechsmal pro Jahr (Hayes-Renshaw und Wallace 2006, S. 38–39). Die Frequenz der Sitzungen hängt generell davon ab, ob der betreffende Rat in Bezug auf etablierte EU-Politiken tätig wird, oder ob es lediglich um die Harmonisierung nationaler Politiken geht (Hayes-Renshaw und Wallace 2006, S. 38–39). Neben den jeweiligen Ministern nehmen auch Spitzenbeamte und Staatssekretäre der betroffenen Ministerien an den Ratssitzungen teil. In der Regel besteht eine nationale Delegation aus ungefähr zehn bis fünfzehn Mitgliedern, die aber teilweise im Hintergrund ihrem Minister zuarbeiten. Die heterogene Struktur des Rates wurde mit dem Lissabon-Vertrag erstmals im Primärrecht der EU verankert. So heißt es dort: „Der Rat tagt in verschiedenen Zusammensetzungen" (Art. 16(6) EUV-L). Zudem wird explizit zwischen einem „Rat Allgemeine Angelegenheiten" und einem „Rat Auswärtige Angelegenheiten" unterschieden (Art. 16(6) EUV-L), womit der Rat der Außenminister erstmals eine klare institutionelle Untergliederung entsprechend seinen unterschiedlichen Funktionen erhält.

Die Substruktur des Rates besteht im Wesentlichen aus zwei Komponenten: zum einen COREPER und den ihm neben- oder untergeordneten Institutionen, zum anderen dem Generalsekretariat des Rates (Hayes-Renshaw und Wallace, 2006: 68–132). COREPER I und II, denen die inhaltliche und politische Vorbereitung aller Ratsbeschlüsse obliegt, tagen in wöchentlichem Rhythmus. Neben COREPER haben sich allerdings Spezialausschüsse herausgebildet, die die Arbeit der wichtigsten Räte vorbereiten (Hayes-Renshaw und Wallace 2006: 82–95). So besteht für den Bereich des ECOFIN-Rates ein sogenannter Wirtschafts- und Finanzausschuss (Art. 134 AEUV); ebenso wurde für den Agrarbereich sowie für Außenhandelsfragen schon seit Langem ein spezieller Ausschuss eingerichtet. Weitere Spezialausschüsse sind den Bereichen Außen- und Sicherheitspolitik sowie Justiz und Inneres zugeordnet. Trotz dieser Zersplitterung nach Sachbereichen laufen aber die wichtigsten Fäden zu Entscheidungen des Ministerrats bei COREPER zusammen; Hix und Høyland (2010: 63) beispielsweise sehen denn auch Coreper „as the real engine for much of the work of the Council". Obwohl COREPER im Namen der Mitgliedstaaten handelt, sehen Beobachter in ihm ein Janusgesicht, denn die Institution verfolge häufig europäische Interessen vor denen der einzelnen Mitgliedstaaten (Lewis 2012: 333–335).

Unterhalb von COREPER bearbeiten zahlreiche fest oder *ad hoc* eingerichtete Arbeitsgruppen, in denen wiederum alle Mitgliedstaaten vertreten sind, die Vorschläge der Kommission und klopfen sie auf ihre inhaltlichen Wirkungen auf die Mitgliedstaaten ab. Im Jahr 2013 waren nicht weniger als 213 solcher Ausschüsse tätig.[4] Der Rat verfügt somit über einen weit aufgefächerten Unterbau zur Vorbereitung seiner Beschlüsse.

Diesem Konglomerat von Ausschüssen und Arbeitsgruppen steht das Ratssekretariat als eine relativ feste und permanente Organisationsstruktur gegenüber (Hayes-Renshaw und Wallace 2006: 101–132). Seine Aufgaben bestehen im Wesentlichen darin, die Sitzungen des Rates technisch und logistisch vorzubereiten und zu begleiten; daneben nahm und nimmt das Sekretariat aber auch politische Funktionen wahr, wie Kirchner bereits in den frühen 90er Jahren feststellte (Kirchner 1992: 27–28). Aufgrund seiner langen Erfahrungen mit zwischenstaatlichen Verhandlungsprozessen ist es naheliegend, dass das Sekretariat die jeweilige Präsidentschaft in inhaltlichen Fragen, in der Verhandlungsführung sowie im Schmieden von Kompromissen berät (Beach 2008). Es lässt sich unschwer erraten, dass es

---

4 Zahl aus: Rat der Europäischen Union, Verzeichnis der Vorbereitungsgruppen des Rates, Anlage I, Januar 2014, http://register.consilium.europa.eu/doc/srv?l=de&t=PDF&gc=true&sc=false&f=ST%205312%202014%20INIT (Abruf: 06.04.2014).

hierbei schnell zu Kompetenzkonflikten und Friktionen zwischen den Akteuren kommt. Die politischen Funktionen des Generalsekretariats wurden mit dem Amsterdamer Vertrag erheblich aufgewertet, indem der Generalsekretär zugleich als Hoher Vertreter der GASP der EU zu fungieren hatte. Die ihm zugeordnete Strategieplanungs- und Frühwarneinheit wurde ebenfalls im Generalsekretariat angesiedelt. Mit dem Lissabon-Vertrag wurde diese Konstruktion allerdings wieder aufgegeben, indem der beziehungsweise gegenwärtig die HV zugleich als Kommissarin fungiert und der zugeordnete Dienst vom Generalsekretariat des Rates und der Kommission gleichermaßen beschickt wird.

Die Präsidentschaft des Rates, die im halbjährlichen Turnus zwischen den Mitgliedstaaten rotiert, dient ebenfalls der erleichterten Konsensfindung zwischen den Mitgliedstaaten. Tallberg sieht die Präsidentschaft sogar als „the most important institutional mechanism through which EU governments reach efficient bargains" (Tallberg 2008: 201). Die rotierende Präsidentschaft beinhaltet einen Verfahrensmodus, der im Laufe der Integrationsgeschichte eine eigene Dynamik entfaltet hat und sich somit, gestützt auf die Autorität, die Ressourcen sowie die Kapazitäten des jeweiligen Vorsitzstaats, zu einer Institution mit erheblichem, wenngleich wechselndem politischen Gewicht herausbilden konnte (Elgström 2003a, Tallberg, 2006 und 2008, Westlake und Galloway 2006). Da eine erfolgreiche Präsidentschaft inzwischen eine Prestigefrage ist, versucht die den Vorsitz führende Regierung möglichst viele Ratsentscheidungen zu einem Abschluss zu bringen. Dies führt beim Agenda-Setting zur Auswahl von Themen, die weniger kontrovers sind, aber auch solchen, für deren Abschluss der Mitgliedstaat besonders günstige Voraussetzungen mitbringt (Tallberg 2006 und 2008, Westlake 2007). Allerdings kann die Präsidentschaft die Agenda nicht alleine bestimmen; vielmehr wird die Auswahl der Themen und Dossiers in enger Abstimmung mit der Kommission sowie im Rahmen der Troika getroffen, wobei insgesamt auf eine zügige Abhandlung von Gesetzesvorschlägen geachtet wird (Hayes-Renshaw 2007).[5] Warntjen (2008) sieht daher den Vorteil der Präsidentschaft gegenüber den übrigen Ratsmitgliedern in deren „proposal power".

Die Qualität der Präsidentschaft hängt von den Kapazitäten und Ressourcen des jeweiligen Mitgliedstaats ab; generell gelten große und „alte" Mitgliedstaaten als handlungsfähiger. Dem steht aber häufig entgegen, dass bei diesen Staaten innere Konflikte eine größere Rolle spielen, sodass eine einheitliche Linie erschwert wird (Quaglia und Moxon-Browne 2006, Schout und Vanhoonacker 2006). Die Präsidentschaft kann aber auch erheblich beeinträchtigt werden durch interne und externe Probleme (Elgström 2003a, Quaglia und Moxon-Browne 2006). Intern können bevorstehende Wahlen oder gar ein Regierungswechsel sowie größere innenpolitische

---

5 Der Arbeitsplan wird auch dem Parlament vorgelegt, das aber in dieser Angelegenheit keine Entscheidungsbefugnisse besitzt.

Probleme einen erfolgreichen Vorsitz behindern; extern können extreme Situationen, unverhoffte politische Entwicklungen oder Ereignisse die Beschlussfassung erschweren.[6] Als ganz besonderes und zugleich ständig präsentes Hemmnis für eine erfolgreiche Präsidentschaft stellt sich allerdings der Zeitfaktor dar: Ein halbes Jahr ist nach Ansicht eines frühen Beobachters „kaum länger als die Lernkurve" (de Bassompierre 1988: 153, zit. nach Kirchner 1992: 82). Aus den unterschiedlichen Erfahrungshorizonten des (wechselnden) Vorsitzes sowie des (permanenten) Ratssekretariats können sich denn auch erhebliche Diskrepanzen und Friktionen ergeben. Umgekehrt wäre aber auch eine längere Vorsitzperiode angesichts von nunmehr 28 Mitgliedstaaten problematisch, da dann jeder einzelne Staat nur sehr selten an die Reihe käme und somit kaum auf frühere Erfahrungen zurückgreifen könnte.

Der den Vorsitz führende Mitgliedstaat nimmt auch den Vorsitz in allen Unterorganisationen des Rates wahr, also in COREPER, den speziellen Ausschüssen sowie den Arbeitsgruppen. Das bedeutet für diese Gremien, dass sie ihre Aufgaben ebenfalls unter häufig wechselnder Führung wahrnehmen müssen. Die Ratspräsidentschaft ist somit einerseits eine Konstruktion, die die Vielzahl der am Entscheidungsprozess beteiligten Gremien unter einheitlicher Führung koordiniert und insbesondere die vertikale Kommunikation zwischen allen Beteiligten erleichtert; andererseits erschwert sie aber aufgrund ihrer kurzfristigen Alternanz die Wahrung von Kontinuität und Kohärenz in der Beschlussfassung (vgl. die Beiträge in Elgström 2003a). In dieser Situation kommt einmal mehr zum Ausdruck, dass der Rat insgesamt kein kohärentes Gremium ist und sein kann, sondern aus Gründen des Proporzes zwischen den Mitgliedstaaten von diesen gemeinsam gesteuert wird. Angesichts sehr unterschiedlicher Politikstile, Ressourcen und Integrationserfahrungen der einzelnen Staaten, ganz zu schweigen von ihren gegensätzlichen Zielsetzungen und Interessen, kommt es zu wechselnden Konjunkturen der Entscheidungsfindung und gelegentlich sogar zu manifesten Integrationshemmnissen.[7] Allerdings wird in zunehmendem Maße von den Präsidentschaften erwartet, dass diese die Rolle eines „ehrlichen Maklers" übernehmen, also ihre nationalen Interessen während ihrer Vorsitzperiode zurückstellen (Elgström 2003b).[8]

---

6 So war beispielsweise die deutsche Präsidentschaft der ersten Jahreshälfte 1999 sowohl durch interne als auch durch externe Schwierigkeiten belastet: intern, weil die neue Regierung von SPD und Bündnis 90/Die Grünen gerade erst angetreten war; extern, weil der Kosovokrieg eine enorme Herausforderung für die Außenpolitik der EU und damit zugleich eine Belastung der Präsidentschaft darstellte.

7 So konnte der Verfassungsvertrag unter der italienischen Präsidentschaft (Dezember 2003) nicht fristgerecht verabschiedet werdem, weil Ministerpräsident Berlusconi, ein notorischer Euroskeptiker, kaum Interesse zeigte, die Verhandlungen zu einem erfolgreichen Abschluss zu führen.

8 In der Praxis erweist sich diese Anforderung allerdings als sehr großer Zielkonflikt. Eklatante Beispiele hierfür sind die Ratspräsidentschaft der Bundesrepublik (1. Hälfte 1999), unter der durch Intervention von Bundeskanzler Schröder eine bereits beschlussreife Richtlinie zur Verwertung von Altautos „gekippt" wurde, sowie die Frankreichs (2. Hälfte 2000), unter der der Vertrag von Nizza

Mit dem Verfassungsvertrag wurde der Versuch unternommen, die Präsidentschaften des Rates zu verstetigen. Für den Rat Auswärtige Angelegenheiten sah der
Konventsentwurf einen ständigen Vorsitz in der Person des Außenministers vor
(Art. I-22, Abs. 7 VVE); für die übrigen Ratsformationen sollte zumindest eine einjährige Vorsitzperiode gelten (Art. I-23, Abs. 4 VVE). In den abschließenden Verhandlungen über den Verfassungsvertrag wurde aber lediglich der ständige Vorsitz für den
Rat Auswärtige Angelegenheiten übernommen, während längere Präsidentschaften
für die anderen Ratsformationen abgelehnt wurden (vgl. Crum 2004, Wessels 2004).
Mit dem Lissabon-Vertrag wurde am permanenten Vorsitz für den Rat Auswärtige
Angelegenheiten festgehalten; die Bezeichnung „Außenminister" wurde allerdings
durch die vorsichtigere Formulierung Hoher Vertreter ersetzt. Für die übrigen Ratsformationen wurde dagegen der halbjährlich rotierende Vorsitz beibehalten (vgl.
Kap. 4.2).

Die Entscheidungsprozesse des Rates verlaufen im Prinzip nach einem „hierarchischen" Muster, indem zunächst die unteren Gremien Vorentscheidungen treffen,
während dem Rat die letztendliche Entscheidung obliegt. Auch hier ist der Ablauf in
der Praxis komplexer, denn Gesetzentwürfe können wiederholt hin- und hergescho-
ben und revidiert werden. Letzteres ist zwar nur möglich, wenn die Kommission zur
Revision ihrer Vorlage bereit ist. Diese Bereitschaft ist aber in der Regel hoch – geht
doch die Kommission andernfalls das Risiko ein, dass es überhaupt nicht zu einer
Beschlussfassung kommt. Ein von der Kommission offiziell übermittelter Vorschlag
wird zunächst einer COREPER unterstellten Arbeitsgruppe zugeleitet und auf ihre
Konsequenzen für die einzelnen Mitgliedstaaten hin untersucht. Handelt es sich um
Routinefragen oder kaum kontroverse „technische" Detailregelungen, wird der
Vorschlag schnell seinen Weg über COREPER in den Rat finden. Bei geringen Kontroversen liegt die faktische Entscheidung bereits bei COREPER, das einen entsprechenden Kompromiss aushandelt; der Rat stimmt dann solchen, als A-Punkte auf
der Agenda figurierenden Vorlagen nur noch pauschal und ohne vorangegangene
Diskussion zu. Nach Schätzungen werden so ca. 90% der bearbeiteten Themen faktisch von COREPER beschlossen.[9] Geht es hingegen um eine komplexere Thematik,
die größere Kontroversen beinhaltet, bemüht sich COREPER zwar um eine Vorentscheidung; die eigentliche Konfliktlösung erfolgt jedoch erst im Rat. Die entsprechenden Vorlagen werden auf der Agenda als B-Punkte bezeichnet. Wenn keine

---

ausgehandelt wurde, wobei Frankreich bei der Frage der Stimmengewichtung im Ministerrat massiv
seine Interessen vertrat. Demgegenüber gelang es der britischen Präsidentschaft in der zweiten
Jahreshälfte 2005, die Finanzplanung der EU bis 2013 erfolgreich zu verabschieden, während
gleichzeitig die Reduzierung des sogenannten „Briten-Rabatts" auf der Tagesordnung stand.
9 Man darf diese Zahl allerdings nicht überschätzen, da es hier vielfach um technische Detailregelungen geht, während die verbleibenden Themen die hochkomplexen und zugleich kontroversen
sind.

Einigung erzielt wird, kann der Vorschlag auch wieder an die Kommission zur Abänderung zurückgehen beziehungsweise diese zieht ihn von sich aus zurück.

Durch die Mitentscheidung des Europäischen Parlaments in der Gesetzgebung wird der Entscheidungsprozess erheblich verkompliziert. Über Konfliktthemen kann der Rat nicht mehr alleine entscheiden; vielmehr muss er jetzt auch zu einem Konsens mit dem Parlament kommen. Dazu wurden differenzierte Verfahren entwickelt. So muss der Rat zunächst einen gemeinsamen Standpunkt formulieren, und damit bereits frühzeitig zu einem internen Grundkonsens kommen (vgl. Abbildung 6.1). Nach dieser Entscheidung kann die Kommission keine Amendierungen mehr von sich aus vornehmen, sondern allenfalls solche des Parlaments übernehmen. Schlägt das Parlament Amendierungen vor, muss die Konsensfindung im Rat erneut in Gang gesetzt werden, wobei wiederum auch COREPER eine entscheidungsvorbereitende Rolle wahrnimmt (2. Lesung). Auch wenn es zu größeren Kontroversen mit dem Parlament kommt und ein Vermittlungsverfahren in Gang gesetzt wird, fällt dem Rat neben der Konsensfindung mit dem Parlament eine erneute Abstimmung seiner internen Position zu (3. Lesung). Bei einer Gesamtzahl von inzwischen 28 Mitgliedstaaten und dementsprechend ebenso vielen Ministern ist dies keine leichte Aufgabe. Zusätzlich kann die interne Abstimmung im Rat erschwert werden, wenn sich zwischenzeitlich aufgrund von externen Ereignissen oder anderweitigen Veränderungen erhebliche Verschiebungen in der Position einzelner Mitgliedstaaten ergeben. Andererseits ist zu beachten, dass es nur in seltenen Fällen zu drei Lesungen kommt (vgl. Kap. 6.1); vielmehr kooperieren die drei gesetzgebenden Organe kontinuierlich im Rahmen der informellen Triloge, um bereits zwischen der ersten und zweiten Lesung ein Ergebnis zu erzielen. In diesen Fällen ist es immer COREPER, das den Rat vertritt.

Die im Vorgehenden skizzierte Situation verdeutlicht, dass das eigentliche Problem des Rates seine interne Beschlussfassung ist, das heißt, das Erreichen von tragfähigen Kompromissen unter seinen Mitgliedern. Angesichts einer wachsenden Zahl von Mitgliedstaaten mit sehr unterschiedlichen Interessen wird dies aber zunehmend erschwert. Ein Großteil der Tätigkeit des Rates besteht denn auch darin, zwischen seinen Mitgliedern Konsens zu erzielen. Dies kann teilweise schon im Rahmen von COREPER und seinen Arbeitsgruppen gelingen. Dabei ist hervorzuheben, dass sich in COREPER und auch in den Arbeitsgruppen ein Verhandlungs- und Arbeitsstil herausgebildet hat, der weniger durch hartes Bargaining und kompromissloses Vorbringen nationaler Interessen gekennzeichnet ist, als vielmehr durch einen kooperativen Umgang, der sich auch und besonders am gemeinsamen Ziel des zügigen Fortschritts der Integration sowie der Erhaltung der Funktionsfähigkeit des Gesamtsystems orientiert (vgl. zu COREPER Lewis 2005 und 2012, zu den Arbeitsgruppen Beyers 2005 sowie Clark und Jones 2011). Insbesondere COREPER ist daher eine ganz wesentliche Scharnierfunktion zwischen den nationalen Interessen der Mitgliedstaaten und dem EU-System in seiner Gesamtheit zuzuschreiben.

Bei tiefergreifenden Differenzen müssen allerdings die Minister beziehungsweise die nationalen Delegationen im Rat selbst einen Kompromiss finden, wobei sie auch in dieser Phase noch häufig auf COREPER zurückgreifen. Bei der Kompromissfindung spielt die Präsidentschaft eine wichtige Rolle, indem sie Kompromissvorschläge ausarbeitet, Koalitionen für bestimmte Vorschläge zusammenschmiedet, Zögerer überredet, Gegenspieler isoliert oder auch für hartnäckige Verhandlungspartner Side-Payments in der Hinterhand hält (Hayes-Renshaw 2007).[10] Auch das Ratssekretariat mit seiner reichen Erfahrung in der Entscheidungsfindung kann mit taktischen Ratschlägen und Kompromissformulierungen zur Seite stehen. Schließlich spielt auch die Kommission eine eminent wichtige Rolle in der Kompromiss- und Konsensfindung, indem sie ihre Vorschläge umformuliert und damit häufig die entscheidende Kompromissformel lanciert; zudem kann sie Issue-Linkages organisieren und Paketlösungen zusammenschnüren. Wenn alle Stricke reißen, kann auch noch der Europäische Rat eingeschaltet werden. Zudem können hinter den Kulissen vielfältige bi- und multilaterale Verhandlungen geführt werden, um zu einem Durchbruch in der Entscheidungsfindung zu kommen (Clark und Jones 2011). Bekannt und berühmt ist in diesem Kontext die Achse Deutschland–Frankreich, die einerseits als Repräsentant der Hauptkontrahenten, andererseits aber auch als Kristallisationskern sich ausbildender Kompromisse fungieren kann.[11]

Trotz all dieser elaborierten Verfahren der Kompromiss- und Konsensfindung kann es in der Praxis dennoch zu unüberwindbaren Pattsituationen kommen, was in der Vergangenheit häufig der Fall war. In solchen Situationen ist es entscheidend, ob im Rat mit Einstimmigkeit oder mit qualifizierter Mehrheit abgestimmt wird.[12] Zwar legen die Verträge im Prinzip fest, welches Verfahren für welche Thematik anzuwenden ist, in der Praxis ist die Zuordnung jedoch nicht eindeutig, sodass sich ein erheblicher Spielraum für Interpretationen ergibt. Es versteht sich, dass Kommission und Parlament so weit wie möglich das Mehrheitsprinzip favorisieren, während der Ministerrat eher für die Einstimmigkeit optiert. In jedem Falle hat die Wahl des Verfahrens erhebliche Rückwirkungen auf die Kompromiss- und Konsensfindung im Rat. Muss er bei Einstimmigkeit Rücksicht auf jede Einzelposition nehmen, so kann er bei qualifizierter Mehrheit auch eine Koalition von mehreren Mitgliedstaaten übergehen. Diese Konstellation beeinflusst das Verhalten der ein-

---

10 Die Strukturfonds der EU, die erhebliche Fördermittel für bestimmte Mitgliedstaaten und deren weniger entwickelte Regionen bereitstellen, wurden häufig für solche Tauschgeschäfte benutzt.

11 Die sogenannte „Motorenfunktion" dieser beiden Staaten besteht, entgegen landläufiger Meinung, nicht darin, dass sie die gleichen Integrationsziele anstreben und verfolgen, sondern dass sie im Vorfeld von größeren Entscheidungen Kompromisse zwischen ihren häufig gegensätzlichen Positionen aushandeln, die zumeist repräsentativ sind für die übrigen Mitgliedstaaten. Das wohl deutlichste Beispiel für diese Konstellation ist das Zustandekommen der Währungsunion.

12 Das Verfahren der einfachen Mehrheit kommt so selten zur Anwendung (meist nur in Verfahrensfragen), dass es hier vernachlässigt werden kann.

zelnen Delegationen: Im Falle von Mehrheitsentscheidungen ist strikte Opposition kaum zielführend; eher gelingt es bei von der Mehrheit abweichenden Präferenzen, kleinere Konzessionen zu erzielen. Aber auch bei einstimmigen Entscheidungen ist eine Blockadehaltung nicht mehr angesagt; sie würde kaum noch als berechtigte Wahrung nationaler Interessen gewertet werden, sondern eher als Affront gegenüber den anderen Partnern. In jedem Falle werden im Rat nur selten formale Beschlüsse gefasst; stattdessen streben die Minister in den meisten Fällen einen Konsens in dem Gremium an, selbst dann, wenn Mehrheitsentscheidungen möglich wären (Heisenberg 2005, Hayes-Renshaw et al. 2006).

Insgesamt hat die Änderung der Abstimmungsverfahren im Rat und insbesondere die Ausweitung qualifizierter Mehrheitsbeschlüsse zu paradoxen Effekten geführt: Einerseits erleichtert sie die Beschlussfassung und erhöht damit insgesamt die Effizienz europäischer Entscheidungsfindung; andererseits verkompliziert sie den ohnehin schon schwierigen Prozess der Kompromiss- und Konsensfindung, indem Kommission und Parlament jetzt mehr Einfluss gewinnen, was nicht selten in sibyllinischen Beschlüssen resultiert. Diese Situation wird sich erneut verändern, wenn die im Lissabon-Vertrag vorgesehenen erheblich gesenkten Schwellen für qualifizierte Mehrheitsbeschlüsse 2014 in Kraft treten (Art. 16(4) EUV-L). Die genauen Konsequenzen dieser einschneidenden Veränderungen lassen sich zum gegenwärtigen Zeitpunkt noch nicht absehen; fest steht aber schon jetzt, dass Vetopositionen einzelner Staaten oder sogar ganzer Staatengruppen erheblich erschwert sein werden (Tömmel 2010), während dem Parlament eine größere Einflussnahme auf die Entscheidungen des Rates zukommen wird.

Es wäre allerdings verfehlt, wollte man aus der Ausweitung von Mehrheitsentscheidungen im Rat den Schluss ziehen, dieser entwickle sich von einem eindeutig intergouvernementalen Organ zu einem tendenziell supranational agierenden Gremium. Eine solche Interpretation verkennt, dass sich die oben beschriebenen Verfahrensänderungen größtenteils auf weniger kontroverse Bereiche der EU-Politik beziehungsweise auf Folgeentscheidungen zu bereits getroffenen Grundsatzentscheidungen beziehen. Demgegenüber werden sensible Bereiche weiterhin einstimmiger Beschlussfassung unterliegen und somit auch der aktiven Mitwirkung von Kommission und Parlament entzogen bleiben. Dies gilt für die Außen- und Sicherheitspolitik der EU sowie für bestimmte Politiken im Bereich Justiz und Inneres, und insbesondere für die Wirtschafts- und Währungsunion, die sich in Zeiten der Krise als vordringlichstes Problem der Integration stellt. Soweit in diesem Bereich supranationale Entscheidungen getroffen werden müssen, sind diese an die EZB delegiert (vgl. Kap. 8.2). Der intergouvernementale Charakter des Rates wird sich somit auch in Zukunft kaum verändern.

7.2.2 Der Europäische Rat

Betrachtet man die Entscheidungsfindung im Europäischen Rat, so ist zunächst festzuhalten, dass für dieses Gremium grundsätzlich die gleichen Prinzipien, Regeln und Verfahrensweisen wie für den Rat gelten. Allerdings gibt es auch signifikante Abweichungen. So ist die Art der Entscheidungen von anderer Natur. Der Europäische Rat „wird nicht gesetzgeberisch tätig"; vielmehr gibt er der Union „die für ihre Entwicklung erforderlichen Impulse und legt die allgemeinen politischen Zielvorstellungen und Prioritäten hierfür fest" (Art. 15(1) EUV-L). Da sich der Europäische Rat aus den Staats- und Regierungschefs und damit den höchsten Autoritäten der Mitgliedstaaten zusammensetzt, trägt er die Verantwortung für ein wesentlich breiteres und umfassenderes Spektrum von Themen und Entscheidungsbereichen. Dementsprechend ist die Entscheidungsfindung im Europäischen Rat von tiefgreifenderen Konflikten geprägt; gleichzeitig ist dieser Rat aber auch gezwungen, Konsens zu grundlegenden Fragen der europäischen Integration herzustellen. Der Europäische Rat trifft seine Entscheidungen grundsätzlich per Konsens (Art. 15(4) EUV-L); das bedeutet in der Praxis, Einstimmigkeit ist erforderlich, auch wenn nicht formal abgestimmt wird. Dennoch gibt es auch von dieser Regel Ausnahmen. So kann beispielsweise die Nominierung eines Kommissionspräsidenten oder die Wahl des Präsidenten des Europäischen Rates per Mehrheitsvotum entschieden werden; in diesen Fällen gelten die Verfahrensregeln des Rates. Aber auch bei diesen Entscheidungen überwiegt zumeist die „culture of consensus" (Heisenberg 2005).

Für die Vorbereitung seiner Entscheidungen nutzt der Europäische Rat die gleichen Substrukturen wie der Rat; so sind es COPERER, insbesondere sein politischer Arm COPEPER II, sowie das Generalsekretariat, die die entsprechende Zuarbeit leisten. Allerdings nimmt auch der Ministerrat teilweise eine zuarbeitende Rolle wahr. In der Außen- und Sicherheitspolitik sowie im Bereich Justiz und Inneres arbeiten beide Organe Hand in Hand: Während der Europäische Rat die Grundsatzentscheidungen trifft, obliegen dem Rat die exekutiven Entscheidungen. Die Abgrenzung zwischen diesen Entscheidungen ist aber häufig unklar; dementsprechend kommt es zu zahlreichen Überschneidungen (Hayes-Renshaw und Wallace 2006: 165). Grundsätzlich kann der Europäische Rat auch die Ressourcen der Kommission für seine Arbeit in Anspruch nehmen. Die Kommission stellt Berichte, Analysen und in bestimmten Fällen sogar Politikkonzepte für das Gremium bereit. Der Kommissionspräsident nimmt als reguläres Mitglied an den Sitzungen des Europäischen Rates teil (Art. 15(2) EUV-L); das ermöglicht es ihm, seine Vorschläge direkt in dem Gremium zu vertreten sowie im Falle von Dissens mögliche Kompromissformeln zu lancieren. Kommissionspräsident Delors wird in dieser Hinsicht eine besonders erfolgreiche Strategie nachgesagt (Tömmel 2013).

Bis zum Inkrafttreten des Lissabon-Vertrags unterstand der Europäische Rat ebenso wie alle Räte der rotierenden Präsidentschaft. Das bedeutete, dass die Qualität seiner Arbeit und damit seine Fähigkeit zur Erzielung von Kompromissen stark variierten. Da der Europäische Rat, wie oben bereits erwähnt wurde, von besonders tiefgreifenden Konflikten zwischen den Staats- und Regierungschefs der Mitgliedstaaten geprägt ist, kommt der Präsidentschaft als Vermittlungsinstanz eine herausgehobene Bedeutung zu. Ein kurzer Blick auf einige Gipfeltreffen der Staats- und Regierungschefs bestätigt dies. So konnte der Gipfel von Nizza keine grundlegende Vertragsreform erzielen, weil die französische Präsidentschaft vehement nationale Interessen vertrat, insbesondere in der Frage der Stimmengewichtung im Rat. Die italienische Präsidentschaft im Dezember 2003 verfehlte die Verabschiedung des Verfassungsvertrags, weil Premierminister Berlusconi als notorischer Euroskeptiker kaum Interesse an einem erfolgreichen Abschluss hatte. Demgegenüber schloss die britische Präsidentschaft nach schwierigen Verhandlungen die Verabschiedung der mehrjährigen Finanzplanung ab, obwohl auch der sogenannte Briten-Rabatt[13] zur Disposition stand. Schließlich gelang es der deutschen Präsidentschaft im Juni 2007, den Lissabon-Vertrag trotz starker Widerstände, insbesondere vonseiten Polens, bereits vor der Zusammenkunft der eigentlichen IGK weitgehend unter Dach und Fach zu bringen.

Es waren diese unvorhersehbaren Erfolge und Fehlschläge, die die Staats- und Regierungschefs bewogen, eine permanente Präsidentschaft für den Europäischen Rat einzurichten. Mit dem Inkrafttreten des Lissabon-Vertrags im Jahre 2009 wurde dementsprechend der erste Präsident gewählt: der vormalige belgische Ministerpräsident Herman van Rompuy. Die Leistungen des Amtsinhabers sind bisher noch nicht eindeutig einzuschätzen. Zwar wurde er im Jahre 2013 für eine zweite Amtszeit wiedergewählt und auch zum Präsidenten des Eurogipfels bestimmt (siehe Kap. 8,3); es scheint aber, dass er bisher die Agenda des Europäischen Rates nur eingeschränkt bestimmen konnte und dass sein Einfluss auf die Entscheidungen des Gremiums noch weit geringer war. Seine Verdienste liegen vor allem in der effizienteren Gestaltung der Sitzungen sowie in der Vermittlung von Interessengegensätzen zwischen den Mitgliedstaaten (Howorth 2011, Gostynska 2012). Es ist somit anzunehmen, dass weiterhin tiefgreifende Konflikte die Entscheidungsfindung im Europäischen Rat behindern. Die jüngsten Gipfeltreffen scheinen diese Einschätzung zu bestätigen. So gelang es nicht, die Regeln des Fiskalpakts in die EU-Verträge zu integrieren, da lediglich 25 Mitgliedstaaten bereit waren, das Vertragswerk anzunehmen; es musste deshalb als internationaler Vertrag abgeschlossen werden. Die Annahme der mehrjährigen Finanzplanung für die Periode 2014–2020 nahm fast ein ganzes Jahr zäher Verhandlungen in Anspruch.

---

13 Der Briten-Rabatt beinhaltet einen verminderten Beitrag Großbritanniens zum Budget der EU, der seinerzeit von der Regierung Thatcher ausgehandelt wurde.

Insgesamt lässt sich somit schlussfolgern, dass es dem Europäischen Rat gelungen ist, seine internen Verfahrensweisen zu verbessern; dieser Fortschritt zahlt sich aber nicht in erleichterten oder beschleunigten Konsensfindungsprozessen aus. Die Schwierigkeiten des Europäischen Rates bei der Konsensfindung sind aber auch den zunehmend komplexeren und entsprechend kontroverseren Themen zuzuschreiben, mit denen er sich zu befassen hat, sowie nicht zuletzt auch dem Auftreten unvorhergesehener Problemlagen, wie die Finanz- und Schuldenkrise belegt.

7.3 Das Parlament: jenseits von Parteipolitik

Im Gegensatz zu Kommission und Ministerrat nimmt das Parlament als politischer Repräsentant der Bürger Europas eine gänzlich andere Rolle im europäischen Entscheidungsprozess ein, und es muss deshalb auch seine interne Entscheidungsfindung anders organisieren. In Gesetzgebungsverfahren muss das EP häufig eine absolute Mehrheit erreichen, um entscheidenden Einfluss auf das Ergebnis ausüben zu können (vgl. Kap. 6.1). Da keine der Parteiengruppierungen eine solche Mehrheit besitzt, haben sich differenzierte Verfahren der internen Konsensfindung herausgebildet. Die jeweiligen Positionen des EP bilden sich so über einen politischen Abwägungsprozess zwischen den bestehenden Parteien und Parteienfraktionen, aber auch in der Auseinandersetzung mit den anderen europäischen Organen heraus. Dabei ergeben sich auch hier Schwierigkeiten, einerseits aufgrund des großen Bogens an Meinungen und Positionen, der überspannt werden muss, andererseits aufgrund des Drucks von außen, einig und konsensbereit aufzutreten, da andernfalls kaum Einfluss auszuüben wäre (vgl. Farell und Héritier 2004, Reh et al. 2010, Héritier und Reh 2012).

Das Europäische Parlament wird in den Mitgliedstaaten gesondert nach den dortigen Wahlverfahren und Parteiensystemen gewählt (Duff 2010: 58–63); dementsprechend setzt es sich aus einem bunten politischen Spektrum zusammen, das die Addition aller nationalen Parteienspektren repräsentiert. McElroy und Benoit (2010: 3) zählen für die Legislaturperiode 2004–2009, also unmittelbar nach der Osterweiterung der Union, nicht weniger als 182 verschiedene Parteien im EP. In der Legislaturperiode 2009–2014 sank die Zahl auf 161, vermutlich aufgrund der Konsolidierung der Parteien in den neuen Mitgliedstaaten (Rose und Borz 2013: 476). Die Niederlande als vergleichsweise kleiner Staat sind bei 25 Abgeordneten mit nicht weniger als neun Parteien vertreten. Das Vereinigte Königreich, das seit der Europawahl von 1999 für diese das Verhältniswahlrecht praktiziert, bringt nunmehr neben den zuvor großen Parteien (Labour und Konservative) acht weitere, teilweise regionale Parteien ins Parlament ein, und Italien ist allein schon in der Europäischen Volkspartei mit vier Parteien vertreten. Zusammengenommen ergibt sich so ein heterogenes Konglomerat, das aus wenigen größeren Gruppierungen und vielen Repräsentanten kleiner Splittergruppen besteht. Die Fragmentierung der Parteien im EP ergibt sich nicht zuletzt aus dem Umstand, dass die Wähler bei Europawahlen vermehrt für kleinere und insbesondere für Anti-Systemparteien votieren, denen sie in nationalen Wahlen kaum ihre Stimme geben würden (Hix und Høyland 2010: 147–148). Die Zersplitterung des Parteienspektrums im EP hat sich mit den jüngsten Erweiterungsrunden noch einmal verschärft. Denn insbesondere mit den Transformationsstaaten Mittel- und Osteuropas kamen Staaten mit stark fragmentierten und noch unzureichend konsolidierten Parteiensystemen in die EU (Beichelt 2004, Lord und Harris 2006). Da bei Europawahlen zumeist die jeweiligen Regierungsparteien abgestraft werden, sind diese im Parlament teilweise kaum vertreten, während neu gebildete Oppositionsparteien, deren längerfristiger Bestand keineswegs gesichert ist, die Abgeordnetenmandate besetzen.

Trotz dieser starken Fragmentierung der Parteien erreicht das EP in der Praxis eine gewisse Kohärenz unter seinen Abgeordneten (Hix et al. 2007, McElroy und Benoit 2010). So kommt es nach den Wahlen zur Bildung von Parteiengruppen oder Fraktionen, in denen sich politisch und ideologisch verwandte Parteien verschiedener Herkunftsländer zusammenschließen. Die Regeln hierfür sind in der Geschäftsordnung des Parlaments festgelegt: Eine Fraktion muss mindestens 25 Mitglieder umfassen und diese müssen aus mindestens einem Viertel der Mitgliedstaaten, also derzeit sieben verschiedenen Herkunftsländern, kommen (Art.30, Geschäftsordnung des Europäischen Parlaments).

Zwei große Fraktionen dominieren die Arbeit des Parlaments (siehe Tab. 7.1): einerseits die Europäische Volkspartei (EVP), die als größte Fraktion im Wesentlichen christdemokratisch orientierte Parteien sowie einige konservative Gruppierungen zu einem Bündnis zusammenfasst und seit 2014 über 221 Mandate verfügt; andererseits die Sozialistische Partei Europas (SPE), die die sozialdemokratischen und sozialistischen Parteien bündelt und gegenwärtig insgesamt 191 Sitze einnimmt (Tab. 7.1).

Mit Abstand folgen hinter diesen beiden Fraktionen vier Gruppierungen, die jeweils 50 bis 70 Abgeordnete stellen. Dabei hat sich mit den Wahlen von 2014 eine rechtskonservative Gruppe, die Europäischen Konservativen und Reformisten (ECR), mit jetzt 70 Sitzen auf den dritten Platz im EP geschoben. Die britischen Konservativen gründeten diese Fraktion 2009, nachdem sie die EVP wegen deren proeuropäischer Haltung verlassen hatten; mit 19 Abgeordneten dominieren sie die ECR. Polen stellt allerdings ebenfalls 19 Mandatsträger; weitere kommen überwiegend aus den neuen Beitrittsstaaten. Die AfD (Alternative für Deutschland) hat sich ebenfalls dieser Gruppe angeschlossen. Der ECR folgt an vierter Stelle mit nunmehr 67 Sitzen die Allianz der Liberalen und Demokraten für Europa (ALDE), die traditionell immer den dritten Platz eingenommen hatte und auch stärker vertreten war. Die fünfte Position belegt die Fraktion der Vereinigten Europäischen Linken – Nordische Grüne Linke (VEL/NGL) mit 52 Mandaten; sie konnte ihre Position gegenüber 2009 deutlich verbessern. Ihr folgt die Gruppe der Grünen/Europäische Freie Allianz (Grüne/EFA) mit 50 Sitzen auf dem sechsten Platz. Die derzeit kleinste Gruppe, das

Europa der Freiheit und der Demokratie (EFD), konnte mit nunmehr 48 Mandatsträgern ihre Position gegenüber den Wahlen von 2009 deutlich stärken und somit die anderen kleineren Gruppen fast einholen. Es handelt sich um eine extrem rechte, euroskeptische Gruppe, der beispielsweise die italienische Lega Nord und die United Kingdom Independence Party (UKIP) angehören. Die EFD-Gruppe wurde durch den Zusammenschluss zweier rechtsgerichteter Gruppierungen, zum einen der Gruppe Unabhängigkeit/Demokratie (U/D), zum anderen der Union für das Europa der Nationen (UEN), gebildet; diese hatten bei den Wahlen 2009 zahlreiche Mandate verloren, sodass sie nur gemeinsam eine Fraktion bilden konnten (Tab. 7.1). 43 Abgeordnete gehören derzeit keiner Fraktion an; sie figurieren unter dem Namen „non inscrit" (NI), nicht eingeschrieben (Tab. 7.1). Ihnen wird aber ein gemeinsames Sekretariat für ihre Arbeit zur Verfügung gestellt. Diese Gruppe umfasst im Wesentlichen ein Spektrum von extrem rechten Parteien, wie etwa dem französischen Front National, der niederländischen Partei für die Freiheit von Geert Wilders und der Freiheitlichen Partei Österreichs. Schließlich figurieren derzeit auch noch 9 Abgeordnete unter Sonstige; hier handelt es sich um Mandatsträger, die sich bisher noch nicht einer Fraktion zuordnen konnten, aber eine solche Zuordnung anstreben. Es sind somit noch gewisse Verschiebungen zwischen den Fraktionen zu erwarten.

Da der Fraktionsstatus mit gewissen Vorteilen verbunden ist, lohnt es sich für Angehörige von Splitterparteien, ein Zweckbündnis einzugehen; solche Fraktionen sind jedoch häufig instabil oder nur von kurzer Dauer. So entstand nach dem Beitritt Rumäniens und Bulgariens 2007 ein extrem rechtes Zweckbündnis, das unter dem Namen Identität, Tradition, Souveränität (ITS) antrat. Ihm gehörten neben anderen die oben unter NI genannten Parteien an. Es kam allerdings in der Folge schnell zu Streitigkeiten und Austritten aus der Fraktion, womit deren Abgeordnete wieder auf den Status von Fraktionslosen zurückfielen. Grundsätzlich ist festzuhalten, dass sich seit dem Beitritt der Staaten Mittel- und Osteuropas rechte, nationalistische und europafeindliche Parteien erstmals in nennenswertem Umfang als Fraktionen konsolidieren und somit das politische Spektrum des Parlaments in gewissem Maße nach rechts verschieben konnten. Von der sechsten zur siebten Legislaturperiode hat sich dieser Rechtstrend ausdifferenziert, indem die ECR als rechts-konservative Fraktion entstand, während die extreme Rechte sich zu einer einheitlichen Fraktion zusammenfand. Zwischen der 7. und 8. Legislaturperiode ist es allerdings zu größeren Verschiebungen im Parteienspektrum gekommen, indem nunmehr vor allem rechte und rechtsextreme sowie generell europaskeptische Gruppierungen deutlich zulegen konnten. Waren solche Zugewinne, die sich bereits in Anfängen 2004 und 2009 abzeichneten, seinerzeit vor allem der Osterweiterung zuzuschreiben, so gehen sie 2014 primär auf das Konto der „alten" Mitgliedstaaten. Europaskeptische und rechtsextreme Parteien konnten insbesondere in Frankreich, Großbritannien und Österreich, aber auch in Deutschland, enorme Stimmengewinne erzielen. Das neue EP wird somit stärker fraktioniert und polarisiert sein.

Tabelle 7.1: Sitze im Europäischen Parlament nach Fraktionen, 6. bis 8. Legislaturperiode (2004–2019)

Fraktion	Legislaturperiode 2004–2009	Legislaturperiode 2009–2014	Legislaturperiode 2014–2019
EVP (bis 2009: EVP-ED)	268	265	221
SPE	200	184	191
ALDE	88	84	67
Grüne/FEA	42	55	50
VEL/NGL	41	35	52
ECR	-	54	70
U/D	37	-	-
UEN	27	-	-
EFD (Zusammenschluss von U/D und UEN)	-	32	48
NI	29	27	43
Sonstige	-	-	9
Summe	732	736	751

EVP	Fraktion der Europäischen Volkspartei
EVP-ED	Fraktion der Europäischen Volkspartei und Europäischer Demokraten
SPE	Fraktion der Sozialdemokratischen Partei Europas
ALDE	Fraktion der Allianz der Liberalen und Demokraten für Europa
GRÜNE/FEA	Fraktion der Grünen/Freie Europäische Allianz
VEL/NGL	Konföderale Fraktion der Vereinigten Europäischen Linken/Nordische Grüne Linke
ECR	Fraktion Europäische Konservative und Reformisten
U/D	Fraktion Unabhängigkeit/Demokratie
UEN	Fraktion Union für das Europa der Nationen
EFD	Fraktion Europa der Freiheit und der Demokratie
NI	Non-inscrit – Fraktionslos

Quelle: Wahlen 2004 und 2009: http://www.europarl.europa.eu/aboutparliament/de/ 004a50d310/Composition-of-Parliament.html#legislature_6_incoming. Alle Zahlen für die Neukonstituierung des EP nach den Wahlen (Abruf: 04.04.2014); Wahlen 2014: http://www.elections2014.eu/en/new-parliament (vorläufige Wahlergebnisse; Abruf 17.06.2014).

Seit den 70er Jahren haben sich über den Fraktionen des Parlaments insgesamt 13 europäische Parteienzusammenschlüsse herausgebildet, die von der EU als Europaparteien rechtlich anerkannt sind (Tab. 7.2). Während sich die klassischen Parteien der rechten und linken Mitte bereits seit Langem auf der europäischen Ebene zusammengeschlossen haben, wurden insbesondere die Gruppierungen am rechten Rand erst in jüngster Zeit gebildet. Als Föderationen nationaler Parteien erarbeiten und vertreten die Europaparteien gemeinsame Standpunkte und Positionen, insbesondere zu Themen der europäischen Integration. In der Öffentlichkeit treten sie jedoch kaum in Erscheinung (Ovey 2004). Ähnlich wie die Dachverbände von Interessengruppierungen widmen sie sich eher der Abwägung nationaler parteipolitischer Standpunkte als der Generierung spezifisch europäischer politischer Positionen. Zudem werden die Föderationen in erster Linie von den Europarlamentariern getragen, statt dass sie umgekehrt deren Basis bildeten.

Tabelle 7.2: Europaparteien, von der EU rechtlich anerkannt, 2013

Partei	Abkürzung	Politische Orientierung
Europäische Volkspartei	EVP	Christdemokraten, Konservative
Sozialdemokratische Partei Europas	SPE	Sozialdemokraten, Sozialisten
Europäische Liberale und Demokratische Reformpartei	ELDR	Liberale und Zentristen
Europäische Grüne Partei	EGP	Grüne Parteien
Allianz der Europäischen Konservativen und Reformisten	AECR	Konservative, Europaskeptiker
Partei der Europäischen Linken	PEL	Sozialisten, Kommunisten
Bewegung für ein Europa der Freiheit und Demokratie	MELD	Europaskeptiker, Rechtskonservative
Europäische Freie Allianz	EFA	Regionale Parteien
Europäische Demokratische Partei	EDP	Zentristen, pro-europäisch
Europäische Allianz für Freiheit	EAF	Rechtspopulisten
Allianz der Europäischen Nationalen Bewegungen	AENM	Rechtsextrem, nationalistisch
EU Demokraten	EUD	Europaskeptiker
Europäische Christliche Politische Bewegung	ECPM	Christlich

Quelle: Europäisches Parlament: Aktuelles. http://www.europarl.europa.eu/news/de/newsroom/content/20130906STO18828/html/Infografik-Europ%C3%A4ische-Politische-Parteien (Abruf: 13.04.2014).

Im Europäischen Parlament sind es hauptsächlich die beiden großen Fraktionen, die das Bild und vor allem die Entscheidungsprozesse bestimmen. Allerdings sind die Fraktionen intern wesentlich heterogener, als das auf nationalem Niveau der Fall ist (McElroy und Benoit 2010, Nugent 2010: 193–195). Denn zum Ersten gibt es – je nach Herkunftspartei – beträchtliche politische und ideologische Divergenzen, innerhalb der SPE-Fraktion etwa zwischen britischen Labour-Abgeordneten, spanischen Sozialisten und deutschen Sozialdemokraten, die sich aufgrund unterschiedlicher nationaler politischer Kulturen und Traditionen noch weiter akzentuieren. Noch größer sind die ideologischen Divergenzen in der Fraktion der Europäischen Volkspartei, die seit 2009 nicht weniger als 41 Einzelparteien umfasst (Rose und Borz 2013: 478). Da die EVP in den letzten Jahren eine explizite Strategie der Gewinnung zusätzlicher Mitglieder verfolgt hat, was ihr so unterschiedliche Gruppierungen wie Forza Italia oder die portugiesischen Sozialdemokraten zuführte, umspannt sie ein breites politisches Spektrum von weit rechts bis zur linken Mitte. Zum Zweiten können – wiederum je nach Herkunftsland – die Haltungen zur europäischen Integration beträchtlich divergieren, beispielsweise zwischen deutschen Sozialdemokraten und griechischen Sozialisten oder zwischen deutschen Christdemokraten und britischen Konservativen.[14] So war die europaskeptische Haltung der britischen Konservativen für elf Mitglieder der französischen Zentristen Grund genug, um zu Beginn der 6. Legislaturperiode die EVP-ED-Fraktion zu verlassen und sich den Liberalen anzuschließen (Hrbek 2004, S. 216). In der 7. Legislaturperiode verließen dann allerdings die britischen Konservativen ebenfalls die EVP-ED-Fraktion und gründeten mithilfe einiger Kleinparteien aus den Staaten Mittel- und Osteuropas eine eigene, rechtskonservative und euroskeptische Fraktion, die AECR (Tab. 7.1). Zum Dritten fehlt im EP, im Gegensatz zu Parteienfraktionen auf nationalem Niveau, die explizite Bindung an beziehungsweise die Disziplinierung durch die Rollen von Regierungs- oder Oppositionsparteien, wodurch individuelle Haltungen und Positionen der Abgeordneten stärker zum Zuge kommen können.

Umgekehrt gibt es im Europäischen Parlament aber auch quer zur Fraktionsgliederung starke verbindende Elemente zwischen den Abgeordneten. In erster Linie ist es die Nationalität, die je nach Themen und Sachlage Abgeordnete verschiedener Parteien auf einen Nenner bringen kann. Lord spricht in diesem Zusammenhang sogar von einem „second party system behind the dominant organising framework of the EP" (Lord 2004: 101). Des Weiteren können spezifische Haltungen zu Grundfragen der europäischen Integration oder auch zu Detailfragen in der Praxis die Herausbildung einer Vielzahl von Intergruppen begünstigen, die sich parteienübergreifend organisieren (Judge und Earnshaw 2003: 198–199, Nugent 2010: 195). Die bekanntesten Intergruppen sind der Krokodil-Club und die Känguru-Gruppe, die sich während der 80er Jahren für das Vorantreiben der Integration eingesetzt hatten; Erstere für die Schaffung eines föderalen Europas, Letztere für die Realisierung des Binnenmarktes.[15] Schließlich stellt auch das Geschlecht der Abgeordneten ein verbindendes Element dar. So haben Frauen verschiedenster politischer Richtungen gemeinsam eine progressive Gleichstellungspolitik auf der europäischen Ebene durchgesetzt (Fuhrmann 2005, Kantola 2010, MacRae 2010, Mazey 2012). Diese Erfolge sind dem vergleichsweise hohen Anteil an weiblichen Abgeordneten im EP zuzuschreiben (35,5% bei der Wahl 2009), der derzeit auf nationalem Niveau nur von den skandinavischen Ländern übertroffen wird.

Insgesamt weist das Europäische Parlament somit eine Vielzahl von internen Kluftlinien auf, die sich nicht nur entlang von Parteiendifferenzierungen herausbilden, sondern diese auch vielfach durchkreuzen. In dieser Situation zeigt sich einmal mehr der fehlende Fraktionszwang oder, einfacher ausgedrückt, die relative Freiheit der Parlamentarier, um vornehmlich nach Sachlage und ihrem Gewissen zu ent-

---

14 In beiden Fällen sind jeweils die erstgenannten Parteien europaorientiert, während das für die letztgenannten nicht oder allenfalls eingeschränkt gilt.

15 Der Krokodil-Club hat sich 1986 in „Federalist Intergroup for European Union" umbenannt und figuriert auch unter dem Namen „Spinelli-Gruppe". Ihre Zielsetzung ist es, den Föderalismus zu fördern und den Euroskeptizismus zu bekämpfen (Duff 2013: 148). Insgesamt wird die Zahl der Intergruppen auf ca. 100 geschätzt (Nugent 2010: 195).

scheiden. Umgekehrt macht dies zugleich aber auch deutlich, warum es im Parlament so häufig zu relativ breiten Konsenslösungen kommt.

Zur Vorbereitung seiner Entscheidungen und zur Gewährleistung der Effizienz seiner Arbeit hat das Parlament eine Reihe von ständigen Ausschüssen (derzeit 20) gebildet, die sich mit wichtigen Politikbereichen und Themenfeldern sowie mit institutionellen Fragen befassen oder aber politische Querschnittsthemen bearbeiten (vgl. Übers. 7.1). In Ausschüssen mit einem besonders breiten Themenspektrum können auch Unterausschüsse gebildet werden; derzeit verfügt lediglich der Ausschuss für Auswärtige Angelegenheiten über zwei Unterausschüsse (zu den Themen Menschenrechte sowie Sicherheit und Verteidigung). Seit der sechsten Legislaturperiode hat sich die Zahl der ständigen Parlamentsausschüsse von 17 auf 20 erhöht. Allerdings handelt es sich bei den hinzugekommenen Ausschüssen (für Binnenmarkt und Verbraucherschutz, für Verkehr und Fremdenverkehr, für internationalen Handel) nicht um neue Aufgabenfelder: Vielmehr kommen sie durch „Ausgründungen" aus bestehenden Ausschüssen zustande. In dieser Situation drückt sich das wachsende Aufgabenspektrum der Union, aber auch die mit der Erweiterung signifikant erhöhte Mitgliederzahl des Parlaments aus. Je nach Politikfeldern oder Themenspektrum kann die Arbeitsbelastung der Ausschüsse stark variieren (Maurer 2012: 148–150). Insbesondere Ausschüsse mit hoher Gesetzgebungsintensität, wie z. B. der Ausschuss für Umweltfragen, sind besonders stark belastet (Whitaker 2011: 30–33). Jeder Parlamentarier ist in der Regel Mitglied in zwei Ausschüssen, wobei in einem der Schwerpunkt der Arbeit liegt.

Das Arbeitsgebiet der Ausschüsse ist größtenteils deckungsgleich mit den Generaldirektionen der Kommission, was die Zusammenarbeit erleichtert (vgl. Übers. 5.1 und 7.1). Zu speziellen Fragen können auch Sonderausschüsse eingesetzt werden (Maurer 2012: 71). Gegenwärtig besteht zwar kein Sonderausschuss; in der jüngsten Vergangenheit waren solche Ausschüsse aber aktiv, so zu Fragen der Finanz-, Wirtschafts- und Sozialkrise (bis Juli 2011) sowie zu organisiertem Verbrechen, Korruption und Geldwäsche (bis Oktober 2013) (http://www.europarl.europa.eu/committees/de/full-list.html, Abruf: 04.04.2014). Seit dem Vertrag von Maastricht ist dem Parlament zudem die Einsetzung von Untersuchungsausschüssen zur Klärung von Missständen zugestanden (Art. 193 EGV-M).[16]

Die Vorlagen und Stellungnahmen zu Gesetzentwürfen oder anderen Entscheidungen werden in der Regel in den Ausschüssen unter der Regie eines Berichterstatters (EU-Jargon: Rapporteur) erstellt (Maurer 2012: 70). Im Rahmen des Ordentlichen Gesetzgebungsverfahrens spielen zudem die Vorsitzenden der Ausschüsse, gemeinsam mit dem Berichterstatter, eine wichtige Rolle beim Aushandeln von Kompromissen mit den anderen Organen – Kommission und Rat – sowie bei der Schlich-

---

[16] Ein solcher Ausschuss wurde beispielsweise vom Parlament zur Untersuchung der BSE-Krise eingesetzt.

tung parlamentsinterner Auseinandersetzungen (Neuhold und Settembri 2007: 157–159).

Übersicht 7.1: Ausschüsse des Europäischen Parlaments, 7. Legislaturperiode (2009–2014)

Ständige Ausschüsse

AFET	Auswärtige Angelegenheiten
DROI	Menschenrechte
SEDE	Sicherheit und Verteidigung
DEVE	Entwicklung
INTA	Internationaler Handel
BUDG	Haushalt
CONT	Haushaltskontrolle
ECON	Wirtschaft und Währung
EMPL	Beschäftigung und soziale Angelegenheiten
ENVI	Umweltfragen, öffentliche Gesundheit und Lebensmittelsicherheit
ITRE	Industrie, Forschung und Energie
IMCO	Binnenmarkt und Verbraucherschutz
TRAN	Verkehr und Fremdenverkehr
REGI	Regionale Entwicklung
AGRI	Landwirtschaft und ländliche Entwicklung
PECH	Fischerei
CULT	Kultur und Bildung
JURI	Recht
LIBE	Bürgerliche Freiheiten, Justiz und Inneres
AFCO	Konstitutionelle Fragen
FEMM	Rechte der Frau und Gleichstellung der Geschlechter
PETI	Petitionen

Quelle: http://www.europarl.europa.eu/committees/de/full-list.html (Abruf: 04.04.2014).

Die Entscheidungsfindung und Politikformulierung des Europäischen Parlaments ist ein schrittweiser Prozess der Erörterung von Konfliktthemen und der Herausarbeitung konsensueller Lösungen. Die Vorschläge der Kommission werden in der Regel zunächst in den zuständigen Ausschüssen bearbeitet (Neuhold und Settembri 2007: 157–159, Maurer 2012: 104–105). Unter der Regie des Berichterstatters werden inhaltliche Stellungnahmen oder auch Abänderungsvorschläge erstellt und – soweit sachlich erforderlich – mit anderen Ausschüssen abgestimmt. Nach Verabschiedung durch den zuständigen Ausschuss wird die Vorlage dann dem Plenum zugeleitet. In dieser Phase geht der zunächst eher noch „technische" Vorschlag in den politischen Abwägungsprozess zwischen den Fraktionen ein. Bei weniger kontroversen Themen wird allerdings das Votum des Ausschusses übernommen, der ja schon intern eine politische Vermittlung vorgenommen hat (Raunio 2012: 349). Insbesondere wenn im Rahmen der informellen Triloge bereits ein Kompromiss mit Rat und Kommission ausgehandelt wurde, kann das Plenum den Vorschlag nur noch unbesehen annehmen (Héritier und Reh 2012).

Ist jedoch ein Vermittlungsverfahren erforderlich, sind die beiden großen Fraktionen von EVP und SPE die dominierenden Akteure, während den kleineren allenfalls eine Nebenrolle offensteht (Judge und Earnshaw 2003: 151–154). Denn da keine der beiden großen Fraktionen alleine und auch nicht mit Unterstützung kleinerer Fraktionen die dann erforderliche absolute Mehrheit erreichen kann, hat sich die Praxis herausgebildet, dass die beiden großen Fraktionen untereinander die wichtigsten Kompromisse aushandeln. Die kleineren haben dann nur die Wahl, sich diesen Kompromissen anzuschließen, günstigenfalls unter Einbringung zusätzlicher Modifikationen, oder aber auf einer Minderheitenposition zu beharren. In der Regel ziehen sie aber Ersteres vor, und sei es jeweils erst in der letzten Minute. Denn die Partizipation an einem breiten Konsens bringt langfristig mehr Einflussmöglichkeiten mit sich als die Rolle der Daueropposition; dies umso mehr, als auch die beiden großen Parteiengruppierungen an einem solchen, umfassenden Konsens interessiert sind. Denn mit der Unterstützung der kleineren Fraktionen kann jede große Fraktion die interne Kompromisslinie zu ihren Gunsten verschieben; zudem bietet der breite Konsens unter Einschluss fast aller Fraktionen mehr politisches Gewicht in der Auseinandersetzung mit den anderen Organen sowie mehr demokratische Legitimation. Dennoch wird die sogenannte „Große Koalition" von EVP und SPE häufig kritisiert. Allerdings handelt es sich nicht um eine wirkliche Koalition, denn Kompromisse werden lediglich fallweise ausgehandelt und nicht vorab in einem Koalitionsvertrag festgeschrieben.

Die vergleichsweise stabile „Große Koalition" und ihr weiteres Umfeld von konsensorientierten kleineren Fraktionen haben weitreichende Auswirkungen auf den gesamten Politikfindungsprozess im Parlament und auch auf die einzelnen Parlamentarier. Denn zum Ersten werden Konfliktthemen weitgehend ausgeklammert oder in den Hintergrund gedrängt, während Konsenspunkte eher die Agenda bestimmen. Zum Zweiten bilden sich zwischen Vertretern unterschiedlicher politischer Parteien konvergierende Positionen, Haltungen und Erwartungen heraus (Ovey 2002, für eine entgegengesetzte Position siehe Scully 2005). Die Chancen hierfür sind umso größer, je mehr es sich um (neue) Themen oder Issues handelt, die nicht zum klassischen Spektrum parteipolitischer Positionen auf nationalem Niveau gehören. Nicht von ungefähr konnte das Parlament daher bisher in Fragen wie Schutz der Menschenrechte, Umweltschutz, Immigration, Datenschutz sowie Gleichstellung von Mann und Frau eine wesentlich weitergehende Übereinstimmung und damit auch Erfolg nach außen erzielen, als beispielsweise in Fragen der traditionell von den Mitgliedstaaten und ihren Parteien deutlich „besetzten" Sozialpolitik. Zum Dritten bildet sich auch in verfahrenstechnischer Hinsicht eine grundsätzliche Konsensorientierung heraus; zwar werden unterschiedliche Standpunkte durchaus formuliert, es fehlt aber die polemische Debatte und scharfe Parteienkonkurrenz, wie sie häufig nationale politische Auseinandersetzungen charakterisiert. Diese Situation wird dadurch weiter begünstigt, dass kaum eine Bindung zwischen Abgeordneten und Wählern besteht und somit die Parteien des EP kaum gezwungen sind, sich vor den Wählern durch die Akzentuierung der eigenen Position (und die Diffamierung der anderen Parteien) zu profilieren.

Der sich so ausbildende breite Grundkonsens beeinflusst auch die weitere Arbeit des Parlaments. So werden Posten und Ämter nach einem ausgehandelten Parteienproporz vergeben, wobei die großen Parteien die Spitzenämter unter sich aufteilen, die kleinen aber auch angemessen beteiligt werden. In der Regel wird das Amt des Parlamentspräsidenten während der Legislaturperiode von fünf Jahren in zwei Phasen aufgeteilt. Bis zur Parlamentswahl 1999 bekleidete während der ersten Phase ein Vertreter der Sozialisten, während der zweiten Phase ein Christdemokrat das Präsidentenamt. Als 1999 die EVP stärkste Fraktion wurde, kündigte sie allerdings diesen Konsens auf, indem sie während der ersten Hälfte der Legislaturperiode eine EVP-ED-Vertreterin (Nicole Fontaine, Frankreich) zur Präsidentin machte, während sie für die zweite Hälfte einen Abgeordneten der Liberalen Fraktion (Pat Cox, Irland) ernannte. Nach der Parlamentswahl des Jahres 2004, bei der die EVP-ED-Fraktion erneut stärkste Kraft, aber weit von der absoluten Mehrheit entfernt blieb, kehrte man wieder zum alten Modus der geteilten Präsidentschaft zurück. Auch in der Legislaturperiode 2009–2014 wurde das Prinzip beibehalten, mit Jerzy Buzek (Polen, EVP) und Martin Schulz (Deutschland, SPE) in den Führungsrollen. Ähnlich kooperativ – wenngleich meist erst nach zähen und hart geführten Verhandlungen – werden auch die Ämter der Vizepräsidenten sowie die Vorsitze der Ausschüsse vergeben (Hix und Høyland 2010: 59). Auch die Funktionen von Berichterstattern werden möglichst proportional nach dem politischen Gewicht der Fraktionen aufgeteilt. Es versteht sich, dass in all diesen Fällen auch auf eine möglichst proportionale Aufteilung zwischen den Nationalitäten geachtet wird.

Diese Vorgehensweise hat ihrerseits zur Folge, dass politische Polarisierungen und harte Parteienkonkurrenz im Parlament kaum eine Rolle spielen – auch wenn hinter den Kulissen mit „weichen" Methoden um Macht und Einfluss gerungen wird. Zudem bilden sich auch offene Haltungen zwischen den Nationalitäten heraus, was die Atmosphäre von Toleranz und Kosmopolitismus verstärkt.

Mit der Einführung von Kooperations- und Kodezisionsverfahren und der Überführung des Letzteren in das Ordentliche Gesetzgebungsverfahren wurde die Entscheidungsfindung für das Parlament komplizierter, da jetzt neben inhaltlichen Gesichtspunkten auch strategisch-taktische Erwägungen eine größere Rolle spielen. So kann das Parlament nicht einfach seine Wunschoption vertreten, sondern muss zur Erzielung maximaler Resultate bei seinen Vorschlägen einschätzen, wie groß die Unterstützung vonseiten der Kommission ausfällt und ob sich die Uneinigkeiten im Rat für eventuelle Positionsgewinne ausnutzen lassen.

Mit der Kommission hat sich – trotz zahlreicher Differenzen – über die Jahre hinweg eine relativ stabile Zusammenarbeit ergeben, die im Interesse beider Organe liegt. Da das Parlament über relativ begrenzte Ressourcen und fachinhaltliche Expertise verfügt, kann es seine diesbezüglichen Kapazitäten über die Kooperation mit der Kommission erweitern. Wichtiger ist aber die Übernahme seiner Vorschläge durch die Kommission; empirische Studien haben gezeigt, dass sich damit die Zustimmungschancen im Rat deutlich erhöhen (Hix und Høyland 2010: 72). Auch für die Kommission ist die Kooperation von Vorteil, kann sie doch so die Legitimität ihrer Vorschläge erhöhen und das Risiko von Entscheidungsblockaden verringern.

Mit dem Rat hat das Parlament erst seit den rezenten Veränderungen der Entscheidungsverfahren festere Beziehungen aufbauen können. So kommt es im Rahmen von Kodezision und dem Ordentlichen Gesetzgebungsverfahren, insbesondere durch die Möglichkeiten einer frühen Übereinkunft im Rahmen informeller Triloge, zu einem intensiven Austausch zwischen den beiden Organen. Ist eine Mehrheit im Rat an einer positiven Beschlussfassung über einen Gesetzentwurf interessiert, dann kommt es zu Kompromissen mit dem EP. Es ist allerdings nicht der Rat selber, der die Kompromisse aushandelt; vielmehr wird er in den informellen Trilogen wie auch im Falle von formellen Vermittlungsverfahren durch COREPER vertreten. Dem EP gelang es, mit dem in Brüssel vertretenen COREPER stabile Beziehungen aufzubauen, die zunehmend von Vertrauen und Kooperation zwischen den Akteuren beider Seiten geprägt sind. Dennoch scheut sich das Parlament nicht, gelegentlich von seinem Vetorecht Gebrauch zu machen. So lehnte es beispielsweise 2010 das SWIFT-Abkommen mit den USA ab, das umfangreiche Transfers von Finanzdaten von der EU in die USA vorsah (Monar 2010a). In diesem Falle entschied das Parlament zugunsten grundlegender politischer Rechte und bürgerlicher Freiheiten seiner Wähler, während es den politischen Konsens mit dem Rat hintanstellte.

Über seine Teilnahme am Gesetzgebungsprozess hinaus trifft das Parlament aber auch eine Reihe von politischen Entscheidungen, für die es keine klaren Vorgaben und Verfahrensregeln gibt. In solchen Fällen werden daher nicht nur neue Verfahrensweisen „erfunden“, sondern zugleich auch bestehende Kompetenzen entweder systematisch überschritten oder in anderer als der ursprünglich intendierten Weise genutzt. Zudem wird das Parlament auch in Bereichen tätig, für die es keinerlei definierte Kompetenzen besitzt. Allerdings haben sich diese Aktivitäten in jüngster Zeit aufgrund der gestiegenen Arbeitsbelastung im Gesetzgebungsbereich tendenziell verringert.

Als Beispiel für das erfolgreiche „Erfinden“ neuer Verfahrensweisen kann das mit dem Vertrag von Maastricht erworbene Recht der Zustimmung zur Ernennung der Kommission angeführt werden (Lord 2004: 139–143, Spence 2006a: 36–38). Obwohl sich dieses Recht auf die gesamte Kommission bezieht, nutzte das Parlament die Gelegenheit, um die einzelnen Kommissare auf ihre Qualifikation für die ihnen zugeordneten Portefeuilles hin zu überprüfen. Dazu wurden die designierten Kommissare von den entsprechenden Ausschüssen aufs Intensivste befragt. Fünf von 20 designierten Kommissaren schienen dabei nicht über die nötige Sachkompetenz zu verfügen. Damit war die Zustimmung zur Gesamtkommission gefährdet; nur nach intensiven Verhandlungen hinter den Kulissen und einer Reihe von Zugeständnissen des Kommissionspräsidenten war das Parlament bereit, der Investitur der Santer-Kommission zuzustimmen. Bei der Investitur der Prodi-Kommission im

Jahre 1999 hatten alle designierten Kommissare sich auf die Befragung vorbereitet, sodass es trotz Unstimmigkeiten zu einem positiven Votum kam. Die Investitur der Barroso-Kommission (2004) führte dann allerdings zum Eklat (Schild 2005, Spence 2006a: 37, Westlake 2006: 267–268). Das Parlament lehnte zwei designierte Kommissare wegen mangelnder Eignung rundweg ab. Barroso verschob die Bestätigung der Kommission; die betreffenden Mitgliedstaaten zogen ihre Kandidaten zurück und entsandten andere. 2009 war dann der nächste logische Schritt, Barroso selbst in seiner Qualifikation infrage zu stellen; mit der vergleichsweise geringen Zustimmung von 382 (von insgesamt 718) Abgeordneten wurde er jedoch im Amt bestätigt (Dinan 2010a: 109).

Der zunehmende Erfolg des Parlaments in der Praktizierung solcher „erfundener" Verfahren liegt weniger im konkreten Einfluss auf die Zusammensetzung der Kommission, als vielmehr im längerfristigen Zugewinn dauerhafter Kompetenzen (Schild 2005). Folgerichtig sieht denn auch der Lissabon-Vertrag vor, dass das Parlament den Kommissionspräsidenten wählen darf (Art. 17(7) EUV-L). Allerdings ist es bei diesem Wahlverfahren der Europäische Rat, der dem EP einen Kandidaten vorschlägt. Wenn dieser dann im Parlament nicht die absolute Mehrheit der Stimmen gewinnt, muss der Rat einen neuen Kandidaten vorschlagen. Mit anderen Worten: Dem Parlament kommt künftig ein explizites Vetorecht gegenüber dem von den Regierungschefs nominierten Kandidaten zu. Es zeichnet sich aber bereits ab, dass das Parlament auch dieses Verfahren für die Ausweitung seiner Kompetenzen nutzt. Für die 2014 erstmals stattfindende Wahl versucht es bereits im Vorfeld, selbst geeignete Personen zu nominieren, indem es verkündete, dass der Kommissionspräsident aus dem Kreis der Spitzenkandidaten für die Wahl zum EP kommen müsse.

Die systematische Überschreitung bestehender Kompetenzen findet in der Praxis des Parlaments regelmäßig statt. So hat das Parlament schon lange vor dem Vertrag von Maastricht ein informelles Recht der Aufforderung der Kommission zur Initiative praktiziert. Nach der Einführung des Kooperationsverfahrens und vor der Einführung der Kodezision wurden bereits informelle Vermittlungsverfahren zwischen Rat und Parlament praktiziert (Earnshaw und Judge 1997). Auch an diesem Beispiel zeigt sich, dass ein informelles Vorgehen nicht nur zur Lösung des jeweiligen Problems, sondern auch zur Ausweitung von Kompetenzen sowie zur Weiterentwicklung der institutionellen Struktur der EU dienlich ist, indem solche Arrangements zunächst in der Praxis entwickelt und erprobt und in der Folge dann vertraglich verankert werden.

Die Nutzung bestehender Befugnisse zu anderen als den intendierten Zwecken wird besonders extensiv in Budgetfragen praktiziert. Wiederholt lehnte es das Parlament mit dem Argument einer ungleichgewichtigen Verteilung der Haushaltsmittel zwischen den Politikbereichen und Ressorts ab, den Gesamthaushalt der EG zu genehmigen. Auch bei einzelnen Haushaltsposten im Rahmen der nicht-obligatorischen Ausgaben verlangte das Parlament häufiger eine andere Gewichtung. So konnte es sukzessive eine Reduktion der Agrarsubventionen sowie eine Ausweitung der Mittel für die Strukturfonds oder die Hilfsprogramme zugunsten der Transformationsstaaten Osteuropas bewirken. Da Umschichtungen zumeist nicht ohne gleichzeitige Reformen der betroffenen Politikfelder möglich sind, konnte das Parlament zudem auch einen weitreichenden Einfluss auf deren Ausgestaltung ausüben (Pollack 2003: 215–216, Westlake 2006: 266).

Das Entfalten von Initiativen, für die es keine expliziten Befugnisse gibt, kann auf vielfältige Weise geschehen, zum Beispiel, indem über entsprechende Resolutionen Stellungnahmen zu größeren oder kleineren politischen Ereignissen abgegeben werden. Solche Resolutionen werden in der Folge zwar nicht direkt von den EU-Organen aufgegriffen, üben aber Einfluss auf die öffentliche Meinung aus oder stellen in bestimmten Fragen überhaupt erst Öffentlichkeit her. Mitunter können sie aber auch Auswirkungen auf die EU-Politik haben. In diesem Zusammenhang ist z. B. das wiederholte Anprangern von Verletzungen der Menschenrechte in bestimmten Staaten zu nennen, das häufig zum Einfrieren von bilateralen Handelsbeziehungen oder Entwicklungshilfemaßnahmen führte.

Am bedeutsamsten in diesem Kontext sind aber die Aktivitäten des Parlaments in Bezug auf die Systementwicklung der EU und damit insbesondere auch auf die Ausweitung seiner eigenen Befugnisse zu werten (Maurer 2012: 124–138). So preschte das Parlament zu Anfang der 80er Jahre in der Reformdebatte um die EG mit einem „Vertragsentwurf zur Gründung einer Europäischen Union" vor (vgl. Kap. 3.2). Zwar wurde dieses Konzept von keiner Seite angenommen oder als konkrete Entscheidungsvorlage genutzt; es hat aber in der Folge die Diskussion um die Europäische Union nachhaltig beeinflusst, und zahlreiche seiner Einzelregelungen wurden bis zur Gegenwart über sukzessive Vertragsreformen realisiert. Auch in seinem beharrlichen Kampf um die Ausweitung seiner eigenen Kompetenzen konnte das Parlament mit der Einführung zunächst des Kooperations-, sodann des Kodezisions- und schließlich des Ordentlichen Gesetzgebungsverfahrens eine enorme Ausweitung seiner Kompetenzen erzielen. Das bedeutet allerdings nicht, dass das Parlament in der Gegenwart dem Rat gleichgestellt ist. Denn nach wie vor gibt es spezielle Gesetzgebungsverfahren, an denen es kaum beteiligt ist, sowie bedeutende Politikfelder, in denen überhaupt keine gesetzliche Regelung stattfindet, wie etwa die GASP, sowie Politiken, die über OMK-Verfahren reguliert werden.

Insgesamt kann in Bezug auf das Europäische Parlaments der Schluss gezogen werden, dass es ihm trotz anfänglich eng begrenzter Kompetenzen gelungen ist – und weiterhin gelingt – eine beachtliche Position im europäischen Entscheidungs- und Politikfindungsprozess zu erwerben: einerseits durch die geschickte Handhabung der bestehenden Verfahren, andererseits durch die maximale Nutzung oder systematische Überschreitung der ihm zugewiesenen Kompetenzen und zum Dritten durch das ständige und beharrliche Aufkommen für das Vorantreiben der europäischen Integration sowie die Verbesserung seiner eigenen Position. Der Preis, den es für seine wachsenden Erfolge gegenüber den anderen Organen bezahlen muss, ist eine zunehmende Konsensorientierung nach innen, bei der parteipolitische Divergenzen und Polarisierungen in den Hintergrund treten müssen. Dies hat die Erbringung eines weiteren Preises zur Folge: die zunehmende Entfremdung des EP von seinen Wählern. Denn die Bürger Europas sind kaum in der Lage, die politischen Positionen, Präferenzen und Taktiken des Parlaments zu verstehen, geschweige denn, die sich größtenteils hinter den Kulissen abspielenden Machtkämpfe, aber auch Konsensfindungsprozesse mit den anderen Organen nachzuvollziehen. Die große Distanz zwischen dem EP und seiner Wählerschaft hat zu einer extrem niedrigen und kontinuierlich sinkenden Wahlbeteiligung geführt; die Folge sind gravierende Legitimationsprobleme (vgl. Kap. 12.1). Vor diesem Hintergrund vertreten manche Autoren die Ansicht, dass das Europäische Parlament stärker politisiert und vor allem entlang einer Links-rechts-Dimension polarisiert werden müsse (z. B. Hix 2005b, Hix et al. 2007). Angesichts der Position des EP im institutionellen Gefüge der EU ist aber ein solcher Vorschlag kaum realisierbar und auch nicht wünschenswert (vgl. Bartolini 2005b).

7.4 Schlussfolgerungen

In diesem Kapitel wurden die Organe der EU in ihrer internen Struktur und Organisationsform sowie in ihrer Arbeitsweise bei der Entscheidungsfindung und Konsensbildung analysiert. Dabei lässt sich der Schluss ziehen, dass alle vier Institutionen – die Kommission, der Rat, der Europäische Rat und das Parlament – hochkomplexe und differenzierte Verfahren der Entscheidungsfindung entwickelt haben. Darüber hinaus haben sie zusätzliche institutionelle Arrangements geschaffen, um im Innern zu einem Konsens zu finden. Für die supranationalen Institutionen ist die Konsensfindung von Bedeutung, da sie geeint ihr Gewicht gegenüber den anderen Organen erhöhen können. Für die intergouvernementalen Organe ist die Konsensfindung ein Muss, denn nur über diese können sie vorwärtsweisende Beschlüsse fällen und – im Falle des Europäischen Rates – die politische Führung in der EU übernehmen.

Die vier Institutionen unterscheiden sich jedoch in den Methoden, Verfahren und Praktiken der Entscheidungsfindung und Konsensbildung. Die *Kommission* erarbeitet mithilfe ihres umfangreichen Verwaltungsapparats Gesetzesvorlagen und Politikkonzepte; das beinhaltet einen differenzierten Prozess der Erstellung, Abänderung und Feinabstimmung von solchen Konzepten, der alle Ebenen der Organisation erfasst. Zudem muss die Kommission den Ausgleich zwischen der technischen und der politischen Dimension ihrer Vorlagen herstellen. Obwohl sie Entscheidungen mit einfacher Mehrheit treffen kann, versucht sie dennoch, den Konsens zwischen allen Kommissaren herbeizuführen und so ihren Vorschlägen politisches Gewicht zu verleihen. Zur Erarbeitung ihrer Politikkonzepte nutzt die Kommission auch in umfangreichem Maße den Input und die Expertise externer Akteure und

Berater. Damit passt sie ihre Vorschläge bereits in einem frühzeitigen Stadium den Erwartungen der Mitgliedstaaten und einer Vielzahl von Betroffenen an.

Der *Rat* als intergouvernementales Organ ist naturgemäß von der Diversität seiner Mitglieder geprägt. Da die Konsensfindung nicht einfach eine Frage des guten Willens ist, sondern von handfesten Interessen abhängt, hat er sich eine zusätzliche, umfangreiche und hoch differenzierte Substruktur zur Vorbereitung seiner Arbeit geschaffen. Zudem kann er auf die Initiative und Vermittlungstätigkeit der Ratspräsidentschaft sowie die Unterstützung des Generalsekretariats zurückgreifen. Darüber hinaus wurden durch sukzessive Vertragsänderungen Mehrheitsentscheidungen zunehmend erleichtert und somit die Veto-Player in den eigenen Reihen eingeschränkt. Zwar strebt der Rat weiterhin den Konsens zwischen all seinen Mitgliedern an; der „shadow of a vote" sowie die Notwendigkeit, Kompromisse mit dem EP zu erzielen, setzen aber die Minister unter Druck, auch solche Beschlüsse zu akzeptieren, die allenfalls eingeschränkt ihren Interessen und Präferenzen entsprechen.

Der *Europäische Rat* hat sich als eine Suprastruktur oberhalb des Rates sowie als oberste intergouvernementale Entscheidungsinstanz in der EU herausgebildet. Da er allerdings über fundamentale und zugleich sensible Integrationsfragen zu entscheiden hat, ist die Konsensfindung hier besonders erschwert. Der Europäische Rat nutzt teilweise COREPER, die Kommission und bestimmte Ratsformationen zur Vorbereitung seiner Entscheidungen. Um seiner Arbeit Stabilität und Kontinuität zu verleihen und zudem die Konsensfindung zu erleichtern, hat er die Position eines permanenten Präsidenten geschaffen. Trotzdem werden die Gipfeltreffen weiterhin von Meinungsverschiedenheiten und Dissens zwischen den Regierungschefs dominiert, nicht zuletzt deshalb, weil der Europäische Rat mit zunehmend komplexen und kontroversen Politikproblemen konfrontiert wird.

Das *Parlament* erzielt dagegen breite Mehrheiten im Entscheidungsprozess, indem es die engen Grenzen von Parteipolitik überschreitet und möglichst viele Gruppen und Fraktionen in einen Konsens einzubinden versucht. Das gibt dem Parlament mehr politisches Gewicht in den Auseinandersetzungen mit den anderen Organen und stärkt seinen Einfluss im europäischen Konzert. Dem Parlament gelingt es überdies, sein politisches Gewicht über die maximale Nutzung oder auch tendenzielle Überschreitung seiner Kompetenzen zu erhöhen. Es „erfindet" neue Verfahren, um seinen Handlungsbereich auszuweiten, und lenkt die öffentliche Aufmerksamkeit auf brisante politische Probleme. Kontinuierlich setzt es so die anderen Organe unter Druck, seine Positionen und Präferenzen zu berücksichtigen. Die Strategie des breiten Konsenses im Innern zur Vergrößerung des politischen Gewichts nach außen hat jedoch ihren Preis. Sie verwischt die Trennlinien zwischen den politischen Gruppen, eliminiert die Parteienkonkurrenz, und führt letztlich zu einer Entpolitisierung der europäischen Legislative. Dementsprechend gelingt es dem EP nicht, seine Wähler zur Unterstützung seiner Positionen und Aktivitäten zu mobilisieren und darüber seine Legitimation zu stärken.

Insgesamt lässt sich somit schlussfolgern, dass die europäischen Organe zur Stärkung ihrer Kapazitäten der Entscheidungsfindung und Konsensbildung differenzierte Verfahren und Praktiken sowie zusätzliche institutionelle Arrangements entwickelt haben. Dabei werden die Prozesse der internen Konsensfindung in starkem Maße von den interinstitutionellen Beziehungen strukturiert, die ihrerseits durch Konflikte und Konsenssuche bestimmt sind. Die drei am Gesetzgebungsverfahren beteiligten Institutionen können ihren Einfluss gegenüber den anderen Organen nur vergrößern, wenn es ihnen gelingt, intern Konsens herzustellen. Der Europäische Rat bedarf des internen Konsenses, um die angestrebte Führungsrolle in der EU ausüben zu können. Vor diesem Hintergrund ist die Annahme berechtigt, dass die Konsensfindungsmaschinerie, die alle europäischen Entscheidungsprozesse charakterisiert, als ein Grundmerkmal der Europäischen Union zu werten ist.

8 Die institutionelle Ausdifferenzierung der EU

Die vorangegangene Analyse der institutionellen Grundstruktur der EU einschließlich ihrer Sub- und Suprastrukturen zeigte bereits, dass das EU-System einer inhärenten Tendenz zur Ausweitung und Ausdifferenzierung unterliegt. Diese Tendenz
geht aber weit über die bisher aufgezeigten Differenzierungsprozesse hinaus. So
wurde im Zuge der Integration ein ganzes Spektrum von zusätzlichen Institutionen
geschaffen, die der Stärkung der Funktions- und Arbeitsfähigkeit der Union dienen
sollten. Es waren aber nicht nur Effizienz- und Effektivitätsgesichtspunkte oder eine
bewusste Strategie zum Auf- und Ausbau des EU-Systems, die dem Prozess der institutionellen Ausdifferenzierung zugrunde lagen. Vielmehr resultierte dieser Prozess
aus einer Reihe von kleinen Schritten und Reaktionen auf die vielfältigen Widersprüche und Unvollkommenheiten, die sich im Integrationsprozess manifestieren,
und die jeweils mit zusätzlichen institutionellen Arrangements überbrückt, kompensiert oder überwunden wurden. Zudem ergaben sie sich aber auch aus den Konflikten zwischen den europäischen Organen beziehungsweise aus der Ohnmacht der
einzelnen Organe und Akteure, den Politikprozess in ihrem Sinne zu steuern oder
gar zu bestimmen (vgl. Kap. 13). Diese Situation hat zu einem Prozess von Aktion,
Reaktion und Gegenreaktion geführt, in dem jedes der beteiligten Organe versuchte,
nicht nur seine Entscheidungsverfahren und -kompetenzen zu optimieren (vgl. Kap.
7), sondern auch die Machtentfaltung und steigende Einflussnahme der anderen
Organe auf direktem oder indirektem Wege einzudämmen. Über diesen Prozess kam
es zur Auskristallisierung einer Reihe von zusätzlichen institutionellen Strukturen
sowie von mehr oder weniger flexiblen institutionellen Arrangements. In diesem
Kontext sind Kommission und Rat sowie Europäischer Rat die Hauptakteure und
zugleich Kontrahenten, während das Parlament und der Gerichtshof keine Rolle
spielen, da sie nicht über konkrete Möglichkeiten der Institutionenbildung verfügen.

Die Kommission hat im Zuge der Integration eine Reihe von Institutionen geschaffen, die die supranationale Dimension der Union und damit auch ihre eigene
Position stärkten. So schuf sie sich eine Vielzahl von Beratungsgremien, die mit
Regierungs- und Verwaltungsvertretern der Mitgliedstaaten sowie Experten und
Betroffenen besetzt sind. Allerdings sind diese Gremien meist nicht formaljuristisch
verankert, sondern werden *ad hoc* zusammengestellt. Zudem hat die Kommission
dem Rat häufig Vorschläge zur Institutionenbildung unterbreitet, so insbesondere
die Einsetzung von unabhängigen Agenturen zur Bewältigung spezifischer Aufgaben, aber auch die Bildung von transnationalen Konsultationsgremien. Mit diesen
Vorschlägen ging die Erwartung einher, dass solche Agenturen und Gremien längerfristig vornehmlich im Interesse einer supranationalen Integrationsdynamik handel-

ten. Insgesamt ist aber festzuhalten, dass die Kommission lediglich über einge-
schränkte Möglichkeiten der Institutionenbildung verfügt und somit ihren Machtbe-
reich eher über Verfahrensmechanismen ausweitet.

Demgegenüber nutzen Rat und Europäischer Rat extensiv die Möglichkeit der
Schaffung zusätzlicher Institutionen; denn es sind ja nur diese beiden Organe, die
über die formellen Machtmittel zur Erweiterung und Ausdifferenzierung der institutionellen Struktur der EU verfügen, sei es über Vertragsänderungen oder lediglich
einfache Ratsbeschlüsse. Die Motive der Räte sind zweifacher Natur: Zum einen
reagieren sie auf den Problemdruck, der sich zunehmend auf der europäischen
Ebene stellt, mit der Ausweitung der Integration auf neue Bereiche und der Schaffung entsprechender Institutionen; zum anderen wollen sie diesen Problemen jedoch nicht mit einer Ausweitung der Kompetenzen der Kommission, oder generell
mit weitgehenden Kompetenzübertragungen auf die europäische Ebene begegnen.
Die Lösung für dieses Dilemma lag und liegt daher in der Schaffung von Institutionen, die gemeinsame Aktivitäten und Politiken erlauben, ohne jedoch umfangreiche Kompetenzen abzutreten und damit den Einflussbereich der Kommission auszuweiten. Die Folge war und ist eine Ausdifferenzierung der institutionellen
Struktur der EU entweder über neue Formen der transnationalen Kooperation unter
intergouvernementaler Führung oder über die Einsetzung unabhängiger Agenturen
mit einem von den Räten definierten Mandat. Ist zwischen den Mitgliedstaaten kein
Konsens für derartige institutionelle Konstrukte zu erzielen, dann rekurrieren die
Räte auch auf Formen der differenzierten Integration, das heißt, Projekte und institutionelle Arrangements, die lediglich eine kleinere Gruppe von Mitgliedstaaten
einbeziehen. Alle hier genannten Varianten von institutionellen Innovationen spie-
geln einerseits den Willen der Mitgliedstaaten, gemeinsam auf der europäischen
Ebene zu handeln, andererseits ihre Vorbehalte gegen eine Ausweitung der Machtposition der supranationalen Organe. Insgesamt kommt es so zu einer Stärkung der
intergouvernementalen Dimension der EU bei gleichzeitiger Zurückdrängung ihrer
supranationalen Seite.

Das bedeutet allerdings nicht, dass die Union sich tendenziell in ein intergouvernementales System verwandelt; vielmehr lässt sich eine kontinuierliche Fluktua-
tion zwischen den beiden die EU konstituierenden Systemdimensionen beobachten.
So sind Politiken und Institutionen, die ausschließlich über den Rat und den Europäischen Rat gesteuert werden, oft nur eingeschränkt funktionsfähig und wenig
effektiv. Dementsprechend entscheiden sich die Räte häufig für eine selektive Ermächtigung der supranationalen Institutionen, insbesondere der Kommission und
des Parlaments, in den jeweiligen Politikfeldern und Aufgabenbereichen. Zudem
nimmt nach einer gewissen Phase der intergouvernementalen Kooperation das
Ausmaß an konsensuellen Themen zu, sodass bestimmte Kompetenzen und Aufgaben in den jeweiligen Bereichen problemlos auf die supranationalen Organe übertragen werden können. Der Prozess der institutionellen Ausdifferenzierung der EU
ist somit nicht nur von der Tendenz zum Ausbau des intergouvernementalen Insti-

tutionengefüges der EU, sondern auch von der partiellen Ermächtigung der supranationalen Organe in den jeweiligen Politikfeldern gekennzeichnet.

Die in diesem Sinne erweiterte und ausdifferenzierte Struktur des EU-Systems
wird im Folgenden in ihren wesentlichen Komponenten anhand ausgewählter Beispiele dargestellt. Dazu wird zunächst die Bildung und Reorganisation von spezifischen intergouvernementalen Arrangements, den sogenannten Säulen, zur Vergemeinschaftung zweier Politiken erläutert, die als Kernbereiche nationaler Souveränität gelten: der Außen- und Sicherheitspolitik sowie des Bereichs Justiz und
Inneres. Sodann wird eine Reihe von unabhängigen Agenturen analysiert, die spezifische Funktionen im EU-System wahrnehmen. Schließlich werden Varianten differenzierter Integration vorgestellt, das heißt, Integrationsprojekte, die nicht alle
Mitgliedstaaten einschließen. Zur Erklärung der institutionellen Ausdifferenzierung
des EU-Systems greife ich auf Argumentationen des historischen und Rational-
Choice-Institutionalismus zurück (vgl. Kap. 2), da diese wesentlich besser als die
klassischen Integrationstheorien in der Lage sind, die Gründe und Motive bestimmter institutioneller Entwicklungen und der diesbezüglichen Entscheidungen zu
erhellen.

8.1 Intergouvernementale Integration: Schaffung und Umbau der Zweiten und Dritten Säule

Wie eingangs bereits erwähnt, tendiert das EU-System dazu, sich kontinuierlich
auszuweiten und auszudifferenzieren. Ein besonders markantes Beispiel für diese
Tendenz ist die Schaffung von spezifischen institutionellen Arrangements für die
Vergemeinschaftung zweier besonders sensibler Politikfelder: einer gemeinsamen
Außen- und Sicherheitspolitik sowie verschiedener Aktivitäten im Bereich Justiz
und Inneres. Beide Politiken wurden lange Zeit als Kernbereiche nationaler Souveränität wahrgenommen; dementsprechend waren Vorbehalte der Mitgliedstaaten
gegenüber ihrer Vergemeinschaftung besonders ausgeprägt. Dennoch sahen die
Regierungen der Mitgliedstaaten in einer zumindest partiellen Vergemeinschaftung
dieser Bereiche gewisse Vorteile, weswegen sie sich für eine spezielle und letztendlich halbherzige institutionelle Lösung entschieden, die ihnen selbst eine weitreichende Handlungsfreiheit erlaubte.

Mit dem Vertrag von Maastricht, der formell die Europäische Union begründete,
wurde das neue institutionelle Konstrukt eingeführt. Im Rahmen einer imaginierten
Tempelkonstruktion wurde die EG zu einer Säule umdefiniert, der – unter dem gemeinsamen Dach der EU – eine Zweite und Dritte Säule gleichrangig nebengeordnet
wurde. Während die Erste Säule, die EG, alle die Marktintegration betreffenden
Politiken, aber auch ein weiteres Umfeld von später hinzugekommenen Politikfeldern einschließlich der Wirtschafts- und Währungsunion sowie die aus dem EGKS-
sowie dem EURATOM-Vertrag resultierenden Aktivitäten umfasste, bezog sich die

Zweite Säule auf die Außen- und Sicherheitspolitik der EU; unter dem Label Dritte Säule wurden bestimmte Bereiche von Justiz und Inneres zusammengefasst. Die wohlklingende Terminologie und die Reminiszenz an die klassische Antike verdeckten aber nur mühsam, dass es bei den neu hinzugekommenen Säulen lediglich um vorsichtige Schritte zu einer verbesserten Kooperation zwischen den Mitgliedstaaten ging, und das auch nur in einigen ausgewählten Bereichen. Auch die Tempelkonstruktion in ihrer Gesamtheit konnte kaum verhüllen, dass die drei Säulen – ganz im Gegensatz zur Ausgewogenheit eines Tempels der klassischen Antike – sehr ungleichwertige Konstruktionen waren, trug doch die Erste Säule den gesamten „Acquis communautaire" und somit das Hauptgebäude der europäischen Integration, während die Zweite und Dritte Säule allenfalls als Versuche zur Schaffung der – nicht sehr tief verankerten – Fundamente für zwei Nebengebäude zu werten sind, die zudem aus gänzlich andersartigem Baumaterial bestanden. Trotzdem ist zu betonen, dass die Säulenmetapher das Besondere der neuen Institutionen deutlich hervorhob und somit ihre Abgrenzung vom institutionellen Kern der EU zutreffend beleuchtete.

Mit dem Lissabon-Vertrag wurde der EU Rechtspersönlichkeit zuerkannt (Art. 47 EUV-L); zuvor hatte nur die EG, also die Erste Säule, diesen Status. Infolgedessen verschwand der Begriff Europäische Gemeinschaft aus den Verträgen, und ebenso verschwanden die Begriffe Zweite und Dritte Säule aus der Debatte, die ohnehin niemals in Verträgen erwähnt worden waren. Faktisch blieb aber die intergouvernementale Steuerung der entsprechenden Politikfelder mit ihren spezifischen Zuordnungen von Kompetenzen und Verfahrensmodi der Entscheidungsfindung erhalten, auch wenn es zu gewissen Veränderungen kam (Laursen 2010: 6 und 10). Im Folgenden wird somit nur für die Zeit zwischen dem Maastricht- und dem Lissabon-Vertrag von den Säulen gesprochen, während jenseits dieser Zeitspanne die entsprechenden Politikfelder oder aber die jeweiligen intergouvernementalen Institutionen benannt werden.

Betrachtet man vor diesem Hintergrund zunächst die *Zweite Säule*, die die Gemeinsame Außen- und Sicherheitspolitik (GASP) der Union umfasst, so kann diese auf eine lange Vorgeschichte von gescheiterten beziehungsweise nur mäßig erfolgreichen Integrationsversuchen zurückblicken (vgl. Smith 2004, Bretherton und Vogler 2006, Ginsberg 2007: 283–328, Giegerich und Wallace 2010). Diese reichen vom – letztendlich nicht angenommenen – Konzept einer Europäischen Verteidigungsgemeinschaft (EVG) der frühen 50er Jahre (Gilbert 2003: 56–62, vgl. auch Kap. 3.1) über eine lange Phase von weitreichenden Vorschlägen bei gleichzeitig faktischer Inaktivität während der 60er Jahre bis hin zu bescheidenen Kooperationsversuchen unter dem Namen „Europäische Politische Zusammenarbeit" (EPZ) ab 1970 bis zur Mitte der 80er Jahre. Erst mit der EEA (1987) wurde eine neuerliche Integrationsanstrengung in der Außen- und Sicherheitspolitik unternommen, indem nunmehr präzise Verfahren der intergouvernementalen Entscheidungsfindung, ein begrenztes Handlungsinstrumentarium sowie Verfahren der Abstimmung der Politiken der Mitgliedstaaten vertraglich vereinbart wurden (Bretherton und Vogler 2006: 165–167). Dies alles war im Rahmen eigens einzuberufender Sitzungen der Außenminister konzipiert, also deutlich als Aktivität *neben* den „regulären" EG-Entscheidungsverfahren.

Mit dem Vertrag von Maastricht (1993 in Kraft) wurde dann die Säulenkonstruktion erfunden, und damit die Gemeinsame Außen- und Sicherheitspolitik einerseits fest im EU-System verankert, andererseits aber als Aktivität kooperierender Regierungen *neben* den eigentlichen Gemeinschaftspolitiken und Entscheidungsverfahren fortgeführt (Bretherton und Vogler 2006: 167–168). Entscheidungen in diesem Bereich wurden dem Rat der Außenminister sowie dem Europäischen Rat unterstellt. Während der Europäische Rat die allgemeinen Grundlinien der GASP festlegte, kam dem Ministerrat die konkrete Ausarbeitung und Umsetzung einer gemeinsamen Politik zu. Grundsatzbeschlüsse wurden dabei einstimmig gefasst; davon abgeleitete Folgeentscheidungen konnten jedoch mit qualifizierter Mehrheit verabschiedet werden. Zur Vorbereitung der Beschlüsse wurde ein sogenanntes „Politisches Komitee" eingesetzt, das aus hohen Beamten der Mitgliedstaaten bestand und die Rolle von COREPER in der GASP wahrnahm (Hayes-Renshaw und Wallace 2006: 82–86). Kommission und Parlament blieben weitgehend von den Entscheidungsverfahren, der Gerichtshof gänzlich von dem gesamten Handlungsfeld ausgeschlossen.

Als Rechtshandlungen im Rahmen der GASP waren zum einen die Annahme Gemeinsamer Aktionen, zum anderen die Formulierung Gemeinsamer Standpunkte vorgesehen (Art. J.2(2) und J.3 EUV-M).; zudem sollten weiterhin die Politiken der Mitgliedstaaten untereinander abgestimmt werden (Art. J.1(3) EUV-M). Damit erhielt die GASP nicht nur in ihren Entscheidungsverfahren, sondern auch in inhaltlicher Hinsicht einen ausgeprägt intergouvernementalen Charakter. Dennoch konstatierte Smith, dass es im Rahmen der Zweiten Säule zu einer Verrechtlichung der Verfahren kam, obwohl keinerlei Gesetzgebungskompetenzen gegeben waren (Smith 2001).

Mit dem Vertrag von Amsterdam (1999 in Kraft) wurde die intergouvernementale Grundstruktur der Zweiten Säule erneut bestätigt und verstärkt, gleichzeitig aber auch eine weitergehende Integrationsanstrengung unternommen (Bretherton und Vogler 2006: 168-170). Als neues Politikinstrument wurden jetzt Gemeinsame Strategien eingeführt (Art. 12 EUV-A), die vom Europäischen Rat zu beschließen waren (Art. 13 EUV-A). Zudem wurde die Position eines Hohen Vertreters der GASP geschaffen (Art. 18(3) EUV-A), der gleichzeitig als Generalsekretär des Rates fungierte. Unter seiner Verantwortung wurde zudem eine „Strategieplanungs- und Frühwarneinheit" eingerichtet (Erklärung Nr. 6 für die Schlussakte des Vertrags von Amsterdam). Ihre Aufgaben lagen in der Analyse relevanter Entwicklungen, in der Beurteilung der außen- und sicherheitspolitischen Interessen der Union, in der rechtzeitigen Bewertung von Ereignissen sowie in der Ausarbeitung von Dokumenten über politische Optionen. Damit erhielten Abteilungen des Ratssekretariats erstmals offiziell eine Funktion der inhaltlichen Vorbereitung von EU-Beschlüssen.

In der Benennung eines Hohen Vertreters der GASP und der Einrichtung einer „Strategieplanungs- und Frühwarneinheit" äußert sich der Wunsch der Mitgliedstaaten, Teilfunktionen der GASP an eine hierfür fest verantwortliche Instanz zu delegieren und damit deren Funktionsfähigkeit zu stärken. Gleichzeitig wird aber auch deutlich, dass die Regierungen der Mitgliedstaaten diese Funktion nicht der Kommission anvertrauen wollten – die im Vorfeld der IGK entsprechende Forderungen erhoben hatte – denn das hätte die nationalstaatliche Dominanz in der GASP deutlich eingeschränkt. Mit der Wahl des Ratssekretariats entschieden sich die Mitgliedstaaten somit für eine „schwache" Konstruktion zur Stärkung der GASP.

Dennoch öffnete der Vertrag von Amsterdam auch vorsichtig die Tür zum Einbezug der supranationalen Organe in die Außenpolitik der Union. So erhielt die Kommission ein nicht-exklusives Vorschlagsrecht in außenpolitischen Fragen (Art. 22(1) und 27 EUV-A); außerdem wurde die Schaffung einer speziellen Troika beschlossen – bestehend aus dem Generalsekretär des Rates, dem Präsidenten der Kommission sowie dem Regierungschef des die Präsidentschaft innehabenden Mitgliedstaates – die die GASP nach außen vertreten sollte (Art. 18 EUV-A). Dem Parlament wurden Informations- und Anhörungsrechte zugestanden (Art. 21 EUV-A).

Der Vertrag von Nizza brachte kaum Fortschritte für die europäische Außen- und Sicherheitspolitik mit sich (Bretherton und Vogler 2006: 170–171). Erst mit der Erarbeitung des Verfassungsvertrags wurden vorsichtige Schritte zur Stärkung der supranationalen Dimension der GASP eingeleitet. Der Vertragsentwurf sah die Position eines europäischen Außenministers vor, der sowohl Mitglied der Kommission als auch Vorsitzender des Rates Auswärtige Angelegenheiten sein und somit einen „Doppelhut" tragen sollte (Art. I-28(3 und 4) VVE). Mit dieser Doppelfunktion sollte die Kluft zwischen Rat und Kommission, beziehungsweise zwischen der intergouvernementalen und supranationalen Systemdimension der EU, überbrückt werden. Nach dem Scheitern des Verfassungsvertrags infolge negativer Referenden wurde das ehrgeizige Projekt in den Neuverhandlungen über das Vertragswerk reformuliert und entsprechend im Lissabon-Vertrag verankert. Die Bezeichnung „Außenminister" wurde fallengelassen zugunsten der vertrauteren Formulierung „Hoher Vertreter der Union für Außen- und Sicherheitspolitik". Die Doppelfunktion des Amtsträgers wurde jedoch beibehalten, auch wenn dieses Konstrukt widersprüchliche Anforderungen an die Amtsinhaber stellt (Art. 17(4) EUV-L, siehe auch Müller-Brandeck-Bocquet und Rüger 2011).

Verbunden mit der GASP widmeten sich die Mitgliedstaaten auch der Bildung und Stärkung einer europäischen Verteidigungsorganisation. Nach Prüfung verschiedener Konzepte zur Schaffung einer solchen Organisation einigte man sich zunächst darauf, der seit den 50er Jahren bestehenden, neben der NATO aber eher ein Schattendasein führenden Westeuropäischen Union (WEU) diese Rolle zuzuerkennen. Ein entsprechender Passus wurde in den Vertrag von Maastricht aufgenommen (Art. J.4 EUV-M). Allerdings kamen die diesbezüglichen Vertragsregelungen nicht über vage Formulierungen hinaus, da es in dieser Frage innerhalb der EU

– aufgrund der Neutralität oder Nicht-Paktgebundenheit mehrerer Mitgliedstaaten –
erhebliche Meinungsverschiedenheiten und Widerstände gab. Auch der Vertrag von
Amsterdam konnte in dieser Frage nur unwesentliche Fortschritte erbringen; immerhin wurde aber der Bezug auf die WEU abgeschwächt, indem ihr Einsatz von
einem expliziten Beschluss des Europäischen Rates abhängig gemacht und damit
faktisch unmöglich wurde (Art. 17(1) EUV-A); denn mit dem Beitritt Schwedens,
Finnlands und Österreich im Jahre 1995 hatte sich die Zahl der neutralen oder nicht-
paktgebundenen Staaten der EU signifikant erhöht.

Angesichts dieser schwachen institutionellen Konstruktion bei gleichzeitig hohem Problemdruck – erinnert sei hier an die Balkankriege, aber auch an außereuro-
päische kriegerische Konflikte und Sicherheitsrisiken – kam es daher zur Formulierung eines neuen Konzepts, der Gemeinsamen Europäischen Sicherheits- und
Verteidigungsidentität (Howorth 2007: 33–60). Dieses vom Europäischen Rat auf
mehreren Gipfelkonferenzen (insbesondere Helsinki, Dezember 1999) verabschiedete Konzept sah die Bereitstellung von Verteidigungskontingenten durch die Mitgliedstaaten vor. Gleichzeitig wurden neue institutionelle Strukturen zu deren Führung und zur verbesserten Beschlussfassung geschaffen (Howorth 2007: 61–91):
Neben Rat und Europäischem Rat wurde das Politische Komitee der GASP zu einem
Politischen und Sicherheitspolitischen Komitee (PSK) umgewandelt (Hayes-
Renshaw und Wallace 2006: 83; ihm arbeitet der sogenannte Militärausschuss (European Union Military Committee, EUMC) zu, der seinerseits unterstützt wird vom
Militärstab (European Union Military Staff, EUMS) (Diedrich 2007, Howorth 2012). Es
bildet sich also auch hier eine neue Mischung aus politisch verantwortlichen Gremi-
en und solchen, die mit Experten besetzt sind, heraus; diese bestehen allesamt aus
Delegierten nationaler Regierungen oder aus Expertenstäben. Zudem kam es auf
Beschluss des Europäischen Rates vom 12.06.2004 zur Einrichtung einer europäischen Verteidigungsagentur, der insbesondere die Koordinierung des militärischen
Beschaffungswesens obliegt (Diedrichs 2007: 355–357). Die ESVP ist somit insgesamt durch das Prinzip einer weitgehenden Delegation von Aufgaben an Spezial-
gremien und -agenturen bei gleichzeitiger Aufrechterhaltung der intergouvernementalen Führung gekennzeichnet.

Die gegenwärtige Ausgestaltung der europäischen Außen- und Sicherheitspolitik, wie sie im Lissabon-Vertrag verankert wurde, umfasst sowohl Elemente der
vorherigen Zweiten Säule als auch einige institutionelle Neuerungen (Laursen
2010). Insbesondere wurde nunmehr die Rolle der supranationalen Institutionen in
diesem Politikfeld gestärkt; zudem wurde die Koordination zwischen Politiken ausgebaut, die zuvor zu getrennten Säulen gehörten. So verweist der Vertrag nunmehr
grundsätzlich auf das „auswärtige Handeln" der Union (Kapitel 1 EUV-L), was die
Koordination der Außenhandelspolitik (zuvor Teil der Ersten Säule) mit der Außen-
und Sicherheitspolitik (zuvor Zweite Säule) ermöglicht. Die Steuerung der Außen-
und Sicherheitspolitik bleibt jedoch unverändert. So heißt es im Vertrag: „Für die
Gemeinsame Außen- und Sicherheitspolitik gelten besondere Bestimmungen und

Verfahren. Sie wird vom Europäischen Rat und vom Rat einstimmig festgelegt und durchgeführt, soweit in den Verträgen nichts anderes vorgesehen ist. Der Erlass von Gesetzgebungsakten ist ausgeschlossen" (Art. 24(1) EUV-L). Die Räte behalten somit ihre Führungsposition, während die supranationalen Organe lediglich eine untergeordnete Rolle spielen.

Der Lissabon-Vertrag brachte aber auch einige institutionelle Neuerungen mit sich, die die Probleme kollektiven Handelns der Räte mildern sollten. So gibt es nunmehr die Position eines Hohen Vertreters der Union für Außen- und Sicherheitspolitik. Faktisch handelt es sich zum ersten Mal um eine Hohe Vertreterin, die sowohl als Vizepräsidentin der Kommission als auch als permanente Präsidentin des Rates Auswärtige Angelegenheiten fungiert (Art. 18 EUV-L, Laursen 2010). Im Vertrag heißt es dazu: „Der Hohe Vertreter leitet die Gemeinsame Außen- und Sicherheitspolitik der Union"; allerdings wird auch hervorgehoben, dass er „sie im Auftrag des Rates durch(führt)" (Art. 18(2) EUV-L). Die Hohe Vertreterin wird von einem Europäischen Auswärtigen Dienst unterstützt, der aus Delegierten der Kommission, des Ratssekretariats sowie der nationalen Außenministerien besteht (Cameron 2011). Schließlich werden die Delegationen der Kommission, die bisher bereits als eine Art Botschaften in Drittstaaten fungierten, in EU-Delegationen transformiert (Laursen 2010: 12–13).

Bezogen auf die Sicherheitspolitik der EU überträgt der Lissabon-Vertrag die Möglichkeiten der „verstärkten Zusammenarbeit" auf die Sicherheitspolitik, indem er eine „ständige strukturierte Zusammenarbeit" unter einer kleineren Gruppe von Mitgliedstaaten in diesem Sektor vorsieht (Art. 42(6) und 46 EUV-L). Diese Regelung gibt der EU die Möglichkeit, eventuellen Widerstand gegen militärische Interventionen vonseiten neutraler Staaten zu umgehen (Howorth 2007). Schließlich wird die 2004 gegründete Europäische Verteidigungsagentur nunmehr im EU-Vertrag verankert (Art. 42(3) EUV-L).

Betrachtet man zusammenfassend die Gesamtperiode des Auf- und Ausbaus einer europäischen Außen-und Sicherheitspolitik, so lässt sich festhalten, dass die EU ein komplexes institutionelles Gebäude für diese Politik geschaffen und in der Folge mehrfach umorganisiert hat. Die entscheidenden Organe in diesem Zusammenhang sind der Europäische Rat sowie der Rat, deren „auswärtiges Handeln" vom Hohen Vertreter sowie dem zugehörigen Dienst vorbereitet und ausgeführt wird. Unabhängige Agenturen wie die Europäische Verteidigungsagentur übernehmen Spezialaufgaben von eher „technischer" Natur. Es wurden somit zusätzlich zu den intergouvernementalen Organen spezifische Institutionen geschaffen, um das omnipräsente Dilemma kollektiven Handelns in den Räten abzumildern. Dieses Dilemma wird zudem aufgefangen, indem Entscheidungen in kleinen Expertenkreisen getroffen werden, die längerfristig zunehmend supranationale Haltungen und Orientierungen annehmen (Howorth 2012).

Teilweise wird das Dilemma auch aufgefangen durch die Möglichkeiten der „verstärkten Zusammenarbeit" in allen Dimensionen der Außenpolitik sowie der

„ständigen strukturierten Zusammenarbeit" in militärischen Angelegenheiten. Die supranationalen Institutionen sind weiterhin in diesem Politikfeld marginalisiert, auch wenn die Doppelfunktion der Hohen Vertreterin sowie die Beteiligung von Kommissionsbeamten am EAD die Kluft zwischen intergouvernementaler und supranationaler Systemdimension tendenziell überbrücken.

Trotz oder gerade *wegen* dieses spezifischen institutionellen Arrangements bleiben die Erfolge der europäischen Außen- und Sicherheitspolitik begrenzt. Die Mitgliedstaaten verfolgen in wichtigen außenpolitischen Fragen weiterhin unterschiedliche Zielsetzungen und Strategien, wie etwa der jüngste Streit über die Bewaffnung syrischer Oppositionskräfte belegt. Da die Regierungen sich nicht auf ein gemeinsames Vorgehen einigen konnten, wurde das Waffenembargo gegenüber Syrien zum 01.06.2013 gänzlich aufgehoben. Aber auch die Amtsführung der ersten Hohen Vertreterin unter dem Lissabon-Vertrag, Catherine Ashton, wird als vergleichsweise mäßig bewertet, trotz gewisser Erfolge vornehmlich im diplomatischen Bereich. Howorth schreibt diese Schwäche einerseits der unzureichend definierten Rolle des Amtes zu; andererseits verweist er aber auch auf die problematische Entscheidung des Europäischen Rates für eine unerfahrene Kandidatin (Howorth 2011). Diese Entscheidung belegt einmal mehr, dass die nationalen Regierungen die Zügel in der europäischen Außen- und Sicherheitspolitik nicht lockern wollen; das Dilemma ihrer unzureichenden Handlungsfähigkeit bleibt also trotz aller Reformversuche weiterhin bestehen.

Die *Dritte Säule* der EU, die dem Bereich Justiz und Inneres und damit einer ganzen Reihe von heterogenen Einzelpolitiken gewidmet ist, wurde im Prinzip nach dem Muster der Zweiten Säule ausgestaltet; ihrer Vergemeinschaftung stellten sich aber größere Hürden und auch in der Gegenwart entwickelt sich das Politikfeld teilweise entlang anderer Bahnen (Monar 2007, Lavenex 2009 und 2010, Kaunert 2010). Die Institutionen, die als Dritte Säule bezeichnet werden, wurden ebenfalls mit dem Vertrag von Maastricht geschaffen.

Der erste Anreiz zur – begrenzten – Kooperation in diesem Bereich lässt sich als Spill-over-Effekt des Binnenmarktprogramms erklären. So beinhalten offene Grenzen für Waren, Kapital, Personen und Dienstleistungen nicht nur die Abschaffung von Grenzkontrollen sowie zusätzliche Freiheiten; vielmehr rufen sie auch ein weites Spektrum von Folgeproblemen hervor oder verstärken diese: Immigration und Asylsuche, Drogenhandel, Ausweitung der organisierten Kriminalität, Subventionsbetrug. Trotzdem reichte diese Problemlage nicht aus, um die entsprechenden Politiken zu vergemeinschaften (Kapteyn 1996). Vielmehr bedurfte es eines „koordinierten Alleingangs" (Gehring 1999) einer kleineren Gruppe von Staaten, um genügend Druck für einen breiteren Konsens im Ministerrat zu erzeugen. Dementsprechend wurde bereits im Jahre 1985 das Schengener Abkommen zwischen zunächst fünf Mitgliedstaaten – Deutschland, Frankreich sowie den Beneluxstaaten – außerhalb der EG-Strukturen vereinbart (Lavenex 2009: 257). Das Abkommen sah einerseits die Aufhebung von Grenzkontrollen zwischen den beteiligten Staaten vor, andererseits aber auch eine verstärkte Zusammenarbeit in Immigrationsfragen, in der Verbrechensbekämpfung sowie im Polizeiwesen. Zwischen 1990 und 2000 wurde das Schengener Abkommen von den meisten EU-Staaten übernommen; Großbritannien und Irland partizipieren lediglich in Teilbereichen. Gegenwärtig sind von den neuen Mitgliedstaaten Zypern, Bulgarien, Rumänien und Kroatien von dem Abkommen ausgeschlossen. Als weiterer Vorläufer der Dritten Säule ist die 1975 initiierte Kooperation zwischen den Mitgliedstaaten im Rahmen der Trevi-Gruppe zu nennen, die sich zunächst nur auf den internationalen Terrorismus bezog, sich in der Folge aber auf weitere Bereiche von Justiz und Inneres erstreckte (Monar 2002, Lavenex 2009). Beide Initiativen bildeten wichtige Bausteine für die Herausbildung der Dritten Säule (Lavenex 2009: 256).

Mit dem Maastricht-Vertrag wurden diese Initiativen dann zur Dritten Säule zusammengefasst und weiter ausgebaut, wobei aber das Schengener Abkommen zunächst nicht einbezogen war. Als Aufgabenbereiche der Dritten Säule wurden im Vertrag die folgenden vorgesehen (Art. 2(29 und 30) EUV-M): Asylpolitik, Einwanderungspolitik, Schutz der Außengrenzen, Kampf gegen Drogenabhängigkeit, Bekämpfung der organisierten Kriminalität und schließlich justizielle sowie polizeiliche Zusammenarbeit. Ebenso wie bei der GASP war aber auch hier nicht an die Einrichtung genuin europäischer Politikfelder gedacht, sondern an die Stärkung der Kooperation zwischen den Mitgliedstaaten (Lavenex 2010). Dementsprechend waren die Entscheidungsverfahren nahezu ausschließlich intergouvernemental konzipiert, wobei dem Europäischen Rat die Grundsatzentscheidungen, dem Ministerrat (hier vertreten durch die Minister für Inneres und Justiz) die Durch- und Ausführung gemeinsamer Aktivitäten oblagen. Die Arbeit beider Räte wurde ebenfalls von einem speziellen Ausschuss außerhalb der COREPER-Strukturen vorbereitet, dem sogenannten Artikel-36-Ausschuss (Hayes-Renshaw und Wallace 2006: 86–88). Als Politikinstrumente waren auch hier Gemeinsame Standpunkte und Gemeinsame Maßnahmen vorgesehen. Ebenfalls nach dem Muster der Zweiten Säule war Kommission und Parlament eine begrenzte Mitwirkung zugestanden; der EuGH hatte faktisch keinerlei Funktionen in diesem Bereich.

Mit dem Amsterdamer Vertrag wurde das Säulenkonzept weiterentwickelt und zugleich modifiziert, wobei die Rolle der supranationalen Organe gestärkt wurde. Zunächst wurde der Aufgabenbereich der Dritten Säule in Raum der Freiheit, der Sicherheit und des Rechts (RFSR) umbenannt. Zudem wurden einige Kompetenzen im Bereich Innere Sicherheit und speziell Einwanderung auf die Europäische Gemeinschaft übertragen, also der regulären Gemeinschaftsmethode als Entscheidungsmodus unterstellt. Gleichzeitig wurde das Schengener Abkommen in den institutionellen Rahmen der Dritten Säule integriert. Wenngleich in der Folge die meisten Mitgliedstaaten dem Abkommen beitraten, blieb es dennoch ein Konzept der differenzierten Integration (siehe Kap. 8.3). Diese wurde rechtlich ermöglicht durch die ebenfalls mit dem Amsterdamer Vertrag eröffnete Möglichkeit der „verstärkten Zusammenarbeit" zwischen einer kleineren Gruppe von Mitgliedstaaten

(Art. 43–45 EUV-A). Der Vertrag weitete auch die Mitwirkungsrechte der Kommission (partielles Ko-Initiativrecht) sowie des Parlaments (Anhörungsrecht) in der Dritten Säule aus, allerdings nicht so weitgehend, dass die intergouvernementale Entscheidungsfindung eingeschränkt worden wäre (Lavenex 2009). Entscheidungen im Rahmen der Dritten Säule kommen aber meist nur in der Form von „soft law" oder als Übereinkünfte zur operativen Kooperation zwischen den Mitgliedstaaten zustande (Lavenex 2009 und 2010); das bedeutet, Kommission und Parlament erhalten keine Gelegenheit, ihre ohnehin begrenzten Kompetenzen zu nutzen.

Im Rahmen der polizeilichen und justiziellen Zusammenarbeit wurde im Jahre 1993 per Ratsbeschluss die Schaffung einer europäischen Zentralstelle für die Kriminalpolizei beschlossen. Die Agentur, die unter dem Namen EUROPOL oder europäisches Polizeiamt firmiert, sollte vor allem gemeinsame Ermittlungsaufgaben durchführen, die Koordinierung nationaler Ermittlungen fördern, Informationsdateien anlegen und schließlich Ermittlungsarbeiten zentral auswerten (Monar 2002: 205–206). EUROPOL, das ab 1999 voll einsatzfähig war, wurde als eine weitgehend autonome Spezialinstitution mit exekutiven Funktionen geschaffen, die allenfalls der Kontrolle des Rates untersteht. Nach dem Muster von EUROPOL wurde in der Folge eine Reihe von weiteren unabhängigen Agenturen gegründet, um Spezialaufgaben im Bereich Justiz und Inneres zu übernehmen (Lavenex 2009: 265–267). Die „unrühmlichste" von diesen ist FRONTEX, die 2004 zum Schutz der Außengrenzen der EU gegründet wurde. Menschenrechtsaktivisten werfen FRONTEX vor, europäische Gesetze sowie internationale humanitäre Grundrechte und Normen zu verletzen, da die Organisation Flüchtlinge und Asylsuchende ohne formelles Prüfverfahren in Drittländer abschiebe. Die enorme Zunahme von unabhängigen Agenturen im Bereich Justiz und Inneres zeigt einerseits den erklärten Willen der Mitgliedstaaten, in diesem Bereich zu kooperieren, andererseits aber auch ihre Schwäche in der Vereinbarung und Implementation gemeinsamer Entscheidungen (Monar 2002: 205–206, Lavenex 2010: 467–470).

Mit dem Inkrafttreten des Lissabon-Vertrags wurde die institutionelle Struktur des Raums der Freiheit, der Sicherheit und des Rechts grundlegend verändert. Einerseits wird die supranationale Dimension in diesem Politikbereich gestärkt, andererseits aber auch die intergouvernementale Führungsrolle ausgeweitet (Lieb und Maurer 2009: 79–87, Kaunert 2010: 172–173). So gilt nunmehr das Ordentliche Gesetzgebungsverfahren für viele Bereiche des RFSR – Ausnahmen bilden lediglich Teile der justiziellen Zusammenarbeit in Strafsachen sowie der polizeilichen Zusammenarbeit – womit Kommission und Parlament weitgehende Beteiligungsrechte zukommen und der Gerichtshof die rechtliche Kontrolle ausüben kann (Kaunert 2010: 172–173). Außerdem trifft der Rat seine Entscheidungen jetzt mit qualifizierter Mehrheit, was seine Rolle im Entscheidungsverfahren tendenziell schwächt. Gleichzeitig kommt es aber auch zu einer Stärkung der Führungsposition der Räte, indem dem Europäischen Rat die Festlegung der „strategischen Leitlinien für die gesetzgeberische und operative Programmplanung" im gesamten Politikbereich obliegt (Art.

68 AEUV). Das bedeutet wiederum eine faktische Einschränkung des Initiativrechts der Kommission (Lieb und Maurer 2009: 80). Der Rat beschließt neben der Gesetzgebung verschiedene Durchführungsmaßnahmen, etwa zur Koordinierung der transnationalen Kooperation oder zur Überprüfung nationaler Politiken (Art. 70 und 74 AEUV), wobei er nur teilweise auf Vorschlag der Kommission handelt. Der Ständige Ausschuss (zuvor Artikel-36-Ausschuss) soll sicherstellen, „dass innerhalb der Union die operative Zusammenarbeit im Bereich der inneren Sicherheit gefördert und verstärkt wird" (Art. 71 AEUV).

Abgesehen von diesen Vertragsregeln wird im Rahmen des Raums der Freiheit, der Sicherheit und des Rechts auch stark auf das Prinzip der gegenseitigen Anerkennung gesetzt, um so eine aktive Harmonisierung der nationalen Gesetzgebung überflüssig zu machen (Schmidt 2009: 132–133). Zudem wird die operative Zusammenarbeit größtenteils über spezielle Aufträge an unabhängige Agenturen delegiert (Lavenex 2009: 265–267, 2010: 467–470). Schließlich wird auch auf Formen der differenzierten Integration zurückgegriffen, wie es bereits mit dem Prüm-Vertrag geschah. Dieser Vertrag, der 2005 von einer kleineren Gruppe von Staaten unterzeichnet wurde, sieht den Austausch von Informationen zur Verbrechensprävention und -bekämpfung vor (Monar 2010b, Balzacq und Hadfield 2012).

Gegenwärtig werden somit die Politikfelder des RFSR über eine komplexe Mischung von Governance-Modi gesteuert. Bestimmte Politik- und Aufgabenfelder innerhalb dieses Bereichs unterliegen der gemeinsamen Entscheidungsmacht von supranationalen und intergouvernementalen Organen, während andere weiterhin über intergouvernementale und transnationale Kooperationen sowie umfangreiche Netzwerke von Regierungsvertretern und Experten implementiert werden. Den daraus resultierenden „peculiar mix of governance modes" (Lavenex 2009: 256) hat Helen Wallace mit dem Begriff „intensive transgovernmentalism" bezeichnet (Wallace 2010). Lavenex (2009: 258) definiert diesen Governance-Modus wie folgt: „intensive transgovernmentalism stresses the role of horizontal network governance that interacts in different ways with more hierarchical governance modes in the EU". Zwar ist dieser Governance-Modus kein ausschließliches Merkmal der Politiken des RFSR; aber er kennzeichnet diesen Bereich in besonderem Maße und bleibt auch trotz einschneidender Umstrukturierungen infolge des Lissabon-Vertrags dominant.

Zusammenfassend lässt sich somit der Schluss ziehen, dass die institutionelle Struktur der vormaligen Dritten Säule schrittweise diversifiziert wurde. Die anfangs rein intergouvernementale Organisationsstruktur wurde aufgelöst zugunsten einer gewissen Beteiligung der supranationalen Organe; gleichzeitig wurden vielfältige Formen der transgouvernementalen und transnationalen Kooperation institutionalisiert. Nach wie vor dient ein Großteil der europäischen Politik in diesem Bereich dem Ziel, die nationalen Politiken zu koordinieren oder über „soft law" und die gegenseitige Anerkennung nationaler Rechtsnormen tendenziell zu harmonisieren. Trotz dieser vielfältigen Formen transgouvernementaler und transnationaler Kooperation unter dem Dach von Ratsentscheidungen sind die Erfolge dieser Politik ebenfalls als eher bescheiden zu werten.

Eine zusammenfassende Bewertung der Zweiten und Dritten Säule und ihrer Nachfolgekonstrukte unter dem Lissabon-Vertrag führt zu dem Schluss, dass die Steuerung der betreffenden Politiken zunächst ausschließlich den intergouvernementalen Organen der EU unterstand. Zudem waren sie nicht als eindeutig europäische Aktivitäten konzipiert, sondern primär als Koordination nationaler Politiken und Aktivitäten unter der Führung der Räte. Im Laufe der Zeit entwickelten sich die Säulen jedoch zu hybriden institutionellen Konstrukten, die zunehmend auf gemischten Verantwortlichkeiten beruhten. Dementsprechend konnten supranationale Institutionen begrenzte Aufgaben übernehmen. In der Außen- und Sicherheitspolitik wurde zudem über die Schaffung von spezifischen Institutionen (der Hohe Vertreter sowie der Auswärtige Dienst) die Kluft zwischen der intergouvernementalen und supranationalen Systemdimension partiell überbrückt. Im Bereich Justiz und Inneres wurden die supranationalen Organe über die weitgehende Anwendung des Ordentlichen Gesetzgebungsverfahrens einbezogen. Dabei ist allerdings zu beachten, dass sich diese Gesetzgebung häufig auf den Erlass von Rahmenrichtlinien, Mindeststandards oder Koordinierungsverfahren bezieht und somit den Mitgliedstaaten eine weitreichende Autonomie belässt. Soweit dennoch supranationale Aktivitäten oder Maßnahmen erforderlich sind, werden die entsprechenden Funktionen an unabhängige Agenturen oder transnationale Expertengruppen delegiert. Die effektive Erfüllung der diesen Akteuren und Institutionen zugedachten Aufgaben ist allerdings fraglich, denn ihnen ist zumeist ein enger Kompetenzrahmen gesetzt.

Insgesamt belegt die Schaffung und Reorganisation der Säulen, dass die nationalen Regierungen Kompetenzen in den betreffenden Politikfeldern nur sehr zögernd auf die europäische Ebene übertragen. Dementsprechend haben sie sich in diesen Bereichen für flexible Integrationsschritte entschieden, die bei Bedarf die supranationalen Organe selektiv ermächtigen oder begrenzte Verantwortungsbereiche auf unabhängige Agenturen übertragen; insgesamt verbleibt aber die politische Führung in den Händen der Räte. Damit markieren die Zweite und Dritte Säule sowie die Nachfolgeinstitutionen einen Trend zur Herausbildung eines heterogenen Integrationsmodells unter einem gemeinsamen europäischen Dach, aber nicht in einem gemeinsamen Haus. Diese Form der Integration erlaubt den Mitgliedstaaten, auf der europäischen Ebene gemeinsam zu handeln, sich aber gleichzeitig eine stärkere Kontrolle über die entsprechenden Politiken vorzubehalten. Allerdings ist fraglich, ob solche Formen der Integration auch zu effizienten und effektiven Problemlösungen führen. Nicht zuletzt deshalb kommt es zu den häufigen Reformen der Governance dieser Politiken sowie der zugrunde liegenden institutionellen Strukturen. Diese Vorgehensweise hat zudem einen hohen Preis: Das institutionelle System der EU wird enorm fragmentiert und seine Entscheidungsverfahren entziehen sich zunehmend der öffentlichen Kontrolle.

8.2 Jenseits von intergouvernemental und supranational: unabhängige Institutionen und Agenturen

Wie bereits im vorigen Abschnitt deutlich wurde, werden bestimmte Funktionen und Aufgaben häufig an unabhängige Institutionen und Agenturen delegiert; diese Tendenz ist aber nicht nur auf die Politiken der Zweiten und Dritten Säule und ihre Nachfolgeinstitutionen beschränkt. Im Gegenteil, sie kennzeichnet mehr noch die Politiken und Bereiche, die in der ehemaligen Gemeinschaft beziehungsweise der Ersten Säule zusammengefasst waren; zudem werden unabhängige Agenturen und Institutionen auch im Dienste der Union in ihrer Gesamtheit eingesetzt. Die Bildung einer Reihe von solchen Institutionen, wie etwa der Europäischen Zentralbank (EZB) oder der Europäischen Umweltagentur (EUA), verleiht dem Integrationsprozess eine zusätzliche Dimension. In diesen Fällen streben die Mitgliedstaaten eine engere Integration an, wollen aber die entsprechenden Aufgaben nicht den supranationalen Organen anvertrauen. Durch die Schaffung unabhängiger Institutionen und Agenturen isolieren sie bestimmte Aktivitäten von den konfligierenden Interessen und Machtkämpfen zwischen den Mitgliedstaaten, aber auch zwischen den supranationalen und intergouvernementalen Kräften. Über diese institutionellen Lösungen gelingt es, einer „technischen" Logik zum Durchbruch zu verhelfen, was im europäischen Kontext häufig einer Marktlogik gleichkommt.

Nach Majone (1996, 2005) wurde die „statutory regulation", also die gesetzliche Regulierung bestimmter Bereiche über unabhängige Agenturen, zuerst und am weitreichendsten in den USA praktiziert; sie gewinnt aber in zunehmendem Maße – nachdem andere, stärker dirigistische Formen der Regulierung versagt haben – auch in den Staaten Europas an Bedeutung. Nach Majone werden Methoden der Delegation jedoch besonders exzessiv im EU-System praktiziert, wobei er die Kommission in ihrer Gesamtheit als eine „regulatory agency" wertet, da sie vom Rat beziehungsweise den Mitgliedstaaten mit weitreichenden delegierten Befugnissen ausgestattet wurde (Majone 1996: 61–66).[1] Daneben weist Majone auf eine Reihe weiterer unabhängiger Agenturen in der Union hin, die zahlreiche Regulierungsfunktionen übernehmen. Im Folgenden sollen einige dieser Institutionen exemplarisch vorgestellt werden; es sei aber betont, dass sie nur selten über Regulierungsbefugnisse verfügen, sondern eher unterstützende und ergänzende Funktionen im Rahmen europäischer Politikformulierung und -implementation sowie im EU-System insgesamt wahrnehmen (Hustedt et al. 2014: 143–192).

An dieser Stelle sind zunächst die unabhängigen Institutionen der ersten Generation zu nennen, die bereits seit Langem einen integralen Bestandteil des EU-Systems konstituieren: die Europäische Investitionsbank (EIB), der Europäische

---

1 Später hat er diese Einschätzung jedoch eingeschränkt, mit dem Argument, dass die Kommission zunehmend politisiert sei (Majone 2002: 219–220).

Rechnungshof (ERH) sowie eine Reihe von anderen, eher mit Verwaltungsfunktionen betrauten Einrichtungen (wie beispielsweise EUROSTAT oder das Amt für Amtliche Veröffentlichungen).

Die *Europäische Investitionsbank*, die bereits 1958 gegründet wurde, hat primär die Funktion, Großprojekte zu finanzieren, die nach offizieller Lesart der Entwicklung der Union dienen (Nugent 2010: 235–238). Zu diesem Zweck verleiht die Bank (zinsbegünstigte) Kredite, insbesondere an die ökonomisch geringer entwickelten Mitgliedstaaten und Regionen der EU, die auch über die Strukturfonds gefördert werden. Zudem finanziert sie Projekte in Drittländern, so beispielsweise in den Transformationsstaaten Mittel- und Osteuropas, den Mittelmeerländern außerhalb der EU sowie den AKP-Staaten.[2] Die EIB ist somit als eine Entwicklungsbank zu werten, die sowohl Bankfunktionen wahrnimmt, als auch öffentliche Interessen zu realisieren versucht.

Der *Europäische Rechnungshof* ging im Jahre 1975 aus einer Fusion von entsprechenden Vorgängerorganisationen der drei Gemeinschaften hervor (Nugent 2010: 240–243, Karakatsanis und Laffan 2012: 243, Stephenson 2012). Seine Aufgabe ist es, alle Finanztransaktionen, also Einnahmen und Ausgaben der Gemeinschaft, auf die Rechtmäßigkeit, Effizienz sowie Effektivität ihrer Ausführung zu überprüfen. Zu diesem Zwecke führt der Hof entsprechende Kontrollen bei der Kommission, den Mitgliedstaaten sowie bei dezentralen Empfängern von EU-Finanzmitteln durch. Über die Ergebnisse werden jährlich Berichte erstellt, zu denen die Kommission eine Stellungnahme abgeben kann und die dem Parlament als Grundlage für die jährliche Entlastung der Kommission in Bezug auf die Haushaltsführung dienen (Art. 319 AEUV, siehe auch Karakatsanis und Laffan 2012: 249, Stephenson 2012: 18). Zusätzlich zu diesen eher „technischen" Funktionen der Finanzkontrolle nimmt der Rechnungshof auch zunehmend politische Funktionen wahr (Stephenson 2012: 19). So werden in den Berichten nicht nur der langsame Abfluss sowie die säumige Auszahlung von Fördermitteln kritisiert, sondern auch eine Vielzahl von Missständen angeprangert oder zumindest aufgedeckt: Subventionsbetrug, beispielsweise im Agrarbereich, uneigentliche Verwendung von Fördergeldern, beispielsweise im Rahmen der Strukturfonds, oder ein unzureichendes Politikinstrumentarium, beispielsweise bei den Hilfsprogrammen für die Transformationsstaaten Mittel- und Osteuropas (PHARE und TACIS; vgl. hierzu die Jahresberichte des Rechnungshofs sowie Karakatsanis und Laffan 2012). Die Kommission reagiert auf solche Berichte sehr empfindlich, indem sie versucht, drohende Imageverluste zu vermeiden und angeprangerte Missstände so weit wie möglich zu beheben (Karakatsanis und Laffan 2012: 251–254). Es waren auch Informationen des Rechnungshofs, die im Jahre

---

2 Die Abkürzung AKP-(d. h. Afrika-, Karibik-, Pazifik-)Staaten bezeichnet eine Gruppe von inzwischen 79 Staaten, zumeist vormaligen Kolonien der EU-Mitgliedstaaten, die in besonderer Weise mit der EU verbunden sind, so vor allem durch Assoziationsabkommen, Handelspräferenzen und Entwicklungshilfe.

1999 entscheidend zum Rücktritt der Santer-Kommission beitrugen (Karakatsanis und Laffan 2012: 253–254). Dieser Rücktritt wiederum bildete den Anlass, eine weitere unabhängige Agentur im Bereich der Finanzkontrolle zu gründen, die speziell der Betrugsbekämpfung dient: OLAF (Office de la Lutte Anti-Fraude). Mit der Schaffung dieser Agentur versuchte die Prodi-Kommission, transnationalem Subventionsbetrug zu begegnen; kurzum, „legal Europe is attempting to catch up with criminal Europe" (Karakatsanis und Laffan 2012: 254).

Über die beschriebenen Funktionen hinaus kann der Rechnungshof auch – auf eigene Initiative oder auf Aufforderung – zu bestimmten Themen Stellung beziehen. So haben Rat und Europäischer Rat den Rechnungshof wiederholt mit Studien beauftragt, die als Gutachten gegen Versuche der Kommission, Förderpolitiken und Finanzinstrumente auf der europäischen Ebene auszuweiten, eingesetzt wurden. Die unabhängige Position des Hofes kann also vom Rat genutzt werden, um die schleichende Kompetenzausweitung der Kommission einzudämmen. Auch das Parlament kann die Arbeit des Rechnungshofs nutzen, um die Kommission wirksam in Budget- und Finanzfragen zu kontrollieren.

Grundsätzlich gehört auch eine Kartellbehörde zum klassischen Spektrum unabhängiger Agenturen; erstaunlicherweise fehlt aber eine solche Agentur auf der europäischen Ebene. Denn in diesem Bereich gelang es den Mitgliedstaaten, trotz entsprechender Vorstöße und weit gediehener Planungen vonseiten der Kommission zu Ende der 70er und zu Beginn der 80er Jahre, die Einrichtung einer solchen Behörde zu verhindern und die entsprechenden Aufgaben der – in diesem Falle wesentlich schwächer erscheinenden – Kommission zu übertragen. Seitdem haben sich die Verhältnisse allerdings grundlegend verändert. Nach anfangs eher zögerlichen Aktivitäten nutzte die Kommission ihre Kompetenzen in der Wettbewerbspolitik zunehmend offensiv, indem sie Vertragsverletzungen in diesem Bereich konsequent verfolgte (Cini und McGowan 2008). Damit erwarb sie sich sowohl gegenüber den Mitgliedstaaten als auch privaten Unternehmen eine autoritative und teilweise sogar gefürchtete Position. Zunehmend gelang es der Kommission zudem, ihre weitreichenden Kompetenzen für andere als die intendierten Zwecke zu nutzen. So konnte sie unter dem Vorwand der Schaffung fairer Konkurrenzbeziehungen weitgehende Liberalisierungen der öffentlichen Daseinsvorsorge in den Mitgliedstaaten durchsetzen, teilweise auch gegen den erklärten Willen der Mitgliedstaaten (Schmidt 2004). Dennoch ist die Kommission in der Ausübung von Kartellfunktionen auch eingeschränkt; vor allem die Vielzahl an Fällen, die sie zu bearbeiten hat, zwingt häufig zu einer sehr selektiven Vorgehensweise.

Die enorme Überlastung der Kommission führte im Jahre 2004 zu einer partiellen Dezentralisierung der Wettbewerbspolitik von der europäischen auf die nationale Ebene. Diese Reform verpflichtete die Mitgliedstaaten, selbst unabhängige Kartellbehörden einzurichten. Dies führte seinerseits zur Bildung von transnationalen Netzwerken aus Vertretern dieser Behörden, die unter dem Vorsitz der Kommission die einheitliche Anwendung des europäischen Wettbewerbsrechts sicherstellen sollen (Cini und McGowan 2008, Lehmkuhl 2009, Wilks 2010). Statt der Schaffung einer einheitlichen unabhängigen Agentur auf der europäischen Ebene wurde so eine Entscheidung zugunsten einer Mehrebenenstruktur getroffen. Die Reform der europäischen Wettbewerbspolitik könnte als eine Ermächtigung nationaler Institutionen auf Kosten der Kommission erscheinen. Faktisch ist die Kommission in dieser Mehrebenenstruktur jedoch in der Führungsposition. Sie ist es, die die Regeln definiert, die die Mitgliedstaaten anzuwenden haben; sie berät die nationalen Agenturen bei der Behandlung konkreter Fälle; und sie übt indirekt Kontrolle über die Aktivitäten der nationalen Agenturen aus. Somit gelingt es ihr, die europaweite Harmonisierung von Kartellpolitiken in einem bisher nicht gekannten Ausmaß voranzutreiben, was durchaus im Interesse zumindest der ökonomisch hoch entwickelten Mitgliedstaaten liegt.

Interessanter als die Agenturen der ersten Generation, die noch häufiger dem Vorbild entsprechender nationaler Institutionen folgten, sind die der zweiten Generation zu werten, die als institutionelle Innovationen einen neuen Trend in der Systementwicklung der EU anzeigen (Majone 2002). Zwar gilt auch hier, dass häufig nationale Vorbilder Pate standen; die Aufgaben- und Kompetenzstruktur entfernt sich aber zunehmend von diesen Vorbildern, indem nur selten Funktionen des „rule-making" übertragen werden (Majone 2002). Gleichzeitig ist der Grad der Unabhängigkeit zumeist größer als auf nationalem Niveau. Diese Unabhängigkeit ist jedoch kaum bewusst intendiert, sondern eher unzureichenden Kontrollstrukturen sowie dem Mangel an zentralisierter politischer Autorität im EU-System zuzuschreiben.

Als ein typisches Beispiel für unabhängige Agenturen der zweiten Generation ist die 1994 gegründete *Europäische Umweltagentur* zu nennen, die, anders als das Umweltbundesamt der BRD, nicht mit einem deutlich auskristallisierten Politikfeld auf der europäischen Ebene korrespondiert, sondern dieses erst (mit) aus der Taufe heben soll (Kelemen und Majone 2012). Primäre Aufgabe der Agentur ist das Sammeln und Auswerten von Informationen zur Umweltentwicklung in Europa, das Erstellen von Forschungsberichten, die Ausübung von Monitoringfunktionen sowie die Sensibilisierung der Öffentlichkeit (Majone 2002, Zito 2010, Hustedt et al. 2014: 179–183). Hinter diesen nicht sehr spektakulär erscheinenden Aufgaben verbirgt sich allerdings ein neues Politikkonzept: So setzt die Umweltpolitik der EU nicht mehr nur auf autoritative Maßnahmen, sondern in zunehmendem Maße auch auf marktorientierte, selbstregulierende sowie auf kommunikative oder informative Politikinstrumente (Knill 2003, Holzinger et al.2009, Lenschow 2010). Der Umweltagentur kommt dabei eine zentrale Rolle bei der Umsetzung dieser veränderten Strategie zu. Zudem leistet sie die sach- und fachbezogene Vorarbeit für die Lancierung neuer Politikinstrumente und Implementationsstrategien, die diesem Konzept verpflichtet sind. Schließlich nimmt die Agentur neben den ihr offiziell zugewiesenen Aufgaben eine faktische Lobbyfunktion in Sachen Umweltschutz wahr, wobei sie aufgrund ihrer Expertise ein ganz anderes Maß an Glaubwürdigkeit und Legitimität als „normale" Lobbygruppen für sich reklamieren kann. Insgesamt ist die Agentur als ein auf fachlicher Expertise basierender Sachwalter des Umweltschutzanliegens besonders geeignet, die fehlenden Exekutivfunktionen der Kommission und insgesamt die mangelnde politische Autorität der EU tendenziell zu kompensieren (Hustedt et al. 2014: 183).

In den vergangenen Jahren wurde eine Reihe weiterer Agenturen gegründet, die zwar weniger sichtbar sind, jedoch bedeutsame Funktionen in der Formulierung und Implementation europäischer Politiken wahrnehmen. In diesem Kontext ist die 1993 gegründete *Europäische Arzneimittelagentur* (EMA) zu nennen, die die Qualität, Sicherheit und Wirksamkeit von Medikamenten für den gesamten europäischen Markt prüft und der auch faktisch Regulierungsfunktionen zukommen (Hustedt et al. 2014: 184–189). Ein weiteres Beispiel stellt die 2002 errichtete *Europäische Behörde für Lebensmittelsicherheit* (EFSA) dar, die im Wesentlichen Beratungsfunktionen gegenüber den EU-Behörden wahrnimmt (Gehring et al. 2007). In all diesen Fällen ist es in erster Linie die gebündelte fachliche Qualifikation und Expertise dieser Agenturen, die europäischen Politiken eine konkrete inhaltliche Dimension und ebenso sehr die von Majone (2005) betonte Glaubwürdigkeit verleihen.

Die wohl bemerkenswerteste und machtvollste unabhängige Institution der EU stellt jedoch die *Europäische Zentralbank* (EZB) dar (McNamara 2002, Dyson und Quaglia 2010: 677–687, Nugent 2010: 238–240, Hodson 2012b). Sie wurde 1999 mit dem Beginn der dritten Stufe der Währungsunion gegründet und mit weitreichenden autonomen Befugnissen ausgestattet (Art. 105 EGV-M, jetzt Art. 282 AEUV). So legte der Vertrag von Maastricht fest, dass die Bank die Währungspolitik der Union bestimmt; das beinhaltet im Einzelnen die Steuerung der Geldmenge, die Festlegung von Leitzinssätzen sowie die Bestimmung von Wechselkursparitäten gegenüber anderen Währungen. Oberstes Ziel ist dabei, die Preisstabilität zu gewährleisten (Art. 105(1) EGV-M, jetzt Art. 282(2) AEUV). Darüber hinaus kann die Bank selbstständig Regeln setzen, denen Gesetzescharakter für die Mitgliedstaaten und ihre Bürger zukommt, ohne dass jedoch die regulären Gesetzgebungsorgane der EU an diesen Entscheidungen beteiligt wären (Art. 108a EGV-M, jetzt Art. 132 AEUV). Die Unabhängigkeit der Bank ist durch zahlreiche Vertragsbestimmungen garantiert (Art. 107 EGV-M, jetzt Art. 130 und 282(3) AEUV). So darf sie weder Weisungen von den EU-Organen noch von den Regierungen der Mitgliedstaaten entgegennehmen; diese sind ihrerseits gehalten, jeglichen Versuch der Einflussnahme zu unterlassen (Art. 130 AEUV). Indirekte Einflussnahme auf die Bank kann allenfalls über die Ernennung der Mitglieder ihres Direktoriums – es besteht aus dem Präsidenten, dem Vizepräsidenten sowie vier weiteren Mitgliedern und nimmt die Geschäftsführung wahr – ausgeübt werden, da diese vom Europäischen Rat mit qualifizierter Mehrheit angenommen werden (Art. 283(2) AEUV). Da jedoch die Kandidaten „aus dem Kreis der in Währungs- oder Bankfragen anerkannten und erfahrenen Persönlichkeiten" ausgewählt werden müssen, ist der Spielraum hierfür von vornherein eingeschränkt (Art. 283(2) AEUV).[3]

Im Zuge der Schaffung der Europäischen Zentralbank wurden die Mitgliedstaaten aufgefordert, selbst unabhängige Zentralbanken – nach dem Vorbild der BRD – einzurichten oder bestehende Banken entsprechend zu transformieren. Allerdings sind die nationalen Zentralbanken seit Tätigwerden der EZB ihrer wichtigsten Funktionen entkleidet; sie spielen somit nur noch über die europäische Zusammenarbeit eine relevante Rolle, indem sie unter dem Dach der EZB das Europäische Zentralbankensystem (EZBS) konstituieren (Dyson und Quaglia 2010: 685–687, Hodson 2012b). Zusammen mit den Mitgliedern des Direktoriums der EZB bilden die Präsidenten der nationalen Zentralbanken der Eurozone den EZB-Rat (Art. 283 AEUV). Ein sogenannter erweiterter Rat umfasst auch die Präsidenten der Zentralbanken der Mitgliedstaaten, die nicht der Eurozone angehören. Somit haben die Architekten der Währungsunion eine Zwei-Ebenen-Struktur gewählt, auch wenn die letztendliche Autorität über die Währungspolitik der europäischen Ebene zukommt. Die EZB trifft weitreichende Entscheidungen in Währungsfragen ohne jegliche Einflussnahme vonseiten der nationalen Regierungen oder europäischen Institutionen. Damit ist die EZB wesentlich unabhängiger als es die Deutsche Bundesbank jemals war (Elgie 1998).

Was diese Unabhängigkeit in der Praxis bedeuten kann, hat die jüngste Wirtschafts- und Finanzkrise deutlich gezeigt (Hodson 2012b: 211–213). Während die Regierungen der Mitgliedstaaten noch über Auswege aus der Krise stritten – etwa die Einführung von Eurobonds, also Staatsanleihen der europäischen Ebene, die die Zinsraten für die hoch verschuldeten Staaten hätten senken können – kündigte EZB-Präsident Mario Draghi an, dass die Bank unbegrenzt Staatsanleihen der Schuldnerländern ankaufen werde (siehe Kap. 4.2). Solche Ankäufe haben nahezu den gleichen Effekt wie die Ausgabe von Euro-Anleihen. Zudem entschied Draghi, Banken in Schwierigkeiten mit billigen Krediten zu versorgen und somit als „lender of last resort" zu fungieren, obwohl die damit einhergehende Ausweitung der Geldmenge mit dem obersten Ziel der Bank, der Gewährleistung von Preisstabilität und der Bekämpfung der Inflation, kollidierte. Die EZB traf somit eigenmächtig effektive Entscheidungen zur Beruhigung der Finanzmärkte, während die nationalen Regierungen nicht einmal in untergeordneten Fragen Einigung erzielen konnten (Beck 2012).

Allerdings scheint es, dass die Bank mit diesen Schritten ihr Mandat überschreitet oder sogar die EU-Verträge verletzt. Insbesondere Rechtswissenschaftler sind besorgt, dass die Maßnahmen der EZB das europäische Rechtssystem unterminieren könnten (z. B. Joerges 2012), während Ökonomen und Politikwissenschaftler eher

---

3 Die Wiederwahl der Mitglieder des Direktoriums nach einer achtjährigen Amtszeit ist nicht möglich; dies stärkt ebenfalls ihre Unabhängigkeit.

der Meinung sind, dass die Verträge solche Maßnahmen nicht verbieten (z. B. De Grauwe 2010), ja, dass die „unorthodoxen" Schritte der Bank sogar unausweichlich waren (Schelkle 2013). In jedem Falle scheint es, dass die Regierungen der Mitgliedstaaten die unorthodoxen Maßnahmen der EZB stillschweigend begrüßten; denn diese führten nicht nur zu einer Beruhigung der Finanzmärkte, sondern ersparten den politisch Verantwortlichen auch das Fassen unpopulärer Beschlüsse und die Rechtfertigung teurer und riskanter Finanzentscheidungen vor ihren Wählern.

Trotz der weitreichenden Entscheidungsbefugnisse der EZB kommt den Räten auch eine Funktion in der Wirtschafts- und Währungsunion zu. Während der Europäische Rat bedeutende Grundsatzentscheidungen fällt (siehe Kap. 8.3), nimmt ECOFIN, der Rat der Wirtschafts- und Finanzminister, weitreichende Aufgaben in der Überwachung der Konvergenzpolitiken der Mitgliedstaaten wahr, wie sie im Rahmen des Maastricht-Vertrags sowie des Stabilitätspakts von 1997 vereinbart worden waren. Der ECOFIN-Rat wird von einem Wirtschafts- und Finanzausschuss unterstützt, der die Aufgaben übernimmt, die normalerweise COREPER obliegen (Art. 134 AEUV). Der Ausschuss setzt sich aus hochrangigen Vertretern der Kommission, der Mitgliedstaaten sowie der EZB zusammen, ist also stärker als vergleichbare Ausschüsse mit Experten besetzt (Hayes-Renshaw und Wallace 2006: 88–90, Dyson und Quaglia 2010: 685–687). Die Kommission spielt nur eine begrenzte Rolle in der WWU. Sie überwacht die ökonomische Politik und vor allem das Haushaltsgebaren der Mitgliedstaaten, um übermäßige Defizite zu vermeiden (Art. 126(2) AEUV). Entscheidungen über eventuelle Verletzungen der Regeln sind aber dem Rat vorbehalten (Art. 126(6) AEUV). Zudem verfügt die Kommission über ein nicht-exklusives Vorschlagsrecht, während das Parlament lediglich informiert oder gehört werden muss. Soweit also die EZB in ihrer Autonomie eingeschränkt wird, sind es die intergouvernementalen Organe und ihre Substrukturen, denen die Entscheidungsmacht obliegt. Nicoll hat denn auch bereits in einem frühen Stadium den Begriff der *Vierten Säule* geprägt, um die intergouvernementale institutionelle Struktur der europäischen Währungspolitik hervorzuheben (Nicoll 1994: 195–196).

Angesichts der jüngsten Wirtschafts- und Finanzkrise entschieden sich die Regierungen der Mitgliedstaaten, das Modell der Vierten Säule in der Wirtschafts- und Währungspolitik über die Stärkung der bestehenden Institutionen und die Schaffung zusätzlicher unabhängiger Agenturen weiter auszubauen. So wird der Handlungsbereich der EZB signifikant erweitert, indem diese ab 2014 auch die Bankenaufsicht, insbesondere in Bezug auf große, systemrelevante Banken, übernehmen soll. In diesem Rahmen soll eine Bankenunion gebildet werden, die es auch erlaubt, Banken in wirtschaftlichen Schwierigkeiten abzuwickeln. Dieses Konzept, das auch eine weitergehende Finanzmarktaufsicht beinhaltet, zieht seinerseits die Schaffung weiterer unabhängiger Agenturen nach sich. Drei solche Agenturen, denen verschiedene Sparten der Finanzaufsicht obliegen, wurden bereits 2011 gegründet. Die Anpassung und zugleich Expansion ihrer Kompetenzen ist anvisiert (Europäische Kommission 2012). Was diese von der Mehrzahl der bisherigen unabhängigen Agenturen unterscheidet, ist die Zuweisung relevanter formaler Befugnisse (Busuioc 2013: 112, Hustedt et al. 2014: 163). Es zeichnet sich somit die Herausbildung einer dritten Generation unabhängiger Agenturen ab. Begleitet wird dieser Prozess von einer weiteren Stärkung der Kontrollfunktionen der Räte.

Zusammenfassend lässt sich somit der Schluss ziehen, dass die Wirtschafts- und Finanzkrise die Übertragung weiterer Kompetenzen auf die europäische Ebene unausweichlich machte. In den meisten Fällen entschieden sich die Regierungen der Mitgliedstaaten aber für die Ausweitung der Anzahl und Bedeutung unabhängiger Agenturen sowie ihrer eigenen Rolle zur Wahrnehmung entsprechender Regulativ- und Überwachungsfunktionen, während supranationale Optionen nicht einmal zur Debatte standen.

Vor dem Hintergrund der beschriebenen Entwicklungen stellt sich die Frage, warum es zu einer solchen Proliferation weitestgehend unabhängiger Agenturen im EU-System kommen konnte. Majone, als der profilierteste Befürworter solcher Institutionen, sieht eine solche Entwicklung aus mehreren Gründen als besonders vorteilhaft für die Union (vgl. Majone 1996, 2002, 2005, 2009, Kelemen und Majone 2012). Aus seiner Sicht verfolgen die Agenturen ihre Aufgaben weitgehend losgelöst von politischen Konflikten mit „technischer Sachrationalität" und spezifischer Expertise; damit verleihen sie der europäischen Politik ein hohes Maß an Glaubwürdigkeit. Die einzelnen Politiken werden mit größerer Kontinuität, höherer Effizienz und besserem Output implementiert; zudem werden sie flexibler und genauer an unterschiedliche Kontexte und Problemsituationen angepasst. Andere Wissenschaftler sehen diese Entwicklungen aber kritischer. Sie betonen, dass solche Agenturen häufig Ziele verfolgen, die von denen ihrer Prinzipale, also ihrer Auftraggeber, deutlich abweichen. Zudem weisen sie darauf hin, dass unabhängige Agenturen sehr leicht von Interessengruppen oder speziell Betroffenen „eingefangen" („captured") werden können, und somit ihre Unabhängigkeit nicht mehr gewährleistet ist (vgl. zusammenfassend Hustedt et al. 2014: 169–178).

Die genannten Vor- oder Nachteile sind im Wesentlichen funktionaler Art; in dieser Allgemeinheit sagen sie noch nichts darüber aus, ob, inwieweit und aus welchen Gründen das Mittel der Delegation von regulativen Aufgaben in der EU verstärkt zur Anwendung kommt. Majone beantwortet diese Frage primär mit dem Argument der Glaubwürdigkeit, auf die die Union in erhöhtem Maße angewiesen sei. Demgegenüber wird hier die These vertreten, dass die doppelte Konfliktsituation, die das EU-System strukturiert, den Einsatz der Delegation von Politikfunktionen an unabhängige Agenturen hervorruft und zunehmend verstärkt. So sind es zum einen die Konflikte und Interessengegensätze zwischen den Mitgliedstaaten, die bestenfalls eine gemeinsame Entscheidungsfindung, nicht jedoch die konkrete Ausgestaltung von Politikfunktionen und regulativen Aufgaben zulassen (Scharpf 1999); zudem verhindern solche Konflikte schnelle Reaktionen auf Krisensituationen. Damit erweist sich die Delegation von speziellen Aufgaben an unabhängige Agenturen als ein Weg, solche Konflikte zu umgehen oder außer Kraft zu setzen.

Zudem ist es der Konflikt zwischen Rat und Kommission, der die Einsetzung weiterer unabhängiger Institutionen und Agenturen fördert. Denn in dem Maße, wie sich die Machtposition der Kommission ausweitet und verdichtet, zieht es der Rat zunehmend vor, Macht und Kompetenzen an neutrale Dritte zu delegieren (vgl. Kap. 2.4 und 13 sowie Groenleer 2009: 103–108). Mit anderen Worten: Der Zauberlehrling bekommt seinen entfesselten Besen nur in den Griff, indem er, falls weiteres Kehren erforderlich ist, zusätzliche – kleinere und spezialisiertere, und daher leichter zu kontrollierende – Besen und Bürsten herbeizaubert. Bemerkenswert ist allerdings, dass nicht nur der Rat, sondern auch die Kommission die Bildung unabhängiger Agenturen häufig befürwortet, wenngleich aus anderen Gründen. Ihr primäres Ziel ist es, den Handlungsbereich europäischer Politik, und damit auch ihren eigenen Handlungsbereich, kontinuierlich auszuweiten.

Insgesamt sind es somit einerseits die Interessenkonflikte zwischen den Mitgliedstaaten, andererseits der Strukturkonflikt zwischen Kommission und Rat, die die Proliferation unabhängiger Institutionen und Agenturen hervorbringen. Die enorme Zunahme und die zunehmende Komplexität regulativer Funktionen der europäischen Ebene sowie der gleichzeitige Mangel an politischen Instrumenten und Institutionen zu ihrer erfolgreichen Wahrnehmung liegen dieser Entwicklung zugrunde. So beobachtete Majone denn auch einen „mismatch between the increasingly specialized functions of the Community and the administrative instruments at its disposal" (Majone 2002: 306). Zur Milderung dieses „mismatch" werden deshalb unabhängige Agenturen eingesetzt, und gelegentlich gelingt es ihnen sogar, effektive Problemlösungen zu finden, wie die spektakulären Aktionen der EZB belegen. Gleichzeitig führt diese Entwicklung aber auch zu einer enormen Fragmentierung des EU-Systems; zudem wirft sie Fragen nach der demokratischen Legitimation der jeweiligen Institutionen und ihrer Handlungen auf (Hustedt et al. 2014: 177–178).

8.3 Varianten differenzierter Integration

Mit den sukzessiven Erweiterungen der Union, der wachsenden Anzahl ihrer Mitglieder und der enormen Ausweitung europäischer Politik auf nahezu alle denkbaren Bereiche wurde es immer schwieriger, alle Staaten in gleichem Maße und gleichem Tempo an Integrationsfortschritten zu beteiligen. Außerdem wurde es zunehmend schwieriger, ganze Politikfelder und die entsprechenden Kompetenzen auf die europäische Ebene zu übertragen. Dementsprechend schienen differenzierte Formen der Integration einen Ausweg zu bieten. Während jedoch in den Anfangsjahren solche Auswege tabu waren, sodass Meinungsverschiedenheiten zwischen den Mitgliedstaaten über anstehende Integrationsschritte regelmäßig in Pattsituationen oder gar Stagnation endeten, fanden die Regierungen im Laufe der Zeit zunehmend an ihnen Geschmack. In der Methode der differenzierten Integration sahen sie die Lösung im Falle von unüberwindbaren Divergenzen zwischen den Staaten.

Differenzierte Integration kann in der Form horizontaler oder vertikaler Differenzierung auftreten (Leuffen et al. 2012: 12). *Horizontale Differenzierung* bezieht sich auf die Fälle, in denen ein Politikfeld auf die europäische Ebene verlagert wird, jedoch nicht alle Mitgliedstaaten an dieser Politik partizipieren wollen oder können. *Vertikale Differenzierung* bezieht sich auf Politikfelder, bei denen lediglich ein Teil der Aufgaben und Kompetenzen auf die europäische Ebene übertragen wird, während andere Verantwortlichkeiten auf der nationalen Ebene verbleiben. Die beiden Formen der differenzierten Integration können auch in Kombination auftreten. Im Vorgehenden wurden bereits verschiedene Formen der differenzierten Integration beleuchtet, so beispielsweise das Schengener Abkommen, das beide Formen kombiniert: So partizipieren lediglich 24 Mitgliedstaaten an dem Abkommen, und in zwei Staaten (Großbritannien und Irland) werden nur Teilbereiche des Abkommens als europäische Aufgaben akzeptiert, während andere in der Kompetenz der beiden Staaten verbleiben. Auch die zahlreichen Opt-outs, die die EU bestimmten Mitgliedstaaten meist im Rahmen von Vertragsverhandlungen und nach negativen Referenden zugestanden hat, sind als Formen der differenzierten Integration zu werten. Ferner sind Teilbereiche der intergouvernemental gesteuerten Politiken der Zweiten und Dritten Säule häufig in der Form differenzierter Integration organisiert.

Mit dem Vertrag von Amsterdam wurde die differenzierte Integration erstmalig als institutionelles Arrangement im Primärrecht der EU verankert. So definierte der Vertrag dieses Arrangement als „verstärkte Zusammenarbeit" zwischen einer Gruppe von Mitgliedstaaten (Titel VII EUV-A; jetzt Titel IV EUV-L). Angesichts der bevorstehenden Osterweiterung und der weniger integrationsgesinnten Haltung der Beitrittskandidaten befürchteten die „alten" Mitgliedstaaten häufigere Blockaden im Integrationsprozess. Aber auch grundsätzlich erwartete man von der formaljuristischen Einführung der verstärkten Zusammenarbeit, dem Problem des omnipräsenten Dissenses zwischen den Mitgliedstaaten begegnen zu können.

Die *horizontale Differenzierung* ist die bevorzugte Option, wenn eine kleinere Gruppe von Mitgliedstaaten an einem gemeinsamen Vorgehen auf der europäischen Ebene stark interessiert ist, während andere fundamental dagegen sind. In solchen Fällen hofft die integrationsorientierte Gruppe als Avantgarde zu fungieren, die früher oder später die übrigen Staaten nachzieht. Nicht von ungefähr heißt es denn auch im Lissabon-Vertrag, dass die verstärkte Zusammenarbeit unter anderem dazu dient, den „Integrationsprozess zu stärken" (Art. 20(1) EUV-L). Die *vertikale Differenzierung* wird demgegenüber bevorzugt, wenn ein deutlicher Druck zu mehr Integration gegeben ist, die Mitgliedstaaten aber nicht entsprechende Kompetenzen aus der Hand geben wollen; in solchen Fällen kann die Übertragung von Teilkompetenzen auf die europäische Ebene als geeignete Kompromisslösung erscheinen.

Im vorliegenden Kontext ist es nicht möglich, die vielfältigen Formen der differenzierten Integration, die inzwischen das EU-System kennzeichnen, detailliert darzustellen (siehe dazu Kölliker 2006, Dyson und Sepos 2010, Leuffen et al. 2012). Deshalb soll hier die Wirtschafts- und Währungsunion als der prominenteste Fall sowohl der horizontalen wie der vertikalen Differenzierung exemplarisch analysiert werden. Die Währungsunion der EU ist ein Beispiel der horizontalen Differenzierung, weil nicht alle Mitgliedstaaten in ihr partizipieren wollen oder dürfen. Für die Teilnahme müssen sich die Staaten durch die Einhaltung bestimmter wirtschaftlicher Parameter qualifizieren, die erstmalig mit dem Vertrag von Maastricht definiert worden waren (Art. 109j(1) EGV-M). Diese sogenannten Konvergenzkriterien beziehen sich auf die Einhaltung von Preisstabilität, die Beschränkung öffentlicher Ausgaben sowie die Stabilisierung der Wechselkurse und der langfristigen Zinsraten. Mit diesen Kriterien wollte der Europäische Rat sicherstellen, dass nur wirtschaftlich und fiskalpolitisch stabile Staaten Mitglieder der Währungsunion werden konnten, die zudem ein hohes Maß an wirtschaftlicher Konvergenz erreichen. 1997 wurde dann der Stabilitäts- und Wachstumspakt angenommen, der die Eurostaaten auch nach dem Beitritt zur Währungsunion zur Einhaltung fiskalpolitischer Kriterien verpflichtet. So darf die jährliche Neuverschuldung eines Staates 3%, die Gesamtverschuldung 60% des BIP nicht überschreiten. Die Einhaltung der übrigen Kriterien lag fortan in der Verantwortung der EZB.

Bei der Entscheidung über die Teilnahme an der Währungsunion hielt sich der Europäische Rat allerdings nicht strikt an die aufgestellten Kriterien, indem er auch Staaten zuließ, die nicht alle Parameter erfüllten. Auch nach dem Start der Währungsunion ging der Rat nicht konsequent gegen Staaten vor, die den Stabilitäts- und Wachstumspakt verletzten. Politische Motive spielten somit oftmals eine größere Rolle als die rein wirtschaftliche Rationalität. Jedenfalls wurden zunächst 11 der damals 15 Mitgliedstaaten zur Währungsunion zugelassen (die sechs Gründerstaaten der EG sowie Finnland, Irland, Österreich, Portugal und Spanien); zwei Jahre später folgte Griechenland als zwölfter Mitgliedstaat. Seit der Osterweiterung der EU qualifizierten sich weitere sechs Staaten für die Währungsunion (Estland, Lettland, Malta, Slowakei, Slowenien und Zypern). Die Regierungen der nunmehr 18 Mitglieder der Eurozone bilden innerhalb des Rates und des Europäischen Rates die sogenannte Eurogruppe.

Die Währungsunion ist auch ein Beispiel einer vertikal differenzierten Integration. So fallen alle Kompetenzen der Währungspolitik der europäischen Ebene und speziell der EZB sowie dem EZB-System zu, während die Fiskalpolitik sowie andere makroökonomische Politiken weiterhin der Verantwortlichkeit der Mitgliedstaaten unterliegen. Bei diesen letztgenannten Politiken handelt es sich nicht einfach um zusätzliche Aufgabenfelder; vielmehr stellen sie unerlässliche Bausteine einer stabilen Währungsunion dar. Dementsprechend wurden mit der Einführung der Währungsunion der europäischen Ebene auch spezielle Koordinations- und Überwachungsfunktionen übertragen, um sicherzustellen, dass die nationalen Wirtschafts- und Fiskalpolitiken mit den Erfordernissen der Währungsunion in Einklang stehen. Schon der Maastricht-Vertrag hatte ein entsprechendes Verfahren der ökonomischen Überwachung eingeführt (Art. 103 EGV-M). Dieses Verfahren sieht vor, dass der Rat entsprechende Leitlinien annimmt sowie Empfehlungen an Staaten richtet, die diese nicht einhalten (Art. 103(3) EGV-M). In ähnlicher Weise obliegt es dem Rat auch, die Einhaltung der fiskalen Regeln des Wachstums- und Stabilitätspaktes zu überwachen. Im Falle übermäßiger Defizite kann er sogar Strafen verhängen (Art. 104c EUV-M). Bemerkenswert ist, dass diese Funktionen der europäischen Ebene auch horizontal differenziert sind. Das multilaterale Überwachungsverfahren bezieht sich auf alle Staaten der EU. Die fiskale Überwachung bezog sich anfangs lediglich auf die Mitglieder der Eurozone, wurde aber inzwischen auf alle EU-Staaten ausgeweitet. Sanktionen können jedoch nur den Euromitgliedern auferlegt werden.

Es versteht sich, dass diese vielfältigen Formen der differenzierten Integration in der Wirtschafts- und Währungspolitik ihren Ausdruck in entsprechenden Institutionen fanden. Wie so oft jedoch in der Geschichte der Integration wurden hierzu keine expliziten Entscheidungen getroffen; vielmehr rekurrierte die Union auf einen schrittweisen Prozess der Institutionenbildung ohne weitreichende formalrechtliche Verankerung (Hodson 2011: 39–43). So kam es im April 1998, kurz vor Eintritt in die dritte Stufe der Währungsunion, zu einem ersten, informellen Treffen der sogenannten Eurogruppe. In der Folge kam es zu regulären Treffen, doch der informelle Charakter der Gruppe blieb weiterhin bestehen. Die Gruppe bestand aus den Finanzministern der Staaten der Eurogruppe, die sich am Vorabend der Sitzungen des ECOFIN-Rates trafen, um drängende Politikprobleme und mögliche Lösungen zu besprechen. Formelle Entscheidungen mussten jedoch während der Ratssitzungen getroffen werden. Betrafen solche Entscheidungen die gemeinsame Währung, waren jeweils nur die Minister der Eurostaaten stimmberechtigt (Art. 136(2) AEUV). Es versteht sich, dass die übrigen Mitglieder des Rates solche unklaren Verfahrensregeln nicht akzeptieren wollten; wiederholt forderten sie daher ihre Beteiligung an solchen Abstimmungen ein, mit dem Argument, dass sie ebenfalls von den jeweiligen Entscheidungen betroffen seien.

Im Laufe der Zeit erhielt die Eurogruppe, wenngleich weiterhin ein informelles Gremium, einen zunehmend gewichtigen Status (Eurozone Portal 2013, http://www.eurozone.europa.eu/eurogroup/history/ Abruf: 06.04.2014). 2004 beschloss die Gruppe, einen permanenten Präsidenten zu ernennen für eine (verlängerbare) Amtsperiode von zwei Jahren. Bis zu diesem Zeitpunkt lag der Vorsitz der Eurogruppe in Händen des Staates, der die Präsidentschaft des Rates innehatte; das führte jedoch regelmäßig zu Problemen, wenn ein Nicht-Mitglied der Eurogruppe am Steuer saß. Ein stärkeres Motiv für die Einsetzung eines Präsidenten war aber, dass die Eurogruppe ihren Status, die Kontinuität ihrer Arbeit sowie ihre Sichtbarkeit erhöhen wollte. Luxemburgs Premierminister Jean-Claude Juncker fungierte als erster Präsident der Eurogruppe, und entgegen allen Normen und Regeln der EU hatte er dieses Amt für nahezu neun Jahre inne. Im Februar 2013 wurde die Präsidentschaft vom holländischen Finanzminister Jeroen Dijsselbloem übernommen. Mit dem Lissabon-Vertrag wurde die Eurogruppe erstmalig über ein angehängtes

Protokoll zumindest teilweise formalisiert. Das Protokoll umfasst aber lediglich zwei Artikel. Der erste Artikel besagt: „Die Minister der Mitgliedstaaten, deren Währung der Euro ist, treten zu informellen Sitzungen zusammen. Diese Sitzungen werden bei Bedarf abgehalten"; der zweite Artikel regelt: „Die Minister [...] wählen mit der Mehrheit dieser Mitgliedstaaten einen Präsidenten für zweieinhalb Jahre" (Protokoll (Nr. 14) betreffend die Eurogruppe, EUV-L). Somit fungiert die Gruppe weiterhin als ein informelles Gremium, auch wenn dieser Status nunmehr formalisiert ist.

Trotz ihres informellen Status hat sich die Eurogruppe zunehmend zu einem Schwergewicht in der institutionellen Architektur der EU entwickelt. Dies ist nicht so sehr ihrer Überwachungsfunktion gegenüber den Mitgliedstaaten im Rahmen der Defizitverfahren zuzuschreiben, als vielmehr Folge der jüngsten Wirtschafts- und Finanzkrise und der darauffolgenden Schulden- und Eurokrise. In dieser Situation musste die Union Lösungen für die Schuldenprobleme einzelner, besonders betroffener Länder finden und zugleich den damit einhergehenden destabilisierenden Effekten für die gesamte Eurozone entgegentreten. Die Autorität in diesen Fragen kam eindeutig der Eurogruppe zu. Gleichzeitig bildete sich jedoch ein zweites, höheres Autoritätsniveau heraus, indem sich neben und oberhalb der Eurogruppe der Finanzminister eine solche der Regierungschefs unter dem Namen Eurogipfel etablierte. Ein erster Eurogipfel fand 2008 statt, ein zweiter im Jahre 2010. Seit 2011 haben sich die Eurogipfel als regelmäßige Zusammenkünfte der Regierungschefs der Eurozone etabliert, die jeweils am Ende einer Sitzung des Europäischen Rates abgehalten werden. Der Eurogipfel ist, mehr noch als die Eurogruppe, ein informelles Gremium; dennoch steht seine enorme Bedeutung „as a forum for concerted action on Euro area issues" außer Frage (Eurozone Portal 2013). Neben der Schaffung einer Suprastruktur für die Eurogruppe kam es auch zur Herausbildung einer spezifischen Substruktur, indem eine permanente Arbeitsgruppe zur Vorbereitung der Ministertreffen eingesetzt wurde.

Insgesamt hat sich somit die Eurogruppe infolge der Wirtschafts- und Finanzkrise von einer zunächst *ad hoc* gebildeten Formation im Rahmen des ECOFIN-Rats zu einer Institution von hohem Rang entwickelt. Zudem bildeten die Regierungschefs den Eurogipfel als höchste Autorität der Eurozone. Trotz der weitreichenden Entscheidungen, die Eurogruppe und Eurogipfel fällen, bleiben beide dennoch informelle oder unterformalisierte Gremien. Dies ist umso problematischer, als ihre Entscheidungen nicht nur die Eurozone betreffen, sondern zugleich auch Auswirkungen auf die übrigen Mitgliedstaaten der EU haben.

Eine erste bedeutsame Entscheidung wurde 2010 getroffen, als die Mitgliedstaaten der Eurogruppe einen temporären „Rettungsschirm" für Schuldnerstaaten einrichteten, die sogenannte Europäische Finanzstabilisierungsfazilität (EFSF). 2012 setzten sie dann einen permanenten Rettungsschirm ein, der unter dem Namen Europäischer Stabilitätsmechanismus (ESM) firmiert. Zudem nahm der Europäische Rat einen „Vertrag über Stabilität, Koordinierung und Steuerung in der Wirtschafts- und`Währungsunion" (SKS-Vertrag) an, dessen Übernahme Bedingung für Finanzhilfen aus dem Rettungsschirm ist. Dieser als Fiskalpakt bezeichnete Vertrag stellt einen weiteren Fall einer differenzierten Integration dar, indem er nur von 25 der seinerzeit 27 Mitgliedstaaten unterschrieben wurde. Zudem sieht der Vertrag unterschiedliche Regeln für die Mitglieder der Eurogruppe und die übrigen EU-Staaten vor. Der Vertrag dient dazu, die Regeln für die Überwachung der Wirtschafts- und Fiskalpolitik der Mitgliedstaaten zu verschärfen; im Falle der Verletzung der Vertragsregelungen werden automatisch Sanktionen verhängt. Daneben formalisiert der Vertrag auch in gewissem Maße den Euro-Gipfel.

Neben diesen Aktivitäten im Rahmen neuer Institutionen und Verträge fällt die Eurogruppe auch Entscheidungen in Bezug auf einzelne, hoch verschuldete Mitgliedstaaten. So zögert sie nicht, strikte Konditionalität entsprechend Artikel 3 des ESM-Vertrags aufzuerlegen. Insbesondere kleinere Mitgliedstaaten werden im Gegenzug für die Bereitstellung von umfangreichen Krediten zu drastischen Kürzungen der öffentlichen Haushalte und tiefgreifenden Reformen gezwungen, beispielsweise Privatisierungen von öffentlichen Unternehmen und Dienstleistungen, Kürzung von Löhnen, Gehältern und Pensionen, Einschnitte in die öffentliche Verwaltung, Reform des Steuerwesens sowie eine grundlegende Reorganisation des Bankensektors. Angesichts solcher Entscheidungen wundert es nicht, dass die politische Unterstützung für die europäische Integration dramatisch zurückgegangen ist. Während die Bürger der Staaten, die den ESM hauptsächlich finanzieren, ein Fass ohne Boden sowie die zunehmende Destabilisierung der europäischen Währung befürchten, sind die der Kreditnehmerstaaten empört über die rapide Verschlechterung ihrer wirtschaftlichen und sozialen Situation. Zudem wenden sich die Bürger dieser Staaten angesichts der offensichtlichen Machtlosigkeit ihrer Regierungen massenhaft populistischen und teilweise auch antidemokratischen Parteien zu, die den Austritt aus dem Euro oder sogar der EU propagieren.

Insgesamt stellen Formen der differenzierten Integration institutionelle Antworten auf die enorme Diversität in der EU dar. Dabei können sowohl strukturelle Disparitäten – etwa ökonomische Entwicklungsunterschiede zwischen den Mitgliedsländern – als auch politische Divergenzen zwischen den nationalen Regierungen über Ausmaß und Zielrichtung der Integration Anlass für entsprechende institutionelle Lösungen bilden. Die Formen der differenzierten Integration, die gewählt werden, können einerseits zeitlich begrenzte institutionelle Arrangements sein, wobei bestimmte Staaten zunächst außerhalb eines Abkommens verbleiben, diesem aber nach einer gewissen Zeit beitreten. Ebenso können Themen und Bereiche, die ursprünglich nicht integriert worden waren, zu einem späteren Zeitpunkt dennoch einbezogen werden. Andererseits können differenzierte Formen der Integration aber auch institutionelle Muster beinhalten, die über längere Zeiträume stabil sind, entsprechend der Diversität zwischen den Mitgliedstaaten.

Formen der differenzierten Integration sind aber nicht nur als elegante institutionelle Lösungen für Divergenzen und Konflikte zwischen den Mitgliedstaaten zu werten; vielmehr können sie sich auch zu einer Bedrohung der Grundprinzipien der

Union entwickeln, indem sie die formale Gleichheit der Mitgliedstaaten aushebeln. Zudem sind die zugehörigen Entscheidungsverfahren fragwürdig, denn wenn eine kleinere Gruppe von Mitgliedstaaten Entscheidungen treffen kann, die die übrigen Staaten – möglicherweise negativ – betreffen, dann werden demokratische Prinzipien verletzt. Schließlich verstärken Formen der differenzierten Integration das ohnehin schon virulente Problem der institutionellen Fragmentierung und Intransparenz der EU, was seinerseits die Zurechnung von Entscheidungen zu bestimmten Verantwortlichen und generell demokratische Kontrollen erschwert.

8.4 Schlussfolgerungen

In diesem Kapitel wurde der Prozess der institutionellen Ausdifferenzierung des EU-Systems anhand ausgewählter Beispiele analysiert, die direkt oder indirekt die intergouvernementale Systemdimension der Union stärken. So hat die Union sensible Politikfelder – die Außen- und Sicherheitspolitik sowie Justiz und Inneres – vergemeinschaftet, die nahezu ausschließlich intergouvernementalen Organen und den entsprechenden Entscheidungsprozessen unterstehen. Zudem hat sie eine Reihe von unabhängigen Agenturen eingesetzt, mit der EZB als einem besonders herausragenden Fall. Schließlich hat sie verschiedene Formen der differenzierten Integration sowie entsprechende institutionelle Arrangements zu deren Funktionsfähigkeit eingeführt. Dabei wurde deutlich, dass diese Formen der institutionellen Erweiterung und Differenzierung des EU-Systems nicht strikt voneinander getrennt sind, sondern jede der drei Varianten auch die anderen beiden intensiv nutzt. So unterstützen unabhängige Agenturen die Arbeit der GASP sowie des RFSR, und differenzierte Formen der Integration charakterisieren beide Politikfelder. Ebenso werden unabhängige Agenturen, insbesondere die EZB, von intergouvernementaler Beschlussfassung und Aufsicht begleitet; zudem sind sie häufig an differenzierte Formen der Integration gekoppelt. Schließlich unterstehen differenzierte Formen der Integration zumeist intergouvernementalen Kontrollorganen und ziehen die Bildung unabhängiger Agenturen nach sich. Dementsprechend kann der Schluss gezogen werden, dass die hier präsentierten Varianten der institutionellen Ausdifferenzierung der EU Grundmuster ihrer Systementwicklung darstellen, die vor allem zur Lösung drängender politischer Probleme bei gleichzeitig großer Diversität zwischen den Mitgliedstaaten zum Einsatz kommen. Von daher ist zu erwarten, dass diese institutionellen Muster auch in Zukunft eine bedeutende Rolle im EU-System spielen werden.

Gleichzeitig ist dabei aber auch zu beachten, dass die drei Formen der institutionellen Differenzierung im Wesentlichen die intergouvernementale Systemdimension der EU stärken. Im Falle von GASP sowie RFSR ist deutlich, dass die Säulen und ihre Nachfolgeinstitutionen unter dem Lissabon-Vertrag unmittelbar dem Ziel der Stärkung der Rolle der intergouvernementalen Organe dienen, auch wenn die supranationalen Organe selektiv in Entscheidungs- und Politikprozesse einbezogen werden. Bei den unabhängigen Agenturen liegt der Fall anders, denn diese gehören weder der einen noch der anderen Systemdimension an. Wenn solche Agenturen jedoch mit weitreichenden regulativen Funktionen betraut sind, wie etwa die EZB, dann üben sie ein supranationales Mandat aus. Das bedeutet jedoch nicht, dass die supranationale Dimension grundsätzlich gestärkt wird; vielmehr wird sie zunehmend fragmentiert. Eine solche Fragmentierung führt letztendlich zu einer Schwächung der supranationalen Organe beziehungsweise umgekehrt zu einer tendenziellen Stärkung der intergouvernementalen Seite, nicht zuletzt deshalb, weil diese so die Kontrolle besser ausüben kann. Andere unabhängige Agenturen mit einem begrenzteren Mandat dienen primär dem Zweck, die entsprechenden Politiken und Aufgabenbereiche den Konflikten zwischen den Mitgliedstaaten im Rat sowie den Ambitionen der Kommission nach mehr Einfluss zu entziehen. Damit tragen sie ebenfalls zur Fragmentierung der supranationalen Handlungsmacht und zur indirekten Stärkung der aggregierten Macht der Räte bei. Formen der differenzierten Integration sind in einem etwas anderen Lichte zu werten. Im Falle der vertikalen Differenzierung, bei der Kompetenzen lediglich partiell auf die europäische Ebene übertragen werden, wie etwa bei der WWU, sind es nicht einmal die Räte, sondern die einzelnen Mitgliedstaaten, die einen Teil der Macht behalten wollen. Im Falle der horizontalen Differenzierung, bei der nur ein Teil der Mitgliedstaaten in einem Integrationsprojekt partizipiert, wie ebenfalls in der WWU, wird der Fortschritt der Integration durch den Ausschluss unwilliger oder unfähiger Staaten erzielt und somit das Problem des Dissenses in den eigenen Reihen der Räte ausgeschaltet oder umgangen. Dennoch führt auch die differenzierte Integration zu einer Stärkung der intergouvernementalen Dimension der EU, schon aus dem Grund, weil in diesen Fällen eine generelle Ermächtigung der supranationalen Organe grundsätzlich ausgeschlossen ist. Selbst intergouvernementale Lenkungsgremien wie die Eurogruppe müssen sich mit einem informellen Status begnügen.

An dieser Stelle ist allerdings zu betonen, dass der Prozess der institutionellen Erweiterung und Ausdifferenzierung der EU kein Nullsummenspiel ist, bei dem die intergouvernementale Macht stetig zunimmt, während die der supranationalen Seite schwindet. Vielmehr ist zu betonen, dass die Institutionenbildung zugunsten der intergouvernementalen Seite sich zumeist in formalisierter Form und häufig über entsprechende Vertragsänderungen herausbildet, während die supranationale Macht über andere Mittel Einfluss gewinnt. Denn trotz der Asymmetrien zwischen den intergouvernementalen und supranationalen Kräften der EU sind die Beziehungen zwischen diesen durch eine gewisse Machtbalance gekennzeichnet. Vor diesem Hintergrund kann die kontinuierliche formaljuristische Erweiterung und Ausdifferenzierung des EU-Systems auch als Reaktion der intergouvernementalen Kräfte auf den expansiven Einsatz indirekter Machtmittel vonseiten der supranationalen Organe gewertet werden (vgl. Kap. 13).

Die in diesem Kapitel beschriebenen Entscheidungen zur Ausweitung und Aus-differenzierung der Systemstruktur der EU lassen sich am besten mit neo-institutionalistischen Theorien erklären (vgl. Kap. 2.3). So hebt der historische Insti-tutionalismus mit seinem Konzept der Pfadabhängigkeit zutreffend hervor, dass es selten zur Bildung gänzlich neuer Institutionen kommt, auch wenn der Problem-druck noch so groß ist. Stattdessen bewegen sich die verantwortlichen Entschei-dungsträger im Rahmen bestehender Institutionen, indem sie diese zunächst aus-weiten oder umdefinieren und meist erst in einem späteren Stadium schrittweise neuen Gegebenheiten und Erfordernissen anpassen. Die Bildung der Eurogruppe innerhalb des Rates und die Wahl eines permanenten Präsidenten belegen diese Vorgehensweise besonders gut. Der Rational-Choice-Institutionalismus mit seiner Betonung der unzureichenden Kontrolle der Prinzipale (Rat und Europäischer Rat) gegenüber ihren Agenten (Kommission) erklärt, warum die nationalen Regierungen kontinuierlich versuchen, die intergouvernementale Macht durch zusätzliche Insti-tutionen zu stärken beziehungsweise die supranationale Handlungsfähigkeit durch institutionelle Fragmentierung einzuschränken oder kontrollierbarer zu machen. Insgesamt hebt der Rational-Choice-Institutionalismus den ständigen Konflikt der Prinzipale zwischen einerseits der Notwendigkeit der Delegation von Aufgaben an Agenten und andererseits dem ständig drohenden Kontrollverlust über diese Agen-ten hervor.

9 Die Strukturierung der EU als Mehrebenensystem

Wie im vorigen Kapitel gezeigt wurde, tendiert das EU-System zu einer kontinuierlichen Erweiterung und Ausdifferenzierung seiner institutionellen Strukturen, ein Prozess, der in erster Linie die europäische Ebene erfasst. Darüber hinaus tendiert die EU aber auch zum Einbezug oder zur Einbindung bestehender Institutionen der Mitgliedstaaten und ihrer Akteure in ihr Regelsystem beziehungsweise ihre Verfahren der Entscheidungsfindung und Politikimplementation. Dieser Prozess erfasst zunächst die nationale politische Ebene der Mitgliedstaaten; längerfristig schließt er aber auch die Regionen ein. Auch hierüber kommt es zu einer institutionelle Erweiterung und Ausdifferenzierung der EU und schließlich zum Umbau des gesamten Systems. Keine dieser institutionellen Veränderungen ist jedoch das Resultat einer zielgerichteten und kohärenten Strategie zur Strukturierung des EU-Systems. Vielmehr sind sie Antworten auf die vielfältigen Widersprüche und Unvollkommenheiten des Systems, die sich jeweils als Hürden im Entscheidungsprozess und in der Politikimplementation stellen. Insbesondere die fehlende Bereitschaft der nationalen Regierungen, starke, zentralisierte Institutionen auf der europäischen Ebene zu schaffen, bei gleichzeitig hohem und stetig wachsendem Problemdruck, führt zu einer Ausweitung des Systems in dezentralisierter Form sowie zur Durchdringung und tendenziellen Transformation der bestehenden politischen Systeme der Mitgliedstaaten. Die daraus resultierenden – lockeren – Strukturbildungen und Vernetzungen haben inzwischen einen so hohen Differenzierungs- und Komplexitätsgrad erreicht, dass sie ihrerseits als Charakteristika des EU-Systems gewertet werden (Kohler-Koch und Eising 1999).

Die Union expandiert auf der nationalen und teilweise auch auf der regionalen Ebene, indem sie mitgliedstaatliche Institutionen und Akteure selektiv in europäische Politikabläufe und Entscheidungsverfahren einbindet. Über diese Prozesse stellt sich ein vertikaler Nexus zwischen den Ebenen her, der die fehlenden hierarchischen Beziehungen zwischen ihnen kompensiert (Beck und Grande 2004). Über Politiknetzwerke unter der Regie der Kommission bildet sich zudem ein horizontaler Nexus zwischen den Mitgliedstaaten heraus, der seinerseits zu einer tendenziellen Konvergenz zwischen den nationalen politischen Systemen führt (Tömmel 2011b).

In diesem Kapitel werden die verschiedenen Mechanismen des Einbezugs nationaler und regionaler Instanzen der Mitgliedstaaten in das Regelsystem und die Implementationsstrategien der EU analysiert. Während das europäische Regelsystem lediglich einen indirekten Nexus zwischen den Ebenen konstituiert, was jedoch weitreichende Folgewirkungen und Anpassungsprozesse aufseiten der Mitgliedstaaten nach sich zieht, beinhalten die EU-Verfahren der Entscheidungsfindung und Politikimplementation eine Fülle von direkten Interaktionen, die die „unteren"

Ebenen in die Funktionsweise des Systems einbeziehen und partiell transformieren. Dabei erfolgt der Einbezug der regionalen Ebene unabhängig von der jeweiligen Staats- und Verwaltungsgliederung, die von einem voll entwickelten Föderalismus bis hin zu ausgeprägten unitarischen Systemen reichen kann.

Die zunehmende Bedeutung der Regionen im institutionellen Gefüge der EU hat seit Beginn der 90er Jahre zu einer Neuinterpretation ihrer Systemstruktur geführt. So wurde das Konzept der „multi-level governance" (z. B. Marks und Hooghe 2001) oder des „Mehrebenenregierens" (z. B. Jachtenfuchs und Kohler-Koch 1996) lanciert, um zunächst die engen Bindungen und vielfältigen Interaktionen zwischen den Ebenen zu thematisieren. Längerfristig wurde dann die EU insgesamt als Mehrebenensystem gefasst. Dementsprechend wird in diesem Kapitel der zunehmende Einbezug der nationalen und regionalen Regierungs- und Verwaltungsebene in europäische Politikprozesse und Entscheidungsverfahren als Prozess der Herausbildung eines Mehrebenensystems gewertet. Es sei allerdings betont, dass die „unteren" Ebenen nur partiell und selektiv in die Funktionsmechanismen des EU-Systems inkorporiert werden. Die Mitgliedstaaten gehen somit nicht in diesem System auf, sondern bestehen weiterhin als vergleichsweise autonome Einheiten (Beck und Grande 2004). Das EU-System induziert allerdings in den Mitgliedstaaten Transformations- und Modernisierungsprozesse staatlicher Organisation und Verwaltungstätigkeit, die unter dem Begriff Europäisierung zusammengefasst werden (vgl. beispielsweise Featherstone und Radaelli 2003, Ladrech 2010, Bretherton und Mannin 2013). Langfristig kommt es so zu erheblichen Folgewirkungen in den nationalen politischen Systemen. Im Folgenden sollen die Grundlinien dieser Entwicklungen sowohl für die nationale als auch die regionale Ebene dargestellt werden.

9.1 Die nationale Regierungs- und Verwaltungsebene

Jacques Delors hat als Erster betont – und in der Folge wurde seine Aussage vielfach zitiert – dass nach der Vollendung des Binnenmarkts ca. 80 Prozent der nationalen Gesetzgebung im ökonomischen Bereich von EU-Rahmenregelungen und -Vorgaben bestimmt sein werden. Eine solche Entwicklung beinhaltet nicht nur eine erhebliche Einschränkung der Handlungsfreiheit der nationalen Gesetzgebungsorgane, sondern auch weitgehende inhaltliche Anpassungen der nationalen Systeme an einen von außen vorgegebenen Rahmen. Die Gesetzgebung der EU konstituiert somit zwischen europäischer und nationaler Ebene, trotz deren formaler Unabhängigkeit voneinander, einen starken *indirekten systemischen Nexus,* über den die EU die nationalen Staaten „mit unsichtbarer Hand" lenkt.

Allerdings variiert die Steuerung der EU sehr stark von Politikfeld zu Politikfeld; während sie im ökonomischen Bereich offensichtlich die 80-Prozent-Marke erreicht, liegt sie in anderen Politikfeldern wesentlich niedriger, etwa in der Kultur- oder Bildungspolitik. In diesen letztgenannten Politiken spielt EU-Gesetzgebung ohnehin kaum eine Rolle; vielmehr kommt es bestenfalls zu einer Koordination nationaler Politiken mit dem Ziel, die freiwillige Anpassung der Mitgliedstaaten an einen europäischen Rahmen zu fördern und so langfristig ein gewisses Maß an Konvergenz herbeizuführen.

Zudem variiert die Steuerung der EU, je nachdem, ob es sich um Regelungen der „negativen" oder der „positiven" Integration handelt (Scharpf 1999, 2008). Im Falle der negativen Integration erlässt die Union Gesetze oder Maßnahmen, die Barrieren eines gemeinsamen Marktes beseitigen, wie beispielsweise Zölle oder nicht-tarifäre Handelshemmnisse. Obwohl solche Maßnahmen eher indirekte Effekte hervorrufen, beinhalten sie doch eine effektive Steuerung über die Kräfte des Marktes. Demgegenüber benötigen Politiken der positiven Integration aktive und bewusste Steuerungskonzepte. Da für solche Konzepte der Konsens zwischen den Mitgliedstaaten nur schwer zu erzielen ist, sind die entsprechenden Gesetze – sofern überhaupt solche verabschiedet werden – häufig vage formuliert und belassen den Mitgliedstaaten weite Handlungsspielräume. Dementsprechend ist die politische Steuerung hier wesentlich schwächer oder eher indirekter Natur. Generell hängt die Steuerungskapazität der EU vom Grad der Integration des jeweiligen Politikfelds ab (vgl. Kap. 11.2).

Des weiteren ist zu berücksichtigen, dass die Steuerung der EU, insbesondere im Falle der positiven Integration, keinen Dirigismus „von oben" beinhaltet, sondern – über das Medium der Richtlinie, die lediglich inhaltliche Zielvorgaben festlegt – einen beträchtlichen Handlungs- und Gestaltungsspielraum für die unteren Ebenen offen lässt (Falkner et al. 2005). Dabei werden die Möglichkeiten zur jeweils unterschiedlichen Umsetzung von Richtlinien bereits bei der Erstellung von Gesetzestexten bewusst einkalkuliert. Die Kunst der europäischen Gesetzgebung besteht geradezu darin, einen flexiblen Rahmen zu schaffen, der vielfältige Umsetzungsmöglichkeiten zulässt.

An dieser Stelle ist denn auch hervorzuheben, dass die EU-Gesetzgebung nicht vom Himmel fällt, also den Mitgliedstaaten nicht einfach übergestülpt wird, sondern über eine gemeinsame Beschlussfassung im Rat zustande kommt, wobei an diesem Prozess in aller Regel eine Vielzahl von Akteuren der nationalen Politik- und Verwaltungsebene beteiligt ist. Der Schaffung eines indirekten Nexus zwischen europäischer und nationaler Ebene ist also immer eine vielschichtige direkte Interaktion zwischen den Ebenen vorausgegangen (vgl. Kap. 6).

Betrachtet man die *direkten Interaktionsformen* zwischen den Ebenen, so sind Verfahren der Politikformulierung von denen der Implementation zu unterscheiden, auch wenn im Einzelnen fließende Übergänge zwischen beiden Bereichen bestehen können.

Im Rahmen der *Politikformulierung*, deren Kern die Gesetzgebung ist, kommt es, wie bereits beschrieben, zu vielfachen Verflechtungsbeziehungen zwischen den Ebenen (vgl. Kap. 6). So macht die Kommission bereits in einem frühzeitigen Stadium der Erarbeitung von Politikkonzepten und Gesetzestexten Gebrauch von den

Beratungsdiensten sowie der Expertise einer Vielzahl von Spitzenbeamten der betroffenen Ministerien und Experten anderer relevanter Instanzen. Wessels nennt für das Jahr 2004 nicht weniger als 1702 solcher Expertengruppen (Wessels 2008: 235). Zwar erfolgt die Teilnahme nationaler Beamter in solchen Gremien „à titre personnel", also auf persönliche Verantwortung und nicht als Amtsinhaber; es versteht sich aber, dass die in diesem Stadium eingebrachten Positionen nicht grundsätzlich von denen abweichen, die sie als Amtsinhaber vertreten. Häufig partizipieren denn auch die gleichen Beamten zu einem späteren Zeitpunkt in einer der Ratsarbeitsgruppen (Wessels 2008: 235).

Die Vorteile dieses teilweise formalisierten, teilweise aber auch einen *Ad-hoc*-Charakter aufweisenden Expertengruppenwesens liegen auf der Hand: Gesetzestexte und Vorschläge der Kommission können bereits im Vorfeld formaler Entscheidungen an Wünsche und Interessen der Mitgliedstaaten angepasst werden, sodass ein breiterer Konsens für die jeweiligen Vorhaben entsteht. Darüber hinaus stellen sich über die Zusammenarbeit in den Expertengruppen aber auch längerfristig wirksame Vorteile ein: Bei den Beteiligten bilden sich konvergierende Haltungen und Erwartungen heraus und sie werden in einen kollektiven Prozess des „institutional learning" hineingezogen; so tragen sie dazu bei, die europäische Perspektive in die Politiken der Mitgliedstaaten hineinzutragen (Wessels 2008). Es finden somit intensive Prozesse der institutionellen Verflechtung und wechselseitigen Durchdringung der Ebenen statt und es bilden sich, je nach inhaltlichem Bereich, Politik- und Issue-Netzwerke heraus, die auch jenseits des konkreten Entscheidungsbereichs dauerhaft Bestand haben und somit Integrationsschritte erleichtern (Peterson 2004).

Entsprechend der Theoriebildung über Politiknetzwerke ist davon auszugehen, dass auch im EU-System solche Netzwerke auf dem Austausch unterschiedlicher Ressourcen zwischen den beteiligten Akteuren beruhen (Héritier 1993, Mayntz 1993, Börzel und Heard-Laureóte 2009: 137). Vertreter der nationalen Staaten stellen ihr Insiderwissen sowie ihre Expertise zur Verfügung im Austausch gegen Politikkonzepte, die ihren Interessen maximal angepasst oder angenähert sind. Darüber hinaus können beide Seiten aber auch im machtpolitischen Sinne von der Zusammenarbeit profitieren: Die Kommission erweitert ihre – institutionell schwache – Macht- und Legitimationsbasis für ihre Vorschläge; nationale Experten stärken ihre Position in der Auseinandersetzung mit anders orientierten Vertretern der jeweiligen Herkunftsinstitutionen oder mit anderen, für das jeweilige Politikfeld zuständigen Instanzen.

Neben der Kommission bildet aber auch der Rat intensive Verflechtungsbeziehungen mit Vertretern nationaler Regierungen und Verwaltungen aus; das heißt, der Rat besteht ja – sieht man einmal vom Ratssekretariat ab – faktisch nur aus nationalen Repräsentanten. Insbesondere durch die Schaffung einer weit aufgefächerten Substruktur von ständigen und *Ad-hoc*-Arbeitsgruppen, die COREPER und den jeweiligen Sonderausschüssen zuarbeiten, kommt es zu einer Ver-

dichtung des Beziehungsgeflechts zwischen europäischen Organen und nationalstaatlichen Akteuren (vgl. Kap. 7.2). Zwar haben die nationalen Experten nunmehr
die Funktion, die Vorschläge der Kommission auf ihre Kompatibilität mit nationalen
Interessen zu überprüfen; da aber auch hier letztendlich Konsens erzielt werden
muss, bilden sich längerfristig gemeinsame Haltungen und „europäische" Perspektiven heraus, insbesondere im Falle größerer personeller Kontinuität der Arbeitsgruppen und geringerer Verteilungskonflikte zwischen den Mitgliedstaaten. Auch
die ständige Präsenz der Kommission in diesen Gruppen fördert eine solche Entwicklung.

Direkte Interaktionen zwischen europäischer und nationaler Ebene charakterisieren auch die *Politikimplementation*; ja sie sind für diese geradezu konstitutiv. Als
erstes Medium der Interaktion sind in diesem Kontext die verschiedenen Varianten
von Verwaltungsausschüssen zu nennen, besser bekannt unter dem Schlagwort
Komitologie, die nicht nur jedem Politikfeld, sondern zum Teil auch deren Einzelbe-
reichen zugeordnet werden. Solche Ausschüsse nehmen eine Überwachungsfunktion gegenüber der Kommission beim Erlass sekundärer Rechtsakte sowie generell im
Implementationsprozess einzelner Politiken wahr (vgl. Kap. 6.3). Dementsprechend
sind sie ebenfalls mit Spitzenbeamten nationaler Ministerien und Verwaltungen
besetzt. Den Ausschüssen kommt eine wichtige Rolle in der Verflechtung und Netz-
werkbildung zwischen europäischer und nationaler Ebene zu, während die intendierte Kontrollfunktion eher in den Hintergrund tritt (Guéguen 2011).

Die bisher beschriebenen Formen der institutionellen Verflechtung beziehen
sich primär auf den Einbezug nationaler Akteure in die europäischen Strukturen; im
Rahmen der Politikimplementation kommt es jedoch auch umgekehrt zu einer zunehmenden „Einmischung" der europäischen Ebene in die nationalen Politiken und
dementsprechend auch in die dortigen Entscheidungsverfahren. Eine solche „Einmischung" bildet sich sowohl im Bereich regulativer Politiken – beispielsweise in
der Wettbewerbspolitik, bei der die EU über konkrete Handlungs- und Überwa-
chungskompetenzen verfügt – als auch im Bereich distributiver und redistributiver
Politiken, beispielsweise im Rahmen der Strukturfonds und anderer größerer und
kleinerer Förderprogramme, und schließlich auch im wachsenden Spektrum rein
koordinativ gesteuerter Politiken heraus.

Bei den regulativen Politiken, insbesondere der Wettbewerbskontrolle, wird die
Lösung von konkreten Problemfällen – beispielsweise bei größeren Fusions- oder
Subventionsvorhaben – über Verhandlungen mit den verantwortlichen Instanzen
der nationalen Ebene sowie den betroffenen Unternehmen angestrebt (Cini und
McGowan 2008). Da die Kommission diesbezügliche Missstände mit zunehmender
Konsequenz verfolgt, kommt es teilweise zur Herausbildung festerer Beziehungen
zwischen den Ebenen, dies umso mehr, als die Durchsetzung des Wettbewerbsrechts letztendlich nur über konkrete Überzeugungsarbeit – Persuasion – sowie
über eine sorgfältige Abwägung der jeweiligen Interessenlagen und dementsprechende Verhandlungen zu gewährleisten ist. Seit der Reform von 2004 gibt es zu-

dem institutionalisierte Netzwerke der nationalen Wettbewerbsbehörden und der Kommission, die zu einer engen Kooperation zwischen den Ebenen führen (McGowan 2005, Wilks 2010, Tömmel 2011b).

Bei den distributiven und redistributiven Politiken sind es demgegenüber die Verfahren der Subventionsvergabe, die zu einer intensiven Interaktion zwischen europäischer, nationaler und in zunehmendem Maße auch regionaler Ebene führen. Waren es zunächst *Ad-hoc*-Verhandlungen über die Zuweisung von Fördermitteln, die das Bild bestimmten, so wurde mit der „großen" Reform der Strukturfonds im Jahre 1989 ein formalisiertes Verfahren der Entscheidungsfindung eingeführt. Dieses unter dem Namen „Partnerschaft" geführte Verfahren beinhaltet komplexe Verhandlungsprozesse, an denen Vertreter der europäischen, der nationalen sowie der regionalen Ebene beteiligt sind. Gemeinsam verhandeln sie über die Erstellung von Förderprogrammen, die Verfahren der Politikimplementation sowie die Zuweisung von Fördermitteln der Union. Auch die Überwachung der Politikimplementation wird von allen drei Ebenen gemeinsam vorgenommen. Es bilden sich auch in diesem Kontext längerfristig feste Netzwerkbeziehungen zwischen den beteiligten Akteuren heraus, die ihrerseits zu konvergierenden Erwartungen und Einstellungen führen.

Im Fall von Politiken, die weder dem regulativen noch dem distributiven Spektrum zuzuordnen sind, sondern über die Offene Methode der Koordination (OMK) oder vergleichbare Verfahren gesteuert werden, kommt es ebenfalls zu einem intensiven Austausch zwischen den Ebenen. Faktisch beinhaltet die OMK ein formalisiertes Koordinationsverfahren, bei dem zunächst der Rat auf Vorschlag der Kommission Leitlinien für die Politiken der Mitgliedstaaten erstellt. Die Mitgliedstaaten legen regelmäßig Berichte über die Implementation der jeweiligen Politiken vor, die ihrerseits die Grundlage für neuerliche Beratungen auf der europäischen Ebene sowie eventuelle Anpassungen der Leitlinien bilden. Flankiert wird diese vertikale Koordination von Benchmarking und Peer-Review-Verfahren, die die einzelnen Staaten über den horizontalen Erfahrungsaustausch zur Optimierung ihrer Politiken anregen sollen. Es versteht sich, dass ein solches Politikkonzept die Interaktionsdichte zwischen der europäischen und der nationalen sowie gelegentlich auch der regionalen Ebene enorm erhöht.

Insgesamt bilden sich somit im Rahmen der Politikimplementation vielfältige Interaktionen zwischen europäischer und nationaler sowie fallweise auch der regionalen Ebene heraus, wodurch ein *direkter systemischer Nexus* zwischen den Ebenen hergestellt wird. Diese Beziehungen strukturieren sich primär über komplexe Verhandlungsverfahren und dementsprechende Kompromissfindungsprozesse; teilweise beschränken sie sich aber auch auf Formen der Politikkoordination. Längerfristig resultieren diese Interaktionen in Anpassungsprozessen aufseiten der Mitgliedstaaten an die Politikmuster und Entscheidungsverfahren der Union.

Eine zusammenfassende Betrachtung der Inkorporation der nationalen Regierungen und Verwaltungen in das EU-System zeigt ein komplexes Muster von vielfäl-

tigen Formen der direkten und indirekten Interaktion. Indirekte Interaktionen erge-
ben sich primär aus der legislativen Tätigkeit der EU, die den Mitgliedstaaten einen
Rahmen für weitreichende Anpassungsprozesse setzt. Direkte Interaktionen resultieren einerseits aus der Einbindung mitgliedstaatlicher Akteure in europäische
Entscheidungsprozesse, andererseits aus der zunehmenden „Einmischung" der
Union in nationale Angelegenheiten und Politiken. Über intensive Formen der
Kommunikation und Interaktion sowie Verhandlungen und Netzwerkbildungen
zwischen den Akteuren und Ebenen kommt es zu Anpassungsprozessen auf der
nationalen Ebene (Börzel und Risse 2000, Tömmel und Verdun 2009 und 2013, Sabel und Zeitlin 2010). Im Ergebnis führt dies jedoch weder zur Auflösung der nationalen Systeme noch zu ihrer vollständigen Inkorporation in das EU-System (vgl.
Beck und Grande 2004). Vielmehr kommt es über die allmähliche Diffusion von
spezifischen, insbesondere kommunikations- und verhandlungsgestützten Politik-
stilen zu Adaptationen an diese Stile, die sich insgesamt zu Modernisierungs- und
Innovationsprozessen beziehungsweise zu einer Europäisierung der nationalen
politischen Systeme summieren (Featherstone und Radaelli 2003, Ladrech 2010).
Langfristig werden die Mitgliedstaaten in kompatible, aber vergleichsweise autonome Elemente eines gesamteuropäischen Systems transformiert.

9.2 Die regionale Regierungs- und Verwaltungsebene

Da die EU im Wesentlichen ein Produkt nationaler Politik ist – auch wenn sie sich
von dieser Ausgangssituation weit entfernt und dementsprechend verselbstständigt
hat – mag die intensive Interaktion zwischen europäischer und nationaler Ebene als
Selbstverständlichkeit erscheinen. Umso bemerkenswerter ist demgegenüber die
Inkorporation der Regionen in das EU-System, da ja zunächst keinerlei systemische
Verbindung zwischen diesen Ebenen bestand. Im Gegenteil, solche Verbindungen
waren sogar explizit ausgeschlossen – europäische Angelegenheiten galten als
Außenpolitik, und somit als ausschließliche Domäne der nationalen Regierungen –
und wurden, soweit sie sich dennoch entwickelten, über einen langen Zeitraum
hinweg von den Regierungen der Mitgliedstaaten misstrauisch überwacht oder
sogar explizit verboten.

Bemerkenswert ist zudem die Tatsache, dass solche Verbindungen relativ unabhängig von der jeweiligen innerstaatlichen konstitutionellen Ordnung oder Verwaltungsgliederung zustande kamen. Denn entgegen der landläufigen Annahme,
dass lediglich subnationale Einheiten föderaler Systeme eine Rolle im EU-System
spielen könnten, hat es sich erwiesen, dass eine starke Präsenz der Regionen in der
EU mehr oder weniger flächendeckend gegeben ist, auch wenn gewisse Disparitäten
auftreten (Rowe 2011). Der umfassende Charakter der Inkorporation der Regionen in
das EU-System legt den Schluss nahe, dass die Initiative eher „von oben" ausging,
als dass die Regionen sich selbst ins Spiel gebracht hätten.

In der Tat entwickelte die Kommission im Rahmen des Regionalfonds bereits im Jahre 1977 (!) eine erste Strategie, um die Regionen stärker als Akteure in die europäische Politik einzubinden (Hooghe 1996, Tömmel 1998). Trotz enormer Schwierigkeiten – die Empfängerregionen waren in keiner Weise auf eine solche Rolle vorbereitet – gelang es der Kommission, ihre diesbezügliche Strategie durch mehrere Reformen (1979, 1985 und 1989) und speziell die Einführung von Förderprogrammen, die sich direkt an die Regionen richteten, auszubauen. Insbesondere die „große" Reform der Strukturfonds (1989) im Kielwasser des Binnenmarktprojekts verlieh den Regionen eine herausragende Rolle in der europäischen Strukturpolitik, die nunmehr als Kohäsionspolitik bezeichnet wurde. Mit der Reform von 1989 wurde auch das System der „Partnerschaft" eingeführt, das die Kooperation der drei Regierungs- und Verwaltungsebenen in der Kohäsionspolitik ermöglichte. Das System beinhaltete in erster Linie einen institutionalisierten Rahmen für strukturierte Verhandlungen zwischen der EU und den nationalen Regierungen über die Genehmigung, Implementation und schließlich Evaluation von Förderprogrammen zugunsten geringer entwickelter Regionen. Indem die Regionen explizit in das System einbezogen wurden, konnten bereits bestehende, informelle Kontakte zwischen der EU und der „dritten" Ebene formalisiert und legalisiert werden. Die daraus resultierenden engeren Kontakte zwischen der Kommission als Initiator von Förderpolitiken und den Regionen als Verantwortlichen für deren Implementation erlaubten eine zunehmende Feinabstimmung von Inhalten und Verfahrensweisen der Kohäsionspolitik.

Die direkte Interaktion zwischen Kommission und Regionen im Rahmen der europäischen Kohäsionspolitik führte zur Herausbildung von stabilen Netzwerkbeziehungen, die auch die nationale Ebene einschlossen. Zwar verfolgt jede Ebene im Rahmen solcher Netzwerke ihre spezifischen Interessen und die jeweiligen Akteure führen harte Verhandlungen um Zieldefinitionen, Politikkonzepte sowie Implementationsstrategien. Bemerkenswert ist aber, dass es dabei auch zur Herausbildung neuer Interessenkoalitionen kommt. So können die nationale und regionale Ebene an einem Strang ziehen gegen die Kommission; ebenso kann die Kommission mit der nationalen Regierung zusammengehen. Am häufigsten bildet sich jedoch eine Koalition zwischen der europäischen und der regionalen Ebene heraus (Hooghe und Marks 2001). Dies ist umso bemerkenswerter, als ja die regionale Ebene in den Mitgliedstaaten zumeist den Weisungen der nationalen Regierung untersteht.[1] Solche Koalitionen sind bemerkenswert, denn sie führen einerseits zu einer tendenziellen Lockerung der hierarchischen Beziehungen innerhalb der Mitgliedstaaten; andererseits stellen sie einen direkten systemischen Nexus zwischen der europäischen und der regionalen Ebene her.

---

[1] Dies ist insbesondere in unitarischen Systemen der Fall, wo die regionalen und lokalen Gebietskörperschaften praktisch dezentralisierte Verwaltungseinheiten des Staates sind.

Angesichts solcher sicht- und greifbarer Erfolge entwickelte die Kommission weitere Strategien zur Aktivierung und Mobilisierung der Regionen als Akteure im System der EU. So legte sie im Rahmen der Strukturfonds spezielle Programme auf, die die Regionen zur grenzüberschreitenden und transnationalen Kooperation aktivierten (Tömmel und Verdun 2013: 393). In diesem Kontext ist speziell die Gemeinschaftsinitiative INTERREG zu nennen, die nach drei Phasen einer sehr erfolgreichen Implementation mit der Reform der Strukturfonds von 2007 in den Hauptstrom der Förderpolitik aufgenommen wurde (Tömmel 2006). Die Folgen dieser Initiativen sind vielfältiger Natur: Zum Ersten erlangen die Regionen eine größere Autonomie in der Planung und Durchführung von Förderprojekten und -programmen; zum Zweiten treten sie direkt in Kontakt mit dem EU-System und speziell der Kommission, und zum Dritten bilden sich zwischen den Regionen neue, horizontale Kooperationsformen und Netzwerkbeziehungen heraus, die ihrerseits die Gründung beziehungsweise Stärkung einer Reihe von transnationalen Spezialorganisationen zu einer verbesserten Kooperation (Tömmel 2011b), aber auch zur Interessenvertretung auf der europäischen Ebene begünstigen (Keating und Hooghe 2006: 277).

In der Folge der beschriebenen Entwicklungen blieben die Regionen nicht mehr länger passive Objekte europäischer Politik; vielmehr „emanzipierten" sie sich zunehmend von der Bevormundung ihrer Regierungen und suchten von sich aus Zugang zur europäischen Arena. Als wohl bemerkenswertester Schritt in diesem Kontext ist die Gründung von eigenen „Vertretungen" in Brüssel zu werten (Rowe 2011).[2] Die deutschen Bundesländer waren die ersten, die ab Mitte der 80er Jahre diesen Weg wählten und nunmehr mit insgesamt 15 solcher Vertretungen in Brüssel präsent sind.[3] Ihnen folgten aber schon bald andere Regionen Europas, wobei die großen Mitgliedstaaten den Anfang machten: Frankreich, Großbritannien, Spanien und Italien. Aber auch die kleineren Staaten mit Ausnahme von Luxemburg beschritten diesen Weg, auch wenn ihre Regionen nicht immer flächendeckend vertreten sind. Schließlich gelang es auch den Beitrittsstaaten Mittel- und Osteuropas, Regionalbüros in Brüssel zu eröffnen (Moore 2008). Im Jahre 2007 belief sich die Gesamtzahl der Regionalvertretungen bei der EU auf 182 (Studinger 2012: 104). Neben den Regionen sind aber auch Kommunen mit eigenen Büros in Brüssel vertreten; teils sind es einzelne große Städte (z. B. Wien), teils aber auch Zusammenschlüsse von Kommunen (z. B. die bayrischen Kommunen), die auf diese Weise ihre Interessen vertreten. Empirische Analysen über die Motive für die Einrichtung regi-

---

2 Die Verwendung des Ausdrucks „Vertretung" wurde den Bundesländern zunächst ausdrücklich von der Bundesregierung untersagt. Lediglich Bayern nutzte dennoch diesen Begriff für sein Brüsseler Büro. Inzwischen hat die Bundesregierung jedoch nachgegeben, und der Begriff Vertretung wird von allen Bundesländern offiziell benutzt.
3 Die Bundesländer Hamburg und Schleswig-Holstein führen ein gemeinsames Büro unter dem Namen „Hanse-Office", sodass sich nur eine Gesamtzahl von 15 Ländervertretungen für die BRD ergibt.

onaler und lokaler Vertretungen in Brüssel haben ergeben, dass es rationale Kosten-Nutzen-Erwägungen sind, die zu diesen Schritten führten (Studinger 2012).

Die Vertretungen der Regionen und Kommunen in Brüssel sind allerdings nicht mit denen der Mitgliedstaaten gleichzusetzen. Dies ergibt sich schon aus den völlig andersgearteten Kompetenzen: Während die Ständigen Vertretungen der Staaten eine eminent wichtige Position *im* System der EU einnehmen – faktisch vertreten sie den Ministerrat vor Ort –fungieren die Vertretungen der Regionen und Kommunen eher als Lobbyisten ihrer Herkunftsgebiete. Zudem unterscheiden sich die Regionalvertretungen untereinander in ihrer Organisationsstruktur (Keating und Hooghe 2006: 275–276). Während die der deutschen Bundesländer „Zweigstellen" der Länderregierungen und -verwaltungen darstellen, sind beispielsweise die britischen Büros „gemischte" Einrichtungen, die von öffentlich-privaten Konsortien verschiedener Instanzen und Unternehmen, z. B. Entwicklungsgesellschaften, getragen werden (Moore 2008). Zwischen diesen Extremen gibt es eine Reihe von Mischformen. Angesichts solch unterschiedlicher Verfasstheiten wäre die Übernahme einer offiziellen Funktion im EU-System kaum möglich.

Trotz aller Diversität zwischen den Regionalvertretungen ist dennoch ein gemeinsamer Nenner festzustellen: Alle engagieren sich als Interessenvertreter ihrer jeweiligen Herkunftsregion (Rowe 2011: 83–125). Dies reicht von Versuchen der Beeinflussung europäischer Entscheidungsprozesse bis zum Transfer von Know-how über die EU an die eigene Region. Zudem beinhaltet es die Akquisition europäischer Fördergelder sowie die Werbung für heimische Unternehmen, Forschungsinstitute, öffentliche Einrichtungen oder die Region in ihrer Gesamtheit. Im Einzelnen können allerdings das Gewicht sowie der Mix solcher Aktivitäten erheblich variieren. Das Medium, über das all diese Strategien verfolgt werden, ist aber immer das gleiche: die direkte Kommunikation.

Die direkte Kommunikation richtet sich zum Ersten auf die Kommission, einerseits um frühzeitig Informationen über europäische Entscheidungen zu erlangen, andererseits um Fördermöglichkeiten zu eruieren. Soll der europäische Entscheidungsprozess in der Folge beeinflusst werden, wird dies allerdings nur selten über direkte Verbindungen zur Kommission versucht; häufiger bedienen sich die Vertretungen dazu der nationalen Schiene – insbesondere dann, wenn die gleiche politische Partei die Zentralregierung stellt. Zum Zweiten gilt ein Großteil der Kommunikation der eigenen Landesregierung oder Regionalverwaltung, die über alle relevanten Entwicklungen in Brüssel auf dem Laufenden gehalten werden muss. Dabei geht es nicht nur um die Vermittlung von Informationen, vielmehr werden auch – aus der genaueren Kenntnis der „Szene" vor Ort – den Länderregierungen Handlungsoptionen und -strategien nahegelegt („jetzt müsst ihr kommen"). Zur Informationsvermittlung für die Länder gehört auch eine gewisse didaktische Aufgabe, indem Politiker und Beamte im Rahmen von Arbeitsbesuchen mit der Funktionsweise sowie dem Diskussionsstand der „Brüsseler Bürokratie" vertraut gemacht werden, denn „die sind nicht im Film" (Aussage eines Insiders). Zum Dritten wird auch eine intensive Kontaktpflege mit nicht-staatlichen Akteuren und Organisationen der eigenen Region betrieben – also mit Unternehmen, Forschungsinstituten, Verantwortlichen für die Implementation von Strukturpolitiken etc. – um auch diese über relevante Entscheidungen oder interessante Förderprogramme zu informieren oder umgekehrt deren Interessen gegenüber europäischen Institutionen zu vertreten. Und zum Vierten schließlich werden intensive Kontakte zwischen den Vertretungen gepflegt, teilweise zum Austausch von Informationen, von denen sie gleichermaßen betroffen sind, teilweise um gemeinsame Interessen zu vertreten. Letzteres ist allerdings seltener der Fall, da die Regionalvertretungen häufig auch in einem Konkurrenzverhältnis zueinanderstehen. Den Informationsaustausch haben die deutschen Bundesländer untereinander systematisiert, indem sie eine Reihe von Arbeitsgruppen zu wichtigen und wiederkehrenden Themenbereichen eingerichtet haben; diese, zwecks „Quellenschonung" eingesetzte Strategie ermöglicht mehr direkte Kontakte zur Kommission, als wenn jedes Büro gesondert vorsprechen würde. Auch über Staatsgrenzen hinweg werden vielfältige Kontakte – meist über Einladungen zu entsprechenden Veranstaltungen – gepflegt und gelegentlich sogar Projekte oder politische Aktivitäten in Zusammenarbeit entwickelt. Rowe (2011: 3) bezeichnet denn auch die Regionalvertretungen als „Euro-savvy entrepreneurs".

Insgesamt bilden die Länder- beziehungsweise Regionalvertretungen in Brüssel ein wichtiges Bindeglied zwischen einerseits dem EU-System und andererseits den Regionen, seien sie die Vertreter selbstständiger, föderaler Gliedstaaten wie in der BRD, semiautonomer Regionen wie in Spanien oder lediglich dezentralisierter, lokaler Verwaltungseinheiten wie im Großteil von Großbritannien. Über eine intensive vertikale und horizontale Kontakt- und Kommunikationspflege lancieren sie Politikkonzepte und -ideen auf der europäischen Ebene und transferieren wertvolle Informationen, politisches Know-how und strategische Einsichten in ihre Herkunftsregionen.

Neben den Vertretungen jeder einzelnen Region in Brüssel hat sich ein weiteres Bindeglied zwischen EU und regionaler Regierungs- und Verwaltungsebene herausgebildet, der *Ausschuss der Regionen* (AdR) (auch: „Ausschuss der regionalen und lokalen Gebietskörperschaften") (Jeffery und Rowe 2012). Dieses mit dem Vertrag von Maastricht eingesetzte Beratungsgremium, das die vielfältigen Stimmen und Meinungen der „unteren" Ebenen aggregieren soll, wurde nach dem Muster des Wirtschafts- und Sozialausschusses (WSA) konzipiert (vgl. Kap. 10.1); es berät die EU-Organe in allen die Regionen betreffenden Angelegenheiten (Art. 13(4) EUV-L). Insbesondere in den Bereichen Bildung, Kultur, Gesundheitswesen, Ausbau der transeuropäischen Netze, Verkehrs-, Telekommunikations- und Energieinfrastruktur, wirtschaftlicher und sozialer Zusammenhalt, Beschäftigungspolitik und Sozialgesetzgebung ist der AdR laut Vertrag zu hören (Borchardt 2010: 86). Darüber hinaus kann der Ausschuss „wenn er dies für zweckdienlich erachtet, von sich aus eine Stellungnahme abgeben" (Art. 307 AEUV). Damit kommt dem AdR eine nahezu unbegrenzte Zuständigkeit zu. Zwar ist der Ausschuss kein Organ der EU; als festes

Beratungsgremium und zugleich Repräsentant der aggregierten Interessen der regionalen und lokalen Gebietskörperschaften ist er jedoch ein wichtiger Baustein des EU-Systems und vor allem der Mehrebenenstruktur dieses Systems (vgl. Kap. 13).

Eine solche Rolle war jedoch keineswegs bei der Einsetzung des Ausschusses intendiert; vielmehr war seine endgültige Form das Resultat eines halbherzigen Kompromisses zwischen den an der Entscheidung beteiligten Organen und Akteuren. So waren die deutschen Bundesländer seinerzeit mit Maximalforderungen nach der Schaffung einer Dritten Kammer aufgetreten; die Kommission favorisierte ein eher „technisches" Beratungsgremium; der Rat war gespalten zwischen einerseits Befürwortern eines begrenzten Mitspracherechts unter dem Motto der Subsidiarität und andererseits strikten Gegnern (vgl. Tömmel 1998). Der Kompromiss lag dann in der Schaffung eines Gremiums, dem lediglich beratende Funktionen zugestanden wurden (Jeffery und Rowe 2012). In der Praxis konnte der Ausschuss jedoch eine einflussreichere Rolle einnehmen.

Die nicht unbedeutende Rolle des Ausschusses ist zum einen seiner hochrangigen Besetzung zu verdanken, die ebenfalls als solche nicht intendiert war. Vielmehr legte der Vertrag lediglich die Gesamtzahl der Mitglieder (die von 189 bei seinerzeit 12 Mitgliedstaaten auf 353 seit dem jüngsten Beitritt Kroatiens stieg), den Proporz zwischen den Mitgliedstaaten (große Staaten entsenden 21 bis 24, kleinere 5 bis 15 Delegierte) sowie das Verfahren zur Ernennung der Delegierten fest (Ernennung durch den Rat auf Vorschlag der Mitgliedstaaten; Protokoll Nr. 36 AEUV). In der Folge entspann sich dann ein Konflikt, ob die Delegierten über ein politisches Mandat verfügen mussten oder auch Beamte der jeweiligen Gebietskörperschaften sein konnten (Nugent 2010: 231); die Entscheidung fiel letztendlich zugunsten der Politiker aus (Art. 300(3) AEUV). Auch über den Proporz zwischen Vertretern der regionalen und lokalen Ebene kam es zu Konflikten; hier folgte man im Wesentlichen den Nominierungen der einzelnen Staaten, die ihrerseits von der jeweiligen Staats- und Verwaltungsgliederung abhingen. In der Gesamtheit führte dies zu einer vergleichsweise ausgewogenen Struktur, wobei die Delegierten der Regionen etwa zwei Drittel, die der lokalen Gebietskörperschaften ein Drittel der Ausschussmitglieder stellen.

Die Entscheidung, den Ausschuss mit gewählten Politikern zu besetzen, hatte weitreichende Konsequenzen für seine Arbeit. Bei der ersten Ernennungsrunde 1993 zeigte sich, dass sich Ministerpräsidenten, Provinz- und Regionsoberhäupter oder Bürgermeister europäischer Großstädte um die Wahrnehmung eines Mandats rangelten.[4] Zwar hat sich seitdem die hochrangige Besetzung des Ausschusses abgeschwächt, sie ist aber immer noch bemerkenswert. Allerdings bietet ein Mandat im AdR auch erhebliche Vorteile: So lassen sich über den Ausschuss direkte Kontakte

---

4 In der Bundesrepublik wollten die Bundesländer alle 24 Sitze besetzen, mussten dann aber drei an die kommunalen Spitzenverbände abtreten (Tömmel 1994b).

zu Amtskollegen aus anderen Ländern knüpfen; das ist von Belang, denn viele Förderprogramme der EU sind an die Bedingung einer transnationalen Kooperationen
gebunden. Zudem kann die europäische Bühne zur politischen Profilierung zuhause
genutzt werden, und schließlich eröffnet der Umweg über Brüssel gewisse Möglichkeiten, die heimische Regierung zur Erfüllung politischer Forderungen der Regionen unter Druck zu setzen. Die Besetzung des Ausschusses mit Politikern, die in
ihren Herkunftsländern über erhebliches politisches Gewicht verfügen, verleiht ihm
eine Bedeutung, die ihm aufgrund seines formalen Status kaum zukäme. Zudem
verleiht diese Besetzung dem Ausschuss demokratische Legitimität, ein seltenes
und kostbares Gut auf der europäischen Ebene.

Ein weiterer Faktor, der dem Ausschuss Bedeutung verleiht, ist die Haltung der
Kommission, die nicht nur sein Zustandekommen maßgeblich favorisierte, sondern
auch in der Folge für kontinuierliche Unterstützung sorgte. Insbesondere die für
Regionalpolitik verantwortlichen Kommissare unterhalten enge Beziehungen zum
AdR (Christiansen und Lintner 2005). Zudem konsultiert die Kommission den Ausschuss nicht erst im Rahmen der regulären Gesetzgebungsverfahren, wie es die
Verträge vorsehen, sondern bereits im Stadium der Erstellung eines Kommissions-
vorschlags (Jeffery und Rowe 2012). Damit gewinnt der AdR privilegierten Zugang
zum Entscheidungsfindungsprozess innerhalb der Kommission. Schließlich berich-
tet die Kommission auch dem Ausschuss regelmäßig über die Verwendung seiner
Empfehlungen und gibt ihm so Feedback (Christiansen und Lintner 2005, Cole 2005:
65). Die enge Kooperation mit dem AdR ist für die Kommission vorteilhaft, denn sie
kann so die Konsensfähigkeit ihrer Vorschläge ausloten, wertvolle Informationen,
Ideen und Anregungen für neue Politikkonzepte gewinnen und schließlich Allianzen im Vorfeld von Ratsentscheidungen schmieden.

Allerdings schwankt der Ausschuss in seiner Arbeit zwischen einerseits einer
politischen Funktion als Wortführer der „dritten Ebene" im EU-System, andererseits
einer Rolle als „technisch" versiertem Beratungsgremium, vornehmlich im Dienste
der Kommission. Die Kommission zieht den Ausschuss in die „technische" Richtung, um so gegenüber dem Rat mehr Einfluss oder sogar Druckmittel zu gewinnen;
zudem erhofft sie sich eine bessere Umsetzung ihrer Politik in den Regionen (Christiansen und Lintner 2005). Folgt der AdR aber zu sehr den Angeboten der Kommission, verliert er die Möglichkeit, sich als Wortführer regionaler und lokaler Interessen auf der europäischen Ebene zu profilieren (Cole 2005: 66–68).

Gerade aber die Rolle des Wortführers der „dritten Ebene" ist für den Ausschuss
verlockend, denn er bietet seinen Mitgliedern eine *gemeinsame* Plattform, um das
ganze politische Gewicht regionaler und lokaler Instanzen gebündelt in die europäische Waagschale zu werfen.[5] Dementsprechend kann sich keines der europäischen

---

5 Zwar gibt es auch zwei Interessenverbände – VRE (Versammlung der Regionen Europas) und
RGRE (Rat der Gemeinden und Regionen Europas) – die seit Jahren auf der europäischen Ebene

Organe erlauben, die Stimme der Regionen zu überhören (Jeffery und Rowe 2012: 373). Der Rat versucht zwar, den Ausschuss zu ignorieren; jede einzelne Regierung muss aber bei Nichtbeachtung seiner Meinung mit erheblichen Widerständen rechnen. Das Parlament nimmt gegenüber dem Ausschuss eine ambivalente Rolle ein. Einerseits fürchtet es die unerwartete Konkurrenz – insbesondere das politische Gewicht der Mitglieder und die Legitimität ihrer Anliegen nähren solche Befürchtungen (Christiansen und Lintner 2005). Andererseits braucht es ebenfalls Verbündete für die Durchsetzung seiner Positionen gegenüber dem Rat. Seit dem Amsterdamer Vertrag kann das Parlament den Ausschuss anhören (Art. 307 AEUV), was zu engeren und direkteren Beziehungen zwischen beiden Gremien geführt hat. Generell sucht der Ausschuss den Kontakt zu allen Organen der EU (Cole 2005). Darüber hinaus sucht er auch den Kontakt zur europäischen Öffentlichkeit, beispielsweise über Kongresse und Diskussionsforen zu relevanten politischen Themen (Christiansen und Lintner 2005). Schließlich erhebt er auch gerne grundsätzliche Forderungen zur Demokratisierung der EU, wobei er auf die notwendige Mitwirkung der „dritten Ebene" verweist.

In seiner konkreten Tätigkeit versucht der Ausschuss, die Balance zwischen einer eher politischen oder technischen Rolle zu finden. Einerseits bevorzugt er politische Stellungnahmen vor technischen Detailregelungen. Eine solche Schwerpunktsetzung liegt aus mehreren Gründen nahe: Die Mitglieder des Ausschusses sind in ihren Herkunftsregionen häufig Spitzenpolitiker in wichtigen exekutiven Funktionen und damit Funktionsträger, die die großen Entscheidungen treffen. Zudem sind Detailentscheidungen im Ausschuss schwerer zu erzielen, da häufig der Konsens hierfür fehlt. Schließlich fehlt dem Ausschuss die interne Kohärenz, nicht zuletzt wegen der vergleichsweise selten stattfindenden Plenarsitzungen (fünf pro Jahr) sowie der sehr unterschiedlichen Funktionen, die die Mandatsträger zuhause erfüllen. Es ist denn auch eher die Substruktur des AdR, ein Sekretariat mit ca. 540 Bediensteten, die als Teil der Kommission für die Vorbereitung und Annahme von technischen Detailentscheidungen sorgt.

In der Schwierigkeit der internen Bündelung von Positionen liegt ein weiteres Problem des Ausschusses (Jeffery und Rowe 2012). Diese Schwierigkeit resultiert nicht so sehr aus der Vielfalt der Interessen seiner Mitglieder, als vielmehr aus dem Fehlen passender politischer „alignments". Zwar haben sich inzwischen, analog zum Europäischen Parlament, fünf Parteienfamilien herausgebildet, diese bieten jedoch keineswegs so viel Bindekraft, dass sie andere „alignments" wirksam außer Kraft setzen könnten (Christiansen und Lintner 2005). Alternative „alignments" ergeben sich aus der Nationalität, der Zugehörigkeit zum regionalen oder lokalen „Lager" sowie zum Norden oder Süden und gegenwärtig auch Osten der EU

---

aktiv sind; deren Arbeit ist jedoch nicht mit einem direkten Beratungsgremium der regionalen und lokalen Gebietskörperschaften zu vergleichen.

(Brunazzo und Domorenok 2008). Allerdings werden auch diese „alignments" in der Praxis von weiteren überlagert und damit zunehmend fraktioniert: beispielsweise dem Gegensatz zwischen ökonomisch prosperierenden und „ärmeren" Regionen oder zwischen kompetenzrechtlich „starken" und „schwachen" Regionen. Es versteht sich, dass diese vielfältigen Fragmentierungen die gemeinsame Beschlussfassung erschweren (Cole 2005, Christiansen und Lintner 2005).

Allerdings gewinnen die Parteienfamilien in letzter Zeit zunehmend an Gewicht. Ähnlich wie im EP bildete sich auch im AdR eine „große Koalition" zwischen Christ- und Sozialdemokraten heraus, die sich bemüht, politische Entscheidungen vorzuklären, Mehrheiten vorab zu bündeln und Ämter im Proporz zu verteilen. Diese Vorgehensweise stößt aber auf Widerstand der kleineren Parteienfamilien sowie der Abgeordneten, die Schwierigkeiten haben, sich einer Parteienfamilie anzuschließen. Zudem ist zu beachten, dass politische Parteien häufig nicht die Interessen und Präferenzen der regionalen und lokalen Abgesandten adäquat reflektieren. Zwar gehören sie fast immer einer politischen Partei an, als Funktionsträger der Exekutive sind sie aber mit wesentlich konkreteren und spezifischeren Problemen als die in Parteiprogrammen niedergelegten befasst. Soweit daher die Parteien die Arbeit des Ausschusses bestimmen, geschieht dies eher aus pragmatischen Gründen als aufgrund von ideologischen Bindungen; dementsprechend sind die Loyalitäten schwach ausgeprägt und werden, je nach Sachlage, zugunsten anderer Erwägungen gewechselt. Empirische Studien belegen denn auch, dass der AdR Entscheidungen in einer übergroßen Zahl von Fällen konsensuell unter Einschluss aller Parteiengruppierungen annimmt (Hönnige und Kaiser 2003, Brunazzo und Domorenok 2008).

Insgesamt hat sich der Ausschuss der Regionen als Interessenvertreter der „dritten Ebene" auf der europäischen Bühne etabliert. Dass er als solcher gehört, beachtet oder sogar hofiert wird, liegt einerseits an der unterstützenden Haltung der Kommission, andererseits am politischen Gewicht seiner Mitglieder, das seinerseits Folge der zunehmenden Bedeutung der „unteren" Ebenen in den nationalen politischen Systemen ist. Hinzu kommt, dass vom Ausschuss ein positives Feedback über europäische Entwicklungen und Entscheidungen in die Heimatregion erwartet wird. Der Ausschuss ist jedoch nicht als Vorform einer Dritten Kammer der EU zu werten. Vielmehr wird er weiterhin als Interessenvertretung der regionalen und lokalen Ebene in europäischen Entscheidungsprozessen fungieren und zugleich die Rolle des „Übersetzers" europäischer Ideen, Diskurse und Politikkonzepte für die Herkunftsregionen übernehmen.

Eine zusammenfassende Betrachtung des Einbezugs der regionalen und lokalen Regierungs- und Verwaltungsebene in das EU-System zeigt, dass dieser Prozess über mehrere Wege verläuft: zum Ersten über die direkte Interaktion zwischen europäischer und regionaler Ebene im Rahmen der Implementation europäischer Politik; zum Zweiten über die Präsenz der Regionen in Brüssel mit dem Ziel, ihre Einzelinteressen wirksam zu vertreten; zum Dritten über den Ausschuss der Regionen als Beratungsgremium im europäischen Entscheidungsprozess, der die aggregierten Interessen der „dritten Ebene" repräsentiert. In allen Fällen kommt es aber nicht zur Herausbildung eindeutig formalisierter oder gar hierarchisch strukturierter Beziehungen; vielmehr wird allenfalls ein loser institutioneller Rahmen für formelle und informelle Verhandlungen und direkte Kommunikations- und Interaktionsformen geschaffen; dies mit dem Ziel, die Interessen und Präferenzen der Regionen wirksam in das System einzubringen beziehungsweise diese in die Systementscheidungen einzubeziehen. Dabei ist zu betonen, dass diese Entwicklung von den nationalen Regierungen weder erwünscht, noch aktiv gefördert wurde; vielmehr bildete sie sich auf der Grundlage einer partiellen und keineswegs widerspruchsfreien Interessenkongruenz zwischen der europäischen und der regionalen Ebene heraus, die hauptsächlich im Streben nach größerer Autonomie begründet liegt.

9.3 Schlussfolgerungen

In diesem Kapitel wurden die Inkorporation der nationalen und regionalen Regierungs- und Verwaltungsebene in das EU-System sowie die daraus resultierenden Strukturbildungen analysiert. Dabei stand der selektive Einbezug von Institutionen und Akteuren der nationalen und teilweise auch der regionalen Ebene in europäische Politikprozesse und Entscheidungsverfahren im Vordergrund. Im Ergebnis zeigte sich ein differenziertes Spektrum von direkten und indirekten Interaktionen. So partizipieren Delegierte nationaler Regierungen auf vielfältige Weise an europäischen Entscheidungen über die Räte, ihre Substrukturen sowie zahlreiche eher informelle Beratungsgremien im Dienste der Kommission. Zudem ergibt sich aus der europäischen Gesetzgebung ein indirekter Nexus zwischen der europäischen und nationalen Ebene. Schließlich versuchen europäische Akteure, über direkte Interaktionen mit den Verantwortlichen der „unteren" Ebenen Einfluss auf deren Politiken auszuüben.

Auch die regionale Regierungs- und Verwaltungsebene wird in zunehmendem Maße in europäische Politikprozesse und Entscheidungsverfahren einbezogen. Zunächst gelang es der Kommission, über die europäische Kohäsionspolitik regionale Akteure für die Implementation von Förderprogrammen zu mobilisieren. In der Folge strebten die Regionen selbst danach, ihre Stimme auf der europäischen Ebene zu erheben. Dementsprechend gründeten sie eigene Vertretungen in Brüssel, um für die Interessen ihrer Regionen zu werben, aber auch, um Informationen von strategischer Bedeutung über das Brüsseler Geschehen zu gewinnen und in die Herkunftsregion zu transferieren. Schließlich gelang es der „dritten Ebene", über den Ausschuss der Regionen eine gemeinsame Stimme in den europäischen Entscheidungsprozess einzubringen, wenngleich nur in beratender Funktion. Über die vielfältigen Interaktionen zwischen den drei Regierungs- und Verwaltungsebenen bildete sich ein systemischer Nexus heraus, der das Fehlen hierarchischer Beziehungen zwischen ihnen kompensiert. Die EU konnte sich so als Mehrebenensystem konstituieren.

Die Bildung eines europäischen Mehrebenensystems war keineswegs die bewusste Intention der nationalen Regierungen; vielmehr resultierte diese Entwicklung aus einer Kette von kleinteiligen Schritten zur Lösung komplexer Politikprobleme. Damit kam es sukzessive zur Ausweitung des Kreises der einbezogenen Akteure, zur Dezentralisierung von Entscheidungsprozessen auf bestehende Institutionen sowie zur Optimierung und Feinsteuerung von Verfahren der Politikimplementation. Grundsätzlich fehlen der Union geeignete Mittel und Mechanismen, um die vielfältigen Politikprobleme, die sich ihr stellen, zu lösen. Von daher richtet sie sich an Akteure und Institutionen der Mitgliedstaaten, die von diesen Problemen am stärksten betroffen sind, und bezieht sie in ihre Entscheidungsverfahren und politischen Aktivitäten ein. Zudem ist die Union oft mit Pattsituationen konfrontiert, die sich bei der Entscheidungsfindung im Rat, der Implementation europäischer Politik in den Mitgliedstaaten sowie angesichts der fehlenden öffentlichen Akzeptanz stellen. Die Teilung der Macht mit den betroffenen Institutionen und Akteuren bietet daher häufig einen Ausweg aus der Sackgasse. Schließlich ist die EU keine übergeordnete Instanz, die den Mitgliedstaaten Entscheidungen oder Maßnahmen auferlegen kann, denn die Letzteren sind nach wie vor souverän. In dieser Situation können die „unteren" Ebenen am ehesten über enge Kooperationen mit der EU zur Akzeptanz europäischer Zielsetzungen und Normen oder zur Beilegung von Konflikten bewegt werden. Zudem gelingt es über die Delegation von Verantwortung an die unteren Instanzen, deren Widerstände gegen europäische Aktivitäten zu minimieren oder umgekehrt ihre Teilhabe an diesen zu erhöhen.

Die Inkorporation der Mitgliedstaaten in europäische Politikprozesse und Entscheidungsverfahren führt zu einer weiteren Diversifizierung des EU-Systems und seiner institutionellen Struktur. So ergeben sich innerhalb des Systems funktionale Spezialisierungen sowie kooperative Beziehungen zwischen seinen Institutionen und Akteuren. Dementsprechend bilden sich lose gekoppelte Netzwerkstrukturen und zunehmend komplexe institutionelle Arrangements heraus. Zudem stützt sich das System zunehmend auf intermediäre Akteure, die als „Schnittstellenmanager" zwischen den Regierungs- und Verwaltungsebenen der EU fungieren (Grande 2000).

Insgesamt entwickelt sich die EU somit nicht zu einem hierarchischen System, das die politische Macht auf der europäischen Ebene zentralisiert. Stattdessen kompensiert sie das Fehlen zentralisierter Macht, indem sie Akteure und Institutionen der „unteren" Ebenen in europäischen Angelegenheiten partiell ermächtigt. Dementsprechend bildet sich die EU zunehmend als Mehrebenensystem heraus, das die „unteren" Ebenen einbezieht, durchdringt und schließlich transformiert. Es bedarf keiner näheren Erläuterung, dass diese Methode des Ausbaus des EU-Systems zu einer enormen Erhöhung seiner Komplexität und Intransparenz führt, und damit den Bürgern das Verständnis seiner Funktionsweise zusätzlich erschwert.

10 Die Inkorporation nicht-staatlicher Akteure in das EU-System

Wurde im vorangegangenen Kapitel der Einbezug mitgliedstaatlicher Institutionen und Akteure in die Funktionsweise des EU-Systems und damit die Herausbildung eines Mehrebenensystems dargestellt, so weitet sich das System zugleich aber auch über die Inkorporation nicht-staatlicher Organisationen und Akteure in seine Entscheidungsprozesse und – bemerkenswerterweise – seine Verfahren der Politikimplementation aus. Im Rahmen der europäischen Entscheidungsfindung kommt es dabei zu fließenden Übergängen von „klassischen" Formen der Interessenvertretung oder des Lobbyings vonseiten einzelner Unternehmen, kleinerer und größerer Lobbygruppen oder umfassender Interessenverbände, über organisierte Formen einer verantwortlichen Mitwirkung an Entscheidungen, insbesondere im Rahmen der Sachverständigengruppen der Kommission, bis hin zum Sozialen Dialog zwischen Unternehmerverbänden und Gewerkschaften, der in Vereinbarungen mit Legislativcharakter ausmünden kann (Falkner et al. 2005, Coen und Richardson 2009, Greenwood 2011).

Hauptadressat des Lobbyings in den verschiedenen Formen ist die Kommission (Bouwen 2009); mit den zunehmenden Kompetenzen des Parlaments im Gesetzgebungsprozess sind aber auch dessen Mitglieder immer mehr Versuchen einer organisierten Beeinflussung ausgesetzt (Lehmann 2009). Umgekehrt ist es aber auch die Kommission, die den Kontakt zu Verbänden und Interessengruppen sucht, sie bei der (Selbst-)Organisation auf europäischer Ebene unterstützt und bestimmte Verbände bevorzugt in ihre Arbeit einbezieht (Bouwen 2009, Greenwood 2011). Es bilden sich somit intensive Interaktionen zwischen EU-Organen und Verbänden heraus, in deren Folge Letztere eine spezifisch europäische Dimension annehmen.

Nicht-staatliche Akteure nehmen darüber hinaus aber auch Verantwortung im Bereich der Politikformulierung und -implementation wahr. In der Sozialpolitik können Unternehmerverbände und Gewerkschaften über entsprechende Verhandlungen Vereinbarungen mit Legislativcharakter treffen, die dann von den EU-Organen nur noch formal in verbindliche Rechtsakte transformiert werden (Falkner et al. 2005). Im Bereich der technischen Normung übernehmen private Verbände die Definition von Standards im Rahmen gesetzlicher Vorgaben der EU; zudem überwachen sie die Einhaltung dieser Standards durch die Unternehmen (Egan 2001). In der Politikimplementation nehmen nicht-staatliche Akteure ein breites Aufgabenspektrum wahr. Aktiviert durch die Kommission fungieren sie als Träger von Förderprojekten oder Verwalter von Finanzmitteln, als Vorreiter von Umwelt- und Beschäftigungsinitiativen oder als Organisatoren transnationaler Forschungsprogramme. Darüber hinaus nehmen nicht-staatliche Akteure auch an dezentralen Entscheidungsprozessen im Rahmen der Politikimplementation teil.

In all diesen Fällen werden den entsprechenden Verbänden, Organisationen oder Gruppen – nach Absteckung eines allgemeinen Handlungsrahmens durch die EU – weitreichende Kompetenzen überantwortet. Über diesen Weg wird eine weitgehende Selbstregulierung unter den betroffenen Akteuren angeregt, zugleich aber auch eine europäische Regulierung der entsprechenden Politikfelder und Themenbereiche möglich gemacht oder ausgeweitet. Über den Einbezug nicht-staatlicher Akteure in die Steuerungsfunktionen der EU gelingt es somit, den Funktionsbereich und die Reichweite europäischer Politik signifikant auszuweiten.

Insgesamt erhalten somit nicht-staatliche Akteure eine bedeutende Funktion im EU-System, indem sie nicht nur einen inhaltlichen Input in dessen Gesetzgebungstätigkeit leisten, sondern zugleich auch dessen Output, im Sinne der Umsetzung europäischer Regelungen und Politiken sowie der Überwachung der Einhaltung entsprechender Normen, signifikant erhöhen (für eine gegenteilige Position siehe Börzel 2010). Nicht-staatliche Akteure und ihre Organisationen stellen somit ein konstitutives Element der erweiterten Systemstruktur der EU dar.

10.1 Interessenvertretung im europäischen Entscheidungsprozess

Ebenso wie in nationalen politischen Systemen spielt die Vertretung organisierter Interessen eine bedeutende Rolle im EU-System. Der Lissabon-Vertrag erkennt die Interessenvertretung sogar als Bestandteil der demokratischen Kultur der Union an. Zudem regelt der Vertrag: „Die Organe geben den Bürgerinnen und Bürgern und den repräsentativen Verbänden in geeigneter Weise die Möglichkeit, ihre Ansichten in allen Bereichen des Handelns der Union öffentlich bekannt zu geben und auszutauschen" (Art. 11(1) EUV-L). Des Weiteren heißt es: „Die Organe pflegen einen offenen, transparenten und regelmäßigen Dialog mit den repräsentativen Verbänden und der Zivilgesellschaft" (Art. 11(2) EUV-L).

Im Kontext der EU nimmt die Interessenvertretung allerdings spezifische Formen und Funktionsweisen an. Zum einen ist es die fragmentierte institutionelle Struktur der EU, die zu komplexen Prozessen der Interessenvertretung mit unsicheren Ergebnissen führt. Zum anderen sind es die mittlerweile 28 Mitgliedstaaten mit ihren unterschiedlichen wirtschaftlichen, politischen und sozialen Strukturen und entsprechenden Interessendivergenzen, die diese Komplexität weiter erhöhen. Dementsprechend müssen sowohl die spezifischen Interessen nationaler Gruppen und Verbände als auch die aggregierten europäischen Interessen in der Gesetzgebung der EU und anderen politischen Entscheidungen repräsentiert sein. Folgerichtig nimmt denn auch die Interessenvertretung in der EU eine Mehrebenenstruktur an.

Bereits in der Gründungsphase der Europäischen Gemeinschaften konnten sich Interessenverbände auf der europäischen Ebene etablieren. Insbesondere dem Agrarsektor gelang es über die Bildung zweier Dachverbände – COPA und COGECA[1], die 1962 zu einem Verband unter dem Namen COPA-COGECA fusionierten – die Interessenvielfalt seiner nationalen Mitgliedsverbände zu bündeln und darüber erfolgreich die Agrarpolitik der Gemeinschaft zu beeinflussen, so erfolgreich, dass er als Musterfall europäischer „Verbandsmacht" galt (Kohler-Koch 1996: 193).

Mehr noch als der Agrarsektor war es aber die europäische Industrie und die übrige private Wirtschaft, die sich passende Einflusskanäle zu schaffen wusste: sei es im Alleingang einzelner großer Unternehmen, sei es im Rahmen von Branchen-, Sektor- oder nationalen Zusammenschlüssen, sei es in der Form eines allumfassenden Dachverbands, nämlich BUSINESSEUROPE, der bis 2008 unter dem Namen UNICE firmierte.[2] Mit der Namensänderung signalisierte der Verband seine zunehmende Unabhängigkeit von den nationalen Mitgliedsverbänden und zudem seine Ambitionen, für die gesamte Geschäftswelt der Union zu sprechen. Neben BUSINESSEUROPE gibt es weitere Spitzenverbände privater Unternehmen, so beispielsweise die UEAMPE, die Handwerks- sowie Klein- und Mittelbetriebe vertritt.[3]

Die Präsenz und Dominanz privater Unternehmen und ihrer Verbände auf der europäischen Ebene wurde in der Fachliteratur als Verzerrung pluralistischer Interessenvertretung und somit als Problem des Regierens im EU-System gewertet (z. B. Coen 2007). Vor dem Hintergrund der Tatsache, dass die europäische Gesetzgebung und Regulierungsleistung lange Zeit vornehmlich in der Definition von Marktordnungen, Produktstandards oder der Regelung des Kapitalverkehrs bestand und somit Unternehmensinteressen direkt berührt waren, erscheint sie allerdings erklärlich. Hinzu kommt, dass im Rahmen von EGKS und EURATOM weitreichende und zugleich spezifische Sektorbefugnisse der Kommission eine enge Zusammenarbeit mit – wenigen – betroffenen Großunternehmen förderten. Umgekehrt konnte die Kommission im eigenen Haus kaum die erforderliche spezielle Expertise bündeln, sodass sie von Anfang an auf die „Beratertätigkeit" von Interessenverbänden und Lobbygruppen angewiesen war (Bouwen 2009, Greenwood 2011). Schließlich mag auch die explizit technokratische und zugleich unpolitische Selbstdefinition zu-

---

1 Die Abkürzung COPA steht für Committee of Professional Agricultural Organisations, COGECA für General Committee for Agricultural Cooperation in the European Union. COPA-COGECA vertritt mehr als 100 Verbände der Mitgliedstaaten und einiger Drittstaaten sowie 36 Partnerorganisationen. Mit mehr als 50 festangestellten Mitarbeitern ist er einer der am besten ausgestatteten Euroverbände; zudem verfügt er über die entwickeltste interne Struktur (Nugent 2010: 356–357).

2 UNICE steht für Union of Industries of the European Community. BUSINESSEUROPE vertritt 41 Unternehmensverbände aus 35 Staaten. Seine Mitgliedschaft ist somit ebenso wie im Falle von COPA-COGECA nicht deckungsgleich mit dem Gebiet der EU.

3 UEAMPE steht für Union Européenne de l'Artisanat et des Petites et Moyennes Entreprises.

nächst der Hohen Behörde und später der Europäischen Kommission zu dieser Situation beigetragen haben.

Trotz der unbestreitbaren Dominanz der Unternehmensseite konnten sich aber auch die Gewerkschaften schon frühzeitig auf der europäischen Ebene formieren, auch wenn es erst 1973 zur Gründung eines einheitlichen Dachverbands – des EGB – kam[4], der allerdings aus einer Gruppe von Vorgängerorganisationen hervorging (Greenwood 2011: 121–125). Als Hemmnis einer früheren Einigung erwiesen sich im Nachkriegseuropa die ideologischen Gegensätze zwischen einerseits parteipolitisch ausgerichteten Gewerkschaften, wie sie insbesondere die romanischen Länder kennzeichnen, und andererseits Einheitsgewerkschaften mit einer Branchen- und Sektorstruktur, wie sie für Deutschland, die Niederlande, Großbritannien und die skandinavischen Länder typisch sind.[5] In dem Maße jedoch, wie ideologische Gegensätze an Bedeutung verloren, gewann der EGB an Mitgliedsverbänden und somit auch an politischem Gewicht. Der Anreiz zur Einflussnahme blieb aber für die Gewerkschaften vergleichsweise schwach, weil sich die EG lange Zeit kaum auf Arbeitnehmerfragen richtete. Soweit die Kommission dennoch entsprechende Vorschläge lancierte, wurden diese regelmäßig vom Ministerrat abgeblockt. Demgegenüber standen in den Mitgliedstaaten mit Tarifverhandlungen und dem Ausbau des Sozialstaats kontinuierlich „große" Themen und Aufgaben auf der Tagesordnung. Dennoch formierten sich auch die sektor- und branchenbezogenen Einzelgewerkschaften in zunehmendem Maße in europäischen Dachverbänden, um zumindest die ihren Bereich betreffenden Entscheidungen verfolgen zu können. Schließlich suchten auch nationale Gewerkschaftsverbände sowie Einzelgewerkschaften eine Präsenz in Brüssel, waren sie doch je spezifisch von EG-Entscheidungen betroffen. Insgesamt zeichnet sich somit das Gewerkschaftslager – ebenso wie das der Unternehmer – durch eine weitgehende Diversifizierung oder sogar Fraktionierung seiner Präsenz auf der europäischen Ebene aus (Greenwood 2011).

Unternehmensverbände und Gewerkschaften – wie asymmetrisch auch immer vertreten – bildeten somit frühzeitig die Eckpfeiler europäischer Interessenvertretung. Über den WSA (siehe unten) stand ihnen ein Beratungsgremium zur Verfügung, über das sie eine offizielle Stimme in den Entscheidungsprozess einbringen konnten; darüber hinaus wurden sie aber auch von der Kommission in vielfältigen Einzelfragen konsultiert.

---

4 Die Abkürzung EGB steht für Europäischer Gewerkschaftsbund, der im Eurojargon häufiger unter der englischen Abkürzung ETUC (European Trade Union Confederation) firmiert. Der Verband umfasst inzwischen 95 Mitgliedorganisationen, wovon 85 nationale Verbände aus insgesamt 36 Staaten sind, während 10 europäische Sektorföderationen darstellen. Damit hat der Verband eine Doppelstruktur. Zudem ist er, wie BUSINESSEUROPE und COPA-COGECA, nicht deckungsgleich mit EU-Europa, sondern greift auch nach den jüngsten Erweiterungen über dieses hinaus.
5 Dabei ging es nach Aussagen von Insidern vor allem darum, die kommunistisch orientierten Gewerkschaften aus dem europäischen Dachverband herauszuhalten.

Mit dem Binnenmarktprojekt sowie der Verabschiedung der Einheitlichen Europäischen Akte und der damit einhergehenden Ausweitung von Kompetenzen der Gemeinschaft in Bezug auf ein breites Spektrum von neuen Politikfeldern kam es dann aber zu einer Proliferation von Interessengruppen und Lobbys auf der europäischen Ebene (Coen und Richardson 2009, Greenwood 2011). Einzelne Unternehmen und Verbände stärkten ihre Präsenz in Brüssel oder ließen sich durch professionelle Lobbyisten vertreten. Private sowie gesellschaftliche Gruppierungen und sogar öffentliche Institutionen begaben sich auf den Weg der organisierten Interessenvertretung (Greenwood 2011: 184–96). Außerdem bildeten sich Lobbygruppen heraus, die dem Spektrum neuer sozialer Bewegungen zuzurechnen sind, wie beispielsweise das Europäische Umweltbüro (EEB) oder die Europäische Frauenlobby (Freise 2008, Della Porta und Caiani 2009, Kohler-Koch und Quittkat 2011a, Liebert und Trenz 2011). Trotz dieser Entwicklungen blieb allerdings die Unternehmensseite weiterhin dominant, wenngleich mit sinkender Tendenz. So waren zu Beginn der 90er Jahre noch 95 Prozent der Eurogruppierungen dem Unternehmerlager zuzurechnen, während sich Gewerkschaften, Umwelt- und Verbrauchergruppen die restlichen 5 Prozent teilten (Mazey und Richardson 1993: 7). Greenwood stellte demgegenüber für 2011 fest: „business interest associations constitute a little more than half of the entire constituency of EU associations, compared to two thirds in 2000" (Greenwood 2011: 13; vgl. auch Wonka et al. 2010). Klüver (2013: 176) kommt auf der Grundlage von extensiven empirischen Studien zu dem Schluss, „that both business as well as citizen interests have similar chances to influence policy formulation in the European Union".

Schon mit der Gründung der ersten Gemeinschaft, der EGKS, wurde die Interessenvertretung auf der europäischen Ebene institutionalisiert. So setzte der EGKS-Vertrag bereits einen Beratenden Ausschuss ein, der später in *Wirtschafts- und Sozialausschuss* umbenannt wurde. Seine Funktion bestand und besteht im Wesentlichen darin, als permanentes Beratungsgremium für die europäischen Organe zu fungieren (Dinan 2010b: 282–285, Nugent 2010: 227–230). Der Ausschuss wird in Gesetzgebungsverfahren und vielen anderen Themenbereichen konsultiert; zudem kann er auf eigene Initiative Stellungnahmen abgeben (Art. 300–304 AEUV). Der WSA setzt sich derzeit aus 353 Mitgliedern zusammen, wobei die großen Mitgliedstaaten 21 bis 24, die kleinen 5 bis 15 Vertreter entsenden. Die Mitglieder des Ausschusses rekrutieren sich aus drei Kategorien sozialer Gruppierungen: Arbeitgeber, Arbeitnehmer sowie weitere Interessengruppierungen und Berufsverbände (Eisele 2008, Westlake 2009). Sie sollen die „Gesellschaft" beziehungsweise bestimmte Gruppierungen der Gesellschaft im europäischen Entscheidungsprozess repräsentieren.

Die Definition dieser gesellschaftlichen Gruppierungen hat sich jedoch im Laufe der Zeit signifikant verändert. So heißt es im EGKS-Vertrag, der Ausschuss besteht „aus einer gleichen Anzahl von Vertretern der Erzeuger, der Arbeitnehmer sowie der Verbraucher und Händler" (Art. 18 VEGKS). Der Amsterdamer Vertrag fasste die

Mitgliedschaft wesentlich weiter: „Der Ausschuss besteht aus Vertretern der verschiedenen Gruppen des wirtschaftlichen und sozialen Lebens; insbesondere der Erzeuger, der Landwirte, der Verkehrsunternehmer, der Arbeitnehmer, der Kaufleute und Handwerker, der freien Berufe und der Allgemeinheit" (Art. 257 EGV-A). Der Lissabon-Vertrag gab demgegenüber der Zivilgesellschaft eine herausgehobene Stellung, indem er die Mitgliedschaft wie folgt definierte: „Der Wirtschafts- und Sozialausschuss setzt sich zusammen aus Vertretern der Organisationen der Arbeitgeber und der Arbeitnehmer sowie anderen Vertretern der Zivilgesellschaft, insbesondere aus dem sozialen und wirtschaftlichen, dem staatsbürgerlichen, dem beruflichen und dem kulturellen Bereich" (Art. 300(2) AEUV).

Nicht nur die Mitgliedschaft, sondern auch die Aufgabenstellung des WSA hat sich im Laufe der Zeit verändert. So war der Ausschuss in den Anfangsjahren ausschließlich der Hohen Behörde zugeordnet (Art. 19 VEGKS). Mit der Bildung der drei Gemeinschaften waren sowohl die Kommission als auch der Rat seine Adressaten (Art. 262 EGV-A). Gegenwärtig berät der Ausschuss die Kommission, den Rat sowie das Parlament (Art. 300 AEUV). Trotz dieser Veränderungen, die im Wesentlichen der zunehmenden Ausdifferenzierung des EU-Systems Rechnung tragen, blieb aber die Beratungsfunktion des Ausschusses bis zur Gegenwart seine Kernaufgabe (Eisele 2008, Westlake 2009).

Eine nähere Betrachtung der *Organisationsformen* der Interessenvertretung in der EU zeigt eine sehr kleinteilige, fragmentierte Struktur. So gilt für die meisten Lobbyisten, dass sie nicht im Namen großer bürokratischer Verbände auftreten, sondern als Repräsentanten kleiner, flexibler, häufig nur von einer Person geführter Büros (Lahusen und Jauß 2001). Nach einem Bericht der Kommission aus dem Jahre 1993 waren etwa 3000 Verbände und Organisationen mit insgesamt 10 000 Beschäftigten in Brüssel aktiv; seitdem hat sich ihre Zahl jedoch signifikant erhöht. So nennen Wonka und seine Koautoren 3700 Gruppen, schätzen allerdings, dass deren Zahl deutlich höher liegt (Wonka et al. 2010: 466). Gleichzeitig bleibt jedoch jede einzelne Organisation kleinmaßstäblich: So sind beispielsweise nationale Gewerkschaftsverbände zumeist nur mit einigen wenigen Personen vertreten, Branchendachverbände beschäftigen ca. fünf bis zehn Mitarbeiter, und selbst der EGB zählt kaum mehr als 35 Beschäftigte. Nicht einmal die Unternehmensseite erscheint in dieser Hinsicht als überdimensioniert. Ein machtvoller Verband der chemischen Industrie (European Chemical Industry Council, CEFIC), steht mit ca. 80 Angestellten größenmäßig an der Spitze; BUSINESSEUROPE weist dagegen nicht mehr als 40 Mitarbeiter auf (Hix und Høyland 2010: 166). Große Unternehmen leisten sich oft nur einen Vertreter in Brüssel. Viele Unternehmen haben gar keine Präsenz in Brüssel, lassen sich aber in für sie wichtigen Fragen von professionellen Beratern oder Anwaltskanzleien vertreten (Lahusen 2005).

Auf den ersten Blick erscheinen diese Zahlen als extrem gering angesichts der Vielfalt an Aufgaben, die Interessenvertreter und Lobbyisten im Gefüge der EU zu erfüllen haben. Dabei ist jedoch zu berücksichtigen, dass Dachverbände vielfach auf die Ressourcen ihrer Mitgliedsverbände – in Bezug auf Know-how, wissenschaftliche Forschung, spezielle Recherchen oder die Detachierung von Experten für die Beratungsgremien der Kommission – zurückgreifen können.

Die kleinteilige Organisation der Interessenvertretung bietet einerseits Vorteile; andererseits ist sie aber auch mit Nachteilen behaftet. So ist die Szene unübersichtlich und vielfältig fraktioniert, was es insbesondere der Kommission erschwert, die richtigen Gesprächspartner für Konsultationen zu finden. Noch schwieriger ist es, seriöse von unseriösen Lobbyisten zu trennen sowie einen offenen und pluralistischen Zugang zu den Entscheidungen der EU zu gewährleisten. Auf der anderen Seite beinhalten die kleinteiligen Strukturen aber auch vielfältige Möglichkeiten der inhaltlichen Spezialisierung; zudem erlauben sie ein flexibles Auftreten gegenüber den jeweiligen Dienststellen der Kommission (Della Porta und Caiani 2009, Long und Lörinczi 2009). Zudem können Netzwerkbeziehungen in verschiedene Richtungen geknüpft werden: Gewerkschafts- oder Unternehmensvertreter können sich je nach Themenstellung im eigenen Lager vernetzen und dementsprechend mehr politisches Gewicht in die Waagschale werfen; zudem können sie die jeweils andere Seite, beispielsweise der gleichen Branche oder Nationalität, konsultieren und im Vorfeld von Kommissionsentscheidungen gewisse Absprachen machen; gelegentlich können sie sich sogar in die Politiknetzwerke der Kommission oder des Parlaments einklinken. Die kleinteilige Organisationsstruktur erlaubt somit flexible Aggregationen von Interessen und damit eine passgenauere Reaktion auf Vorschläge und Vorhaben der Kommission.

Einen ähnlichen Effekt hat die Fraktionierung der Interessenvertretung entlang nationaler Trennlinien. Zwar gab es bereits 1993 535 europäische Dachverbände oder Zusammenschlüsse, und ihre Zahl hat sich seitdem über 941 (Eising und Kohler-Koch 2005: 15) auf erstaunliche 1674 erhöht (Wonka et al. 2010: 469). Dennoch bleibt der größte Teil der Interessenvertretungen an ihre nationale Herkunft gebunden, wobei vor allem die großen und die „alten" Mitgliedstaaten dominieren (Wonka et al. 2010: 468–469). Auf der einen Seite ist dieses Faktum bedauerlich, denn es signalisiert die Fragmentierung der EU entlang nationaler Trennlinien. Auf der anderen Seite ist es Ausdruck der realen Verhältnisse: Solange die nationalen Staaten je spezifische Regulierungssysteme bilden, sind ihre Unternehmen, aber auch die Arbeitnehmer und sonstige Interessengruppen, in sehr unterschiedlicher Weise von europäischen Gesetzen betroffen. Vor diesem Hintergrund ist es logisch, dass diese Unterschiede auch in der Entscheidungsfindung berücksichtigt und somit von den entsprechenden Interessengruppen in den Diskussionsprozess eingebracht werden müssen. Die vielfältig fraktionierte „Interessenvertretungslandschaft" ist somit als adäquater Ausdruck von sehr komplexen Gemengelagen im Rahmen des EU-Systems zu werten. Umgekehrt läge in der verstärkten oder gar ausschließlichen Bildung von Eurogruppen keineswegs der Schlüssel zu einer effektiveren Interessenvertretung begründet; im Gegenteil, sie würde die tatsächlichen Interessengegensätze nur überdecken und somit die Annahme allseits akzeptierbarer Regulierungen erschweren.

Die vielfach fraktionierten Formen der Repräsentation sind nicht nur der Komplexität von EU-Entscheidungen zuzuschreiben, sondern auch der offenen und fraktionierten Systemstruktur der EU (Grossmann 2004, Mazey und Richardson 2006: 251, Coen und Richardson 2009). Tatsächlich ist das EU-System im Vergleich zu den Mitgliedstaaten offener und zugänglicher für externe Einflüsse (Beyers et al. 2008: 1114). Insbesondere die Kommission sucht den Kontakt zu Interessenvertretern und lädt sie zu Konsultationen ein, was seinerseits deren Präsenz in Brüssel verstärkt (Bouwen 2009, Princen und Kerremans 2010). Zudem ist das System offener, weil seine fraktionierte Struktur vielfältige Ansatzpunkte für die organisierte Interessenvertretung bietet. So ist nicht nur die Kommission, sondern auch das Parlament im Zuge der Ausweitung seiner Gesetzgebungskompetenzen in wachsendem Maße Adressat von Lobbyisten (Bouwen 2009, Lehmann 2009). Auch der Rat beziehungsweise die Ständigen Vertretungen sehen sich Versuchen externer Beeinflussung ausgesetzt, wenngleich diese sich primär auf die einzelstaatlichen Repräsentanten richtet (Hayes-Renshaw 2009). Der Übergang zu Mehrheitsentscheidungen im Rat erschwert allerdings diese Art des Lobbyings, da ein einzelner Mitgliedstaat nicht mehr die Entscheidungen ausschlaggebend beeinflussen oder wenigstens blockieren kann. Insgesamt erfordert somit die komplexe Struktur des EU-Systems und die Vielfalt möglicher Zugangswege zu seinen Entscheidungen eine flexible und differenzierte Lobbyarbeit, was sich auch auf die Organisationsstrukturen der Interessenvertretung auswirkt.

Betrachtet man die Praxis der Interessenvertretung in der EU, so zeigt sich, dass die Lobbyisten von sich aus den Zugang zu den entsprechenden Instanzen – in erster Linie der Kommission – suchen. Dabei stellt sich die Schwierigkeit, genaue Informationen über die Vorhaben der Kommission und die Verantwortlichen für ihre Ausarbeitung zu erlangen. Obwohl die Kommission ihr Arbeitsprogramm frühzeitig offenlegt, ergeben sich doch zahlreiche Informationsprobleme und -lücken, nicht zuletzt wegen späterer Prioritätsverschiebungen und Programmänderungen. Es kommt also bereits in diesem Stadium zu Ungleichheiten zwischen Eingeweihten mit guten Kontakten und Außenstehenden. Hat eine Organisation den richtigen Zugang gefunden, dann stellt sich das Problem einer erfolgreichen, das heißt, einer im Interesse der Lobbyisten liegenden, aber auch für die Kommission vorteilhaften Form der Beeinflussung. Die Kommission hat vor allem für die Lobbyisten ein offenes Ohr, die einen relevanten inhaltlichen Input in *ihre* Arbeit zu leisten imstande sind. Das beinhaltet, dass sie technisch versierten Experten den Vorzug gibt vor allgemein politisch oder ideologisch argumentierenden Interessenvertretern (Coen 2007). Zudem bevorzugt die Kommission Inputs, die schon im Vorfeld mit mehreren Gruppen oder Akteuren abgestimmt sind und Interessendivergenzen bündeln; insofern sind Gruppen, die diese Vorarbeit leisten, in der Regel erfolgreicher in der Beeinflussung als individuelle Interessenvertreter.

Trotz der Bevorzugung „technischer" Experten, meist aus Unternehmerkreisen, haben aber auch politisch oder gesellschaftlich orientierte Gruppen Chancen der Einflussnahme (Greenwood 2007 und 2011, Kohler-Koch 2007). So sind etwa die Gewerkschaften besonders willkommen, um sozialpolitische Gesetze und Initiativen im Rat durchzudrücken. Ihre Mitarbeit ist auch erwünscht, weil sie ein großes Spektrum von Mitgliedsverbänden repräsentieren, denen die jeweiligen Positionen und Kompromisse vermittelt werden können. Aber auch Umweltgruppen oder andere schwach organisierte Interessen finden zunehmend Gehör, weil sie einerseits sehr genau die Regelungslücken und Umsetzungsdefizite im System indizieren und andererseits als wichtige Verbündete bei der Durchsetzung weiterer europäischer Regelungen fungieren können (Greenwood 2007, Long und Lörinczi 2009, Della Porta und Caiani 2009, Kohler-Koch und Quittkat 2011a, Quittkat 2011). Zudem verleiht ihre Unterstützung dem EU-System und insbesondere der Kommission Legitimation (Mazey und Richardson 2006: 249, Greenwood 2011: 200–225; für eine kritische Position vgl. Kohler-Koch 2011).

Angesichts der Vielfalt und Fragmentierung organisierter Interessenvertretung in der EU versucht die Kommission, diese zu ordnen, zu strukturieren oder sogar ihren Bedürfnissen anzupassen. Als Schritt der Ordnung ist der auf Druck des Parlaments erlassene „code of conduct" für Lobbyorganisationen sowie die Einführung eines Registers für diese zu werten. Darüber hinaus legte die Kommission den Lobbyisten nahe, einen Berufsverband zu gründen, der ein gewisses Maß an Selbstregulierung übernehmen sollte. Angesichts nur begrenzter Erfolge startete die Kommission 2005 eine Transparenzinitiative, mit der sie erneut die Lobbyisten zur Registrierung sowie zur Beachtung des „code of conduct" aufforderte (Commission of the EU 2006). Ein freiwilliges Register mit Informationen über die einzelnen Gruppierungen wurde 2008 eröffnet (Obradovic 2009); es soll den europäischen Organen Orientierung über die Lobbygruppen bieten und generell Transparenz in diesem Bereich herstellen. Bis 2010 hatten sich immerhin 2836 Gruppen registriert.

Darüber hinaus verfolgt die Kommission eine weitergehende Strukturierung, indem sie die Bildung von europäischen Interessengruppen fördert und teilweise nur diese in ihre Arbeit einbezieht; damit setzt sie einen starken indirekten Anreiz zu deren Formierung. Teilweise finanziert die Kommission auch Interessengruppen, meist aus dem Bereich neuer sozialer Bewegungen, indem sie ihnen Forschungs- oder Rechercheaufträge erteilt (Bouwen 2009, Della Porta und Caiani 2009). Im Gegenzug leisten die Konsultationspartner den Ausgleich von Interessendivergenzen, insbesondere zwischen nationalen Akteuren und Gruppierungen; damit entlasten sie die Kommission von der schwierigen Aufgabe des Abwägens. Dennoch ist die Kommission auf genaue Informationen über unterschiedliche Effekte ihrer Vorhaben in den Mitgliedstaaten angewiesen, sodass sie auch den Kontakt zu national organisierten oder individuell agierenden Interessenvertretern sucht.

Die Anpassung von Interessenvertretern an die Bedürfnisse der Kommission vollzieht sich in einem längerfristigen Interaktionsprozess zwischen den beteiligten

Akteuren. So ist die Einladung zur Partizipation in Sachverständigengremien an sich schon ein starker Anreiz, um zunehmend den Erwartungen der Kommission zu entsprechen. Diese Erwartungen beziehen sich vor allem auf die Vorlage technisch versierter und detailgenauer Vorschläge, während politische Grundsatz-argumentationen eher unerwünscht sind. Im Tausch für eine in diesem Sinne kon-struktive Partizipation bietet die Kommission Gelegenheit zur Mitarbeit an der Aus-formulierung von Gesetzestexten oder Politikprogrammen. Es versteht sich, dass diese Form der technischen Detailarbeit eher von direkt Involvierten – insbesondere den betroffenen Unternehmen – geleistet werden kann, während indirekt Betroffene – beispielsweise Umwelt- oder Verbrauchergruppen – eher dazu neigen, allgemei-nere politische Argumente einzubringen. In der technischen Ausrichtung der Kom-mission liegt somit bereits eine inhärente Tendenz zur Ungleichbehandlung öko-nomischer und sozialer Interessen begründet. Dennoch haben sich die Vertreter diffuser gesellschaftlicher Interessen im Laufe der Jahre zunehmend an die Erwar-tungen der Kommission angepasst, indem sie mehr und mehr im Gewande von Ex-perten auftreten (Ruzza 2004, Kohler-Koch 2011).

Bei der Erstellung von Gesetzestexten oder anderen Vorlagen überprüft die Kommission sorgfältig, welche Interessenvertreter in den Entscheidungsprozess und konkret in die Sachverständigengruppen einzubeziehen sind. Dabei wählt sie einerseits gerne Gesprächspartner aus, die ohnehin zu ihren Vorschlägen tendieren; andererseits muss sie aber die Positionen im Rat so weit wie möglich antizipieren, und somit auch die Kontrahenten einladen. Zudem bezieht sie bevorzugt Verbände ein, die in der Lage sind, den erreichten Konsens in ihre Mitgliedsverbände hinein zu vermitteln und somit die Unterstützung für die Kommissionsvorschläge zu ver-breitern. Die Auswahl passender Verbände und Gesprächspartner stellt somit eine schwierige Gratwanderung zwischen der maximalen Erschließung technischer Ex-pertise und der Mobilisierung von politischer Unterstützung dar. Zudem muss sie dem Postulat eines pluralistisch ausgewogenen Zugangs zum Entscheidungsprozess gerecht werden.

Während die Kommission vornehmlich technisch versierte Akteure anzieht und auch stärker belohnt, bietet das Parlament eher ein Forum für zivilgesellschaftliche Gruppierungen und neue soziale Bewegungen (Beyers 2004, Lehmann 2009). Das ist auch kaum verwunderlich, denn das Parlament trifft primär politische Entschei-dungen, während technische Details in den Hintergrund treten. Dementsprechend finden Gewerkschaften, Umwelt- und Verbrauchergruppen sowie Frauenlobbys hier ein offenes Ohr für ihre Anliegen und Forderungen. Trotzdem sind auch die Parla-mentarier gezielten Beeinflussungsversuchen von Unternehmensseite ausgesetzt. Dabei suchen Lobbyisten häufig Kontakt zu Abgeordneten ihrer eigenen Nationali-tät, in der Hoffnung auf deren „Solidarität". Umgekehrt nutzen die Europarlamenta-rier die Kontakte zu Interessenvertretern, um ihre eigene Expertise auszuweiten. Insbesondere die Berichterstatter zu Gesetzesvorlagen stützen sich auf derart er-worbenes Expertenwissen. Es scheint allerdings, dass Interessenvertreter nicht immer die Regeln demokratischer Gepflogenheiten respektieren; dementsprechend forderte das Parlament wiederholt eine striktere Kontrolle des Lobbywesens sowie effektive Schritte der Kommission in diese Richtung.

Schließlich richtet sich die organisierte Interessenvertretung auch auf den Rat, wobei Beeinflussungsversuche eher im Vorfeld der Entscheidungen dieses Organs stattfinden, nämlich auf der Ebene der Einzelstaaten sowie der Ständigen Vertretungen und Arbeitsgruppen. Dabei steht die Verfolgung nationaler Interessen im Vordergrund und weniger die Erarbeitung gesamteuropäischer Lösungen.

Zusammenfassend ist die organisierte Interessenvertretung in der EU als ein komplexer Prozess zu werten. Eine große Zahl von kleinteiligen und vielfach fragmentierten Interessenverbänden, zivilgesellschaftlichen Gruppierungen und individuellen Lobbyisten versucht über verschiedene Zugangswege, den europäischen Entscheidungsprozess zu beeinflussen. Zwar ist die Kommission in all ihren Differenzierungen – Kommissare, Kabinette, Dienststellen – der erste Ansprechpartner; parallel dazu werden aber auch das Parlament und der Rat einschließlich seiner Substrukturen bearbeitet. Umgekehrt nutzen insbesondere die Kommission und gelegentlich auch das Parlament die Expertise der Interessenvertreter für eigene Zwecke; zudem erhoffen sie sich die Mobilisierung von politischer Unterstützung. Es bildet sich so in gewissem Sinne eine Symbiose zwischen europäischen Organen und Interessenvertretern heraus. Die Formen und Strukturen der Interessenvertretung bleiben jedoch in Anpassung an das „offene" System der EU fluid.

Vor diesem Hintergrund sind Begriffe wie Pluralismus oder Neo-Korporatismus, die für die Interessenvermittlung auf der nationalen Ebene geprägt wurden, kaum anwendbar auf die EU. Denn hier kommt es nicht zu systematischen Abwägungsprozessen zwischen den beteiligten Akteuren unter der Regie einer übergreifenden Instanz, in der Regel dem Staat, wie sie sowohl für pluralistische als auch korporatistische Systeme der Interessenvermittlung auf nationalem Niveau kennzeichnend sind. Stattdessen bilden sich lose geknüpfte Kooperations- und Netzwerkbeziehungen zwischen öffentlichen und privaten sowie zivilgesellschaftlichen Akteuren heraus (Mazey und Richardson 2006, Greenwood 2011). Das politische System der EU ist somit durch neue Formen der Interessenvertretung sowie des Einbezugs nichtstaatlicher Akteure in europäische Entscheidungsprozesse gekennzeichnet (vgl. auch Kap. 12.3).

10.2 Mitentscheidung, delegierte Verantwortung, Politikimplementation

Interessenvertreter und generell nicht-staatliche Akteure spielen aber nicht nur eine Rolle in der Beeinflussung europäischer Entscheidungen; vielmehr werden sie auch verantwortlich in Politikprozesse, Entscheidungsverfahren und dezentrale Implementationsaufgaben einbezogen. In diesem Kontext ist zum einen der Soziale Dialog zwischen Arbeitgebern und Gewerkschaften zu nennen, der in Vereinbarungen mit Legislativcharakter ausmünden kann; zum andern ist auf die Delegation von Verantwortung an Verbände zu verweisen, die auf dem Wege der Selbstregulierung sekundäre Entscheidungen treffen und teilweise auch umsetzen. Schließlich spielen nicht-staatliche Akteure eine Rolle in der Politikimplementation, wobei sie nicht nur an dezentralen Entscheidungen mitwirken, sondern auch Exekutivfunktionen übernehmen. In allen genannten Fällen nehmen nicht-staatliche Akteure Aufgaben wahr, die normalerweise dem Staat oder öffentlichen Instanzen vorbehalten sind. Über diese erweiterte Akteursstruktur gelingt es der Union, die Reichweite und Effektivität ihrer Politik auszudehnen beziehungsweise zu erhöhen. Im Folgenden sollen diese Tendenzen anhand ausgewählter Beispiele dargestellt werden.

10.2.1 Sozialpartner als Akteure der Gesetzgebung

Der *Soziale Dialog* zwischen Arbeitgebern und Gewerkschaften wurde im Rahmen des Maastrichter Vertrags erstmals formalisiert. Zuvor waren vielfältige Versuche vonseiten der Delors-Kommission zu seiner Institutionalisierung auf freiwilliger Basis am Widerstand der Unternehmerseite gescheitert (Streeck und Schmitter 1991, Falkner et al. 2005). Während der Verhandlungen um den Maastricht-Vertrag stemmte sich Großbritannien gegen die Aufnahme eines sozialpolitischen Kapitels in das Vertragswerk. Die übrigen elf Mitgliedstaaten befürworteten jedoch eine begrenzte soziale Dimension, und so unterzeichneten sie ein dem Vertrag angefügtes „Sozialprotokoll". Dieses sah ein spezielles Verfahren zum Erlass von sozialpolitischen Gesetzen auf der europäischen Ebene vor. Danach teilt zunächst die Kommission den Sozialpartnern mit, dass sie gesetzgeberische Maßnahmen in einem bestimmten Bereich plant. Arbeitgeber und Gewerkschaften können dann – nach Erteilung eines Verhandlungsmandats für eine bestimmte Thematik – im Dialog miteinander einen Gesetzesvorschlag erarbeiten. Erzielen beide Seiten hierzu einen Konsens, dann kann der Vorschlag unmittelbar in europäische Gesetzgebung umgesetzt werden. Der Rat trifft dann zwar noch – auf Vorschlag der Kommission – eine formale Entscheidung, er kann jedoch den Vorschlag nicht mehr in seiner Substanz verändern.

Die Reichweite dieser Regelung, die Delors auf dem Maastrichter Gipfel angesichts des britischen Vetos gegen jegliche Form von Sozialpolitik in letzter Minute durchgesetzt hatte (vgl. Ross 1995: 151–156), wurde zunächst völlig unterschätzt. In der Folge kam es aber gänzlich anders als erwartet: Mit dem Amsterdamer Vertrag, der kurz nach dem Regierungswechsel in Großbritannien vereinbart wurde, stimmte auch die neue Labour-Regierung unter Tony Blair dem Sozialprotokoll zu, sodass dieses in den EG-Vertrag aufgenommen werden konnte. Damit wurde auch das Verfahren von gesetzlichen Vereinbarungen zwischen den Sozialpartnern vertraglich verankert (Art. 139 EGV-A). Der Vertrag sieht zwei Arten von Vereinbarungen vor: zum einen solche, deren Durchführung „nach den jeweiligen Verfahren und Gepflogenheiten der Sozialpartner und der Mitgliedstaaten" erfolgt; zum anderen solche, die auf Antrag der Sozialpartner „durch einen Beschluss des Rates auf Vorschlag der Kommission" verabschiedet, also in die Form einer Richtlinie gegossen werden (Art. 139(2) EGV-A, jetzt Art. 155(2) AEUV).

Ein erstes Verhandlungsmandat zur Erarbeitung einer Richtlinie über Europäische Betriebsräte wurde bereits im Jahre 1995, also vor der Verabschiedung des Amsterdamer Vertrags, erteilt; die Sozialpartner konnten aber keinen Konsens erzielen. Hierfür waren mehrere Gründe verantwortlich. Es zeigte sich, dass das Thema zu kontrovers war, um von den Sozialpartnern alleine verabschiedet zu werden. Zusätzlich zu den Gegensätzen zwischen ihnen behinderte der Dissens innerhalb der jeweiligen Gruppe eine Einigung. Insbesondere der britische Industriellenverband wollte eine entsprechende Regelung verhindern und UNICE wagte es nicht, eine solche Fundamentalopposition zu übergehen. Aber auch die Gewerkschaften waren intern uneins. Zudem wurden verfahrenstechnische Fehler gemacht. So traten die Sozialpartner zunächst in Vorverhandlungen über Verhandlungen ein, um kontroverse Punkte abzuklären; dies führte jedoch nur zur Verfestigung gegensätzlicher Standpunkte. Die Sozialpartner mussten schließlich der Kommission das Scheitern ihrer Verhandlungen mitteilen und damit den Weg für ein „normales" Gesetzgebungsverfahren freimachen. Eine entsprechende Richtlinie wurde denn auch bald darauf verabschiedet.

Als Erfolg erwiesen sich dann aber zwei weitere Verfahren im Rahmen des Sozialen Dialogs, nämlich eines über eine Richtlinie zum Elternurlaub von Arbeitnehmern und ein zweites zu atypischen Beschäftigungsverhältnissen (Falkner et al. 2005: 140–158). Beim Thema Elternurlaub handelt es sich um eine enger begrenzte Materie; bei den atypischen Beschäftigungsverhältnissen wurde die Begrenzung hergestellt, indem nur ein Bereich aus dem gesamten Komplex herausgeschnitten wurde, nämlich Teilzeitarbeit. Trotz der inhaltlichen Begrenzungen erwies sich der Verhandlungsverlauf in beiden Fällen keineswegs als einfach. Für die Gewerkschaftsseite stellte sich die Schwierigkeit, ihre vielfältig zersplitterte Anhängerschaft auf einen gemeinsamen Nenner zu bringen. Insbesondere beim Thema Elternurlaub gibt es nicht nur die unterschiedlichsten oder überhaupt keine Regelungen in den Mitgliedstaaten; vielmehr sind auch kulturelle Traditionen wie das Rollenverständnis von Mann und Frau berührt (Falkner et al. 2005, Fuhrmann 2005). Für die Unternehmerseite war es ebenso schwierig, den günstigsten Trade-off zwischen der Vermeidung von Konkurrenzverfälschung in der Union und einer variablen Lösung für jeden Mitgliedstaat herauszufinden; zudem sollte der Elternurlaub möglichst kurz ausfallen. Angesichts derart divergierender Interessen konnte die Lösung denn auch nur eine flexible Regelung auf der europäischen Ebene sein, die den Mitgliedstaaten und ihren Sozialpartnern weiten Entscheidungsspielraum belässt.

In ähnlicher Weise wurde 1997 eine Richtlinie über Teilzeitarbeit angenommen (Falkner et al. 2005: 159–177). In den Jahren 1998/99 wurde ein drittes Abkommen zwischen den Sozialpartnern vereinbart, das als Rahmenrichtlinie Grundprinzipien für befristete Beschäftigungsverhältnisse definiert. Allerdings enthält die Richtlinie eine Vielzahl von Sollbestimmungen, deren Interpretation und Implementation wiederum in die Verantwortung der nationalen Entscheidungsträger fällt. Die Ausgestaltung von gesetzlichen Regelungen durch die Sozialpartner tendiert also – mehr noch als die „regulären" Gesetzgebungsverfahren der EU – zur Formulierung flexibler, vielfältig interpretier- und umsetzbarer Lösungen. In der Folge kam es noch in drei Fällen zum Erlass von sektorspezifischen Richtlinien für eng begrenzte Bereiche;[6] seit 2004 wurde keine Richtlinie mehr auf der Grundlage von Vereinbarungen der Sozialpartner erlassen. Stattdessen wurden zwischen 2002 und 2004 immerhin drei Vereinbarungen der Sozialpartner auf europäischer Ebene getroffen, deren Ausführung aber gänzlich den Mitgliedstaaten obliegt.

Die Formulierung sehr offener und flexibler Vereinbarungen im Rahmen des Sozialen Dialogs scheint von den Beteiligten erwünscht oder zumindest akzeptiert zu sein. Für UNICE war die Schaffung offener Rahmenregelungen eine explizite Strategie, um starre und vor allem weitreichende Regulierungen zu verhindern. Auch der EGB musste sich auf flexible Vereinbarungen einlassen, gelang es doch nur so, die vielfältigen Positionen und Traditionen seiner Mitgliedsverbände adäquat zu berücksichtigen. Und selbst die Kommission scheint die Schwierigkeiten vorausgesehen zu haben, denn sie war es, die das zweite Verfahren entwarf, bei dem alle Kompetenzen der nationalen Ebene obliegen.

Obwohl die neuen Verfahren nur selten und nur für eine bestimmte Zeitperiode zur Anwendung kamen, führten sie doch zu spezifischen Wirkungen im EU-System. Sowohl UNICE als auch der EGB konnten eine deutliche Aufwertung ihrer Position gegenüber ihren Mitgliedsorganisationen verzeichnen. Die Organe der EU mussten dagegen erhebliche Einschränkungen ihrer Gesetzgebungsfunktionen hinnehmen. So wurde das Initiativrecht der Kommission außer Kraft gesetzt; lediglich über die Definition des Verhandlungsmandats konnte sie einen begrenzten inhaltlichen Einfluss ausüben. Das Parlament musste den Verlust von – gerade erst erworbenen – Kompetenzen im Gesetzgebungsprozess verschmerzen. Am weitestgehenden aber musste der Rat zurückstecken: Erstmals in der EU-Geschichte hatte er nur noch die Möglichkeit, eine Vorlage anzunehmen oder abzulehnen. Damit war er auch der Möglichkeit beraubt, Konsens in seinen Reihen über größere oder kleinere Zugeständnisse an widerstrebende Mitgliedstaaten zu erkaufen.

Die Einschränkungen, die das Verfahren den EU-Organen auferlegte, war sicherlich ein Grund für dessen stillschweigende Aufgabe; die Schwierigkeiten der Sozialpartner, Kompromisse zu erzielen, trugen allerdings ebenso dazu bei. Diese

---

6 Diese bezogen sich auf die Regelung der Arbeitszeit von Seeleuten (1998); die Arbeitsorganisation für das fliegende Personal der Zivilluftfahrt (2000); sowie auf Arbeitsbedingungen mobiler Eisenbahnarbeiter.

Schwierigkeiten beruhten auf den divergierenden Positionen beider Seiten sowie ihren internen Divergenzen; sie wurden darüber hinaus verstärkt, weil Druck von außen zur Einigung fehlte, wie es eine Vertreterin von UNICE gegenüber der Autorin formulierte. Dieser Druck von außen wird in pluralistischen oder korporatistischen Systemen in der Regel vom Staat ausgeübt. Da auf der europäischen Ebene eine vergleichbare, mit Autorität ausgestattete Vermittlungsinstanz fehlt, war der Soziale Dialog in der EU von Anfang an ein fragiles Projekt. Trotz verschiedener Fehlschläge kommt dem Verfahren jedoch Bedeutung für die Weiterentwicklung der EU zu: Es führte zu einer verstärkten regulären Sozialgesetzgebung auf der europäischen Ebene, und es verlieh den Dachverbänden, die die Sozialpartner in europäischen Entscheidungen vertreten, mehr Autorität.

10.2.2 Selbstregulierung durch nicht-staatliche Akteure

Ein weiteres – und weites – Feld der Delegation staatlicher Verantwortung an nicht-staatliche Akteure stellen die verschiedenen Verfahren der Verabschiedung europäischer Rahmenregelungen bei gleichzeitiger Übertragung ihrer konkreten Ausgestaltung *und* Umsetzung an betroffene Fach- oder Interessenverbände dar. Als Beispiel für eine solche Vorgehensweise sei hier der Bereich der *technischen Normung* im Rahmen des Arbeitsschutzes angeführt. Versuche zum Erlass einheitlicher oder auch nur konvergierender Normen auf der europäischen Ebene waren lange Zeit – ähnlich wie in der Sozialpolitik – einerseits an den enormen Divergenzen zwischen den Mitgliedstaaten, andererseits an der zunehmenden Komplexität der Regelungsmaterie gescheitert (Egan 2001). Während die Divergenzen zwischen den Mitgliedstaaten sowohl die Regelungsinhalte und -verfahrensweisen als auch die zugrunde liegende „Regulierungsphilosophie" betreffen, liegt die Komplexität der Regelungsmaterie vor allem im Problem einer zunehmend beschleunigten technologischen Innovation begründet, angesichts derer staatliche Regulierungen nur hinterherhinken können. Für die EU als regulierender Instanz stellte sich das zusätzliche Problem ihrer langwierigen und schwierigen Verfahren der Entscheidungs- und Konsensfindung, die das Schritthalten mit beschleunigten und divergierenden Entwicklungen aussichtslos erscheinen ließen. So konnte der Erlass von europäischen Richtlinien im Bereich der Standardisierung bis zu zehn Jahre dauern, womit sie aber noch nicht in nationale Gesetzgebung umgesetzt waren (Eichener 1996: 253).

Angesichts dieser Situation kam es im Zuge der Verwirklichung des Binnenmarkts – bei der die Normungsfrage relevant wurde, da unterschiedliche nationale Normen erhebliche nicht-tarifäre Handelshemmnisse darstellen – zur Herausbildung einer gänzlich neuen Herangehensweise an die Problematik (Eichener 1996, Voelzkow 1996, Egan 2001). Analog dem deutschen Modell wurden auf der europäischen Ebene nur noch Rahmenrichtlinien erlassen, die die Festlegung grundlegender Prinzipien beinhalteten, während die Spezifizierung der einzelnen Normen und technischen Standards Normungsinstituten überantwortet wurde. An diesen europäischen Instituten – CEN und CENELEC[7] – sind einerseits europäische Industrieverbände, andererseits die nationalen Normungsinstitute und -instanzen direkt beteiligt. In speziellen Ausschüssen werden die Normen und Standards für verschiedene Richtlinien ausgearbeitet beziehungsweise definiert und spezifiziert.

Die auf diese Weise festgelegten Normen haben zwar keinen Gesetzescharakter; zudem ist es den betroffenen Industrien freigestellt, sie einzuhalten. Da aber Produkte oder Produktionsprozesse, die diesen Normen konform sind, gleichzeitig auch den allgemeineren Rahmenrichtlinien der EG entsprechen, werden sie als richtlinienkonform anerkannt und unterliegen somit keinerlei Handelsbeschränkungen; im anderen Falle müssten die Unternehmen selbst nachweisen, dass ihre Produkte oder die Herstellungsverfahren europäischen Regelungen entsprechen, was ein erhebliches Marktrisiko beinhalten kann.

Die Vorteile der Delegation der Normung an Verbände und Spezialinstitute liegen auf der Hand: Auf der einen Seite kann die komplizierte Kompromissfindung im Rat vermieden und somit der Entscheidungsprozess beschleunigt und die Regelungsdichte erhöht werden; auf der anderen Seite werden die Inhalte der Normung flexibler, schlagkräftiger und zugleich offener gestaltet. Über diese offensichtlichen Vorteile der veränderten Vorgehensweise hinaus sind aber nach Eichener und Voelzkow (1994) auch noch drei weitere Aspekte bemerkenswert: Zum Ersten kam es zur Herausbildung grundlegender Innovationen im Arbeitsschutz. So ist der europäische Arbeitsschutz – anders als der auf das 19. Jahrhundert zurückgehende deutsche – weniger technikzentriert als vielmehr humanzentriert. Er bezieht sich nicht nur auf die physische, sondern auch auf die psychische Gesundheit sowie auf menschengerechte Arbeitsverhältnisse; er beinhaltet eine dynamische Risikobewertung, und er strebt die Partizipation der Betroffenen an der Gestaltung der Arbeitsumwelt an. Diese Innovationen basieren auf einer Kombination der fortschrittlichsten Regulierungsansätze und -philosophien der einzelnen Mitgliedstaaten.

Zum Zweiten führte dieser Weg zur Herausbildung von inhaltlichen Regelungen, die keineswegs auf dem Niveau des kleinsten gemeinsamen Nenners zwischen den Mitgliedstaaten liegen; im Gegenteil, in vielen Fällen übertreffen sie sogar das Niveau der avanciertesten nationalen Regelungen. Zum Dritten führt diese Entwicklung nicht, wie zu erwarten gewesen wäre, zu einem Verlust nationaler Kompetenzen und Handlungsspielräume, sondern umgekehrt zur Eröffnung neuer Perspektiven sowie zu innovativen Impulsen. Dies gilt sowohl für die regelsetzenden staatlichen Instanzen als auch für die mit der Spezifizierung der Regeln betrauten

---

7 CEN steht für Comité Européen de Normalisation beziehungsweise Europäisches Komitee für Normung; CENELEC steht für Comité Européen de Normalisation Electrotechnique beziehungsweise Europäisches Komitee für elektrotechnische Normung.

nicht-staatlichen Akteure. Letztere können einerseits auf der europäischen Ebene an der Spezifizierung von Normen und Standards mitwirken, andererseits auf der nationalen Ebene innovative Regelungen erarbeiten, vor allem dann, wenn die EU nur Mindeststandards vorgibt.

Über den Einbezug nicht-staatlicher Akteure in die technische Normung gelingt es so, die europäische Regulierung von übermäßigen technischen Details zu befreien und auf die Festlegung grundlegender Prinzipien zu beschränken. Dies eröffnet seinerseits erst die Möglichkeit, in diesem Bereich regulierend einzugreifen, die Regelungsdichte signifikant zu erhöhen, ein vergleichsweise hohes Schutzniveau zu etablieren und darüber hinaus innovative Ansätze einzuführen. Damit gelingt es, mit technologischen Innovationen Schritt zu halten und somit die Komplexitätserhöhung im Normungsbereich erfolgreich zu gestalten (Voelzkow 1996). Diesen Vorteilen stehen allerdings auch problematische Seiten gegenüber: Ein Großteil der faktischen Umsetzung solcher Regelungen ist den betroffenen Akteuren selbst überlassen, und die Einhaltung der Regeln kann lediglich über „weiche" Mechanismen – freiwillige Akzeptanz, Markt- und Konkurrenzvorteile – erzielt werden. Gleichzeitig wird auch ein hohes Maß an divergenten Reaktionen in den Mitgliedstaaten – konsequente oder laxe Umsetzung, staatliche Regulierung oder akteurzentrierte Selbstregulierung, traditionelle oder innovative Orientierung – in Kauf genommen.

Bezogen auf die Systemstruktur der EU führt die weitgehende verbandliche Selbstregulierung zu veränderten Beziehungen zwischen öffentlichen und privaten Akteuren sowie zwischen europäischer und nationaler Ebene. Während die EU-Institutionen lediglich die Grundprinzipien oder die Mindeststandards der technischen Normung abstecken, bleibt es den verbandlichen Akteuren überlassen, diesen Rahmen inhaltlich zu füllen und zu spezifizieren. Schließlich ist es auch den Adressaten – der Industrie – teilweise überlassen, sich normkonform zu verhalten oder nicht; im letzteren Falle drohen keine staatlichen Sanktionen, wohl aber Konkurrenznachteile auf dem Markt. Über diese Vorgehensweise werden nicht nur systemische Verbindungen zwischen öffentlichen und privaten Akteuren – zunächst auf der europäischen, in der Folge aber auch auf der nationalen Ebene – hergestellt sowie die vertikalen Beziehungen zwischen staatlichen und privaten Akteuren der europäischen und nationalen Ebene transformiert; vielmehr kommt es auch zur Herausbildung eines systemischen Nexus zwischen autoritativen Regelungen, optionalen Normen und markt- beziehungsweise konkurrenzvermittelten Durchsetzungsmechanismen.

Auch gegenüber dieser Entwicklung könnte man einwenden, dass sie bisher erst in Ansätzen und nur in Teilbereichen realisiert sei und somit kaum die Systemstruktur der EU entscheidend beeinflusse. Dem ist entgegenzuhalten, dass die Grundprinzipien der beschriebenen Vorgehensweise in einer Reihe von anderen Feldern praktiziert werden (siehe die Beispiele in Tömmel 2007a, Tömmel und Verdun 2009, Sabel und Zeitlin 2010). In all diesen Fällen beinhaltet der Einbezug nicht-staatlicher Akteure in Systementscheidungen und -leistungen nicht nur eine

Delegation von Staatsaufgaben, sondern zugleich auch die Etablierung eines neuen Mix von staatlicher Regulierung und Selbststeuerung, dem angesichts des vielfältigen Versagens traditioneller autoritativer Steuerungsmechanismen eine größere Durchschlagskraft beigemessen wird (vgl. auch Majone 2005).

10.2.3 Nicht-staatliche Akteure in der Politikimplementation

Als dritter und letzter Fall sei hier die Rolle nicht-staatlicher Akteure in der Politik-implementation am Beispiel der europäischen Kohäsionspolitik angeführt. Der Einbezug externer Akteure erfolgt hier über zwei Wege: zum Ersten über ihre Mitwirkung an dezentralen Entscheidungsprozessen, die eng an die Implementation gekoppelt sind; zum Zweiten über die Zuweisung direkter Verantwortung in der Politikimplementation, die in der Verwaltung und Vergabe europäischer Fördermittel besteht. Beide Verfahrensweisen wurden im Rahmen der „großen" Reform der Strukturfonds im Jahre 1989 formal eingeführt und in der Folge ausgebaut.

Der Einbezug nicht-staatlicher Akteure und insbesondere der Sozialpartner in *dezentrale Entscheidungsprozesse* erfolgt über das Prinzip der „Partnerschaft", das 1989 in den Strukturfondsverordnungen erstmalig definiert wurde (vgl. Kap. 9.2). Allerdings bezog sich die Partnerschaft zunächst nur auf die staatlichen Akteure und Ebenen, indem sie die offenen und nicht durch Hierarchien definierten Beziehungen zwischen europäischer, nationaler und regionaler Ebene zu definieren und zu formalisieren versuchte (vgl. Kap. 9.2). Im Rahmen einer weiteren Reform der Strukturfonds (1994) wurde die Partnerschaft dahingehend erweitert, dass auch die Sozialpartner in alle Entscheidungen der Politikimplementation – von der Programmerstellung über die Projektförderung bis hin zur abschließenden Evaluation – einzubeziehen waren. Die folgende Reform der Strukturfonds (2000) weitete das Prinzip der Partnerschaft auch auf zivilgesellschaftliche Gruppen wie Umweltverbände und Frauenlobbys aus (Huget 2007). Die Reform des Jahres 2007 legte schließlich fest, dass Vertreter der Zivilgesellschaft in alle Phasen der Politikimplementation einzubeziehen sind (Tömmel 2006, Quittkat und Kohler-Koch 2011: 76–77). Konkretisiert wurden diese Regelungen, indem die Kommission den Einbezug der nicht-staatlichen Akteure in die Begleitausschüsse einforderte, die jedem Förderprogramm zugeordnet werden. Diese Ausschüsse treffen alle relevanten Entscheidungen im Implementationsprozess, etwa über die Vergabe von Fördermitteln an Projektträger oder mögliche Änderungen des Programms im Zuge seiner Umsetzung. Zudem obliegen ihnen zwischenzeitliche und abschließende Evaluationen der Durchführung des Programms (Verordnung des Rates (EG) No 1083/2006, Art. 65).

Es versteht sich, dass diese Regelungen auf erhebliche Widerstände stießen. So befürchteten die öffentlichen Verwaltungen tiefere Einblicke in die Mängel der Politikimplementation; zudem waren sie kaum zur Zusammenarbeit mit nicht-staatlichen Akteuren bereit (Reiter 2010). Aber auch die Sozialpartner standen dieser Verfahrensweise eher skeptisch gegenüber. Für die Gewerkschaften stellte sich die Schwierigkeit, dass sie häufig nicht auf der Ebene der Regionen organisiert sind; vor allem in strukturschwachen Gebieten sind sie kaum präsent. Zudem fehlte ihnen die Expertise, um in Implementationsentscheidungen eine qualifizierte Stimme einbringen zu können (Huget 2007). Auch die Unternehmerseite verhielt sich eher zögerlich, obwohl sich ihre Partizipation direkter in konkrete ökonomische Vorteile umsetzen lässt. Denn über die Begleitausschüsse erhalten sie frühzeitig Zugang zu Informationen über Förderprogramme und -maßnahmen; sie können deren Inhalte zu ihren eigenen Gunsten mitprägen, und schließlich kann die Verteilungsgerechtigkeit bei der Vergabe von Fördermitteln direkter überwacht werden. Der Einbezug zivilgesellschaftlicher Akteure in strukturpolitische Entscheidungs- und Implementationsprozesse erwies sich als noch schwieriger. So stellen sich Probleme einer demokratisch legitimierten Repräsentanz; zudem sind solche Gruppierungen noch weniger auf die Mitwirkung an öffentlichen Aufgaben vorbereitet (Huget 2007).

Angesichts dieser Schwierigkeiten wurde mit der jüngsten Reform der Kohäsionspolitik für die Periode 2014–2020 die Rolle nicht-staatlicher Akteure in der Partnerschaft weiter präzisiert und gestärkt. So müssen die Mitgliedstaaten jetzt jeweils ein Partnerschaftsabkommen mit der Kommission abschließen, und in diesem Rahmen eine Partnerschaft mit den regionalen und lokalen Behörden vereinbaren. In diese Partnerschaft sind neben den Wirtschafts- und Sozialpartnern auch die „relevanten Stellen, die die Zivilgesellschaft vertreten", einzubeziehen: Speziell genannt werden der Umweltbereich, Nichtregierungsorganisationen sowie Stellen für die Förderung von sozialer Inklusion, Gleichstellung der Geschlechter und Nichtdiskriminierung (Verordnung (EU) Nr. 1302/2013 vom 17.12.2013, Art. 5(1)). Außerdem heißt es in Artikel 5(2) der Verordnung: „Im Einklang mit dem Ansatz der Steuerung auf mehreren Ebenen binden die Mitgliedstaaten die in Absatz 1 aufgeführten Partner in die Ausarbeitung der Partnerschaftsvereinbarungen und Fortschrittsberichte und während der gesamten Vorbereitung und Umsetzung der Programme, einschließlich durch die Teilnahme an den Begleitausschüssen für Programme gemäß Artikel 48, ein".

Neben dieser veränderten Rolle im Entscheidungsprozess können private Akteure auch direkt Verantwortung bei der Verteilung und Verwaltung von Fördermitteln übernehmen. Der Verfahrensmodus, der eine solche Rolle ermöglicht, ist der sogenannte Globalzuschuss (Verordnung (EU) Nr. 1302/2013 vom 17.12.2013, Art. 123, siehe auch Tömmel 1998). Globalzuschüsse können „zwischengeschalteten Stellen" zugewiesen werden, die ihrerseits kleinere Zuschüsse an bestimmte Empfängerkategorien vergeben, z. B. kleine und mittlere Unternehmen, Unternehmen einer bestimmten Branche oder besonders innovative Betriebe. Als zwischengeschaltete Stelle können örtliche oder regionale Unternehmerverbände, Industrie- und Handelskammern, Innovationszentren, regionale Entwicklungsgesellschaften oder Konsortien dieser Organisationen fungieren. Die Mitgliedstaaten vereinbaren mit der jeweiligen Organisation ein programmatisches Dokument, in dem die Ziele,

Inhalte und Verfahrensweisen der Subventionsvergabe an Dritte definiert werden, ebenso wie die Verfahren der Kontrolle und Evaluation des anvisierten Programms. Aber auch die regionale Ebene der Mitgliedstaaten übernimmt konkrete Funktionen im Rahmen dieses Konzepts: Ihr unterliegt in der Regel die Aufgabe, die ordnungsgemäße Durchführung des vereinbarten Programms und die Verwaltung des Globalzuschusses zu überwachen.

Es kommt somit auch hier, analog zu den zuvor genannten Beispielen, zu einer Umverteilung öffentlicher und privater Aufgaben, wobei die öffentlichen Instanzen, von der EU bis herunter zur regionalen Ebene, Koordinierungs-, Management-, Überwachungs- und Kontrollfunktionen wahrnehmen sowie den gesamten institutionellen und prozeduralen Rahmen festlegen, innerhalb dessen sich diese Entwicklungen abspielen sollen. Innerhalb dieses Rahmens ist es dann den betroffenen Akteuren selbst überlassen, für eine zielkonforme, effiziente und effektive Durchführung der Subventionsvergabe zu sorgen. Auch hier sind die Vorteile evident: Der Staat wird von einer Vielzahl von konkreten Entscheidungen und Durchführungsmaßnahmen entlastet, während private und wirtschaftsnahe Akteure die entsprechenden Funktionen zum Vorteil ihrer Klientel selbst in die Hand nehmen und meist schneller, rationeller und verteilungsgerechter ausführen.

Über die Delegation staatlicher Aufgaben der Politikimplementation an nicht-staatliche Akteure bildet sich somit ebenfalls ein veränderter systemischer Nexus zwischen der öffentlichen und der gesellschaftlichen Sphäre heraus: Erstere reduziert ihre exekutiven Funktionen zugunsten komplexerer Formen des Verfahrensmanagements und der Kontrolle nicht-staatlicher Akteure; Letztere übernehmen quasi-öffentliche Verantwortung, die nicht nur der direkten Nutzenmaximierung dient, sondern auch weiterreichende gesellschaftspolitische Implikationen hat. Darüber hinaus kann über die Kooperation mit gemeinwohlorientierten zivilgesellschaftlichen Akteuren sogar die demokratische Legitimation von EU-Politiken erhöht werden (Huget 2007).

Insgesamt zeigen somit alle behandelten Beispiele des Einbezugs nicht-staatlicher Akteure in die Funktionsweise des EU-Systems von der Gesetzgebung bis zur Politikimplementation, dass diese Vorgehensweise die Handlungsfähigkeit der EU in bestimmten Politikfeldern signifikant erhöht. Zudem steigt die Zielgenauigkeit und Effizienz der entsprechenden Politiken; ihre Reichweite wird ausgedehnt und Umsetzungsdefizite werden reduziert. Aus diesen Veränderungen ergeben sich weitere Implikationen für das EU-System: So kommt es zu einer Reorganisation staatlicher Aufgaben, indem ein Teil der legislativen und exekutiven, aber auch der konzeptionellen Funktionen an nicht-staatliche Akteure delegiert wird. Demgegenüber richten sich die staatlichen Instanzen zunehmend auf Organisations-, Management- und Überwachungsfunktionen. Eine solche Entwicklung erfasst zunächst und am ausgeprägtesten die europäische Ebene, durchdringt aber sekundär auch die nationale und sogar die regionale Ebene. Insgesamt bildet sich so ein systemischer Nexus zwischen staatlichen und nicht-staatlichen Akteuren heraus, der sich über eine funktionale Arbeitsteilung zwischen ihnen konstituiert und die Form von losen oder fester geknüpften Netzwerkbeziehungen annimmt. Damit wird gleichzeitig ein inhaltlicher Nexus zwischen der Funktionslogik von Markt- und Konkurrenzmechanismen sowie der Logik staatlicher Entscheidungen hergestellt. Auch diese Innovationen betreffen zunächst das engere EU-System, beeinflussen und durchdringen aber in der Folge auch die Mitgliedstaaten.

10.3 Schlussfolgerungen

In diesem Kapitel wurde die Bedeutung nicht-staatlicher Akteure im politischen System der EU analysiert. Zunächst wurden verschiedene Formen der Vertretung organisierter Interessen sowie des Lobbyismus auf der europäischen Ebene vorgestellt und ihre Abweichungen von entsprechenden Formen auf nationalem Niveau herausgearbeitet. So sind europäische Interessengruppierungen zumeist kleinteilig organisiert und somit insgesamt vielfältig fragmentiert; zudem haben sie Schwierigkeiten, sich auf der europäischen Ebene zu organisieren. Dennoch nutzen sie vielfältige Zugangswege im „offenen" System der EU und können so erfolgreich Einfluss auf die Entscheidungsfindung ausüben. Umgekehrt sind aber auch die europäischen Organe, allen voran die Kommission, an engen Beziehungen zu Interessenvertretern interessiert, da sie so ihre eigene Expertise erweitern und teilweise auch politische Unterstützung mobilisieren können. Schließlich bemüht sich die Kommission, das Feld der Interessenvertreter zu strukturieren und den Aufbau europäischer Gruppen zu fördern.

In einem zweiten Schritt wurde die Rolle nicht-staatlicher Akteure im Rahmen europäischer Politikprozesse untersucht. Im Einzelnen wurde ihre Partizipation in der Gesetzgebung, in der Ausgestaltung und Umsetzung europäischer Normen und Standards sowie in verschiedenen Phasen und Facetten der Politikimplementation beleuchtet. Auch in diesen Fällen ist es die Kommission, die über den Einbezug nicht-staatlicher Akteure europäische Entscheidungsverfahren und Politikprozesse innoviert. Insgesamt führt dies zu einer Reorganisation des Verhältnisses zwischen öffentlicher Hand und privaten oder gesellschaftlichen Akteuren, indem erstere vorwiegend Management- und Organisationsfunktionen wahrnehmen, während letztere zunehmend operative Aufgaben übernehmen.

Ebenso wie im Fall des Einbezugs der Mitgliedstaaten in das EU-System (vgl. Kap. 9) waren auch im vorliegenden Fall die beschriebenen Entwicklungen kaum bewusst intendiert. Vielmehr sind es auch hier die begrenzten Ressourcen und Handlungsmöglichkeiten der Union, die Abneigung der Mitgliedstaaten gegen allzu viel Einmischung „von oben", und schließlich die ständigen Herausforderungen komplexer Politikprobleme, die die Kommission zum Einbezug nicht-staatlicher Akteure in Entscheidungsverfahren und längerfristig sogar in Teile der Politikimplementation bewogen. Mithilfe des Engagements, der Expertise sowie der Kooperation dieser Akteure konnte die Kommission europäische Politikprozesse konkret ausgestalten und systemisch bedingte Blockaden überwinden.

Insgesamt führte die Delegation bestimmter Aufgaben an nicht-staatliche Akteure zu einer Ausdehnung der Reichweite europäischer Politik, zu einer Stärkung ihrer Marktorientierung sowie zu ihrer verbesserten Abstimmung auf private, aber auch diffuse gesellschaftliche Belange. Damit greift das EU-System in die ökonomische und gesellschaftliche Sphäre aus und stellt so – in inhaltlicher und institutioneller Hinsicht – einen systemischen Nexus zwischen Staat und Markt sowie zwischen Staat und Gesellschaft her. In diesem Kontext stützt sich die EU in zunehmendem Maße auf Formen der gesellschaftlichen Selbststeuerung, beziehungsweise sie induziert solche bei den involvierten Akteuren. Die so auf indirektem Wege angestrebte Ausweitung europäischer Macht und Einflussnahme ist aber nur um den Preis der Teilung der Macht mit den involvierten Akteuren und Organisationen zu erzielen.

11 Funktionsprobleme des EU-Systems: Effizienz und Effektivität

In den vorangegangenen Kapiteln wurde das EU-System in seiner Struktur und Funktionsweise analysiert. Dabei wurde einerseits die Dynamik der Herausbildung und Weiterentwicklung des institutionellen Gefüges der EU, andererseits die Komplexität der Entscheidungs- und Konsensfindungsprozesse zwischen den europäischen Organen, den Mitgliedstaaten sowie einer Vielzahl von beteiligten und betroffenen Akteuren herausgearbeitet. Die Struktur und Funktionsweise des Systems wurden jedoch nicht einer expliziten Bewertung unterzogen.

Im vorliegenden Kapitel sollen nunmehr Bewertungsfragen im Zentrum des Interesses stehen, und insbesondere Fragen nach zwei besonders umstrittenen Dimensionen des EU-Systems: seiner Effizienz und Effektivität. Effizienz ist im Allgemeinen definiert als Wirtschaftlichkeit, also das Verhältnis zwischen Ressourcen und Ergebnissen. Dementsprechend wird ein hohes Maß an Effizienz erreicht, wenn bedeutende Ergebnisse mit einem möglichst niedrigen Einsatz von Ressourcen erzielt werden. Effektivität oder auch Wirksamkeit bezieht sich demgegenüber auf das Erreichen von gewünschten Ergebnissen im Verhältnis zu definierten Zielsetzungen. Ein hohes Maß an Effektivität wird somit erreicht, wenn die Ergebnisse den gesetzten Zielen möglichst nahekommen. Der Einsatz von Ressourcen bleibt dabei unberücksichtigt.

Die Bewertung der Effizienz und Effektivität der EU beinhaltet somit einerseits eine Überprüfung der Wirtschaftlichkeit des EU-Systems, andererseits der Wirksamkeit seiner politischen Aktivitäten. Damit sind jedoch sehr breite Themenstellungen angesprochen; es bedarf somit einer weiteren Eingrenzung und konkreten Operationalisierung, um zu einer kritischen Bewertung zu gelangen. Dementsprechend soll im vorliegenden Kontext der Begriff *Effizienz* zum einen auf die Struktur des EU-Systems, zum anderen auf die Ausgestaltung seiner Entscheidungsverfahren angewendet werden. Weist das System eine institutionelle Struktur auf, die es erlaubt, die anstehenden Aufgaben mit angemessenem Zeitaufwand und Personaleinsatz zu bewältigen, oder zeichnet es sich durch eine gigantische Bürokratie, eine Verdopplung bestehender nationaler Apparate sowie durch eine übermäßige Zersplitterung auf der europäischen Ebene aus? Gelangt das System mit angemessenem Zeitaufwand zu relevanten Entscheidungen, oder handelt es sich um eine schwerfällige Verhandlungsmaschinerie, die letztendlich nur Leerlauf, Non-Decision oder, schlimmer noch, einen vertieften Dissens zwischen den Beteiligten hervorruft?

Unter dem Begriff *Effektivität* des Systems und seiner Politikgestaltung ist hingegen zu fragen, ob Entscheidungen der EU die Realisierung angestrebter Zielsetzungen und die Lösung der anstehenden Probleme ermöglichen, oder ob umgekehrt die jeweiligen Entscheidungen und entsprechenden Politiken ihre Ziele gänzlich verfehlen oder allenfalls näherungsweise, in reduzierter oder gar deformierter Form, realisieren. In diesem Kontext ist zu beachten, dass die Steuerungskette im Rahmen der EU sehr lang ist; das heißt, europäische Entscheidungen und Politiken können wegen der Mehrebenenstruktur des Systems nur selten direkte Wirkungen entfalten. Effektivität kann somit meist nur indirekt über die Einwirkung auf Mitgliedstaaten und nicht-staatliche Organisationen und Akteure erzielt werden. Dementsprechend stellt sich die Frage nach der Effektivität des Systems in modifizierter Form: Gelingt es, die dezentralen, staatlichen und nicht-staatlichen Institutionen, Organisationen und Akteure auf die Erzielung der gewünschten Effekte hin zu orientieren, oder verfolgen Letztere im Rahmen der EU eigene, gegenläufige Interessen, sodass die Effektivität von EU-Politiken unterminiert oder sogar konterkariert wird?

Im Folgenden sollen die Funktionsprobleme des EU-Systems unter den genannten Aspekten und Fragestellungen herausgearbeitet und einer kritischen Bewertung unterzogen werden. Dabei können aber nur die augenfälligsten und wesentlichsten Funktionsprobleme diskutiert werden. Zudem können diese lediglich aufgezeigt, nicht jedoch abschließend bewertet werden. Hierfür sind mehrere Gründe maßgebend: Zum Ersten fehlt es an fundierten, empirisch belegten Studien, die die Effizienz und die Effektivität des EU-Systems genauer ausloten; zum Zweiten unterliegt das EU-System einem raschen Entwicklungs- und Ausdifferenzierungsprozess, der jede Beurteilung und Bewertung zu einer vorläufigen macht; zum Dritten stellen sich grundsätzliche Erkenntnis- und Bewertungsprobleme, da sich die EU in Ergänzung zu den nationalen politischen Systemen herausgebildet hat und diese überlagert; somit sind eindeutige Zuweisungen von Defiziten – ebenso wie von Verdiensten – kaum möglich.

11.1 Effizienz: institutionelles Gefüge und Entscheidungsverfahren

11.1.1 Institutionelles Gefüge

Betrachtet man zunächst das institutionelle Gefüge der EU im Hinblick auf Effizienzkriterien, so ist zum einen die Struktur der Institutionen zu durchleuchten, zum anderen ihre Ausstattung und Aufgabenwahrnehmung.

In Bezug auf die *Struktur* könnte man das EU-System wegen seines dualistischen oder bizephalen Aufbaus kritisieren: Kommission und Rat (einschließlich Europäischem Rat) stellen zwei Machtzentralen dar, zwischen denen es keine klare Aufteilung der Kompetenzen gibt. Beide erfüllen Legislativ- und Exekutivfunktionen, was zu einer Verdopplung der Arbeit sowie unnötig verlängerten und komplizierten Entscheidungsverfahren zu führen scheint. Gleichzeitig wird die bizephale

Struktur aber benötigt, solange die EU kein supranationaler Staat ist und somit den beiden zentralen Institutionen die Funktion zukommt, einerseits die supranationalen, andererseits die nationalen Interessen zu artikulieren und in relativ aufwendigen Entscheidungsverfahren gegeneinander abzuwägen (vgl. auch Kap. 13).

Auch die übrigen Organe der EU – Europäisches Parlament und Gerichtshof – erfüllen unabdingbare Funktionen im System, die weder von den anderen Organen noch von entsprechenden Institutionen auf der nationalen Ebene wahrgenommen werden könnten. Während das Parlament als einzige Institution eine direkte Vertretung der Bürger Europas darstellt, obliegt dem Gerichtshof die Überwachung der Rechtmäßigkeit von EU-Beschlüssen und der Einhaltung dieser Beschlüsse. Das Fehlen des Europäischen Parlaments würde somit möglicherweise Effizienzgewinne in der Beschlussfassung mit sich bringen, ginge aber zwangsläufig mit einem Verlust an demokratischer Legitimation einher; das Fehlen des Gerichtshofs würde hingegen enorme Effizienz- und Effektivitätsverluste beinhalten, da EU-Beschlüsse leichter unterlaufen oder gar ignoriert werden könnten.

Demgegenüber werden die beiden vertraglich verankerten Beratungsgremien, der Wirtschafts- und Sozialausschuss sowie der Ausschuss der Regionen, häufiger als unnötig aufgebläht, als ineffizient oder gar als bedeutungslos betrachtet, insbesondere wegen ihrer ausschließlich beratenden Aufgaben. Diese Art der Kritik verkennt allerdings die vielfältigen Funktionen dieser Gremien. So formulieren und aggregieren sie auf der europäischen Ebene spezifische Interessen der von ihnen vertretenen Gruppierungen; zudem leisten sie die Vermittlung von Interessendivergenzen in ihren eigenen Reihen. Schließlich nehmen sie die (Rück-)Vermittlung europäischer Themen und Entscheidungen in die jeweiligen Organisationen, Gruppierungen oder Territorien vor. Insgesamt kommen den beiden Beratungsorganen somit wichtige Funktionen als Sprachrohr der „Gesellschaft" oder der Regionen sowie als Vermittlungsinstanz zwischen diesen und der EU zu; mit dem Verweis auf ihre beratende Tätigkeit sind diese Funktionen nur unzureichend erfasst.

Zur Struktur des EU-System gehören aber nicht nur ihre Organe, sondern auch ein komplexes Gefüge von Substrukturen und zusätzlichen Institutionen. Dieser institutionelle Wildwuchs von speziellen Räten, Sekretariaten, Arbeitsgruppen, Generaldirektionen der Kommission sowie unabhängigen Agenturen ist eher kritisch zu bewerten. Er bringt zahlreiche Überschneidungen von Aufgabenbereichen mit sich; dementsprechend sind inter-institutionelle Konflikte und Rivalitäten an der Tagesordnung. Die Transparenz der Entscheidungsfindung geht verloren und dysfunktionale Fehlentwicklungen können kaum den tatsächlich Verantwortlichen zugeordnet werden.

Die Vervielfältigung von Institutionen und ihrer jeweiligen Aufgaben lässt sich nur vor dem Hintergrund der spezifischen Systementwicklung der EU erklären. Da die Mitgliedstaaten einerseits ein gewisses Maß an gemeinsamen Politiken oder Harmonisierung nationaler Regelungen anstreben, andererseits jedoch kaum Kompetenzen hierzu aus der Hand geben wollen, entscheiden sie sich für eine Reihe von institutionellen Hilfskonstruktionen. Die Folgen dieses Integrationsmodus sind zwangsläufig funktionale Verdopplungen und Überschneidungen. Faktisch handelt es sich dabei aber nicht nur um dysfunktionale Entwicklungen, sondern auch um den institutionellen Ausdruck der Austarierung nationaler und gemeinschaftlicher beziehungsweise europaweiter Interessen. Die damit einhergehenden Ineffizienzen lassen sich somit nur in dem Maße reduzieren, wie der Konsens zwischen den nationalen Regierungen in Bezug auf die jeweiligen Politikfelder zunimmt und somit Kompetenzen dauerhaft aus der Hand gegeben werden können.

Die einzelnen Organe und Institutionen der EU werden ebenfalls häufig unter Effizienzgesichtspunkten kritisiert. So figuriert insbesondere die Kommission in der öffentlichen Debatte als aufgeblähte Bürokratie, als „Brüsseler Wasserkopf", als schwerfälliger und gelegentlich sogar als korrupter Apparat mit veralteten Verwaltungsverfahren (Schön-Quinlivan 2011). All solchen (Vor-)Urteilen zum Trotz sind allerdings die Institutionen und Verwaltungen der EU – einschließlich der Kommission – keineswegs üppig ausgestattet. Im Gegenteil, der Personalbestand der einzelnen Institutionen steht in keinem Verhältnis zu der Fülle und Komplexität der Aufgaben. Dieses Paradox klärt sich schnell, wenn man berücksichtigt, dass der Löwenanteil der Entscheidungen von Institutionen und Gremien gefasst wird, die von den Mitgliedstaaten beschickt werden. Noch stärker dezentralisiert und delegiert sind die Aufgaben der Umsetzung von EU-Politiken und -Entscheidungen, sodass der Verwaltungsaufwand auf der europäischen Ebene klein gehalten werden kann. Allerdings kann man diesen Zusammenhang auch umgekehrt formulieren: Weil die europäischen Dienststellen unterdimensioniert sind, müssen sie eine Vielzahl von Aufgaben dezentralisieren und delegieren. Diese Situation ist von den Mitgliedstaaten durchaus erwünscht, führt aber ihrerseits zu spezifischen Ineffizienzen, etwa einem gesteigerten Kontrollbedarf gegenüber dezentralen Akteuren oder Verzögerungen und Mängeln bei der Politikimplementation.

Betrachtet man vor diesem Hintergrund zunächst die Kommission, so steht ihr der bei Weitem größte Verwaltungsapparat auf der europäischen Ebene zur Verfügung. Mit 24.944 Mitarbeitern[1], von denen etwa ein Drittel auf den Übersetzungsdienst entfällt, übertrifft sie zwar jede andere europäische Institution; ihr Personalbestand liegt aber kaum höher als der eines größeren Ministeriums in den Mitgliedstaaten oder einer europäischen Großstadtverwaltung. Die Kommission ist denn auch im Verhältnis zu den umfangreichen Aufgaben, die sie wahrnimmt, deutlich unterausgestattet (Dinan 2012: 38). Demgegenüber werden Ministerräte, Europäischer Rat, COREPER und eine Vielzahl von ständigen und nicht-ständigen beratenden Ausschüssen und Arbeitsgruppen von Delegierten nationaler Regierungen und Beamtenapparate beschickt. Abgesehen von den Ständigen Vertretern und

---

[1] Zahlen aus: Amtsblatt der Europäischen Union, L 66, Band 56, v. 08.03.2013: 121). Stand für 2012 einschließlich Planstellen auf Zeit.

ihren Mitarbeiterstäben in Brüssel ist ihnen allen gemeinsam, dass sie Funktionsträger auf der nationalen Ebene sind und somit EU-Angelegenheiten als Nebentä-
tigkeiten betreiben.[2] Allerdings werden sie in dieser Funktion von Verwaltungsap-
paraten vor Ort unterstützt: Dem Rat steht ein Generalsekretariat in Brüssel zur
Verfügung, das mit 3 153 Bediensteten[3] zwar ebenfalls als gut ausgestattete Institution erscheint; faktisch sind es aber nur ca. 400 „inhaltliche" Funktionsträger, die
die Verhandlungen vorbereiten und betreuen, während alle übrigen auf den hier im
Vergleich zur Kommission wesentlich umfangreicheren Übersetzungsdienst sowie
auf Sekretariatstätigkeiten entfallen.

Die Ständigen Vertretungen in Brüssel sind ebenfalls keine üppig ausgestatteten „Botschaften"; ihr Personal weist allerdings in letzter Zeit eine stark steigende
Tendenz auf, was vor dem Hintergrund der enorm gestiegenen Aufgabenfülle und
damit auch des Sitzungsquantums nicht verwunderlich ist. Die Sekretariate der
beiden festen Beratungsgremien Wirtschafts- und Sozialausschuss sowie Ausschuss
der Regionen verfügen über einen Personalstand von respektive 727 und 537 Personen.[4]

Das Europäische Parlament, übersteigt mit derzeit 766 Abgeordneten deutlich
das Ausmaß der nationalen Parlamente in den großen Mitgliedstaaten; dies ist aber
erst seit den jüngsten EU-Erweiterungen der Fall. Zuvor lag die Größe des Europäischen Parlaments mit 626 Abgeordneten im Mittelfeld der großen Mitgliedstaaten.
Für die neue Legislaturperiode 2014–19 wird das EP auf die im Lissabon-Vertrag
vorgesehene Zahl von 751 Abgeordneten reduziert werden; das ist aber immer noch
eine hohe Zahl. Gemessen am Arbeitspensum und vor allem an der Notwendigkeit
einer angemessenen Repräsentation aller Nationalitäten ist aber auch dieses Gremium nicht als überdimensioniert zu betrachten. Sein Stab an Mitarbeitern, Sekretariaten sowie spezialisierten Diensten ist mit 6 713 Planstellen[5] eher als unterdimensioniert zu werten, insbesondere, wenn man die hochkomplexen Themen und
Gesetzesvorhaben, die zu bewältigen sind, berücksichtigt. Der Europäische Gerichtshof schließlich, der neben seinen 28 Richtern einen Mitarbeiterstab von 1 995
Personen[6] mit Sitz in Luxemburg umfasst, ist ebenfalls in seinem Umfang im Vergleich zu jedem Provinzialgericht der Mitgliedstaaten klein dimensioniert. Aller-

---

2 Selbst im Bereich der Ständigen Vertretungen arbeitet ein Großteil der Mitarbeiter auf der Basis
einer zeitweiligen Detachierung von nationalen Ministerien.
3 Zahlen aus: Amtsblatt der Europäischen Gemeinschaften, L 66, Band 56, v. 08.03.2013: 121. Stand
für 2012 einschließlich Planstellen auf Zeit.
4 Zahlen aus: Amtsblatt der Europäischen Gemeinschaften, L 66, Band 56, v. 08.03.2013: 121. Stand
für 2012 einschließlich Planstellen auf Zeit.
5 Zahlen aus: Amtsblatt der Europäischen Gemeinschaften, L 66, Band 56, v. 08.03.2013: 121. Stand
für 2012 einschließlich Planstellen auf Zeit.
6 Zahlen aus: Amtsblatt der Europäischen Gemeinschaften, L 66, Band 56, v. 08.03.2013: 121. Stand
für 2012 einschließlich Planstellen auf Zeit.

dings stieß dieses Gremium schon sehr schnell an seine Kapazitätsgrenzen; deshalb wurde ihm im Jahre 1989 der Gerichtshof erster Instanz zugeordnet (vgl. Kap. 5.5).

Handelt es sich bei der EU also alles in allem um ein effizient organisiertes politisches System, da es mit geringem Personalbestand und geringer Organisationstiefe auskommt und dennoch eine Fülle von hochkomplexen Aufgaben bewältigt? Eine vorbehaltlose Bejahung dieser Frage wäre sicherlich verfehlt. Denn die EU-Institutionen sind schon jetzt chronisch überlastet beziehungsweise unterausgestattet; ihr kleiner Apparat ist somit eher ein Problem, als dass er Beleg für besondere Effizienz wäre. Ein adäquater institutioneller Ausbau ist aber kaum zu erwarten, da er notwendigerweise mit einer Machtverschiebung von der nationalen auf die europäische Ebene einherginge, was von den Mitgliedstaaten kaum gewünscht wird. Zudem wird im EU-System ein Großteil der Entscheidungslast und der Politikimplementation von den Mitgliedstaaten getragen beziehungsweise umgesetzt, ein Verfahrensmodus, der in der Konstruktion des Systems von Anfang an angelegt war, jedoch mit steigendem Problemdruck und entsprechend gewachsener Aufgabenfülle – bei gleichzeitigem Unwillen, die europäischen Institutionen auszubauen – exponentiell zugenommen hat. Die Ausweitung der Politikfunktionen der EU geht also vor allem mit einer Ausweitung der Verantwortlichkeiten der Mitgliedstaaten einher (vgl. Kap. 9).

Ein Teil der Arbeitslast wird aber auch über die Einsetzung neuer, weitgehend unabhängiger Agenturen und Instanzen abgewälzt, die spezielle, teils exekutive, teils aber auch politikgenerierende Funktionen wahrnehmen (vgl. Kap. 8.2). Allerdings werden auch diese relativ klein gehalten und auf eine enge Kooperation mit entsprechenden Institutionen in den Mitgliedstaaten verpflichtet. Des Weiteren ist eine Vielzahl von nicht-staatlichen Akteuren und Organisationen in europäische Politikprozesse einbezogen, indem sie faktisch auch inhaltliche und administrative Aufgaben des Systems wahrnehmen (vgl. Kap. 10). Schließlich wird ein wachsender Teil von Aufgaben und Verwaltungstätigkeiten der EU privaten Firmen überantwortet: Das reicht von der redaktionellen Überarbeitung von offiziellen Dokumenten und Berichten über die Erstellung von entscheidungsvorbereitenden Expertisen bis hin zur Durchführung und Abwicklung von Förder- und Hilfsprogrammen und schließlich zur Evaluation solcher Programme. Dabei fehlen jedoch der Kommission die institutionellen Kapazitäten, um private Firmen in der Ausübung delegierter Aufgaben wirksam zu steuern oder gar zu kontrollieren (Levy 2000, Schön-Quinlivan 2011).

Insgesamt ist somit festzuhalten, dass die (scheinbare) Effizienz eines vergleichsweise klein gehaltenen institutionellen Gefüges auf der europäischen Ebene erkauft wird mit einer Vielzahl von Externalitäten, die bei den Mitgliedstaaten oder anderen Organisationen und Akteuren zu Buche schlagen und somit auf diese abgewälzt werden (vgl. auch Majone 2005). Aussagen über die Effizienz des Systems müssten also dieses vielschichtige und mehrdimensionale Gefüge und vor allem die dabei insgesamt anfallenden Kosten berücksichtigen. Die Komplexität des EU-

Systems und die intensive Verflechtung seiner Regierungs- und Verwaltungsebenen erschweren jedoch eine genaue Bestimmung von Kosten und Nutzen seiner Funktionsweise und damit seiner Gesamteffizienz.

11.1.2 Entscheidungsverfahren

Betrachtet man die *Entscheidungsverfahren* der EU, die ja den Löwenanteil ihrer Funktionen ausmachen, so stellen sich diese auf den ersten Blick alles andere als effizient dar. Einen solchen Eindruck vermitteln vor allem die endlosen Sequenzen von vorläufigen Entscheidungen, Nicht-Entscheidungen, Verhandlungspatts, erneuten Verhandlungen oder gar der Rücknahme von bereits getroffenen Entscheidungen, wobei es häufig bis zum Schluss offenbleibt, ob es überhaupt zu einem akzeptablen Ergebnis kommt. Hinzu kommt der Umstand, dass in den schließlich erzielten Vereinbarungen eine Unmenge von aufgewendeter Arbeits- und vor allem Verhandlungszeit einer Vielzahl von Akteuren enthalten ist, die wiederum durch ein hohes Maß an kaum quantifizierbaren Externalitäten erkauft wird (Majone 2005). Aber auch wenn man nur die direkt an europäischen Entscheidungen beteiligten Organe der EU und die ihnen zuarbeitenden nationalen Regierungen berücksichtigt, ergibt sich schon ein sehr hoher und in der Tendenz steigender Beratungs- und damit letztendlich Entscheidungsfindungsaufwand. Hinzu kommen die Kosten für Sitzungen an wechselnden Verhandlungsorten, Übersetzungsleistungen etc.

Die Effizienz europäischer Entscheidungsprozesse kann aber nicht nur wegen des quantitativen Zeit- und Kostenaufwands, sondern auch wegen der Qualität der getroffenen Entscheidungen infrage gestellt werden. Sieht man einmal von der Unmenge von konkreten Regelungen ab, die im Rahmen der Marktordnungen erforderlich sind, so kommen die umfangreicheren Gesetzesvorhaben in der Regel in der Form von Richtlinien zustande, deren Inhalte vergleichsweise offen und vielfältig interpretierbar gehalten sind. Meist werden nur die zu erreichenden Ziele, Eckwerte, Minimalstandards, „Korridore" oder auch Verfahrensmodi festgelegt, während die eigentliche inhaltliche Ausgestaltung dieses Rahmens – und damit der Löwenanteil der anfallenden Gesetzgebungsarbeit – wiederum von nationalen Regierungen zu leisten ist, die dieser Aufgabe häufig mehr schlecht als recht nachkommen (Falkner et al. 2005, Hartlapp 2005 und 2009, Falkner und Treib 2008, König und Mäder 2013).

Der Trend zur Setzung lediglich eines gemeinsamen rechtlichen Rahmens für die Gesetzgebung der Mitgliedstaaten verstärkt sich in jüngster Zeit, indem immer mehr „Rahmenrichtlinien" erlassen werden, die eine Vielzahl von älteren, meist detailliertere Einzelregelungen betreffende und in ihrer Regelungsdichte sehr unvollständige Richtlinien ersetzen (z. B. in der Umweltpolitik, Lenschow 2010). Folgt dieser Trend einerseits der Logik der nach wie vor ausgeprägten Divergenzen zwischen den Mitgliedstaaten und dem somit erschwerten Konsensfindungsprozess in der Beschlussfassung, so ist er andererseits auch als Eingeständnis zu werten, dass auf der europäischen Ebene eine den nationalen Staaten vergleichbare Regelungsdichte und -präzision nicht realisierbar ist. Das europäische Integrationsprojekt muss sich somit auf die Setzung von Rahmenregelungen beschränken, über die die Gesetzgebungstätigkeit der Mitgliedstaaten in engere und harmonisiertere Bahnen gelenkt werden kann. Ein solches Modell impliziert, dass ein Großteil des Entscheidungs- und Gesetzgebungsaufwands an die gesetzgebenden Instanzen der Mitgliedstaaten sowie ein geringer Teil auch an nicht-staatliche Akteure delegiert werden muss. Dies führt seinerseits zur Herausbildung eines zweistufigen Rechtssystems sowie zu einem hohen Maß an Varianz zwischen den Mitgliedstaaten in der Recht- und Regelsetzung.

Die Effizienz europäischer Gesetzgebungsprozesse wird auch dadurch eingeschränkt, dass eine Vielzahl von Regelungen, wiewohl von der Kommission sorgfältig vorbereitet und ausgearbeitet, gar nicht verabschiedet wird. Zwar ist die Zeit der grundsätzlichen Nicht-Entscheidungen, wie sie die späten 70er und frühen 80er Jahre kennzeichneten, definitiv vorbei; dennoch bleibt nach wie vor eine Reihe von Kommissionsvorschlägen trotz sorgfältiger Vorbereitung – und das beinhaltet immer auch inhaltliche Vorklärung und Abstimmung mit den Mitgliedstaaten sowie einer Vielzahl von externen Akteuren – im Netz der schwierigen Konsensfindung zwischen den Mitgliedstaaten hängen. Diese Schwierigkeiten der Konsensfindung sind ihrerseits Ausdruck komplexer und widersprüchlicher Interessen der einzelnen Staaten, ihrer je unterschiedlichen Betroffenheit von europäischen Regelungen sowie von wechselnden, nur schwer kalkulierbaren politischen Konjunkturen.

Die schwierige Konsensfindung betrifft aber nicht nur die regulären Gesetzgebungsverfahren, sondern auch und mehr noch politische Grundsatzentscheidungen über die System-Entwicklung der EU. Solche Entscheidungen, soweit sie denn zustande kommen, gelingen nur um den Preis groß angelegter Intergouvernementaler Konferenzen, die eine gigantische Steigerung der sonst schon üblichen Verhandlungsmarathons beinhalten. Zudem werden sie von einer Vielzahl an beratenden Gremien, Akteuren und Organisationen begleitet. Der stetig wachsende Aufwand kann allerdings nicht verhindern, dass die jeweiligen Vertragsänderungen nur nach erheblichen Verzögerungen, dem Eingehen suboptimaler Kompromisse sowie unter Einschluss eines relevanten Anteils an Non-Decision erzielt werden, die dann als „left-overs", als noch zu erledigende Überbleibsel bezeichnet werden.

Der Prozess der Erarbeitung und schließlichen Annahme des Lissabon-Vertrags, der nahezu eine ganze Dekade in Anspruch nahm, ist ein exzellentes Beispiel für diese Situation. Wenngleich ein Teil der Verzögerungen negativen Referenden in den Mitgliedstaaten zuzuschreiben ist, waren die Verhandlungen auf der europäischen Ebene doch auch sehr zäh. Eigentlich sollte der eigens eingesetzte Konvent dazu dienen, die mühsame Kompromissfindung im Europäischen Rat überflüssig zu machen oder zu umgehen. Dieses Kalkül ging aber nur begrenzt auf. Denn nachdem der Konvent den Entwurf eines Verfassungsvertrags vorgelegt hatte, bedurfte es fast

eines ganzen Jahres und zweier Präsidentschaften, um den Vertragsentwurf anzunehmen. Auch nach den negativen Referenden und der Wiederaufnahme der Verhandlungen dauerte es zwei Präsidentschaften, um den Lissabon-Vertrag anzunehmen. Die nachfolgende Ratifizierung erwies sich ebenfalls als ein schwieriger
Hürdenlauf voller Fallstricke, konnte aber 2009, acht Jahre nach der Laeken-
Erklärung, erfolgreich abgeschlossen werden. Grundsatzentscheidungen zur Weiterentwicklung des EU-Systems sind somit nur über langwierige und aufwendige
Prozesse der Kompromiss- und Konsensfindung zu erreichen.

Es scheint allerdings, dass sich die Entscheidungsprobleme der EU zumindest
in Fragen der Gesetzgebung ansehnlich verringert haben, seit der Rat seine Beschlüsse in zunehmendem Maße mit qualifizierter Mehrheit fasst. Solche Entscheidungen wurden zusammen mit dem Binnenmarktprojekt eingeführt und seitdem
auf zahlreiche Themen und Politikfelder ausgeweitet; darüber konnte die Entschei-
dungsfülle und das Entscheidungstempo deutlich erhöht und somit auch die Effizienz der Verfahren gesteigert werden (König 2007). Diesen Effizienzgewinnen steht
allerdings eine Reihe von Einschränkungen gegenüber. Denn qualifizierte Mehrheitsentscheidungen beziehen sich nur auf solche Bereiche, in denen schon ein ge-
nereller Grundkonsens gegeben ist; handelt es sich dagegen um umstrittene oder
sensible Themen und Politikfelder, für die ein solcher Grundkonsens nicht gegeben
ist, dann sind nach wie vor einstimmige Entscheidungen erforderlich. Zum Zweiten
wurden dem Parlament, gerade in den Bereichen, in denen der Rat mit qualifizierter
Mehrheit entscheidet (und somit wiederum ein erhöhter Grundkonsens gegeben
ist), erweiterte Mitbestimmungsrechte eingeräumt. Damit wird die effizientere Entscheidungsfindung im Rat durch die Mitentscheidung oder sogar Vetomöglichkeit
des Parlaments konterkariert. Insbesondere im Falle eines Vetos sind zeitaufwendi-
ge Verhandlungen zur Erreichung eines Kompromisses erforderlich (König 2007).
Zum Dritten wird im Rat nach wie vor versucht, alle Fragen unabhängig vom formalen Abstimmungsmodus per Konsens zu entscheiden. Die Position von Minderheiten unter den Mitgliedstaaten wird somit weiterhin respektiert, auch wenn eine
Mehrheit im Rat sie formal überstimmen könnte. Ingesamt hat sich allerdings der
Verhaltenskodex im Rat seit dem verstärkten Übergang zu Mehrheitsentscheidungen signifikant verändert: Kein Land kann es sich mehr leisten, immer wieder als
Neinsager aufzutreten oder gar mit einem Veto zu drohen; ein solches Verhalten
wird von der Mehrheit als unangemessen und unkooperativ betrachtet. Auch das EP
ist in den meisten Fällen bereit, frühzeitig Kompromisse zu schließen, sodass die
meisten legislativen Entscheidungen tatsächlich mit größerer Effizienz zustande
kommen (Héritier und Reh 2012).

Fasst man nun abschließend das Gesagte zu einem Gesamtbild zusammen, so
stellen sich die europäischen Entscheidungsverfahren aufgrund ihrer quantitativen
und qualitativen Aspekte nicht eindeutig als effizient dar. In quantitativer Hinsicht
schlagen die langwierigen und aufwendigen Verfahren, die Beteiligung einer Vielzahl von Akteuren, die Unmenge an Sitzungs- und Verhandlungszeit sowie die da-

mit verbundenen Kosten negativ zu Buche. In qualitativer Hinsicht sind es die begrenzte Regelungsdichte und -tiefe, die zunehmende Beschränkung auf die Setzung von rechtlichen Rahmen, die kleinschrittigen Vertragsänderungen sowie der nach wie vor hohe Anteil von Non-Decision, die das Bild effizienter Entscheidungsverfahren eintrüben. Dabei ist es weniger das Verfahrensmanagement als solches, das zu wünschen übrig lässt, als vielmehr die nach wie vor schwierige Konsensfindung zwischen den Mitgliedstaaten, die den Entscheidungsprozess abbremst. Zwar wurde diese durch die Änderung der Entscheidungsverfahren im Rat deutlich erleichtert, zugleich aber durch die Mitbeteiligung des Parlaments und insgesamt durch das Fortschreiten der Integration im Bereich neuer, bisher nicht vergemeinschafteter Politikfelder tendenziell erschwert. Zwar trägt der immer differenziertere Einbezug von Vertretern der Regierungen der Mitgliedstaaten sowie von externen Akteuren zu einer verbesserten Konsensfindung schon im Vorfeld von formalen Entscheidungen und damit zu deren beschleunigtem Zustandekommen bei; gleichzeitig brechen aber mit dem Ausgreifen der Integration in weitere Bereiche nationaler Verantwortlichkeit immer wieder neue und oftmals vertiefte Interessengegensätze auf. Die Situation kann sich aber im Zuge der erleichterten Mehrheitsentscheidungen nach dem Lissabon-Vertrag, die 2014 in Kraft treten sollen, erneut verändern.

Insgesamt bleibt festzuhalten, dass Effizienzgewinne in den Entscheidungsverfahren regelmäßig abgeschwächt werden durch den Einbezug weiterer Akteure in die Entscheidungsfindung, weiterer Staaten in die EU sowie die Vergemeinschaftung weiterer Politikfelder, kurz: durch den fortschreitenden Integrationsprozess. Umgekehrt werden zunehmende Effizienzverluste aber auch immer wieder korrigiert durch die Ausweitung und Erleichterung von Mehrheitsentscheidungen. Das beinhaltet, Ineffizienzen treten im europäischen Entscheidungsprozess besonders dann auf, wenn die Integration auf neue Bereiche ausgreift. Umgekehrt werden sie regelmäßig in den Bereichen reduziert, die bereits konsolidiert sind und somit einem gesicherten Konsens zwischen den Mitgliedstaaten unterliegen. Ineffizienzen sind daher nicht nur im Verhältnis zu den bereits weitgehend integrierten und daher effizienteren Bereichen zu gewichten – womit die Bilanz sehr viel positiver ausfällt – sondern auch als Indikator eines dynamisch fortschreitenden Integrationsprozesses zu werten, der vor allem dort Probleme aufwirft, wo integrationspolitisches Neuland erschlossen wird.

Vor diesem Hintergrund wäre es denn auch verfehlt, wollte man die europäischen Entscheidungsverfahren einseitig als ineffizient abqualifizieren. Denn gemessen am Umfang und der Komplexität der zu lösenden Aufgaben, an der Einmaligkeit des Vorhabens einer supranationalen Integration auf freiwilliger Basis und am bisherigen quantitativen und qualitativen Output von gesetzlichen Regelungen in einer Fülle von Politikfeldern und -bereichen ist die EU trotz aller Schwerfälligkeit und ihrer aufwendigen Entscheidungspraxis als ein in hohem Maße kooperations- und konsensfähiges System zu werten (Dinan 2012). Das hoch differenzierte Verhandlungssystem, zu dem sich die EU entwickelt hat, erzielt trotz mäßiger Effizienz im Einzelnen ein hohes Maß an Gesamteffizienz. Indem es die unterschiedlichen Belange der Mitgliedstaaten und einzelner transnational oder national organisierter gesellschaftlicher Gruppierungen so weit wie möglich berücksichtigt, werden Konflikte minimiert und im Rahmen eines ausgeklügelten und zunehmend differenzierten Systems von Verhandlungsrunden in einen beachtlichen Korpus von gemeinschaftlichen Rechtsregeln und davon abgeleiteten Verfahrensweisen transformiert.

11.2 Effektivität: Regelungs- und Steuerungskapazität

Die Analyse der *Effektivität* des EU-Systems beinhaltet die Frage, inwieweit das System in der Lage ist, gestaltend in die Entwicklung der Mitgliedstaaten beziehungsweise der gesamten Union einzugreifen und dabei die anvisierten Ziele zu erreichen und die anstehenden Probleme zu lösen. Die Beantwortung dieser Frage würde eine genaue Analyse nicht nur der Gesetzgebungsverfahren, sondern auch der einzelnen Politikfelder der EU und ihrer Implementation in den Mitgliedstaaten voraussetzen. Angesichts der Breite eines solchen Vorhabens sollen im vorliegenden Kontext lediglich die Grundkonstanten der Steuerungsfähigkeit der EU – und damit die Möglichkeiten und Grenzen der Effektivität des Systems – anhand ausgewählter Beispiele herausgearbeitet werden.

Einer solchen Analyse ist zunächst vorauszuschicken, dass das EU-System spezifische Charakteristika aufweist, die seine Steuerungsfähigkeit entscheidend determinieren (Knill 2006: 353–363, Tömmel 2009):

– In der EU bilden sich sehr lange „Steuerungsketten" heraus, da sich europäische Entscheidungen im Mehrebenensystem nur selten direkt an die Adressaten richten, sondern fast immer erst über die staatlichen Instanzen der Mitgliedstaaten oder – in geringerem Maße – über nicht-staatliche Akteure wirksam werden. Es können also „unterwegs" alle Arten von Reibungsverlusten auftreten, die sich dann am Ende der Steuerungskette in einer verminderten Effektivität manifestieren.

– Die relative Autonomie der Kettenglieder – allen voran der Regierungen der Mitgliedstaaten – stellt ein erhebliches Problem für das reibungslose Funktionieren von Steuerungsleistungen dar. Das heißt, die Steuerungsintentionen der europäischen Ebene können von den jeweils beteiligten Akteuren und Institutionen erheblich reduziert oder deformiert werden.

– Der EU kommt keine Allzuständigkeit, das heißt keine Kompetenzkompetenz zu, was ihre Steuerungsfähigkeit erheblich einschränkt. Stattdessen muss sie mit den von den Mitgliedstaaten nur sehr zögernd übertragenen und insgesamt sehr unvollständigen Kompetenzen kreativ umgehen und damit versuchen, den Mangel an Kompetenzen durch alternative Steuerungsstrategien zu kompensieren. Die Folge ist, dass das EU-System zunehmend Steuerungsmodi entwickelt, die nicht auf expliziten Kompetenzzuweisungen basieren und deren Effektivität kontingent ist (vgl. die Beispiele in Tömmel 2007a, Sabel und Zeitlin 2008 und 2010, Tömmel und Verdun 2009).

In der fachwissenschaftlichen Debatte werden die Steuerungsleistungen des EU-Systems in erster Linie unter dem Label regulative versus distributive Politiken (Majone 2005)[7] oder Maßnahmen der „negativen" gegenüber solchen der „positiven" Integration[8] diskutiert (Scharpf 1999, 2008). Allerdings ist zu beachten, dass diese beiden Kategorisierungen nicht deckungsgleich sind; vielmehr können regulative Politiken sowohl Maßnahmen der negativen wie der positiven Integration beinhalten; distributive Politiken gehören allerdings immer dem Spektrum der positiven Integration an. Des Weiteren ist zu beachten, dass die Begriffe regulativ und distributiv nicht das gesamte Spektrum europäischer Politiken abbilden; vielmehr hat sich eine dritter Typus von Politiken herausgebildet, den ich als kooperativ bezeichne (Tömmel 2007b und 2009). Bei diesen Politiken steuert die europäische Ebene lediglich über bestimmte Verfahren der Koordination; die Mitgliedstaaten richten ihre Politiken innerhalb dieses Rahmens aus und kooperieren so mit der EU auf freiwilliger Basis.

Die regulativen Politiken der EU werden von den meisten Autoren als effektiv angesehen, insbesondere dann, wenn sie dem Bereich der negativen Integration angehören und dementsprechend deregulierende Wirkungen entfalten. Distributive Politiken und damit ein Großteil der positiven Integration gelten demgegenüber als weniger effektiv; zudem ist es schwierig, sie überhaupt im EU-System zu realisieren, da für solche Aktivitäten häufig der Konsens im Rat fehlt (Scharpf 1999 und 2008, Majone 2005). Kooperativen Politiken wird in der Regel die geringste Effektivität zugeschrieben, da es in diesem Bereich keine verbindlichen Steuerungsinstrumente gebe, die Kooperation der Mitgliedstaaten oder auch nicht-staatlicher Akteure auf freiwilliger Basis erfolge und diese häufig ihre eigenen Zielsetzungen verfolgten (siehe z. B. Schäfer 2006, Heidenreich und Bischoff 2008, Mailand 2008).

Im Folgenden soll die Effektivität europäischer Steuerung im Rahmen von regulativen, distributiven und kooperativen Politiken herausgearbeitet werden. Dabei ist für jede dieser Politiken zu fragen, welche Rolle die oben genannten Besonderheiten

---

7 Regulative Politiken nutzen primär gesetzliche Regelungen als Steuerungsmodus, während distributive Politiken mit finanziellen Instrumenten arbeiten oder über andere Mechanismen zu distributiven Effekten führen. Diese Begriffe gehen auf Lowi zurück (Lowi 1964). Lowi spricht darüber hinaus auch von redistributiven Politiken, die auf eine bewusste Umverteilung zielen; solche Politiken sind aber in der EU kaum zu finden, da sie eine Solidargemeinschaft voraussetzen.
8 Unter „negativer" Integration versteht man Politiken, die Barrieren, primär für das Funktionieren des gemeinsamen Marktes, beseitigen, während „positive" Integration Politiken beinhaltet, die bewusst gestaltend in die Entwicklung der EU bzw. der Mitgliedstaaten eingreifen. Diese Begriffe wurden von Leo Tindemans, einem belgischen Politiker, erstmalig in den 60er Jahren formuliert.

des EU-Systems für die Effektivität der jeweiligen Politik spielen, nämlich (a) die Länge der Steuerungskette, (b) das Ausmaß an Kompetenzen auf der europäischen Ebene sowie (c) das Ausmaß der Autonomie der involvierten Instanzen, Organisationen und Akteure.

Regulative Politiken der EU sind besonders dort effektiv, wo es um die Schaffung des gemeinsamen Binnenmarktes und damit primär um die Deregulierung nationaler Regelungen geht, oder anders gesagt, um Maßnahmen der *negativen Integration* (Scharpf 1999 und 2008, Young 2010). Der Erfolg in diesem Bereich wird dem Umstand zugeschrieben, dass die Beseitigung von Barrieren für den freien Verkehr von Waren, Kapital, Personen und Dienstleistungen in erster Linie ein Akt der Deregulierung ist, der von einem weitgehenden Konsens zwischen den Mitgliedstaaten getragen wird und zugleich wenig konkreten Regelungs- oder Umsetzungsaufwand auf der nationalen Ebene erfordert. Allerdings ist das Binnenmarktprogramm auch von einem erheblichen Re-Regulierungsaufwand begleitet, der der positiven Integration zuzurechnen ist. Diese Re-Regulierung wurde aber meist ebenfalls mit großer Effektivität realisiert, da die Mitgliedstaaten hiervon eindeutige Vorteile für sich selbst erwarteten (Scharpf 1999, Blauberger 2009, Young 2010). Andere Formen der positiven Integration im Rahmen regulativer Politiken, etwa die Liberalisierung der öffentlichen Dienstleistungen, wurden allerdings von den Mitgliedstaaten weniger positiv aufgenommen (Schmidt 2004).

Der Erfolg des Binnenmarktprogramms hängt aber nicht nur vom Erlass entsprechender gesetzlicher Regelungen ab, sondern auch von einer konsequenten Kontrolle der Einhaltung dieser Regeln (Knill 2006: 353–355). Diese Kontrolle, die der Kommission obliegt, gilt insbesondere im Bereich der Wettbewerbspolitik als effektiv. Die zuständigen Kommissare üben ihr Amt mit wachsender Autorität aus und werden darin vom Europäischen Gerichtshof unterstützt (Van Miert 2000, Cini und McGowan 2008, Wilks 2010). In der Regel einigt man sich aber schon im Vorfeld von juristischen Entscheidungen auf dem Verhandlungswege, wobei die Verhandlungsmacht der Kommission sukzessive gestärkt und somit ihre Autorität in Wettbewerbsfragen ausgebaut werden konnte. Umgekehrt lässt sich aufseiten der Regierungen der Mitgliedstaaten sowie der betroffenen Unternehmen eine erstaunlich hohe Einhaltung der europäischen Wettbewerbsregeln feststellen.

Scharpf (1999 und 2008) sieht die Wettbewerbspolitik der EU als so effektiv, dass sie sogar weit über die von den Mitgliedstaaten intendierten Zielsetzungen hinausschießt. Unter dem Motto der Herstellung fairer Konkurrenzbeziehungen wurden die staatlichen Monopole sukzessive aufgelöst und die entsprechenden Märkte dereguliert: zuerst im Bereich der Telekommunikation, dann im Versicherungswesen, dem Energiesektor und insbesondere der Elektrizitätswirtschaft sowie schließlich in Teilen der Verkehrswirtschaft. Diese Politik greift tief in die sozialstaatliche Verfassung der einzelnen Mitgliedstaaten ein. Denn im Rahmen europäischer Wettbewerbspolitik werden sowohl kommunale Versorgungsnetze, die immer noch teilweise gemeinwohlorientierten Aufgaben verpflichtet sind, als auch gesamtstaatliche Unternehmen, in deren Rahmen ein hohes Maß an Quersubventionierung üblich ist, die aber häufig auch am Subventionstropf des Staates hängen, dereguliert und privatisiert. Gleichzeitig wird aber auch die Arbeitsverfassung solcher Unternehmen, die sich zumeist am Beamtenstatus orientiert und somit beachtliche Privilegien für die Beschäftigten beinhaltet, ausgehebelt. Die Durchsetzung von Wettbewerbsbedingungen in bis *dato* staatlich organisierten Wirtschaftssektoren greift somit tief in die wohlfahrtsstaatliche Verfasstheit sowie die redistributiven Politiken der Mitgliedstaaten ein (vgl. ausführlich Scharpf 1999: 60–69); faktisch beinhaltet sie eine „Kampfansage an die gemischte Wirtschaftsordnung" (Scharpf 2008: 61).

Der Erfolg des Binnenmarktprogramms sowie der europäischen Wettbewerbspolitik ist vor allem darauf zurückzuführen, dass die oben genannten Spezifika des EU-Systems in diesem Bereich kaum eine Rolle spielen. So ist die Steuerungskette in der Regel nicht sehr lang, denn die meisten Regelungen zur Marktordnung und zur Herstellung der vier Grundfreiheiten müssen nicht erst in Gesetzgebung der Mitgliedstaaten umgesetzt werden, sondern sind direkt wirksam. Das beinhaltet, die EU und speziell die Kommission verfügt in diesen Bereichen über weitreichende regulative und auch eindeutig zugewiesene exekutive Kompetenzen (Scharpf 1999, Schmidt 2004). Schließlich respektieren die Mitgliedstaaten weitgehend die gesetzten Regeln, teils, weil sie dem Gesamtprogramm zustimmen, teils, weil Fehlverhalten von den anderen Staaten oder von privaten Akteuren „angezeigt" werden kann.

Betrachtet man dagegen die *regulativen Politiken* der EU, die der *positiven Integration* zuzurechnen sind, so sind diese als deutlich weniger effektiv zu werten (Knill und Tosun 2012). Als Beispiel sei hier die Umweltpolitik angeführt, die in den Verträgen zunächst nicht vorgesehen war, bis zur Gegenwart jedoch eine wachsende Bedeutung in der europäischen Regulierung erlangt hat ((Knill 2006: 358–370, Lenschow 2010, Jordan et al. 2012). Formale Kompetenzen wurden erstmals mit der Einheitlichen Europäischen Akte (EEA, 1987) vertraglich verankert (Art. 130 r–t SEA, jetzt: Art. 191–193 AEUV). Nach Dehousse war dieser Schritt nur dem Umstand zu verdanken, dass die hoch regulierten Länder im Rahmen des Binnenmarktprogramms ein Umweltdumping vonseiten der niedrig regulierten Länder befürchteten (Dehousse 1992: 395). In der Folge kam es aber zur Herausbildung neuer Governance-Modelle in der europäischen Umweltpolitik (Knill 2006, Jordan et al. 2012). Einerseits wird ein weit gefasster regulativer Rahmen gesetzt, der den Mitgliedstaaten erhebliche Handlungsspielräume belässt, andererseits werden innovative Politikformen und -instrumente lanciert, die auf das freiwillige Engagement der Mitgliedstaaten sowie nicht-staatlicher Akteure setzen (Holzinger et al. 2009, Lenschow 2010). Allerdings wird die Freiwilligkeit durch den Einsatz marktförmiger Instrumente oder auch immaterieller Anreize – z. B. die Vergabe von Ökozeichen für die Teilnahme an Umweltauditverfahren – erheblich gefördert und in die gewünschte Richtung gelenkt.

Die Herausbildung neuer Steuerungsmodi in der europäischen Umweltpolitik ist nicht nur als Reaktion auf die unzureichende Kompetenzübertragung vonseiten der Mitgliedstaaten zu werten, sondern auch als Versuch, dem großen Vollzugsdefizit in den Mitgliedstaaten mit anderen Mitteln zu begegnen (Knill und Tosun 2012). Die erweiterten Spielräume der nationalen Regierungen haben jedoch nicht zu einer effektiveren Politik geführt (Jordan et al. 2012). Zudem treten zwischen den Mitgliedstaaten erhebliche Varianzen in der Politikimplementation auf (Knill 2006).

Insgesamt ist somit festzuhalten, dass die regulative Steuerung der EU im Umweltbereich im Vergleich zum Binnenmarktprogramm und der Wettbewerbspolitik weniger effektiv ist. Zwar kommt es im Einzelnen zu konsequenten Regelungen mit hohem Schutzniveau, die Widerstände der Mitgliedstaaten sind aber bei der Umsetzung europäischer Richtlinien erheblich, ganz zu schweigen von den Vollzugsdefiziten. Dies trifft nicht nur für die Staaten mit niedrigen Standards zu, die unter dem Druck der EU überhaupt erst umweltpolitische Regelsysteme einführen müssen, sondern auch und besonders für die hoch regulierten Staaten, die sich nur schwer von ihren traditionellen Vorgehensweisen trennen. Kurzum, im Umweltbereich ist die Steuerungskette in der Regel sehr lang, was zu hohen Reibungsverlusten führt; der EU fehlt es an durchschlagenden Kompetenzen und die Mitgliedstaaten verhalten sich weitgehend autonom. In dieser Situation nutzt die Kommission das Argument der Konkurrenzverfälschung für umweltpolitische Vorstöße; zudem entwickelt sie ein Set von nicht-regulativen oder nicht-distributiven Initiativen, für die es keiner formalen Kompetenzen bedarf, die aber auch keine Garantien für eine erfolgreiche Implementation bieten.

Im Bereich der *distributiven Politiken* stellt sich die Steuerungsfähigkeit der EU im Vergleich zu regulativen Politiken als deutlich problematischer dar. Das wohl am meisten ins Auge springende und viel kritisierte negative Beispiel bildet die gemeinsame Agrarpolitik (Rieger 2005, Nugent 2010, Roederer-Rynning 2010, Conceição-Heldt 2012). Insbesondere der Mechanismus der Agrarpreisstützung, der bis vor Kurzem die Agrarpolitik der Union dominierte, entwickelte sich zu einem Fiasko der europäischen Politik. Dabei war diese Maßnahme in den 60er Jahren – ganz im Gegensatz zu dem seinerzeit in den meisten Mitgliedstaaten dominierenden Agrarinterventionismus und -protektionismus – als Mittel zum Aufbau eines funktionierenden gemeinsamen Agrarmarktes konzipiert (Daugbjerg 2012: 90). Im Falle des Unterschreitens von bestimmten Mindestpreisen sollte mit Preisstützungsmaßnahmen interveniert werden (Daugbjerg 2012: 92).[9] In der Folge beschränkte sich dieses Vorgehen aber nicht auf Ausnahmesituationen, sondern wurde zum Regelfall (Rieger 2005). Produzenten stellten sich darauf ein, indem sie die Produktion ohne Rücksicht auf die Aufnahmekapazität der Märkte steigerten. Die daraufhin an-

---

9 Dabei lag das ursprüngliche Preisniveau deutlich *unter* dem bestimmter Mitgliedstaaten, etwa der BRD (Pinder 1991: 80).

schwellenden Butterberge, Milch- und später Weinseen wurden, nachdem die Lagerhaltungskosten ins Absurde stiegen, mithilfe von weiteren Subventionsleistungen auf dem Weltmarkt gedumpt (Nugent 2010: 359–364, Conceição-Heldt 2012: 162–165).

Erst zu Beginn der 90er Jahre gelang es, angesichts der anvisierten Osterweiterung der Union und unter massivem internationalem Druck im Rahmen der GATT- beziehungsweise WTO-Verhandlungen, eine Wende in der Agrarpolitik einzuleiten (Rieger 2005: 180, Daugbjerg und Swinbank 2007, Daugbjerg 2012). So wurden die Subventionen reduziert, die Interventionsschwellen gesenkt und bestimmte Subventionen gänzlich aufgehoben. Im Jahre 2003 kam es dann zu einer grundlegenden Reform der gesamten Politik. Ebenso wie in der Umweltpolitik wurden Disparitäten zwischen den Mitgliedstaaten nunmehr akzeptiert. Dementsprechend wurden nur noch allgemeine Zielsetzungen und Parameter auf der europäischen Ebene festgelegt, während die gesamte Politikimplementation auf die Mitgliedstaaten dezentralisiert wurde (Daugbjerg und Swinbank 2007, Roederer-Rynning 2010, Daugbjerg 2012: 100–102). Nach mehr als 40 Jahren Fehlentwicklungen wurde somit das Ziel einer gemeinsamen Agrarpolitik stillschweigend fallengelassen zugunsten eines Flickenteppichs, der weitgehend von den Mitgliedstaaten gestaltet wird.

Fragt man nun nach den Gründen für das Fiasko der europäischen Agrarpolitik, so liegen diese weder im Fehlen von Kompetenzen der europäischen Ebene noch in besonders langen Steuerungsketten. Vielmehr nutzten in diesem Politikfeld immer einzelne Mitgliedstaaten, insbesondere Frankreich, ihre Vetomacht zur Verhinderung eines Politikwechsels. Zudem gelang es mächtigen Agrarverbänden schon frühzeitig, die europäischen Institutionen für ihre Partikularinteressen einzunehmen („capturing", vgl. Nugent 2010: 356–358). Paradoxerweise brachte dies den europäischen Bauern kaum Vorteile; sie sind denn auch wie keine andere berufsständische Gruppe extrem unzufrieden mit der EU-Politik.

Eine Bewertung der europäischen Agrarpolitik mit ihren extrem dirigistischen Instrumenten muss allerdings berücksichtigen, dass hier ein Sonderfall vorliegt. Denn die weitreichenden Interventionen in den Agrarmarkt sind ebenso wie der Dirigismus im Kohle- und Stahlsektor sowie im Atombereich als Relikte der Anfangsjahre der Integration zu werten, in denen solche Praktiken üblich waren (Tömmel 2012). Doch während der Dirigismus in den meisten Fällen stillschweigend fallengelassen wurde, konnte er sich im Agrarsektor aus den oben genannten Gründen als zähes Relikt der Anfangsjahre der Integration halten. Die europäische Agrarpolitik ist somit nicht als typischer Fall europäischer Politikgestaltung zu werten.

Demgegenüber kann die europäische Kohäsionspolitik geradezu als paradigmatisch für die Vorgehensweise der EU im distributiven Bereich gelten, und das in zweifacher Hinsicht: Zum einen hat sich im Rahmen dieser Politik ein ganzes Spektrum von Verfahrensweisen herausgebildet, das in der Folge auf eine Reihe von weiteren distributiven Politiken übertragen wurde, ja Letztere überhaupt erst ermöglichte und somit in einer Proliferation solcher Politiken ausmündete. Zum andern reflektieren diese Verfahrensmodi in besonderer Weise die Charakteristika des EU-Systems, das heißt, sie haben sich in enger Anpassung an diese herausgebildet, wodurch sie sich insgesamt – trotz aller Funktionsprobleme im Einzelnen – zu einem konsistenten und effektiven Steuerungsmodus entfalten konnten.

Die europäische Kohäsionspolitik wurde primär von der Kommission konzipiert, auch wenn die Mitgliedstaaten ursprünglich gänzlich andere Konzepte favorisierten. So wollten die Mitgliedstaaten die Kohäsionspolitik auf einen Finanztransfer zwischen „reichen" und „armen" Ländern beschränken. Demgegenüber strebte die Kommission von Anfang an eine moderne Form der regionalen Wirtschaftsförderung an, und es gelang ihr auch, diese Konzeption über mehrere Reformen durchzusetzen. Den Kern dieser Reformen bildet das System der Partnerschaft, das der Kommission während des gesamten Politikzyklus direkte Interaktionen mit den nationalen Regierungen, den Regionen sowie teilweise auch nicht-staatlichen Akteuren ermöglicht (vgl. Kap.9, Tömmel 2006). Über diese Interaktionen und den Anreiz umfangreicher Fördermittel gelingt es, die betroffenen dezentralen Akteure auf die Umsetzung europäischer Politikziele zu orientieren und gleichzeitig passende Verfahrensmodi „nach unten" zu transferieren. Damit konnte die Kohäsionspolitik ein vergleichsweise hohes Maß an Effektivität erreichen. Nicht zuletzt deshalb wurden ihre Verfahrensmechanismen auf eine Reihe von weiteren distributiven Politiken übertragen.

Im Bereich der europäischen Kohäsionspolitik ist es somit erstmals gelungen, bei vergleichsweise geringer Kompetenzausstattung auf der europäischen Ebene, einer extrem langen Steuerungskette und gleichzeitig einem hohen Maß an Autonomie *und* Divergenz aufseiten der Mitgliedstaaten eine relativ effektive Politik zu betreiben. Diese kann zwar nicht die konkreten Resultate der Politik am Ende der Steuerungskette determinieren, wohl aber die dezentralen Akteure auf die gewünschten Ziele, Politikinhalte und Verfahrensweisen hin orientieren und somit die Kette überhaupt erst als solche konstituieren. Es ist allerdings hervorzuheben, dass bei der Implementation dieser Politik häufig Probleme auftreten, beispielsweise Verzögerungen bei der Umsetzung von Programmen oder erhebliche Abweichungen von den ursprünglichen Konzepten. Die Steuerung gelingt somit nicht durchgängig bis ins letzte Kettenglied, sondern verliert auf dem langen Weg einen Teil ihrer Bindungskraft.

Die Effektivität *kooperativer Politiken* ist vergleichsweise schwierig einzuschätzen. Kooperative Politiken nutzen weder gesetzliche Regulierungen noch distributive Maßnahmen als Steuerungsmechanismen; vielmehr beruhen sie ausschließlich auf der Politikkoordination vonseiten der europäischen Institutionen sowie der freiwilligen Kooperation der Mitgliedstaaten in diesem Rahmen (Tömmel 2000). Kooperative Politiken haben sich in der EU besonders in den Feldern herausgebildet, in denen die Mitgliedstaaten weder Kompetenzen aus der Hand geben noch Finanzmittel bereitstellen wollten, gleichzeitig jedoch ein großer Handlungsdruck bestand. Angesichts dieser Situation entwickelte die Kommission mit Unterstützung des Rates neue Verfahren der organisierten Kooperation, um die Politiken der Mitgliedstaaten in eine bestimmte Richtung zu lenken. Die prinzipiell „weiche" Steuerung in diesem Bereich wird über den Einsatz von Konkurrenzmechanismen verstärkt (Benz 2009, Tömmel 2009). Der Einsatz von kooperativen Politiken kann aber auch als Reaktion auf die systembedingt langen Steuerungsketten im EU-System interpretiert werden. Da im Zuge eines langen Steuerungswegs regulative Maßnahmen ihre Wirksamkeit verlieren, mag es angemessener erscheinen, die Mitgliedstaaten nicht in eine bestimmte Richtung zu zwingen, sondern deren Engagement zu wecken und ihr Eigeninteresse in einen auf der europäischen Ebene definierten Kooperationsrahmen einzubinden.

Als Beispiel für eine auf Kooperation beruhende Politik sei hier die europäische Beschäftigungsstrategie (EBS) angeführt. Für eine solche Politik besitzt die EU keinerlei formale Kompetenzen; im EU-Vertrag ist jedoch ein Verfahren zur Koordination der Beschäftigungspolitiken der Mitgliedstaaten unter der Regie der europäischen Organe festgelegt (Art. 148 AEUV). Das Verfahren, das auch unter dem Namen Offene Methode der Koordination (OMK) firmiert, besteht aus vier Stufen (Armstrong und Kilpatrick 2007). (1) Im Rahmen von Schlussfolgerungen des Europäischen Rates und auf Vorschlag der Kommission legt der Rat jährlich Leitlinien für die Beschäftigungspolitiken der Mitgliedstaaten fest. (2) Die Mitgliedstaaten erarbeiten unter Berücksichtigung dieser Leitlinien Nationale Reformprogramme, in denen sie die Zielsetzungen, Prioritäten und konkreten Maßnahmen ihrer Beschäftigungspolitiken formulieren. (3) Jährlich legen sie den europäischen Organen Berichte über die Implementation der Reformprogramme vor, die die Kommission zu einem Gesamtdokument zusammenfasst. (4) Der Rat prüft den Beschäftigungsbericht im Lichte der Leitlinien; gegebenenfalls richtet er Empfehlungen an einzelne Mitgliedstaaten und passt die Leitlinien an, sodass ein neuer Implementationszyklus beginnen kann. Der Gesamtprozess wird von Peer-Review- und Benchmarking-Verfahren flankiert, die der Bewertung und dem Vergleich nationaler Politiken sowie dem Austausch von Best-Practice-Erfahrungen dienen. Eine weitere Flankierung wird über die europäische Kohäsionspolitik geleistet, die die finanzielle Förderung von innovativen Beschäftigungsinitiativen ermöglicht.

Wenngleich die Partizipation an den Verfahren verpflichtend ist, sind die Mitgliedstaaten doch formal frei, ihre Beschäftigungspolitiken nach eigenem Ermessen zu gestalten. Allerdings setzen die Verfahren mit ihren Berichten, Vergleichen und Peer Reviews starke Konkurrenzmechanismen in Gang, sodass ein gewisser Druck zur Anpassung an europäische Leitlinien und Vorgaben besteht (Benz 2009). Die Effektivität der EBS ist aus mehreren Gründen schwierig einzuschätzen. Zum einen verkehren die Koordinationsverfahren noch eher in einem experimentellen Stadium; dementsprechend wurde die EBS seit ihren ersten Anfängen bereits mehrere Male grundlegend reformiert. Gegenwärtig ist sie eng mit der makroökonomischen Koordinierung im Rahmen der WWU verzahnt; zudem ist sie ein Teilbereich der Europa-2020-Strategie, die das Wirtschaftswachstum der EU über verschiedene

Reformen und Initiativen ankurbeln soll. Zum anderen sind eventuelle Effekte der EBS nicht eindeutig dem Steuerungsmodus der EU oder dem möglicherweise davon unabhängigen Engagement der Mitgliedstaaten zuzuordnen. Die Meinungen zur Effektivität der EBS gehen denn auch weit auseinander (vgl. beispielsweise Schäfer 2006, Heidenreich und Bischoff 2008, Mailand 2008, Weishaupt und Lack 2011).

Im vorliegenden Kontext ist zu beachten, dass kooperative Politiken durch das Fehlen von Kompetenzen auf der europäischen Ebene, eine größtmögliche Autonomie der mitgliedstaatlichen Akteure sowie durch sehr lange Steuerungsketten gekennzeichnet sind; dementsprechend hängt ihre Effektivität von einer Vielzahl von Faktoren ab, die die EU nur in sehr begrenztem Maße steuern kann. Diese Politiken unterliegen somit einer sehr offenen Form der Steuerung, die vor allem ergebnisoffen ist. Ihre Effekte sind denn auch weniger an konkreten Resultaten oder definierten Zielmarken abzulesen – etwa einer signifikanten Verringerung der Arbeitslosigkeit – als vielmehr am Grad der Mobilisierung mitgliedstaatlicher Akteure für eine reformorientierte und innovative Beschäftigungspolitik. In dieser Hinsicht scheint es durchaus Effekte zu geben, wenngleich nicht in dem gewünschten Maße (Weishaupt und Lack 2011).

Eine zusammenfassende Betrachtung der Steuerungsfähigkeit der EU und damit auch der Effektivität des Systems führt zu einer differenzierten Bewertung. So ist die Steuerungskapazität im regulativen Bereich dann besonders groß, wenn die EU über direkte Kompetenzen verfügt, die Steuerungskette somit kurz ist, und wenn zugleich die europäischen Aktivitäten vom Grundkonsens der Mitgliedstaaten getragen werden. Umgekehrt erweisen sich regulative Politiken der EU als weniger effektiv, wenn die Steuerungskette lang ist, die Kompetenzen auf der europäischen Ebene begrenzt sind und dementsprechend die Autonomie der Mitgliedstaaten und der Dissens zwischen ihnen groß ist.

In den distributiven Politiken stellen sich die Beziehungen umgekehrt dar: Hier konnten bei weitreichenden direkten Kompetenzen der EU einzelne Player übermäßig Einfluss gewinnen und somit eine effektive Politik verhindern (Agrarpolitik); umgekehrt gelang es der Kommission bei scheinbar ungünstigen Bedingungen – begrenzte direkte Kompetenzen, lange Steuerungswege, hohe Autonomie der Mitgliedstaaten – einen wirksamen Steuerungsmodus zu entwickeln, der sich auf komplexe Verhandlungsabläufe stützt (Kohäsionspolitik). Als begünstigende Rahmenbedingung ist hier allerdings auf beträchtliche Finanzmittel zu verweisen, die für die staatlichen oder nicht-staatlichen Akteure in den Mitgliedstaaten starke Anreize für die Teilnahme an entsprechenden Verhandlungen und Aktivitäten bieten. Als Einschränkung ist zu betonen, dass über diese Form der Steuerung nicht die konkreten Outcomes der Politik determiniert, sondern lediglich die dezentralen Akteure mobilisiert werden können. In den kooperativen Politiken beschränken sich europäische Kompetenzen auf die Festlegung von Koordinationsverfahren, während die Mitgliedstaaten ihre Autonomie bewahren; die Steuerungsketten sind somit *per definitionem* sehr lang. Dementsprechend beziehen sich mögliche Effekte in noch geringerem Maße auf konkrete Resultate; vielmehr sind entsprechende Politiken als effektiv anzusehen, wenn es ihnen gelingt, mitgliedstaatliche Akteure zu mobilisieren. Bisher ist dies jedoch nur in begrenztem Maße der Fall.

An dieser Stelle lassen sich allerdings grundlegendere Schlussfolgerungen ziehen. Effektivität im klassischen Sinne ist im Mehrebenensystem der EU allenfalls in den Bereichen zu erwarten, in denen die EU direkte Kompetenzen besitzt, also in der Marktintegration und eventuell einigen benachbarten Aktivitäten. In allen anderen Politikfeldern, in denen die europäische Ebene allenfalls partielle Kompetenzen besitzt oder sich auf rein koordinative Aufgaben beschränken muss, können nennenswerte Effekte am Ende langer Steuerungsketten allenfalls in der Mobilisierung dezentraler Akteure bestehen. Eine solche Steuerungsleistung kann entweder über organisierte Verhandlungsprozesse, unterstützt von flankierenden Fördermitteln (Beispiel Kohäsionspolitik) oder aber über koordinative Verfahren zur Politikkooperation (Beispiel EBS) erzielt werden.

Es bilden sich somit im Mehrebenensystem der EU neuartige Modi der Governance heraus, deren Effektivität nach spezifischen Kriterien zu bewerten ist. Diese Modi der Governance zielen weniger auf die direkte Steuerung der Endadressaten der Politik, als vielmehr auf die Steuerung von Steuerungsakteuren. In Anlehnung an Kooiman (2003) sind diese Formen der Governance als „second-order governance" zu werten. Ich bevorzuge für die EU die Bezeichnung Governance der Governance (Tömmel 2012). Konkret handelt es sich dabei um Steuerungsformen, bei denen nicht Zielvorgaben und Verhaltensnormen an Endadressaten gerichtet, sondern Governance-Modelle auf dezentrale Steuerungsorgane und -akteure übertragen werden. In diesem Rahmen wird somit nicht vonseiten der EU konkret gelenkt, gestaltet oder gar dirigiert; vielmehr werden Konzepte für gestaltendes Handeln der Regierungen und Verwaltungen der Mitgliedstaaten, der subnationalen Ebene sowie nicht-staatlicher Akteure über entsprechende Verfahren erarbeitet, strukturiert, und teilweise auch transferiert.

11.3 Schlussfolgerungen

In diesem Kapitel wurde einerseits die Effizienz der institutionellen Architektur der EU sowie ihrer Entscheidungsverfahren, andererseits die Effektivität europäischer Governance beziehungsweise politischer Steuerung untersucht. In beiden Fällen konnten keine eindeutigen Schlussfolgerungen gezogen werden, da positive und negative Aspekte eng miteinander verflochten sind. Jede Bewertung der Effizienz und Effektivität der EU hängt zudem von den jeweiligen Kriterien ab und insbesondere davon, ob die EU aus dem Blickwinkel eines nationalen Staates oder aber einer neuen politischen Ordnung jenseits des Nationalstaats betrachtet wird.

Hinsichtlich der *Effizienz* kann aus einer nationalstaatlichen Perspektive der Schluss gezogen werden, dass die EU kein besonders effizientes System ist. Für diese Einschätzung sprechen mehrere Gründe: die dualistische oder bizephale institutionelle Struktur, die vielfältigen Überschneidungen und Verflechtungen zwischen den europäischen Institutionen sowie zwischen den Regierungs- und Verwaltungsebenen der EU, die komplexen und aufwendigen Entscheidungsverfahren, und schließlich die vielfältigen Externalitäten, die letztendlich auf die Mitgliedstaaten abgewälzt werden. Die Bewertung sieht allerdings anders aus, wenn die EU als ein System gewertet wird, das eine Reihe von sehr unterschiedlichen Staaten unter weitgehender Respektierung ihrer Souveränität integriert. Dann erscheinen die differenzierte institutionelle Struktur der EU und die komplexen Entscheidungsverfahren als effizient und geeignet, um die Ziele der Integration zu erreichen. Sie können sogar als bemerkenswert und, im Vergleich zu anderen internationalen Organisationen, als einmalig gewertet werden.

Die *Effektivität* der Governance und politischen Steuerung der EU erscheint aus der nationalstaatlichen Perspektive ebenfalls als eher gering. In den meisten Fällen erzielt die EU allenfalls indirekte Effekte in Bezug auf Entwicklungen in den Mitgliedstaaten. Dabei stützt sie sich auf eine Vielzahl von Akteuren, die über lange Steuerungsketten allenfalls mobilisiert, jedoch nicht dirigiert werden können. Dementsprechend hängen die Effekte letztendlich vom Engagement und den Aktivitäten nationaler und regionaler Instanzen sowie nicht-staatlicher Akteure ab. Ein hohes Maß an Effektivität wird lediglich im Bereich der Marktintegration erzielt, in dem die Union über weitreichende Kompetenzen verfügt und die ökonomischen Akteure ohne Mitwirkung nationaler Regierungen direkt steuern kann. Diese Effektivität beruht zudem auf einem weitreichenden Konsens zwischen den Mitgliedstaaten. Tatsächlich war ja das Ziel der Liberalisierung der Märkte das Hauptmotiv für die Gründung der Gemeinschaften und später die Transformation der Union.

Betrachtet man die Union jedoch als eine neue politische Ordnung jenseits des Nationalstaates, dann ist ihre Effektivität bemerkenswert. Die EU hat spezifische Governance-Modi entwickelt, die die Resultate der Politik nicht bestimmen können, die aber in der Lage sind, öffentliche Institutionen und nicht-staatliche Akteure auf allen Ebenen für die Verfolgung europäischer Zielsetzungen und die Implementation entsprechender Politiken zu mobilisieren. Indem die EU so schrittweise ein System der Governance von Governance etabliert, ist sie als sehr erfolgreich zu bewerten. Damit entwickelt sich die EU zu einem effektiven System der politischen Steuerung, auch wenn ihre Steuerungsleistungen nicht in der direkten Erzeugung von eindeutigen Resultaten bestehen.

Abschließend ist somit die EU als eine neue politische Ordnung jenseits des Nationalstaates zu werten. Dabei ist allerdings zu berücksichtigen, dass diese Ordnung noch nicht voll zur Entfaltung gekommen ist; jeder Bewertung kommt daher nur eine vorläufige Gültigkeit zu.

12 Demokratische Legitimation der EU

Legitimationsprobleme und das damit verbundene demokratische Defizit stellen wohl das meist diskutierte Funktionsproblem der EU dar. Die intensive Erörterung dieser Problematik ebenso wie konkrete Vorschläge zu ihrer Behebung begleiten denn auch den Integrationsprozess von seinen Anfängen bis zur Gegenwart. Allerdings hat sich die Debatte seit dem Maastrichter Vertrag deutlich intensiviert, weil in dessen Folge erstmals deutlich wurde, dass die Bürger Europas den Integrationsprozess keineswegs wohlwollend tolerieren, sondern umgekehrt unabsehbare Konsequenzen befürchten und deshalb lieber das Bremspedal bedient sehen wollen. Seit somit die Zeit vorbei ist, in der die Eliten das Ausmaß und die Richtung der europäischen Integration unter sich ausmachen konnten, steht die Schaffung eines demokratischeren Systems auf der Tagesordnung. Ein solches Unterfangen erweist sich aber schnell als Zwickmühle, denn alle „gängigen" Methoden zur Demokratisierung der EU tendieren zu einer Stärkung der supranationalen Integrationsdynamik und damit des Staatscharakters des Systems (Majone 2005). Es versteht sich, dass eine solche Entwicklung weder von den politischen Eliten, noch von den Bürgern Europas erwünscht ist.

In der akademischen Debatte über die demokratische Verfasstheit der EU wird ihr häufig eine vollwertige Legitimation abgesprochen (z. B. Lord 2004, Hix 2008); nur wenige Autoren sind der Ansicht, dass die EU ausreichend legitimiert sei (z. B. Moravcsik 2002). Das resultierende Demokratiedefizit wird vor allem in der institutionellen Struktur der Union gesehen: der unzureichenden Macht des Parlaments, einer unklaren Gewaltenteilung zwischen den europäischen Organen, einer Dominanz der Exekutive gegenüber der Legislative und schließlich den generell intransparenten Entscheidungsprozessen (Huget 2007). Bei der Betrachtung demokratischer Legitimation unterscheidet Scharpf zwischen zwei Dimensionen: einerseits der input-orientierten, andererseits der output-orientierten Legitimation (Scharpf 1999: 16–28). Während Erstere die Herrschaft „durch das Volk", also das Zustandekommen von politischen Entscheidungen entsprechend dem Willen des Volkes betont, bezieht sich Letztere auf die „Herrschaft für das Volk", also politische Entscheidungen, die „auf wirksame Weise das allgemeine Wohl im jeweiligen Gemeinwesen fördern" (Scharpf 1999: 16). Scharpf geht davon aus, dass im EU-System vor allem die Input-Legitimation unzureichend ist, während er die Output-Legitimation als weniger problematisch wertet. Andere Autoren sehen jedoch auch die Output-Legitimation der EU als fragwürdig. Im Folgenden soll die input-orientierte Legitimation im Zentrum der Analyse stehen, denn diese ist eng mit der institutionellen Struktur der EU verbunden. Demgegenüber bezieht sich die output-orientierte Legitimation auf die Ergebnisse der europäischen Politik im Verhältnis zu den Wünschen und Interessen der Bürger; eine Thematik, die im vorliegenden Zusammenhang weniger von Bedeutung ist.

In diesem Kapitel geht es zunächst um die Frage, worin genau das Demokratiedefizit der EU besteht und inwieweit es die Legitimation des Systems einschränkt. Sodann werden die verschiedensten Vorschläge zur Behebung des Demokratiedefizits der Union vorgestellt. Schließlich wird das demokratische Potenzial herausgearbeitet, das die institutionelle Struktur sowie die Entscheidungsverfahren der Union bieten und das deutlich von dem abweicht, was von nationalen demokratischen Systemen bekannt ist. Dabei vertrete ich die These, dass es genau die demokratischen Defizite der Union sind, die den Ausgangspunkt für die Herausbildung von alternativen, postnationalen Formen demokratischer Repräsentation und Partizipation bilden und somit dem EU-System Legitimation verleihen.

12.1 Demokratisches Defizit

Eine nähere Betrachtung des demokratischen Defizits des EU-Systems verdeutlicht, dass es sich hier um ein vielschichtiges Problem und somit um eine Reihe von Defiziten handelt. Diese werden in der Regel anhand dreier, hochgradig interdependenter Aspekte diskutiert (Abromeit 1998, Lord 2004, Follesdal und Hix 2006, Huget 2007, Hix 2008, Majone 2009, Rittberger 2010; als Gegenposition vgl. Moravcsik 2002 und 2008):
- der unzureichenden und vor allem der unüblichen Gewaltenteilung zwischen den europäischen Organen;
- der fehlenden oder unzureichenden demokratischen Legitimation der europäischen Organe;
- der Verschiebung von Entscheidungen von der Legislative zur Exekutive und der mangelnden Kontrollierbarkeit der Entscheidungen durch demokratisch legitimierte Organe.

Als weiteres Argument für ein demokratisches Defizit der EU gilt auch der Umstand, dass durch die sukzessive Übertragung von Kompetenzen von der nationalen auf die europäische Ebene den demokratisch legitimierten Organen der Mitgliedstaaten Rechte entzogen werden, die jedoch die EU wegen des Fehlens ähnlich legitimierter Organe nicht hinzugewinnt (z. B. Greven 2000). Diese Argumentation bezieht sich allerdings eher auf die geringe demokratische Legitimität des EU-Systems in seiner Allgemeinheit und weniger auf konkrete Defizite, die nicht schon in den oben angeführten Punkten enthalten wären.

Unterzieht man diese drei Punkte einer näheren Betrachtung, dann ist zur *Gewaltenteilung* in der EU festzustellen, dass diese unzureichend entwickelt und sehr unüblich organisiert ist: Kommission und Rat nehmen beide Legislativ- und Exekutivfunktionen wahr, wenngleich in sehr unterschiedlicher Gewichtung. Darüber hinaus teilen sich der Rat und das Parlament die Entscheidungsmacht in der Legisla-tivfunktion, wobei aber dem Rat trotz der enormen Kompetenzzuwächse des EP eine klare Dominanz zukommt (vgl. Kap. 6 und 8). Parlament und Rat sind aber beide in ihrer Gesetzgebungsfunktion eingeschränkt, da sie nicht über ein Initiativrecht verfügen (Bartolini 2005a: 153–160, Follesdal und Hix 2006).

Der zweite Punkt, die *fehlende oder unzureichende demokratische Legitimation*, trifft insbesondere auf die europäischen Organe zu, die die wesentlichen Machtres-sourcen besitzen: die Kommission und den Rat sowie den Europäischen Rat. Die Kommission mit ihren weitreichenden legislativen und exekutiven Befugnissen ist überhaupt nicht demokratisch legitimiert; die Räte mit ihrer umfassenden Entschei-dungsmacht sind es allenfalls indirekt, indem ihre Mitglieder auf der nationalen Ebene ein Wahlamt innehaben. Die Räte sind jedoch in ihrer Gesamtheit nicht re-chenschaftspflichtig für ihre Entscheidungen (Lord 2008). Umgekehrt fehlen dem Parlament als einzigem, durch Direktwahlen demokratisch legitimiertem Organ der EU bestimmte Kompetenzen, die nationale Parlamente immer haben (siehe unten).

Keines der vier Organe besitzt bedeutende Kontrollrechte gegenüber den jeweils anderen. Lediglich das Parlament kann die Kommission in begrenztem Maße kon-trollieren; von der Kommission wird allerdings erwartet, dass sie als unabhängiges Organ agiert. Rat und Europäischer Rat werden von keinem Organ kontrolliert, al-lenfalls ihre einzelnen Mitglieder sind im Rahmen der jeweiligen nationalen po-litischen Systeme den dortigen Parlamenten rechenschaftspflichtig. Solche Kontrol-len, falls sie überhaupt ausgeführt werden, lassen sich aber nicht zu einer Kontrolle der Räte insgesamt summieren (Lord 2008: 318, siehe auch Bartolini 2005a: 154). Aufgrund der mangelnden Transparenz europäischer Entscheidungsprozesse be-stehen zudem kaum operationalisierte Verfahren, über die Regierungsvertreter für europäische Entscheidungen zur Verantwortung gezogen werden könnten. Die mit dem Lissabon-Vertrag eingeführten Rechte der nationalen Parlamente haben bisher kaum zu einer wirksamen demokratischen Kontrolle der europäischen Organe ge-führt (Cooper 2012).

Der dritte Punkt, die *Verschiebung von Entscheidungen von der Legislative zur Exekutive*, hängt eng mit dem ersten zusammen, weist aber zugleich auch über die-sen hinaus. So liegen die wesentlichen Entscheidungen auf der europäischen Ebene trotz der gewachsenen Kompetenzen des EP bei Kommission und Rat sowie Europä-ischem Rat, die sich allesamt aus Vertretern der Exekutive zusammensetzen (die Mi-nister sowie die Regierungschefs sind die Spitzen der Exekutiven in den Mitglied-staaten). Auch eine Reihe von untergeordneten Entscheidungen, sei es in den Be-ratungsgremien der Kommission, sei es in den Arbeitsgruppen des Ministerrats, sei es in den der Kommission zugeordneten Verwaltungsausschüssen (Stichwort: Ko-mitologie), fallen in die Verantwortung von Vertretern vornehmlich der nationalen Exekutiven; und selbst der Ausschuss der Regionen, der häufig als Beitrag zur Verminderung des demokratischen Defizits präsentiert wird, besteht fast ausschließlich aus Repräsentanten regionaler und kommunaler Exekutiven (vgl. Kap. 9.2).

Während das Gewicht der Exekutiven auf der europäischen Ebene zunimmt, werden die demokratisch legitimierten Organe der Mitgliedstaaten zunehmend in ihren Entscheidungsrechten eingeschränkt. Das gilt sowohl für die nationalen Parlamente, die EU-Entscheidungen kaum kontrollieren können, auch wenn der Lissabon-Vertrag ihnen diese Funktion zuweist (Auel 2007, Auel und Benz 2007, Cooper 2012). Zudem gilt es für Parlamente der regionalen Ebene, die häufig nicht einmal gefragt oder gehört werden, wenn Teile ihrer Kompetenzen der EU übertragen werden. Schließlich gilt das oben Gesagte auch für Wirtschafts- und Sozialpartner und andere organisierte Interessen, da deren direkte Einflussmöglichkeiten auf öffentliche Entscheidungsprozesse minimiert werden.

Der stattliche Katalog von demokratischen Defiziten lässt sich noch weiter anreichern, wenn man die einzelnen Punkte einer detaillierteren Betrachtung unterzieht. Dies soll im Folgenden exemplarisch für das Europäische Parlament vorgenommen werden, an dessen Demokratiedefiziten sich die Debatte besonders entzündet, nicht zuletzt deshalb, weil das Parlament selber regelmäßig eine solche Argumentation bemüht, um mehr Rechte zu bekommen. Das EP weist nämlich nicht nur wegen seiner unvollständigen Legislativfunktionen, sondern auch wegen einer Reihe von weiteren Besonderheiten, die eng miteinander zusammenhängen, erhebliche Legitimationsdefizite im Vergleich zu nationalen Parlamenten auf.

Als Erstes ist in diesem Zusammenhang das Wahlverfahren zu nennen, das *bis dato* nach den jeweiligen Verfahren der Mitgliedstaaten erfolgt und somit sehr verschiedenartige Systeme summiert (Duff 2010: 58–63). Zwar wird von allen Mitgliedstaaten das Verhältniswahlrecht praktiziert, nachdem auch Großbritannien für die Europawahlen hierzu übergegangen ist (seit der Wahl im Sommer 1999); trotzdem verbleiben immer noch Unterschiede in der Repräsentation (Ovey 2002). Beispielsweise praktiziert ein Teil der Mitgliedstaaten eine Sperrklausel, die den Einzug kleiner Parteien in das EP verhindert, während andere Staaten ohne eine solche Klausel ein fraktioniertes Parteienspektrum entsenden. In den großen Staaten werden wesentlich mehr Stimmen benötigt, um einen Sitz im EP zu erringen; die einzelnen Parlamentarier sind damit sehr unterschiedlich legitimiert.

Als zweites, schwererwiegendes Problem ist auf das Fehlen eines europaweiten Wahlkampfs zu verweisen (Hix 2008). Wahlkämpfe zum EP werden mit nationalen Themen bestritten, wodurch die Europawahlen zwangsläufig den Charakter von Second-Order-Wahlen annehmen (Reif und Schmitt 1980, Marsh und Mikhailov 2010). Dies ist angesichts eines so umstrittenen Projekts wie der europäischen Integration als äußerst problematisch zu werten, da die Wähler sich so kaum über das Ob und Wie der Integration aussprechen können. Mit Ausnahme einiger kleiner Parteien am rechten und am linken Rand des Spektrums sind die nationalen Parteien in dieser Frage kaum polarisiert (Follesdal und Hix 2006). Diese Problematik wird, zum Dritten, weiter verschärft durch das Fehlen von europäischen Parteien, die entsprechende Alternativen zur Diskussion stellen könnten. Stattdessen treten bei Wahlen die jeweiligen nationalen Parteien an, wobei in einzelnen Ländern einige wenige, in anderen dagegen mehr als 20 Parteien zur Auswahl stehen. Nicht von ungefähr ist denn auch das Interesse der Bürger an EP-Wahlen äußerst gering.

Zum Vierten aggregieren sich die Parteien nach den Wahlen auf der europäischen Ebene zu ganz anderen Bündnissen, als man es erwarten würde. Zwar bilden die Delegierten ideologisch verwandter Parteien im Europäischen Parlament Fraktionen; diese erreichen aber in keiner Weise die Kohärenz nationaler Parlamentsfraktionen (vgl. Kap. 7.3). Denn während schon die großen Fraktionen ein weitgespanntes Spektrum von politischen Parteien umfassen – die Sozialisten, weil es in den Mitgliedstaaten nach wie vor große ideologische Divergenzen gibt; die Christdemokraten und Konservativen, weil sie es zur Politik gemacht haben, möglichst viele Parteien zu bündeln, um stärkste Fraktion zu sein – können die kleineren ohnehin nur Zweckbündnisse der Übriggebliebenen eingehen. Die Fraktionen des EP sind somit kaum in der Lage, klare parteipolitische Profile, geschweige denn politische Polarisierungen auszubilden (für eine Gegenposition siehe Hix et al. 2005, Hix 2008). Ihre Haltung im EP reflektiert somit nur unzureichend den Wählerwillen (Rose und Borz 2013).

Eine deutlichere politische Polarisierung wird aber – fünftens – auch durch die Besonderheiten der institutionellen Struktur der EU verhindert. So hat das EP keine Exekutive oder gar eine Regierung zu wählen und somit weder die Unterstützung, noch die Kontrolle einer solchen Institution zu leisten. Es fehlt also eine Polarisierung zwischen Regierungs- und Oppositionsparteien, was wiederum die Verdeutlichung unterschiedlicher Positionen und Optionen gegenüber den Wählern behindert. Eine klare parteipolitische Polarisierung wird darüber hinaus erschwert, weil das Parlament im Rahmen des Verfahrens der Ordentlichen Gesetzgebung meist nur dann wirksam Einfluss auf den Rat ausüben kann, wenn es mit absoluter Mehrheit entscheidet. Solche breiten Mehrheiten sind aber nur über den Konsens zwischen den großen Parteienfraktionen zu erzielen, weswegen sich zwischen diesen eine Art „Große Koalition" herausgebildet hat. Diese kommt allerdings jeweils nur issuespezifisch zustande und ist somit in keiner Weise mit Koalitionen in nationalen politischen Systemen zu vergleichen. Eine solche große Koalition – sofern sie denn überhaupt von den Wählern wahrgenommen wird – trägt allerdings kaum dazu bei, den Gang zur Wahlurne zu motivieren. Die Beteiligung an EP-Wahlen liegt denn auch in allen Mitgliedstaaten notorisch niedrig, mit weiter sinkender Tendenz (Wahlbeteiligung 2014: 43 %). Damit schließt sich der Kreis: Dem Parlament fehlt – sechstens – auch die Rückbindung an sein Elektorat, was seine Legitimität und somit auch die Durchschlagskraft gegenüber anderen europäischen Organen mindert (Bartolini 2005a: 343–346).

Insgesamt sind die demokratischen Defizite des Europäischen Parlaments somit sehr vielschichtig: Es fehlt einerseits an Repräsentativität, andererseits an umfassenden Kompetenzen und insgesamt an demokratischer Legitimation. Diese Hauptaspekte lassen sich zu einer ganzen Kette von weiteren Defiziten aufschlüsseln, die miteinander verknüpft sind. Gerade aber diese Verknüpfungen stellen sich in ihrer Gesamtheit als ein Teufelskreis dar, aus dem es kein Entrinnen zu geben scheint: Es fehlen weitreichende Kompetenzen und somit ausgeprägte politische Polarisierungen, die wiederum die Ausbildung europäischer Parteien verhindern, was in niedriger Wahlbeteiligung und damit geringer Unterstützung durch das Elektorat resultiert und seinerseits die Durchsetzungskraft des Parlaments einschränkt; oder umgekehrt.

Allerdings kommt das Bild eines Teufelskreises von demokratischen Defiziten des EP vor allem dadurch zustande, dass die EU in diesem Argumentationsstrang explizit oder implizit am Maßstab eines voll auskristallisierten nationalen politischen Systems gemessen wird. Ein solcher Vergleich mag zwar zweckdienlich sein, um überhaupt erst das Problem einer mangelnden demokratischen Legitimation des EU-Systems und seiner Entscheidungsprozesse offenzulegen; er verstellt aber den Blick in zweierlei Hinsicht. Zum Ersten unterstellt er implizit, dass demokratische Legitimation nur im Rahmen von nationalstaatlich oder vergleichbar verfassten Systemen zu haben sei, während denkbare andere Formen demokratischer Legitimation außerhalb des Blickfelds bleiben (Lord 2004); zum Zweiten ignoriert er die Besonderheiten des EU-Systems und die gerade in ihnen angelegten Potenziale für die Herausbildung neuer, post- oder transnationaler Formen von Demokratie (Lord 2004, Lord und Harris 2006, Huget 2007). Vor diesem Hintergrund sollen im Folgenden verschiedene Konzepte zur Ausgestaltung postnationaler Demokratie beleuchtet werden.

12.2 Möglichkeiten und Konzepte postnationaler Demokratie

Angesichts der demokratischen Defizite der EU und des wachsenden Legitimationsbedarfs des Systems richtet sich die Fachdebatte zunehmend auf die Frage, wie diese Defizite zu beheben oder zumindest abzumildern seien. Diese Bemühungen resultieren einerseits in verstärkten theoretischen Anstrengungen zur Erfassung der Bedingungen und Möglichkeiten transnationaler Formen von Demokratie, die teilweise auch in konkreten Lösungsvorschlägen ausmünden (Abromeit 1998, Lord 2004, Erikson und Fossum 2007, Huget 2007, Rittberger 2010), andererseits im empirischen Aufspüren von Demokratisierungspotenzialen innerhalb des EU-Systems (Lord 2004 und 2008, Hix et al. 2005 und 2007, Lord und Harris 2006, Huget 2007, Hix 2008). Eine dritte Position wird von Jürgen Neyer eingenommen, der grundsätzlich annimmt, dass die EU als Mehrebenensystem nicht demokratisch verfasst sein könne; ihre Entscheidungen könnten allenfalls gerechtfertigt werden (Neyer 2010 und 2012).

Im Folgenden sollen allerdings nicht diese theoretischen Konzepte und empirischen Befunde diskutiert, sondern lediglich die daraus resultierenden Vorschläge einer stärkeren Demokratisierung des EU-Systems resümiert werden. Dabei ist zu unterscheiden zwischen Autoren, die sich primär aus dem Instrumentenkasten nationaler politischer Systeme bedienen, und solchen, die sich von Konzepten post- oder transnationaler Formen von Demokratie inspirieren lassen. Während die erstgenannte Gruppe primär eine inkrementalistische Erhöhung der demokratischen Legitimation der EU anvisiert, setzt Letztere eher auf den Durchbruch radikalerer Neuerungen in den Verfahren demokratischer Willensbildung.

Betrachtet man zunächst die Vorschläge der ersten Gruppe, so scheint bei diesen Autoren Einigkeit zu bestehen, dass die Behebung des Demokratiedefizits der EU *nicht* über die Ausweitung der Befugnisse des Parlaments, wie es häufig und insbesondere vom Parlament selbst gefordert wird, und noch weniger über die Schaffung all der Voraussetzungen, die auf nationalem Niveau gegeben sind, erfolgen kann. Vielmehr wird betont, dass die EU kein ausgefeiltes staatliches System sei und werden könne, und dass das System nach wie vor entlang nationaler Trennlinien segmentiert sei, womit sich eine weitergehende Anwendung des majoritären Prinzips verbiete (vgl. beispielsweise Abromeit 1998). Vor diesem Hintergrund schlagen diese Autoren begrenzte Verbesserungen vor, die sich auf verschiedene Facetten des demokratischen Defizits beziehen:

– die Direktwahl des Kommissionspräsidenten (Hix 2005 und 2008, Decker 2012),
– den Einsatz von direktdemokratischen Instrumenten (Referenden) (Abromeit 1998 und 2002),
– den Ausbau assoziativer Formen der Repräsentation (Zürn 2000, Greenwood 2007, Huget 2007),
– den Ausbau institutioneller Kontrollmechanismen im EU-System (Checks und Balances) (Lord 2007, Neyer 2012).

Die *Direktwahl des Kommissionspräsidenten* wäre ein erster Schritt zur Transformation der EU in ein stärker majoritäres System (Hix 2005 und 2008, Decker und Sonnicksen 2009 und 2011, Decker 2012; zur Kritik an Hix siehe Bartolini 2005b). Damit könnte es auf der europäischen Ebene erstmals zu First-Order-Wahlen kommen, was die Bindung des Elektorats an die EU stärken würde. Um das Amt müssten verschiedene Anwärter konkurrieren, womit unterschiedliche Integrationswege zur Diskussion gestellt werden könnten. Allerdings brächte ein solcher Schritt auch eine Reihe von Kehrseiten mit sich: Zum Ersten würde er die Position der Kommission stärken, was von den Mitgliedstaaten kaum gewünscht wird. Zum Zweiten würde er die Kommission stark politisieren und damit ihre unabhängige Position unterminieren. Damit wäre ihre Rolle als Vertreterin der allgemeinen Interessen der Union gefährdet. Zum Dritten ist unklar, wie der nationale Proporz bei einer solchen Wahl gewahrt werden könnte. Bei einfacher Verhältniswahl hätten die Bürger der großen Staaten ein disproportionales Gewicht; bei der Anwendung einer degressiven Proportionalität wären die kleinen Staaten übermäßig einflussreich. Zum Vierten ist offen, ob die Kandidaten eine parteipolitische Ausrichtung haben sollten: Wenn ja, könnte die Wahl von nationalen Gesichtspunkten beeinflusst werden. Außerdem würde die Kommission noch stärker politisiert; ihre Unabhängigkeit und ihr eher „technischer" Charakter wären nicht mehr gewährleistet. Lautet die Antwort nein, ginge es bei der Wahl nur noch um persönliche Verdienste (oder Versprechen), was die Wähler wohl kaum stark motivieren würde, zumal ihnen bekannt ist, dass der Kommissionspräsident nur begrenzte Entscheidungs- und Handlungsmacht besitzt. Mit dem Lissabon-Vertrag wurde dennoch ein vorsichtiger Schritt in diese Richtung gesetzt, indem das Europäische Parlament nunmehr auf Vorschlag des Europäischen Rates den Kommissionspräsidenten wählen darf. Da keine der großen Fraktionen die notwendige absolute Mehrheit aufbringen kann, wird die Wahl, die erstmals 2014 stattfindet, auf einem Kompromiss zwischen diesen Fraktionen basieren müssen. Damit kann das majoritäre Prinzip einmal mehr nicht zum Zuge kommen; der Wählerwille muss zugunsten eines tragfähigen Kompromisses zurücktreten.

Der Einsatz von *direktdemokratischen Instrumenten* in der Form von europaweiten Referenden wird von zahlreichen Autoren favorisiert. Solche Referenden sollten vor allem zu grundlegenden Fragen der Integration oder Vertragsänderungen abgehalten werden. Abromeit hat darüber hinaus zwei weitere Varianten vorgeschlagen, und zwar zum einen regionale Referenden, zum anderen sektorale oder funktionale Referenden. Diese Vorschläge tragen dem Gedanken Rechnung, dass regionale und funktionale Interessen aufgrund der starken Dominanz nationalstaatlicher Positionen im europäischen Entscheidungsprozess ungenügend Berücksichtigung finden. Über Referenden würde den Vertretern dieser Interessen eine Stimme oder sogar eine Vetomöglichkeit in Bezug auf Integrationsschritte oder einzelne Richtlinien eingeräumt (Abromeit 1998 und 2002).

Die Vorteile dieser Vorschläge liegen auf der Hand: Die Bürger Europas könnten zumindest über den gesamten Integrationsprozess regelmäßig und direkt entscheiden, was ihre Bindung an das Projekt sicherlich erhöhen würde; dazu könnten gewichtige, jedoch ungenügend berücksichtigte Minoritäten regelmäßig solche Integrationsprojekte infrage stellen, die ihren Interessen oder Präferenzen entgegenstehen, womit das allgemeine Misstrauen gegenüber europäischen Entscheidungen reduziert werden könnte. Schließlich würde im Rahmen von Referenden der europapolitische Diskurs intensiviert (Zürn 2000). Allerdings beinhalten auch diese Vorschläge eine Reihe von Problemen: Referenden sind teuer und aufwendig, können also nur zu den wichtigsten Fragen organisiert werden. Referenden können von politischen Parteien oder anderen relevanten Akteuren instrumentalisiert werden. Europäische Themen sind oft hochkomplex und lassen sich nur schwer in einfache Fragen für ein Plebiszit transformieren. Schließlich würden europaweite Referenden das gleiche Problem wie die Direktwahl des Kommissionspräsidenten aufwerfen: Je nach Wahlmodus hätten entweder die großen oder die kleinen Mitgliedstaaten ein überproportionales Gewicht. Das wohl größte Problem ist allerdings, dass Referenden vermutlich eher negativ ausfallen und somit den gesamten Integrationsprozess regelmäßig ausbremsen würden. Die bisher abgehaltenen nationalen Referenden zu Europafragen belegen eine überwiegend negative Haltung der Bürger, wobei diese häufig von nationalen Themen überlagert wird (Roberts-Thomson 2001, Taggart 2006).

Der Ausbau *assoziativer Formen der Repräsentation* und insbesondere der zivilgesellschaftlichen Beteiligung an europäischen Entscheidungen hat bisher kaum zu konkreten Vorschlägen geführt, sondern wird primär als Postulat diskutiert (z. B. Zürn 2000, Huget 2007). Allerdings bestehen bereits solche Formen der Partizipation (vgl. Kap. 10). Empirische Studien belegen jedoch, dass ein demokratischer Einbezug zivilgesellschaftlicher Akteure in die EU mit großen Schwierigkeiten verbunden ist (z. B. Huget 2007, Friedrich 2008, Steffek et al. 2008, Reiter 2010, Kohler-Koch und Quittkat 2011b). Das Fehlen von Ressourcen, geeigneten Verfahrensweisen, intermediären Institutionen, repräsentativen Verbänden und transnationalen Formen der Kooperation erweist sich als eine Reihe von hohen Hürden für eine solche Form der demokratischen Repräsentation (Greenwood 2011).

Auch der Ausbau *institutioneller Kontrollmechanismen,* der die Stärkung von Checks und Balances im EU-System beinhalten würde, spielt derzeit vornehmlich als Postulat eine Rolle. In der Vergangenheit sah Grande diesen Schritt gewährleistet, wenn das Parlament zu einer gleichberechtigten Zweiten Kammer ausgebaut würde (Grande 1996). Wenngleich dies mit dem Lissabon-Vertrag beinahe erreicht wurde und das EP tatsächlich Kontrollfunktionen im Sinne von Checks und Balances gegenüber den anderen Organen ausübt, bleibt der Ruf nach solchen Mechanismen bestehen. So schlug beispielsweise Lord (2007) vor, dass das EP den Rat in seiner Gesamtheit kontrollieren müsse; er verweist allerdings auch auf die vielfältigen Einschränkungen, die einer solchen Rolle des Parlaments entgegenstehen. Andere Autoren wollen dagegen den nationalen Parlamenten weitgehende Kontrollfunktionen gegenüber den EU-Organen zuweisen (z. B. Neyer 2012). In diesem Falle wäre allerdings die Kontrollfunktion entlang nationaler Trennlinien fragmentiert; zudem würden sich einer effektiven Kontrolle der jeweiligen Regierungen durch die Parlamente hohe strukturelle Hürden stellen (Lord 2007).

Insgesamt sind somit schon alle kleineren Schritte zur Demokratisierung des EU-Systems, die überwiegend von demokratischen Verfahrensweisen nationaler politischer Systeme abgeleitet sind, mit erheblichen Problemen und zu erwartenden gegenläufigen Effekten behaftet, was einmal mehr die Schwierigkeiten des gesamten Unterfangens illustriert. Allerdings erwarten die meisten Autoren erst von der Kombination verschiedener Vorgehensweisen positive Effekte (z. B. Zürn 2000, Hix 2005b, Lord 2008). Zudem wird implizit oder explizit davon ausgegangen, dass die demokratische Legitimation der EU auf der der Mitgliedstaaten basiert (z. B. Moravcsik 2002 und 2008, Neyer 2012), was allerdings nicht ausreicht, um die EU in ihrer Gesamtheit zu legitimieren.

Betrachtet man demgegenüber die Vorschläge zu postnationalen Demokratieformen, dann erweist sich nur ein Konzept als vergleichsweise neuer Typus demokratischer Willensbildung, nämlich das der *deliberativen Demokratie.* Alle anderen Vorschläge visieren wiederum eine mehr oder weniger komplexe Kombination verschiedener Formen demokratischer Willensbildung an. Die Behebung demokratischer Defizite jenseits des nationalen Staates wird somit primär in der Potenzierung und Rekombination bestehender und bekannter Verfahrensweisen gesucht, wobei im Einzelnen durchaus originelle Vorschläge lanciert werden (z. B. Zürn 2000, Lord 2004 und 2008).

Das Konzept der *deliberativen Demokratie*, das insbesondere durch Habermas (2001) in die Debatte eingeführt wurde, bezieht sich zwar ebenfalls primär auf Entscheidungsprozesse in nationalen politischen Systemen; es ist aber insofern speziell auf der europäischen Ebene (und generell in internationalen Zusammenhängen) von Bedeutung, weil dort die Bedingungen seines Funktionierens eher gegeben sind (Cohen und Sabel 2003, Neyer 2006, Huget 2007, Schmalz-Bruns 2007; für einen Überblick siehe Rittberger 2010). Deliberative Demokratieformen stützen sich weder auf majoritäre, noch auf verhandlungsgeleitete Entscheidungsverfahren, sondern gehen von der Konsenssuche (und -findung) zwischen den beteiligten Akteuren aus. Die Konsensfindung wird möglich, weil die einzelnen Akteure nicht mit einem Mandat zur Durchsetzung bestimmter Interessen ihrer Constituencies ausgestattet sind, sondern nach jeweils optimalen Problemlösungen suchen. Zudem sind sie in der Lage und auch bereit, die Haltungen und Positionen der jeweils anderen Beteiligten mit zu reflektieren und zu berücksichtigen oder sich sogar von deren Argumenten überzeugen zu lassen. Es sind also offene, argumentative Diskurse, die die Entscheidungsfindung in entsprechenden Gremien im Konsensverfahren ermöglichen oder erleichtern. Solche deliberativen Formen der Entscheidungsfindung kommen vor allem in Expertengremien oder „epistemic communities" zustande, wie sie internationale Organisationen kennzeichnen (Haas 1992). Sie lassen sich aber auch für eine ganze Reihe europäischer Entscheidungsgremien und -arenen konstatieren, von den Organen der EU über ihre mehr oder weniger institutionalisierten Substrukturen bis hin zu den vielfältigen informellen Politiknetzwerken.

Das Konzept der deliberativen Demokratie beschränkt sich aber nicht auf problemlösungsorientierte Entscheidungsprozesse. Vielmehr kommt es darauf an, den Zugang der Öffentlichkeit zu solchen Entscheidungsprozessen zu gewährleisten und sie in die Lage zu versetzen, diese Prozesse nachzuvollziehen und eventuell zu kontrollieren (Habermas 2001, Cohen und Sabel 2003, Huget 2007, Schmalz-Bruns 2007, Friedrich 2008). Angesichts der komplexen Systemstruktur der EU und der Intransparenz ihrer Entscheidungsprozesse sind jedoch die Chancen der Realisierung eines normativen Konzepts deliberativer Demokratie als eher gering einzustufen (Huget 2007).

Alle weiteren Formen „komplexen Weltregierens" (Zürn 1998), die sich aber auch auf die europäische Integration anwenden lassen und auch konkret auf sie angewendet werden, beruhen auf vielfältigen Kombinationen verschiedener Entscheidungsarenen und -verfahren, analog zur Komplexität von internationalen Organisationen und Systemen. In Einzelnen werden folgende Kombinationen vorgeschlagen (z. B. Zürn 1998 und 2000, Erikson und Fossum 2007, Huget 2007):

- deliberative, majoritäre und verhandlungsgestützte Entscheidungsverfahren,
- intergouvernementale, assoziative und parlamentarische Verhandlungs- oder Entscheidungsarenen,
- vertikale und horizontale Entscheidungsarenen, die über Vernetzungen miteinander verbunden werden, sowie
- deliberative und assoziative Formen demokratischer Repräsentation.

Diese Konzepte würden im Falle ihrer Realisierung die konkrete Vielfalt von Entscheidungsverfahren und -arenen sowie die Beziehungen zwischen ihnen multiplizieren, und damit ohne Zweifel die Möglichkeiten für Checks und Balances im EU-System exponentiell steigern. Die Transparenz der jeweiligen Verfahren und zugehörigen institutionellen Arrangements, die ebenso eine Voraussetzung funktionierender demokratischer Kontrolle ist, wäre unter diesen Umständen überhaupt nicht mehr zu gewährleisten.

Insgesamt können somit auch die Autoren, die postnationale Formen demokratischer Repräsentation und Partizipation favorisieren, keine definitiven Lösungen für das Demokratiedefizit der EU bieten. Es gelingt ihnen aber, den Blick für die Wahrnehmung neuer Möglichkeiten und Potenziale demokratischer Willensbildung jenseits der nationalen Staaten zu öffnen und den eher pessimistischen Einschätzungen staatszentrierter Demokratietheoretiker begründet entgegenzutreten (Zürn 2000, Lord 2004).

12.3 Ansätze postnationaler Demokratie im EU-System

Demokratisierungskonzepte für das EU-System, wie elaboriert und durchdacht sie auch im Einzelnen sein mögen, haben nur dann eine Chance auf Realisierung, wenn sie an den realen Bedingungen des Systems, den austarierten Machtverhältnissen zwischen seinen Akteuren und generell der Machtbalance zwischen seinen Institutionen ansetzen beziehungsweise diese berücksichtigen. Vor diesem Hintergrund sollen im Folgenden das institutionelle Gefüge sowie die Entscheidungsverfahren der EU auf die in ihnen angelegten Potenziale für die Herausbildung postnationaler Formen von Demokratie hin analysiert werden (Tömmel 1999). Grundthese ist dabei, dass es gerade die vielzitierten Defizite des EU-Systems sind, die die Rahmenbedingung und den Ausgangspunkt für die Herausbildung neuer Formen demokratischer Willensbildung bilden. Diese These soll im Folgenden anhand dreier ausgewählter Facetten des EU-Systems exemplifiziert werden:

- dem Verhältnis von Kommission und Rat als den entscheidenden Machtzentralen des EU-Systems;

- der Position des Europäischen Parlaments und der Funktionslogik seiner Entscheidungen;
- dem Einbezug nicht-staatlicher Akteure in europäische Entscheidungsprozesse.

(1) Das *Verhältnis von Kommission und Rat* wird unter demokratietheoretischen Aspekten häufig kritisiert, weil es einerseits keine klare Gewaltenteilung, andererseits keine Kontrollbeziehungen zwischen diesen Organen gibt (z. B. Bartolini 2005a, Majone 2009). Diese Sichtweise ist allerdings von der Situation nationaler politischer Systeme geprägt, während sie die Bedeutung der Besonderheiten des EU-Systems außer Acht lässt. Die Aufgabenverteilung zwischen Kommission und Rat ist nämlich als ein Verhältnis wechselseitiger Abhängigkeit konzipiert: Indem die Kommission über das alleinige Initiativrecht verfügt, kann der Rat nicht ohne sie tätig werden; indem der Rat über die definitive Entscheidungsmacht verfügt, ist die Kommission auf diesen angewiesen. Manche Autoren gehen zwar davon aus, dass dem Rat aufgrund seiner Entscheidungsmacht eine herausgehobene Stellung zukomme, während die Kommission ihm eindeutig untergeordnet sei (z. B. Moravcsik 1998, Pollack 1998). Die Praxis der Integration lehrt allerdings, dass die Kommission dem Rat eigene Machtmittel entgegenzusetzen hat und sie auch entsprechend nutzt (Sandholtz und Stone Sweet 1998; zur Kritik an der Macht der Kommission siehe Majone 2009). Diese Machtmittel resultieren aus einer Kombination der in den Verträgen festgelegten Kompetenzen und dem Verfahrensmanagement der Kommission: der geschickten Handhabung der Entscheidungsverfahren; der Vorlage „rationaler" und gut begründeter Vorschläge, die ihrerseits über ausgeklügelte Verfahren der Anhörung von Interessengruppen, Experten und Betroffenen erarbeitet wurden; dem Schmieden von multidimensionalen und breit akzeptierbaren Kompromisslösungen; und schließlich der Mobilisierung von transnationalen Interessengruppen und -organisationen sowie generell von nicht-staatlichen Akteuren zur Unterstützung ihrer Politik. Die Kommission stützt sich somit auf *Verfahrensmacht*, über die sie die Entscheidungen des Rates weitgehend präfigurieren und somit dessen *Entscheidungsmacht* einschränken kann.

Damit stellt sich das reale Verhältnis zwischen Kommission und Rat anders dar, als es aufgrund der formalen Kompetenzverteilung zu erwarten wäre. Zwischen den zentralen Organen des EU-Systems besteht eine Machtbalance, wobei mal die eine, mal die andere Seite dominiert. Keine Seite kann jedoch alleine den Integrationsprozess bestimmen; vielmehr werden beide Seiten von der jeweils anderen in ihrer Machtausübung eingeschränkt (vgl. Kap. 13). Das EU-System ist somit nicht von einer obersten Machtzentrale dominiert; vielmehr bildet es aufgrund seiner bizephalen Struktur zwei Machtzentralen aus, die zueinander in einem wechselseitigen Abhängigkeitsverhältnis stehen und sich in ihrer Machtausübung gegenseitig einschränken (vgl. auch Majone 2005). Diese Konstellation hat die Funktion, die komplexen Interessenlagen im Prozess der europäischen Integration sorgfältig gegeneinander abzuwägen und zu vermitteln. Dabei steht die Kommission für das gemeinsame Interesse am Vorantreiben der Integration, während der Rat die Partikularinteressen der einzelnen Mitgliedstaaten repräsentiert, intern vermittelt und schließlich zu einer gemeinsamen Position bündelt.

Aus der Perspektive postnationaler Formen von Demokratie bietet diese dualistische oder bizephale Struktur, die auch die gesamten jeweiligen Substrukturen durchzieht, einen Verfahrensmechanismus zur Aushandlung von funktionalen und territorialen Interessen. Das bedeutet jedoch nicht, dass die beiden Institutionen das Ergebnis eines solchen Abwägungsprozesses konkret aushandeln. Verhandlungen zwischen der Kommission und dem Rat verbieten sich schon wegen der komplementären Beziehung zwischen ihnen und den jeweils unterschiedlichen Machtmitteln. Für die Kommission sind zudem Verhandlungen ausgeschlossen, da sie einerseits keine formalen Entscheidungskompetenzen besitzt, andererseits auch nicht als verhandelnde Partei auftreten kann, sondern auf die Rolle einer moderierenden Instanz festgelegt ist. Die Vermittlung zwischen funktionalen und territorialen Interessen resultiert somit aus der institutionellen Konfiguration der zentralen Organe der EU. Mit anderen Worten: Sie resultiert aus der *Gewaltenteilung zwischen legislativer Initiative und bindender Entscheidungsmacht.*

Über die Einschränkungen der Machtausübung der beiden zentralen Organe sowie die Notwendigkeit des Ausgleichs der Interessen, die sie repräsentieren, bildet sich so in der EU eine institutionelle Kontrolle im Sinne von Checks und Balances heraus (Moravcsik 2002: 609-610 und 2004). Die EU ist damit eher einem System entsprechend den demokratietheoretischen Überlegungen Madisons vergleichbar als einem föderalen Staat. Insgesamt bildet somit die unzureichende Gewaltenteilung zwischen den Organen der EU die Grundlage für die Herausbildung eines neuen institutionellen Systems der *geteilten Gewalt.*

Es sei hier allerdings betont, dass das Machtgleichgewicht zwischen Kommission und Rat keineswegs als solches intendiert war; vielmehr hat es sich unter dem Druck integrationsfördernder und -hemmender Kräfte herausgebildet und in der bizephalen Struktur seinen institutionellen Ausdruck gefunden. Allerdings reicht eine solche Grundstruktur bei Weitem nicht aus, um die EU als ein demokratisches System zu qualifizieren; eine Reihe von weiteren Interessen muss ebenfalls innerhalb des Systems vertreten und austariert werden. Hier sind in erster Linie die Interessen der Bürger Europas zu nennen, die im Verhältnis von Kommission und Rat nur unzureichend repräsentiert sind. Vor diesem Hintergrund stellt sich die Frage, ob das Europäische Parlament diese Funktionen wahrnimmt oder wahrnehmen kann.

(2) Dem *Europäischen Parlament* fehlt nach der gängigen Lesart eine Reihe von Attributen, die einem „normalen" Parlament auf nationalem Niveau zukommen (siehe Kap.11.1). Fragt man dagegen umgekehrt, welche Funktionen das Parlament im EU-System erfolgreich wahrnimmt, dann sind es gerade diese fehlenden Attribu-

te oder die Defizite, die seine Arbeit im positiven Sinne strukturieren. Die fehlende Bindung an eine Regierung[1] und die große Unabhängigkeit von den anderen Organen verleihen dem Parlament die Freiheit, eigene Positionen zu entwickeln und notfalls auch im Gegensatz zu den anderen Organen zu vertreten. In die gleiche Richtung wirken die relative Unabhängigkeit von den nationalen politischen Parteien und die geringere ideologische Bindungskraft der Parlamentsfraktionen (Ovey 2002). Soweit dennoch parteipolitische Positionen eine Rolle spielen, werden sie häufig zurückgestellt zugunsten der Erzielung breiter Kompromisse. Auch die Trennlinien zwischen nationalen Interessen spielen im Parlament zwar eine Rolle, werden aber ebenfalls häufig zugunsten der Erzielung von Kompromissen zurückgestellt oder über elaborierte Verfahren des Interessenausgleichs entschärft (Ovey 2002). Breite Mehrheiten verleihen dem EP mehr Durchsetzungskraft sowie Legitimation bei der Vertretung seiner Position gegenüber den anderen Organen.

Aufgrund seiner relativen Freiheit konnte sich das Europäische Parlament in ganz spezifischen Themenbereichen profilieren, die nicht oder kaum von der Parteienkonkurrenz besetzt sind und die sich häufig als neue gesellschaftliche Probleme infolge von Internationalisierungs- und Globalisierungsprozessen stellen: Umweltschutz, Menschenrechte, Minderheitenschutz, Gleichstellungsfragen, Gesundheits- und Verbraucherschutz, Umgang mit neuen Technologien sowie Datenschutz. Der breite Konsens in diesen Fragen ist dabei auch aufgrund der subjektiven kosmopolitischen Ausrichtung vieler Europarlamentarier einfacher zu erzielen. Das Parlament vertritt so *nolens volens* diffuse oder schwach organisierte gesellschaftliche Interessen, die bisher in den polarisierten Parteiensystemen auf nationaler Ebene kaum Berücksichtigung fanden. Mit dieser Art der Interessenvertretung gewinnt das Parlament ein spezifisches Profil gegenüber Kommission und Rat, die primär funktionale beziehungsweise territoriale Interessen vertreten. Den von dieser Seite erarbeiteten technischen oder marktrationalen Konzepten tritt das Parlament mit ethischen und moralischen Argumenten entgegen und fordert so die Rechtfertigung europäischer Entscheidungen ein (Neyer 2010). Nicht von ungefähr wurde denn auch das Parlament schon sehr früh als „Gewissen der EG" bezeichnet.

Als Gewissen der EU fungiert das Parlament auch, indem es sich für eine weitere Demokratisierung und Bürgernähe des Systems einsetzt; ja es hat überhaupt erst den Gedanken des „demokratischen Defizits" in die öffentliche Debatte eingebracht. Zu jeder Regierungskonferenz legt es weitreichende Vorschläge zur Demokratisierung des Systems und insbesondere zur Ausweitung seiner eigenen Kompetenzen vor, die zwar nur selten volle Berücksichtigung finden, aber auch nicht einfach übergangen werden können. Dementsprechend kam es zu einer inkrementellen Stärkung des

---

1 Demokratietheoretisch ginge es um die (fehlende) Bindung der Regierung an ein Parlament. Mit der obigen Formulierung soll kritisch darauf verwiesen werden, dass nationale Parlamente und vor allem die Regierungsparteien in ihnen häufig in Abhängigkeit von der Regierung handeln und nicht umgekehrt.

parlamentarischen Einflusses im EU-System (Rittberger 2005). Ihren vorläufigen Höhepunkt fand diese Entwicklung mit dem Lissabon-Vertrag, der dem EP im Rahmen des Ordentlichen Gesetzgebungsverfahrens eine gleichberechtigte Position neben dem Rat einräumt (Art. 46 EUV-L). In Politikfeldern, die nicht per Gesetzgebung gesteuert werden, wie etwa die Außen- und Sicherheitspolitik oder die makroökonomische Überwachung der Mitgliedstaaten, konnte das EP zumindest eine Stimme erwerben und somit für die Öffentlichkeit mehr Transparenz herstellen. In diesem Sinne fungiert das Parlament – wenngleich nicht immer mit kurzfristigem Erfolg – als Wortführer und Motor einer weitergehenden Demokratisierung des EU-Systems und damit auch als Repräsentant des europäischen Elektorats.

Schließlich tritt das Europäische Parlament auch bei der Ausübung von Kontrollfunktionen eher als „echte" Volksvertretung denn als integrierter Teil eines Regierungssystems auf. So scheut es sich nicht, etwaige Missstände aufseiten der Kommission anzuprangern und auch von seinem Recht der Entbindung der Kommission Gebrauch zu machen. Dabei lässt es sich nicht von politischem Druck der Mitgliedstaaten beeinflussen, wie es angesichts der Krise der Santer-Kommission 1999 deutlich wurde.[2] Diese Krise bestätigte, dass das Parlament nicht eine Repräsentationsfunktion im Sinne spezifischer gesellschaftlicher Interessen, sondern eine allgemeine Kontroll- und Korrektivfunktion gegenüber den anderen Organen der EU wahrnimmt, mit dem Ziel, ordnungsgemäße und politisch korrekte Entscheidungen und Verfahrensabläufe, kurz: „good governance", zu gewährleisten. Bei der Verfolgung derart allgemeiner und breiter Zielsetzungen stellt sich somit das Problem majoritärer Entscheidungen beziehungsweise eines hochgradig segmentierten politischen Systems kaum.

Das Europäische Parlament kann all diese Funktionen nur erfolgreich wahrnehmen, weil es sich eines deliberativen Stils der Entscheidungsfindung bedient. Dies gilt sowohl für die Entscheidungen innerhalb des Parlaments als auch für die, die es in Übereinkunft mit den anderen Organen trifft. In den Beziehungen zum Rat hat sich der deliberative Stil seit der Einführung des Vermittlungsverfahrens in der Gesetzgebung herausgebildet. Die Beziehungen zur Kommission waren immer schon von einem solchen Stil geprägt, verstärkten sich aber im Rahmen formalisierter und informeller Triloge. Aber auch innerhalb des Parlaments liegt es angesichts der vielfachen Trennlinien zwischen politischen Parteien und Nationalitäten näher, über rationale Argumentation den Konsens zu suchen, statt auf parteipolitischen Prinzipien und Positionen zu beharren. Nicht von ungefähr werden denn auch die meisten Entscheidungen des Europäischen Parlaments von sehr breiten Mehrheiten getragen, die nicht nur die häufig erforderliche absolute Mehrheit weit überschrei-

---

2 Von nationalen Parlamenten kann man die Auflösung der Regierung kaum erwarten, da die Mehrheit grundsätzlich die Regierung stützt. Eine faktische Kontrollmöglichkeit ist damit also kaum gegeben.

ten, sondern auch wesentlich mehr Parteiengruppen als die der „Großen Koalition" umfassen. Insofern geht die Forderung von Hix (Hix 2005b und 2008, Hix et al. 2007) nach einer stärkeren parteipolitischen Polarisierung des EP an der Realität des deliberativen und konsensuellen Stils der Entscheidungsfindung vorbei (zur Kritik an Hix siehe Bartolini 2005b).

Insgesamt vertritt das Europäische Parlament somit allgemeine und grundlegende Interessen der Bürger Europas, und weniger parteipolitisch polarisierte Interessen spezifischer Gruppen. Dieser Situation entspricht, dass die Parlamentarier sich kaum als Delegierte ihrer nationalen Parteien oder Staaten fühlen, sondern als „trustees", die das allgemeine „common best" zu vertreten haben, wie Katz (1997) in einer detaillierten empirischen Studie ermittelt hat (vgl. auch Ovey 2002). Das Parlament gibt vor allem den Bürgern eine Stimme in den Themen, die sich erst rezent über Prozesse der Internationalisierung und Globalisierung sowie der europäischen Integration herausgebildet haben. Diese Themen spielen in der Parteipolitik auf nationalem Niveau häufig eine untergeordnete Rolle. Das EP nimmt somit politische Funktionen wahr, die sowohl zu den nationalen Parlamenten als auch zu den Organen der EU komplementär sind.

Eine solche Rolle war dem Parlament nicht bewusst zugewiesen worden; vielmehr bildete sie sich aufgrund der institutionellen Konfiguration des EU-Systems heraus. Angesichts der Tatsache, dass Kommission und Rat funktionale beziehungsweise territoriale Interessen vertreten, konnte das Parlament nur Profil gewinnen, indem es erfolgreich die allgemeinen Interessen der europäischen Wähler vertrat und vertritt. Damit trägt das EP zu einer Stärkung des Systems der Checks und Balances in der Union bei (siehe auch Neyer 2010).

Das Europäische Parlament und seine spezifischen Funktionen im EU-System reichen aber nicht aus, um die Union als vollwertige Demokratie zu werten; vielmehr bedarf es weiterer Formen demokratischer Willensbildung und Partizipation, um das Demokratiedefizit zu verringern. Als eine Möglichkeit in diesem Sinne könnte sich der Einbezug nicht-staatlicher Akteure in europäische Entscheidungsprozesse erweisen.

(3) Der *Einbezug* nicht-staatlicher *Akteure* in europäische Entscheidungsprozesse wird unter demokratietheoretischen Überlegungen häufig kritisiert, weil die diesbezüglichen Formen der Repräsentation hochgradig asymmetrisch sind – vor allem Wirtschaftsverbände dominieren – und weil keine gleichberechtigten, offenen und transparenten Zugangsmöglichkeiten bestehen – die Auswahl von am Entscheidungsprozess Beteiligten liegt primär in Händen der Kommission (z. B. Huget 2007). Hinzu kommen Faktoren wie ungleiche Ressourcenverteilung zwischen Interessenvertretern – in Bezug auf ihre finanzielle Ausstattung, aber auch die verfügbaren Informationen – sowie die sehr unterschiedliche Organisationsfähigkeit von Interessen auf der europäischen Ebene. So hat sich gezeigt, dass hochkomplexe Interessenlagen, sowohl im ökonomi-

schen Bereich als auch und mehr noch im Bereich sozialer Belange, sehr schwer zu organisieren sind, weil zu den ohnehin schon bestehenden Differenzen auch noch die zwischen den nationalen politischen Systemen hinzukommen (vgl. Kap. 10.1).

Die oben skizzierte Argumentation, die ebenfalls am Maßstab nationaler politischer Systeme orientiert ist, verkennt allerdings die Herausbildung neuer Formen der Interessenartikulation und -vertretung auf der europäischen Ebene. Zwar waren es anfangs ressourcenreiche Wirtschaftsvertreter, die primär in den Entscheidungsprozess einbezogen wurden; inzwischen trifft die Kommission aber eine zunehmend sorgfältigere Auswahl ihrer Gesprächspartner. Zivilgesellschaftliche Akteure spielen dabei eine herausgehobene Rolle (Ruzza 2004, Greenwood 2007 und 2011, Kohler-Koch 2007, Freise 2008, Della Porta und Caiani 2009, Kohler-Koch und Quittkat 2011a und b, Liebert und Trenz 2011, Klüver 2013). Obwohl die Kommission kaum eine ausgewogene politische oder gesellschaftliche Repräsentation anstrebt, ist sie dennoch bemüht, breite gesellschaftliche Interessen zu hören. Insbesondere die Vertreter allgemeiner, jedoch diffuser und schwach organisierter Interessen, wie etwa Umweltgruppen, Frauenlobbys, Menschenrechtsaktivisten oder Verbraucherschützer, sind in europäischen Beratungsgremien in bemerkenswertem Maße präsent (Greenwood 2007). Dabei treten sie weniger als politische Aktivisten auf, sondern eher als Experten ihres Interessengebiets, die kreative Lösungswege einbringen können (vgl. Kap. 10.1).

Die Kommission bezieht solche Gruppen aber nicht nur in ihre beratenden Ausschüsse ein, vielmehr wirkt sie auch strukturierend oder sogar organisierend auf diese ein (Greenwood 2007 sowie Kap. 10.1). Die einfachste Form der Einflussnahme ist die finanzielle Unterstützung, zumeist in der Form von Projektaufträgen, deren Ziel die Erarbeitung einer entsprechenden (wirtschaftsunabhängigen) Expertise ist. Zudem übt sie indirekt Einfluss aus, indem sie von den Gruppen die Präsentation gemeinsamer Standpunkte und Stellungnahmen einfordert. Um dieser Forderung gerecht zu werden, müssen sich die Gruppen untereinander abstimmen und koordinieren (Ruzza 2004, Della Porta und Caiani 2009, Klüver 2013).[3] Darüber hinaus aktiviert die Kommission weitere Betroffene zu einer breiteren Diskussion ihrer Vorhaben sowie zur Erarbeitung kreativer und zugleich praktikabler Problemlösungen. Zu diesem Zweck legt sie Grünbücher vor, organisiert Symposien, Workshops oder andere „joint events" und eröffnet sogar Internetplattformen (Quittkat 2011, Quittkat und Kohler-Koch 2011). Der Kreis der Teilnehmer an solchen Aktivitäten reicht von individuellen

---

3 So haben sich zehn international operierende Umweltgruppen, die sich selber die Umwelt-G-10 nennen, zu einem losen Dachverband zusammengeschlossen, der gemeinsam Forderungen und Vorschläge lanciert und arbeitsteilig, je nach der spezifischen Expertise, an Kommissionsarbeitsgruppen partizipiert.

Bürgern über Vertreter der organisierten Zivilgesellschaft und klassische Interessenverbände bis hin zu subnationalen Regierungen und Verwaltungen sowie anderen öffentlichen und privaten Organisationen und Akteuren, die von der jeweiligen Thematik betroffen sind. Aus der Perspektive demokratischer Legitimation ist dies als signifikante Ausweitung von Mitsprache- und Partizipationsmöglichkeiten zu werten (Greenwood 2007, Kohler-Koch 2007).

Diese Strategie der Kommission wird in der Literatur vielfach als Versuch gewertet, für ihre Vorschläge und Initiativen politische Unterstützung und Legitimation gegenüber dem Rat zu mobilisieren (z. B. Smismans 2003, Ruzza 2004, Mazey und Richardson 2006: 249). Andersen und Burns (1996) verweisen allerdings auf wesentlich weitergehende Dimensionen dieser Entwicklung; sie werten diese als Indikator einer grundlegenden Transformation demokratischer Interessenvertretung. Demnach können große, ein breites Spektrum von Interessen aggregierende Verbände immer weniger die Interessen ihrer Mitglieder wirksam und legitim vertreten. Vielmehr sind kleinere Gruppen, Betroffene und sich verantwortlich Fühlende, die direkt in issue-spezifischen Netzwerken partizipieren und ihre Interessen dort artikulieren, wesentlich wirksamer und erfolgreicher (Andersen und Burns 1996). Mit anderen Worten: Selbstrepräsentation individueller Interessen löst die klassischen Formen der Repräsentation ab.

Ein solcher Prozess, der auch in nationalen politischen Systemen wahrzunehmen ist, findet auf der europäischen Ebene wesentlich günstigere Bedingungen für seine beschleunigte Entfaltung. Denn die Konkurrenz traditioneller Verbände, die als Gatekeeper fungieren könnten, ist hier kaum gegeben oder fällt nicht ins Gewicht (vgl. Kap. 10.1). Zudem fördert das scheinbar unpolitische, problemlösungsbezogene Handeln der Kommission eine solche Entwicklung (Turner 2008). Schließlich fördert auch das Legitimationsdefizit der Union, und nicht nur das der Kommission, die Herausbildung solcher Formen der Interessenvertretung (Kohler-Koch 2007).

Auch im Falle des Einbezugs nicht-staatlicher Akteure in europäische Entscheidungsprozesse sind es somit die demokratischen Defizite des EU-Systems, die Raum bieten für die Entfaltung alternativer Formen der Interessenartikulation und -repräsentation. Während klassische Formen assoziativer Demokratie, insbesondere eine starke und polarisierte Interessenvertretung von Arbeit und Kapital, nur unzureichend zur Entfaltung kommen konnten (Streeck und Schmitter 1991), finden diffuse und schwach organisierte Interessen, häufig in der Form von Selbstrepräsentation, verstärkt Zugang zur europäischen Arena (Greenwood 2007, Klüver 2013). Damit bildet sich die Interessenvertretung auf der europäischen Ebene in einer den nationalen politischen Systemen komplementären Ausprägung heraus.

Indem so unter der Regie der Kommission neue Netzwerke von Experten, Beteiligten und Betroffenen problemlösungsorientiert Entscheidungen vorbereiten, können einerseits breitere und allgemeinere, andererseits spezifischere und auf nationalem Niveau häufig unterrepräsentierte Interessen Berücksichtigung finden.[4] Da aber die aus solchen Entscheidungen resultierenden Problemlösungen das Parlament und den Rat passieren müssen, können sie in diesen Gremien expliziter nach bestimmten politischen und territorialen Kriterien (Rat) oder auch im Hinblick auf ihre Gemeinwohlorientierung (Parlament) überprüft und entsprechend modifiziert werden.

Damit kommt es in der EU zur Herausbildung eines zweistufigen Prozesses der Entscheidungsfindung. Auf der ersten Stufe werden unter der Regie der Kommission eher technisch orientierte Problemlösungen unter extensiver Partizipation von Experten, Beteiligten und Betroffenen erarbeitet. Erst auf der zweiten Stufe, wenn Rat und Parlament bindende Beschlüsse fassen, finden „klassische" Abwägungsprozesse zwischen breiteren funktionalen, sektoralen sowie territorialen Interessen statt, dies jedoch nicht mehr unter Beteiligung oder signifikanter Einflussnahme nicht-staatlicher Akteure (Friedrich 2008, Klüver 2013). Eine solche Vorgehensweise erlaubt es, angesichts einer hochkomplexen Gemengelage widerstreitender Interessen sowohl differenzierte Problemlösungen zu finden, als auch eine Abwägung unter expliziten politischen Kriterien zu treffen. Zudem gelingt es, die politische Ebene der EU beziehungsweise die Arenen des Bargaining (Scharpf 1999), die ohnehin schon mit einer Vielzahl ungelöster Probleme überfrachtet sind, im Falle von Konsens auf der „technischen" Ebene von einer Reihe von Detailentscheidungen zu entlasten (vgl. Gehring et al. 2007). Und schließlich gelingt es auf diese Weise, eine Vielzahl von zivilgesellschaftlichen Akteuren in europäische Entscheidungen einzubeziehen, was die demokratische Legitimation des EU-Systems erhöht.

Allerdings ist zu beachten, dass der Einbezug gesellschaftlicher Akteure in europäische Entscheidungsprozesse nicht den Normen einer pluralistischen Interessenvertretung entspricht. Der ungleiche Zugang zu europäischen Entscheidungsarenen bleibt trotz deutlicher Fortschritte ein großes Problem (Kohler-Koch 2007). Zudem besteht die Gefahr, dass sich die vielfältigen Entscheidungsnetzwerke verselbstständigen und zu unüberschaubaren Formen des „sub-government" führen (Andersen und Burns 1996, Turner 2008). Schließlich mangelt es den jeweiligen Entscheidungsprozessen an Transparenz, womit Formen demokratischer Kontrolle erheblich erschwert sind.

Zusammenfassend lässt sich der Schluss ziehen, dass im EU-System postnationale Formen von Demokratie in Ansätzen zur Entfaltung kommen, womit die

---

4 Als wohl deutlichstes Erfolgsbeispiel ist in diesem Kontext die Verabschiedung der Gleichstellungsrichtlinien der 70er und frühen 80er Jahre zu nennen, an deren Zustandekommen Frauengruppen einen hohen Anteil hatten und die zugleich zur damaligen Zeit die Regelungen jedes Mitgliedstaates weit übertrafen. Auch das neuere Konzept des Gender-Mainstreamings konnte sich unter dem Druck von Frauengruppen zuerst auf der europäischen Ebene und nur sekundär in den Mitgliedstaaten durchsetzen (Fuhrmann 2005).

Legitimation des Systems gestärkt wird. Dabei entfalten sich diese Formen vor allem im Rahmen der institutionellen Konstellationen und Entscheidungspraktiken, die als demokratische Defizite erscheinen. So sind die Institutionen der EU durch eine spezifische Form der Gewaltenteilung gekennzeichnet, die nicht zwischen Legislative und Exekutive trennt, sondern zwischen gesetzgebender Initiative und Entscheidungsmacht. Diese Art der Gewaltenteilung erlaubt eine systematische Austarierung funktionaler und territorialer Interessen. Die legislative Entscheidungsmacht wird zunehmend von Rat und Parlament gemeinsam wahrgenommen. Dabei kann das Parlament aufgrund seiner weitgehenden Unabhängigkeit von Regierungsverantwortung als Vertreter der allgemeinen Interessen der europäischen Bürger Europas auftreten. Das Verhältnis von Rat und Parlament ist somit durch die Austarierung von territorialen Interessen und breiten Bürgerbelangen gekennzeichnet. Zusammengenommen bilden Kommission, Rat und Parlament ein System von wechselseitigen Einschränkungen beziehungsweise Checks und Balances im Sinne eines Madison'schen Demokratiemodells. Die Interessenvertretung in der EU, die zunehmend die Form von Selbstrepräsentation annimmt, erlaubt insbesondere der Kommission während der Phase der Erarbeitung von Gesetzes- und Politikinitiativen ein breites Spektrum von Meinungen zu hören. Da jedoch Interessierte und Betroffene von der abschließenden Entscheidungsfindung in Rat und Parlament weitgehend ausgeschlossen sind, ist es für die gut organisierten wie die schwach organisierten Interessen gleichermaßen schwierig, in dieser Phase Einfluss auszuüben. Die Trennung von gesetzgebender Initiative und bindender Beschlussfassung ist somit auch entscheidend für die Interessenvermittlung. Auf der einen Seite erlaubt sie die Anhörung eines breiten Spektrums von Interessen; auf der anderen Seite begrenzt sie die einseitige Interessenvertretung von einigen wenigen, starken Gruppen.

Abschließend bleibt allerdings festzuhalten, dass die beschriebenen Formen postnationaler Demokratie allenfalls als erste Schritte zur Demokratisierung der EU zu werten sind, nicht jedoch als Elemente eines voll entfalteten demokratischen Systems. Sie sollten aber auch nicht übersehen werden, wie es so oft in den Diskussionen um die demokratische Verfasstheit der EU der Fall ist. Denn alle Vorschläge zur Stärkung der demokratischen Legitimation der EU haben nur eine Chance zur Realisierung, wenn sie an bestehenden demokratischen Praktiken ansetzen (Neyer 2010).

12.4 Schlussfolgerungen

In diesem Kapitel stand die demokratische Legitimation der EU im Zentrum des Interesses. Dabei wurden zunächst die Debatte um das demokratische Defizit des EU-Systems beleuchtet und die Merkmale dieses Defizits aufgezeigt. Des

Weiteren wurden verschiedene Vorschläge zur Stärkung der demokratischen Verfasstheit der EU sowie deren jeweilige Vor- und Nachteile vorgestellt. In einem weiteren Schritt wurden dann die institutionelle Struktur der Union und ihre Entscheidungspraktiken im Hinblick auf die Frage analysiert, inwieweit sie Potenziale zur Entfaltung postnationaler Formen demokratischer Praxis bieten. Diese Analyse zeigte, dass es die demokratischen Defizite der EU sind, die den Ausgangspunkt für die Entfaltung alternativer demokratischer Praktiken bieten. Es ist allerdings zu beachten, dass diese Praktiken bei Weitem nicht ausreichen, um ein voll entfaltetes demokratisches System zu konstituieren.

Wie bereits im vorangegangenen Kapitel deutlich wurde, sind Bewertungen des EU-Systems immer abhängig von der Perspektive des Beobachters. So ist die demokratische Verfasstheit der EU im Vergleich zu nationalen politischen Systemen eindeutig defizitär. Es gibt keine klare Gewaltenteilung zwischen Legislative und Exekutive, Kommission und Rat fehlt es an demokratischer Legitimation, das Parlament ist zwar direkt legitimiert, besitzt aber nicht die vollen Kompetenzen einer Legislative; zudem verfügen die Organe der EU kaum über Kontrollmöglichkeiten gegenüber den jeweils anderen.

Wertet man die EU jedoch als neue politische Ordnung jenseits des Nationalstaats, so zeigt sich ein anderes Bild. Dann erscheinen bestimmte institutionelle Konstellationen als günstige Bedingungen für die Herausbildung alternativer demokratischer Praktiken. Zum Ersten erlaubt die bizephale Struktur des Systems und insbesondere die Gewaltenteilung zwischen legislativer Initiative und bindenden Entscheidungen die Vermittlung zwischen funktionalen und territorialen Interessen oder, anders formuliert, zwischen gesamteuropäischen und einzelstaatlichen Interessen. Zum Zweiten erlaubt die vergleichsweise unabhängige Position des Parlaments die Vertretung der grundlegenden gemeinsamen Interessen der Bürger Europas und damit die Verfolgung des Gemeinwohls, während Parteipolitik und die entsprechenden Konkurrenzmechanismen in den Hintergrund treten. Zum Dritten bieten neue Formen der assoziativen Demokratie zivilgesellschaftlichen Akteuren erleichterte Zugänge zur europäischen Arena. Damit erhalten schwach organisierte Interessen eine stärkere Stimme, während der Einfluss starker Interessengruppen tendenziell reduziert wird. Diese Tendenz wird durch die Trennung von legislativer Initiative und bindenden Entscheidungen weiter verstärkt. Zudem sind alle Entscheidungsprozesse der EU durch einen deliberativen Stil gekennzeichnet, der ebenfalls als Schritt zur Herausbildung alternativer Formen demokratischer Willensbildung gewertet werden kann. Schließlich gilt, dass sich die europäischen Organe trotz des delberativen Stils der Entscheidungsfindung gegenseitig einschränken, und somit ein System von Checks und Balances konstituieren.

Insgesamt verweist die Analyse der demokratischen Verfasstheit der EU auf die Herausbildung einer postnationalen politischen Ordnung, die andere als die bekannten Mechanismen demokratischer Willensbildung nutzt. Diese sind aber bisher allenfalls in Ansätzen zur Entfaltung gekommen, sodass der Union keine vollwertige demokratische Legitimation zugeschrieben werden kann. Im folgenden Kapitel soll diese politische Ordnung aus einer stärker theoretisch informierten Perspektive beleuchtet werden.

13 Das EU-System in seiner Gesamtheit

In diesem abschließenden Kapitel soll die vorangegangene Analyse zu einer Gesamtargumentation gebündelt werden, das heißt, das EU-System soll einer zusammenfassenden Betrachtung und theoretischen Erörterung unterzogen werden. Zwei Grundfragen stehen dabei im Vordergrund, die bereits zu Anfang dieses Buches thematisiert wurden: Zum Ersten, wie ist das EU-System in seiner Gesamtheit zu charakterisieren? Zum Zweiten, wie erklärt sich die Dynamik der Entfaltung des EU-Systems?

Diese beiden Fragen haben die Debatte um die europäische Integration seit ihren Anfängen in den 50er Jahren bestimmt, ohne jedoch zu gemeinsamen Antworten zu führen (vgl. Kap. 2). Vor dem Hintergrund dieser Fragen und des in den vorangegangenen Kapiteln präsentierten Materials sollen im Folgenden zunächst die charakteristischen Merkmale des EU-Systems erfasst werden; in einem zweiten Schritt gilt es dann, die Kräfte der Entfaltung des Systems herauszuarbeiten. Damit wird der Versuch unternommen, die EU in ihren charakteristischen Merkmalen zu verstehen, um sodann die außerordentliche Dynamik, die ihrer Entfaltung zugrunde liegt, aus einer stärker theoretisch informierten Perspektive zu erfassen.

13.1 Die EU als politisches System

Die wissenschaftliche Debatte um die EU kreiste lange Zeit um die Frage, ob diese eher einem nationalen Staat oder einer internationalen Organisation vergleichbar sei. Auch wenn diese Debatte bis heute nicht abgeschlossen ist, hat sich parallel dazu eine alternative Sichtweise herausgebildet, die die EU als System *sui generis*, also ganz eigener Art fasst (vgl. beispielsweise Jachtenfuchs 1997). Während diese Charakterisierung zunächst nicht umreißt, was das *sui generis* genau beinhaltet, eröffnet sie doch die Möglichkeit, die Besonderheiten der EU genauer zu bestimmen. In den nächsten Abschnitten wird daher die EU zunächst entsprechend ihren Entscheidungspraktiken als Verhandlungssystem vorgestellt. Dieses Verhandlungssystem beruht aber auf bestimmten institutionellen Strukturen, die ihrerseits intensive Verflechtungsbeziehungen zwischen den Regierungs- und Verwaltungsebenen hervorrufen; dementsprechend wird die Union auch als Verflechtungssystem und schließlich als Mehrebenensystem charakterisiert. Die EU wird somit nicht durch *ein* Etikett charakterisiert; stattdessen wird die Komplexität des Systems durch eine stufenweise Erfassung seiner institutionellen Struktur sowie der zugehörigen Entscheidungspraktiken definiert und mit drei Systembegriffen erfasst. Abschließend ist dann die Frage zu klären, ob die EU eher als ein System *sui generis* oder als ein

den nationalen Staaten beziehungsweise den internationalen Organisationen ver-
gleichbares System zu werten ist.

13.1.1 Die EU als Verhandlungssystem

Verhandlungssysteme sind dadurch gekennzeichnet, dass politische Entscheidungen nicht nach dem majoritären Prinzip, sondern eben als Verhandlungslösungen
zustande kommen. Dies bietet gegenüber majoritären Entscheidungen den Vorteil,
dass selbst bei Unterstellung nutzenmaximierender Akteure dennoch gemeinwohlorientierte Entscheidungen getroffen werden können (Scharpf 1992). Allerdings sind
Verhandlungsentscheidungen auch von einem Dilemma gekennzeichnet: Auf der
einen Seite erfordern sie „Kreativität, Teamarbeit, vertrauensvollen Informationsaustausch, kurz, einen auf ‚Problemlösung' gerichteten Verhaltensstil [...]. Auf
der anderen Seite unterscheiden sich die erreichbaren Lösungen jedoch fast immer
in ihren Verteilungsfolgen für die einzelnen Beteiligten" (Scharpf 1992: 21). Die Folge ist, dass es in Verhandlungssituationen sowohl zu Kooperation als auch zu in-
tensivem Bargaining, also hartem Verhandeln angesichts von Verteilungskonflikten
kommt, was beides jedoch nur schwer zu vereinbaren ist. Dies kann seinerseits zu
Entscheidungsblockaden führen oder zu Entscheidungen auf dem Niveau des
kleinsten gemeinsamen Nenners. Scharpf empfiehlt denn auch als Lösung des Verhandlungsdilemmas die Entkopplung von kooperativen Entscheidungssituationen
und solchen, die eher durch Bargaining geprägt sind (Scharpf 1992, vgl. auch Gehring 2005).

Betrachtet man vor diesem Hintergrund die EU, dann ist diese ohne Zweifel als
Verhandlungssystem zu erkennen (Grande 2000, Mayntz 2014). Angesichts der freiwilligen Partizipation der Mitgliedstaaten im europäischen Staatenverbund zu ihrem jeweiligen Nutzen wären majoritäre Entscheidungen kaum durchführbar. Zudem betreffen Entscheidungen im EU-System fast immer fundamentale Verteilungsfragen, und dies nicht nur, wenn es um die direkte Zuteilung von Fördergeldern
geht (Scharpf 1999). Denn jede Regelung auf europäischem Niveau verteilt Nutzen
und Lasten sehr ungleichmäßig auf die einzelnen Staaten (Scharpf 1999), je nach
den spezifischen ökonomischen, politischen und gesellschaftlichen Bedingungen,
oder dem „misfit" zwischen europäischen und nationalen Regelungen (Börzel und
Risse 2000). Es bedarf also jeweils eines intensiven Bargainings, um Nutzen und
Lasten möglichst gerecht zu verteilen und um permanente Gewinner oder Verlierer
zu vermeiden.

Betrachtet man vor diesem Hintergrund die Systemstruktur der EU, dann sind
der Rat und der Europäische Rat als oberste Entscheidungsorgane der Ort, an dem
intensives Bargaining stattfindet, zugleich aber auch integrationsfördernde Schritte
zum Nutzen aller Beteiligten gefällt werden. Dementsprechend kommen nach wie
vor alle relevanten Entscheidungen einstimmig zustande. Mehrheitsentscheidungen

betreffen in der Regel nur solche Fragen, für die bereits ein Grundkonsens besteht. Aber auch in den Fällen, in denen mit qualifizierter Mehrheit entschieden wird, ist das Quorum vergleichsweise hoch und die Entscheidungspraxis so angelegt, dass möglichst alle Interessen der Mitgliedstaaten Berücksichtigung finden (Moravcsik 2002 und 2004).

Aber nicht nur die intergouvernementalen Räte, sondern auch die als supranational gewerteten Organe der EU – Kommission und Parlament – sind durch verhandlungsbasierte Entscheidungen gekennzeichnet. Zwar entscheidet die Kommission laut Vertrag mit einfacher Mehrheit; in der Regel werden aber auch hier konsensuelle Lösungen angestrebt. Um diese zu erreichen, treten die Kommissare in wechselseitige Verhandlungen ein, wodurch sie Unterstützung für ihre jeweiligen Politikvorschläge mobilisieren. Das Parlament trifft zwar majoritäre Entscheidungen; faktisch muss es aber zu deren Erzielung Verhandlungen eingehen. Denn da bei wichtigen Entscheidungen eine absolute Mehrheit erforderlich ist, die aber keine der großen Fraktionen erreichen kann, müssen auf dem Verhandlungswege breite Koalitionen zwischen sehr unterschiedlichen Fraktionen geschmiedet werden. Darüber hinaus sind aber auch die Beziehungen *zwischen* den europäischen Organen als verhandlungsbestimmt zu charakterisieren; insbesondere im Falle des Ordentlichen Gesetzgebungsverfahrens werden im Rahmen formeller und informeller Triloge intensive Verhandlungen zwischen den Beteiligten geführt. Zu nennen sind hier auch die vielen inter-institutionellen Vereinbarungen, über die sich das Parlament auf dem Verhandlungswege mehr Mitspracherechte erstreitet, als ihm vertraglich zustehen.

Verhandlungen charakterisieren auch die Substrukturen der europäischen Organe, denn die jeweiligen Institutionen wurden eigens eingesetzt, um Verhandlungsprozesse zu optimieren. So sind COREPER, die Speziellen Ausschüsse sowie die Arbeitsgruppen mit der Erarbeitung von hoch differenzierten Verhandlungslösungen im Auftrag des Rates befasst. Aufseiten der Kommission arbeiten die beratenden Ausschüsse gelegentlich auf diese Weise.

Schließlich ist das gesamte EU-System bis in seine letzten Verzweigungen hinein von verhandlungsbestimmten Entscheidungsstilen durchzogen: Ob es um die Durchsetzung der Wettbewerbsregeln, die Umsetzung von Forschungsprogrammen, die Implementation der Strukturfonds oder die Koordination von Beschäftigungspolitiken geht, immer wird mit Regierungen oder Verwaltungen der Mitgliedstaaten, der Regionen oder mit nicht-staatlichen Akteuren um die adäquate Lösung der anstehenden Probleme verhandelt

Ist somit die EU in all ihren Facetten als Verhandlungssystem zu charakterisieren, so stellt sich die Frage, inwieweit sie von Entscheidungsblockaden belastet ist (Scharpf 1985). Solche Blockaden spielen zweifelsohne in kleineren und größeren Fragen eine Rolle; teilweise haben sie sogar den gesamten Integrationsprozess zum Stillstand gebracht. Dennoch erscheint es eher erklärungsbedürftig, warum es angesichts der Divergenzen zwischen den Mitgliedstaaten so häufig und so regelmäßig zu vorwärtsweisenden Beschlüssen kommt. Die Erklärung liegt darin begründet, dass im EU-System systematisch Strategien und Verfahrensweisen entwickelt wurden, um Entscheidungsblockaden zu verhindern oder zu überwinden.

Das bedeutsamste und zugleich folgenreichste Blockadepotenzial stellt sich den Räten, die oftmals nur schwer zu einer Einigung finden, was angesichts ihrer intergouvernementalen Zusammensetzung kaum erstaunlich ist. Allerdings wurde diesem Blockadepotenzial von Anfang an ein starkes Gegengewicht gegenübergestellt, indem die Kommission mit weitreichenden legislativen und exekutiven Kompetenzen ausgestattet wurde. Die bizephale Struktur des EU-Systems und insbesondere die Trennung von legislativer Initiative und bindender Entscheidungsfindung minimiert das Verhandlungsdilemma, indem sie gemeinwohlorientierte Entscheidungen von Verteilungskonflikten entkoppelt. Indem die Kommission das (allen Mitgliedstaaten gemeinsame) Interesse am Voranschreiten der Integration mit Nachdruck verfolgt, kann sich der Rat auf intergouvernementale Bargains konzentrieren. Allerdings reicht diese Konstellation nicht aus, um dauerhaft Entscheidungsblockaden zu vermeiden, nicht zuletzt deshalb, weil das gemeinsame Interesse an der Integration nicht für alle Mitgliedstaaten in der gleichen Weise gegeben ist.

Angesichts dieser Situation schuf sich die Kommission einen beratenden Unterbau, über den schon im Vorfeld von Entscheidungen Legislativvorschläge auf ihre Verteilungskonsequenzen hin überprüft – und entsprechend angepasst – werden können. Darüber hinaus ordnete der Rat ihr mit den Komitologie-Ausschüssen einen Unterbau zu, der im Implementationsprozess Verteilungsfragen zwischen den Mitgliedstaaten berücksichtigt. Umgekehrt entwickelte der Unterbau des Rates – insbesondere COREPER, in gewissem Maße aber auch die Arbeitsgruppen – zunehmend konvergierende Sichtweisen, womit weniger das Bargaining, als vielmehr die gemeinsame Problemlösung ins Zentrum des Interesses rückte. Zudem konnten die betreffenden Akteure als in Brüssel basierte Unterhändler ein gemeinsames Wissen in Sachen Integration aufbauen (Hayes-Renshaw und Wallace 2006: 318–319). Auch manche Fachministerräte sind nach Meinung vieler Autoren eher als problemlösungsorientierte Gremien denn als harte Bargaining-Foren zu werten. Der Europäische Rat sowie der Rat Auswärtige Angelegenheiten sind aufgrund der zumeist einstimmigen Beschlüsse in besonderer Weise vom Verhandlungsdilemma betroffen; bezeichnenderweise sind es aber diese Räte, die seit Inkrafttreten des Lissabon-Vertrags einer permanenten Präsidentschaft unterstehen. Damit ist die Erwartung verbunden, dass die jeweiligen Präsidenten als „ehrliche Makler" agieren und somit die gemeinsame Willensbildung erleichtern (Tömmel 2010).

Insgesamt bilden Kommission und Räte ein komplementäres institutionelles Arrangement, das die Entkopplung von Problemlösung und Bargaining ermöglicht. Über die Auskristallisierung entsprechender Substrukturen auf beiden Seiten wird zudem in vertikaler Richtung innerhalb jedes einzelnen Organs eine entkoppelte Behandlung von Problemlösung und Bargaining gewährleistet. Gleichzeitig ermöglichen diese Konstrukte jedem Organ die partielle Einbindung der jeweils anderen

Seite des Entscheidungsdilemmas in die eigene Entscheidungsfindung, womit die Rückkopplung von Problemlösung und Bargaining gewährleistet ist, sodass insgesamt komplexere Entscheidungen hervorgebracht werden.

Parallel zu diesen ausgefeilten institutionellen Arrangements wurden im EU-System auch die inhaltlichen Strategien zur Überwindung von Verhandlungsdilemmata im Zuge der fortschreitenden Integration ausgebaut. So ist die Union bekannt für ihre ausgeklügelten Koppelgeschäfte und Paketlösungen ebenso wie für systematische Side-Payments, sei es in direkter Form als finanzielle Transfers, sei es indirekt in der Form von Opting-outs oder Sonderregelungen.

Allerdings reichen solche Methoden nicht immer aus, um integrationspolitische Entscheidungen auf dem Verhandlungswege herbeizuführen. In unauflösbaren Pattsituationen werden daher Formen der differenzierten Integration gewählt, um das Verhandlungsdilemma zu überwinden (Kölliker 2006, Dyson und Sepos 2010, Leuffen et al. 2012). In diesen Fällen kommt es nicht zu einer Entkopplung von verschiedenen Entscheidungsarenen, sondern zur Entkopplung von Staaten, nämlich solchen, die an weiteren Integrationsschritten interessiert sind, von solchen, für die das nicht gilt. Es steht zu vermuten, dass für Letztere Verteilungsfragen im Vordergrund stehen, während die erstgenannte Gruppe davon weniger betroffen ist beziehungsweise umgekehrt von der Integration Vorteile erwartet. Nicht von ungefähr wurde das Konzept der „verstärkten Zusammenarbeit" vertraglich verankert, als die Osterweiterung der EU auf der Agenda stand; für die Beitrittsstaaten werden Verteilungsfragen auf lange Sicht eine primäre Sorge sein, was ihre Integrationsbereitschaft deutlich einschränkt.

Insgesamt ist die EU somit als ein ausgeprägtes Verhandlungssystem zu charakterisieren. Komplexe Verhandlungen bestimmen alle Entscheidungsprozesse im legislativen wie im exekutiven Bereich sowie in konstitutionellen Fragen. Zudem entfalten und konfigurieren sich die zentralen Organe und ihre Substrukturen entsprechend der Logik der Entkopplung des Verhandlungsdilemmas. Die auf diese Weise ausdifferenzierte institutionelle Struktur der EU erleichtert ihrerseits die Rückkopplung von Problemlösung und Bargaining und somit – trotz extrem ausgeprägter Interessendivergenzen zwischen den Regierungen der Mitgliedstaaten – die regelmäßige Annahme von integrationsfördernden Beschlüssen.

13.1.2 Die EU als Verflechtungssystem

Verflechtungssysteme – in der Regel handelt es sich um föderale Staaten – sind dadurch gekennzeichnet, dass die untere Ebene in relevantem Maße an den Entscheidungen der oberen Ebene beteiligt ist, wie es beispielsweise in der Bundesrepublik der Fall ist. Da allerdings die unteren Einheiten aufgrund je spezifischer Interessenlagen und Perspektiven andere Präferenzen als die zentralstaatliche Ebene haben, kommt es auch in solchen Systemen zu Entscheidungsblockaden, was in die von Scharpf so benannte Politikverflechtungsfalle ausmünden kann (Scharpf 1985 und 2006).

Wenngleich die EU allenfalls bedingt als föderales System zu bezeichnen ist, ist sie dennoch als Verflechtungssystem zu werten, denn die „unteren" Einheiten, die Mitgliedstaaten, sind maßgeblich an allen Entscheidungen auf der europäischen Ebene beteiligt (Tömmel 2011a). Faktisch sind sie nicht nur beteiligt, sondern bilden im EU-System gemeinsam die oberste Entscheidungsinstanz. Hueglin und Fenna (2006: 207–208) sprechen in diesem Zusammenhang von „council governance" beziehungsweise von „second chamber governance". Insofern erfüllt die EU ein zentrales Kriterium eines Verflechtungssystems. Während jedoch der oberen Ebene in föderalen Staaten ein gewisses Maß an Autonomie zukommt, ist die Union in all ihren Entscheidungen von den Mitgliedstaaten abhängig (Majone 2005: 46). Aufgrund dieser Situation vertreten manche Autoren die Ansicht, dass die EU eine rein intergouvernementale Organisation sei (Moravcsik 1998). Allerdings gibt es wesentlich mehr und empirisch gut fundierte Gegenstimmen, die der europäischen Ebene, insbesondere repräsentiert durch die Kommission, eine eigenständige Rolle zuerkennen (z. B. Sandholtz und Stone-Sweet 1998, Beck und Grande 2004, Curtin und Egeberg 2008, Majone 2009). Diese letztgenannte Position wird hier ebenfalls mit Nachdruck vertreten.

Wenngleich die EU nicht mit einer zentralen, regierungsähnlichen Instanz ausgestattet ist, ist sie dennoch als Verflechtungssystem zu werten, und das aus mehreren Gründen. Zum Ersten verfügt sie über Organe und Institutionen, die zusammengenommen eine eigenständige europäische Politik- und Verwaltungsebene konstituieren. Zum Zweiten beruht sie auf einer spezifischen Verbindung und Verflechtung von Organen und Institutionen, die einerseits von europäischen Zielsetzungen und Perspektiven geprägt, andererseits aber auch nationalen Sichtweisen und Interessen verpflichtet sind (Grande 2000). Anders allerdings als in nationalen föderalen Systemen ist die zentrale europäische Ebene den unteren Ebenen nicht hierarchisch übergeordnet, sondern ergänzt diese (Tömmel 2011a). Dies bewirkt seinerseits, dass die Verflechtung zwischen den Ebenen sowie zwischen den Organen und Akteuren, die die verschiedenen Ebenen repräsentieren, wesentlich komplexer und intensiver ist, als dies in klassischen Föderationen der Fall ist. Das Fehlen klarer hierarchischer Beziehungen resultiert somit in einem hohen Maß an Interdependenz zwischen den Ebenen und den sie repräsentierenden Institutionen und Akteuren.

Die relative Eigenständigkeit der europäischen Ebene kommt sowohl in der Struktur als auch in der Funktionsweise des EU-Systems zum Ausdruck: Die Kommission, die laut Vertrag ausdrücklich als unabhängig von den Mitgliedstaaten konzipiert ist, nimmt weitgehende legislative und exekutive Funktionen wahr. Der Gerichtshof fällt autoritative Entscheidungen, an die die nationalen Gerichte, die nationalen Staaten und auch die Bürger der EU gebunden sind. Das Europäische Parlament folgt in seinen Entscheidungen weitgehend einer europäischen Logik,

weshalb die Mitgliedstaaten ihm ja auch nur sehr zögerlich weitere Entscheidungsrechte zugestehen. Selbst die Entscheidungen des Rates sind primär an einer
europäischen Perspektive orientiert, auch wenn im Vorfeld solcher Entscheidungen
erst einmal die nationalen Interessen auf den Tisch kommen.

Die enge Verflechtung zwischen europäischer und nationaler Perspektive ist
sowohl in der Struktur als auch in der Funktionsweise des EU-Systems angelegt und
in der Folge weiter ausgebaut worden. An erster Stelle ist hier die komplementäre,
interdependent strukturierte Beziehung zwischen Kommission und Rat zu nennen,
die als institutioneller Ausdruck der engen Verflechtung von europäischer und nationaler Perspektive zu werten ist (Beck und Grande 2004, Majone 2005). Ebenso
bilden die Substrukturen dieser Organe die komplementäre Ergänzung beider Perspektiven ab: Während die Substruktur der Kommission eher an der nationalen
Perspektive orientiert ist, weist die des Rates eine ausgeprägte Europaorientierung
auf. Der Europäische Gerichtshof inkorporiert die nationale Perspektive in seine
Tätigkeit, indem er eng mit den nationalen Gerichten kooperiert, und dies nicht nur
im Falle der Vorabentscheidungsverfahren (Alter 2001, 2009). Und auch das Europäische Parlament ist durch eine starke Rückkopplung an die nationale Ebene gekennzeichnet. Dies ergibt sich schon zum einen über die politischen Parteien, die
die Parlamentarier entsenden; zum anderen wird der Bezug explizit hergestellt über
die Kooperation mit den nationalen Parlamenten und insbesondere deren Europa-
ausschüssen im Rahmen von COSAC.

Neben diesen „äußeren" Rückbindungen der europäischen Organe an die nationale Ebene ist aber auch jedes einzelne Organ von beiden Prinzipien inhärent
durchzogen (Mayntz 1999). So sind die supranationalen Organe allesamt mehr oder
weniger paritätisch mit Vertretern der nationalen Staaten besetzt, und diese werden
jeweils gesondert von den Mitgliedstaaten benannt oder, im Falle des Parlaments,
gewählt. Und nicht von ungefähr gelang es bisher trotz mehrerer Anläufe nicht, die
Zahl der Kommissare auf ein an Effizienzgesichtspunkten orientiertes Maß zurück-
zustutzen, weil kein Mitgliedstaat auch nur temporär auf einen Kommissar verzichten möchte (vgl. Kap. 4.2). Die Repräsentation der nationalen Ebene *in* den europäischen Organen wird somit als essenziell betrachtet, auch dann, wenn die Organe
explizit dem europäischen Interesse verpflichtet sind.

Das Phänomen „äußerer" und „innerer" Rückbindungen zwischen europäischer und nationaler Ebene wird noch deutlicher, wenn man auch die erweiterte
Systemstruktur der EU berücksichtigt. Exemplarisch sei hier nur auf die bedeutsamsten Beispiele verwiesen: die Europäische Zentralbank, die aufs Engste mit den
nationalen Zentralbanken verflochten ist, oder die Politikfelder GASP sowie RFSR,
die zwar rein intergouvernemental konzipiert sind, jedoch extensiv Gebrauch machen von den Dienstleistungen der Kommission und der moralischen Unterstützung
des Parlaments. Als bemerkenswert bleibt hier festzuhalten, dass das EU-System,
stärker wiederum und systematischer als jedes nationale föderale System, durch
eine intensive institutionelle und prozedurale Verflechtung der oberen und unteren

Ebene charakterisiert ist, womit beide Perspektiven in die Beschlussfassung einbezogen und vermittelt werden.

Im Verflechtungssystem der EU werden aber nicht nur die europäische und die nationale, sondern in zunehmendem Maße auch die regionale Ebene in die Verflechtungsstruktur eingebunden. So hat die „dritte Ebene" mit dem Ausschuss der Regionen ein eigenes Sprachrohr auf der europäischen Ebene gefunden, dem zwar keine bindende Mitsprache zukommt, das aber entgegen landläufiger Meinung weitgehend Gehör und damit auch Berücksichtigung im Entscheidungsprozess findet (vgl. Kap. 9.2). Ebenso übt die europäische Ebene – repräsentiert durch die Kommission – Mitsprache in den Regionen aus, beispielsweise im Rahmen der Strukturpolitik. Das europäische Verflechtungssystem zeichnet sich somit durch einen hohen Grad der Kopplung von Entscheidungsarenen der verschiedenen Ebenen aus.

Damit lässt sich auch die Frage nach den Entscheidungsblockaden im europäischen Verflechtungssystem beantworten. Wie im vorangegangenen Abschnitt bereits festgestellt wurde, gibt es zwar genügend Anlässe und Gründe für solche Blockaden; Vetopositionen kommen aber nicht übermäßig zur Geltung. Denn aufgrund der intensiven Verflechtung zwischen den Ebenen können konfliktbelastete Entscheidungen entzerrt, entkoppelt, durch Tauschgeschäfte oder Side-Payments kompensiert oder aber durch zunehmend konvergierende Sichtweisen entschärft werden, sodass insgesamt die Politikverflechtungsfalle wesentlich seltener zuschnappt, als angesichts der komplexen Gemengelage von widerstreitenden Interessen zu erwarten wäre (Scharpf 1985 und 2006).

Insgesamt ist die EU somit als ein Verflechtungssystem *par excellence* zu werten, wobei die Politikverflechtung zwischen den Ebenen sowohl die zentralen Organe der EU als auch deren gesamte Substruktur, ebenso wie die erweiterte Systemstruktur durchzieht. Dieses Verflechtungssystem bildet die strukturelle Grundlage des Verhandlungssystems der EU, wobei die hochgradige Politikverflechtung angesichts konfligierender Problemlagen Verhandlungsentscheidungen eher erleichtert, als dass sie umgekehrt diese erschwert.

13.1.3 Die EU als Mehrebenensystem

Aus dem Vorgehenden ergibt sich, dass die EU in ihrer Struktur auch ein Mehrebenensystem sein muss, denn Verflechtungs- und Verhandlungssysteme implizieren eine Mehrebenenstruktur. Dennoch soll hier auch explizit auf die EU als Mehrebenensystem eingegangen werden; dies nicht nur, weil dieser Aspekt des EU-Systems in der Literatur ausgiebig diskutiert wird (z. B. Hooghe und Marks 2001, Jachtenfuchs und Kohler-Koch 2003, Benz 2004, Neyer 2012), sondern auch, weil ein solches System mehr beinhaltet als nur die Verflechtung. Dabei geht es um die Frage, ob es im Mehrebenensystem einen systemischen Nexus zwischen den sich überlagernden Ebenen gibt, und wenn ja, über welche Mechanismen er hergestellt wird.

Die EU konstituiert sich nämlich nicht nur wegen der maßgeblichen Mitwirkung der nationalen Ebene an europäischen Entscheidungen als Mehrebenensystem, sondern auch wegen der (Rück-)Wirkungen solcher Entscheidungen auf die nationale und – zunehmend – auch die regionale Ebene; erst über diese Wirkungen bildet sich ein systemischer Nexus zwischen den Ebenen heraus (vgl. Kap. 9.1). So ist es einerseits die direkte Wirksamkeit europäischer Gesetzgebung in den Mitgliedstaaten, andererseits die notwendige Umsetzung europäischer Richtlinien in nationales Recht, die auf der „unteren" Ebene nachhaltige Anpassungsprozesse auslösen und damit einen systemischen Nexus zwischen den Ebenen herstellen. Wechselseitige Anpassung beziehungsweise Komplementarität zwischen den Ebenen bildet sich auch im inhaltlichen Sinne heraus, indem europäische Gesetzgebung entweder auf die Schließung von Regelungslücken oder aber auf das Auffinden des „gemeinsamen Dritten" unterschiedlicher nationaler Regelsysteme zielt. Solche Mechanismen schränken die Autonomie der nationalen Staaten längerfristig ein, womit sich der systemische Nexus zwischen den Ebenen verfestigt (Scharpf 1999 und 2006).

Die Herausbildung und Festigung eines europäischen Mehrebenensystems stellt sich auch über den Prozess der Politikimplementation ein. Über systematische Verhandlungen zwischen den Ebenen werden die Handlungsspielräume nationaler und regionaler Politik im Rahmen europäischer Recht- und Regelsetzung eingegrenzt (beispielsweise in der Wettbewerbspolitik) oder aber die Modalitäten der Politikimplementation als Kompromisslösungen erarbeitet (beispielsweise in der Strukturpolitik). Ebenfalls im Rahmen der Strukturpolitik wurde das System der Partnerschaft als institutioneller Rahmen und zugleich Verfahrensmodus für Verhandlungen zwischen den Ebenen geschaffen. Darüber konnte das Fehlen hierarchischer Beziehungen zwischen den Ebenen kompensiert werden. Gleichzeitig gelang es, das Mehrebenensystem auch gegen den erklärten Willen der Mitgliedstaaten bis hinunter auf die „dritte Ebene" auszuweiten, womit diese Ebene beachtliche Autonomiegewinne gegenüber den nationalen Regierungen erzielen konnte (Hooghe und Marks 2001, Keating und Hooghe 2006). Schließlich reichen neuerdings auch schon koordinative Verfahren wie die OMK aus, um nationale und regionale Politiken auf gemeinsam definierte europäische Ziele auszurichten oder einem transnationalen Wettbewerb auszusetzen (zum Beispiel im Rahmen der ESB).

Das Organisationsprinzip, über das die Ebenen und die Sektoren miteinander verbunden und damit auch handlungs- und interaktionsfähig gemacht werden, sind die vielzitierten Politiknetzwerke. Kohler-Koch (1999) spricht deshalb für die EU von „network-governance". Obwohl Politiknetzwerke in der EU vielfältig vorkommen, sind sie nicht als Charakteristikum europäischer Governance oder gar der Systemstruktur der EU zu werten. Vielmehr bieten sie angesichts des Fehlens deutlich strukturierter hierarchischer Beziehungen ein institutionelles Gefüge für Mehrebeneninteraktionen (Börzel und Heard-Lauréote 2009). Dennoch spielen Hierarchien in den Netzwerken eine Rolle aufgrund der unterschiedlichen Machtressourcen der beteiligten institutionellen Akteure (Heinelt et al. 2005).

Insgesamt stellt sich die EU somit als ein komplexes Mehrebenensystem dar, das nicht nur die europäische und die nationale, sondern in zunehmendem Maße auch die regionale Ebene – unabhängig von der jeweiligen innerstaatlichen Verfasstheit – umfasst. Dabei wird die nationale Ebene tendenziell in ihrer Autonomie eingeschränkt, während die regionale Ebene Autonomiegewinne verbuchen kann. Bemerkenswert ist, dass der systemische Nexus zwischen den Ebenen lediglich im Falle der Gesetzgebung hierarchisch strukturiert ist; alle anderen Beziehungen zwischen den Ebenen werden über a-hierarchische Beziehungen hergestellt: Verhandlungen, Kooperation sowie konkurrenzgesteuerte Verfahrensweisen. Die Ebenen werden über Politiknetzwerke lose verbunden, in denen Hierarchien allenfalls über die unterschiedlichen Ressourcen der beteiligten Akteure eine indirekte Rolle spielen.

13.1.4 Die Gesamtstruktur der EU

Abschließend bleibt die Frage zu diskutieren, wie das EU-System in seiner Gesamtheit zu charakterisieren ist, das heißt, worin der strukturelle Kern eines Verhandlungs-, Verflechtungs- und Mehrebenensystems besteht. Zwar wurde die Wertung der EU als internationale Organisation, insbesondere mit dem Argument, dass sie über spezifische, supranationale Institutionen verfüge, bereits zurückgewiesen; umso mehr könnte man dann aber annehmen, dass sie einem föderalen System gleichkomme, denn Verhandlungs-, Verflechtungs- und Mehrebenensystem sind allesamt Charakteristika föderaler Staaten. Viele Autoren fassen denn auch die EU als Föderation, betonen aber auch gewisse Abweichungen von klassischen Formen föderaler Staaten (z. B. Burgess 2000 und 2006, Harbo 2005, Hueglin und Fenna 2006, Nicolaïdis 2006). Zum Ersten ist die europäische Ebene nicht souverän, es fehlt ihr die Kompetenzkompetenz. Zum Zweiten sind die „unteren" Einheiten, die Mitgliedstaaten, wesentlich autonomer als die obere Ebene; faktisch sind sie souverän, auch wenn ihre Souveränität durch EU-Gesetze und -Regelungen eingeschränkt wird. Zum Dritten ist der Zusammenschluss der Staaten im Rahmen der EU wesentlich lockerer als dies im Allgemeinen für Föderationen gilt. Damit liegt es nahe, die EU als ein System *sui generis* zu charakterisieren (Jachtenfuchs 1997). Tatsächlich spricht einiges dafür, die EU als System ganz eigener Art zu werten, auch wenn eine solche Sichtweise den Blick auf die Genese des EU-Systems als Amalgamierung bekannter System-Elemente zu einer neuartigen Kombination verstellt (Olsen 2010).

Im vorliegenden Kontext wird die EU als ein System charakterisiert, das auf einer (bisher) einmaligen Kombination und Durchdringung zweier Systemprinzipien beruht, nämlich einerseits dem Intergouvernementalismus und andererseits dem

Supranationalismus.[1] Die Kombination dieser beiden Prinzipien findet ihren institutionellen Ausdruck in einer Systemstruktur, deren zentrale Organe – Kommission und Rat sowie Europäischer Rat – sich in einer bizephalen Konstellation konfigurieren. Es ist diese, in den zentralen Organen verankerte Doppelstruktur des EU-Systems, die im Kern seine Besonderheit ausmacht, es zugleich aber auch, je nachdem, ob man die eine oder die andere Seite stärker hervorhebt, in die augenfällige Nähe entweder zu internationalen Organisationen oder föderalen Staaten rückt. Die Doppelstruktur ist zugleich der Grund dafür, dass sich das EU-System in so ausgeprägter Weise zu einem Verhandlungs-, Verflechtungs- sowie einem Mehrebenensystem entfaltet hat und in diesen Merkmalen vergleichbare Systemstrukturen auf nationalem Niveau, aber auch in internationalen Zusammenhängen, bei Weitem übertreffen konnte.

Vor diesem Hintergrund bleibt festzuhalten, dass das EU-System aus der Kombination und wechselseitigen Durchdringung zweier Systemprinzipien hervorgegangen ist, die sich nicht zugunsten der einen oder anderen Seite aufheben, sondern sich dynamisch entfalten und darüber einen neuen Typus politischer Ordnung hervorbringen. Diese Ordnung ist zwar den nationalen politischen Systemen, zumindest ihrer Wirkung nach, übergeordnet; gleichzeitig wird sie aber auch von diesen gesteuert. Damit folgt sie den Prinzipien intergouvernementaler Kooperation; zugleich entfaltet sie aber auch eine Dynamik, die die üblichen Formen intergouvernementaler Zusammenarbeit weit übersteigt. Es ist somit die einmalige Kombination von bisher bekannten Ordnungsprinzipien, die ein neuartiges politisches System konstituiert. Im folgenden Abschnitt soll die in der dualistischen Struktur des EU-Systems angelegte Dynamik und deren Wirkung für die Entfaltung des Systems analysiert werden.

13.2 Die Dynamik der Entfaltung des EU-Systems

Im Vorgehenden wurde das EU-System durch die Verbindung und wechselseitige Durchdringung zweier widerstreitender Systemprinzipien charakterisiert, nämlich einerseits dem Intergouvernementalismus, der die nationale Perspektive repräsentiert, und andererseits dem Supranationalismus, der für die europäische Perspektive steht. Im Folgenden geht es nun darum, die Bedeutung und die Konsequenzen dieser spezifischen Mischung für die Entfaltung des EU-Systems zu erfassen und damit auch die Gründe für seine Entwicklungsdynamik zu klären.

Dazu sollen zunächst mehrere Thesen formuliert werden, die der Argumentation zugrunde liegen:

---

[1] Dieser Gedanke ist natürlich nicht neu, sondern wurde in der Literatur vielfach explizit und implizit lanciert (siehe beispielsweise Weiler 1981, Beck und Grande 2004, Bartolini 2005a, Neyer 2012).

1. Die EU ist durch eine Kombination zweier widerstreitender Systemprinzipien charakterisiert, die ihren institutionellen Ausdruck in der bizephalen Struktur des Systems findet. Kommission und Rat sowie Europäischer Rat als mehr oder weniger ebenbürtige und zugleich interdependente Machtzentralen konstituieren den Kern dieser bizephalen Struktur. Die übrigen Organe und Institutionen der EU gravitieren um diese beiden Machtzentren.

2. Aufgrund der Interdependenz dieser beiden Machtzentralen bilden sich auf der Handlungsebene spezifische Muster der Interaktion zwischen ihnen heraus, die sich im Streben nach Dominanz in der Ausgestaltung des Integrationsprozesses manifestieren.

3. Indem Kommission und Räte über je unterschiedliche Machtressourcen verfügen –einerseits Verfahrensmacht, andererseits Entscheidungsmacht – resultiert das Streben nach Dominanz in der Ausgestaltung des Integrationsprozesses in einem dynamischen, zweigleisigen Prozess des institutionellen Ausbaus und der Ausdifferenzierung des EU-Systems: Während die Kommission die Netzwerk- und Institutionenbildung auf der informellen Ebene vorantreibt, um ihren Einfluss auszuweiten, schaffen Rat und Europäischer Rat vor allem formelle Institutionen, um die Macht der Kommission einzuschränken sowie ihre eigene Entscheidungs- und Handlungskapazität zu stärken.

4. Die Kombination und wechselseitige Durchdringung zweier widerstreitender Systemprinzipien im Rahmen der EU ist nicht als vorübergehender Zustand, als Ausdruck einer unvollendeten Integration oder gar als Fehlentwicklung der Geschichte zu werten; vielmehr stellt sie ein konstitutives Charakteristikum des EU-Systems dar.

In den folgenden Abschnitten soll die bizephale Struktur der EU näher erläutert sowie die Interaktion zwischen den zentralen Organen und die daraus resultierende Systementwicklung erklärt werden. Damit wird gezeigt, dass die bizephale Systemstruktur der Union kein vorübergehendes Phänomen, sondern ihr zentrales Charakteristikum ist. Insgesamt wird so ein heuristisches Konzept zur Erklärung der Dynamik der Entfaltung des EU-Systems entwickelt.

13.2.1 Die bizephale Struktur des EU-Systems

Nimmt man die bizephale Systemstruktur der EU zum Ausgangspunkt, dann ist darunter die Aufteilung der politischen Macht auf mehr oder weniger ebenbürtige, aber von ihrer Struktur und Funktion her komplementäre Organe zu verstehen. Während Rat und Europäischem Rat alle formale Entscheidungsgewalt, sowohl im Primärrecht (Vertragsänderungen) als auch im Sekundärrecht (Gesetzgebung) zukommt, verfügt die Kommission in all diesen Angelegenheiten (mit Ausnahme der Vertragsänderungen) über ein nahezu ausschließliches Initiativrecht sowie über eine Reihe von weitreichenden Exekutivfunktionen. Kommission und Räten stehen somit jeweils sehr spezifische und unterschiedliche Machtressourcen zur Verfügung, die aber einander komplementär sind und somit beide Seiten, wollen sie entscheidungs- und handlungsfähig sein, voneinander abhängig machen. Das heißt, die Räte brauchen die Kommission mit ihrem Initiativrecht als Antrieb und Motor der Integration, eine Funktion, die sie aufgrund ihrer internen Fraktionierung durch die gegensätzlichen Interessen der Mitgliedstaaten nicht selbst erfüllen können; zudem brauchen sie die Kommission als Exekutive, das heißt, als zentrale Instanz, der die Überwachung der Durchführung sowie die Durchsetzung ihrer Beschlüsse obliegt. Mit anderen Worten: Die Räte sind mit einem Problem kollektiven Handelns konfrontiert (Tallberg 2006); deshalb haben sie weitreichende Funktionen an die Kommission delegiert (Majone 2009). Umgekehrt braucht die Kommission die Räte zum Fällen aller kleinen und großen Entscheidungen sowie zum Aushandeln der dazu notwendigen Kompromisse; zudem braucht sie den Konsens der Räte bei der Durch- und Ausführung sowie der Umsetzung ihrer Beschlüsse. Diese Konstellation der komplementären Kompetenzverteilung zwischen den zentralen Organen der EU beinhaltet, dass es im EU-System keine Zentralisierung von politischer Macht in Händen eines Organs gibt und geben kann; vielmehr stehen sich zwei relativ autonome, aber wechselseitig voneinander abhängige Machtzentren gegenüber, die sich gegenseitig im Gleichgewicht halten und um die alle anderen Organe gravitieren.

Gegen eine solche Konzeptionierung des EU-Systems können allerdings mehrere Einwände erhoben werden.

Als *erster Einwand* lässt sich formulieren, dass die EU gar nicht bizephal, sondern hierarchisch strukturiert sei (z. B. Moravcsik 1998). Nach der gängigen Lesart bildeten dann Rat und Europäischer Rat die eigentliche Machtzentrale der EU, da sie mit allen formalen Entscheidungsbefugnissen ausgestattet seien, während die Kommission ihnen eindeutig untergeordnet sei, da sie allenfalls über delegierte, jederzeit rückrufbare Macht verfüge. Die Kommission könnte sich laut dieser Lesart zwar aus institutionellem Eigeninteresse bis zu einem gewissen Grad verselbstständigen; dieser Tendenz werde aber von den Räten regelmäßig Einhalt geboten, was wiederum deren übergeordnete Position bestätige.

Tatsächlich erscheint eine solche Interpretation plausibel, wenn man als Machtmittel lediglich die formalen Entscheidungsbefugnisse anerkennt. Bezieht man allerdings die eher hinter den Kulissen wirksamen Machtressourcen der Kommission mit ein, lässt sich eine solche Argumentation nicht aufrechterhalten. Denn wenngleich die Macht der Kommission ursprünglich von den Mitgliedstaaten delegiert worden ist, hat sie sich doch nach mehr als 60 Jahren Integrationsgeschichte zu einer eigenständigen Ressource verdichtet, die auch gegen die Interessen der Mitgliedstaaten einsetzbar, jedoch nicht rückrufbar ist, es sei denn, man wollte das gesamte EU-System aushebeln. Auf die Machtbeziehungen zwischen Kommission und Räten wird im folgenden Abschnitt noch näher einzugehen sein.

. Als *zweiter Einwand* lässt sich vorbringen, dass die Kommission zwar erstaunlich viel Macht besitze; diese sei ihr aber lediglich von den Mitgliedstaaten delegiert worden, damit sie als unabhängige Agentur (Agency) relativ losgelöst von den Zwängen politischer Bargaining-Prozesse handeln könne. In dieser Argumentation wird somit das Verhältnis von Kommission und Räten als Principal-Agent-Beziehung gefasst (vgl. Kap. 2 sowie Pollack 1996, Majone 2005). Die Räte als Prinzipale definierten die zu verfolgenden Ziele, während die Kommission im Interesse deren Einhaltung operiere. Dies schließe nicht aus, dass die Kommission, wie alle unabhängigen Agenturen, sich tendenziell verselbstständigen und damit ihre eigenen institutionellen Interessen verfolgen oder von starken Interessengruppen eingefangen werden könne (Prozesse, die in der englischsprachigen Literatur als „shirking" und „capturing" bezeichnet werden).

Eine solche Argumentation bestätigt zwar die erstaunlich starke Machtposition der Kommission gegenüber den Räten, berücksichtigt aber kaum die Interaktionen zwischen diesen Organen. Europäische Zielsetzungen und Politiken werden über diese Interaktionen definiert und entwickelt. Zudem ist die Kommission keine unabhängige Expertenagentur, sondern ein politisches Organ, auch wenn sie Politik mit anderen als den üblichen Mitteln betreibt (Landfried 2005). Ihr Handeln ist auch nicht primär auf Verselbstständigung gerichtet – auch wenn sie im Einzelnen durchaus nach Autonomiegewinnen strebt – sondern auf die Beeinflussung der Räte sowie auf die Steuerung des Gesamtsystems. Dementsprechend besteht die Kommission aus besonders breit agierenden politischen Generalisten,[2] während in Principal-Agent-Beziehungen sektorale Experten ein eng begrenztes Mandat ausführen. Die Kommission als Motor der Integration agiert dagegen mit einem offenen Mandat, um die Initiative in allen europäischen Angelegenheiten zu ergreifen.

Als *dritter Einwand* gegenüber der These der bizephalen Struktur ließe sich vorbringen, dass sich die EU aufgrund des enormen Kompetenzzuwachses des Parlaments auf drei Machtzentralen stütze. Man könnte sogar argumentieren, dass es vier Machtzentralen seien, wenn man auch noch den Gerichtshof hinzuzieht. Eine solche Argumentation nimmt ausschließlich die formale institutionelle Konfiguration der Union in den Blick, während sie die Handlungen der Institutionen sowie die zugrunde liegenden widersprüchlichen Kräfte ignoriert. Diese widersprüchlichen Kräfte resultieren einerseits aus dem gemeinsamen Interesse der EU, andererseits aus den spezifischen Interessen der Mitgliedstaaten. Mit anderen Worten: Es sind zwei, nicht drei vier oder mehr grundlegende Interessen, die der europäischen Integration unterliegen. Das EP repräsentiert aufgrund seiner institutionellen Position sowie seiner Aktivitäten in erster Linie die gemeinsamen Interessen der europäi-

---

2 Nicht von ungefähr werden die Kommissare in zunehmendem Maße aus den Reihen erfahrener Politiker, die auf nationaler Ebene häufig Ministerpositionen oder sogar das Amt des Ministerpräsidenten wahrgenommen haben, rekrutiert.

schen Wähler. Das bedeutet, es handelt entsprechend einer supranationalen oder europäischen Logik, und somit entsprechend den Prinzipien, die auch die Kommission leiten. Dies widerspricht nicht der Tatsache, dass das EP teilweise auch in Opposition zur Kommission entscheidet, denn auch europäische Interessen sind keineswegs ein monolithischer Block, sondern können in sehr unterschiedlicher Weise ausgeformt werden. Zu erinnern ist hier beispielsweise an den Gegensatz zwischen gesamteuropäischen Wirtschaftsinteressen und den Interessen des europäischen Elektorats. Auch die Tatsache, dass das EP bei seinen Entscheidungen, wie alle europäische Organe, in gewissem Maße nationale Positionen in Betracht zieht, widerspricht keineswegs dem Faktum, dass es im Wesentlichen einer supranationalen Logik folgt. Darüber hinaus ist aber auch zu beachten, dass dem Parlament keine Kompetenzen zur Institutionenbildung zukommen; es kann somit keinen Einfluss auf die Systemstruktur der Union ausüben. Das Parlament stellt in gewisser Hinsicht ein Gegengewicht gegenüber Kommission und Räten dar, aber es ist nicht als dritter, unabhängiger Player zu werten, der eine gänzlich andere Rolle einnimmt. Eine ähnliche Argumentation gilt auch für den Gerichtshof. Er ist zwar ein mächtiger Akteur in der europäischen Integration und seine Urteile haben diese entscheidend vorangetrieben. Damit hat der Gerichtshof zumeist entsprechend dem supranationalen Prinzip gehandelt und faktisch oft die Position der Kommission unterstützt. Als unabhängige Instanz zur Wahrung des Rechts kann der Gerichtshof aber lediglich das Gesetz interpretieren; er kann jedoch nicht intentional den Integrationsprozess vorantreiben, geschweige denn die institutionelle Struktur der EU formen.

Gegenüber allen hier vorgebrachten Einwänden ist somit zu betonen, dass das Konzept der bizephalen Struktur auf der komplementären Kompetenzverteilung zwischen Kommission und Räten beruht, sowie mehr noch auf der spezifischen Interaktion zwischen diesen Organen. Alle anderen Organe fungieren im Rahmen dieses widerstreitenden Verhältnisses, wobei Parlament und Gerichtshof häufig bewusst oder auch nicht intendiert Positionen beziehen, die im strukturellen Sinne denen der Kommission entsprechen. Das schließt nicht aus, dass sie in konkreten Fällen auch in die Nähe der von den Räten vertretenen Prinzipien rücken können.

Europäische Organe richten sich nicht bewusst nach der einen oder anderen Seite der bizephalen Struktur aus, aber sie handeln im Wesentlichen entsprechend dem einen oder anderen Prinzip, das dieser Struktur zugrunde liegt. Trotzdem sind die einzelnen Organe der EU sowie ihre jeweiligen Substrukturen von der Durchdringung beider Prinzipien durchzogen (Mayntz 1999), und jedes Organ interagiert mit den jeweils anderen, um die widerstreitenden Prinzipien zu vermitteln. Dementsprechend sind auch Kommission und Räte trotz ihrer Komplementarität jeweils mit den Prinzipien der anderen Seite, insbesondere durch ihre Substrukturen, verbunden, was ihre Position im Streben nach Dominanz in der Ausgestaltung des Integrationsprozesses stärkt. Im folgenden Abschnitt soll die Dynamik, die aus der Interaktion zwischen diesen beiden Organen resultiert, näher analysiert werden.

13.2.2 Die Interaktion zwischen Kommission und Räten

Wie mehrfach gezeigt, stehen Kommission und Rat sowie Europäischer Rat aufgrund ihrer unterschiedlichen Funktionen im EU-System in einem strukturellen Gegensatz zueinander bei gleichzeitig hoher wechselseitiger Interdependenz. Dementsprechend kommt es zu einer Rivalität zwischen den Organen, indem jede Seite bestrebt ist, eine relative Dominanz in Bezug auf die Ausgestaltung der europäischen Integration zu erlangen. Diese Rivalität äußert sich allerdings nicht in der Form direkter Auseinandersetzungen zwischen den Akteuren der Organe – im Gegenteil, auf der Ebene der konkreten Beziehungen prägen Kooperationsgeist und Konsensbereitschaft das Bild; vielmehr sind die jeweiligen Handlungsstrategien darauf gerichtet, faktisch eine relative Dominanz zu erlangen oder zu behaupten.

Dabei stehen den Kontrahenten sehr unterschiedliche Machtressourcen zur Verfügung: Die Räte verfügen über die formale Entscheidungsgewalt; sie können die Recht- und Regelsetzung, und damit die Inhalte der Integration (Ministerrat) sowie die institutionelle Ausgestaltung und konstitutionelle Weiterentwicklung des Systems (Europäischer Rat) steuern – oder auch bremsen. Allerdings unterliegen sie dabei Einschränkungen, da sie intern wegen der Interessendivergenzen zwischen den Mitgliedstaaten fraktioniert sind.

Demgegenüber verfügt die Kommission scheinbar über geringere Machtressourcen, denn ihr kommen nur delegierte Kompetenzen, das Initiativrecht, ein offenes Handlungsmandat sowie bestimmte Exekutivfunktionen zu; beides kann sie nur über Entscheidungen der Räte wirksam machen. Allerdings hat die Kommission im Zuge der Ausübung ihrer Kompetenzen sukzessive Verfahren entwickelt, die ihr eine weitgehende Einflussnahme sichern, sowohl bei den Entscheidungsprozessen auf der europäischen Ebene als auch im Prozess der Politikimplementation in den Mitgliedstaaten. Es ist also letztendlich Verfahrensmacht, die die Kommission nutzt, um ihre Rolle als Motor der Integration und als Hüterin der Verträge zu erfüllen.

Indem in der Interaktion zwischen Kommission und Räten sehr unterschiedliche Machtmittel zum Einsatz kommen, die sich nicht gegenseitig aufheben, sondern ergänzen, treiben beide Seiten – *nolens volens* – die institutionelle Entfaltung und Ausdifferenzierung des EU-Systems voran. Denn während die Kommission über den geschickten Einsatz von Verfahrensmacht die Entscheidungen des Rates sowie des Europäischen Rates so weit wie möglich zu präjudizieren versucht, reagieren die Räte auf den so erzeugten Entscheidungsdruck mit den ihnen eigenen Machtmitteln: der Einschränkung der Verfahrensmacht der Kommission durch den Ausbau ihrer eigenen Entscheidungsmacht. Die Kommission reagiert ihrerseits auf diese Situation mit der Verfeinerung und Ausdifferenzierung der Verfahrensmechanismen, was insbesondere in einem zunehmenden Einbezug von externen Akteuren in die Politikformulierung und -implementation resultiert. Dabei werden diese Akteure zunächst aufgrund ihrer Orientierung an nationalen Perspektiven rekrutiert; im Zuge der·Interaktion im Rahmen transnationaler Vernetzungen entwickeln sie aber auch gemeinsame, europäische Perspektiven. Gestützt von solchen Akteursgruppen gelingt es der Kommission, den Entscheidungsdruck auf die Räte zu erhöhen, was diese wiederum veranlasst, ihre Entscheidungsverfahren auszudifferenzieren und entsprechend institutionell zu zementieren (Tömmel 2010).

Insgesamt tragen beide Seiten damit zu einem Ausbau der Systemstruktur der EU und einer Ausdifferenzierung ihrer Funktionsweise bei, wie ein kurzer Überblick über die Integrationsgeschichte zeigt (vgl. Kap. 3 und 4). So gelang es der Kommission, abgesehen von der Etablierung hoch differenzierter Entscheidungsverfahren zwischen den europäischen Organen, in die insbesondere das Europäische Parlament und teilweise auch der Gerichtshof sowie die beratenden Organe einbezogen sind, sukzessive einen ganzen Kranz von Beratern zur Politikfindung zu rekrutieren, der sich aus Vertretern staatlicher Instanzen, regionaler Regierungen und Verwaltungen, unabhängigen Experten, Repräsentanten einzelner großer Unternehmen sowie von national, europaweit oder branchenspezifisch organisierten Unternehmerverbänden und Gewerkschaften und schließlich Wortführern schwach organisierter Interessen zusammensetzt. Dieser große Kreis von „Betroffenen" wird in losen oder fester geknüpften Netzwerken der Entscheidungsvorbereitung und Politikformulierung organisiert. Darüber hinaus gelang es der Kommission, europäische, nationale und regionale Politik- und Verwaltungsebenen über vertikale Netzwerke zu verknüpfen und damit einen systemischen Nexus zwischen den Ebenen herzustellen (vgl. Kap. 9). Die Kommission konnte so nicht nur die europäische Entscheidungsfindung und Politikimplementation im Sinne der Verfolgung gemeinsamer Ziele optimieren; vielmehr trug sie damit auch die europäische Perspektive über vielfältige Wege in die Mitgliedstaaten bis hinunter auf die regionale Ebene und in nicht-staatliche Akteursgruppen hinein. Somit hat sie die Systementwicklung der EU entscheidend vorangetrieben, wenngleich primär über schwach organisierte oder informelle institutionelle Strukturen.

Demgegenüber betrieben der Rat sowie insbesondere der Europäische Rat über eine Reihe von inkrementalistischen Schritten den Ausbau der Systemstruktur der EU über die Stärkung intergouvernementaler Entscheidungsmacht. Ein solcher Ausbau begann mit dem Luxemburger Kompromiss und der institutionellen Festigung von COREPER in den 60er Jahren; er setzte sich in den 70er und 80er Jahren fort über die Etablierung und spätere vertragliche Erwähnung des Europäischen Rates sowie den zunehmenden Einsatz von Komitologie-Ausschüssen in der Politikimplementation. In den 90er Jahren folgte die Schaffung der Zweiten und Dritten Säule als intergouvernemental gesteuerte Politiken; daneben wurde eine Reihe von unabhängigen Agenturen gebildet, die dem Zugriff von Kommission und Räten gleichermaßen entzogen sind. Ihren vorläufigen Höhepunkt findet diese Entwicklung mit den Regelungen des Lissabon-Vertrags, die den Europäischen Rat als zusätzliches Organ der EU etablieren und feste Präsidentschaften für diesen sowie den Außenministerrat vorsehen. In diesen Regelungen zeigt sich, dass die Räte die Führungsrolle in der EU anstreben (Tömmel 2010).

Zusätzlich zu dem Ausbau der institutionellen Struktur der EU weitete der Europäische Rat Mehrheitsentscheidungen über mehrere Vertragsrevisionen aus. Auch diese Entwicklung kulminiert in den Regelungen des Lissabon-Vertrags, indem die Schwellen für Mehrheitsentscheidungen signifikant gesenkt wurden und nur noch geringfügig eine absolute Mehrheit übersteigen. Die schrittweise Zurückdrängung zunächst von einstimmigen und schließlich von qualifizierten Mehrheitsentscheidungen wird häufig als Ausdruck einer tendenziellen Supranationalisierung des EU-Systems gewertet. Faktisch handelt es sich aber eher um einen weiteren Schritt zur Stärkung der intergouvernementalen Entscheidungsmacht, indem einzelnen und zunehmend auch Gruppen von weniger integrationsorientierten Staaten die Vetomacht entzogen wird (Tömmel 2010). In ähnlicher Weise wirken Formen der differenzierten Integration beziehungsweise der „verstärkten Zusammenarbeit", die ebenfalls die intergouvernementale Systemdimension stärken und Vetospieler ausschalten, wie insbesondere die Eurogruppe belegt.

All diese Schritte wären wohl kaum nötig gewesen, wenn den Räten ohnehin alle Entscheidungsmacht zukäme, und wenn sie – ungehindert von internen Divergenzen –ihre Entscheidungsmacht voll ausspielen könnten. Da dies aber nicht der Fall ist, sind diese Schritte als Versuche zur Optimierung der eigenen Entscheidungsfähigkeit und zur Übernahme der Führungsrolle in der EU zu werten. Zudem sind sie als Reaktionen auf die stetig gewachsene Verfahrensmacht der Kommission und deren schleichende Kompetenzausweitung zu sehen (Pollack 1994 und 2000), die zwar weniger sichtbar sind, den Integrationsprozess jedoch entscheidend prägen.

Zusammenfassend lässt sich somit schlussfolgern, dass Kommission und Räte in der Verfolgung ihrer jeweiligen institutionellen Interessen und in der Auseinandersetzung mit dem relativen Gewicht des jeweils anderen den Ausbau des EU-Systems vorantreiben und zugleich konkret strukturieren: Während die Kommission die Entscheidungsverfahren der Politikformulierung und -implementation strukturiert und darüber eine Vielfalt von informellen oder „schwach" institutionalisierten Netzwerken der Interaktion konstituiert, bauen Rat und insbesondere Europäischer Rat die intergouvernementale Entscheidungsmacht auf der europäischen Ebene in formalisierten Strukturen aus. Dies geschieht sowohl über die Schaffung zusätzlicher Institutionen und Organe als auch über die Änderung der Entscheidungsverfahren, die der Ausschaltung wirkmächtiger Vetopositionen in den eigenen Reihen dienen. Beide Strategien kulminieren in den Regelungen des Lissabon-Vertrags.

Kommission und Räte sind auch die wichtigsten Akteure in der Ausformung der EU als Verhandlungs-, Verflechtungs- und Mehrebenensystem. Das Verhandlungssystem wird über die Interaktionen beider Seiten unter Einschluss weiterer Beteiligter ausgebaut, wobei die Kommission insbesondere seine informelle Seite ausbaut, die Räte seine formale Struktur ausgestalten. Während die Räte vorrangig die Auskristallisierung eines europäischen Verflechtungssystems vorantreiben, leistet die Kommission den Ausbau des Mehrebenensystems, indem sie über verschiedene

Steuerungsmodi und Netzwerkbildungen einen vertikalen systemischen Nexus zwischen den Ebenen konstituiert. Darüber hinaus leisten beide Seiten die Vermittlung von europäischer und nationaler Perspektive im Integrationsprozess: Während die Kommission die europäische Perspektive in die Mitgliedstaaten hinein bis hinunter auf die regionale und lokale Ebene sowie unter nicht-staatlichen Akteursgruppen und Organisationen diffundiert, bündeln die Räte die nationalstaatliche(n) Perspektive(n) in immer neuen Entscheidungsarenen auf der europäischen Ebene.

Es zeigt sich somit, dass Räte und Kommission nicht nur in der Entscheidungsfindung, sondern in der gesamten Ausgestaltung des EU-Systems komplementär agieren, auch wenn sich dies konkret eher in Form eines Gegeneinanders abspielt. Das erklärt auch, warum das relative Machtgleichgewicht zwischen beiden Seiten stets erhalten blieb; denn trotz einer Vielfalt von Reformschritten wurde die formale Position der Kommission niemals verändert. Ihr wurden lediglich zunehmend differenzierte intergouvernementale Institutionen und Entscheidungsverfahren gegenübergestellt. Dies belegt einmal mehr, dass die EU zwei relativ autonome und zugleich interdependente Machtzentralen braucht, um das System in der gebotenen Komplexität steuern zu können.

Fragt man nun nach einer theoretischen Begründung für die bizephale Struktur des EU-Systems, dann lassen sich hierfür leicht funktionalistische Argumente anführen. Denn das doppelte, aber intern widersprüchliche Interesse der Mitgliedstaaten sowohl an einer möglichst weitreichenden und effektiven Integration als auch an einer „autonomieschonenden" (Scharpf 1993), das heißt, die gewachsenen politischen, gesellschaftlichen und ökonomischen Strukturen der Mitgliedstaaten respektierenden Ausgestaltung ihrer konkreten Inhalte, lässt sich nur über ein institutionelles Setting austarieren, das die Integrationsorientierung (die gemeinwohlorientierten Entscheidungen) von der Interessenvertretung nutzenmaximierender Akteure (dem Bargaining) tendenziell entkoppelt (vgl. Scharpf 1992). Mit einer solchen Begründung lässt sich aber allenfalls die bizephale Grundstruktur der EU erklären; sie reicht jedoch nicht aus, um die konkreten Strategien und die Interaktionen der institutionellen Akteure, und noch weniger deren Resultate zu erhellen: einerseits die jeweiligen Kompromisse in Bezug auf die Ausgestaltung der Integration, andererseits die institutionelle Ausdifferenzierung des EU-Systems. Deshalb ist auf den von Mayntz und Scharpf (1995) entwickelten Ansatz des akteurzentrierten Institutionalismus zu rekurrieren, der Akteuren einen gewissen Handlungsspielraum zugesteht, diesen aber auch durch institutionelle Bedingungen eingeschränkt sieht (March und Olsen 1989, Olsen 2010).

Dabei ist von der Annahme auszugehen, dass Kommission und Räte im Prinzip die ihnen zugedachten Funktionen erfüllen und entsprechende Strategien verfolgen. Als institutionelle Akteure unterliegen sie aber nicht nur Anreizen zur Ausübung ihrer jeweiligen Funktionen; vielmehr stellen sich ihnen auch erhebliche Einschränkungen, insbesondere durch die Handlungsweise ihres jeweiligen Gegenübers. So treffen die elaboriertesten Politikvorschläge und Integrationskonzepte der

Kommission regelmäßig auf Entscheidungsblockaden im Ministerrat sowie im Europäischen Rat, was in Non-Decision oder in der Verwässerung der Vorschläge bis zur Unkenntlichkeit resultiert. Umgekehrt sehen sich die Räte regelmäßig mit hochkomplexen und vor allem sehr weitreichenden Integrationsvorschlägen konfrontiert, deren Konsequenzen für die nationalen politischen Systeme, und mehr noch für einzelne Constituencies, nur schwer einschätzbar sind. Zwar stellen diese Situationen keine Einschränkungen im eigentlichen Sinne dar; sie setzen aber die Räte unter erheblichen Entscheidungs- beziehungsweise Handlungsdruck und aktivieren zugleich über die Akzentuierung der Interessendivergenzen zwischen den Mitgliedstaaten die internen Einschränkungen ihrer Entscheidungsfähigkeit.

Vor diesem Hintergrund versucht die Kommission, die durch den Rat gesetzten Einschränkungen zu überwinden, indem sie im Vorfeld von Entscheidungen diese mit Vertretern nationaler Staaten und anderen „Betroffenen" abzustimmen versucht. Damit perfektioniert sie aber nicht nur die Entscheidungsfindung, sondern organisiert längerfristig auch transnationale Koalitionen von Akteursgruppen, die ein explizites Interesse am Voranschreiten der Integration verbindet (Tömmel 2011b, siehe auch Haas 1958). Ähnliche Folgen hat auch die Perfektionierung der Politikimplementation über Verhandlungen und Kooperation mit nationalen und regionalen Verwaltungen und nicht-staatlichen Akteuren. Es ist diese, unter der Regie der Kommission veränderte Akteurskonstellation, die ihr einen erheblichen Machtzuwachs über ihre formale Position hinaus sichert.

Umgekehrt „wehren" sich Ministerrat und Europäischer Rat gegen die von der Kommission ausgehende Einschränkung ihrer Entscheidungsfreiheit, indem sie die Verfahren der Entscheidungsfindung und damit deren Filterfunktion ebenfalls ausdifferenzieren: vertikal und horizontal, auf höherer politischer Ebene sowie auf Expertenniveau, im Gesetzgebungs- und Vertragsänderungsprozess sowie in der Politikimplementation. In der Regel setzen sie dabei formalisierte Verfahren und entsprechende Institutionen als Gegengewicht zum informellen Machtzuwachs der Kommission ein. Auch die Räte schaffen somit differenziertere Möglichkeiten der Artikulation und Repräsentation der Interessen einzelner Staaten beziehungsweise ihrer jeweiligen Constituencies; zugleich schalten sie extreme Vetopositionen zunehmend aus, was ihre Handlungsfähigkeit in Sachen Integration, nicht zuletzt gegenüber der Kommission, stärkt.

Es ist somit letztendlich das Kräfteverhältnis zwischen einerseits der Kommission, andererseits den Räten, sowie den von beiden Seiten mobilisierten Akteuren, das die Resultate der Entscheidungsfindung und damit auch Form, Inhalte und Ausmaß der Integration bestimmt. Dabei unterliegt die Interaktion zwischen den zentralen Organen der EU und ihren Substrukturen einer Reihe von Einschränkungen, die die bizephale Systemstruktur setzt; gleichzeitig sind es aber die handelnden Akteure, die bewusste Entscheidungen treffen mit dem Ziel, ihren jeweiligen Handlungsspielraum zu maximieren.

13.3 Schlussfolgerungen

In diesem abschließenden Kapitel stand die EU als neue politische Ordnung jenseits des Nationalstaats im Zentrum der Analyse. Zunächst wurde die Union entsprechend ihrer institutionellen Struktur sowie ihren Praktiken der Entscheidungsfindung klassifiziert. Dies führte zu ihrer Charakterisierung als Verhandlungs-, Verflechtungs- sowie als Mehrebenensystem. Diese drei Systemdimensionen der Union sind in hohem Maße interdependent; zusammengenommen konstituieren sie eine politische Ordnung, die Züge einer Föderation aufweist. Die EU ist jedoch nicht als klassische Föderation zu werten, da die obere, europäische Ebene von der unteren, der der Mitgliedstaaten, in hohem Maße abhängig ist. Die Mitgliedstaaten sind nach wie vor souverän, auch wenn diese Souveränität durch europäische Entscheidungen zunehmend eingeschränkt wird. Vor diesem Hintergrund ist die EU als dualistisches oder bizephales System zu charakterisieren.

Die bizephale Struktur kombiniert zwei Systemprinzipien – Intergouvernementalismus und Supranationalismus – die der Repräsentation einerseits der nationalstaatlichen Perspektive, andererseits der europäischen Perspektive dienen. Wenngleich diese Prinzipien alle europäischen Institutionen durchdringen, dominiert jeweils eines die Organe der EU. So kann Kommission, Parlament und Gerichtshof das supranationale Prinzip zugeschrieben werden, während Rat und Europäischer Rat vom intergouvernementalen Prinzip bestimmt sind. Die wesentliche Funktion der EU als politisches System besteht darin, zwischen diesen Prinzipien zu vermitteln, die entweder das allgemeine Interesse am Fortgang der Integration, oder die speziellen Interessen der Mitgliedstaaten an der Ausgestaltung dieses Prozesses entsprechend ihren Bedürfnissen, Möglichkeiten und Präferenzen, repräsentieren. Dementsprechend sind die Organe und speziell die Kommission sowie die Räte in eine dynamische Interaktion involviert, über die diese Interessen austariert werden.

Abschließend kann also konstatiert werden, dass die bizephale Struktur des EU-Systems nicht nur der Ausdruck des Nebeneinanders zweier Systemprinzipien ist und der Erfüllung der jeweiligen Funktionen dient; vielmehr entfaltet sich über diese Systemstruktur auch eine dynamische Interaktion zwischen den jeweiligen institutionellen Akteuren. Diese resultiert zum Ersten in der Organisierung und differenzierteren Repräsentierung der vielfältigen und teilweise widersprüchlichen gesellschaftlichen Interessen am Fortgang der Integration einerseits, sowie an einer mit den gewachsenen nationalen politischen Systemen verträglichen beziehungsweise kompatiblen Ausgestaltung der Integration andererseits. Zum Zweiten resultiert sie in der Auskristallisierung sowohl von formalisierten wie auch von informellen Institutionen und Verfahrensweisen, die zusammengenommen das EU-System vielfältig ausdifferenzieren und zugleich in seiner dualistischen Struktur reproduzieren.

14 Ausblick: die Perspektiven der Europäischen Union

Zum Abschluss dieses Buches soll ein kurzer Ausblick auf die Perspektiven der EU angesichts vielfältiger externer Herausforderungen und persistenter interner Friktionen gegeben werden. Zunächst soll dazu ein Rückblick auf die vergangene Dekade gegeben werden, um die künftigen Entwicklungen einschätzen zu können.

Zu Beginn des 21. Jahrhunderts wurde mit dem geflügelten Wort von der „finalité européenne", also dem Endziel der europäischen Integration, eine erhitzte Europadebatte eingeläutet. Den Auftakt zu dieser Debatte machte der damalige Bundesaußenminister Joschka Fischer, indem er vor Studenten der Humboldt-Universität die „finalité" klar benannte: eine europäische Föderation (Fischer 2000). Klugerweise ließ er dabei die Kernfrage offen, nämlich ob eher die Kommission oder der Rat zu einer europäischen Regierung auszubauen sei. Umso überzeugter vertrat er aber eine konsequente Demokratisierung der EU, indem er Rat und Parlament zu einem echten Zwei-Kammer-System ausbauen wollte.

Das Echo aus Frankreich auf die Vorschläge Fischers ließ nicht lange auf sich warten: Ebenfalls in einer Rede, die er vor dem Deutschen Bundestag hielt, lehnte Staatspräsident Chirac, in der Formulierung betont höflich, in der Sache aber dezidiert, die föderale Option rundweg ab.[1] Stattdessen lancierte er wortreich eine abgemilderte Neuauflage der Konzeption de Gaulles: ein Europa der Vaterländer. Aus Großbritannien waren noch kritischere Stimmen zu vernehmen, auch wenn die Regierung sich gar nicht erst offiziell zu der Debatte äußerte. Diese Szenerie signalisiert einmal mehr, dass es eine ernsthafte Debatte um die „finalité européenne" nicht gibt und nicht geben kann: Zu sehr gehen auch nach mehr als 60 Jahren Integrationsgeschichte die Meinungen der Mitgliedstaaten auseinander; nach wie vor stehen die intergouvernementale und die föderale Option als unversöhnliche Gegensätze im Raum.

Wie sollte es auch anders sein, beruht doch das EU-System, wie im Vorgehenden gezeigt wurde, auf einer Kombination dieser beiden Prinzipien. Diese Kombination wurde auf der Basis eines anfänglichen Konsenses zwischen den Mitgliedstaaten über kleine, inkrementalistische Reformschritte reproduziert. Für einen großen Zukunftsentwurf in die eine oder andere Richtung reicht dieser Konsens nicht aus; umgekehrt, er würde durch ein solches Vorhaben aufgekündigt und die EU vor eine

---

1 Rede von Jacques Chirac vor dem Bundestag am 27.6.2000.
http://www.bundestag.de/kulturundgeschichte/geschichte/gastredner/chirac/index.html (Abruf: 04.04.2014).

unnötige Zerreißprobe stellen. Es überrascht daher auch nicht, dass die Debatte um die „finalité" so plötzlich verschwand wie sie aufgetaucht war; die politischen Eliten richteten erneut ihr Augenmerk auf die drängendsten Probleme des Tages.

Denn auch ohne Erarbeitung einer Zukunftsvision steht die EU im 21. Jahrhundert vor enormen Herausforderungen, die unter den Schlagworten Erweiterung und Vertiefung zusammengefasst werden. Zudem hat die jüngste Finanzkrise die Grenzen der Belastbarkeit der Union deutlich gemacht. Aber auch hier stehen alle Lösungsversuche im Zeichen des Begriffspaars Erweiterung und Vertiefung: Kann die Union sich erweitern, und damit wachsende Disparitäten zwischen den Mitgliedstaaten in Kauf nehmen, oder muss sie die Integration vertiefen, um supranationale Handlungsfähigkeit zu gewinnen?

Die Ziele Erweiterung der Union und Vertiefung der Integration haben die europäische Systementwicklung von Anfang an begleitet; generell galten sie als schwer vereinbar, weshalb sie zumeist alternierend verfolgt wurden. Zu Beginn des 21. Jahrhunderts versuchte die Union, diese Ziele gleichzeitig zu verfolgen, da sie nunmehr eng miteinander verknüpft waren. So erschien die Osterweiterung nur machbar, wenn gleichzeitig das Institutionensystem sowie die Entscheidungsverfahren der Union grundlegend reformiert wurden.

Ging die Erweiterung der Union vergleichsweise geräuschlos über die Bühne, erwies sich die Vertiefung der Integration als wesentlich schwierigeres Unterfangen. Die dazu erforderliche Vertragsänderung nahm nahezu 10 Jahre in Anspruch, in deren Verlauf hohe Hürden zu überwinden waren: Dissens zwischen den Mitgliedstaaten, negative Referenden, Probleme mit der abschließenden Ratifikation. Als dann endlich alles in trockenen Tüchern war, stand die Union schon wieder vor den nächsten, noch größeren Herausforderungen: der Finanz- und Schuldenkrise, die sich schnell zu einer Eurokrise auswuchs. Paradoxerweise stehen auch in dieser Situation erneut zwei Optionen im Raum: Erweiterung der Union und Vertiefung der Integration.

Der Druck zur *Erweiterung* der Union geht von einer Reihe von Nachbarstaaten aus, die mit Macht an die Tür der EU klopfen. Die Türkei konnte 2005 den Auftakt von Beitrittsverhandlungen als Erfolg verbuchen; Fortschritte im Beitrittsprozess wurden jedoch nicht erzielt. Die EU zögert angesichts der mangelnden Akzeptanz in der Bevölkerung, aber auch der instabilen politischen Situation in der Türkei. Offen ist derzeit auch, wie sich die Staaten des ehemaligen Jugoslawiens nach dem Beitritt Kroatiens zwischen verlockender Mitgliedsperspektive und abschreckender Konditionalität positionieren. Schließlich steht die Ukraine derzeit vor einer Zerreißprobe zwischen einerseits einer EU-Anbindung, andererseits einem Bündnis mit Russland. Grundsätzlich steht die Union in Erweiterungsfragen vor einem Dilemma: Will sie den Nachbarstaaten zu einer demokratischen Konsolidierung und sich selbst zu mehr Sicherheit verhelfen, muss sie eine glaubwürdige Beitrittsperspektive bieten; implementiert sie weitere Beitritte, setzt sie sich dem Risiko einer „imperialen Überdehnung" mit all ihren negativen Konsequenzen aus (Beck und Grande 2004).

Optionen zur *Vertiefung der Integration* stehen derzeit ganz im Zeichen der Wirtschafts- und Finanzkrise, die sich zu einer Schuldenkrise und schließlich einer Eurokrise ausgeweitet hat. Diese Krisen haben die Schwächen der EU offenbar gemacht: Sie verschärfen die omnipräsenten ökonomischen Disparitäten zwischen den Mitgliedstaaten sowie den politischen Dissens zwischen ihren Regierungen. Die Lösung der Krise läge in einer Stärkung der supranationalen Autorität der Union und in vorwärtsweisenden gemeinsamen Aktionen. Zudem erforderte sie Solidarität mit ökonomisch schwächeren Staaten. Von solchen Lösungen ist die EU allerdings weit entfernt; statt gemeinsamer Aktionen treten die Differenzen zwischen den Mitgliedstaaten verstärkt zutage. Nationale politische Eliten beschuldigen sich gegenseitig, die Krise verursacht oder Lösungen verhindert zu haben. Zum ersten Mal in der Geschichte der Integration bestimmen europäische Themen nationale politische Agenden und polarisieren die Wahlkämpfe. Populistische Parteien vornehmlich des rechten politischen Spektrums nutzen die Gunst der Stunde für ihre Zwecke, indem sie das Misstrauen der Bürger gegenüber der EU und ihre Politik weiter schüren.

Auf der europäischen Bühne bestimmt der Dissens zwischen den Mitgliedstaaten das Bild. Zwar legt die Kommission weitreichende Integrationsvorschläge vor, die eindeutig in die supranationale Richtung weisen, so beispielsweise strengere Regeln für die makroökonomische Überwachung der nationalen Wirtschaftspolitiken oder Pläne zur ökonomischen Stabilisierung der Schuldnerstaaten. Rat und Europäischer Rat lehnen jedoch solche Vorschläge ab. Einzelne Staaten befürworten durchaus mehr Supranationalität, verfolgen dabei jedoch gänzlich unterschiedliche Richtungen. So befürwortet Deutschland eine scharfe Sparpolitik, Frankreich dagegen eine Wirtschaftsregierung in der EU. Andere Staaten lehnen jegliche Form von Supranationalität ab und fordern sogar eine Renationalisierung der EU. Angesichts solch tiefgreifender Dissense agieren die nationalen Regierungen in der üblichen Art: Von Gipfel zu Gipfel tragen sie grundlegende Bedenken gegen jeden Fortschritt vor und zögern Beschlüsse so lange wie möglich hinaus, um dann doch im letzten Moment *Ad-hoc*-Regelungen zu beschließen, die Schlimmeres verhindern sollen. Angesichts dieser Situation verlieren die Bürger mehr denn je zuvor Vertrauen in die Problemlösungsfähigkeit der EU. Schlimmer noch, viele Bürger sehen in der EU die Ursache der Probleme und verweigern politische Unterstützung für weitere Integrationsschritte. Das Auftreten von Anti-EU-Parteien in fast allen Mitgliedstaaten ebenso wie rezente Wahlergebnisse belegen das tiefe Misstrauen der Bürger gegenüber der EU. Die Finanz- und Schuldenkrise droht zu einer politischen Krise der Union zu eskalieren.

Zudem steht die EU vor einer Reihe von Problemen und ungelösten Fragen: Wird sie in der Lage sein, die zerstörerischen Folgen der Wirtschafts- und Finanzkrise abzumildern? Kann sie die zwischenstaatliche Kooperation mit allen Partnern auf einer gleichberechtigten Basis aufrechterhalten? Kann die erweiterte Union als Ganze die Integration vertiefen, oder wird sie zu einem System der differenzierten Integration mutieren? Wird die Union in der Außenpolitik mit einer Stimme sprechen, oder geben einzelne Staaten weiterhin den Ton an, sodass die EU auf einen unbedeutenden Platz relegiert wird? Kann die EU die Schulden- und Eurokrise dauerhaft lösen? Und schließlich: Kann die EU weiterhin als Elitenprojekt funktionieren, während die Bürger ihr die Unterstützung versagen?

Was immer die künftigen Entwicklungen sein werden, eines steht schon jetzt fest: Auch in Zukunft wird die EU auf hoch entwickelte und differenzierte Mechanismen der Konsensfindung und des Interessenausgleichs zwischen den Mitgliedstaaten und den von ihnen vertretenen Constituencies angewiesen sein, will sie den erreichten Integrationsstand konsolidieren oder sogar weiter ausbauen. Damit steht aber auch fest: An der Grundstruktur der EU, der Kombination und wechselseitigen Durchdringung zweier Systemprinzipien und ihrer institutionellen Verankerung in der bizephalen Konstellation, wird sich kurzfristig wohl kaum etwas verändern, bietet doch nur diese Struktur die Chance, den Integrationsprozess über inkrementalistische Schritte „gemeinschaftsverträglich und autonomieschonend" (Scharpf 1993) voranzutreiben und auszugestalten. Allerdings wird es künftig auch nötig sein, die bisher von diesem Prozess Ausgeschlossenen stärker zu beteiligen, das heißt, das Elitenprojekt der europäischen Integration zu einer Angelegenheit der Bürger Europas zu machen.

Literaturverzeichnis

Abromeit, H. (1998), Democracy in Europe. Legitimising Politics in a Non-State Polity. New York (Berghahn).

Abromeit, H. (2002), Wozu braucht man Demokratie? Die postnationale Herausforderung der Demokratietheorie. Opladen (Leske+Budrich).

Alfé, M., Christiansen, T. und Piedrafita, S. (2008), Implementing committees in the enlarged European Union: business as usual for comitology? In: Best, E., Christiansen, T. und Settembri, P.P. (Hg.), The institutions of the enlarged European Union: continuity and change. Cheltenham (Edward Elgar Publishing), 205–221.

Alonso Garcia, R. (2002), The General Provisions of the Charter of Fundamental Rights of the European Union, European Law Journal 8 (4), 492–514.

Alter, K.J. (2001), Establishing the Supremacy of European Law: The making of an International Rule of Law in Europe. Oxford (Oxford University Press).

Alter, K. J. (2009), The European court's political power: selected essays. Oxford (Oxford University Press).

Andersen, S.S. und Burns, T. (1996), The European Union and the Erosion of Parliamentary Democracy: A Study of Post-parliamentary governance. In: Andersen, S. S. und Eliassen, K. A. (Hg.), The European Union: how democratic is it? London (Sage), 227–251.

Armstrong, K. und Kilpatrick, C. (2007), Law, Governance or New Governance? The Changing Open Method of Coordination, Columbia Journal of European Law 13, 649–677.

Auel, K. (2007), Democratic Accountability and National Parliaments: Redefining the Impact of Parliamentary Scrutiny in EU Affairs. European Law Journal 13 (4), 487–504.

Auel, K. und Benz, A. (2007), Expanding National Parliamentary Control: Does it Enhance European democracy? In: Kohler-Koch, B. und Rittberger, B. (Hg.) Debating the democratic legitimacy of the European Union. Lanham (Rowman & Littlefield), 57–74.

Avery, G. (2004), The enlargement negotiations. In: Cameron, F. (Hg.), The Future of European Integration and Enlargement. London (Routledge), 35–62.

Axelrod, R. (1984), The Evolution of Cooperation. New York (Basic Books).

Balzacq, T. und Hadfield, A. (2012), Differentiation and trust: Prüm and the institutional design of EU internal security. Cooperation and Conflict 47 (4), 539–561.

Bartolini, S. (2005a), Restructuring Europe. Centre Formation, System Building, and Political Structuring between the Nation State and the European Union. Oxford (Oxford University Press).

Bartolini, S. (2005b), Should the Union be Politicised? Prospects and Risks. Notre Europe Policy Paper 19, 39–50.

Beach, D. (2008), The Facilitator of Efficient Negotiations in the Council: the impact of the Council Secretariat. In: Naurin, D. und Wallace, H. (Hg.), Unveiling the Council of the European Union. Games Governments Play in Brussels. Basingstoke (Palgrave Macmillan), 219–237.

Beck, T. (2012), Banking union for Europe – risks and challenges. In: Beck, T. (Hg.), Banking Union for Europe – Risks and Challenges London (Centre for Economic Policy Research), 9–16.

Beck, U. und Grande, E. (2004), Das kosmopolitische Europa. Frankfurt (Suhrkamp).

Beichelt, T. (2004), Die Europäische Union nach der Osterweiterung. Wiesbaden (VS).

Benz, A. (2004), Multilevel Governance – Governance in Mehrebenensystemen. In: Benz, A. (Hg.), Governance – Regieren in komplexen Regelsystemen. Eine Einführung. Wiesbaden (VS), 125–146.

Benz, A. (2006), Federal and Democratic? Reflections on Democracy and the Constitution of the EU. University of Tokyo Journal of Law and Politics, 3, 27–43.

Benz, A. (2007), Entwicklung von Governance im Mehrebenensystem der EU. In: Tömmel, I. (Hg.), Die Europäische Union: Governance und Policy-Making (PVS-Sonderheft 2007/2), 37–57.

Benz, A. (2009), Combined Modes of Governance in EU Policymaking. In: Tömmel, I., und Verdun, A. (Hg.), Innovative Governance in the European Union: The Politics of Multilevel Policymaking. Boulder (Lynne Rienner), 27–44.

Beyers, J. (2004), Voice and Access: Political Practices of European Interest Associations, European Union Politics 5 (2), 211–240.

Beyers, J. (2005), Multiple Embeddedness and Socialization in Europe: The Case of Council Officials, International Organization 59, Fall, 899–936.

Beyers, J., Eising, R. und Maloney, W. (2008): Researching Interest Group Politics in Europe and Elsewhere: Much We Study, Little We Know? West European Politics 31 (6), 1103–1128.

Bieling, H.J. und Lerch, M. (Hg.) (2005), Theorien der Europäischen Integration. Wiesbaden (VS).

Blauberger, M. (2009), Of 'Good' and 'Bad' Subsidies: European state Aid Control through Soft and Hard Law, West European Politics 32 (4), 719–737.

Blavoukos, S., Bourantonis, D. und Pagulatos, G. (2007), A President for the European Union: A New Actor in Town? Journal of Common Market Studies 48 (2), 191–219.

Börzel, T.A. (2010), European Governance? Negotiation and Competition in the Shadow of Hierarchy, Journal of Common Market Studies 45 (2), 231–252.

Börzel, T.A. und Heard-Lauréote, K. (2009). Networks in EU Multi-level Governance: Concepts and Contributions, Journal of Public Policy 29 (2), 135–152.

Börzel, T.A. und Risse, T. (2000), When Europe Hits Home: Europeanization and Domestic Change. Badia Fiesolana (EUI), Working Paper RSC 2000/56.

Borchardt, K.D. (2010), Das ABC des Rechts der Europäischen Union. Luxemburg (Amt für Veröffentlichungen der Europäischen Union).

Bouwen, P. (2009), The European Commission. In: Coen, D. und Richardson, B. (Hg.), Lobbying the European Union: Institutions, Actors, and Issues. Oxford (Oxford University Press), 19–38.

Brandsma, G.J. (2010), Accountable Comitology. In: Bovens, M. Deirdre, C. und t'Hart, P. (Hg.), The Real World of EU Accountability. Oxford (Oxford University Press), 150–173.

Brandsma, G.J. und Blom-Hansen, J. (2012), Negotiating the Post-Lisbon Comitology System: Institutional Battles over Delegated Decision-Making, Journal of Common Market Studies 50 (6), 939–957.

Bretherton, C. und Mannin, M. (2013), The Europeanization of European Politics, Basingstoke (Palgrave Macmillan).

Bretherton, C. und Vogler, J. (2006), The European Union as a Global Actor. London (Routledge).

Brown Wells, S. und Wells, S.F. (2008), Shared Sovereignty in the European Union: Germany's Economic Governance. Yale Journal of International Affairs 30, 30–43.

Brunazzo, M. und Domorenok, E. (2008), New Members in Old Institutions: The Impact of Enlargement on the Committee of the Regions, Regional & Federal Studies 18 (4), 429–448.

Bulmer, S. (1993), The Governance of the European Union: A New Institutionalist Approach. Journal of Public Policy 13 (4), 351–380.

Bulmer, S. J. (1998), New institutionalism and the governance of the Single European Market. Journal of European Public Policy 5 (3), 365–386.

Buonanno, L. und Nugent, N. (2013), Policies and Policy Processes of the European Union Basingstoke (Palgrave Macmillan).

Burgess, M. (2000), Federalism and the European Union. London (Routledge).

Burgess, M. (2004), Federalism. In: Antje Wiener and Thomas Dietz (Hg.), European Integration Theory Oxford (Oxford University Press), 25–44.

Burgess, M. (2006), Comparative Federalism: Theory and Practice. London (Routledge).

Burley, A.M. und Mattli, W. (1993), Europe Before the Court: A Political Theory of Legal Integration. International Organization 47 (1), 41–76.

Busuioc, M. (2013), Rule-Making by the European Financial Supervisory Authorities: Walking a Tight Rope. European Law Journal 19 (1), 111–125.

Cameron, F. (2011), The EU's External Action Service – Golden or Missed Opportunity? In: Müller-Brandeck-Bocquet, G. und Rüger, C. (Hg.), The High Representative for the EU Common Foreign and Security Policy – Review and Prospects. Baden-Baden (Nomos), 235–258.

Caporaso, J. (1996), The European Union and Forms of State: Westphalian, Regulatory or Post-Modern? Journal of Common Market Studies 34 (1), 29–52.

Cecchini, P. (1988), Europa `92: Der Vorteil des Binnenmarktes. Baden-Baden (Nomos).

Checkel, J.T. (1999), Social construction and integration, Journal of European Public Policy 6 (4), 545–560.

Christiansen, T. und Dobbels, M. (2013), Non-Legislative Rule Making after the Lisbon Treaty: Implementing the New System of Comitology and Delegated Acts. European Law Journal 19 (1), 42–56.

Christiansen, T. und Lintner, P. (2005), The Committee of the Regions after 10 Years: Lessons from the Past and Challenges for the Future, EIPASCOPE 1, 2005.

Christiansen, T. und Reh, C. (2009), Constitutionalizing the European Union. Basingstoke (Palgrave Macmillan).

Cini, M. (2008), Political Leadership in the European Commission: The Santer and Prodi Commissions, 1995–2005. In: Hayward, J. (Hg.), Leaderless Europe. Oxford (Oxford University Press), 113–130.

Cini, M. und McGowan, L. (2008), Competition policy in the European Union. 2nd ed. Basingstoke (Palgrave Macmillan).

Clark, J. und Jones, A. (2011), 'Telling Stories about Politics': Europeanization and the EU's Council Working Groups. Journal of Common Market Studies 49 (2), 341–366.

Coen, D. (2007), Empirical and theoretical studies in EU lobbying, Journal of European Public Policy 14 (3), 333–345.

Coen, D. und Richardson, J. (Hg.) (2009), Lobbying the European Union: Institutions, Actors, and Issues. Oxford (Oxford University Press).

Cohen, J. und Sabel, C. (2003), Sovereignty and Solidarity: EU and US. In: Zeitlin, J. und Trubek, D.M. (Hg.), Governing Work and Welfare in a New Economy: European and American Experiments. Oxford (Oxford University Press), 376–406.

Cole, T. (2005), The Committee of the Regions and subnational representation to the European Union. Maastricht Journal of European and Comparative Law, 12 (1), 49–73.

Commission of the European Union (2006), Green Paper European Transparency Initiative. Brussels, 03.05.2006, COM (2006) 194 final.

Conceição-Heldt, E. (2012), EU Agricultural and Fisheries Policies: An Economic and Environmental Disaster! In: Zimmermann, H. und Dür, A. (Hg.), Key Controversies in the European Union Basingstoke (Palgrave Macmillan), 161–168.

Cooper, I. (2012), A 'Virtual Third Chamber' for the European Union? National Parliaments after the Treaty of Lisbon, West European Politics 35 (3), 441–465.

Corbett, R. (2007), The European Parliament. 7th ed. London (Harper).

Corbey, D. (1995), Dialectical Functionalism: Stagnation as a Booster of European Integration. International Organization 49 (2), 253–284.

Costa, O. (2011), The European Parliament and the Community Method. In: Dehousse, R. (Hg.), The „Community Method": Obstinate or Obsolete? Basingstoke (Palgrave Macmillan), 60–75.

Cowles, M.G. (1995), Setting the Agenda for a New Europe: The ERT and EC 1992. Journal of Common Market Studies 33 (4), 501–26.

Crum, B. (2004), Towards Finality? An assessment of the achievements of the European Convention. In: Verdun, A. und Croci, O. (Hg.), Institutional and Policy-making Challenges to the European Union in the Wake of Eastern Enlargement. Manchester (Manchester University Press). 200–217.

Crum, B. (2008), The EU Constitutional Process: A Failure of Political Representation? RECON Online Working Paper 2008/08, June.

Curtin, D. und Egeberg, M. (2008), Tradition and Innovation: Europe's Accumulated Executive Order, West European Politics 31 (4), 639–661.

Daugbjerg, C. (2012), Globalization and Internal Policy Dynamics in the Reform of the Common Agricultural Policy. In: Richardson, J. (Hg.), Constructing a Policy-making State? Policy Dynamics in the EU. Oxford (Oxford University Press), 88–103.

Daugbjerg, C. und Swinbank, A. (2007), The Politics of CAP Reform: Trade Negotiations, Institutional Settings and Blame Avoidance, Journal of Common Market Studies 45 (1), 1–22.

Decker, F. (2012), Electing the Commission President and the Commissioners directly: a proposal, European View 11, 71–78.

Decker, F. und Sonnicksen, J. (2009), A Direct Election of the Commission President: A Presidential Approach to Democratising the European Union. (ZEI Discussion Paper C 192).

Decker, F. und Sonnicksen, J. (2011), An alternative approach to European Union democratization: Reexamining the direct election of the Commission president. Government and Opposition, 46 (2), 168–191.

De Grauwe, P. (2010), Crisis in the Eurozone and how to deal with it. CEPS Policy Brief 204.

De Grauwe, P. (2013), Design Failures in the Eurozone: Can they be fixed? LSE 'Europe in Question' Discussion Paper Series 57.

Dehousse, R. (1998), The European Court of Justice. New York (St. Martins Press).

Dehousse, R. (2011), The 'Community Method' at Sixty. In: Dehousse, R. (Hg.), The 'Community Method': Obstinate or Obsolete? Basingstoke (Palgrave Macmillan), 6–15.

Della Porta, D. und Caiani, M. (2009), Social Movements and Europeanization. Oxford (Oxford University Press).

Deloche-Gaudez, F. (2001), The Convention on a Charter of Fundamental Rights: A Method for the Future, Notre Europe, Research and Policy Paper, 15, November 2001.

De Schoutheete, P. (2012), The European Council. In: Peterson, J. und Shackleton, M. (Hg.), The institutions of the European Union. 3rd ed. Oxford (Oxford University Press), 43–67.

Deutsch, K.W., Burrell, S.A. und Kann, R.A. (1957), Political Community and the North Atlantic Area. International Organization in the Light of Historical Experience. Princeton (Princeton University Press).

Diedrichs, U. (2007), Neue Dynamik in der Europäischen Außen- und Sicherheitspolitik: auf dem Weg zu einer EU Security Governance. In: Tömmel, I. (Hg.), Die Europäische Union: Governance und Policy-Making (PVS-Sonderheft 2007/2), 343–364.

Dinan, D. (1999), Treaty Change in the European Union: The Amsterdam Experience. In: Cram, C., Dinan, D. und Nugent, N. (Hg.), Developments in the European Union. New York (St. Martins Press), 290–310.

Dinan, D. (2001), Governance and Institutions 2000: Edging Towards Enlargement, Journal of Common Market Studies 39, Annual Review, 25–41.

Dinan, D. (2002), Institutions and Governance 2001-02: Debating the EU's Future, Journal of Common Market Studies 40, Annual Review, 29–43.

Dinan, D. (2004a), Europe recast, a history of European Union. Boulder (Lynne Rienner).

Dinan, D. (2004b), Governance and Institutions. The Convention and the Intergovernmental Conference, Journal of Common Market Studies 42, Annual Review, 27–42.

Dinan, D. (2005), Governance and Institutions: A New Constitution and a New Commission, Journal of Common Market Studies 43, Annual Review 37–54.

Dinan, D. (2006), Governance and Institutional Developments: In the Shadow of the Constitutional Treaty. Journal of Common Market Studies 44, Annual Review, 63–80.

Dinan, D. (2007), Governance and Institutional Developments: Coping Without the Constitutional Treaty. Journal of Common Market Studies 45, Annual Review, 67–87.

Dinan, D. (2008), Governance and Institutional Developments: Ending the Constitutional Impasse. Journal of Common Market Studies 46, Annual Review, 71–90.

Dinan, D. (2009), Institutions and Governance: Saving the Lisbon Treaty – An Irish Solution to a European Problem, Journal of Common Market Studies 47, Annual Review, 113–132.

Dinan, D. (2010a), Institutions and Governance: A new Treaty, a Newly Elected Parliament, and a New Commission. Journal of Common Market Studies 48, Annual Review, 95–118.

Dinan, D. (2010b), Ever closer union? An introduction to the European Community. 4th ed. Boulder (Lynne Rienner).

Dinan, D. (2011), Governance and Institutions: Implementing the Lisbon Treaty in the Shadow of the Euro Crisis. Journal of Common Market Studies 49, Annual Review, 103–121.

Dinan, D. (2012), The EU as efficient polity. In: Zimmermann, H. und Dür, A. (Hg.), Key Controversies in the European Union. Basingstoke (Palgrave Macmillan), 33–40.

Duff, A. (1994), The Main Reforms. In: Duff, A., Pinder, J. und Price, R. (Hg.), Maastricht and Beyond. Building the European Union. London (Routledge), 19–35.

Duff, A. (2010), Post-national democracy and the reform of the European Parliament. Paris (Notre Europe).

Duff A. (2013), On Dealing with Euroscepticism. Journal of Common Market Studies 51 (1), 140–152.

Dyson, K.H.F. und Quaglia, L. (2010), European Economic Governance and Policies: Commentary on Key Historical and Institutional Documents. Volume I. Oxford (Oxford University Press).

Dyson, K. und Sepos, A. (Hg.) (2010), Which Europe? The Politics of Differentiated Integration Basingstoke (Palgrave Macmillan).

Earnshaw, D. und Judge, D. (1997), The Life and Times of the European Union's Co-operation Procedure. Journal of Common Market Studies 35 (4), 543–564.

Egan, M. (2001), Constructing a European Market. Standards, Regulations and Governance. Oxford (Oxford University Press).

Eichener, V. (1996), Die Rückwirkungen der europäischen Integration auf nationale Politikmuster. In: Jachtenfuchs, M. und Kohler-Koch, B. (Hg.), Europäische Integration. Opladen (Leske+Budrich), 249–280.

Eichener, V. und Voelzkow, H. (1994), Europäische Integration und verbandliche Interessenvermittlung: Ko-Evolution von politisch-administrativem System und Verbändelandschaft. In: Eichener, V. und Voelzkow, H. (Hg.), Europäische Integration und verbandliche Interessenvermittlung. Marburg (Metropolis), 9–25.

Eisele, G. (2008), Towards Visibility and Representativeness? Perspectives of the European Economic and Social Committee. In: Freise, M. (Hg.), European Civil Society on the Road to Success? Baden-Baden (Nomos), 87–107.

Eising, R. und Kohler-Koch, B. (2005), Interessenpolitik im europäischen Mehrebenensystem. In: Eising, R. und Kohler-Koch, B. (Hg.), Interessenpolitik in Europa. Baden-Baden (Nomos), 11–78.

Elgström, O. (Hg.) (2003a), European Union Council Presidencies: A Comparative Perspective. London (Routledge).

Elgström, O. (2003b), ‚The honest broker'? The Council Presidency as a mediator. In: Elgström, O. (Hg.), European Union Council Presidencies: A Comparative Perspective. London (Routledge), 38–54.

Eriksen, E.O. und Fossum, J.E. (2007), Europe in Transformation: How to Reconstitute Democracy? Paper to EUSA Conference 2007: Montreal.

European Commission (2010), Report from the Commission on the Working of Committees during 2009. Brussels, 2.7.2010, COM(2010)354 final.

European Commission (2012), Communication from the Commission to the European Parliament and the Council: a Roadmap towards a Banking Union. Brussels, 12.9.2012, COM (2012) 510 final.

European Commission (2013), Report from the Commission on the Working of Committees during 2012. Brussels, 10.10.2013, COM (2013) 701 final.

Faber, A. (2005), Europäische Integration und politikwissenschaftliche Theoriebildung: Neofunktionalismus und Intergouvernementalismus in der Analyse. Wiesbaden (VS).

Falkner, G., Treib, O., Hartlapp, M. und Leiber,S. (2005), Complying with Europe: EU Harmonisation and Soft Law in the Member States. Cambridge (Cambridge University Press).

Falkner, G. und Treib, O. 2008, Three Worlds of Compliance or Four? The EU-15 Compared to New Member States, Journal of Common Market Studies 46 (2), 293–313.

Farrell, H. und Héritier, A. (2004), Interorganizational Negotiation and Intraorganizational Power in Shared Decision Making: Early Agreements Under Codecision and Their Impact on the European Parliament and Council, Comparative Political Studies 37, 1184–1212.

Featherstone, K. (2011), The Greek Sovereign Debt Crisis and EMU: A Failing State in a Skewed Regime, Journal of Common Market Studies 49 (2), 193–217.

Featherstone, K. und Radaelli, C. (Hg.) (2003), The Politics of Europeanization. Oxford (Oxford University Press).

Fischer, J. (2000), Vom Staatenbund zur Föderation – Gedanken über die Finalität der europäischen Integration. Integration 23 (3), 149–156.

Follesdal, A. und Hix, S. (2006), Why There is a Democratic Deficit in the EU: A Response to Majone and Moravcsik, Journal of Common Market Studies 44 (3), 533–562.

Freise, M. (2008), European Civil Society on the Road to Success? In: Freise, M. (Hg.), European Civil Society on the Road to Success? Baden-Baden (Nomos), 9–19.

Friedrich, D. (2008), Actual and Potential Contributions of Civil Society Organizations to Democratic EU Governance. In: Freise, M. (Hg.), European Civil Society on the Road to Success? Baden-Baden (Nomos), 67–86.

Fuhrmann, N. (2005), Geschlechterpolitik im Prozess der europäischen Integration. Wiesbaden (VS).

Garrett, G. (1995), From the Luxembourg Compromise to Codecision: Decision Making in the European Union. Electoral Studies 14 (3), 289–308.

Garrett, G. und Tsebelis, G. (1996), An Institutional Critique of Intergovernmentalism. International Organization 50 (2), 269–299.

Geary, M.J. (2012), The Process of European Integration from The Hague to Maastricht, 1969-92: An Irreversible Advance? Debater a Europa, Periodico do CEIDA e do CEIS20, 6–23.

Gehring, T. (1999), Die Politik des koordinierten Alleingangs. Zeitschrift für Internationale Beziehungen 5, 43–78.

Gehring, T. (2005), Gesellschaftliche Rationalität durch die Differenzierung von Entscheidungsverfahren. In: Gehring T., Krapohl, S., Kerler, M. und Stefanova, S., Rationalität durch Verfahren in der Europäischen Union. Europäische Arzneimittelzulassung und Normung technischer Güter. Baden-Baden (Nomos), 27–61.

Gehring, T., Kerler, M. und Krapohl, S. (2007), Risikoregulierung im europäischen Binnenmarkt: Regulierungsagenturen, Normungsinstitute und Komitologieausschüsse. In: Tömmel, I. (Hg.), Die Europäische Union: Governance und Policy-Making (PVS-Sonderheft 2007/2), 231–252.

Genschel, P. (2007), Why no mutual recognition of VAT? Regulation, taxation and the integration of the EU's internal market for goods, Journal of European Public Policy 14 (5), 743–761.

Giegerich, B. und Wallace, W. (2010), Foreign and Security Policy: Civilian Power Europe and American Leadership. In: Wallace, H., Pollack, M.A. und Young, A. (Hg.), Policy-Making in the European Community. 6th ed. Oxford: Oxford University Press, 431–477.

Gilbert, M. (2003), Surpassing realism: the politics of European integration since 1945. Lanham (Rowman & Littlefield).

Gillingham, J. (2003), European integration, 1950-2003: Superstate or new market economy? Cambridge (Cambridge University Press).

Ginsberg, R.H. (2007), Demystifying the European Union: The Enduring Logic of Regional Integration. Lanham (Rowman & Littlefield).

Gocaj, L. und Meunier, S. (2013), Time Will Tell: The EFSF, the ESM,and the Euro Crisis. European integration 35 (3), 239–252.

Göler, D. und Marhold, H. (2003), Die Konventsmethode. Integration 26 (4), 317–330.

Goosmann, T. (2007), Die „Berliner Erklärung" – Dokument europäischer Identität oder pragmatischer Zwischenschritt zum Reformvertrag? Integration 30 (3), 251–263.

Gostynska, A. (2012), President of the European Council Ahead of His Second Term: An Assessment and Perspectives, The Polish institute of international Affairs, Bulletin, 45 (378), 720–721.

Grande, E. (1996), Demokratische Legitimation und europäische Integration. Leviathan 24 (3), 339–360.

Grande, E. (2000), Multi-Level Governance: Institutionelle Besonderheiten und Funktions-bedingungen des europäischen Mehrebenensystems. In: Grande, E. und Jachtenfuchs, M. (Hg.), Wie problemlösungsfähig ist die EU? Baden-Baden (Nomos), 11–30.

Grant, S. (1994), Inside the house that Jacques built. London (Brealey).

Gray, M. und Stubb, A. (2001), The Treaty of Nice – Negotiating a Poisoned Chalice? Journal of Common Market Studies 39, Annual Review, 5–23.

Greenwood, J. (2007), Review Article: Organized Civil Society and Democratic Legitimacy in the European Union. British Journal of Political Science 37, 333–357.

Greenwood, J. (2011), Interest representation in the European Union. 3rd ed. Basingstoke (Palgrave Macmillan).

Greven, M. (2000), Can the European Union Finally Become a Democracy? In: Greven, M. und Pauly, L. (Hg.): Democracy beyond the State? The European Dilemma and the Emerging Global Order. Lanham (Rowman & Littlefield)

Groenleer, M. (2009). The Autonomy of European Union Agencies: A Comparative Study of Institutional Development. Delft (Eburon).

Grossmann, E. (2004), Bringing politics back in: rethinking the role of economic interest groups in European integration, Journal of European Public Policy 11 (4), 637–654.

Guéguen, D. (2011), Comitology: Hijacking European power. 3rd ed. Brussels (European Training Institute).

Haas, E.B. (1958), The Uniting of Europe: Political, Social and Economic Forces 1950-1957. London (Stevens & Sons Limited).

Haas, P. (1992), Introduction: Epistemic communities and international policy co-ordination, International Organization 46 (1), 1–35.

Habermas, J. (2001), The Postnational Constellation: Political Essays. Cambridge (Polity Press).

Häge, F.M. (2012), Bureaucrats as Law-Makers: Committee Decision-Making in the EU Council of Ministers. London (Routledge).

Hall, P.A. und Taylor R.C.R. (1996), Political Science and the Three New Institutionalisms. Political Studies XLIV, 936–957.

Harbo, F. (2005), Towards a European federation? The EU in the light of comparative federalism. Baden-Baden (Nomos).

Hartlapp, M. (2005), Die Kontrolle der nationalen Rechtsdurchsetzung durch die Europäische Kommission. Frankfurt (Campus).

Hartlapp, M. (2009), Extended Governance: Implementation of EU Social Policy in the Member States, In: Tömmel, I., und Verdun, A. (Hg.), Innovative Governance in the European Union: The Politics of Multilevel Policymaking. Boulder (Lynne Rienner), 221–236.

Hartlapp, M., Metz, J. und Rauh, C. (2013), Linking Agenda Setting to Coordination Structures: Bureaucratic Politics inside the European Commission. Journal of European Integration, 35 (4), 425–441.

Hayes-Renshaw, F. und Wallace, H. (2006), The Council of Ministers. 2nd ed., Basingstoke (Palgrave Macmillan).

Hayes-Renshaw, F. (2007), From Procedural Chore to Political Prestige: Historic Development and Recent Reforms of the Presidency of the Council, Österreichische Zeitschrift für Politikwissenschaft (ÖZP) 36 (2), 107–123.

Hayes-Renshaw, F. (2009), Least Accessible but not Inaccessible: Lobbying the Council and the European Council, In: Coen, D. und Richardson, J. (Hg.), Lobbying the European Union: Institutions, Actors, and Issues. Oxford (Oxford University Press), 70–88.

Hayes-Renshaw, F., van Aken, W. und Wallace, H. (2006), When and Why the EU Council of Ministers Votes Explicitly, Journal of Common Market Studies 44 (1), 161–194.

Heidbreder, E.G. (2011), The impact of expansion on European Union institutions: the eastern touch on Brussels. New York (Palgrave Macmillan).

Heidenreich, M. und Bischoff, G. (2008), The Open Method of Co-ordination: A Way to the Europeanization of Social and Employment Policies? Journal of Common Market Studies 46 (3), 497–532.

Heinelt, H., Kopp-Malek, T., Lang, J. und Reissert, B. (2005), Die Entwicklung der EU-Strukturfonds als kumulativer Politikprozess. Baden-Baden (Nomos).

Heisenberg, D. (2005), The institution of 'consensus' in the European Union: Formal versus informal decision-making in the Council, European Journal of Political Research 44, 65–90.

Héritier, A. (1993), Policy-Netzwerkanalyse als Untersuchungsinstrument im europäischen Kontext: Folgerungen aus einer empirischen Studie regulativer Politik. In: Héritier, A. (Hg.), Policy-Analyse. Kritik und Neuorientierung. Opladen (Leske+Budrich), 432–447.

Héritier, A. und Reh, C. (2012), Codecision and Its Discontents: Intra-Organisational Politics and Institutional Reform in the European Parliament, West European Politics 35 (5), 1134–1157.

Héritier, A. und Rhodes, M. (Hg.) (2011), New Modes of Governance in Europe: Governing in the Shadow of Hierarchy. Basingstoke (Palgrave Macmillan).

Hix, S. (2005a), The Political System of the European Union. 2nd ed., Basingstoke (Palgrave Macmillan).

Hix, S. (2005b), Why the EU needs (Left-Right) Politics? Policy Reform and Accountability are impossible without it. Notre Europe Policy Paper 19, 1–28.

Hix, S. (2008), What's Wrong with the European Union and How to Fix It. Cambridge (Polity Press).

Hix, S. und Høyland, B. (2010), The Political System of the European Union. 3rd ed. Basingstoke (Palgrave Macmillan).

Hix, S., Noury, A.G. und Roland, G. (2007), Democratic politics in the European Parliament. Cambridge (Cambridge University Press).

Hodson, D. (2011), Governing the Euro Area in Good Times and Bad. Oxford (Oxford University Press).

Hodson, D. (2012a), The Eurozone in 2011, Journal of Common Market Studies 50, Annual Review, 178–194.

Hodson, D. (2012b), Managing the Euro: The European Central Bank. In: Peterson, J. and Shackleton, M. (Hg.), The institutions of the European Union. 3rd ed. Oxford (Oxford University Press), 199–218.

Hönnige, C. und Kaiser, A. (2003), Opening the black box: decision-making in the Committee of the Regions. Regional and Federal Studies, 13 (2), 1–30.

Höpner, M. und Schäfer, A. (2010) A New Phase of European Integration: Organised Capitalisms in Post-Ricardian Europe, West European Politics, 33:2, 344–368.

Hörber, T. (2006), The Foundations of Europe. European Integration Ideas in France, Germany and Britain in the 1950s. Wiesbaden (VS).

Hoffmann, S. (1966), Obstinate or Obsolete: The Fate of the Nation State and the Case of Western Europe. Daedalus, Summer 66, 862–915.

Hoffmann, S. (1982), Reflections on the Nation-State in Western Europe Today. Journal of Common Market Studies 21 (1/2), 21–37.

Holzinger, K., Knill, C. und Lenschow, A. (2009), Governance in EU Environmntal Policy. In: Tömmel, I., und Verdun, A. (Hg.), Innovative Governance in the European Union: The Politics of Multilevel Policymaking. Boulder (Lynne Rienner), 45–61.

Hooghe, L. (1996), Building a Europe with the Regions: The Changing Role of the European Commission. In: Hooghe, L. (Hg.), Cohesion Policy and European Integration: Building Multi-Level Governance. Oxford (Oxford University Press), 89–126.

Hooghe, L. und Marks, G. (2001): Multi-Level Governance and European Integration. Lanham (Rowman & Littlefield).

Howorth, J. (2007), Security and Defence Policy in the European Union. Basingstoke (Palgrave Macmillan).

Howorth, J. (2011), ‚The new faces of Lisbon': assessing the performance of Catherine Ashton and Herman van Rompuy on the global stage, European Foreign Affairs Review 16 (3), 303–323.

Howorth, J. (2012), Decision-making in security and defense policy: Towards supranational intergovernmentalism? Cooperation and Conflict 47, 433–53.

Hrbek, R. (2004), Europawahl 2004: neue Rahmenbedingungen – alte Probleme. Integration 27 (3), 211–222.

Hueglin, T. und Fenna, A. (2006): Comparative Federalism. A Systematic Inquiry. Peterborough/Ontario (Broadview Press).

Huget, H. (2007), Demokratisierung der EU. Normative Demokratietheorie und Governance-Praxis im europäischen Mehrebenensystem. Wiesbaden (VS).

Hustedt, T., Wonka, A., Blauberger, M., Töller, A.E. und Reiter R. (2014), Verwaltungsstrukturen in der Europäischen Union. Wiesbaden (Springer VS).

Jachtenfuchs, M. (1997), Die Europäische Union – ein Gebilde sui generis? In: Wolf, K.D. (Hg.), Projekt Europa im Übergang? Probleme, Modelle und Strategien des Regierens in der Europäischen Union. Baden-Baden (Nomos).

Jachtenfuchs, M. (2001), The Governance Approach to European Integration. Journal of Common Market Studies 39 (2), 245–264.

Jachtenfuchs, M., Dietz, T. und Jung, S. (1998), Which Europe? Conflicting Models of a Legitimate European Political Order, European Journal of International Relations 4 (4), 409–445.

Jachtenfuchs, M. und Kohler-Koch, B. (1996), Regieren im dynamischen Mehrebenensystem. In: Jachtenfuchs, M. und Kohler-Koch, B. (Hg.), Europäische Integration. Opladen (Leske+Budrich), 15–44.

Jachtenfuchs, M und Kohler-Koch, B. (2003), Regieren und Institutionenbildung. In: Jachtenfuchs, M. und Kohler-Koch, B. (Hg.), Europäische Integration (2.Auflage). Opladen (Leske+Budrich).

Jeffery, C. und Rowe C. (2012), Social and Regional Interests: the Economic and Social Committee and the Committee of the Regions. In: Peterson, J. und Shackleton, M. (Hg.), The institutions of the European Union. 3rd ed. Oxford (Oxford University Press), 359–381.

Jessop, B. (2003), The Future of the Capitalist State. Cambridge (Polity Press).

Joerges, C. (2012), Europe's Economic Constitution in Crisis, Zentra Working Papers in Transnational Studies, 6, 1–28.

Jordan, A., Benson, D. Wurzel, R. und Zito, A. (2012), Environmental Policy: Governing by Multiple Policy Instruments? In: Richardson, J. (Hg.); Constructing a Policy-making State? Policy Dynamics in the EU. Oxford (Oxford University Press), 104–124.

Judge, D. und Earnshaw, D. (2003), The European Parliament. Basingstoke (Palgrave Macmillan).

Kantola, J. (2010), Gender and the European Union. (Basingstoke (Palgrave Macmillan).

Kapteyn, P. (1996), The Stateless Market. London (Routledge).

Karakatsanis, G. und Laffan, B. (2012), Financial Control: the Court of Auditors and OLAF, In: Peterson, J. und Shackleton, M. (Hg.), The institutions of the European Union. 3rd ed. Oxford (Oxford University Press), 241–261.

Kassim, H. und Dimitrakopoulos, D.G. (2007), The European Commission and the future of Europe, Journal of European Public Policy 14 (8), 1249–1270.

Kassim, H. und Peterson, J. (2013), Leadership in the European Commission. In: Kassim, H., Peterson, J., Bauer, M.W., Commolly, S., Dehousse, R., Hooghe, L. und Thompson, A. (Hg.), The European Commission of the Twenty-First Century. Oxford (Oxford University Press).

Katz, R.S. (1997), Representational Roles. European Journal of Political Research 32, 211–226.

Kaunert, C. (2010), The area of freedom, security and justice in the Lisbon Treaty: commission policy entrepreneurship? European Security 19 (2), 169–189.

Keating, M. und Hooghe, L. (2006), Bypassing the nation-state? Regions and the EU policy process. In: Richardson, J. (Hg.), European Union: power and policy-making. 3rd ed., London (Routledge), 269–286.

Kelemen, R.D. und Majone, G. (2012), Managing Europeanization: the European Agencies. In: Peterson, J. und Shackleton, M. (Hg.), The institutions of the European Union. 3rd ed. Oxford (Oxford University Press), 219–240.

Keohane, R.O. (1984), After Hegemony – Cooperation and Discord in the World Political Economy. Princeton (Princeton University Press).

Keohane, R.O. und Hoffmann, S. (Hg.) (1991), The New European Community: Decisionmaking and Institutional Change. Boulder (Westview Press).

Kietz, D. und van Ondarza, N. (2010), Willkommen in der Lissabonner Wirklichkeit. SWP Aktuell 29, März 2010.

Kirchner, E.J. (1992), Decision-making in the European Community: The Council Presidency and European Integration. New York (St. Martins Press).

Kleine, M. (2007), Leadership in the European Convention" Journal of European Public Policy 14 (8), 1227–1248.

Klüver, H. (2013), Lobbying in the European Union. Interest Groups, Lobbying Coalitions, and Policy Change. Oxford (Oxford University Press).

Knill, C. (2003), Europäische Umweltpolitik: Steuerungsprobleme und Regulierungsmuster im Mehrebenensystem. Opladen (Leske+Budrich).

Knill, C. (2006), Implementation. In: Richardson, J. (Hg.), European Union: power and policy-making. 3rd ed., London (Routledge), 351–375.

Knill, C. und Tosun, J. (2012), Governance Institutions and Policy Implementation in the European Union, In: Richardson, J. (Hg.), Constructing a Policy-making State? Policy Dynamics in the EU. Oxford (Oxford University Press), 309–333.

Knipping, F. (2004), Rom, 25. März 1957: Die Einigung Europas. 20 Tage im 20. Jahrhundert. München (dtv).

Knipping, F. und Schönwald, M. (2004), Aufbruch zum Europa der zweiten Generation. Die europäische Einigung 1969-1984. Trier (Wissenschaftlicher Verlag Trier).

Kölliker, A. (2006), Flexibility and European Integration: The Logic of Differentiated Integration. Lanham (Rowman & Littlefield)

König, T. (2007), Divergence or convergence? From ever-growing to ever-slowing European legislative decision making, European Journal of Political Research 46, 417–444.

König, T. und Mäder, L. (2013), Non-conformable, partial and conformable transposition: A competing risk analysis of the transposition process of directives in the EU 15. European Union Politics 14 (1), 46–69.

Kohler-Koch, B. (1992), Interessen und Integration. Die Rolle organisierter Interessen im westeuropäischen Integrationsprozeß. In: Kreile, M. (Hg.), Die Integration Europas (PVS-Sonderheft 23). Opladen, 81–119.

Kohler-Koch, B. (1996), Die Gestaltungsmacht organisierter Interessen. In: Jachtenfuchs, M. und Kohler-Koch, B. (Hg.), Europäische Integration. Opladen (Leske+Budrich), 193–222.

Kohler-Koch, B. (1999), The evolution and transformation of European governance. In: Kohler-Koch, B. und Eising, R. (Hg.), The Transformation of Governance in the European Union. London (Routledge), 14–35.

Kohler-Koch, B. und Eising, R. (Hg.) (1999), The Transformation of Governance in the European Union. London (Routledge).

Kohler-Koch, B. (2007), The Organization of Interests and Democracy in the European Union. In: Kohler-Koch, B. and Rittberger, B. (Hg.) Debating the democratic legitimacy of the European Union. Lanham (Rowman & Littlefield), 255–271.

Kohler-Koch, B. (2011), Zivilgesellschaftliche Partizipation: Zugewinn an Demokratie oder Pluralisierung der europäischen Lobby? In: Kohler-Koch, B. und Quittkat, C. (Hg.), Die Entzauberung partizipativer Demokratie. Zur Rolle der Zivilgesellschaft bei der Demokratisierung von EU-Governance. Frankfurt (Campus), 241–271.

Kohler-Koch, B. und Quittkat, C. (Hg.) (2011a), Die Entzauberung partizipativer Demokratie. Zur Rolle der Zivilgesellschaft bei der Demokratisierung von EU-Governance. Frankfurt (Campus).

Kohler-Koch, B. und Quittkat, C. (2011b), What is 'civil society' and who represents it in the European Union? In: Liebert, U. und Trenz, H.J. (Hg.), The New Politics of European Civil Society. London (Routledge),19–39.

Kommission der Europäischen Gemeinschaften (1985), Vollendung des Binnenmarktes. Weißbuch der Kommission an den Europäischen Rat. Brüssel/Luxemburg (Amt für Veröffentlichungen der Europäischen Gemeinschaften).

Kommission der Europäischen Gemeinschaften (1993), Wachstum, Wettbewerbsfähigkeit, Beschäftigung. Herausforderungen der Gegenwart und Wege ins 21. Jahrhundert. Weißbuch, Luxemburg (Amt für amtliche Veröffentlichungen der Europäischen Gemeinschaften).

Kommission der Europäischen Gemeinschaften (1997), Agenda 2000: Eine stärkere und erweiterte Union. Brüssel: Europäische Kommission.

Kommission der Europäischen Gemeinschaften (2001), Europäisches Regieren. Ein Weißbuch. KOM 428 endg., Brüssel: Europäische Kommission.

Kooiman, J. (2003), Governing as Governance. London (Sage).

Kreile, M. (1989), Politische Dimensionen des europäischen Binnenmarktes. Aus Politik und Zeitgeschichte 24, 25–35.

Kurpas, S., Grøn, C. und Kaczyński, P.M. (2008), The European Commission after Enlargement: Does More Add Up to Less? CEPS Special Report, February 2008.

Ladrech, R. (2010), Europeanization and national politics. Basingstoke (Palgrave Macmillan).

Lahr, R. (1983), Die Legende vom „Luxemburger Kompromiß". Europa-Archiv 7, 223–232.

Lahusen, C. (2005), Kommerzielle Beratungsfirmen in der Europäischen Union. In: Eising, R. (Hg.), Interessenpolitik in Europa. Baden-Baden (Nomos), 251–280.

Lahusen, C. und Jauß, C. (2001), Lobbying als Beruf – Interessengruppen in der Europäischen Union. Baden-Baden (Nomos).

Landfried, C. (2005), Das politische Europa: Differenz als Potenzial der Europäischen Union. 2. Aufl., Baden-Baden (Nomos).

Larsson, T. und Murk, J. (2007), The Commission's relations with expert advisory groups. In: Christiansen, T. und Larsson, T. (Hg.), The Role of Committees in the Policy-Process of the European Union: Legislation, Implementation and Deliberation. Cheltenham (Edward Elgar), 64–95.

Laursen, F. (2010), The EU as an International Political and Security Actor after the Treaty of Lisbon: An Academic Perspective, Dalhousie EUCE Occasional Paper 9, 1-23.

Laursen, F. (Hg.) (2011), The EU and Federalism: Polities and Policies Compared. Farnham (Ashgate).

Lavenex, S. (2009), Transgovernmentalism in the Area of Freedom, Security,and Justice. In: Tömmel, I., und Verdun, A. (Hg.), Innovative Governance in the European Union: The Politics of Multilevel Policymaking. Boulder (Lynne Rienner), 255–271.

Lavenex, S. (2010), Justice and Home Affairs: Communitarization With Hesitation. In: Wallace, H., Pollack, M.A. und Young, A. (Hg.), Policy-Making in the European Community. 6th ed. Oxford (Oxford University Press), 457–477.

Leggewie, C. (1979), Die Erweiterung der Europäischen Gemeinschaft nach Süden. Leviathan 2, 174–198.

Lehmann, W. (2009), The European Parliament. In: Coen, D. und Richardson, J. (Hg.), Lobbying the European Union: Institutions, Actors, and Issues. Oxford (Oxford University Press), 39–69.

Lehmkuhl, D. (2009), Cooperation and Hierarchy in EU Competition Policy. In: Tömmel, I., und Verdun, A. (Hg.), Innovative Governance in the European Union: The Politics of Multilevel Policymaking. Boulder (Lynne Rienner), 103–119.

Leibfried, S. (2010), Social Policy. In: Wallace, H., Pollack, M.A. und Young, A. (Hg.), Policy-Making in the European Community. 6th ed. Oxford (Oxford University Press), 243–278.

Lenschow, A. (2010), Environmental Policy: Contending Dynamics and Policy Change. In: Wallace, H., Pollack, M.A. und Young, A. (Hg.), Policy-Making in the European Community. 6th ed. Oxford (Oxford University Press), 307–330.

Leuffen, D., Rittberger, B. und Schimmelfennig, F. (2012), Integration and Differentiation in the European Union. Basingstoke (Palgrave Macmillan).

Levy, R. (2000), Implementing European Union public policy. Cheltenham (Elgar).

Lewis, J. (1998), Is the 'Hard Bargaining' Image of the Council Misleading? The Committee of Permanent Representatives and the Local Elections Directive. Journal of Common Market Studies 36 (4), 479–504.

Lewis, J. (2005), The Janus Face of Brussels:Socialization and Everyday Decision Making in the European Union, International Organization, 59, Fall, 937–971.

Lewis, J. (2012), National Interests: the Committee of Permanent Representatives. In: Peterson, J. und Shackleton, M. (Hg.), The institutions of the European Union. 3rd ed. Oxford (Oxford University Press), 315–337.

Lieb, J. und Maurer, A. (2009), Der Vertrag von Lissabon. Kurzkommentar. Diskussionspapier der FG 1 und FG 2, SWP Berlin.

Liebert, U. und Trenz, H.J. (Hg.) (2011), The New Politics of European Civil Society. London (Routledge).

Lindberg, L. und Scheingold, A. (1970), Europe's Would-be Polity. Englewood Cliffs (Harvard).

Lipgens, W. (Hg.) (1986), 45 Jahre Ringen um die europäische Verfassung: Dokumente 1939–1984. Von den Schriften der Widerstandsbewegung bis zum Vertragsentwurf des Europäischen Parlaments. Bonn (Europa-Union-Verlag).

Lodt, W. (2014), Europas Einigung. Eine unvollendete Geschichte. Frankfurt (Campus).

Long, T. und Lörinczi, L. (2009), NGOs as Gatekeepers: A Green Vision. In: Coen, D. und Richardson, J. (Hg.), Lobbying the European Union: Institutions, Actors, and Issues. Oxford (Oxford University Press), 169–185.

Lord, C. (2004), A democratic audit of the European Union. Basingstoke (Palgrave Macmillan).

Lord, C. (2007), Democratic Control of the Council of Ministers, Österreichische Zeitschrift für Politikwissenschaft (ÖZP), 36 (2), 125–138.

Lord, C. (2008), Still in Democratic Deficit. Intereconomics 43 (6), 316–320.

Lord, C. und Harris, E. (2006), Democracy in the New Europe. Basingstoke (Palgrave Macmillan).

MacRae, H. (2010), The EU as a Gender Equal Polity: Myths and Realities, Journal of Common Market Studies 48 (1), 155–174.

Magnette, P. (2005), In the Name of Simplification: Coping with Constitutional Conflicts in the Convention on the Future of Europe, European Law Journal 11 (4), 432–451.

Magnette, P. und Nicolaidis, K. (2004), The European Convention: Bargaining in the Shadow of Rhetoric, West European Politics 27 (3), 381–404.

Mailand, M. (2008), The uneven impact of the European Employment Strategy on member states' employment policies: a comparative analysis. Journal of European Social Policy 18 (4), 353–365.

Majone, G. (Hg.) (1996), Regulating Europe. London/New York (Routledge).

Majone, G. (2002), Functional Interests: European Agencies. In: Peterson, J. und Shackleton, M. (Hg.), The Institutions of the European Union. Oxford (Oxford University Press), 299–325.

Majone, G. (2005), Dilemmas of European integration. The ambiguities and pitfalls of integration by stealth. Oxford (Oxford University Press).

Majone, G. (2009), Europe as the would-be world power: the EU at fifty. Cambridge (Cambridge University Press).

March, J. G. und. Olsen, J. P (1984), The New Institutionalism: Organizational Factors in Political Life, The American Political Science Review 78 (3), 734–749.

March, J. . und. Olsen, J.P (1989), Rediscovering Institutions: The Organizational Basis of Politics. London (Macmillan) and New York (Free Press).

Marks, G., Hooghe, L. und Blank, K. (1996), European Integration from the 1980s: State-Centric versus Multi-level Governance. Journal of Common Market Studies 34 (3), 341–378.

Marsh, M. und Mikhailov, S. (2010), European Parliament elections and EU governance. Living Reviews in European Governance 5 (4), 1–30.

Maurer, A. (2003), Die Methode des Konvents – ein Modell deliberativer Demokratie? Integration (26) 2, 130–140.

Maurer, A. (2008), The German Council Presidency: Managing Conflicting Expectations, Journal of Common Market Studies 46, Annual Review, 51–59.

Maurer A. (2012), Parlamente in der EU. Wien (Fakultas).

Mayntz, R. (1993), Policy-Netzwerke und die Logik von Verhandlungssystemen. In: Héritier, A. (Hg.), Policy-Analyse. Kritik und Neuorientierung. Opladen (Leske+Budrich), 39–56.

Mayntz, R. (1999), Multi-level governance: German federalism and the European Union. In: Lankowski, C. (Hg.): Governing beyond the nation-state. Global Public Policy, Regionalism or Going Local? AICGS Research Report 11, 101–114.

Mayntz, R. (2014), Markt oder Staat? Kooperationsprobleme in der Europäischen Union. MPIfG Discussion Paper 14/3.

Mayntz, R. und Scharpf, F.W. (1995), Der Ansatz des akteurzentrierten Institutionalismus. In: Mayntz, R. und Scharpf, F.W. (H.), Gesellschaftliche Selbstregelung und politische Steuerung. Frankfurt (Campus), 39–72.

Mazey, S. (2012), Policy entrepreneurship, group mobilisation and the creation of a new policy domain: women's rights and the European Union. In: Richardson, J. (Hg.), Constructing a Policy-making State? Policy Dynamics in the EU. Oxford (Oxford University Press), 125–142.

Mazey, S. und Richardson, J. (Hg.) (1993), Lobbying in the European Community. Oxford (Oxford University Press).

Mazey, S. und Richardson, J. (2006): The Commission and the Lobby. In: Spence, D. (Hg.) with Edwards G., The European Commission. 3rd ed. London (Harper), 279–292.

Mc Elroy, G. und Benoit, K. (2010), Party Policy and Group Affiliation in the European Parliament, British Journal of Political Science 40, 377–391.

McGowan, L. (2005), Europeanization unleashed and rebounding. Assessing the modernization of EU cartel policy. Journal of European Public Policy 12 (6), 986–1004.

Menendez, A.J. (2013), The Existential Crisis of the European Union, German Law Journal 14 (5), 453–526.

Milward, A.S. (1984), The Reconstruction of Western Europe, 1945-51. London (Methuen).

Milward, A.S. (2000), The European rescue of the nation-state. London (Routledge).

Milward, A.S und Sørensen, V. (1994), Interdependence or integration? A national choice. In: Milward, A.S. et al., The frontier of national sovereignty. History and theory 1945-1992. 2nd ed., London (Routledge), 1–32.

Mitrany, D. (1966), A Working Peace System. Chicago (Quadrangle Books) (Erstveröffentlichung 1943).

Monar, J. (2002), Institutionalizing freedom, security, and justice. In: Peterson, J. und Shackleton (Hg.), The institutions of the European Union. Oxford (Oxford University Press), 186–209.

Monar, J. (2007), Justice and Home Affairs, Journal of Common Market Studies 45, Annual Review, 107–124.

Monar, J. (2010a), The rejection of the EU-US SWIFT interim agreement by the European parliament: a historic vote and its implications, European foreign affairs review 15 (2), 143–151.

Monar, J. (2010b), The 'Area of Freedom, Security and Justice' 'Schengen' Europe, opt-outs, opt-ins and associates. In: Dyson, K. und Sepos, A. (eds), Which Europe? The Politics of Differentiated Integration. Basingstoke (Palgrave Macmillan) 279–292.

Moore, C. (2008), A Europe of the Regions vs. the Regions in Europe: Reflections on Regional Engagement in Brussels, Regional & Federal Studies 18 (5), 517–535.

Moravcsik, A. (1991), Negotiating the Single European Act: national interests and conventional statecraft in the European Community. International Organization 45 (1), 19–56.

Moravcsik, A. (1993), Preferences and Power in the European Community: A Liberal Intergovernmentalist Approach. Journal of Common Market Studies 31 (4), 473–524.

Moravcsik, A. (1998), The Choice for Europe: Social Purpose and State Power From Rome to Maastricht. Ithaca (Cornell University Press).

Moravcsik, A. (2002): In Defence of the 'Democratic Deficit': Reassessing Legitimacy in the European Union. Journal of Common Market Studies 40 (4), 603–624.

Moravcsik, Andrew (2004), Is there a 'Democratic Deficit' in World Politics? A Framework for Analysis, Government and Opposition 39 (2), 336–363.

Moravcsik, A. (2008), The myth of Europe's 'democratic deficit', Intereconomics, 43 (6), 331–340.

Moravcsik, A. und Nicolaïdis, K. (1999), Explaining the Treaty of Amsterdam: Interests, Influence, Institutions. Journal of Common Market Studies (37) 1, 59–85.

Müller-Brandeck-Bocquet, G. und Rüger, C. (Hg.) (2011), The High Representative for the EU Foreign and Security Policy – Review and Prospects. Baden-Baden (Nomos).

Müller-Graff, P.-C. (2004), Strukturmerkmale des neuen Verfassungsvertrages für Europa. Integration 27 (3), 186–201.

Münch, R. (2008), Die Konstruktion der europäischen Gesellschaft. Zur Dialektik von transnationaler Integration und nationaler Desintegration. Frankfurt (Campus).

Neuhold, C. und Settembri, P. (2007), The role of European Parliament committees in the EU policy-making process. In: Christiansen, T. und Larsson, T. (Hg.), The Role of Committees in the Policy-Process of the European Union: Legislation, Implementation and Deliberation. Cheltenham (Edward Elgar), 152–181.

Neunreither, K. und Wiener, A. (Hrsg.) (2000), European integration after Amsterdam – institutional dynamics and prospects for democracy. Oxford (Oxford University Press).

Neyer, J. (2006), The Deliberative Turn in Integration Theory, Journal of European Public Policy 13 (5), 779–791.

Neyer, J. (2010), Justice, Not Democracy: Legitimacy in the European Union, Journal of Common Market Studies 48 (4), 903–921.j

Neyer, Jürgen (2012), The Justification of Europe: A Political Theory of Supranational Integration. Oxford (Oxford University Press).9 903.

Neyer, J. und Wiener, A. (Hg.) (2011), Political Theory of the European Union. Oxford (Oxford University Press).

Nicolaïdis, K. und Howse, R. (Hrsg.) (2003), The Federal Vision: Legitimacy and Levels of Governance in the United States and the European Union. Oxford (Oxford University Press).

Nicolaïdis, K. (2006), Constitutionalizing the Federal Vision? In: Menon, A. und Schain, M. (Hg.), Comparative Federalism: The European Union and the United States in Comparative Perspective. Oxford (Oxford University Press), 59–91.

Nicoll, W. (1994), Representing the States. In: Duff, A., Pinder, J. und Pryce, R. (Hg.), Maastricht and Beyond. Building the European Union. London (Routledge), 190–206.

Nugent, N. (1994), The Government and Politics of the European Communities. 3rd ed., London (Macmillan).

Nugent, N. (2001), The European Commission. Basingstoke (Palgrave).

Nugent, N. (2010), The Government and Politics of the European Union. 7th. ed, Basingstoke (Palgrave Macmillan).

Obradovic, D. (2009), Regulating Lobbying in the European Union. In: Coen, D. und Richardson, J. (Hg.), Lobbying the European Union: Institutions, Actors, and Issues. Oxford (Oxford University Press), 298–334.

Olsen, J.P. (2010), Governing Through Institution Building: Institutional Theory and Recent European Experiments in Democratic Organization. Oxford (Oxford University Press).

Ovey, J.D. (2002), Between Nation and Europe. The SPD and Labour in the European Parliament, 1994-1999. Opladen (Leske+Budrich).

Ovey, J.D. (2004), Parteien in Europa – europäische Parteien? In: Bauer, P. und Voelzkow,H. (Hg.), Die Europäische Union – Marionette oder Regisseur? Wiesbaden (VS).

Padoa-Schioppa, T. et al. (1988), Effizienz, Stabilität und Verteilungsgerechtigkeit: Eine Entwicklungsstrategie für die Europäische Gemeinschaft. Wiesbaden (VS).

Parsons, C. (2003), A Certain Idea of Europe. Ithaka (Cornell University Press).

Paterson, W.E. (2011), The Reluctant Hegemon: Germany Moves Centre Stage in the European Union, Journal of Common Market Studies 49, Annual Review, 57–75.

Pedler, R.H. und Bradley, K.S.C. (2006), The Commission: Policy Management and Comitology, in David Spence (Hg.), The European Commission. London (Harper), 235–262.

Peterson, J. (2004), Policy Networks. In: Wiener, A. and Dietz, T. (Hg.), European Integration Theory. Oxford (Oxford University Press), 117–135.

Peterson, J. (2004), The Prodi Commission: fresh start or free fall? In: Dimitrakopoulos, D. G. (Hg.), The changing European Commission, Manchester (Manchester Univ. Press), 15–32.

Peterson, J. und Sharp, M. (1998), Technology policy in the European Union. Basingstoke (Macmillan).

Pierson, P. (1996), The Path to European Integration: A Historical Institutionalist Analysis, Comparative Political Studies 29 (2), 123–163.

Pinder, J. (1986), European Community and nation-state: a case for neo-federalism? International Affairs 62 (2), 41–54.

Pinder, J. (1991), European Community. The building of a Union. Oxford (Oxford University Press).

Pollack, M.A. (1994), Creeping Competence: The Expanding Agenda of the European Community, Journal of Public Policy 14, 95–145.

Pollack, M.A. (1996), The New Institutionalism and EC Governance: The Promise and limits of Institutional Analysis, Governance 9 (4), 429–458.

Pollack, M.A. (1998), The Engines of Integration? Supranational Autonomy and Influence in the European Union. In: Sandholtz, W. und Stone Sweet, A. (Hg.), European Integration and Supranational Governance. Oxford (Oxford University Press), 217–249.

Pollack, M.A. (2000), The End of Creeping Competence? EU Policy-Making Since Maastricht, Journal of Common Market Studies 38 (3), 519–538.

Pollack, M.A. (2003), The Engines of European Integration: Delegation, Agency and Agenda Setting in the EU. Oxford (Oxford University Press).

Pollack, M.A. (2004), New Institutionalism. In: Antje Wiener and Thomas Dietz (eds), European Iintegration Theory. Oxford (Oxford University Press), 136–158.

Princen, S. und Kerremans, B. (2010), Opportunity Structures in the EU Multi-Level System. In: Beyers, J., Eising, R. und Malony, W.A. (Hg.), Interest Group Politics in Europe, Lessons from EU Studies and Comparative Politics. London (Routledge), 27–44.

Puchala, D.J. (1972), Of Blind Men, Elephants and International Integration. Journal of Common Market Studies 10 (4), 267–284.

Puetter, U. (2012), Europe's deliberative intergovernmentalism: the role of the Council and European Council in EU economic governance, Journal of European Public Policy 19 (2), 161–178.

Quaglia, L., und Moxon-Browne, E. (2006), What Makes a Good EU Presidency? Italy and Ireland Compared, Journal of Common Market Studies 44 (2), 349–368.

Quittkat, C. (2011), The European Commission's Online Consultations: A Success Story? Journal of Common Market Studies 49 (3), 653–674.

Quittkat, C. und Kohler-Koch, B. (2011), Die Öffnung der europäischen Politik für die Zivilgesellschaft – das Konsultationsregime der Europäischen Kommission. In: Kohler-Koch, B. und Quittkat, C. (Hg.), Die Entzauberung partizipativer Demokratie. Zur Rolle der Zivilgesellschaft bei der Demokratisierung von EU-Governance. Frankfurt (Campus), 74–97.

Rasmussen, A. (2011), Early conclusion in bicameral bargaining: Evidence from the co-decision legislative procedure of the European Union. European Union Politics 12 (1), 41–64.

Raunio, T. (2012), Political Interests: the European Parliament's Party Groups. In: Peterson, J. und Shackleton, M. (Hg.), The institutions of the European Union. 3rd ed. Oxford (Oxford University Press), 338–358.

Reh, C. (2008): The Convention on the Future of Europe and the Development of Integration Theory: A Lasting Imprint? Journal of European Public Policy 15 (5), 781–794.

Reh, C., Héritier, A., Bressanelli, E. und Koop, C. (2010), The informal politics of legislation: explaining secluded decision-making in the European Union. Paper prepared for the APSA annual convention, Washington, 2.–5. September 2010.

Reif, K. und Schmitt, K. (1980), Nine Second-order National Elections: A Conceptual Framework for the Analysis of European Election Results. European Journal of Political Research 8, 3–44.

Reiter, R. (2010), Politiktransfer der EU. Die Europäisierung der Stadtentwicklungspolitik in Deutschland und Frankreich. Wiesbaden (VS).

Rieger, E. (2005), Agricultural Policy. Constrained Reforms. In: Wallace, H., Wallace, W. and Pollack, M.A. (Hg.), Policy-Making in the European Union. 5th ed., Oxford (Oxford University Press), 161–190.

Risse, T. (2004), Social Constructivism and European Integration. In: Wiener, A. und Dietz, T. (eds), European Integration Theory. Oxford (Oxford University Press), 159–176.

Risse, T. und Kleine, M. (2007), Assessing the Legitimacy of the EU's Treaty Revision Methods, Journal of Common Market Studies 45 (1), 69–80.

Rittberger, B. (2005), Building Europe's parliament: democratic representation beyond the nation state. Oxford (Oxford University Press).

Rittberger, B. (2010), Democracy and European Union Governance. In: Egan, M., Nugent, N. und Paterson, W.E. (Hg.), Research Agendas in EU Studies: Stalking the Elephant. Basingstoke (Palgrave Macmillan).

Roberts-Thomson, P. (2001), EU treaty referendums and the European Union, Journal of European Integration, 23 (2), 105–137.

Roederer-Rynning, C. (2010), The Common Agricultural Policy: The Fortress Challenged. In: Wallace, H., Pollack, M.A. und Young, A. (Hg.), Policy-Making in the European Community. 6th ed. Oxford (Oxford University Press), 181–205.

Rosamond, B. (2000), Theories of European Integration. Basingstoke (Palgrave).

Rose, R. und Borz, G. (2013), Aggregation and Representation in European Parliament Party Groups, West European Politics, 36 (3), 474–497.

Ross, G. (1995), Jacques Delors and European Integration. Cambridge (Polity Press).

Rowe, C. (2011), Regional Representation in the EU: Between Diplomacy and Interest Representation. Basingstoke (Palgrave Macmillan).

Ruzza, C. (2004), Europe and Civil Society. Movement Coalitions and European Governance. Manchester (Manchester University Press).

Sabel, C. und Zeitlin, J. (Hg.) (2010), Experimentalist Governance in the European Union: Towards a New Architecture. Oxford (Oxford University Press).

Sandholtz, W. und Stone Sweet A. (Hg.) (1998), European Integration and Supranational Governance. Oxford (Oxford University Press).

Sandholtz, W. und Zysman, J. (1989), 1992: Recasting the European bargain. World Politics (41) 1, 95–128.

Sbragia, A.M (1993), The European Community: A Balancing Act. Publius: The Journal of Federalism 23, 23–38.

Sbragia, A.M. (2002), The Treaty of Nice, Institutional Balance, and Uncertainty, Conclusion to Special Issue on the Institutional Balance and the Future of EU Governance, Governance 15 (3), 393–412.

Schäfer, A. (2006), A New Form of Governance? Comparing the Open Method of Coordination to Multilateral Surveillance by the IMF and the OECD, Journal of European Public Policy 13 (1), 70–88.

Schaefer, G.F. und Türk, A. (2007), The role of implementing committees. In: Christiansen, T. und Larsson, T. (Hg.), The Role of Committees in the Policy-Process of the European Union: Legislation, Implementation and Deliberation. Cheltenham (Edward Elgar), 182–200.

Scharpf, F. W. (1985), Die Politikverflechtungs-Falle: Europäische Integration und deutscher Föderalismus im Vergleich. Politische Vierteljahresschrift 26 (4), 323–356.

Scharpf, F.W. (1992), Einführung: Zur Theorie von Verhandlungssystemen. In: Benz, A., Scharpf, F.W. und Zintl, R. (Hrsg.), Horizontale Politikverflechtung: Zur Theorie von Verhandlungssystemen (Schriften des MPI für Gesellschaftsforschung Köln 10). Frankfurt (Campus), 11–27.

Scharpf, F.W. (1993), Autonomieschonend und gemeinschaftsverträglich. Zur Logik der europäischen Mehrebenenpolitik, Köln (MPIFG Discussion Paper 93/9); auch erschienen unter: Scharpf, F. (1994), Optionen des Föderalismus in Deutschland und Europa. Frankfurt a.M./New York (Campus), S. 31–55.

Scharpf, F.W. (1999), Regieren in Europa: Effektiv und demokratisch? Frankfurt (Campus).

Scharpf, F.W. (2002), Regieren im europäischen Mehrebenensystem. Ansätze zu einer Theorie. Leviathan 30 (1), 65–92.

Scharpf, F.W. (2006), The Joint Decision Trap Revisited, Journal of Common Market Studies 44 (4), 845–864.

Scharpf, F.W. (2008), Negative und positive Integration. In: Höpner, M. und Schäfer,A. (Hg.), Die Politische Ökonomie der europäischen Integration. Frankfurt (Campus), 49–87.

Schelkle, W. (2013), Monetary integration in crisis: how well do existing theories explain the predicament of EMU? Transfer 19 (1), 37–48.

Schild, J. (2005), Barrosos 'blind date' in Brüssel – Auf dem Weg zu einer Parlamentarisierung der Kommissionsinventur? Integration 28 (1), 33–46.

Schimmelfennig, F. (2003), The EU, NATO, and the Integration of Europe: Rules and Rhetoric. Cambridge (Cambridge University Press).

Schmalz-Bruns, R. (2007), The Euro-Polity in Perspective: Some Normative Lessons from Deliberative Democracy. In: Kohler-Koch, B. und Rittberger, B. (Hg.) Debating the democratic legitimacy of the European Union. Lanham (Rowman & Littlefield), 281–303.

Schmidt, S.K. (2004), The European Commission's powers in shaping European policies. In: Dimitrakopoulos, D.G. (Hg.), The changing European Commission. Manchester (Manchester University Press), 105–120.

Schmidt, S.K. (2009), Single Market Policies: From Mutual Recognition to Institution Building. In: Tömmel, I., und Verdun, A. (Hg.), Innovative Governance in the European Union: The Politics of Multilevel Policymaking. Boulder (Lynne Rienner), 121–137.

Schmidt, S.K. (2011), Law-making in the shadow of Judicial Politics. In: Dehousse, R. (Hg.), The 'Community Method': Obstinate or Obsolete? Basingstoke (Palgrave Macmillan), 43–59.

Schmitter, P. C. (1971), A Revised Theory of Regional Integration. In: Lindberg, L. N. und Scheingold, S. A. (Hg.), Regional Integration. Theory and Research. Cambridge, 232–264.

Schön-Quinlivan, E. (2011), Reforming the European Commission. Basingstoke (Palgrave Macmillan).

Schout, A. und Vanhoonacker, S. (2006), Evaluating Presidencies of the Council of the EU: Revisiting Nice, Journal of Common Market Studies 44 (5), 1051–1077.

Scully, R. (2005), Becoming Europeans? Attitudes, behaviour, and socialization in the European Parliament. Oxford (Oxford University Press).

Smismans, S. (2003), European Civil Society: Shaped by Discourses and Institutional Interests, European Law Journal 9 (4), 473–495.

Smith, M.E. (2001), Diplomacy by Decree: The Legalization of EU Foreign Policy. Journal of Common Market Studies 39 (1), 79–104.

Smith, M.E. (2004), Europe's foreign and security policy: the institutionalization of co-operation. Cambridge (Cambridge University Press).

Spence, D. (2006a), The President, the College and the cabinets. In: Spence, D. (Hg.) with Edwards, G., The European Commission. 3rd ed. London (Harper), 24–74.

Spence, D. (2006b): The Directorates General and the services: structures, functions and procedures. In: Spence, D. (Hg.) with Edwards, G., The European Commission. 3rd ed. London (Harper), 128–155.

Stanat, M. (2006), Die französische Nationalversammlung und die Europäische Union. Zwischen parlamentarischer Tradition und europäischer Integration. Wiesbaden (VS).

Startin, N. und Krouwel, A. (2013), Euroscepticism Re-galvanized: The Consequences of the 2005 French and Dutch Rejections of the EU Constitution, Journal of Common Market Studies 51 (1), 65–84.

Steffek, J., Kissling, C. und Nanz, P. (2008), Civil Society Participation in European and Global Governance: A Cure for the Democratic Deficit? Basingstoke (Palgrave Macmillan).

Stephenson, P. (2012), Sixty Years of Auditing Europe. Paper presented at the Conference: Sixty Years of European Governance, York University, Toronto, September 13 and 14, 2012.

Stone Sweet, A. (2004), The Judicial Construction of Europe. Oxford (Oxford University Press).

Streeck, W. und Schmitter, P.C. (1991), From National Corporatism to Transnational Pluralism: Organized Interests in the Single European Market. Politics and Society 19 (2), 109–132.

Streeck, W. (2013), Gekaufte Zeit: Die vertagte Krise des demokratischen Kapitalismus. Berlin (Suhrkamp).

Studinger, P. (2012), Wettrennen der Regionen nach Brüssel: die Entwicklung der Regionalvertretungen. Wiesbaden (Springer VS).

Taggart, P. (2006), Questions of Europe – The Domestic Politics of the 2005 French and Dutch Referendums and their Challenge for the Study of European Integration, Journal of Common Market Studies 44, Annual Review, 7–25.

Tallberg, J. (2006): Leadership and Negotiation in the European Union. Cambridge (Cambridge University Press).

Tallberg, J. (2008), The Power of the Chair: Formal Leadership by the Council Presidency. In: Naurin, D. und Wallace, H. (Hg.), Unveiling the Council of the European Union. Games Governments Play in Brussels. Basingstoke (Palgrave Macmillan), 187–202.

Taylor, P. (1983), The Limits of European Integration. London (Croom Helm).

Timmermann, H. (2001), Die „Politik des leeren Stuhls" und der Luxemburger Kompromiß. In: Kirt, R. (Hg.), Die Europäische Union und ihre Krisen. Baden-Baden (Nomos), 111–118.

Töller, A.E. (2002), Komitologie. Theoretische Bedeutung und praktische Funktionsweise von Durchführungsausschüssen der Europäischen Union am Beispiel der Umweltpolitik. Opladen (Leske+Budrich).

Töller, A.E. (2013), Die Reform der Komitologie mit und nach dem Vertrag von Lissabon. The End of the World as we Know it? Integration 36: 213–232.

Tömmel, I. (1996), Die Strategie der EU zur System-Transformation in den Staaten Mittel- und Osteuropas. In: Osnabrücker Jahrbuch Frieden und Wissenschaft III, Osnabrück (Rasch), 145–161.

Tömmel, I. (1998), Transformation of Governance: The European Commission's Strategy for Creating a „Europe of the Regions". Regional and Federal Studies 8 (2), 52–80.

Tömmel, I. (1999), The Political System of the EU, a Democratic System? In: Milios, J., Katseli, L. und Pelagidis, T. (Hg.), Rethinking Democracy and the Welfare State, Athen (Ellinika Grammata), 257–290.

Tömmel, I. (2000), Jenseits von regulativ und distributiv: Policy-Making der EU und die Transformation von Staatlichkeit. In: Grande, E. und Jachtenfuchs, M. (Hg.), Wie problemlösungsfähig ist die EU? Regieren im europäischen Mehrebenensystem. Baden-Baden (Nomos), 165–187.

Tömmel, I. (2004a), Die EG in den Jahren 1970 bis 1984: Neue Politikmuster als Katalysator der Integration. In: Knipping, F. und Schönwald M. (Hg.), Aufbruch zum Europa der zweiten Generation. Die europäische Einigung 1969-1984. Trier (Wissnschaftlicher Verlag Trier), 269–284.

Tömmel, I. (2004b), Eine Verfassung für die EU: institutionelle Anpassung oder Systemreform? Integration 27 (3), 202–210.

Tömmel, I. (2006), Die Reform der Strukturpolitik der EU – eine Reform europäischer Governance? In: Kleinfeld, R., Plamper, H. und Huber, A. (Hg.), Regional Governance Band 2: Steuerung, Koordination und Kommunikation in regionalen Netzwerken als neue Formen des Regierens. Göttingen (V & R unipress), 181–200.

Tömmel, I. (Hg.) (2007a), Die Europäische Union: Governance und Policy-Making (PVS-Sonderheft 2007/2).

Tömmel, I. (2007b), Governance and Policy-Making im Mehrebenensystem der EU. In: Tömmel, I. (Hg.), Die Europäische Union: Governance und Policy-Making (PVS-Sonderheft 2007/2), 11–35.

Tömmel, I. (2009), Modes of Governance and the Institutional Structure of the European Union. In: Tömmel, I., und Verdun, A. (Hg.), Innovative Governance in the European Union: The Politics of Multilevel Policymaking. Boulder (Lynne Rienner), 9–23.

Tömmel, I. (2010), The Treaty of Lisbon – a step toward enhancing leadership in the EU? Transatlantic Research Papers in European Studies (TraPES), 2010 (1). http://www.jmce.uni-osnabrueck.de/fileadmin/Download/EPS/TraPES._Toemmel.pdf

Tömmel, I. (2011a), The European Union – A Federation Sui Generis? In: Laursen, F. (Hg.), The EU and Federalism: Polities and Policies Compared. Farnham (Ashgate), 41–56.

Tömmel, I. (2011b), Transnationalism in European Governance and Policy-Making, In: DeBardeleben, J. und Hurrelmann, A. (Hg.), Transnational Europe: Promise, Paradox, Limits. Basingstoke (Palgrave Macmillan), 57–76.

Tömmel, I. (2012), EU governance of governance: Flexibly steering through stable institutions. Paper presented at the Conference: Sixty Years of European Governance, York University, Toronto, September 13 and 14, 2012.

Tömmel, I. (2013), The Presidents of the European Commission: Transactional or Transforming Leaders? Journal of Common Market Studies 51 (4), 789–805.

Tömmel, I., und Verdun, A. (Hg.) (2009), Innovative Governance in the European Union: The Politics of Multilevel Policymaking. Boulder (Lynne Rienner).

Tömmel, I. und Verdun, A. (2013), Innovative Governance in EU Regional and Monetary Policy-Making, German Law Journal 14 (2), 380–404.

Treib, O., Bähr, H. und Falkner, G. (2007), Modes of Governance: Towards Conceptual Clarification, Journal of European Public Policy 14 (1), 1–20.

Tsebelis, G. (1994), The Power of the European Parliament as a Conditional Agenda Setter. American Political Science review (88) March, 88–142.

Tsebelis, G. and Garrett, G. (2001), The Institutional Foundations of Intergovernmentalism and Supranationalism in the European Union. International Organization 55 (2), 391–438.

Tsebelis, G. und Proksch, S:O. (2007), The Art of Political Manipulation in the European Convention, Journal of Common Market Studies 45 (1), 157–186.

Tsebelis G. und Yataganas, X. (2002), Veto-players and Decision-making in the EU after Nice, Journal of Common Market Studies 40 (2), 283–307.

Turner, S. (2008), Expertise and the Process of Policy-Making: The EU's New Model of Legitimacy. In: Eliasson, S. (Hg.), Building Civil Society and Democracy in New Europe. Newcastle (Cambridge Scholars Publishing), 160–175.

Urwin, D.W. (1993), The community of Europe: a history of European integration since 1945. 8th. ed., London (Longman).

Van Miert, K. (2000), Markt, Macht, Wettbewerb: Meine Erfahrungen als Kommissar in Brüssel. Stuttgart (Deutsche Verlagsanstalt).

Voelzkow, H. (1996), Private Regierungen in der Techniksteuerung. Frankfurt a. M. (Campus).

Wallace, H., Caporaso, J.H., Scharpf, F,W, und Moravcsik, W. (1999), Review section symposium´: The choice for Europe: Social purpose and state power from Messina to Maastricht, Journal of European Public Policy 6 (1), 155–179.

Wallace, H. (2010), An Institutional Anatomy of Five Policy Modes. In: Wallace, H., Pollack, M:A: und Young, A. (Hg.), Policy-Making in the European Community. 6th ed. Oxford: (Oxford University Press), 69–104.

Warntjen, A. (2008), Steering but not Dominating: The Impact of the Council Presidency on EU legislation. In: Naurin, D. und Wallace, H. (Hg.), Unveiling the Council of the European Union. Games
Governments Play in Brussels. Basingstoke (Palgrave Macmillan), 203–218.

Weiler, J.H.H. (1981), The Community System: The Dual Character of Supranationalism. Yearbook of
European Law 1, 267–306.

Weiler, J.H.H. (1994), Journey to an Unknown Destination: A Retrospective and Prospective of the
European Court of Justice in the Arena of Integration. In: Bulmer, S. und Scott, A. (Hg.), Economic and Political Integration in Europe: Internal Dynamics and Global Context. Oxford (Black-
well), 131–168.

Weishaupt, J.T. und Lack, K. (2011), The European Employment Strategy: Assessing the Status Quo.
German Policy Studies 7 (1), 9-44.

Werts, J. (2008), The European Council. London (Harper).

Weske, S. (2006). Chronologie. In: Weidenfeld, W. und Wessels, W. (Hg.), Jahrbuch der Europäischen Integration 2005, Baden-Baden (Nomos), 479–492.

Wessels, W. (1997), Der Amsterdamer Vertrag – Durch Stückwerksreformen zu einer effizienteren,
erweiterten und föderalen Union. Integration 20 (3), 117–135.

Wessels, W. (2001), Die Vertragsreformen von Nizza – zur institutionellen Beitrittsreife. Integration
24 (1), 8–25.

Wessels, W. (2002), Der Konvent: Modelle für eine innovative Integrationsmethode. Integration 25
(2), 83–98.

Wessels, W. (2003), Der Verfassungsvertrag im Integrationstrend: Eine Zusammenschau zentraler
Ergebnisse. Integration 26 (4), 284–300.

Wessels, W. (2004), Die institutionelle Architektur der EU nach der Europäischen Verfassung. Integration 27 (3), 161–175.

Wessels, W. (2008), Das politische System der EU. Wiesbaden (VS).

Westlake, M. (2006), The European Commission and the European Parliament. In: Spence, D. (Hg.)
with Edwards, G., The European Commission. 3rd ed. London (Harper), 263–278.

Westlake, M. (2007), 'Why Presidencies Still Matter', Österreichische Zeitschrift für Politikwissenschaft (ÖZP) 36 (2), 157–165.

Westlake, M. (2009), The European Economic and Social Committee. In: Coen, D. und Richardson, J.
(Hg.), Lobbying the European Union: Institutions, Actors, and Issues. Oxford: (Oxford University Press), 128–142.

Westlake, M. und Galloway, D. (Hg.) (2006), The Council of the European Union. 3rd ed. London
(Harper).

Whitaker, R. (2011), The European Parliament's Committees: National Party influence and legislative
empowerment. London (Routledge).

Wiener, A. und Dietz, T. (Hg.) (2004), European Integration Theory. Oxford (Oxford University Press).

Wilks, S. (2010), Competition Policy: Towards an Economic Constitution? In: Wallace, H., Pollack,
M.A. und Young, A. (Hg.), Policy-Making in the European Community. 6th ed. Oxford (Oxford
University Press), 133–155.

Wonka, A., Baumgartner, F.R., Mahoney, C. und Berkhout, J. (2010), Measuring the size and scope of
the EU interest group population, European Union Politics 11 (3), 463–476.

Yataganas, X. (2001), The Treaty of Nice: The Sharing of Power and the Institutional Balance in the
European Union – A Continental Perspective, European Law Journal 7 (3), 242–291.

Young, A. (2010), The Single Market: Deregulation, Reregulation, and Integration. In: Wallace, H.,
Pollack, M.A. und Young, A. (Hg.), Policy-Making in the European Community. 6th ed. Oxford
(Oxford University Press), 107–131.

Zito, A.R. (2010), European agencies as agents of governance and EU learning. In: Zito, A. R. (Hg.),
Learning and Governance in the EU Policy Making Process. London (Routledge), 122–141.

Zürn, M. (1998), Regieren jenseits des Nationalstaates. Globalisierung und Denationalisierung als Chance. Frankfurt (Suhrkamp).

Zürn, M. (2000), Democratic Governance Beyond the Nation-State: The EU and Other International Institutions, European Journal of International Relations 6, 183–221.

www.ingramcontent.com/pod-product-compliance
Lightning Source LLC
Chambersburg PA
CBHW081735270326
41932CB00020B/3280